해설중심의 독습서

# 히브리어 구문론(Syntax)

구약성경을 원어로 읽고 독해하는 직통 지름길

# 직통 히브리어

이정철 지음

# HEBREW BIBLE

목양

# 머리말

성경을 상고하고 묵상할 때, 성경을 바르게 연구하고 해석할 수 있어야 합니다. 그래야 올바르게 가르치고 전할 수 있습니다. 하나님의 말씀인 성경이 기록될 때의 언어는 이미 수천 년 전에 사용된 '고대 언어'이기 때문에, 그 때에 무엇을 말하는지 무슨 의미로 기록되었는지 단어(words), 구(phrase), 문맥 (context), 병행구절(parallel passages), 문법(grammar) 등을 자세히 살펴 연구하여 원저자의 본뜻을 찾으려는 노력을 해야 합니다. 물론 성령님의 조명하심을 통해서 말입니다.

오늘날 우리들이 읽고 있는 번역 성경은 원문에서 직접 초역(初譯)한 것도 아니고 수없이 다른 언어로 중역(重譯)된 것을 또 다른 언어로 번역한 것이어서 번역에 오류가 없을 수는 없습니다. 번역에 번역을 거듭해 왔고, 고대와 현대간의 문화 및 사고방식의 차이와 고대 어와 현대어 간에 표현 방식의 차이로 인해, 번역 성경을 통한 성경의 뜻을 정확히 이해하는 것은 결코 쉽지 않습니다. 고대어와 현대어 간의 정확한 상당어를 찾기가 어렵고, 동사의 시제와 화법도 다르게 표현되며, 성(性)과 수(數)의 구분 역시 고대어일수록 엄격하게 적용 되며, 산문과 운문의 표현과 그 감동의 생생한 전달 같은 요소들은 현대어 번역으로는 한계가 있는 것입니다. 그래서 '번역은 반역이다'라고 합니다.

훌륭한 문학 작품들을 읽을 때, 선생은 학생들에게 해석이 가능하다면 번역문보다 원문을 읽도록 종용합니다. 왜냐하면 원문으로 된 것을 읽을 때 그 작품의 문학성에 관련된 깊고도 살아 있는 맛을 느낄 수 있기 때문입니다. 마찬가지로 성경을 읽을 때도 가능하다면 원어 성 경을 읽는 것이 가장 좋습니다. 살아계신 하나님 말씀의 강력한 운동력과 생명의 능력을 강하게 체험할 수 있기 때문입니다. 따라서 성경을 날마다 상고하고 묵상하다보면 원어성경으로 돌아갈 수밖에 없을 것입니다.

물론 번역 성경이 원문을 백 퍼센트 정확하게 번역하였다면, 원문을 모르는 사람도 번역 성경의 연구와 묵상만으로도 충분할 것입니다. 하지만 오늘날의 번역 성경의 현주소는 결코 그렇지 않는 것 같습니다. 아무튼 번역 성경의 오류로부터 벗어나려면 원문 문법에 대한 지식을 충분히 습득하여 원문 성경을 많이 보고 연구하고 묵상하는 것이 무엇보다 필요합니 다. 특히 문법의 3요소(음운론, 형태론, 구문론) 중에, 문장을 이루는 단어들의 상호 관계를 연구하는 구문론(syntax)에 대한 지식을 습득하는 것이 무엇보다 필수적입니다. 구문론에 대한 지식이 없다면 원문 성경을 독해한다는 것은 불가능에 가까운 일일 것입니다. 물론 단어 연구 정도만으로 만족해야 할 것입니다.

오늘날 신학교에서의 성경 원어에 대한 교육은 어떻습니까? 음운론과 형태론 등의 기초 문법에만 한정되어 있고 구문론이라는 중급이상의 문법에 더한 교육은 거의 전무할 정도입니다. 신학교를 졸업하고 교문을 나서는 순간, 지난 3~4학기 동안 배워왔던 성경원어 문법에 대한 지식은 모두 사라지고 맙니다. 그러니까 바쁘고 할일 많은 목회 현장에서 원어 성경을 가지고 연구하고 묵상하기란 더더욱 어려운 것입니다. 물론 원어 연구를 한다고 하지만 원어 연구에 꼭 필요한 문법서(구문론서)를 만나기란 여간 힘드는 것이 아닙니다.

이처럼 성경원어 교육과 연구의 열악한 환경 속에서도, 짬을 내서 원어 성경을 날마다 연구하고 묵상하는 목회자님들, 신학생들, 그리고 원어 성경에 대한 많은 관심을 가지고 있는 평신도님들이 원문 성경에 쉽게 접근하고 해독하는데 도움을 줄 수 있는 히브리어 참고서를 출판하게 되었습니다. 오랫동안 목회 현장과 신학교에서 성경 원어를 가르치면서 먼저 상고했던 지식들을 독자들과 함께 나누고자 합니다. 물론 해설부분은 저자의 개인적인 지식에 기인한 것이므로 부족하고 다른 의견이 충분히 있을 수 있습니다. 앞으로 부족한 부분은 계속해서 보충·보완하여 출판할 계획입니다.

'직통 히브리어 구문론'은 문법의 3대 요소 중 구문론(syntax)을 중심한 해설 및 독습서입 니다. 특히 본서는 제1부는 '문자와 소리'(음운론), 제2부는 '형태론과 구문론'으로 구성되어 기초 문법부터 중급문법에 이르기까지 체계적으로 문법을 공부할 수 있습니다. 아쉽게도 히브리어 '문장'(sentences)의 '절'(clauses)에 대한 구문론을 소개하지 못한 것입니다. 이 부분은 빠른 시일 안에 제2판에서 소개하도록 하겠습니다. 그리고 이 책의 특징은 다음과 같습니다.

첫째, 각 문법 설명과 이해를 위해 모든 예문들을 히브리어 성경 본문에서 발췌하였습니다.

둘째, 문법 각 예문마다 자세한 해설을 붙여 각 예문의 형태론과 구문론을 모두 이해할 수 있도록 하였습니다.

셋째, 문법의 초보자도 초급부터 중급이상의 문법을 습득할 수 있습니다.

넷째, 예문의 히브리어 본문 행간에 문법 분해(parsing)에 관한 영문 약어와 한글 성경 본문을 제시하여(『스테판 원어성경 구약』 참조), 분해사전(analytical lexicons)의 도움 없이도 원문 이해와 독해가 쉽도록 하였습니다.

다섯째, 인내를 가지고 이 책을 따라 공부하게 되면 히브리어 구문에 대한 이해가 탁월해져서 원문 독해와 원문 설교에 자신감이 강화될 것입니다.

히브리어 원문에 대한 형태론과 구문론을 체계적으로 공부하여 히브리어 원문 성경 속에 감추어져 있는 깊고 바른 의미들을 발견하여 가르치고 전하는 훌륭한 강해 설교자가 되기를 기대하면서… 아무쪼록 이 책이 히브리어 원문 성경을 읽고 상고하는 독자들에게 필독서가 되고 유익하고 친절한 벗이 되기를 소망합니다. 계속하여 후속편과 헬·히 단어장, 히브리어 및 아람어 초급문법서와 등등을 소개하고자 합니다. 많은 기도와 격려가 있기를 소망합니다.

2017년 9월

이 정 철

# 제1부 문자와 소리



Contents

Contents

Contents

Contents

# 제2부 형태론과 구문론

Contents

Contents

Contents

Contents

Contents

Contents

Contents

Contents

Contents

Contents

Contents

Contents

Contents

Contents

Contents

Contents

Contents

Contents

Contents

Contents

Contents

Contents

Contents

제1부

# 문자와 소리

# 히브리어 문법 약어표(略語表)

<table>
<tr><th>품사</th><th>어간(Stem)</th><th>시상(Tense)과<br>법(Mood)</th><th>성</th><th>인칭</th><th>수</th></tr>
<tr><td>V동사</td><td>Q 칼(Qal)<br>N 니팔(Niphal)<br>T 히트파엘(Hithpael)<br>P 피엘(Piel)<br>U 푸알(Pual)<br>H 힢일(Hiphil)<br>O 훞알(Hophal)</td><td>A 완료<br>I 미완료<br>NA 부정사절대형<br>NG 부정사연계형<br>PA 분사능동형<br>PP 분사수동형<br>M 직접명령법<br>J 단축형(간접명령법)<br>C 연장형(권유법)</td><td>M 남성<br>F 여성<br>C 공성</td><td>X 1인칭<br>Y 2인칭<br>Z 3인칭</td><td>S 단수<br>P 복수<br>D 쌍수</td></tr>
<tr><td>N 명사</td><td colspan="2">P 인칭대명사<br>E 고유명사<br>S 실명사<br>Ge 인종표시명사</td><td colspan="2">M 남성 X 1인칭 S 단수<br>F 여성 Y 2인칭 P 복수<br>C 공성 Z 3인칭 D 쌍수</td><td>G 연계형</td></tr>
<tr><td>A 형용사</td><td>P 대명사<br>B 부사<br>N 수사</td><td>R 관계사<br>T 의문사<br>I 부정사(Indefinite)<br>D 지시사<br>M 비교법<br>S 최상급<br>C 기수<br>O 서수<br>N 부정어(Negative)</td><td>M 남성<br>F 여성<br>C 공성</td><td>X 1인칭<br>Y 2인칭<br>Z 3인칭</td><td>S 단수<br>P 복수<br>D 쌍수</td></tr>
<tr><td colspan="3" rowspan="2">D 관사<br>C 접속사 W 와우 계속법<br>P 전치사<br>Q 불변사<br>J 감탄사<br>T 의문사(부호)<br>O 한정대격(부호)</td><td colspan="3">H 향격어미<br>Vh 의지적 어미<br>Ch 연장형 어미</td></tr>
<tr><td colspan="3">/ 또는(or)<br>+ 그리고(and)</td></tr>
</table>

# 히브리어 문자와 발음(Writings and Sounds)

| 문자 | 어미형 | 명칭 | 의미 | 원래 의미 | 발음 | | 숫자 |
|---|---|---|---|---|---|---|---|
| | | | | | 음역 | 한글표기 | |
| א | | 알렢(aleph) | 수소 | 원동력(힘) | ’ | ’ㅇ | 1 |
| בּ ב | | 베트(bet) | 집 | 내부 | b | ㅂ | 2 |
| גּ ג | | 기멜(gimmel) | 낙타 | 최초의 힘을 밖으로 가져감 | g | ㄱ | 3 |
| דּ ד | | 달렡(dalet) | 문, 열림 | 문, 여성의 가슴 | d | ㄷ | 4 |
| ה | | 헤(he) | 공기통, 격자창 | 숨결, 외침, 기도 | | h | ㅎ |
| ו | | 바브(vav) | 못 | 갈고리, 노, 연결 매달림 | v | ㅂ(영어의 v) | 6 |
| ז | | 자인(zayin) | 무기, 장식 | 화살, 전쟁 | z | ㅈ | 7 |
| ח | | 헤트(het) | 울타리, 벽 장애물 | 울타리, 담장 | ḥ | ㅎㅎ | 8 |
| ט | | 테트(tet) | (뱀, 뱀가죽)? | 방패, 보호 | ṭ | ㅌㅌ | 9 |
| י | | 요드(yod) | 손 | 손, 잡기, 주기 | y(i) | 이(영어의 y) | 10 |
| כּ כ | ך(500) | 카프(kap) | 손바닥 | 잡기, 주기 손바닥의 오목한 곳 | k | ㅋ | 20 |
| ל | | 라멛(lamed) | 소몰이 막대 | 전진, 역동성 휴식 끝 일하기 | l | ㄹㄹ | 30 |
| מ | ם(600) | 멤(mem) | 물 | 여러 종류의 물 | m | ㅁ | 40 |
| נ | ן(700) | 눈(nun) | 물고기,물뱀, 야생오리 | 바다 깊은 곳에 숨겨져 있는 것 | n | ㄴ | 50 |
| ס | | 사멕(samek) | 받침대 | 받침대, 골조 하부구조, 물고기뼈 | s | ㅅ | 60 |
| ע | | 아인(ayin) | 눈, 샘 | 보기, 응시하기 의견을 묻기 | ‘ | ‘ㅇ | 70 |
| פּ פ | ף(800) | 페(pe) | 입 | 입, 말하기, 먹기 숨쉬기 | p | ㅍ | 80 |
| צ | ץ(900) | 짜데(ṣade) | 낚시, 닻 | 사냥하기, 낚시하기 포획하기 | ṣ | ㅉ | 90 |
| ק | | 코프(qop) | 바늘구멍 | 원숭이, 바늘구멍 | q | ㅋ | 100 |
| ר | | 레쉬(resh) | 머리, 시작 | 머리, 시작 | r | ㄹ | 200 |
| שׂ | | 신(sin) | 치아 | 씹기, 축소하기 분석하기, 빻기 | Ś | ㅆ | 300 |
| שׁ | | 쉰(shin) | 치아 | 씹기, 축소하기 분석하기, 빻기 | Š | 영어의 ∫ (쉬) | 300 |
| תּ ת | | 타브(tav) | 표식, 기호, 상징 | 표식, 결합 생명, 완성 | t | ㅌ | 400 |

# 히브리어 알파벳 노래

# I. 셈어와 히브리어

구약 성경은 아람어(Aramaic)로 기록된 부분(에스라 4:8~6:18; 7:12~26; 다니엘 2:4~7:28; 예레미야 10:11; 창 31:47)을 제외하고 모두 히브리어(Hebrew)로 기록되어 있다. 이 언어는 구약에서 '히브리어'라고 불리우지 않고 '유다 방언'(יְהוּדִית, the Jews langage; 왕하 18:26; 느 13:24), '가나안 방언'(שְׂפַת כְּנַעַן, the langage of Canaan; 사 19:18)이라고 불리운다. 그리고 '히브리어'(לָשׁוֹן עִבְרִית, γλῶσσα τῶν Ἑβραίων; ἑβραϊστί)라는 명칭은 구약 성경에는 나타나지 않는다. ἑβραϊστί라는 용어는 옛 히브리인들을 지칭하기 위하여 예수 벤시락 서문(주전 130년경)에서 최초로 사용되었고 신약에서는 계 9:11에서 사용되었다.

유다 방언(יְהוּדִית)을 사용했던 사람 또는 민족을 학개, 느헤미야, 에스더에서처럼 '유다, 유다인'(יְהוּדִי)이라고 하였다. 히브리인(עִבְרִין; Ἑβραῖοι; Hebraei)이라는 명칭은 요세푸스 및 헬라와 라틴 작가들 즉 이방인들 사이에 알려졌던 이름이며, 이스라엘인(בְּנֵי יִשְׂרָאֵל)이라는 명칭은 공식적인 민족명으로서 종교적인 의미를 지니고 있으며 이스라엘 민족 스스로 사용한 이름이다.

히브리어는 동양(서부 아시아)의 언어로서 셈 어족(語族, Semitic)에 속한다. 즉 팔레스타인, 페니키아, 시리아, 메소포타미아, 바벨론, 앗수르, 그리고 아라비아에서 사용된 토착 언어이다. 셈어(Semitic)란 처음에 이들 나라들이 지리적으로 지중해로부터 유프라테스와 티그리스강에 이르는 지역 및 아르메니아 산맥으로부터 아라비아 남부 해안에 이르는 비옥한 초승달 지역(Fertile Crescent)에 위치하고 있으므로 이 지역과 연관된 언어들을 설명하기 위해 사용되었다. 어떤 학자들은 이 용어를 그러한 언어를 말하는 민족들을 지칭하는 말로도 사용하였다.

셈어(Semitic)라는 말은 창 10:21에서 노아의 아들인 셈(Shem)이라는 이름에서 왔으며, 이 언어를 사용하는 대부분의 민족은 셈의 후손이라는 사실에 기초를 두고 있다. 물론 이 언어를 사용하는 사람들이 다 셈의 후손인 것은 아니며, 셈의 모든 후손들 역시 다 셈어를 사용한 것도 아니다. 창 10:22에서 셈의 후손들인 엘람(Elam)과 룻(Lud)은 각각 엘람어(Elamite; 비셈어)와 리디아어(Lydian; 비셈어)를 사용하였고, 창 10:6-7에서 함(Ham)의 후손들인 가나안(Canaan)과 구스(Cush)는 함어(Hamitic)가 아닌 셈어인 가나안어(Canaanite; 서부 셈어)와 에디오피아어(Geez or Ethiopic; 남부 셈어)를 사용하였다. '셈어'라는 말은 현재로 일반적으로 통용되고 있는 명칭이다. 지역적으로 대표적인 셈어를 다음과 같이 분류할 수 있다.

① **동부 셈어(Eastern Semitic)**: 악카드어(Akkadian, 2500-2000 B.C.), 바빌로니아어(Babylonian, 2000 B.C.), 앗시리아어(Assyrian, 2000-600 B.C.).

악카드어는 고대 수메르(Sumer)에서 차용한 설형문자(Cuneiform)로 기록되어 있으며, 아카드어, 바빌로니아어, 앗시리아어의 집단을 이룬다. 악카드어의 발전 과정을 역사적으로 분류하면, 사르곤 이전 시대(Pre Sargonoid, 2500-2350 B.C.), 사르곤 시대(Sargon of Age, 2350-2150 B.C.), 제3우르의 부흥시대(Ur Ⅲ, 2150-1950 B.C.)의 세 시기로 나뉜다.

앗시리아어는 고(古) 앗시리아(Old Assyrian, 2000-1500 B.C.), 중(中) 앗시리아(Middle Assyrian, 1500-1000 B.C.), 신(新) 앗시리아(New Assyrian, 1000-600 B.C.)의 세 시기로 나뉜다. 바빌로니아어 역시 앗시리아어와 동일한 시기로 나뉜다. 즉 고(古) 바빌로니아(Old Babyloni an), 중(中) 바빌로니아(Middle Babylonian), 신(新) 바빌로니아(New Babylonian)로 나뉜다.

② **북부 셈어(Northern Semitic)**: 아람어(Aramaic), 아모리어(Amorite), 페니키아어(Phoe nician).

아람어는 동부 아람어와 서부 아람어로 나뉜다. 동부 아람어(Eastern Aramaic)는 만데아어(Mandaic), 시리아어[Syriac; 야곱어(Jacobite)와 네스토리아어(Nestorian)가 속함], 성서 아람어(Biblical Aramaic), 바벨론 탈무드 아람어(Babylonian Talmudic Aramaic)가 속한다. 서부 아람어(Western Aramaic; 갈대아어)는 나바테아어(Nabataean), 사마리아어(Samari tan), 팔미라 유대 아람어(Palmyrene Jewish Aramaic), 팔레스타인 유대 아람어(Palestinian Jewish Aramaic), 신약성경의 아람어가 속한다.

③ **서부 셈어(western Semitic)**: 가나안어(Cannanite), 모압어(Moabite), 암몬어(Amm-onite), 에돔어(Edomite), 우가리트어(Ugaritic), 히브리어(Hebrew).

④ **남부 셈어(Southern Semitic)**: 아랍어(Arabic), 에디오피아어(Geez or Ethiopic), 아말렉어(Amalekite), 사바어(Sabaean), 미네아어(Minean), 미디안어(Midianite).

# 1. 셈어의 특징

고고학자인 사바티노 모스카티(Sabatino Moscati)는 "셈어는 음성학, 어형론, 구문론, 어휘 등에서 공통점이 너무 많아서 이를 단지 역사적 시대 안에서의 차용이라고 볼 수 없으며 이 공통점들은 공통의 기원을 갖고 있는 사실을 전제한다"[1]고 말한다. 이 말은 모든 셈어는 가상적인 공통의 조상 언어(원(原) 셈어, Proto-Semitic)을 가지고 있다는 의미이다. 학자들은 이를 바탕으로 셈어 개개의 형태에 대한 가상적인 복원을 통하여 공통의 원형을 찾으려는 시도를 하였다.

## 1) 모스카티의 셈어의 특징

### (1) 음성학적 특징

자음 체계에 후두음(a guttural sound), 인두음(a pharyngeal sound), 구개음(a palatal sound) 발음을 많이 갖고 있다. 언어 중 가장 강한 인두음은 '아인'(ע)과 '헤트'(ח)이다.

### (2) 세 개의 어근

셈어 단어의 어형은 일반적으로 사전적 형태소인 어근(root)에 기초하고 있다. 어근은 보통 세 개의 문자로 이루어져 있다. 예를 들면, '지배'나 '통치'를 뜻하는 단어들로부터 세 개의 어근 m(מ)-l(ל)-k(כ)를 뽑아낼 수 있다. 즉 melek(מֶלֶךְ, 왕), malkā(מַלְכָּה, 여왕), malkūt(מַלְכוּת, 왕국, 왕권), mālak(מָלַךְ, 다스리다)이다.

### (3) 어형론적 결정

세 개의 어근에 접두사(prefix), 접요사(infix), 접미사(suffix)를 어떻게 첨가하느냐에 따라 단어의 정확한 의미와 기능이 결정된다. 이러한 첨가로부터 다양한 명사들, 동사들 그리고 다른 품사들이 결정된다.

---

1) Sabatino Moscati, ***Ancient Semitic Civilizations*** (New York: Putnam, 1957), 25; Allen F. Ross, 『로스성서히브리어』, 최명덕, 정길호 역 (서울: 도서출판 미스바, 2007), 12.

### (4) 구문론

구문론(syntax)에서 있어서 영어, 헬라어, 라틴어가 논리적으로 주절과 종속절로 구성되는 것과는 대조적으로 셈어 문장의 절은 대부분 단순한 대등절로 이루어진다.

## 2) 셈어의 일반적인 특징

(1) 셈어는 그 모양에서 이집트 상형문자(Hieroglyphic script)와 유사하며, 특히 B.C. 1300년경의 원(原)가나안 문자(Proto-Canaanite script)의 경우는 더욱 그러하다.

(2) 문자 수는 대체로 27개를 넘지 않으며, B.C. 13세기에 오면 22개로 줄어든다.

(3) 모든 셈어의 ן 문자는 자음(consonants)으로만 구성되어 있으며, 모음은 모음을 암시하는 matres lectionis라 불리는 몇 개의 자음(ה ו י)을 사용함으로써 그 역할을 대신하고 있다. 이러한 구조는 최초 원(原)가나안 문자 표기에 발견된다.

(4) 초기 문자는 필법(筆法, 글쓰는 방향)이 오른쪽에서 왼쪽(左向右書), 혹은 왼쪽에서 오른쪽으로(右向左書), 또는 수평 방향(横書), 수직 방향(縱書) 모두 자유롭게 썼다. 그 후 B.C. 1100년경부터 수직 방향의 필법이 사라지게 되고, 페니키아 문자로부터 오른쪽에서 왼쪽방향으로 수평 필법, 즉 좌향우횡서(左向右横書)만이 남게 되면서 오늘에 이르게 되었다.

(5) 셈어는 띄어쓰기가 없다. A.D. 8세기 고대 히브리어 문서에서는 단어와 단어 사이를 점(dot)으로 표시하여 구분하기 시작하였으며, 장(chapt)과 절(verse) 구분 역시 후기 맛소라 본문에서부터 시작되었다.

(6) 복합어 구성을 가급적으로 회피한다. 예를 들면 2개의 명사가 서로 결합하여 각각의 명사의 의미와는 다른 새로운 의미를 갖는 것을 피한다.

## 2. 히브리어 문자

벨하우젠(J. Wellhausen, 1844-1918)은 이스라엘 왕국 초기까지는 아직 히브리 사람들이 문자를 사용하지 않았다고 했다. 그러나 이 주장은 근거없는 가설이었음이 고고학적 발굴을 통해 입증되었다. 고대 히브리어 문자의 모든 비문형(Inscription)과 초서형(Cursive)은 페니키아어(Phoenician)에서 유래되었다. 페니키아어는 그 당시 해상무역을 통하여 카르타고와 페니키아의 수많은 식민지에서 통용된 문자이다.

페니키아어에서 유래된 초기 히브리어 알파벳은, 어떤 학교 학생의 농경 달력 연습장으로 추정되는 게젤 달력(Gezer Calendar, B.C. 925년)에서부터 비롯하여, 약 75개의 금석문들이 적혀 있는 사마리아 도편(陶片)들(Samaritan Ostraca, B.C. 750년경), 히스기야왕 때 지하수로(水路)의 완성을 알려 주는 실로암 비문(Siloam Inscription, B.C. 700년경), 그리고 느부갓네살의 침략 때 기록된 약 100줄 정도의 해독 가능한 라기스 서신들(Lachish Letter, B.C. 589년경) 등에 초서체형으로 존재했다.

바벨론 포로기 이후, B.C. 3-2세기 사이에 초기형 히브리어 문자로부터 상당히 달라진 수정된 아람어 문자(modified forms of the Aramaic Characters)가 채택되어 사용되었다. 이 수정된 아람어 문자가 오늘날 인쇄된 히브리 성경의 '정방형 문자'(Square Characters)이다. 그러나 사해 두루마리(Dead Sea Scroll)들 가운데에서 특별히 하나님의 이름인 여호와의 경우에는 초기 히브리어 문자형이 발견된다. 초기형 히브리어 문헌들은 자음만을 사용했으며, 독자들이 모음을 붙여서 읽었다.

인쇄된 히브리어 성경에 찍혀 있는 모음들과 부호들은 A.D. 500년경 직후에 마소라 학자들(Masoretes)에 의하여 첨가된 것이다. 이 일단의 유대인 학자들은 자신이 이해한 것에 맞추어서 성경 히브리어의 발음을 정착했다. 그러나 구약의 고대 번역본들이나 아마르나 서신들(Tell el-Amarna Letters, B.C. 14C; 가나안의 관리들과 이집트 관리들 간의 외교 서신들로서 아카드어로 기록) 속에 발견되는 어휘들의 성경 외적인 증거들에 비추어 볼 때, 마소라 학자들의 전통적인 발음 표기는 여러 가지 점에 원래의 성경의 언어와 다른 것으로 추정된다. 원래는 성경의 히브리어 내에 여러 가지 방언 상의 차이점들이 존재했는데 이러한 차이점들이 마소라 학자들의 표준화 작업을 통하여 희석되어 버렸는지도 모른다.

## 3. 히브리어의 특징

히브리어는 바벨론 포로 때까지 이스라엘인이 일상적으로 사용하는 언어였다. 그러나 그들은 점차로 그것을 그들의 종교적 행위들에 제한시켰고 일상적 담화에는 아람어를 사용했다. 쿰란 종파의 비종교적 문헌과 바르 코흐바(Bar Kochbah) 문서들은 히브리어가 신약 시대에 완전히 사어(a dead language)가 되지 않았다는 사실을 보여주고 있지만, 주후 135년 제2차 반란(the Second Revolt) 이후에는 쓸모없이 되었다. 수 세기에 걸쳐 히브리어는 유대 민족에게 경건한 언어였으나, 현대 이스라엘에 와서 다시 소생하여 쓰이는 언어가 되었다.

히브리어의 특징은 다음과 같다.

① 히브리어는 전형적인 셈어(Semitic)이다. 따라서 언어의 본질적인 요소를 이루는 '어근'(root)은 세 개의 자음(consonants)으로 이루어져 있다.

② 단어의 기본적인 의미를 지니는 '어간'(stem) 역시 거의 대부분이 3개의 자음(triliteral)으로 구성되어 있다. 이 어간은 유동적인 모음(vowels)의 변화에 따라 7가지의 의미(Qal, Niphal, Piel, Pual, Hithpael, Hiphil, Hophal)를 지닌다.

③ 히브리어 동사(Verb) 체계는 인도유럽어 체계들과 달리, 시제는 근본적으로 두 가지이다. 즉 완료(Perfect), 미완료(Imperfect)이다. 이 시제는 보통 문맥에 의해서 결정된다. 이것들은 실제로 시제(tense)를 구분해 주는 것이 아니라 행동(Action)의 종류를 나타낸다. 즉 어떤 동작이 완결됐는지 아니면 완결되지 않았는지를 나타내 준다. 즉 완료된 행위, 미완료된 행위, 계속되는 행위, 강의적인 행위, 혹은 사역적인 행위를 강조한다.

④ 히브리어 문법은 단도직입적이고 단순한 경향이 있다. 많은 문장들이 짧고 무디며, 복합어 사용이 거의 없다. 특히 문장 구조에 있어, 헬라어에서 종속절들이 많이 나타나는 복합 구문(Coumpound-Complex Sentence) 대신, 히브리어에서는 단순한 병렬 구문인 등위문(Compound Sentence)이 훨씬 더 많이 사용된다. 필법은 좌향우횡서(左向右橫書)이다.

⑤ 히브리어 명사(Noun)는 두 개의 성(性)만을 갖는 반면에 성의 구분이 철저하다. 남성(男性)은 대표성 또는 실체가 있는 존재를 주로 표현한다. 여성(女性)은 보이지 않는 추상적인 개념을 표현한다. 헬라어는 격(格)의 구분을 철저히 하는 반면에, 히브리어의 격(格, case)의 표

현은 독특한 수단이 채용된다.

⑥ 히브리적 정서와 사고방식은 히브리어 구조에 반영되어 있다. 일반적인 히브리어 동사와 많은 명사들에는 강한 정서적 요소가 있다. 이 정서적 색채는 영어 같은 번역어에서 완전히 상실되었다. 따라서 히브리어 단어들은 다른 언어들과 의미에 있어서 항상 일치하지 않는다. 헬라적 사고방식은 논리적 삼단 논법으로 사고하는 경향이 있는 반면에, 히브리인은 시각적으로 은유와 직유로 사고한다. 히브리어 의미의 범위는 때때로 넓고 제한되어 있어서 번역을 위한 적당한 단어들의 선택을 어렵게 만든다.

⑦ 히브리어는 생동적이고 역동적인 언어이다. 헬라적 사유(思惟)가 정적(靜的, static), 평온(平溫), 중용(中庸)적, 조화(調和)적인 것과 달리, 히브리적 사유(思惟)는 동적(動的, dynamic), 힘찬, 정열(情熱)적, 때로는 폭발적인 성격을 가지고 있다. 히브리인들의 동적(動的) 사유 방식은 특히 그들의 동사(動詞, verb)들이 나타내 주는데, 이 동사들의 기본적인 의미는 언제나 '움직임' 혹은 '작용'(作用)을 표현한다. 히브리어 동사가 '앉아 있다' 또는 '누워 있다'와 같은 '정지'(靜止) 상태를 표현해야 할 때는 그것은 움직임도 표시할 수 있는 동사에 표현된다. '정지'(靜止) 상태 역시 '동작의 그침'이나 '결과' 혹은 '잠정적 동작'을 표현한다.

## 4. 히브리어 문어체(written language)와 구어체(spoken language)[2)]

1) B.C. 200년까지 즉 하스몬 왕조시대 이전에는 히브리어 기록이 성경 히브리어로 이루어졌다. 이 사실이 성경의 후기 문서인 에스라, 느헤미야, 역대기, 에스더서에 반영되어 있다.

2) B.C. 100년에서 A.D. 100년 사이에 기록된 쿰란 문서들이 특정한 언어적 성격이나 랍비 시대의 히브리어와 비슷한 요소들을 가지고 있음에도 불구하고, 그 문서들은 대부분이 성경 히브리어 양식을 따르고 있다. 대부분의 학자들은 히브리어가 제 2차 성전시대(B.C. 538 - A.D. 70)에 이스라엘의 여러 지역에서 구어(口語; spoken language)로 사용되던 언어였다고 동의한다.

3) A.D. 200년 무렵부터 히브리어는 더 이상 유대인들의 구어(spoken language)로 사용되지

2) 아비 후르츠 외 다수, 『성서 시대와 성서이후 시대의 히브리어 연구』, 박미섭 역 (서울: 한들출판사, 1999), 201-250.

않게 되었고 회당에서 성경과 기도문을 낭독할 때나 랍비 학교에서 미쉬나와 탈무드 같은 유대 경전들을 학습할 때 사용하는 문헌 언어(文語; written language)로 남게 되었다.

4) A.D. 2세기에 주로 아람어와 헬라어가 유대인들의 구어(spoken language)로 사용되었다. 히브리어가 팔레스타인 일부 지역에서 구어(spoken language)로 사용되었다는 증거가 탈무드(Megilot 18a)와 바르 코흐바(Bar-Kokhba) 서신(A.D. 135년경) 속에 나타난다. A.D. 200-250년에 주로 편찬된 랍비 문헌인 미쉬나의 히브리어 연구는 히브리어가 이스라엘에서 약 200년까지 구어로 사용되었음을 보여준다.

5) A.D. 200년 이후부터 11세기 중반까지는 히브리어를 문헌 언어로, 셈어(아람어, 아랍어)를 구어로 사용하였고, A.D. 11세기 중반부터 19세기 말까지는 히브리어는 문헌 언어로, 인도-유럽 언어를 구어로 사용하였다. 그리고 지난 백여 년간 이스라엘에서 히브리어를 문헌 언어(written language)와 구어(spoken language)로 사용하고 있다.

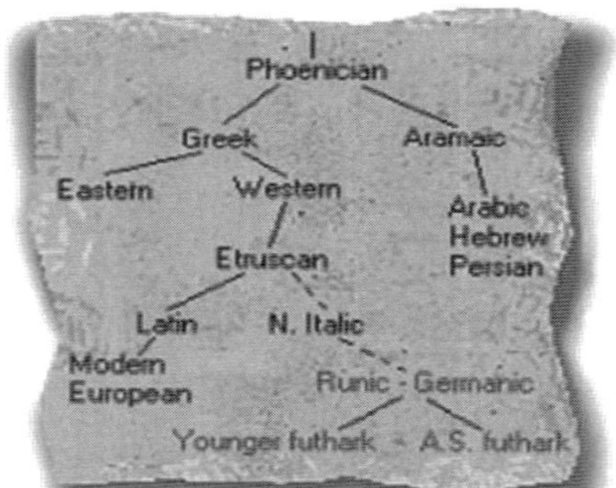


* 페니키아어의 계보 *

* 다윗 시대 고대 히브리어(Ostraca, B.C. 10C) *

# Ⅱ. 히브리어 문자와 발음(Writings and Sounds)

| 문자 | 어미형 | 명칭 | 의미 | 원래 의미 | 발음 | | 숫자 |
|---|---|---|---|---|---|---|---|
| | | | | | 음역 | 한글표기 | |
| א | | 알렢(aleph) | 수소 | 원동력(힘) | ʾ | ʾㅇ | 1 |
| בּ ב | | 베트(bet) | 집 | 내부 | b | ㅂ | 2 |
| גּ ג | | 기멜(gimmel) | 낙타 | 최초의 힘을 밖으로 가져감 | g | ㄱ | 3 |
| דּ ד | | 달렡(dalet) | 문, 열림 | 문, 여성의 가슴 | d | ㄷ | 4 |
| ה | | 헤(he) | 공기통, 격자창 | 숨결, 외침, 기도 | | h | ㅎ |
| ו | | 바브(vav) | 못 | 갈고리, 노, 연결 매달림 | v | ㅂ(영어의 v) | 6 |
| ז | | 자인(zayin) | 무기, 장식 | 화살, 전쟁 | z | ㅈ | 7 |
| ח | | 헤트(het) | 울타리, 벽 장애물 | 울타리, 담장 | ḥ | ㅎㅎ | 8 |
| ט | | 테트(tet) | (뱀, 뱀가죽)? | 방패, 보호 | ṭ | ㅌㅌ | 9 |
| י | | 요드(yod) | 손 | 손, 잡기, 주기 | y(i) | 이(영어의 y) | 10 |
| כּ כ | ך(500) | 카프(kap) | 손바닥 | 잡기, 주기 손바닥의 오목한 곳 | k | ㅋ | 20 |
| ל | | 라멛(lamed) | 소몰이 막대 | 전진, 역동성 휴식 끝 일하기 | l | ㄹㄹ | 30 |
| מ | ם(600) | 멤(mem) | 물 | 여러 종류의 물 | m | ㅁ | 40 |
| נ | ן(700) | 눈(nun) | 물고기,물뱀, 야생오리 | 바다 깊은 곳에 숨겨져 있는 것 | n | ㄴ | 50 |
| ס | | 사멕(samek) | 받침대 | 받침대, 골조 하부구조, 물고기뼈 | s | ㅅ | 60 |
| ע | | 아인(ayin) | 눈, 샘 | 보기, 응시하기 의견을 묻기 | ʿ | ʿㅇ | 70 |
| פּ פ | ף(800) | 페(pe) | 입 | 입, 말하기, 먹기 숨쉬기 | p | ㅍ | 80 |
| צ | ץ(900) | 짜데(ṣade) | 낚시, 닻 | 사냥하기, 낚시하기 포획하기 | ṣ | ㅉ | 90 |
| ק | | 코프(qop) | 바늘구멍 | 원숭이, 바늘구멍 | q | ㅋ | 100 |
| ר | | 레쉬(resh) | 머리, 시작 | 머리, 시작 | r | ㄹ | 200 |
| שׂ | | 신(sin) | 치아 | 씹기, 축소하기 분석하기, 빻기 | ś | ㅆ | 300 |
| שׁ | | 쉰(shin) | 치아 | 씹기, 축소하기 분석하기, 빻기 | š | 영어의 ʃ (쉬) | 300 |
| תּ ת | | 타브(tav) | 표식, 기호, 상징 | 표식, 결합 생명, 완성 | t | ㅌ | 400 |

* 히브리어 알파벳 쓰는 법

* 현대 히브리어 초서체(Modern Hebrew Cursive)

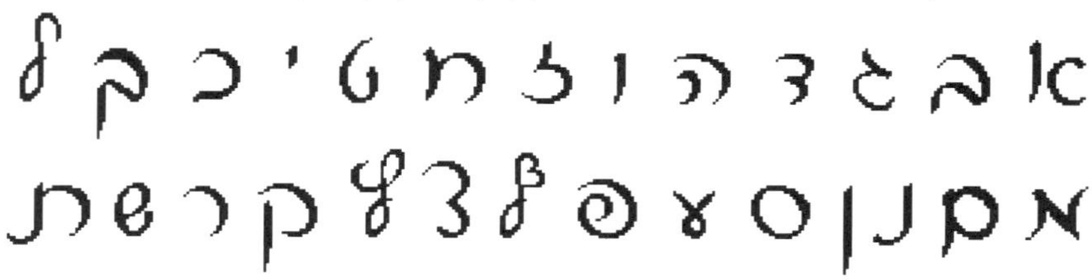

* 페니키아어 문자(Phoenician Script, B.C. 12-13세기)

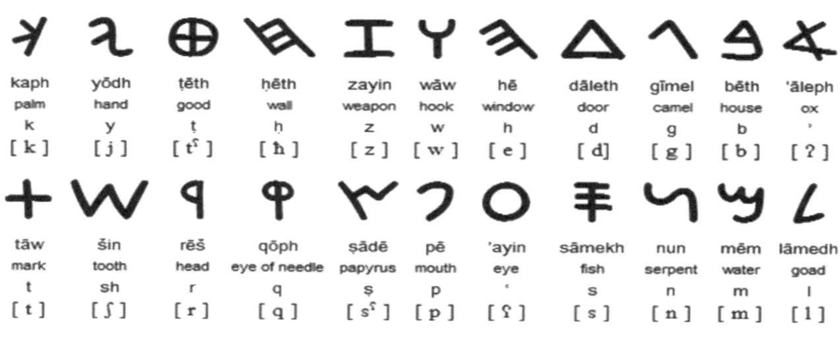

# 1. 구약 성경 히브리어 문자

## 1) 자음(Consonant)

### (1) 히브리어 알파벳

히브리어 알파벳은 22개의 문자(שׂ과 שׁ는 하나로 취급)로 구성되어 있으며, 모두 자음이다. 문자들이 사용된 순서가 아주 오래되었다는 것은 시편 9, 34, 37, 111, 112, 119편과 같은 소위 '이합체 시편'(Acrostic Psalms)에서 잘 나타난다. 이 시편들의 각 절은 히브리어 알파벳의 문자 순서를 따라 시작된다.

### (2) 캄나페쯔 문자

22자의 알파벳 중 다섯 문자는 단어의 끝에 올 때 특별한 형태를 취한다. 즉 כ, מ, נ, פ, צ 는 한 단어의 끝에 올 때 ך, ם, ן, ף, ץ 와 같이 된다. 이 문자들을 어미형 문자(Final Letters) 즉 '캄나페쯔'(כַּמְנַפֵּץ; '산산조각 내는 사람처럼', as the breaker in pieces)문자라고 부른다.

### (3) 아할템 문자

히브리어의 필법(筆法)은 오른편에서 왼편으로 쓰고 읽는 좌향우서(左向右書)이다. 히브리어의 한 행(line)은 끝에서 단어가 분리되지 않는다. 따라서 한 행의 공백이 남는 것을 피하기 위하여 다섯 문자들의 폭을 확장시켜서 그 행을 채운다. 곧 א, ה, ל, ת, מ 문자들이다. 이것들을 '늘여 쓸 수 있는 문자들'(Dilatable Letter; א, ה, ל, ת, מ) 즉 '아할템'(אֲהַלְתֶּם) 문자라고 부른다.

### (4) 브가드크파트 문자

ב ג ד כ פ ת 문자를 '브가드크파트' 문자(בְּגַדְכְּפַת)라고 한다. 히브리어에는 이 여섯 개의 문자들이 '연강점'(Dagheš lene)과 함께 쓰이면(ב ג ד כ פ ת), 폐쇄음(stops) 곧 b  g  d  k p  t로 발음된다. 또한 '연강점'이 사용되지 않으면(ב ג ד כ פ ת), 마찰음(spirants) 곧 bh gh dh  kh  ph  th로 발음된다.

① **Sephardic pronunciation**(스페인과 포르투갈 계통의 유대인 발음; 현재 이스라엘에서 사용되는 발음) : ת ד ג 를 구별없이 모두 연강점이 있는 것(תּ דּ גּ)과 동일하게 발음하며, פ כ ב 는 연강점이 있는 것(פּ כּ בּ)과 각각 구별하여 발음한다.

② **Ashkenazic pronunciation**(비 포르투갈 계통의 유대인 발음 ; 이스라엘 회당에서 사용되는 발음): תּ와 ת를 구별하여 발음하는데, ת는 마치 ס와 비슷하게 발음한다.

*** 필법(筆法, 문자의 배열 순서) ***

문자는 일반적으로 오른쪽에서 왼쪽으로 횡서(橫書)하는 것이 보통이며, 후대에 와서 왼쪽에서 오른쪽으로 횡서(橫書)로 씌어졌다.

① 좌향우횡서(左向右橫書, dextrosinistral): 히브리어 문자, 아람 문자, 아라비아 문자.

② 좌향우종서(左向右縱書): 한자.

③ 우향좌횡서(右向左橫書, sinistrodextral): 현대의 문자 대부분. 헬라어 문자, 룬 문자(Runic, A.D. 1C), 로마자, 게르만 문자, 영문자.

④ 우향좌종서(右向左縱書): 몽골 문자, 만주 문자.

⑤ 우경필법(牛耕筆法, boustrophedon)[3] : 마치 소가 밭을 갈듯이 좌향우횡서로 시작하여 우향좌횡서로 그리고 번갈아 좌우로 쓰는 필법. 힛타이트 상형문자(Hittite, B.C.18-17C), 에트루리아어(Etruscan, B.C.600), 오감 문자(Ogham, A.D.5C).

⑥ 와익필법(蝸匿筆法): 문장의 첫머리가 원반 가장자리에서 안쪽을 향하여 시계바늘 방향으로 선회하는 나선형(螺線形) 필법. 지중해 크레타 섬(Creta)의 파이스토스 원반(原盤) 문자(Phaistos Disk, B.C. 16C).

<Boustrophedon>

<Phaistos Disk script>

3) 'boustrophedon'이라는 단어는 헬라어 βοῦς(황소)+στρέφω(돌리다, 방향을 바꾸다)에서 유래.

### (5) 자음 음소들의 분류

① 순음(脣音, Labials): 입술을 완전히 다물거나 조금 다물었을 때 나오는 소리이다.

פ מ ו ב

② 치음(齒音, Dentals): 윗니 뒷부분에 혀 끝을 댔을 때 나오는 소리이다.

ט ת ד

③ 치찰음(齒擦音, Sibilants): 혀로 말미암아 생긴 좁은 목구멍을 통해서 숨이 빠져나올 때 생기는 마찰에서 비롯된 소리이다.

צ שׁ שׂ ס ז

④ 구개음(口蓋音, Palatals): 혀끝이나 혀 앞부분을 잇몸 바로 뒤에 있는 경구개 쪽으로 들어 올리거나 경구개에 댈 때 나오는 소리이다.

ק כ ג י

⑤ 설음(舌音, Linguals): 혓소리 곧 혀에서 나오는 소리이다.

ר ל

⑥ 비음(비음, Nasals): 입 안의 통로를 막고 코로 공기를 내보내면서 내는 소리이다.

נ מ

⑦ 후음(후음, Gutturals): 목구멍소리 곧 후두나 인두에서 나오는 소리이다.

א ה ח ע

### (6) 약자음과 후음 자음

**① 약자음(weak letters): י ו ה א**

약자음은 세력이 매우 약해서 어떤 조건에서는 자음으로서의 음가를 상실하여 묵음(quiescent)이 된다. 즉 음절의 처음에서는 자음으로서 음가를 유지하지만 음절의 마지막에서는 음가를 상실하고, 앞과 뒤의 모음이나 자음에 동화되거나 침묵하고 만다. 따라서 이 문자들을

'약자음'(weak letters) 또는 '침묵 자음'(quiescent letters)이라고 한다.

예) בָּרָא bārā(빠라), עָשָׂה 'āśā(아사), יִשְׁמָעֵאל yiśmāʿēʾl : 여기서 א ה 문자는 단어 끝에서는 언제나 침묵하며, 음절 끝에서 종종 침묵하여 개음절(open syllable)을 만든다.

예) בִּימֵי bîmê(비메), תּוֹצֵא tôṣē(토쩨) : 여기서 י ו 문자는 앞에 동질적인 모음이 오고 자신이 쉐바를 가질 때 쉐바가 앞모음에 동화됨과 동시에 침묵한다.

② 후음 자음(guttrals): א ה ח ע (ר)

ע은 א보다, ח은 ה보다, ה는 א보다 세력이 강한 후음이다. 후음은 목구멍에서 나는 소리이므로 반복 발성할 수 없다. 즉 중복 발성할 수 없으므로 중복을 풀고, 그 대신 앞모음을 길게 해야(장모음화) 발성할 수 있다. 후음은 단순 유성 쉐바 대신에 복합 쉐바를 취한다. 그리고 '맢픽'(mappiq)[4]을 가진 הּ 문자역시 강한 후음 자음과 동일한 성격을 갖게 된다. 또한 후음 문자는 아니지만 후음의 특성을 가진 ר 자음도 중복 발음을 할 수 없고 대신 앞모음을 길게 한다. 하지만 단순 유성 쉐바를 취한다.

### (7) 사본(manuscripts)에 나타나는 특별한 문자들

#### ① 큰 문자들(Majuscule Letters)

예) 창 1:1(בְּרֵאשִׁית) 의 בּ; 레 11:42(עַל־גָּחוֹן)의 ו; 민 14:17(יִגְדַּל־נָא)의 י.[5]

#### ② 작은 문자들(Minuscule Letters)

예) 창 2:4(בְּהִבָּרְאָם)의 ה.[6]

4) 맢피크(מַפִּיק): '나오다, 나가다'를 뜻하는 아람어 נְפַק의 haphel 능동분사형이다. 이것의 라틴어 번역어 역시 proferens이며, '이끌어 내는'(즉 소리나게 하는)의 뜻을 갖는 능동분사이다. 따라서 '맢픽'이란 '자음을 발음하다'라는 의미를 가진다.

5) BHS(=Biblical Hebraica Stuttgartensia)에는 בּ, י가 큰 문자로 나타나지 않지만, 오늘날 히브리 대학에서 출판된 인쇄본 HUBP, 곧 Codex aleppo(A.D. 930년경)에서는 큰 문자로 확인된다.

6) BHS에는 보통 문자이나, Codex Aleppo에는 작은 문자로 나타난다.

③ **떠서 매달려 있는 문자들(Suspended Letters)**

예) 삿 18:30절(בֶּן־מְנַשֶּׁה)의 נ[7]; 시 80:14(מִיָּעַר)의 ע(시편의 한 가운데); 욥 38:13(רְשָׁעִים) 및 15절(מֵרְשָׁעִים)의 ע.

④ **손상된 문자(Mutilated Letters)**

예) 민 25:12(שָׁלוֹם)의 ו[8]; 출 32:25(בְּקָמֵיהֶם) 및 민 7:2(עַל־הַפְּקֻדִים)의 ק.[9]
여기서 ו와 ק가 문자의 중앙부분에 손상된 형태로 나타난다.

⑤ **닫힌 멤(Closed Mem)**

예) 사 9:6(לְםַרְבֵּה)의 ם. 여기서 מ이 와야 하는데 어미형 ם이 왔다.

⑥ **열린 멤(Opened Mem)**

예) 느 2:13(פְּרוּצִימ)의 מ. 여기서 어미형 ם이 와야 하는데 מ이 왔다.

⑦ **거꾸로 된 눈(Inverted Nun, ׆)**

예) 민 10:35앞과 36절의 끝; 시 107:23-28과 40절 앞. 이것은 해당 구절들이 적절하지 못한 곳에 놓였음을 가리키는 일종의 괄호 표시이다. Krauss는 이것이 헬라어의 의구표(obelus, ÷)를 모방한 것으로 생각한다.

⑧ **특수한 점(Extraordinary points): BHS 본문상 15곳에서 특수한 점들이 나타난다.**

예) 창 16:5 אָנָכִי; 민 3:39 וְאַהֲלֹן
창 18:9; 19:33, 35; 33:4; 민 9:10; 37:12; 21:30; 29:15; 신 29:18 삼하 19:20; 사 44:9; 겔 41:20; 46:22; 시 27:13.

---

7) 이는 מְנַשֶּׁה 대신 מֹשֶׁה라는 독법을 지시한다.

8) BHS에는 ו가 정상적인 문자로 나타난다. Codex Aleppo에는 손상된 형태로 나타난다.

9) BHS에는 ק가 정상적인 문자로 나타난다.

### (8) 단어의 약자

히브리어 단어의 약자는 구약 본문에서는 발견되지 않지만 후대의 유대인들 사이에서 흔히 사용되는 것이므로[10] 히브리어 문법을 배우는 학생이라면 알아 둘 필요가 있다.

#### ① 끝 사선( ′ )

옛 필사본과 편집본들에서는 점(dot), 후대에는 사선(slash)이 단축 부호(or 생략 기호)로서 사용되었다.

예) יש´ = יִשְׂרָאֵל의 약자; פ´ = פְּלֹנִי[어떤 것(사람)]의 약자; ד´ = דָּבָר의 약자
ה´ = יְהוָה(야웨)의 약자; וגו´ = וְגוֹמַר(그리고 끝마치는 것, 기타 등등)

#### ② 중간 쌍사선( ″ )

단어 중간에 쓰인 쌍사선(double slash)은 해당 단어가 '생략 기호'(apostrophe), 암기어, 약동사 표기임을 보여 준다.

예1) תא״ם = תְּאֹם(twin)의 약자. 구약 성문서의 첫 세권의 책 곧 시편(תְּהִלִּים), 잠언(מִשְׁלֵי), 욥기(אִיּוֹב)를 일컫는 암기어는 첫 자음들을 모은 약자로 אֱמֶת(욥-잠-시; 진리)이다. 그러나 이보다 더 정확한 약자로서 히브리 성문서(케투빔, כְּתוּבִים) 본래의 순서를 따른 תא״ם(시-욥-잠) 임을 보여준다.
תנ״ך = '타낙'(Tanach), 히브리어 성경의 약어. תּוֹרָה(율법서) - נְבִיאִים(예언서) - כְּתוּבִים(성문서)의 순서.

예2) פ״ן = 페 눈 동사(Pe Nun Verbs). 약동사의 종류들을 나타낼 때도 표기된다. 즉 어근의 첫 문자가 נ자음인 약동사를 지칭한다.
ע״ע, ע״י, ע״ו, ל״ג, ל״ה, ל״א, פ״ג, פ״ן, פ״י, פ״ו, פ״א

10) Emil Kautzsch, 『게세니우스 히브리어 문법』, 신윤수 역 (서울: 비블리카 아카데미아, 2003), 42; Paul Joüon - T. Muraoka, 『성서 히브리어 문법』, 김정우 역 (서울: 도서출판 기혼, 2012), 22.

예3) יְיָ 또는 יָי = יְהוָה (야웨)의 약어

*** BHS의 마소라 Mm · Mp의 쌍사선( ״ ) 약어 ***

א״ב = אלפא ביתא (알파벳)
מ״פ = מצע פסוק (절 중간)
מ״ת = מצע תיבותא (낱말의 중간, 낱말 안에, 삼상 55:24)
ס״פ = סוף פסוק, סופי פסוקין (절(들)의 끝)
ס״ת = סוף פסוק, סופי פסוקין (낱말(들)의 끝, 장 10:15)
זֹ אֹ וס״פ (자켑, 아트나흐, 그리고 절의 끝)
יתיר ס״ת = יתיר סוף תיבותא (마지막 낱말에 어미음이 첨가된, 수 10:24)
נ״ך (예언서들과 성문서들)
ר״פ = ראשׁ פסוק, רישׁ פסוקא, ראשׁי פסוקין, רישׁי פסוקין(절의 시작/ 서두)
ר״ת = ראשׁ תיביותא (낱말의 시작)
אמ״ת = איּוֹב מִשְׁלֵי תְהִלִּים (시가서: 욥기, 잠언, 시편)

(9) Tetragrammaton(YHWH)

יהוה 즉 '신명사문자'라는 의미를 지닌 '테트라그람마톤'(Tetragrammaton; YHWH)은 야웨 하나님의 이름이다. 출 3:14에서 야웨의 이름은 "나는 스스로 있는 자니라"(אֶהְיֶה אֲשֶׁר אֶהְיֶה; I AM WHO I AM)로 모세에게 소개되었다. 이것은 동사 הָיָה(to be; 이다, 존재하다) 또는 동사 הָוָה(to be; 이다, 존재하다)와 관련 있는 것으로 추정한다.

구약성경에 6000번 이상이나 언급되는 이스라엘 하나님의 이름에 대하여 유대인들이 발음하기를 금지한 것은 아마도 예루살렘 파괴(B.C. 586)이후 곧 바벨론 포로기 이후이다. 거룩하신 하나님의 이름을 인간의 부정한 입술로 발음하면 "야웨의 이름을 망령되어 일컫지 말라"는 출애굽기 20장 7절의 계명을 범하게 된다는 생각 때문에 야웨의 이름을 발음하지 않는 관습이 생기게 되었다. 따라서 야웨의 이름이 기록되어 있는 곳에서는 '아도나이'(אֲדֹנָי; 주님 or 나의 주인)라고 읽었다. 즉 יהוה '4문자' 아래에 '아도나이'(אֲדֹנָי)의 모음을 사용하여 적절하게 읽었다.

그 결과, יְהֹוָה 라는 형태가 되었는데, 여기서 '홀렘'(ḥôlem)을 제거하고 י 밑에 복합쉐바 대신 단순유성쉐바를 표기하면 יְהוָה 형태가 된다. Codex Leningradensia(B19a, A.D.1009)에는 יְהוָה 형태로 기록되어 있으며, Codex Aleppo(A.D. 930)에는 홀렘이 있는 יְהֹוָה 형태로 기록되어 있다.

신명사문자는 '아도나이'(אֲדֹנָי) 대신에 '하셈'(הַשֵּׁם, 그 이름) 또는 아람어 '쉬마'(שְׁמָא, 그 이름)로 발음하기도 하였고, 사마리아인들은 그것을 '쉐마'(שֵׁימָא)라는 발음으로 대치하여 읽었다. 그리고 신명사문자 יהוה에 '하셈'(הַשֵּׁם)의 모음을 사용하여 읽으면 יַהְוֶה 형태가 된다. BDB 사전은 יַהְוֶה 형태로 표기되어 있다.

신명사문자에 대한 영문 번역에 있어서, 초기에는 'Jehovah'(여호와; y^e^howâ)로 번역하였다. 하지만 대부분의 현대 번역들은 'Lord'를 사용한다. 또한 학문적인 용어로 처음에 큰 대문자와 나머지 작은 대문자 곧 Yhwh 용어가 사용된다. 그리고 정확한 발음 문제는 수많은 논쟁 가운데 학자들이 '야웨'(Yahweh, יַהְוֶה)라는 발음에 동의하였다. 참고, ASV는 'Jehovah', Jerusalem Bible는 'Yahweh'를 사용하고 있다.

### (10) Theophoric Ending

이스라엘 백성들의 이름 가운데에 야웨의 이름과 신들 이름이 결합된 증거들이 구약 성경과 고고학적 자료들에서 나타난다. 야웨(יהוה)의 이름이 포함되어 있는 이름을 'the theophoric name'이라 하며, 특별히 해당 이름 끝부분에 접미사로 '야웨의 약자'가 결합되어 있는 것을 'the theophoric ending'이라 한다.

#### ① the theophoric name

* '요게벳'(יוֹכֶבֶד, 모세의 어머니) = כָּבֵד(무겁다, 영화롭게 하다) + יוֹ(יהוה 축약형)
  = '야웨께서 영광을 받으심' or '야웨는 영화로우시다'

#### ② the theophoric ending

* '엘리후'(אֱלִיהוּ, 다윗 때의 성전 문지기) = הוּ(יהוה 축약형) + אֵלִי(나의 하나님)

= ‘야웨는 나의 하나님이시다’ or ‘나의 하나님은 야웨이시다’

* ‘이사야’(יְשַׁעְיָהוּ, 선지자 이사야) = יהוּ(יהוה 축약형) + יָשַׁע(구원하다)

= ‘야웨는 구원이시다’ or ‘야웨가 구원하신다’

* ‘예레미야’(יִרְמְיָה, 선지자 예레미야) = יָהּ(יהוה 축약형) + רוּם(높이다, 일으키다)

= ‘야웨께서 높이시다’ or ‘야웨께서 일으키시다’

* ‘할렐루야’(הַלְלוּ־יָהּ) = יָהּ(יהוה 축약형) + הָלַל(찬양하다)

= ‘여호와를 찬양하라’ or ‘Yah를 찬양하라

## * 맛소라(Masorah) *

히브리어 ‘맛소라’(מְסוֹרָה)는 ‘전승, 전통’이라는 뜻이며, ‘미쉬나 히브리어’(Mishnaic Hebrew) 동사 מָסַר(전달하다)에서 파생된 후대 형태인 מְסוֹרָה에서 유래되었다. 에스겔 20장 37절의 מָסֹרֶת(사슬, 끈)와는 연관이 없다.

‘맛소라’란 단순히 ‘맛소라 본문’(Masoretic Text)을 가리키기도 하고, 그 본문을 정리한 ‘맛소라 학파’(The Masoretes)를 가리키는 용어이기도 하다. 이들은 A.D. 500-950년 사이에 활동한 학파로 히브리어 성경본문의 전통 곧 마지막 본문 형태를 보존 · 고정 · 전수시킨 학자들이다. 특히 서부 맛소라 학파인 이들은 갈릴리 호수 서쪽에 있는 티베리아시(市)를 학술 본거지로 삼고 다음과 같은 활동을 하였다.

① **성경 본문 파수:** 예부터 내려오는 성경 본문을 굳게 파수하기 위해, 히브리어 성경 본문 이전 기록자들이 필사한 그대로 보전 · 전승시키려고 노력했다. 따라서 자음 본문에 오사(誤寫), 누락(漏落)되어서도 정정하거나 채우질 않고 맛소라 주(註)로써 기록해놨다. 맛소라 주해(註解)는 ‘마소라 난외주’(Masora marginalis) 즉 ‘대마소라’(Masora magna; Mm), ‘소마소라’(Masora parva; Mp)와 ‘마소라 말주’(Masora finalis) 등이다. 맛소라 주해의 언어는 대부분 아람어로 표기되어 있다.

② **크티브-크레 표시:** 이들은 본문 비평을 하여 성경 원본을 찾으려는 노력을 하였다. 이것이 소위 ‘크티브’(כְּתִיב; K[e]thib, 기록된 것)-‘크레’(קְרֵי; Q[e]re, 읽어라)이다. 즉 본문의 어떤 자음들이 잘못 기록되었음(크티브; ˚ )을 발견할 때, ‘마소라 난외주’ 곧 ‘소마소라’(Mp)에다 수정된 자음을 기록하여 바른 본문을 읽도록(크레; ק) 해 주었다.

③ **모음 표시:** 모음을 창안하여 자음만으로 기록된 성경본문에 정확한 발음을 하도록 모음을 붙였다. 현재 사용중인 히브리어 구약 인쇄본인 BHS(Biblica Hebraica Stuttgarten -sia)는 티베리아 모음체계를 사용하고 있다.

④ **액센트 부호 표시:** 원래의 자음만의 성경본문에 액센트 부호를 만들어 표시함으로써 성경이해와 낭독하는데 크게 도움을 주었다. 액센트 부호가 완전히 체계화된 것은 티베리아 학파에 의해서였다. 액센트 부호는 BHS의 '액센트 테이블'을 참고하라. 산문(27종) 및 운문(21종) 부호가 표시되어 있다.

⑤ **본문의 절 구분 완성:** 히브리어 성경을 절로 나누는 일은 미쉬나(Mishnah, מִשְׁנָה; 반복, 가르침; A.D. 200년경)에 최초 언급되었으나 안정되지 못하였고, 바벨론 학파와 팔레스타인 학파간의 '절 구분'에는 차이가 있었다. 현재 형태의 '절 구분'은 A.D. 10세기의 티베리아 학파의 '벤 아세르'(Ben Asher)에 의해서이다.

⑥ **맛소라 본문:** 특히 '벤 아쉐르'(Ben Asher) 가문의 주도로 이루어진 귀중한 맛소라 본문은 '카이로 사본'(Codex Cairensis, A.D. 895), '알레포 사본'(Codex Aleppo, A.D. 930), '레닌그라드 사본'(Codex Leningradensis, A.D. 1008) 등이다.

## 2) 모음(vowel)

### (1) 완전모음(The full Vowels)

| | | 기호 | 발음 | 명칭 | | | 기호 | 발음 | 명칭 |
|---|---|---|---|---|---|---|---|---|---|
| A | 장 | ◌ָ | ā 아- | Qameṣ | E | 장 | ◌ֵי | ê 에- | ṣere-yod |
| | 단 | ◌ַ | a 아 | Pathaḥ | | | ◌ֵ | ē 에- | ṣere |
| I | 장 | ◌ִי | î 이- | Hireq-yod | | 단 | ◌ֶ | e 에 | Seghol |
| | 단 | ◌ִ | i 이 | Hireq | O | 장 | וֹ | ô 오- | Holem-vav |
| U | 장 | וּ | û 우- | Sureq | | | ◌ֹ | ō 오- | Holem |
| | 단 | ◌ֻ | u 우 | Qibuṣ | | 단 | ◌ָ | o 오 | Qameṣ-hatuph |

### (2) 불완전 모음(Half Vowels)

| 단순 쉐바(Simple šev) | | | | 복합쉐바(compound ševâ) | | | |
|---|---|---|---|---|---|---|---|
| | 기호 | 발음 | 명칭 | | 기호 | 발음 | 명칭 |
| E | ◌ְ | ◌ְe | 유성(vocal) 쉐바 | A | □ | ă | Hateph-Pathaḥ |
| | ◌ְ | 無音 | 무성(silent) 쉐바 | E | ◌ֱ | ĕ | Hateph-Seghol |
| | | | | O | ◌ֳ | ŏ | Hateph-Qameṣ |

### (3) 읽기의 어머니(matres lectionis)

자음 철자법의 문제점을 보완하기 위한 목적으로 모음에 가까운 음을 가진 ה ו י 그리고 드물게 א 문자가 각각 특정한 모음들을 표현하기 위해 사용되기 시작했다. 유대 학자들이 성경 본문에 모음 부호를 부여하기 오래 전부터 일부 자음은 장모음으로 사용되었다. 처음에는 이 문자를 낱말 끝에 사용했으나 기원전 6세기경에는 낱말 안에도 사용했다. 이 문자들이 히브리어로 אִמּוֹת הַקְּרִיאָה(immot haqria, '읽기의 어머니')로 불리며, 여기서 라틴어 'matres lectionis'(mothers of reading)가 유래되었다. 이 '모음 문자'들이 읽는 사람을 안내하는 역할을 했기 때문에 이런 명칭이 붙여졌다. 이러한 모음을 '역사적 장모음'(Historically Long Vowels)이라 한다.

이러한 방법으로 사용된 개별 모음문자를 '마테르'(mater, 어머니)라고 부른다. 가장 일반적인 장모음은 ה ו י 이다. 초기 단계에는 장모음을 표시하다가 점점 단모음도 표시하게 되었다. 이 모음 문자는 히브리어 성경보다도 후대 문헌인 쿰란 문헌, 랍비 문헌 및 현대 문헌에 더 많이 사용되었다. 현대 히브리어에서는 א을 포함하여, 이 네 문자를 각각의 첫소리를 합해 '에헤비'(알렙/헤/바브/요드)라고 부른다.

① ה 는 자음 ה가 아니라 단어의 마지막 모음 장모음으로 사용되며, 일반적으로 â 모음을 나타내지만 때때로 ê 나 ô 모음으로 사용되기도 한다.

예) עלה = ʿōlā (offering, 제물)이며, ʿlh 가 아니다.

② ו 는 자음 ו가 아니라 장모음 ô나 û 모음을 나타낸다.

예) בּוֹשׁ = bôš (to be ashamed, 부끄러워하다)이며, bwš가 아니다.

רוּת = rût (Ruth, 룻)이며, rwt 가 아니다.

③ י 는 자음 y가 아니라 장모음 î나 ê 모음을 나타낸다.

예) בִּין = bîn (to discern, 분별하다)이며, byn 이 아니다.

בֵּית = bêt (house, 집)이며, byt 가 아니다.

| matres lectionis | ה | י | | ו | |
|---|---|---|---|---|---|
| value (음가) | a | e | i | o | u |
| Historically long vowel (역사적 장모음) | הָ | ֵי | ִי | וֹ | וּ |
| long vowel (어조 장모음) | ◌ָ | ◌ֵ | ◌ִ | ◌ֹ | ◌ֻ |
| short vowel (어조 단모음) | ◌ַ | ◌ֶ | ◌ִ | ◌ָ | ◌ֻ |
| half vowel (쉐바) | ◌ֲ | ◌ֱ | ◌ְ | ◌ֳ | |

## (4) 초기 히브리어 철자법

히브리어 모음은 초기 비문 기록(Inscription)에서는 찾아 볼 수 없다. 히브리어는 원래 자음 철자법을 사용했기 때문에 모음이 반영되지 않았다. 따라서 기록된 자음 문자로만 기록된 단어들이 어떤 형태의 단어로 읽히는가에 따라 의미가 달라졌다.

예) ספר(sfr) 세 자음은 다음과 같이 여러 형태로 읽혀 질 수 있다.

① sefer '책, 두루마리'(NMS) ② sipur '이야기'(NMS) ③ sofer '그가 수를 센다'(VQPAMS) 또는 '서기관'(NMS) ④ sāfar '수를 세었다'(VQAMZS) ⑤ siper '그가 얘기했다'(VPAMZS) ⑥ supar '그것이 얘기되었다'(VUAMZS)

## (5) 완전 철자법과 불완전 철자법

일반적으로 모음 문자('마테르')가 포함된 철자법을 '완전 철자법'(full writing; scriptio plena)이라 하며, 이와 구별하여 어원상으로 기대되나 모음 문자('마테르')가 결여되어 있는 철자법을 '불완전 철자법'(defective writing; scriptio detectiva)이라 한다. 이 모음 문자들은 모음을 발음하는데 어느 정도 도움을 주었으나 각각이 절대 음가를 표현한 것이 아니어서 모음을 완전하게 표시하기 어려웠다. 또한 그 사용이 불규칙적이어서 자음 철자법의 문제를 해결해 줄 수 없었다.

예) יֵיטֵב צֹאן בֵּין נָבִיא : 완전 철자법(full writing)
יֵטֵב צֹן בֵּן נָבִא: 불완전 철자법(defective writing)

예) 완전 철자법으로 읽히는 סופר는 sofer(VQPAMS-그가 수를 센다; NMS-서기관) 또는 supar(VUAMZS, 그것이 이야기 되었다)로 읽힐 수 있기 때문에, 모음 문자(mater)의 부재는 기록된 단어 간의 형태와 의미를 구분하는데 불편을 초래한다.

*** 성서시대의 필기 재료와 도구 ***

성경의 원본(Original Text)은 오늘날 존재하지 않고 필사본(Manuscripts; Copy Texts) 만이 남아 있다. 구약시대의 성경 원본은 그것이 기록된 지 여러 세기가 지나면서 소멸해 버리고 사본들만 보존되어 내려왔다.

① 고대의 필사본의 일반적인 필기 재료는 진흙 점토판(Clay Tablets), 구워진 토판 질그릇 파편(Ostracons), 짐승의 가죽(Leather; Parchment, Vellum), 파피루스 두루마리(Papyrus Scroll) 등을 사용했다.

② 고대 필사본의 형태는 파피루스나 가죽으로 된 두루마리(Scrolls; מְגִלָּה), 주후 1세기 이후 여러 권의 사본을 혹은 그것의 전질을 하나로 묶어 낸 코덱스(Codex) 형태가 있다. 이 코덱스 형태는 4세기 이후부터 일반적으로 사용되었다. 대표적인 코덱스형 사본은 Codex Vaticanus, Codex Sinaiticus, Codex Alexandrianus 등이다.

③ 고대 필사본의 필기도구는 조각용칼(חֶרֶט; 사 8:1), 철필(עֵט; 렘 8:8, 시 45:2), 갈대펜(עֵט; 시 45:2)등이 사용되었고, 기록 잉크로는 2종류의 '먹물'이 사용되었다. 곧 나무진이나 올리브 기름을 섞은 그을음 검댕이로 만든 '비금속제 먹물', 수지용 열매와 황산염을 섞어 만든 '금속제 먹물'이다. 그리고 사해 필사본에 사용된 잉크는 식물이나 석탄을 함유한 먹물이다. 일반적으로 양피지에는 비금속 먹물이 사용되었고, 파피루스에는 금속의 먹물이 사용되었다.

## (6) 히브리어 모음 체계(Hebrew Vocalization)

A.D. 200년 무렵부터 히브리어는 더 이상 유대인들의 구어(spoken language)로 사용되지 않게 되고, 회당에서 성경이나 기도문을 낭독할 때나 랍비학교에서 미쉬나(Mishna)와 탈무드(Talmud) 같은 유대 경전들을 학습할 때 사용하는 문헌 언어로 남게 되었다. 이 문헌들의 낭송법이 오랫동안 구전으로 전승되다가, 마침내 이 문헌들의 정확한 본문과 낭독을 보존하기 위한 문자적인 장치가 요구되었다. 이러한 배경 속에서 유대인들이 흩어져 살던 각 지역의 히브리어 낭독 발음을 반영하는 모음 부호가 창안되기 시작하였다. 완전한 모음 체계들은

A.D. 7~8세기에 형성되었으며, A.D. 9-10세기에 완성된 것으로 추정된다. 다음은 네 가지 모음 체계들을 나타낸다.

### ① 티베리아 모음체계

A.D. 7-8세기, 이스라엘 북쪽 갈릴리 호수 서쪽에 위치한 티베리아에서 활동한 마소라 학자들(Masorates)에 의해 창안된 모음체계이다. 이것은 악센트 체계와 함께 세밀한 늬앙스(nuance)의 가능성을 제공했던 체계로서, 모음 부호(니쿠드, נִיקוּד)들은 자음 문자 위에 찍는 '홀렘' 부호(Holem)를 제외하고 자음문자 아래에 표시된다.

티베리아 모음 체계는 이스라엘 대부분의 공동체들 속에서 사용되었고, 모음의 발음이 조금 다른 지역들에서도 사용되었다. 특히 이 체계만이 히브리어 성경 전체에 보존되어 있다. 현재 사용하는 BHS 히브리어 성경은 이 모음 체계를 따르고 있다.

티베리아 모음 부호는 원래 7개가 사용되었다. 즉 히렉(Hireq), 쩨레(Ṣere), 쎄골(Seghol), 파타흐(Pathaḥ), 카메츠(Qameṣ), 홀렘(Holem), 슈렉-키부쯔(Sureq-Qibuṣ). '슈렉-키부쯔'는 2개의 모음이 아니라 u 모음을 위한 2개의 부호이다. 즉 ו 가 있는 완전 철자법으로 기록할 때는 '슈렉'을 사용했고, ו 가 없는 불완전 철자법에서는 '키부츠'를 사용하였다.

| 모음부호 | אַ | אֶ | אֵ | אִ | אָ | אֹ | אֻ | אוּ |
|---|---|---|---|---|---|---|---|---|
| 명칭 | Pathaḥ | Seghol | ṣere | Hireq | Qameṣ | Holem | Qibuṣ | Sureq |
| 음가 | a | ɛ | e | i | ɔ | o | u | |

### ② 바벨론 모음체계

A.D. 8-12세기에 바벨론을 중심으로 한 일단의 동부 마소라 학자들에 의해 창안된 모음 체계로서, 자음 문자 위에 표시된다.

이 모음 체계는 8세기부터 바벨론과 인접한 나라들에서 사용되었다. 대부분의 지역들에서 12세기에 사용을 멈추었으나, 예멘에서는 거의 오늘날까지 계속 사용되고 있다. 이 모음 부호들은 8-9세기의 성경 필사본들의 단편들, 미쉬나, 시문학 등 모든 종류의 유대 문헌에 사용되었다.

자음 문자 위에 표시되는 바벨론 모음부호는 6개가 사용되고 있다. 히렉(Hireq), 쩨레(ṣere),

파타흐-쎄골(Pathaḥ-Seghol), 카메츠(Qameṣ), 홀렘(Holem), 슈렉(Sureq).

| 모음부호 | ב | ב | ב | ב | ב | ב | ב |
|---|---|---|---|---|---|---|---|
| 명칭 | Pathaḥ-Seghol | Qameṣ | Ṣere | Hireq | Holem | Sureq | shva mobile |
| 음가 | a | ɔ | e | i | o | u | ə |

### ③ 팔레스타인 모음체계

A.D. 6-8세기에 아마도 팔레스타인 남부지역을 중심한 일단의 학파에 의해 창안된 모음체계이다. 이 모음 부호들은 자음 문자 위에 표시한다.

이 모음 체계는 이집트 카이로에 있던 유대교 회당의 게니자(Cairo Genizah, 오래된 성전 사본이나 제기(祭器) 등을 보관하는 곳)[11]에서 발견된 성경 단편들과 유대 시문학(피유트, piyyut) 필사본에 보존되어 있다. 일반적으로 팔레스타인 체계가 티베리아 체계보다 더 오래된 것으로 본다.

팔레스타인 모음부호는 7개가 사용되었다. 즉 히렉(Hireq), 쩨레(Ṣere), 쎄골(Seghol), 파타흐(Pathaḥ), 카메츠(Qameṣ), 홀렘(Holem), 슈렉(Sureq).

| 모음부호 | ב | ב | ב | ב | ב | ב | ב |
|---|---|---|---|---|---|---|---|
| 명칭 | Pathaḥ | Qameṣ | Seghol | Ṣere | Hireq | Holem | Sureq |
| 음가 | a | ɔ | ɛ | e | i | o | u |

### ④ 사마리아 모음체계

사마리아 모음 체계는 사마리아인의 여러 세대가 전수한 예배를 위한 모세오경(Samaritan Pentateuch) 낭송에 남아 있다.

사마리아가 유다와 분리되기 전부터 동시대의 유다인들과 마찬가지로 히브리어를 문헌언어(writtern language)로 사용했을 것이다. 기원후 사마리아 히브리어는 점차 종교 문헌에서

11)게니자(Genizah; גְּנִיזָה)의 어원은 아람어 동사 גְּנַז(숨기다, 감추다)에서 유래됨. 하나님의 이름을 보존하는 사본을 오용하거나 소속화하지 못하도록 또는 사용되지 않았거나 틀리게 기록된 사본들을 완전히 폐기하기 위해 숨겨두던 헛간(or 창고) 같은 곳을 말한다.

사마리아 아람어로 대체되고 예배를 위한 낭송 언어로 전환되었으며 아람어로부터 음운론적 영향을 받게 되었다. 중세에는 아랍어가 주된 구어(spoken language)와 문헌언어가 되었고, 모음체계의 흔적은 사마리아 히브리어의 예배를 위한 낭송 속에 그들의 구전 발음 전통이 남아 있다.

이 모음 체계는 현재 12세기 이후 사마리아 히브리어 연구 자료들에 발견된다.

| 모음부호 |  |  |  |  |  |  |
|---|---|---|---|---|---|---|
| 음가 | a | e | e, i | o, u | 이중모음 | ʕa |

### (7) 완전 모음

#### ① 어조 단모음(Tone-short vowels) ◌ַ ◌ִ ◌ֻ ◌ֶ ◌ָ

'어조 단모음'(or 억양 단모음)은 가장 짧고 기본적인 3개의 '순단모음'(Pure-Short Vowels ) /a/(Pathaḥ ◌ַ), /i/(Hireq ◌ִ), /u/(Qibuṣ ◌ֻ) + 2개의 '단모음'(Tone-Short Vowels) /e/(Seghol ◌ֶ), /o/(Qameṣ-hatuph ◌ָ)이다. 이들이 억양(액센트)의 영향을 받으면 길어진다. 즉 어조 장모음이 된다.

'어조 장모음'(or 억양 장모음)은 3개, /ā/(Qameṣ ◌ָ), /e/(ṣere ◌ֵ), /ō/(Holem ◌ֹ)이다.

이들은 어조 단모음이 억양의 영향을 받아 길어져서 생겨난 것이므로 억양의 영향을 받지 못하면 다시 '어조 단모음'이나 '쉐바'로 약화된다.

#### ② 어조 장모음(Tone-Long Vowels) ◌ָ ◌ֵ ◌ֹ

'어조 장모음'(or 억양 장모음)은 3개, /ā/(Qameṣ ◌ָ), /e/(ṣere ◌ֵ), /ō/(Holem ◌ֹ)이다.

이들은 어조 단모음이 억양의 영향을 받아 길어져서 생겨난 것이므로 억양의 영향을 받지 못하면 다시 '어조 단모음'이나 '쉐바'로 약화된다.

#### ③ 순 장모음(Pure-Long Vowels) ◌ִי ◌ֵי וֹ וּ

'순 장모음'은 4개, /î/(Hireq-yod ◌ִי), /ê/(ṣere-yod ◌ֵי), /ô/(Holem-vav וֹ), /û/(Sureq וּ)이다.

'순 장모음'은 '역사적 장모음'(Historically Long Vowels)인 י ו 문자의 뒷받침을 받고 있는 모음으로서, 억양의 영향을 받지도 않고 불변하는 모음이다. 이것은 사본(manuscripts)에 모음 대용으로 사용된 < 역사적 장모음(י ו) + 동질적인 모음 > 부호가 붙어서 '순 장모음'이 되었다. י 의 동질모음은 /i/와 /e/ 음이며, ו 의 동질모음은 /o/와 /u/ 음이다.

#### ④ 이중모음(Diphthong)

'중모음'은 순장모음과 생성 경위는 전혀 다르지만 모음 문자와 함께 표기되는 것이 비슷하다. '순장모음'은 모음문자(י ו)에 동질모음이 결합된 것이며, '중모음'은 < 역사적 장모음(י ו) + 이질모음 >이 결합되어 순장모음과 달리 모음문자와 모음을 따로따로 발음하게 된다. 이질모음과 결합되는 י 는 /i/, ו 는 /u/로 발음된다.

예) ◌ַי ⇨ ai, ◌ָי ⇨ āi, ◌ָו ⇨ āu, ◌ֵו ⇨ ēu, ◌ָיו ⇨ āu,
◌ִיו ⇨ īu, וּי ⇨ uy, וֹי ⇨ ōy

### (8) 쉐바(ševâ)

쉐바(שְׁוָא, š$^{e}$vâ)의 부호는 모음이 없음을 표시하며, 원래 아랍어 수쿤(sukūn, ـْ ; rest)과 같이 무성쉐바만을 지칭했다. 쉐바의 어원은 (שַׁוְא; 공허, 헛됨, 무익함, 아무것도 아님)에서 유래했다. 따라서 쉐바는 엄밀한 의미에서 아무 것도 아님을 의미하거나 아무것도 아님을 뜻한다. 쉐바는 완전 모음(The full Vowels)에 대비하여 불완전 모음(Half Vowels), 불명 모음, 불명료 모음, 반모음 등의 용어로 사용되고 있다.

쉐바 부호는 매우 짧고 가볍게 발음하며, 모호한 반쪽음과 비슷한 불명료한 모음 소리를 나타내므로 '웅얼대는 모음'(murmured vowel)이라 불리기도 한다. 쉐바는 단순 쉐바(simple ševâ)와 복합 쉐바(compound š$^{e}$vâ)가 있다.

#### ① 단순 쉐바(simple š$^{e}$vâ) ◌ְ

* 쉐바의 모양에 있어서 절의 끝을 나타내는 부호인 '솦 파숙'(סוֹף פָּסוּק, ׃ )과 매우 비슷하다. 솦 파숙은 절의 끝에 음이 없음을 뜻하며, 쉐바는 자음 다음에 모음이 없음을 뜻한다. 또한 쉐바는 후음(guttruals)에는 사용되지 못한다.

* **'유성 쉐바'(vocal š$^{e}$vâ)**: 음가는 /ĕ/. 이것은 모호한 반쪽음인 ( e )와 비슷한 불명료한 모음 소리이다.

예) קְטֹל q$^{e}$ṭōl(케톨) 'to kill'(칼 부정사 연계형), תִּקְטְלִי tiqṭ$^{e}$lî(틱텔리) 'you will kill'

* **'무성 쉐바'(silent š$^{e}$vâ)**: 음가는 없고, 단지 음절을 닫는 폐음절 자음 아래에서 음절 분리 표지 역할을 한다.

예) יִקְטֹל yiqṭōl(익톨) 'he will kill', קִטַּלְתָּ qiṭṭalttā(킽탈타) 'you will kill brutally'

### * 유성쉐바 · 무성쉐바 구별방법

① 한 단어의 첫 자음 아래 붙은 쉐바는 유성(vocal)이다.
예) בְּרֵאשִׁית b$^{e}$rē'šîth

② 연속하는 두 개의 쉐바 중에 첫째 것은 무성(silent)이고, 둘째 것은 유성(vocal)이다.
예) יִכְתְּבוּ yikh-t$^{e}$bhû

③ 장모음 뒤의 쉐바는 유성(vocal)이고, 단모음 뒤의 쉐바는 무성(silent)이다.
예) יוֹשְׁבִים yiô-š$^{e}$bîm

④ 경강점(Dagheš forte)이 있는 자음 밑에 붙은 쉐바는 유성(vocal)이다.
예) שִׁבְּרוּ šibrû

### ② 복합 쉐바(compound š$^{e}$vâ) ◌ֲ ◌ֱ ◌ֳ

* 복합 쉐바를 '하텝'(חֲטֵף; 아람어로, '낚아챈, 잡아챈, 단축하는')이라고도 한다. 이 부호는 단순 유성 쉐바와 단모음(파타흐, 세골, 카메츠 하툽)이 결합된 것이며, 그 발음이 좀 더 정확하게 고정된 매우 짧은 모음이다. 이것들 역시 완전 모음들과 비교해서 반모음이다. 하텝 쉐바들은 후음들(guttruals)과 함께 나타난다.

* ◌ֲ (하텝 파타흐): 음가는 /ă/. 예) אֲבַד 'ăbad(아바드; 아람어) 'he vanished'

* ◌ֱ (하텝 세골): 음가는 /ĕ/. 예) אֱדֹם ʼĕdōm(에돔) 'Edom'
* ◌ֳ (하텝 카메쯔): 음가는 /ŏ/. 예) חֳלִי ḥŏlî(홀리) 'sickness'

*** 자음(consonants)에 쉐바(šᵉvâ)를 가지고 있다는 의미는?**

① 자음 문자에 '완전 모음'이 결여되었다는 것이다.
② 쉐바를 가진 그 자음이 침묵되지 않고 발음됨을 의미한다. 따라서 침묵되는 자음은 쉐바를 갖지 않는다.

### (9) 카메쯔와 카메쯔 하툽

Sephardic pronunciation에서는 단모음 o (Qameṣ-hatuph; ◌ָ )와 장모음 ā (Qameṣ; ◌ָ )를 구별하여 발음한다. 필사본들(manuscripts)과 인쇄본들(printed editions)에서 일반적으로 동일한 모음 부호로 표기된다. 다음은 카메쯔(장모음 a)와 카메쯔 하툽(단모음 o)의 구별 방법이다.

① 강세(액센트)가 없는 닫힌 음절(閉音節)에서 단모음 /o/.

예) חָכְמָה ḥo̱khmâ '지혜'

② 복합 쉐바 '하텝 카메쯔'( ◌ֳ ) 앞에서 단모음 /o/.
단, '하텝 카메쯔'( ◌ֳ ) 앞의 정관사 הָ 는 예외.

예) אָהֳלִי ʼo̱ḥŏlî (NMS.CXS; 나의 천막); הָעֳנִי hā̱ʽŏnî (D.NMS; 그 고통)

③ 다른 '카메쯔 하툽' 앞에서 단모음 /o/.

예) פָּעָלְךָ poʽolkhā (NMS.MYS; 너의 행위)

④ 복수형에서 (참고로, 뒷음절부터 '장 + 장 + 단 + 히렉' 순으로 모음이 변한다)

예) שָׁרָשִׁים šo̱rāšîm (NMP; 뿌리들, 자손들; 단수형 שֹׁרֶשׁ)

⇨ 뒷음절부터 분해하면, שִׁים(장모음 î ) + רָ(장모음 ā ) + שָׁ(단모음 o )

⑤ 메텍(metheg; ֽ )과 함께 쓰이면 장모음 /ā/.

예) אָֽכְלָה ʾākhᵉlâ (VQAFZS; 그녀가 먹었다)

⑥ 막켑(maqqeph; - ) 앞의 음절이 강세(액센트)를 잃을 때 단모음 /o/.

예) כָּל־הָֽאָדָם kol-hāʾādhām (NMS-D.NMP; 모든 사람들)

### 3) 도입 파타흐(Furtive Pathaḥ; ◌ַ )

끝자음이 강한 후음자음 ע ח ה 으로 끝나는 단어에서, 후음자음 앞에 이질적인 장모음이 오면 그 후음 자음 밑에 파타흐(Pathaḥ)를 붙여주고 후음자음보다 먼저 발음해준다. 이것을 '도입 파타흐'(Furtive Pathaḥ)라고 한다.

후음자음은 동질 모음(A음)이 자신 앞에 오면 발음이 자연스럽다. 반대로 이질적인 모음(A음 이외의 모든 음)이 앞에 오면 발음이 곤란하므로 발음을 쉽게 하기 위해 파타흐(Pathaḥ)를 집어넣어 발음을 수월하게 한다. 이 '도입 파타흐'는 임시적인 간모음(間母音)에 불과하다. 도입 파타흐의 위치는 후음자음의 약간 오른쪽 아래에 위치한다. 어떤 인쇄물에서는 인쇄 편의상 후음자음 바로 아래에 위치하기도 한다.

도입 파타흐는 두 개의 모음이 하나의 음절로서 발음된다는 점에서 일반적인 음절 규정(자+모, 자+모+자)과는 예외적인 것이다.

예) רוּחַ rûaḥ 루아흐; אֱלֹהַּ ʾělōaḥ 엘로아흐; זֹרֵעַ zōrēa 쪼레아

### 4) 읽기 부호들(reading signs)

히브리어에는 발음에 지대한 영향을 주며 문법상 중요한 비중을 갖고 있는 점(dots)과 부호

(signs)들이 있다. 이것들은 모두 모음 부호들과 매우 밀접하게 관련된 것으로 아마도 모음 부호들과 동시에 도입되었을 것이다.

*** 다게쉬(Dagheš)의 어원 ***

히브리어로 דָּגֵשׁ(Dagheš)는 아람어 동사 **Peal** 능동분사형이며, 원래 '점' 또는 '또렷하게 하는 것'(sharpening)을 의미한다. 연강점(Dagheš lene)은 점이 약해진 것이다. 라틴어 '레네'(lene)는 '부드러운'을 의미하며, 영어의 '무른, 완화한'(lenient)에 비유된다. '포르테'(forte)는 '강한'을 의미하며, 영어의 '강하게 하다'(fortify)에 비유된다.
시리아어(Syriac)에서 שגר라는 어근(root)은 '(뾰족한 쇠로) 꿰뚫다, 구멍을 내다'의 의미를 가진다. 따라서 '다게쉬'라는 명칭은 단어의 형태에만 관련해서 '찌르기, 구멍, 점'을 뜻한다고 설명될 수 있다. 그러나 이와 유사한 모든 부호(readind signs)들의 명칭은 오히려 문법적인 의미와 연관이 있다.

### (1) 다게쉬(Dagheš)

자음 문자 가운데에 찍히는 점을 '다게쉬'(דָּגֵשׁ, 강점)라고 한다. 발음을 할 때, 경음(harder)이나 마찰음 또는 중복을 나타내는 기능을 한다. 두 종류의 다게쉬가 있다. 곧 연강점과 경강점이다. 초기 마소라 학자들은 연강점(Dagheš lene)과 경강점(Dagheš forte)을 구분하지 않았다. 그들은 어떤 자음이 부드러운 음 또는 마찰음이 아니라 센 발음을 갖는다고 생각한 경우에는 '다게쉬'를 사용했다고 주장한다. 그러나 문법적인 정확한 이해를 위해서는 구분이 필수적이다.

#### ① 연강점(Dagheš lene)

연강점(軟强點, דָּגֵשׁ רָפֶה)은 '브가드크파트 문자'(ב ג ד כ פ ת)에만 찍은 점이다. 이 '연강점'(Dagheš lene)과 함께 쓰이면(בּ גּ דּ כּ פּ תּ) 폐쇄음(stops) 곧 b g d k p t로 발음되며, '연강점'이 사용되지 않으면(ב ג ד כ פ ת) 마찰음(spirants) 곧 bh gh dh kh ph th로 발음된다.

예) בְּרֵאשִׁית b̲rē'šîth(브레쉬트; 태초에), אֶת־כֹּל 'eth-kol(에트콜; 모든 것을),
מַלְכָּה malkā(말카; 여왕)

### ② 경강점(Dagheš forte)

경강점(硬强點, חָזָק דָּגֵשׁ; 강한 다게쉬)은 후음 문자( ע ח ה א )와 ר 를 제외한 모든 자음 문자에 붙어 중복을 나타내어(doubled) 발음을 강화시킨다(strengthened). 즉 해당 자음(consonants)을 된소리 곧 경음(sharpened or strengthened)으로 발음할 것을 지시하는 점으로서의 기능을 한다. 편의상 경강점은 중복을 표기하여 언급하지만 실제로 두 번 발음하지 않는다. 연강점과 대조를 이루는 경강점은 완전 모음(단모음) 뒤에 바로 나오는 문자에 사용된다. 또한 경강점이 있는 문자 아래의 쉐바는 단순유성쉐바(simple vocal $š^{e}$vâ)이다.

예) שַׁדַּי šadday(샤다이; 전능자), מִכֹּל mikkōl(믹콜; 모든 것으로부터)
קִדְּשׁוּ $qidd^{e}$šû(킷데슈; 그들이 거룩하게 하였다)

### ③ 접속의 경강점

발음을 강화시키거나 중복하기보다는 청자들로 하여금 듣기 편하도록 하기 위한 목적에서 단어의 첫 자음에 '경강점'을 찍어 앞 단어와 연결시킨다. 여기서 이 경강점은 앞 뒤 단어를 자연스럽게 연결시켜서 발음을 편하게 하는 기능을 한다. 옛 문법학자들은 이것을 '연결의 경강점' or '접속의 경강점' (conjunctive dagheš forte)이라고 부른다.

특히 선행하는 단어가 ◌ָ(qameṣ) הָ הֶ 등으로 끝날 때에 자주 그 다음에 오는 단어의 첫 자음과 연결되는데 그 밀착성과 발음을 위해서 경강점을 찍는다.

예) כִּי עָשִׂיתָ זֹּאת kî ʻāśîthā zō'th(왜냐하면 네가 이것을 행하였기 때문이다, 창 3:14);
לֻקֳחָה־זֹּאת luqāḥâ zō'th (이 여자는 취해졌다, 창 2:23)

**해설** 위 2개의 문장에서 지시대명사 זֹּאת의 ז에 찍힌 다게쉬가 '연결의 경강점'이다. 앞 뒤 단어를 연결시켜서 발음을 자연스럽게 한다. 특히 지시대명사 זֶה나 부사어미 הָ 뒤에 경강점이 자주 따라온다.

### ④ 보상의 경강점

'자음의 동화'. 어떤 자음 앞에 같은 자음이나 נ 또는 ל 이 오고 그것들이 무성 쉐바를 가지면 이들은 뒷자음에 동화되어 '경강점'으로 들어가게 된다. 이것을 '보상의 경강점'(compen sative dagheš forte)이라 한다.

예) תַּמְמוּ tam-mû ⇨ תַּמּוּ tammû (같은 자음 מ의 동화)
יִנְשָׂא yin-śā' ⇨ יִשָּׂא yiśśā' (נ의 שׂ으로 동화)
יִלְקַח yil-qaḥ ⇨ יִקַּח yiqqaḥ (ל의 ק으로 동화)

⑤ **분별의 경강점**

단모음 뒤에 나오는 쉐바가 유성(vocal)이라고 해도 불명확하게 발음되는 경향이 있는데, 이 쉐바의 발음을 명확하게 들을 수 있도록 하기 위하여 쉐바를 가진 자음 문자에 '경강점'을 찍어준다. 이것을 '분별의 경강점'(separative dagheš forte)이라 한다.

예) עִנְבֵי 'īnᵉ-bhê ⇨ עִנְּבֵי 'īn-nᵉbhê (נְ 대신에 נְּ으로)
הַלְבֵן halᵉ-bhen ⇨ הַלְּבֵן hal-lᵉbhen (ל 대신에 לְּ으로)

⑥ **고정의 경강점**

선행하는 모음을 보다 확고 불변케 하기 위해 경강점을 찍어 고정시킨다. 이것을 '고정의 경강점'(timative dagheš forte)이라 한다.

예) לָמָּה lāmmâ ⇨ 원래는 לָמָה lāmâ
הֵמָּה hēmmâ ⇨ 원래는 הֵמָה hēmâ

(2) **맙픽(Mappîq)**

'맙픽'(מַפִּיק; הּ)의 어원은 '나오다, 나가다'를 뜻하는 아람어 נְפַק(peal)의 haphel(사역 능동 분사형; '나가게 하는')에서 유래하였다. 이것의 라틴어 번역어 역시 proferens이며, '이끌어 내는'(즉 소리나게 하는)의 뜻을 갖는 능동 분사이다. 따라서 '맙픽'이란 문자의 발음을 자음으로 명확히 이끌어 내는 부호(sign)라는 의미다.

다시 말해 맙픽은 단어나 음절의 끝에서 자음의 구실을 못하는 약자음(ה ו י א)이 자음 구실을 할 수 있도록 자신의 가슴에 경강점과 같은 기능의 '다게쉬'를 붙여 준 점을 말한다. BHS에서는 '맙픽'이 단어의 끝에 오는 ה 에만 나타난다.

예) מַלְכָּה (NFS; malkâ, 여왕; queen)
⇨ מַלְכָּהּ (NMS.FZS; malkāh, 그녀의 왕; her king)

예) אַרְצָה (NFS.H; 'rṣâ, 그 땅으로; to the earth)
⇨ אַרְצָהּ (NFS.FZS; 'rṣāh, 그녀의 땅; her earth)

예) קָטְלָה (VQAFZS; qāṭᵉlâ, 그녀가 죽였다; she killed)
⇨ קָטְלָהּ (VQAMZS.FZS; qāṭᵉlāh, 그가 그녀를 죽였다; he killed her)

### (3) 라페(Raphe)

'라페'(רָפֶה; ¯ )의 어원은 '늦추다, 느슨하게 하다'를 뜻하는 아람어 동사 רְפָה(Peal)의 능동분사형에서 유래하였으며, '풀린, 느슨한'의 의미를 지닌 자음 문자 위에 놓이는 수평 획이다. 즉 어떤 자음 문자가 연강점이나 경강점, 맙픽을 갖고 있지 않을 때 그것들 대신에 해당 자음 문자 위에 수평으로 그은 가로획이다. 또한 단어 끝에 오는 ה 가 발음되지 않음을 표시할 때도 사용한다.

정확한 사본들에는 다게쉬 또는 맙픽이 없는 해당 자음에 그것들 대신 '라페'가 사용되었다. 그러나 다게쉬나 맙픽이 없다는 점에서는 라페가 있는 것과 없는 것이 동일하므로, 근대판 성경 인쇄본(BHK, BHS)에는 다게쉬와 맙픽의 생략에 특별히 주의해야 할 곳에서만 '라페'를 사용하고 있다.

예) בִֿדְגַר bhidghar ⇨ 연강점이 생략됨. 정확한 형태는 בִּדְגַר bidghar
לֻקֳֿחָה lūqŏḥâ ⇨ 경강점이 생략됨. 정확한 형태는 לֻקֳּחָה lūqqŏḥâ
לֹא תִֿגְנֹב (출 20:15, '도적질 하지 말라') ⇨ 연강점 생략에 특별히 주의함.
לָהֿ lā ⇨ ה 가 발음되지 않음. 즉 lāh 로 발음하지 말 것을 주의하라는 부호이다.

### (4) 막켚(Maqqeph)

'막켚'(מַקֵּף; ¯ )의 어원은 '포위하다, 둘러싸다'를 뜻하는 아람어 동사 נְקַף의 Haphel(사역능동) 능동분사형에서 유래한 용어로서, '둘러싸이게 하는'의 의미를 가지고 있다. 여기서 일반적으로 '연결하는'의 뜻으로 이해된다. 막켚은 두 단어 사이에서 약간 윗부분에 그은 수평선이며 연결 부호(binder)로서 두 개 이상의 단어들을 한 액센트를 가진 단어가 되도록 결합시키는 기능을 한다. 네 개의 단어까지 연결할 수 있다. 그리고 여러 개의 단어들을 발음상 한 단어와 같은 리듬을 갖게 한다. 따라서 '막켚'은 액센트(강세)와 밀접한 관련이 있는 연결 부호이다.

① 막켚으로 연결된 단어들은 강세(액센트)를 상실하고 한 단어와 같은 마지막 단어의 강세 하나만 남게 된다. 그 결과 액센트로 인해 장모음을 유지하던 '어조 장모음'(tone long vowel)들은 동음의 '어조 단모음'(tone short vowel)으로 변한다. 즉 장모음 ō는 단모음 o로, 장모음 ē는 단모음 e로 변한다.

예) אֵת כֹּל אֲשֶׁר לוֹ ⇨ אֶת־כָּל־אֲשֶׁר־לוֹ '그에게 속한 모든 것을'(창 25:5)

② 모음이 불변하는 어떤 단어는 연계 상태에서 단모음이 되는 대신 '메텍'을 붙인다.

예) וְשֵׁם הַנָּהָר ⇨ וְשֵׁם־הַנָּהָר '그리고 그 강의 이름'
עֵץ הַגָּן ⇨ עֵץ־הַגָּן '그 동산의 나무'

③ 막켚은 עַל(위에, upon), אֶל(에게, to), כֹּל(모든(것), all), אֵת(를), מִן(부터, out of), פֶּן(않도록, lest ~ should), ־נָא(제발, please!) 등등의 분리 전치사, 불변화사, 접속사와 함께 주로 사용한다.

예) הִשָּׁמֵר(VNMMYS; 조심하라) ⇨ הִשָּׁמֶר־נָא(VNMMYS-Q; 제발 조심하라)
וַיְהִי כֵן ⇨ וַיְהִי־כֵן(C.VQAMZS-AB; 그리고 그것이 그대로 되었다, and it was so)

## * 중요 구약 사본들 *

**① 사해 사본(Dead Sea Scroll)**:
기독교 이전 사본으로, 1947년 이후 약 20년동안 사해 동굴들(the Dead Sea caves)에서 발견된 두루마리 사본들이다. 모두 열한 개의 동굴에서 「에스더」만을 제외한 구약의 모든 옛 사본들이 여러 종류 발견되었다. 이것들은 B.C. 2세기로부터 A.D. 1세기에 속하는 사본들로서, 현존하는 히브리어 마소라 본문보다 천년 이상된 것으로 구약 본문사 연구에 귀중한 자료가 된다.

**② 나쉬 파피루스(Nash Papyrus)**:
1947년 이후 사해 사본이 발견되기 전까지의 구약 본문 단편이 기록된 가장 오래된 단편 사본. 이것은 B.C. 2-1세기에 기록된 것으로, 1902년에 이집트에서 발견되었다. 십계명인 출애굽기 20장과 신명기 5장 그리고 신명기 6장의 '쉐마'(6:4-5) 등이 섞인 본문이다.

**③ 카이로 예언서 사본(Codex Cairensis)**:
마소라 본문 사본 가운데서 가장 오래된 것으로, A.D. 895년에 모세 벤 아셰르(Moses ben Asher)가 팔레스타인의 티베리아에서 만든 사본이며, 전·후기 예언서가 포함되어 있다. 리프쉬츠(Lipschütz)와 다른 학자들은 '벤 아쉐르' 전통보다 '벤 납달리' 전통에 더 가깝다고 밝혀냈다.

**④ 페테르스부르크 후기 예언서 사본 (Petersburg Codex of the Prophets)**:
A.D. 916년에 기록된 것으로, '모세 벤 아셰르'가 직접 만든 것 아니며, 티베리아 모음 체계에 바빌로니아에서 발달된 모음 기호를 삽입한 것이다. 이 사본은 후기 예언서인 이사야, 예레미야, 에스겔 그리고 12 예언서가 포함되어 있다.

**⑤ 알렙포 사본(Codex Aleppo)**:
A.D. 930년경에 솔로몬 벤 버야아(Solomon Ben Buya'a)가 필사한 것으로서, '아론 벤 모세 벤 아셰르'(Aron Ben Moses Ben Asher)가 수정을 가하고 모음 기호를 조정하고 마소라 주기 등을 고쳐서 만든 것이다. 본래는 구약 전체를 다 포함한 것이었으나, '카이로'(Cairo) 세파르딕(Sephardic) 회당에 보존되어 오다가 화제로 1/4이 소실되어, 지금은 「예언서」만 남아 있으며 예루살렘에 옮겨져 보존되어 오고 있다.

**⑥ 레닌그라드 사본(Codex Leningradensis; B19[A])**:
A.D. 1008-9년경에 역시 '모세 벤 아쉐르'(Aaron ben Moshe ben Asher)가 필사한 것으로, 가장 중요하고 완벽한 사본으로서 본문연구에 사용되는 필사본이다. 현재 사용하고 있는 구약성경 인쇄본 BHS(Biblia Hebraica Stuttgartensia)의 본문에 채택된 사본이다.

**⑦ 로이클린 사본(Codex Reuchliana)**:
A.D. 1105년경에 기록된 것으로, '모세 벤 아셰르' 사본보다 더 정확하다고 하는 '모세 벤 다윗 벤 납달리'(Moses ben David ben Naphtali) 사본 체계를 보여 주며, 「예언서」만 남아 있다.

### (5) 메텍(Mēthegh)

‘메텍’(מֶתֶג; ֽ )의 어원은 히브리어 동사 מָתַג(‘재갈을 달다’)에서 유래한 명사 ‘동물의 재갈, 굴레’라는 뜻이다. 메텍은 그 이름에서 나타나는 바와 같이 발음을 제어하는 기능을 가지고 있다. 즉 정확한 발음을 유지하기 위해서 혹은 빠르게 발음하거나 성급하게 발음하지 않도록 모음 왼쪽에 붙여주는 작은 세로 획이다. 이것은 제 2액센트(secondary accent)로서 주 액센트가 붙은 억양 음절이 강세됨에 따라 부차적인 음절에도 약간의 강세를 주기 위해 붙이는 부호이므로 메텍을 갖는 모든 음절의 모음은 강세를 받아 길어진다.

일부 문법 학자들은 이 ‘메텍’을 ‘가으야’(גַּעְיָה, ga῾ya) 곧 ‘목소리의 낮춤과 높임’이라는 부호라고도 한다. 제1, 2랍비 성경(Rabbinic Bible)에는 항상 모음 왼쪽에 있지간, The Aleppo & Leningrad codices 에서는 그 위치가 고정되어 있지 않다. 즉 모음 오른쪽에 위치하기도 한다.

예) הָֽאָדָם <u>hā</u>-’ā-dhām (그 사람) ⇨ הְאָדָם <u>h</u>ᵉ’ādhām으로 모음이 축약되는 것을 방지.

예) חָֽכְמָה ḥā-khᵉ-mâ (지혜) ⇨ ח 아래 막켑이 있으면 장모음 /a/, 막켑이 없으면 단모음 /o/로 발음된다.

예) יִֽרְאוּ yī-rᵉ’û (VQIMZP; ‘그들이 두려워 할 것이다’) : 마켑이 있는 경우.
　 יִרְאוּ yir-’û (VQIMZP; ‘그들이 볼 것이다’) : 마켑이 없는 경우.

예) כֹּֽהֲנִים <u>kō</u>-<u>hă</u>-nîm (제사장들, priests)

**해설** 메텍은 복합 쉐바 앞에 있는 모든 모음에 붙는다.

> *** 메텍과 실룩의 구분 ***
>
> ‘메텍’(Mēthegh; ֽ )은 동일한 모양을 갖고 있는 액센트 ‘실룩’(sillûq; ֽ )과 혼동되지 않는다. 하지만 실룩은 한 절의 마지막 단어에 있는 강세음절에 표시되며, 항상 ‘숍파숙’(sôɔh pāsûq; ׃)을 동반한다. 메텍이 있는 단어들은 액센트를 갖고 있어서 메텍과 실룩 모두를 가질 수 있다.

### (6) 파세크(Pāsēq)

'파세크'(פָּסֵק, 분리시키는 것; ׀ )는 원래 두 단어 사이에서 이 단어들이 서로 급속히 결합되어 발음되는 것을 방지하는 일종의 액센트 부호로서, 단어의 왼쪽에 위치하는 수직 획이다. '파세크'는 후대에 도입되었으며 다른 액센트들보다 기능이 약해져서 결과적으로 그 용법이 분명하지 않게 되었다. 따라서 성경 본문에 발견되는 480개의 대부분이 두 단어가 어떤 경우에 너무 가까워지지 않도록 하는 완충작용을 하는 부호가 되었다.

예) רָע ׀ דָּבָר (악한 말 or 악한 일)

**해설** 첫 번째 단어의 마지막 문자 ר와 다음 두 번째 단어의 첫 문자 ר가 결합되어 발음되는 것을 방지하기 위해서 or 너무 가까워지지 않도록 완충 작용하는 '파세이크'가 위치하였다.

예) אַבְרָהָם ׀ אַבְרָהָם (창 22:11)

**해설** 서로 같은 단어들의 사이에 나타나서 가까워지지 않도록 한다. 만일 가까워지면 본문비평상 필사할 때 한 단어를 생략할 가능성이 있기 때문이다.

### (7) 크레와 크팁(Q[e]rê-K[e]thibh)

#### ① '크레-크티브' 부호

'크레-크티브' 부호는 '크레'(קְרֵי)-'크티브'(כְּתִיב)는 가장 중요한 맛소라 주해(註解)이다. '크레'(קְרֵי)의 어원은 아람어 Peal 분사수동형으로 '읽혀진' or '읽혀져야 하는'의 뜻으로 읽혀져야만 하는 독법을 의미한다. '크티브'(כְּתִיב)의 어원 역시 아람어 Peal 분사수동형으로 '기록된'의 뜻으로 자음 본문에 나타나는 독법이다. 구약에 약 1,000 개 정도가 나타난다.

'크레'는 난외주에 수정된 자음 바로 밑에 ק로 표시되어 있고, '크티브'는 자음 본문에 오기된 단어 위에 작은 원(Masoretic circle; ° )으로 표시되어 있다.

'크레-크티브'는 본문의 어떤 자음들이 잘못 기록되었음을 발견할 때, '마소라 난외주'에다 수정된 자음을 기록하여 바른 본문을 읽도록 하라는 의미이다.

예) BHS의 삿 17:2에서 '크티브'는 본문에 וְאַתְּי 로 기록되어 있고, 그 난외주(Masora marginalis)에 ואת 자음문자 밑에 ק가 표시되어 있다.

**해설** 이것은 곧 ואת 자음문자에다 본문에 기록되어 있는 וְאַתְּי 의 모음을 '붙여 읽어라'는 뜻이다. 결국 וְאַתְּ(C.NPFYS; 그리고 당신은)로 '수정해서 읽어라'는 의미이다.

**② '영구적 크레'(Q<sup>e</sup>rê perpetuum)**

어떤 단어는 마소라 난외주에 크레(ק) 표시가 없어도 항상 히브리어 성경 본문에 기록되어 있는 것과는 달리 읽도록(크레) 되어 있는데, 이것을 '영구적 크레'(Qerê perpetuum)라고 한다.

예) '신명(神名)사문자'(Tetragrammaton)인 יהוה에서 그러하다. 이 문자의 자음에다 אֲדֹנָי(the Lord)의 모음을 붙여 항상 읽어라는 것이다. 곧 יְהֹוָה > יְהֹוָה 으로 항상 읽어라 뜻이다(BHK나 BHS에는 ֹ이 생략되어 있는 형태인 יְהוָה 로 되어 있다. 이유는 신명사문자의 발음을 불가능하게 하기 위해서 인듯하다. 이 독법은 학자들이 발음에 동의하였고, BDB사전에 있는 형태인 יַהְוֶה(Yahweh, 야웨:)가 더 타당하다.

예) '오경'(Pentateuch)에서 הִוא hiv' 가 여성(NPFZS, She)을 가리킬 때는 '항상 הִיא hî' 로 읽어라.

예) יְרוּשָׁלֵם yerûšālēm 역시 항상 יְרוּשָׁלַיִם yerûšālayim로 읽어라 .

## (8) 액센트(The Accents)

**① '액센트'(The Accents)**

'액센트'(The Accents)는 히브리어 '트아밈'(טְעָמִים; tastes 맛) 또는 '느기노트'(נְגִינוֹת; melodies 가락)이라 부르는 부호로 표시된다. 이것들은 유대 회당에서 성경 본문의 음악적 낭독을 세밀하게 고정시키기 위하여 마소라 학파가 모든 단어에 액센트 부호를 붙였다. 히브리어 액센트들은 원래 헬라어 복음서로부터 채택한 '네우마'(neum; 중세 교희 성가악보에 쓰이던 음악 기호)와 구두점(punctuation)에 기초를 두고 있다. 액센트 부호는 크게 '분리 액센트'(Disjunctive Accent)와 '연결 액센트'(Conjunctive Accent)로 구분된다.

### ② 액센트 부호

액센트 부호는 일반적으로 주액센트(주강세)가 있는 '종음절'(終音節, ultima)이나 '전종음절'(前終音節; penultima)에 온다. 히브리어 단어는 대부분 마지막 음절(ultima)에 액센트가 있으며 단어에 액센트(강세) 표시가 없으면 그 단어의 마지막 음절에 액센트가 있다고 여기면 된다. 마지막 음절이 아닌 음절에 액센트가 있는 경우에만 강세 부호( ˂ )로 표기한다.

유대인 문법가들(나크다님; נַקְדָנִים) 사이에는 종음절(ultima)의 강세를 '밀라'(Millra'), 전종음절(penultima)의 강세를 '밀렐'(Mill'êl)이라 부른다. 그리고 대부분의 강세는 '밀라'이므로 강세가 '밀렐'인 경우에만 ( ˂ )로 표기한다.

> * '밀라'(מִלְרַע): 아람어 מִן + לְ + אֲרַע '땅에서'; 라틴어 deorsum '아래에서'라는 어원을 지니며, 여기서 '단어의 끝 쪽으로' or 'accented below'(뒤에 붙는 액센트)라는 의미가 왔다.
>
> * '밀렐'(מִלְעֵיל): 아람어 מִן + לְ + עֵיל(עֵלָּא above) '위에서'; 라틴어 desuper '위에서부터', 여기서 '단어의 처음 쪽으로' or '위에 붙은 액센트'(accented above)라는 의미가 왔다.

예) '밀렐' 곧 전종음절(penultima)에 강세가 있는 경우

לָמָּ֫יִם lāmāyim; שָׁמַ֫רְתָּ šāmārᵉttā

**해설**

단모음에 강세가 있으므로 단모음은 장모음으로 길어진다.

예) '밀라' 곧 종음절(ultima)에 강세가 있는 경우

כְּבֵדָ֫ה kābhedhâ; בֵּיתְךָ֫ bêthekā

### ③ 액센트의 목적과 기능

- 정확하게 발음하기 위해서 단어의 억양(intonation)의 위치를 표시한다.
- 전통적으로 문장 구두점을 표시한다. 일부 액센트는 단어(word)와 절(verse), 절과 단어와의 전후 관계 및 의미를 밝혀준다.
- 성경 낭독시에 있어서 숨의 휴식(pausal)과 계속, or 음악적인 리듬표 역할을 해준다. 즉 회당에서 하는 영창법(詠唱法, direction for cantillation; 히브리어로 예배 찬양하는 법)을 나타낸다.
- 액센트는 문법적으로 비슷한 형태를 가진 단어를 구분해 주는 기능을 한다.

### ④ 중요 분리 액센트(Disjunctive Accent)

* **씰룩(Sillûq, סִלּוּק, 'end' ; ֽ )**: 한절의 마지막 단어의 주강세가 있는 음절에 위치하며, 또한 항상 '솝 파숙'(Sôph pāsûq; ׃ ) 앞에 있는 마지막 단어의 강세 음절에서 사용된다.

예) הָאָֽרֶץ׃(D.NFS) '그 땅'; יוֹם אֶחָֽד׃(NMS.ANCMS) '첫째 날(이니라)'

* **아트나흐(Athnaḥ, אַתְנָח 'rest' ; ֑ )**: 절 가운데 위치하며 한 절을 2부분으로 구분하는 역할을 한다. 즉 '주 분리자'(principle divider) 역할을 한다.

예) 창 1:8. 직역: 그리고 하나님이 그 궁창을 하늘(들)이라 부르셨다. 그리고 저녁이 되었다. 그리고 아침이 되었다. 두 번째 날(이다).

וַיִּקְרָא אֱלֹהִים לָרָקִיעַ שָׁמָיִם וַיְהִי־עֶרֶב וַיְהִי־בֹקֶר יוֹם שֵׁנִי׃

ANOMS NMS NMS CW.VQIMZS NMS CW.VQIMZS NMD P.D.NMS NMP CW.VQIMZS

아트나흐(½) 도적어 주어 동사

**해설**

이 문장은 '아트나흐'(שָׁמָיִם)를 통해 2부분으로 구분된다. 첫 부분은 '그리고 하나님이 그 궁창을 하늘(들)이라 부르셨다'이며, 둘째 부분은 '그리고 저녁이 되었다. 그리고 아침이 되었다. 두 번째 날(이다).' 이 문장은 3개의 '와우 미완료 계속법'을 나타내는 대등절이다, 시제는 '과거형'(동작의 완료)를 나타낸다. 첫 문에서 주어(אֱלֹהִים)가 복수인데 동사(יִקְרָא)는 단수이므로 '일치법'상 맞지 않다. 하지만 אֱלֹהִים(하나님)의 주권과 권위를 나타내는 '장엄한 복수형'이라 하여 늘 단수동사가 온다. 첫 문장에서 לָרָקִיעַ는 직접목적어를 나타내며, שָׁמָיִם은 목적보어로 사용되었다. לָרָקִיעַ에서 לְ는 직접목적어(대격)의 대용어를 나타내는 전치사이다. 아람어에서 לְ의 용법은 매우 일반적이다. יוֹם שֵׁנִי를 명사문장으로 해석하면 '날이 두 번째이다', 명사구로 해석하면 '두 번째 날'.

* **세골타(S^e^gôltā, סְגוֹלְתָּא; ֒ )**: 한 절을 3부분으로 나눌 때 사용한다. 세골타는 첫 부분의 끝 단어 위에 위치하며(1/3), 둘째 부분의 끝 단어 아래에는 '아트나흐'가 위치한다(2/3).

예) 창 1:7 וַיַּעַשׂ אֱלֹהִים אֶת־הָרָקִיעַ וַיַּבְדֵּל בֵּין הַמַּיִם אֲשֶׁר מִתַּחַת לָרָקִיעַ

자켑카툰(⅔) 세골타(⅓)

וּבֵין הַמַּיִם אֲשֶׁר מֵעַל לָרָקִיעַ וַיְהִי־כֵן

* **자켑카톤(Zāqēph qāṭôn, זָקֵף קָטוֹן; ֔ )**: 2부분으로 나누어진 절을 다시 나누거나, 3부분으로 된 절을 다시 나눌 때에 사용된다. 각 부분의 마지막 단어 위에 위치한다.

예) 창 1:14 וַיֹּ֣אמֶר אֱלֹהִ֗ים יְהִ֤י מְאֹרֹת֙ בִּרְקִ֣יעַ הַשָּׁמַ֔יִם לְהַבְדִּ֕יל בֵּ֥ין הַיּ֖וֹם וּבֵ֣ין

자켑카톤(1/4)

הַלָּ֑יְלָה וְהָי֤וּ לְאֹתֹת֙ וּלְמ֣וֹעֲדִ֔ים וּלְיָמִ֖ים וְשָׁנִֽים׃

자켑카톤(3/4) 아트나흐(½=2/4)

* **티프하(Tiphḥâ, טִפְחָא; ֖ )**: 항상 Sillûq이나 Athnaḥ에 선행하며, 즉 이들 앞에 종속적으로 오는 하위 분리 부호로서 아트나흐 대신에 절의 주요 부분을 분리하는 역할도 한다.

예) 창 1:1. 직역: 태초에, 하나님이 그 하늘(들)과 그 땅을 창조하셨다.

בְּרֵאשִׁ֖ית בָּרָ֣א אֱלֹהִ֑ים אֵ֥ת הַשָּׁמַ֖יִם וְאֵ֥ת הָאָֽרֶץ׃

D.NFS C.O D.NMD O NMP VQAMZS P.NFSG

티프하

**해설**

창 1:1절은 문법적으로 독립절로 해석할 수 있고 종속절로 해석할 수 있다.

① 유대인 주석가 '이븐 에즈라' (Ibn Ezra, A.D. 1092-1167)는 1절은 종속절이고 2절이 주절이라고 생각한다. 이 해석에 의하면, "하나님이 천지를 창조하기 시작할 때에 땅이 혼돈하고 공허하며 흑암이 깊음 위에 있었다."라고 번역된다. 이 번역에 의하면 천지를 무(無)에서 창조하신 것이 아니고, 혼돈과 공허한 땅과 흑암 속에서 창조한 것으로 해석된다. ② 유대인 성경학자 '라쉬'(Rashi, A.D. 1040-1105)는 1절이 종속절이고, 2절이 괄호 안에 있는 절이며, 3절이 주절이라고 주장한다. 이 해석은 2절이 하나님이 창조하실 때의 상황을 묘사하며 그 이야기를 보충해 주는 괄호 안의 내용, 즉 종속절의 일부로 해석하고, 3절이 주절을 이루고 있다는 주장이다. 이 주장 역시 무(無)에서 유(有)를 창조하시는 하나님의 절대 창조를 부인하는 해석이다. ③ 맛소라 본문은 첫 단어 בְּרֵאשִׁית에 분리 부호 '티프하'가 있음으로 의미상으로 논리상으로 또는 낭독법에 있어서 다음 단어와 분리됨을 표시해 주며, 그 단어가 독립적으로 읽어져야 함을 말해 준다. 따라서 제 ③항이 합당하다. 창 1:1은 무(無)에서 유(有)를 창조하시는 하나님의 절대 창조를 선포하는 문장이므로 독립적으로 번역해야 한다. 즉 "태초에, 하나님이 그 하늘들과 그 땅을 창조하셨다."

* **르비아(Rᵉbhîaʻ, רְבִיעַ;** ): 자켈카톤이 있는 절의 구간을 다시 나눌 때 사용되는 분리 부호이다.

예) 창 1:9. 직역: 그리고 하나님이 그 물은 그 하늘 아래로부터 한 곳으로 묶여져라고 말씀하셨다. 그리고 그 마른 땅이 보여졌다. 그리고 그것이 그와 같이 되었다.

וַיֹּאמֶר אֱלֹהִים יִקָּווּ הַמַּיִם מִתַּחַת הַשָּׁמַיִם אֶל־מָקוֹם אֶחָד וְתֵרָאֶה הַיַּבָּשָׁה וַיְהִי־כֵן׃

르비아 자켈카톤

⑤ 중요 연결 액센트(Conjunctive Accent)

* **무나흐(Mûnaḥ, מוּנַח;** ): 아트나흐와 자켈카톤 앞에 종속적으로 놓이는 연결부호이다. 이 부호는 분리부호 '르가르메흐'(Lᵉgarmeh, **לְגַרְמֵהּ;** | )와 구분된다. 르가르메흐는 항상 '르비아' 앞에서 사용된다.

예) 창 1:1 בְּרֵאשִׁית בָּרָא אֱלֹהִים אֵת הַשָּׁמַיִם וְאֵת הָאָרֶץ׃

무나흐 아트나흐

* **메르카(Mêrᵉkâ, מֵירְכָא;** ): 씰룩과 티프하 앞에 종속적으로 사용되는 연결부호다.

예) 창 1:1 בְּרֵאשִׁית בָּרָא אֱלֹהִים אֵת הַשָּׁמַיִם וְאֵת הָאָרֶץ׃

메르카 씰룩

* **마옐라(Mᵉʼayyᵉlā, מְאַיְּלָא;** ): 씰룩이나 아트나흐 앞에서 동일 단어에 붙는 연결부호이다. 분리부호인 '티프하'와 구분해야 한다.

예) 창 8:18 וַיֵּצֵא־נֹחַ וּבָנָיו וְאִשְׁתּוֹ וּנְשֵׁי־בָנָיו אִתּוֹ׃

아트나 마옐라 마옐라 씰룩

## 9) 음절과 솝파숙

### ① 음절(Syllables)

히브리어는 두 종류의 음절을 가지고 있다. 하지만 음절을 구분하기가 쉽지 않다. 음절 구분이 가능한 경우는 그 음절들이 규칙적일 때이다. 규칙적인 음절은 '개음절'(開音節; Open syllable, 열린 음절)과 '폐음절'(閉音節; Closed syllable, 닫힌 음절)이다.

*** 규칙적인 음절**

ⅰ. 개음절(Open syllable: C+V)

하나의 자음(consonant; C)과 하나의 모음(vowel; V)으로 이루어진다. 즉 모음으로 끝나는데, '장모음'(long vowel)으로 끝난다.

예) מִי mî (APT; 누구?)　קָטְלָה qā-ṭ^e^lâ (VQAFZS; 그녀가 죽였다.)

ⅱ. 폐음절(Closed syllable: C+V+C)

하나의 자음(C)과 하나의 모음(V)과 음절을 닫아 주는 하나의 자음(C)으로 이루어진다. 즉 자음으로 끝나는데, 이 때의 모음은 '단모음'(Short vowel)이다.

예) שֵׁת šeth (NE; 셋)　יִקְטֹל yiqṭōl (VQIMZS; 그가 죽일 것이다.)

*** 불규칙적인 음절**

ⅰ. 반개음절(Semi-open syllable)

'유성 쉐바' or '복합쉐바'로 끝나는 음절을 말한다. 이런 음절은 폐음절도 아니며 개음절도 아닌 중간 음절로서, '단순유성쉐바'나 '복합쉐바'가 앞·뒤 음절에 불규칙적으로 걸려 있기 때문에 '반 개음절'이라 부른다.

예) כִּבְדֵי kibh^e^-dhê (NMPG; 간) ⇨ kibh^e^(반개음절) + dhê(개음절): בְ의 쉐바는 원래 명사 כָּבֵד(NMS)의 장모음 בֵ가 약화된 것이므로 유성이다.

예) הַיְאֹר hay^e^-'ōr (D.NFS; 그 강) ⇨ hay^e^(반개음절) + 'ōr(폐음절): יְ의 쉐바는 원래 음절 초두의 쉐바이므로 유성이다.

예) נַעֲרוֹ naʻărô (NMS.MZS; 그의 아이) ⇨ naʻă(반개음절) + rô(개음절)

예) יֶאֱסֹר ye'ĕsōr (VQIMZS; 그가 결박할 것이다) ⇨ ye'ĕ(반개음절) + sōr(폐음절)

ii. 중폐음절(Sharpened Syllable)

경강점(Dagheš forte)으로 끝나는 음절을 말한다. 이것은 폐음절이지만 음절 끝의 자음이 중복되어 폐음절보다 강하게 닫히는 것이 다르다.

예) אַתְּ 'att (NPFYS; you) ⇨ 'att(중폐음절): תְּ의 쉐바는 무성이다.
יֹלַדְתְּ yōladt (VQPAFS; 그녀가 아이를 낳을 것이다)
⇨ yō(개음절) + ladt(중폐음절): דְתְּ의 쉐바는 둘 다 무성이다.

*** 쉐바(šᵉvâ)의 발성법(euphony) ***

쉐바는 연속으로 나타나는 경우에는 소리내기가 힘들다. 이때는 첫 번째 쉐바를 단모음(short vowels)으로 바꾸어 발음한다.

| | |
|---|---|
| □ְ + □ְ ⇨ □ְ + □ִ | □ְ + □ֲ ⇨ □ְ + □ַ |
| □ֲ + □ְ ⇨ □ֲ + □ַ | □ְ + □ֱ ⇨ □ְ + □ֶ |
| □ֱ + □ְ ⇨ □ֱ + □ֶ | □ְ + □ֳ ⇨ □ְ + □ָ |
| □ֳ + □ְ ⇨ □ֳ + □ָ | |

② 솝 파숙(Sôph pāsûq)

'솝파숙'(Sôph pāsûq, סוֹף פָּסוּק: ׃ ): '솝'(סוֹף)이란 '끝'(end)을 의미하고, '파숙'(פָּסוּק)이란 '절'(verse)을 뜻하므로, '절의 끝'이라는 의미를 갖는다. 이 부호는 한 절의 끝에 오는데, 이것은 그 절의 끝남을 가리킨다. 그리고 '솝 파숙'이 붙는 바로 앞단어의 강세 음절은 메덱과 같은 모양의 분리 액센트인 '씰룩'(Sillûq, סִלּוּק, 'end' ; ֽ )이 위치한다.

예) 창 12:2 직역: 그리고 내가 너를 큰 나라로 만들 것이다 그리고 내가 너를 축복할 것이다. 그리고 내가 너의 이름을 크게(창대케) 할 것이다. 그리고 너는 복이 되라(or 복이다).

| בְּרָכָה׃ | וֶהְיֵה | שְׁמֶךָ | וַאֲגַדְּלָה | וַאֲבָרֶכְךָ | גָּדוֹל | לְגוֹי | וְאֶעֶשְׂךָ |
|---|---|---|---|---|---|---|---|
| NFS | C.VQMMYS | NMS.MYS | C.VPICXS(Ch) | C.VPICXS.MYS | AMS | P.NMS | C.VQICXS.MYS |
| 솝파숙+실룩 | | | 권유법(자기의지) | | | | |

해설

וְאַגְדְּלָה(내가 창대케 하리라)는 Cohortative(청유형 or 권유법)을 나타낸다. 즉 화자(하나님)의 의지를 나타낸다. 여기에다 Piel(강조형)을 사용하여 화자의 의지가 더욱 확고함을 나타낸다. 권유법이 명령형(1절의 '떠나 ~ 가라') 다음에 올 때는 목적 or 결과를 나타낸다. 여기서는 화자(하나님)의 의도된 '결과'를 나타낸다. 즉 "내가~하리라"는 하나님 자신의 의지를 드러내신 것이므로 이는 확실한 약속이며 반드시 그 약속의 결과가 성취되어질 미래의 사건이다. 실제로 이 예언은 그대로 이루어져 아브라함은 '많은 무리의 아비'(17:5), '하나님의 지배자'(23:6), '하나님을 신뢰하는 사람'(18:17-19), '선지자'(20:7), '하나님의 종'(시 105:6), '하나님의 친구'(창 20:7)라는 명예스러운 이름을 갖게 되었다. 오늘날 우리 역시 하나님으로부터 부름을 받아 '하나님의 자녀'라는 큰 영예를 얻게 되었다(롬 8:14).

וֶהְיֵה בְּרָכָה(그리고 너는 복이 되어라)는 2형식문의 명령형이다. 직설법은 '너는 복이다'라는 것이다. 개역성경의 '복의 근원'은 의역한 것이다. 앞의 복들은 하나님이 주어가 되어 복을 주시지만, 이 절(clause)은 아브라함이 주어가 되어 복이다라는 것이다. 즉 하나님으로부터 받은 복으로 인해 아브라함 자신이 복이 되어, 이 명령에 따라 사람들에게 복이 되는 삶을 살아라는 것이다. 즉 아브라함의 삶 자체가 복이며, 사람들에게 그 복을 나눠주는 삶을 사는 것이다. 이는 아브라함의 영적 후손인 성도가 추구해야 할 삶의 모범이기도 하다. 결과적으로 예수 그리스도를 소유한 삶 자체가 지상 최고의 복이며 그것을 나눠주는(전파하는) 목자의 삶을 살아야 하는 명령이 내포되어 있다.

## * 히브리어 구약 본문의 구분(Division of the Hebrew Text) *

구약 히브리어 본문의 장 • 절 구분이 있기 전부터 쿰란에서 발견된 사본(1Q Is[a], 1Q Is[b])에도 단락 구분이 나타난다. 맛소라 본문(Masoretic Text)은 시편을 제외한 구약 전체가 문단으로 구분되어 있다.

① **열린 단락( פ ; פְּתוּחָה  פִּסְקָה; open paragraph)**: 한 단락이 끝난 후에 오는 단어를 다음 줄의 첫머리에 기록하는 것을 말한다. 즉 완전히 행(line)을 바꾸어서 새로운 단락을 시작한다.

② **닫힌 단락( ס ; סְתוּמָה  פִּסְקָה; closed paragraph)**: 한 단락이 끝난 후에 오는 단어를 같은 줄에 일정한 간격을 둔 후에 기록하거나, 다음 줄에 일정한 들여 쓰기를 한 후에 기록하는 것을 말한다. 즉 같은 행(line) 안에서 일정한 간격을 띄어 새로운 단락을 시작한다.

탈무드 시대에는 '마소라'(Masorah)의 시초로서, 모세오경 기록상의 규정을 세우는 데 있었다. 그 당시에 성경을 포함한 책들이 두루마리 형식으로 기록되었고, 그 규정은 성경의 순서, 즉 회당에서 읽기 위해 모세오경을 '쓰다림'과 '파라쉬요트'로 구분하는 것, 모세오경의 각 장의 기록 방법, '바다의 노래'(출 15장), '모세의 노래'(신 32장) 등과 같은 오경에 속한 시가서들의 기록 등에 대해 다루었다.

③ **쓰다림( ס֒ ; סְדָרִים; S[e]dārim)**: 'סֵדֶר'(순서, 차례)의 복수형이다. '프투하', '쓰투마'보다 큰 단락(section)에 해당되는 구분으로, 전체적으로 대략 452개로 형성되어 있다. 토라(오경)를 총 3년 내 회당 예배로 읽을(낭송) 분량이다. 이것은 팔레스타인에서 유래하였다.

④ **파라쉬요트( פרש ; פָּרָשִׁיּוֹת; Parashiyoth)**: 회당 예배의 낭송을 위해 토라(오경)를 54개의 파라샤(פָּרָשָׁה)로 구분하여, 1년 동안 읽도록 하였다. 이것은 바벨론에서 유래하였다.

⑤ **구약성경의 장 • 절(chapters and verses) 구분**: 현재의 모습으로 장(chapters) 구분을 한 사람은 대체로 영국교회의 켄터베리 대주교였던 스테펜 랭튼(Stephen Langton)일 것으로 추측되고 있다. 랭튼은 1204-1205년에 제롬의 라틴어 성경(the Vugata)에 처음 시도하였다. 그후 1330년에 나온 '솔로몬 벤 이스마엘'(Solomon ben Ishmael)의 히브리어 성경의 일부 필사본에 랭튼의 장 표시를 난외(colophon)에 기록하였다. 이것이 근대 히브리어 성경의 최초 '장'표시다. 인쇄본으로 최초 장표시 구약성경은 1517년에 편집된 「콤플루텐시안 다역성경」(Complutensian Polyglot)이며, 장표시가 본문 안에 최초 표기된 구약성경(인쇄본)은 스페인의 동방학자인 베니토 아리아스 몬타누스(Benito Arias Montano; 1569- 1572)가 편집한 「Antwerp Polyglot」이다.

**절**(verses) 구분은 구약과 신약의 과정이 다르며, '절' 구분이 '장' 구분보다 앞선다. 오늘날과 같은 구약성경의 절구분은 M.T.(맛소라 본문)에 확립된 것으로, A.D.10C 아론 벤 모세 벤 아쉐르(Aron ben Moshe ben Asher)가 편집한 맛소라 본문이며, 오경의 총 절수는 5,845절로 되어 있다. 히브리어 알파벳의 수치로 '절'표시한 최초의 구약성경은 1547년에 나온 봄베르그(Bomberg) 편집의 「제2랍비 성경」이다. 매 5절마다 히브리어 알파벳으로 표기하였다.

한편 로버트 스테파누스(Stephanus Robertus)는 신약성경을 절로 구분하여 1551년 스위스 제네바에서 출판했다. 전하는 바에 의하면 스테파누스는 파리에서 리용으로 가는 마상(馬上)에서 절을 나누었다한다. 그러나 신약과 구약성경 모두에 장절이 붙여져 처음 출판된 해는 1555년인데, 스테파누스의 라틴역 불가타(Vulgata)성경이다. 오늘날의 성경은 1560년판 「제네바 성경」(Geneva Bible)의 장절 구분을 받아들이고 있다. 참고로, 「제네바 성경」의 서문에는 외경에 대해 개신교의 견해를 분명히 밝히고 있다. 즉 외경들이 교회가 공적으로 읽고 해석하는 것이 공인된 것이 아니라는 점을 분명히 하였다. 그러면서도 '므낫세의 기도'만은 역대하 끝에 편집해 넣은 예외를 두었다.

# 연 습 문 제

1. 다음을 읽고 음역하시오.

| | | | | | |
|---|---|---|---|---|---|
| תּוֹלְדוֹת | tôl$^{e}$dhôth | לַעֲבֹר | la'ăbhōr | חֲסָדִים | ḥăsādhîm |
| הַלְּבָנוֹן | | עַמְּךָ | | מַלְכְּכֶם | |
| אֱלֹהִים | | אֲבִי | | מוֹשְׁבוֹת | |
| עֶלְיוֹן | | שַׂמְתִּי | | מַהֲרוּ | |
| עַבְדְּךָ | | יִצְחָק | | יַעֲקֹב | |
| יֶלְדוּ | | אֱדוֹם | | מְלֹךְ | |
| הִשְׁחִית | | אֶפְרַיִם | | עִנְּבֵי | |
| וְאָמַרְתָּ | | אֲלֵיהֶם | | בְּתֹךְ | |
| אֶצְלְךָ | | יָרָבְעָם | | חַרְבּוֹ | |
| מִשְּׁמוּאֵל | | גֻּלְגֹּלֶת | | מְיַלְּדוֹת | |
| שִׁשִּׁי | | פֶּתַח | | חֶדֶל | |
| לָמָּה | lāmmâ | נְשֵׁיהֶם | n$^{e}$šêhem | כֹּהֲנִים | kōhŏnîm |
| פְּלִשְׁתִּים | | דְּבַר | | אֲנַחְנוּ | |
| אִשְׁתּוֹ | | עֲבָדִים | | מִצְרַיִם | |
| בְּרִיתְךָ | | מַמְלֶכֶת | | בְּרוּךְ | |
| מִדְבָּר | | דִּבְרֵי | | יַרְדֵּן | |
| אַבְרָהָם | | גָּדְלְךָ | | יִשְׁבְּרוּ | |
| לַיְלָה | | רָעָב | | עָנִיֵּד | |
| שָׁמְעוּ | | יָרָבְעָם | | קָדְקֹד | |
| יָרָבְעָם | | שָׁמַרְתִּי | | אֱמָר־נָא | |
| אֶכְתֹּב | | קָדְקֹד | | שְׁמָר־לִי | |
| אֱלֹהַּ | | רוּחַ | | עֶבֶד | |

2. 다음 십계명(출 20:1-17)의 본문을 음역하시오.

1절 וַיְדַבֵּר אֱלֹהִים אֵת כָּל־הַדְּבָרִים הָאֵלֶּה לֵאמֹר ס

⇨ vay$^e$dhabēr 'ĕlōhîm 'ēth kol-had$^e$bhārîm hā'ēlleh

2절 אָנֹכִי יְהוָה אֱלֹהֶיךָ אֲשֶׁר הוֹצֵאתִיךָ מֵאֶרֶץ מִצְרַיִם מִבֵּית עֲבָדִים

⇨ 'ānōkhî y$^e$hvâ( **אֲדֹנָי** 'ădhōnāy; '영구적 케레' ) 'ĕlōhîm 'ăšer hôṣē'thîkhā mē'ereṣ miṣrayim mibêth 'ăbhādhîm

3절(제1계명) לֹא יִהְיֶה־לְךָ אֱלֹהִים אֲחֵרִים עַל־פָּנָיַ

4절(제2계명) לֹא תַעֲשֶׂה־לְךָ פֶסֶל וְכָל־תְּמוּנָה אֲשֶׁר בַּשָּׁמַיִם מִמַּעַל וַאֲשֶׁר

בָּאָרֶץ מִתָּחַת וַאֲשֶׁר בַּמַּיִם מִתַּחַת לָאָרֶץ

5절 לֹא־תִשְׁתַּחְוֶה לָהֶם וְלֹא תָעָבְדֵם כִּי אָנֹכִי יְהוָה אֱלֹהֶיךָ אֵל קַנָּא

פֹּקֵד עֲוֹן אָבֹת עַל־בָּנִים עַל־שִׁלֵּשִׁים וְעַל־רִבֵּעִים לְשֹׂנְאָי

6절 וְעֹשֶׂה חֶסֶד לַאֲלָפִים לְאֹהֲבַי וּלְשֹׁמְרֵי מִצְוֹתָי ס

7절(제3계명) לֹא תִשָּׂא אֶת־שֵׁם־יְהוָה אֱלֹהֶיךָ לַשָּׁוְא כִּי לֹא יְנַקֶּה יְהוָה

אֵת אֲשֶׁר־יִשָּׂא אֶת־שְׁמוֹ לַשָּׁוְא פ

8절(제4계명) זָכוֹר אֶת־יוֹם הַשַּׁבָּת לְקַדְּשׁוֹ

9절 שֵׁשֶׁת יָמִים תַּעֲבֹד וְעָשִׂיתָ כָּל־מְלַאכְתֶּךָ

10절 וְיוֹם הַשְּׁבִיעִי שַׁבָּת לַיהוָה אֱלֹהֶיךָ לֹא־תַעֲשֶׂה כָל־מְלָאכָה אַתָּה

וּבִנְךָ־וּבִתֶּךָ עַבְדְּךָ וַאֲמָתְךָ וּבְהֶמְתֶּךָ וְגֵרְךָ אֲשֶׁר בִּשְׁעָרֶיךָ

11절 כִּי שֵׁשֶׁת־יָמִים עָשָׂה יְהוָה אֶת־הַשָּׁמַיִם וְאֶת־הָאָרֶץ אֶת־הַיָּם

וְאֶת־כָּל־אֲשֶׁר־בָּם וַיָּנַח בַּיּוֹם הַשְּׁבִיעִי עַל־כֵּן בֵּרַךְ יְהוָה אֶת־יוֹם

הַשַּׁבָּת וַיְקַדְּשֵׁהוּ ס

12절(제5계명) כַּבֵּד אֶת־אָבִיךָ וְאֶת־אִמֶּךָ לְמַעַן יַאֲרִכוּן יָמֶיךָ עַל הָאֲדָמָה

אֲשֶׁר־יְהוָה אֱלֹהֶיךָ נֹתֵן לָךְ ס

13절(제6계명) לֹא תִּרְצָח ס

14절(제7계명) לֹא תִּנְאָף ס

15절(제8계명) לֹא תִּגְנֹב ס

16절(제9계명) לֹא־תַעֲנֶה בְרֵעֲךָ עֵד שָׁקֶר ס

17절(제10계명) לֹא תַחְמֹד בֵּית רֵעֶךָ לֹא־תַחְמֹד אֵשֶׁת רֵעֶךָ וְעַבְדּוֹ

וַאֲמָתוֹ וְשׁוֹרוֹ וַחֲמֹרוֹ וְכֹל אֲשֶׁר לְרֵעֶךָ פ

**3. 다음 십계명(신 5:6-21)의 본문을 우리말로 읽으시오.**

6절 אָנֹכִי יְהוָה אֱלֹהֶיךָ אֲשֶׁר הוֹצֵאתִיךָ מֵאֶרֶץ מִצְרַיִם מִבֵּית עֲבָדִים

⇨ 아노키 아도나이 엘로헤카 아쉐르 호쩨티카 미쯔라임 미베트 아바딤

7절(제1계명) לֹא יִהְיֶה־לְךָ אֱלֹהִים אֲחֵרִים עַל־פָּנָיַ

⇨ 로 이흐예 레카 엘로힘 아헤림 알 파나이

8절(제2계명) לֹא־תַעֲשֶׂה־לְךָ פֶסֶל כָּל־תְּמוּנָה אֲשֶׁר בַּשָּׁמַיִם מִמַּעַל וַאֲשֶׁר

בָּאָרֶץ מִתָּחַת וַאֲשֶׁר בַּמַּיִם מִתַּחַת לָאָרֶץ

9절 לֹא־תִשְׁתַּחֲוֶה לָהֶם וְלֹא תָעָבְדֵם כִּי אָנֹכִי יְהוָה אֱלֹהֶיךָ אֵל קַנָּא פֹּקֵד

עֲוֺן אָבוֹת עַל־בָּנִים וְעַל־שִׁלֵּשִׁים וְעַל־רִבֵּעִים לְשֹׂנְאָי

10절 וְעֹשֶׂה חֶסֶד לַאֲלָפִים לְאֹהֲבַי וּלְשֹׁמְרֵי (מִצְוֹתוֹ) מִצְוֹתָי ס

11절(제3계명) לֹא תִשָּׂא אֶת־שֵׁם־יְהוָה אֱלֹהֶיךָ לַשָּׁוְא כִּי לֹא יְנַקֶּה יְהוָה

אֵת אֲשֶׁר־יִשָּׂא אֶת־שְׁמוֹ לַשָּׁוְא ס

12절(제4계명) שָׁמוֹר אֶת־יוֹם הַשַּׁבָּת לְקַדְּשׁוֹ כַּאֲשֶׁר צִוְּךָ יְהוָה אֱלֹהֶיךָ

13절 שֵׁשֶׁת יָמִים תַּעֲבֹד וְעָשִׂיתָ כָּל־מְלַאכְתֶּךָ

14절 וְיוֹם הַשְּׁבִיעִי שַׁבָּת לַיהוָה אֱלֹהֶיךָ לֹא תַעֲשֶׂה כָל־מְלָאכָה אַתָּה

וּבִנְךָ־וּבִתֶּךָ וְעַבְדְּךָ־וַאֲמָתֶךָ וְשׁוֹרְךָ וַחֲמֹרְךָ וְכָל־בְּהֶמְתֶּךָ וְגֵרְךָ אֲשֶׁר

בִּשְׁעָרֶיךָ לְמַעַן יָנוּחַ עַבְדְּךָ וַאֲמָתְךָ כָּמוֹךָ

15절 וְזָכַרְתָּ כִּי־עֶבֶד הָיִיתָ בְּאֶרֶץ מִצְרַיִם וַיֹּצִאֲךָ יְהוָה אֱלֹהֶיךָ מִשָּׁם בְּיָד

חֲזָקָה וּבִזְרֹעַ נְטוּיָה עַל־כֵּן צִוְּךָ יְהוָה אֱלֹהֶיךָ לַעֲשׂוֹת אֶת־יוֹם הַשַּׁבָּת ס

16절(제5계명) כַּבֵּד אֶת־אָבִיךָ וְאֶת־אִמֶּךָ כַּאֲשֶׁר צִוְּךָ יְהוָה אֱלֹהֶיךָ לְמַעַן

יַאֲרִיכֻן יָמֶיךָ וּלְמַעַן יִיטַב לָךְ עַל הָאֲדָמָה אֲשֶׁר־יְהוָה אֱלֹהֶיךָ נֹתֵן לָךְ ס

17절(제6계명) לֹא תִּרְצָח ס

18절(제7계명) וְלֹא תִּנְאָף ס

19절(제8계명) וְלֹא תִּגְנֹב ס

20절(제9계명) וְלֹא־תַעֲנֶה בְרֵעֲךָ עֵד שָׁוְא ס

21절(제10계명) וְלֹא תַחְמֹד אֵשֶׁת רֵעֶךָ ס וְלֹא תִתְאַוֶּה בֵּית רֵעֶךָ שָׂדֵהוּ

וְעַבְדּוֹ וַאֲמָתוֹ שׁוֹרוֹ וַחֲמֹרוֹ וְכֹל אֲשֶׁר לְרֵעֶךָ ס

4. 다음 '쉐마'(신 6:4-9) 본문을 우리말로 읽으시오.

4절 שְׁמַע יִשְׂרָאֵל יְהוָה אֱלֹהֵינוּ יְהוָה אֶחָד

5절 וְאָהַבְתָּ אֵת יְהוָה אֱלֹהֶיךָ בְּכָל־לְבָבְךָ וּבְכָל־נַפְשְׁךָ וּבְכָל־מְאֹדֶךָ

6절 וְהָיוּ הַדְּבָרִים הָאֵלֶּה אֲשֶׁר אָנֹכִי מְצַוְּךָ הַיּוֹם עַל־לְבָבֶךָ

7절 וְשִׁנַּנְתָּם לְבָנֶיךָ וְדִבַּרְתָּ בָּם בְּשִׁבְתְּךָ בְּבֵיתֶךָ וּבְלֶכְתְּךָ בַדֶּרֶךְ וּבְשָׁכְבְּךָ

וּבְקוּמֶךָ

8절 וּקְשַׁרְתָּם לְאוֹת עַל־יָדֶךָ וְהָיוּ לְטֹטָפֹת בֵּין עֵינֶיךָ

9절 וּכְתַבְתָּם עַל־מְזֻזוֹת בֵּיתֶךָ וּבִשְׁעָרֶיךָ ס

## * 구약성경 인쇄본 *

인쇄술이 발달하면서, 히브리어 구약 본문은 일찍이 15세기 말 16세기 초 사이에 인쇄되기 시작하였다.

① 최초의 구약 인쇄본은 A.D. 1488년에 이탈리아의 손시노(Soncino)에서 나온 히브리어 성경이다.

② **콤플루텐시안 폴리글롯(Complutensian Polyglot)**: 1514-17년에 알칼라(Acala)에서 인쇄되고 1522년경부터 유포되기 시작한 인쇄본으로 기독교 쪽에서 인쇄한 것이다. '콤플루텐시안'이라는 말은 '콤플루툼'(Complutum, 곧 Alcala de Henares)에서 인쇄된 것이기 때문에 그 곳 이름을 붙인 것이고, 여러 언어를 대조한 것이기 때문에 「폴리글롯」이라고도 부르게 되었다. 이 인쇄본은 스페인의 추기경 프란시스코 지메네스(Cardinal Francisco Jimenes)의 감독 아래, 6권으로 편집되었다.

③ **제1 랍비성경(The First Rabbinic Bible)**: 최초의 랍비성경은 어거스틴 허미트(Augustinian Hermits)의 명령에 따라 펠릭스 프라텐시스(Felix Pratensis)가 편집하고, 베니스(Venice)에서 1516년에 다니엘 봄베르크(Daniel Bomberg)가 출판한 것이다. 이 인쇄본은 마소라(Masora; מְסוֹרָה; 전승, 전통) 주기가 없다.

④ **제2 랍비성경(The Second Rabbinic Bible)**: 제1랍비성경의 결점을 보완하기 위하여 유명한 맛소라 학파인 '야곱 벤 하임'(Jacob ben Chayyim)이 편집한 구약성경이다. 이것은 20세기초까지 히브리어 구약성경의 표준 인쇄본이 되었다. 야곱 벤 하임은 주로 결점이 있거나 마소라 자료에 대한 이해가 없이 베껴 쓴 많은 중세후기의 사본들이나 인쇄본들을 모아서 크고 작은 마소라를 성경본문에 포함시켰기 때문에 원본과는 거리가 있는 절충본문(an eclectic text)이 되고 말았다. 그러나 이 본문은 유대인과 이방인에 의하여 TR본문(Textus Receptus; 인정받은 본문)이 되었다.

⑤ **$BH^1$, $BH^2$**: 독일의 신학자 루돌프 키텔(Rudolf Kittel)은 『Biblia Hebraica』(히브리어 성서)의 처음 두개의 판(edition)에서는 제2 랍비성경를 본문으로 사용하였다(A.D. 1906).

⑥ **BHK(=$BH^3$)**: 키텔은 제3판(BHK)을 내면서 본문을 '벤 하임'인쇄본 대신 '모세 벤 아쉐르'(Mose ben Asher)의 아들 아론(Ahron)에 의해 기록된 사본들로부터 완성된 필사본인 레닌그라드 사본(Codex Leningradensis, $B19^A$; A.D. 1008)을 본문으로 채택하였다(1937). 이 인쇄본은 본문 여백에 마소라 파르바(Masora parva; Mp)와 본문비평장치(Textus Apparatus)를 가진다.

⑦ **BHS(Biblica Hebraica Stuttgartensia)**: 1977년 독일성서공회는 BHK의 오기와 난외에 '맛소라' 곧 난외의 마소라(Masora marginalis)라 불리는 소마소라(Masora parva; Mp), 대마소라(Masora magna; Mm), 종결 마소라(Masora finalis)를 보충하여 새롭게 발간하였다. 물론 아래 여백에 본문비평장치(Textus Apparatus)가 수록되어 있다.

⑧ **HUB(Hebrew University Bible)**: 가장 최근의 인쇄본으로서는 예루살렘 히브리대학교에서 1965년 이후부터 출판해 내고 있는 『히브리대학교 성경』(Hebrew University Bible)이다. 본문은 대·소마소라를 가진 '알렙포 사본'(Codex Aleppo; A.D.930)을 예언서에 반영하고 있다.

⑨ **BHQ(Biblica Hebraica Quinta)**: 1990년 이래 세계성서공회연합회에서 편집되어 분책으로 출판되고 있다. BH편집본의 제5판이라 할 수 있는 BHQ는 BHK와 BHS의 근거가 되는 레닌그라드 사본(B19A)을 기초로 하고 있다. 특히 BHQ는 레닌그라드 사본에는 있지만 BHK나 BHS에 없는 대마소라 주기의 내용을 영어로 설명하고 있으며, 본문 비평장치의 내용을 풍성히 싣고 있다. 현재 룻기, 사사기, 신명기 등 분책이 출판되어 있다.

# Ⅲ. 언어와 문자

## 1. 언어의 창조

인류(Mankind)는 언제부터 말을 했을까. 이는 누구나 한번쯤은 품었을 의문이다. 여지껏 언어의 기원에 대한 가설은 많이 제기 되었지만 오히려 문제해결의 방향을 거스리는 것이었다. 1932년 '제1회 파리언어학회'에서 언어의 기원에 대한 글이 학회지에 실리지 못하도록 결정되어 오늘날에 이른다. 언어학계에서 손을 떼어버린 이 난제는 언어인류학, 언어심리학, 언어철학, 신경언어학 등에서 각광을 받는다. 사람이 있기 이전에 말이 실현되지 않았다는 전재 하에 그러면 사람은 언제부터 사람인가.

성경의 연대론과 다르게, 체질인류학에 의하면, 사람의 큰 줄기는 '호모 하빌리스'(Homo habilis: 손을 사용한 사람), '호모 에렉투스'(Homo erectus: 곧게 서서 다닌 사람), '네안데르탈인'(Homo neander- thalensis), '호모 사피엔스'(Homo sapiens; 현생인류)으로 분류된다. '호모 하빌리스'는 200~170만년 전에, '호모 에렉투스'는 160~10만년 전에, '네안데르탈인'은 30~3만년 전에, '호모 사피엔스'는 3.5만년 전에 나타나 오늘에 이른다고 한다. '호모 사피엔스'가 출현할 즈음에 생존했던 사람들은 미토콘드리아 핵산연구(mt DNA, 분자생물학의 연구 성과로 화석에서 미토콘드리아 유전자 추출)에 의하여 '해부학적인 현대인'으로 일컬어지며, '호모 사피엔스'의 효시인 '크로마뇽인'은 '완전현대인'으로 구별된다.

'호모 사피엔스' 이전의 '아파렌시스'(Australopithecus afarensis; 400만년 전), '아프리카누스'(Australopithecus africanus; 250만년 전)는 두뇌 용량에 있어 '호모 사피엔스'과는 현저하게 차이가 나는데, '아파렌시스'는 평균 440cc, '호모 사피엔스'는 평균 632cc로 현저히 증가한다. 현생 침팬지의 경우 383cc과는 비교되는 두뇌용량이다. '호모 사피엔스'에서 현저하게 증가하기 시작한 두뇌용량의 평균치는 930cc(호모 에렉투스), 1600cc(네안데르탈인), 1400cc(호모 사피엔스)로 늘어났다. **두뇌 용량의 증가는 손의 진화, 도구의 제작, 송곳니의 퇴화, 입술의 형성, 언어음의 생성 등을 초래했다.**

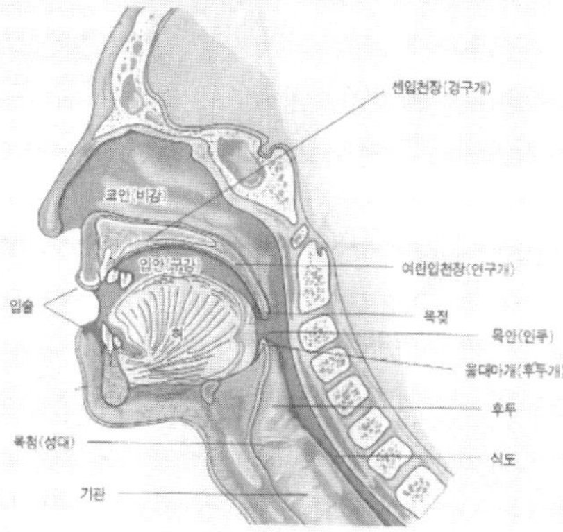

발음 기관 단면도

**특히 브로카령이 포함되어 있는 언어영역을 형성하는 한편[12], 언어음을 생성하기 위한 조음기관(調音機關)의 진화를 촉진시켰다.** 입술, 코, 입, 이, 입천장, 혀, 성대, 횡경막으로 구성되는 조음기관은 사람(현생인류)의 경우 입술에서 혓뿌리까지 수평으로 그리고 혓뿌리에서 횡경막까지 수직으로 형성되어 있다. 이러한 'ㄱ-형'의 구조는 '호모 하빌리스'에서 비롯되어 '호모 에렉투스'을 거쳐 '호모 사피엔스'(Homo sapiens)에서 완성되었다. 언어음의 최종 생성부위는 입술이며[13], 그 형성은 '호모 하빌리스'에서 시작되었다.

이러한 진화의 열매는 '호모 사피엔스'에서 최극점에 달한다. 따라서 두뇌용량의 증가는 언어의 기원과 불가분의 관계를 맺고 있으며, 언어는 두뇌용량의 증가에서 기인된 가장 두드러진 인간의 속성으로 평가된다.[14] 따라서 체질 인류학적으로 볼 때, 인간의 언어(말)의 기능은 '호모 사피엔스'(Homo sapiens)에서 완성되었음을 알 수 있다.

---

12) 일반적으로 "Broca's Area" (브로카령)란 뇌구조상 운동성 언어 중추가 있는 곳(언어를 다루는 영역)을 말한다. '호모 하빌리스'의 두개골에 '브로카령(領)'이라는 부위의 초기 흔적이 나타났는데, 이는 '호도 하빌리스' 이전의 어떤 종(種)에도 현생 유인원의 어떤 종(種)에도 없는 것이다.

13) 입은 일차적으로 음식을 섭취하기 위한 생존기능과 이차적으로 적과 싸우기 위한 대적기능을 담당한다. 후자의 기능은 날카로운 송곳니가 상대방을 물어뜯을 때 완수되는데, 송곳니는 '아파렌시스'에서 왜소화하기 시작하여 '호모 하빌리스'에서 완전히 퇴화되었다. 퇴화정도에 발맞추어 '호모 하빌리스'의 입은 입술이라는 새 부위를 형성해 나갔다. 여타 신체부위에 비하여 연약한 피부로 형성된 입술은 싸움에서 피가 터지기 십상이므로 여타 유인원의 경우 있어서는 안 될 부위이다. '호모 하빌리스'에서 시작된 입술의 형성은 '호모 에렉투스'를 거쳐 '호모 사피엔스'(Homo sapiens)에 이르러 1개 신체부위로 완성된다. **입술을 갖춘 입**은 삼차적으로 언어음의 생성이라는 문화기능을 담당한다.

14) 박기용, 「말」(서울: 도서출판 규장각, 1997), 11-23

그렇다면 성경은 언어의 기원에 대해서 어떻게 기록하고 있는가? 직접적인 설명은 하고 있지 않지만 개연성은 충분하다. 모든 창조물 중에서 유독 사람만이 말(언어)의 기능을 가지고 있다. 특히 하나님의 포유류의 창조 시, 언어가 자연히 포함된 것이라면 짐승들도 말을 할 수 있어야 할 텐데, 결코 그렇지 못하고 사람만이 말을 한다. 언어란 사람에게만 주어진 특별한 기능이다. 만물의 영장인 사람이 짐승과 구별된다는 것은 언어의 유무가 가장 큰 이유일 것이다. 그렇다면 짐승과 구별되는 언어의 기능이란 '진화'의 과정을 거친 것이 아닌 하나님의 특별한 은혜요 창조 역사가 아닌가? 그렇다면 인간 창조 시 하나님께서 특별한 언어 기능을 부여하신 무언가가 있었을 것이다.

에덴동산에서 창조주이신 여호와 하나님과 피조물인 첫 사람 아담과의 대화 장면에서 아담이 최초로 동산 내에서 언어(말)를 사용하고 있음을 알 수 있다. 창세기 3장 9-12절에서 "여호와 하나님이 아담을 부르시며 그에게 이르시되 네가 어디 있느냐. 가로되 내가 동산에서 하나님의 소리를 듣고 내가 벗었으므로 두려워하여 숨었나이다." 그렇다면 하나님이 창조하신 첫째 사람 아담과 하와가 언어를 사용할 수 있는 기능이 주어진 것은 어느 시점일까?

창세기 2장 7절에서 "여호와 하나님이 흙으로 사람을 지으시고 생기를 그 코에 불어 넣으시니 사람이 생령이 된지라"(וַיִּיצֶר יְהוָה אֱלֹהִים אֶת־הָאָדָם עָפָר מִן־הָאֲדָמָה וַיִּפַּח בְּאַפָּיו נִשְׁמַת חַיִּים וַיְהִי הָאָדָם לְנֶפֶשׁ חַיָּה)는 말씀 속에 해답이 있다고 본다. 즉

"נִשְׁמַת חַיִּים" 즉 '생기'다. 창조주 하나님이 "עָפָר מִן־הָאֲדָמָה"로 아담을 만드시고 그 코에 산 "נִשְׁמַת"를 불어 넣어 주셨던 것이다. 물론 이것은 호흡, 숨, 생기를 말한다. 여기에 언어(말) 기능까지 포함되었을 것이다.

구약 성경에서 "נִשְׁמַת"가 말(언어) 기능과 관련되어 있는 구절이 욥기서 26장 4절에 기록되어 있다. 즉 "너는 누구를 향하여 말을 내었느냐 뉘 신이 네게서 나왔느냐"(אֶת־מִי הִגַּדְתָּ מִלִּין וְנִשְׁמַת־מִי יָצְאָה מִמֶּךָּ)라는 말씀이다. 이 구절을 직역하면, "너는 누구에게 말을 내었느냐 그리고 누구의 'נִשְׁמַת'가 너로부터 나왔느냐"이다. 이 말씀에서 앞 절(clause)과 뒷 절(clause)이 설명적 와우 접속사 (waw explicativum, 'namely')로 연결되어 있어, 대구를 이루고 있는 구문이다. 따라서 '말'(מִלִּין)과 'נִשְׁמַת', 'נָגַד'(이야기하다, 알리다, 전하다)와 'יָצָא'(나오다, 출발하다)가 대구를 이루고 있으므로, 말(언어)의 기능이 נְשָׁמָה와 관련되어 있음을 추측해 볼 수 있다.

그리고 잠언 20장 27절과 시편 119장 105절을 통해, 간접적으로도 그 개연성을 추정해 볼 수 있다. 전자는 "사람의 영혼(נְשָׁמָה)은 여호와의 등불(נֵר)이라'했고, 후자는 "여호와의 말씀(דָּבָר)은 내 발의 등불(נֵר)이라" 했다. 여기서 'נְשָׁמָה'는 등불(נֵר)이며, '말씀'역시 등불(נֵר)이라는 '은유' (metaphor)라는 수사법이 구사되었다. 따라서 'נְשָׁמָה'가 '말씀'(דָּבָר)이며 '등불'(נֵר)임을 알 수 있다.

결론적으로 말하면, 창조주 하나님이 사람, 즉 "עָפָר מִן־הָאֲדָמָה"로 아담(그 사람, הָאָדָם)을 만드시고 그 코에 '언어의 기능'이 포함된 'נְשָׁמָה חַיִּים'를 불어 넣어주심으로 그 사람(아담, הָאָדָם)이 '생령'(לְנֶפֶשׁ חַיָּה; εἰς ψυχὴν ζῶσαν)이 되어 말을 하게 된 것으로 추정해 볼 수 있다. 그러므로 언어(말)가 사람과 짐승을 구분지어 주는 특별한 경계가 된다고 볼 수 있다.

시편의 마지막 절(150:6)에서 시편 기자는 "호흡이 있는 자마다 여호와를 찬양하라"(כֹּל הַנְּשָׁמָה תְּהַלֵּל יָהּ הַלְלוּ־יָהּ)고 하였다. 직역하면, "모든 הַנְּשָׁמָה는 여호와를 '반드시 자랑하라'(תְּהַלֵּל; Piel 미완료; '강한 명령'; or 반드시 찬양하라, 반드시 비추어라). 여호와를 '찬양하라'(הַלְלוּ; Piel 명령; 자랑하라, 비추라)!(=할렐루야!)"이다. 따라서 사람의 언어(말)는 하나님을 찬양하며, 자랑하며, 비추며, 증거하는 기능·수단·도구로 우리에게 주어졌다.

## 2. 언어의 기원

인류는 언제부터 사람인가? 이 의문에 대한 해답은 언어 기원과 결부된다. 체질인류학적으로 3.5만 년 전에 후기 구석기를 만들어 낸 '호모 사피엔스'부터 '말하는 사람'(homo loquens)으로 확인되므로, 언어의 기원 년대는 3.5만 년 전으로 확인된다(성경의 '인류의 기원설'과는 배치됨). 타제구석기를 만든 '호모 하빌리스', 호모 에렉투스, 그리고 '네안데르탈인'은 모두 생후 8개월 이전의 갓난아이처럼 '옹알이하는 사람'(homo garriens)이다. 따라서 사람은 '말하는 사람'일 때부터 진짜 사람이다.

### 1) 알타미라 동굴(Altamira Cave) 암벽화

인간 자의식의 최고(最古) 물증. 암벽화의 정교한 필치가 돋보이는 채색화로서 훌륭한 예술

작품으로 정평이 나있다. 예술행위는 자의식(1인칭)의 발로이다.

갓난 아이는 2개월(생후 6~8개월)에 걸친 옹알이 단계를 벗어나면 10개월 동안(생후 8~18개월) '엄마'와 같은 최초 단일단어문장(holophrase-sentence)를 구사하는데, 이는 그가 자의식을 지녔다는 증거이다.

'크로마뇽인'(Cromagnon man)은 이러한 예술 활동 이외에 1만년전까지 여러 가지 타제(打製) 구석기를, 1만 년 전쯤 마제술(磨製術)에 의한 신석기를, 기원전 3100년 제련술(製錬術)에 의한 청동기를 제작•사용하였다. '크로마뇽인'은 '호모 사피엔스'(Homo sapiens; 현생인류)이며, 우리와 똑같은 완전 현대인이다.

* 알타미라 동굴(Altamira Cave)은 기원전 15,000년쯤 된 것으로 추정하는 스페인 북부의 산탄데르 지방에 있는 선사시대 동굴유적이다. 스페인어로 Altamira는 "high view"라는 뜻이다. 이 동굴은 1868년에 Modesto Cubillas라는 사냥꾼이 없어진 자신의 사냥개를 찾다가 처음 발견하였다.
벽화의 그림을 그릴 때 최초로 색을 사용하였다. 그때 사용한 인류 최초의 천연물감은 yellow earth(ochre), red earth(ochre), white chalk 색 물감들과 사냥해 온 동물들의 지방을 태워서 만든 carbon black(Lamp Black)색 물감이었다. 이렇게 최초로 사용된 색깔을 확인해 준 유적물로는 '알타미라 동굴'(Altamira Cave)과 '라스코 동굴'(Lascaux Cave; 프랑스 도르도뉴 주의 몽티냐크 마을 근처, 기원전 15,000-12,000년 쯤)의 벽화가 있다. 이 동굴의 그림들은 위의 네 가지 색깔에 마그네시아와 황토나 숯등을 갈아서 섞거나 태워서 착색안료로 사용하여 그린 것들이다.

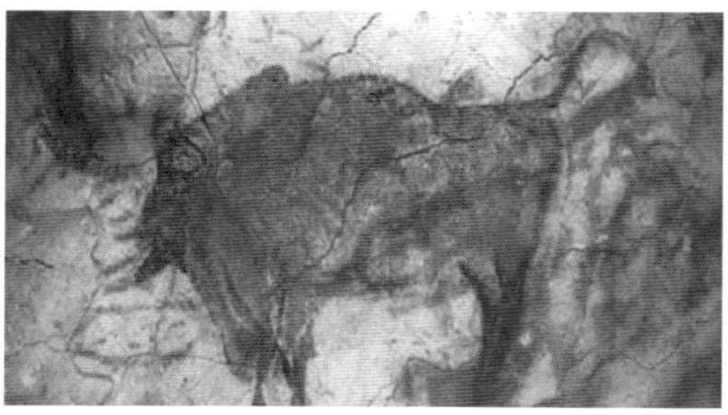
* 알타미라 동굴벽화 *

* 라스코 동굴벽화 *

### 2) '호모 사피엔스'의 최초 언어활동은 명령문

생후 8~18개월 사이에 유아가 언어음으로 생성하는 첫 어휘는 '마마'이며, 이는 양순자음 'm'과 저설모음 'a'로 구성된다. '마마'는 단일단어문장을 형성하며, 이로써 그는 엄마에게 필요한 것을 요구(명령)한다. 이에 미루어 보면, '호모 사피엔스'(Hcmo sapiens)가 생성한 첫 어휘 역시 양순자음과 저설모음으로 구성되었을 것으로 추측되며, 그의 원초적인 언어는 동사(술어)로 구성되는 '명령문'이었을 것이다. 따라서 '호모 사피엔스'의 언어활동은 '명령문'(Imperative)으로 시작되었다.

### 3) 언어는 정신활동에 의한 음성기호

'호모 사피엔스'부터 '말하는 사람'이라면, '호모 사피엔스' 이전에 언어가 실현되지 않았음은 자명하다. 언어는 존재론적으로 존재하는 존재의 일종이 아니며 인간(Homo sapiens)의 정신활동에 의하여 실현되는 음성기호의 일종이다. 언어는 '호모 사피엔스'에 이르러 그의 언어영역이 언어표현을 지시하고 그의 조음기관이 이를 조작하는 양자의 협응에 의하여 실현되었다.

### 4) 언어의 문법체계

인간(Homo sapiens)의 처음 문법체계가 단문(핵문, 核文)으로 구성되었음이 자명하다. 핵문(단문)의 서법(敍法)은 명령문(V) -> 진(서)술문(VS) -> 의문문(IVS)으로 진전된다[참고로, V-Verb(동사); S-Subject(주어); I-Interrogative(의문사)이다].

언어표현은 화자가 청자에 대한 요구(명령)에서 기인하였을 것이다. 따라서 인간(Homo sapiens)의 원초적인 핵문은 '완전자동사'에 의한 명령문이다. 그 다음 '완전타동사'에 의한 명령문이었다. 이들 명령문은 침팬지의 명령적인 음성 메시지와도 유사성을 지니고 있다.

그러나 진술문(VS)의 주요소는 주어의 실현을 요구하며, '주어'는 '자의식'(1인칭)에서 자의식의 객관화(2•3인칭)에서 고안되었다. 주어는 실로 '호모 사피엔스'(Homo sapiens)의 창안이었다. 여기서 인간은 만물의 영장이라는 지위를 누리게 된 것이며, 침팬지는 주어라는 문법범주가 빠져있는데, 이는 '자의식'이 침팬지에게는 비어 있기 때둔이다.

단일단어문장의 단계를 벗어나면, 유아는 18-24개월에 2어문장(two-word sentence)의 단계에 그리고 2-4.5살에 3어문장(three-word sentence)의 단계에 든다. 2어문장에 주어를 도입하여 진술문을 구성하고 그의 견해를 밝히려 들며, 3어문장에 의문소(疑問素)를 도입하여 의문문을 구성하고 집 안팎의 어른들에게 알고 싶은 것을 캐묻는다.

인간(Homo sapience)의 서법 역시 명령문->진술문->의문문으로 옮아갔다. 만일 진술문에 안주했다면, 그 지식의 범위는 두 살짜리의 울타리 안에 갇혀 있었을 것이다. 의문소의 도입으로써 그는 이러한 한계를 해소했을 뿐만 아니라 의문의 영역을 자아가 포함된 우주의 삼라만상으로 확대시켰다. 의문문으로 실현되는 의문은 본질질문(本質質問)과 방편질문(方便質問)으로 구분된다. '호모 사피엔스'는 전자로써 지식을, 후자로써 지혜를 대상하여 그 해답을 추구해 왔다. 감탄문 역시 의문소를 닮은 감탄소(感歎素)를 도입하여 성립되었다.

## 3. 문자의 계통

알타미라동굴의 채색암벽화를 남긴 크로마뇽인과 그 후예는 유라시아의 곳곳에 흩어져 살며 3.5-1만년전 사이에 후기구석기•신석기•청동기의 여러 문명권을 형성하였다. 암벽화와 차원을 달리하는 물표(物標, tokens)와 봉판(封坂, envelope)이 각각 B.C. 8천년과 3250년에 메소포타미아에서 제작되었다.

### 1) 물표와 봉판

물표(tokens)와 봉판(envelopes)은 나무나 돌이 별로 없었던 메소포타미아에 유프라테스강이 범람하여 날라다준 진흙으로 만들어졌다. 암벽화의 예술행위가 자의식의 발로에 의한 데 비하여, 물표와 봉판의 제작은 언어를 시각기호화하려는 언어활동의 새로운 패러다임으로 등장하였다.

말(언어)는 고도의 정보교환매체이지만 음파의 진동시한(진동시한)과 발화현장의 가청권에 제한되는 결점을 가지고 있으며, 그 정보내용은 이러한 시공적인 제약을 받아 소멸한다. 정보의 내용이 경제활동인 경우 그 경제활동의 주체는 매각자-매입자 또는 임대주-임차주로 성립되며, 이는 물증을 요하는 쌍방관계이다. 말의 결점을 보완하고 경제활동의 정확을 기하려는 최초의 노력이 물표•봉판의 제작이었으며, 이는 문자의 기원과 연관된다.

물표는 크기가 1-3cm로서 상거래에 대한 물증으로 제작되었는데, 거래품목을 그린 약화(略畵)와 그 수효(數爻)를 나타내는 기호가 새겨진 것이며, 봉판은 이 물표를 여러 개를 그 안에 담은 것이다. 거래가 매각매입이나 임대차인 경우 물품인도나 상환의 불이행을 방지하고자 반드시 실행한다는 맹세와 그렇지 못한 경우에 받을 저주가 봉판에 기록되어 있으며, 이러한 봉판의 기록은 B.C. 3200년 수메르 상형문자(Sumerian Pictograph)의 탄생을 촉진시켰다.

수메르상형문자의 원산지는 메소포타미아가 아닌 어떤 곳으로, B.C. 3100년의 이집트상형문자(Egyptian Pictograph)는 '중앙아시아'나 '동북아'의 이입민족이 가져온 것으로 추정된다.

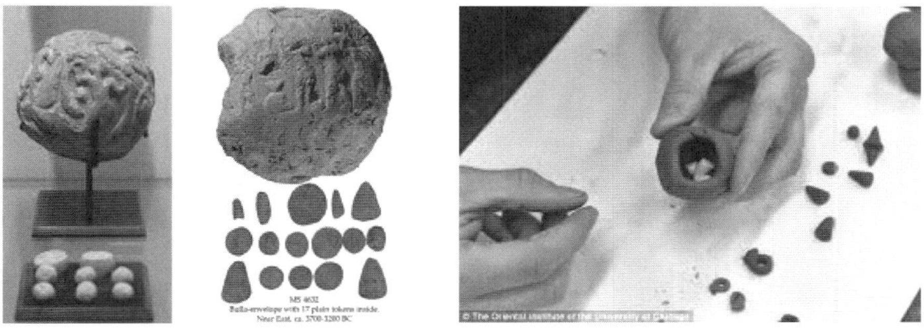

* 물표(tokens)와 봉판(envelope) *

## 2) 수메르 상형 • 설형문자

수메르 문자(Sumerian Scripts)는 상형문자(Pictograph)와 설형문자(Cuneiform; 쐐기문자)로 크게 구별된다. 이들 문자는 갈대를 필기구로 삼아 토판(土版)에 기록되었다. 수메르 문자의 첫 증거는 메소포타미아 하부 계곡의 '텔 울-우바이드'(Tell ul-Ubaid)에서 발견된 B.C. 2400년의 것으로 추정되는 비문이다.

1885년에 롤린슨(Rawlinson)이 니푸르(Nippur)에서 비(非)셈어문자인 수메르문자로 기록된 벽돌들과 토판들을 발견했다. 현재까지 약 25만개의 수메르 문자 토판들과 파편들이 발견되었다. 토판들은 대부분 구원지지 않았기 때문에 쉽게 깨졌다. 트판들의 약 95%는 경제에 관한 글들, 일상생활의 거래에 관한 문서들이며, 전체의 약 1%는 종교적, 윤리적 주제들을 다루는 문학적 시 문헌들이다. 이 자료의 개념들은 구약이 반대하는 대부분의 이고의 사고방식을

보여주고 있다. 다음은 수메르 문자의 발전 과정을 보여준다.[15)]

* 상형문자(Pictograph, B.C.3200-2600)
상고체(上古體, Pre-Archaic; B.C.3200-3000): 수메르에서 사용.
고체(古體, Archaic; B.C.3000-2600): 수메르, 아카드에서 사용.

* 설형문자(Cuneiform, B.C.2600-A.D.100)
고전체(古典體, Classical; B.C.2600-2300): 에블라(2550), 아카드(2500), 엘람(2500)[16)]에서 사용.
신고전체(新古典體, Neo-Classical; B.C.2300-2000): 수메르 마지막 우르(Ur) 제3왕조(2004년 패망)에서 사용.
후고전체(後古典體, Post-Classical; B.C.2000-A.D.100): 앗수르, 바벨론, 헷(힛타이트), 우가릿에서 사용.

### ① 상형문자(Pictograph)

상고체상형문자(Pre-Archaic pictograph)는 갑골문자(甲骨文字)의 육서(六書: 상형象形·지사指事·회의會意·해성諧聲·전주轉注·가차假借)와 같은 제자원리(制字原理)를 따랐다. 수메르어는 국어와 마찬가지로 토씨(조사)를 두고 있다. 토씨는 사물과 같은 지시대상이 아니므로, 처격(處格)토씨 /a/는 물(water)을 지칭하는 /a/를 위한 상형자(象形字)를 가차(假借: 본래 뜻과 상관없이 다른 글자를 빌려씀)하여 표기된다. 수메르상형문자는 650개이며, 자형(字形)은 2시 방향으로 곧바로 세워져 있거나 9시 방향으로 눕혀져 있다. 이는 서기관이 편의상 토판을 우나 좌로 90도 세우거나 눕혀 새겼기 때문이다. 쐐기문자(설형문자)는 상형문자의 상형성(象形性)이 상실된 것이다.

수메르어는 B.C. 2000년에 사어(死語)가 되었으며, 그 후에 바빌로니아에서 후고전체(Post-Classical cuneiform)로 기록되어 제례(祭禮)를 위한 문어체로서 사용되었다. 이는 마치 로마카톨릭에서 라틴어(Latin)가 지닌 역할과 동일하다.

---

15) 박기용, 『말』(서울: 도서출판 규장각, 1997), 33.

16) 수메르상형문자와 엘람상형문자는 인더스상형문자의 형성에 영향을 미친 것으로 추정되며, 엘람설형문자는 페르시아음절문자(B.C 600)의 형성에 관여된 것으로 추정된다.

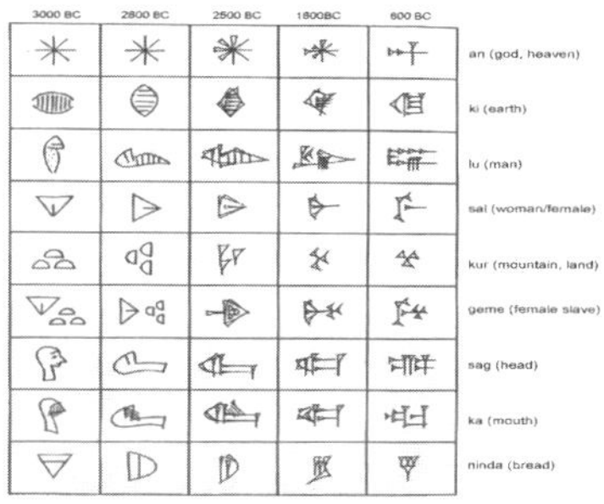

* 수메르상형문자(Pictograph) *

### ② 설형문자(Cuneiform)

설형문자(쐐기문자)는 어휘(語彙)·음절(音節)[17]·자모(字母)[18]르 쓰였는데, 수메르어에서 주로 어휘와 일부 음절로, 악카드어에서 주로 음절과 일부 어휘로 고대페르시아어에서 주로 음절로, 우가릿어에서는 기본적으로 자모(字母)로 각각 기록되었다. 설형문자의 역사적 발견은 바그다드와 테헤란 사이에 위치한 500m 높이의 암벽에 새겨진 베히스툰 비문'(The Behistun Inscription)이다. 이 비문은 고대페르시아어·아카드어·엘람어 등 3개의 문자로 기록되었다.

설형문자는 B.C. 2000년대에 바빌로니아-앗시리아에서 국제적인 외교어가 되었으며, 그 자체로서도 페르시아에서 아나톨리아까지, 카스피해에서 나일강 유역에 이르기까지 사용되었다. 이 문자는 엘람인(Elamite), 힛타이트인(Hittites), 칼데아인(Chaldeans), 후리인(Hurrians)과 같은 이방민족들에게 전파되었고 이 설형문자의 문자체계는 아니지만, 그 문자기법은 설형문자를 자음표기에 사용한 고대페르시아와 우가릿 문자의 기초가 되었다.

설형문자는 신명(神名), 지명(地名), 기물명(器物名) 등을 지칭하는 기호를 나타내는 '한정부호'(限定記號, determinatives) 또는 '결정사'(決定詞)를 둔다 이는 한자의 부수(部首)와 유사한 것으로 발음이 같은 단어를 구별하여 의미를 명확하게 해 주는 역할을 한다. 한자의 부수는 좌우상하에 붙지만 결정문자는 어휘의 앞이나 뒤에 붙으며, 낭독 시, 한자의 부수와 마찬가지로 읽혀지지 않는다. 이 결정사는 악카드어에도 사용되지만 우가릿어나 고대페르시아어에는 사용되지 않는다.

---

17) 하나의 종합된 음의 느낌을 주는 말소리의 단위. 몇 개의 음소로 이루어지며, 모음은 단독으로 한 음절이 되기도 한다. '아침'의 '아'와 '침' 따위이다.

18) 자모(字母)의 의미 두 가지: ① 활자를 만들어 내는 금속체 모형의 이름 ② 한 개의 음절을 자음과 모음으로 분석하여 적을 수 있는 글자. 즉 자모(字母)는 자음과 모음으로 갈라서 적을 수 있는 각 개의 글자 글자들을 이름.

당초 수메르인은 약 2천개 정도의 많은 문자기호를 사용했다. 이 문자기호가 B.C. 3천년에 이르면 불과 8백 개 정도 줄어들며, 바빌로니아인은 그것을 약 5백70개로 줄였고, 그 중에 200-300 개 정도의 문자만을 일상적으로 사용하였다. 그러나 앗시리아인은 과거에 사용되었던 많은 문자를 재도입함으로써 그 범위를 다소 넓혔다.

수메르 설형문자로 기록된 중에 법률 재판기록이 있는데 이를 수메르법이라고 부른다. 지금까지 알려진 성문법 중에는 우르 제3왕조의 법전이 가장 오래된 것이었지만, 최근 제3왕조의 창시자 우르남무왕(Ur-Nammu; B.C. 2050) 때 만든 법전(Code of Ur-Nammu)이 발견되어 우르 제3왕조의 법전보다 더 오래된 것으로 판명되었다.

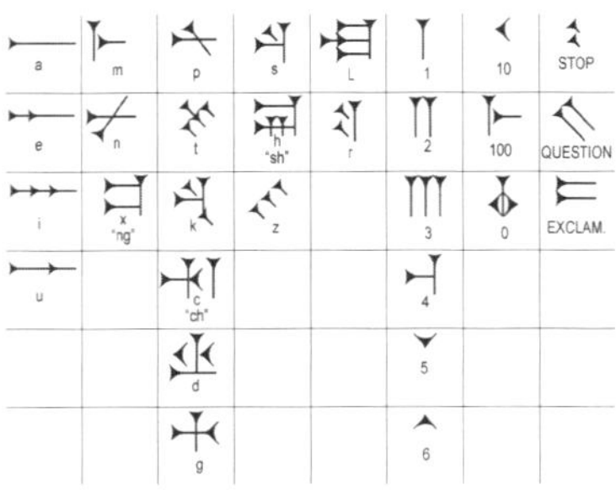


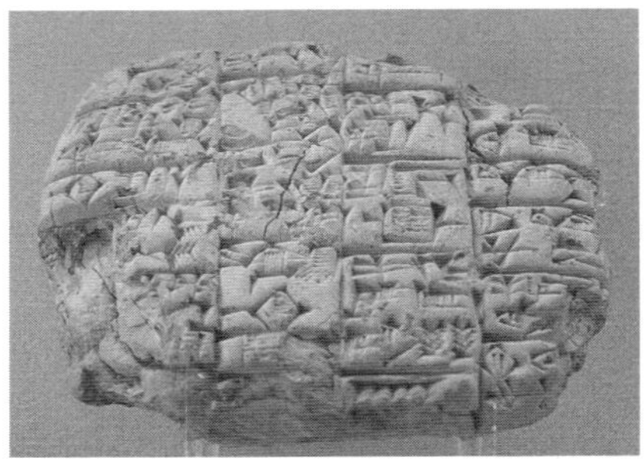

* 수메르설형문자(Cuneiform) *

## * 갑골문자(甲骨文字, shell-and-bone characters) *

중국 은(殷 : BC 1766~1122경)나라 때 점술에 쓰이던 신탁용(神託用) 갑골(거북이 등딱지·수소의 견갑골)에서 발견된, 오래된 상형문자(Pictograph)로서 중국한자의 전신(前身)문자이다. 문자들은 뼈 위에 붉은색 또는 검은색 잉크를 칠한 다음 날카로운 도구를 서서 새긴 것으로 보인다. 은허(殷墟)의 발굴지에서 갑골문자와 함께 발굴된 인골(人骨)이 발굴되었는데, 이 은허의 주인공, 즉 은(殷)나라를 건국한 사람은 한족(漢族)이 아닌 동이족(東夷族)이었다. 고고학은 중국한자의 전신문자인 갑골문자를 만든 이가 바로 한국인들의 조상인 동이족임을 증명하고 있다. 또한 은(殷)나라가 동이족의 문명이라는 것을 확고히 보여주는 것은 동이족의 대표적인 장묘방식인 '석관묘' 방법이다. 고고학에서 문명구분을 가장 중요한 기준으로 여기는 것이 장묘방식이다. 따라서 중국의 고고학자들은 은나라를 동이족이 건국한 나라로 주장하고 있다.

### 3) 에블라 설형문자

에블라 설형문자(the Eblaite Cuneiform)가 1975년과 1976년에 에블라의 왕립 기록보관소에서 발굴되었다. 거의 2천개의 토판이 발굴되었는데 약 80%가 수메르 설형문자로 되어 있다. 주목할 것은 이 토판의 20%가 원(原)가나안(Proto-Canaanite) 설형문자로 되어 있다는 사실이다. 이 왕립 기록보관소는 족장시대 이전의 정치적, 사회적, 종교적 관습들과 그들이 살았고 활동한 지역의 특징들에 관한 정보를 제공해 준다.

에블라에서 나온 비문 토판의 첫 그룹은 42개였고, 1975년에 사자실(寫字室, scriptorium)에서 약 1천개의 토판, 다른 방에서 1만 5천개의 토판과 파편들이 발견되었다. 1976년에 약 1600여개의 토판과 파편들이 발견되었다. 이 토판들의 연대는 B.C. 2400-2250년 사이, 즉 초기 청동기 시대에 기록된 것이다.

이 토판들을 연구한 최초의 학자인 로마 대학의 페티나토(G. Pettinato)는 약 6500개의 서판들의 목록을 출판했는데, 이것은 이태리어로 기본적인 정보들을 제공해 주고 있다. 토판들에 사용된 기록 체계는 수메르인들에 의해 발전된 설형문자(Cuneiform)들로 구성되어 있다. 전반적으로 많은 수메르 문자들이 사용되었지만 토팔에 기록된 단어들은 지역의 언어, 즉 후기 셈어의 초기 형태로 발음되었다는 암시들이 있다.

에블라 토판들은 구약에서 선지자를 의미하는 '나비'(נָבִיא)라는 말이 나타나는 가장 오래된 것들이다. 이 토판에는 다메섹(Damascus)에 관한 최초의 언급과 하솔, 벳산, 세겜, 돌(Dor), 욥바, 아스그론, 살림, 예루살렘과 같은 도시들의 이름이 최초로 언급되었다. 또한 구약에 언급된 사람들의 이름들과 일치하는 이름들인 아담, 하와, 유발, 노아, 아브람, 이스마엘, 하갈, 그두라, 빌하, 이즈마엘, 미가, 미가엘, 사울, 다윗 등이 언급되어 있다.

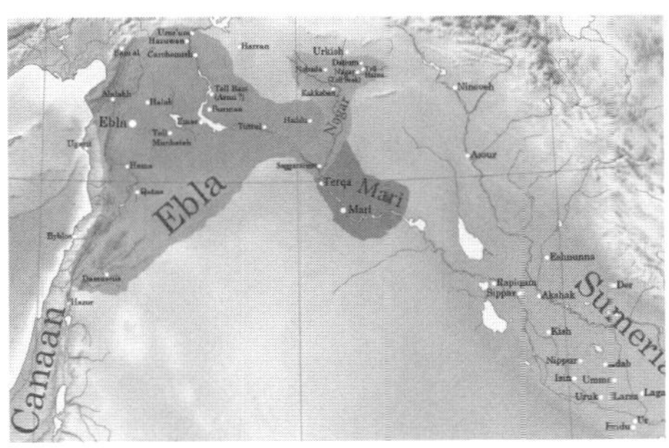


＊ 에블라 설형문자(Cuneiform) ＊

### 4) 악카드 설형문자

악카드 설형문자(the Akkadian Cuneiform)는 B.C. 3000년대 동안 메소포타미아에서 최초의 제국을 통합한 사르곤 Ⅰ세(Sargon Ⅰ)가 수메르어에서 상당하게 빌어와 설형문자를 그들 자신의 언어로 개작했다. 이미 문자기호들이 음절들을 나타내고 음성 가치들을 갖고 있었기 때문에 이 문자는 매우 쉽게 이뤄졌고 널리 확산되었다. 후에 두 방언, 즉 바벨론어(the Babylonian Language)와 앗수르어(the Assyrian Language)로 나뉘었다.

악카드어(the Akkadian Language)란 단지 악카드인만이 아니라 바빌로니아인과 앗시리아인의 언어를 포함하는 총괄적인 명칭을 말한다. 이 문자는 원래 셈어(Semitic)였으며, 결국 악카드어가 널리 사용되면서 수메르어는 종교용어 등에만 제한적으로 사용되면서 명맥을 유지하게 되었다. 두 언어의 겸용은 특히 궁정 서기들에게 언어대조 자음표(子音表, 일종의 사전)를 만들어야 할 필요성을 촉진시켰다. 이것은 마치 중국에서 한자를 들여온 일본인들이 개개의 한자에 일본어로 훈(訓)을 달고, 나중에 한일사전(漢日辭典)을 만들어낸 것과 매우 유사한 현상이다.

악카드 문자는 최초로 기록된 셈어이고, 페르세폴리스(Persepolis)의 기념물들과 바벨론 동부 자그로스(Zagros) 산에 있는 베히스툰(Behistun)의 바위에 세 가지 언어들로 쓰여진 설형문자 비문들의 해독을 통해 알려졌다. 영국인 롤린슨(H. C. Rawlinson)은 1851년에 최초로 번역된 악카드어를 출판하였다. 그 때부터 고대 근동에 대한 지식의 새로운 영역이 세상에 알려졌다.

바벨론어(the Babylonian Language)라고 불리는 악카드어의 가지는 B.C. 1728년경 함무라비(Hammurabi; 바벨론 제1왕조 왕)에 의해 건설된 제국의 기간 동안 두드러지게 되었다. 광범위한 문헌들이 기록되었고, 그 중『함무라비 법전』(Code of Hammurabi)이 가장 유명하다. 중기 바벨론어로 알려진 것 중 쓰여진 예는 매우 드물다.

애굽에서 발견된 '텔 엘-아마르나' 문서(Tell el-Amarna Tablets)는 적어도 B.C. 14세기에 악카드어가 고대 근동에서 국제적인 외교언어(Lingua Franca)가 되었다는 사실을 보여준다. 악카드 설형문자는 앗수르 제국, 신바벨론 제국, 바샤 제국의 기간 동안에 국제적인 외교언어(Lingua Franca)로 사용되었다. 그 후 그리스 제국의 기간 동안에 대중성에 있어 쇠퇴하기 시작했고, A.D. 75년경 로마 제국 기간 동안에 역사에서 사라졌다.

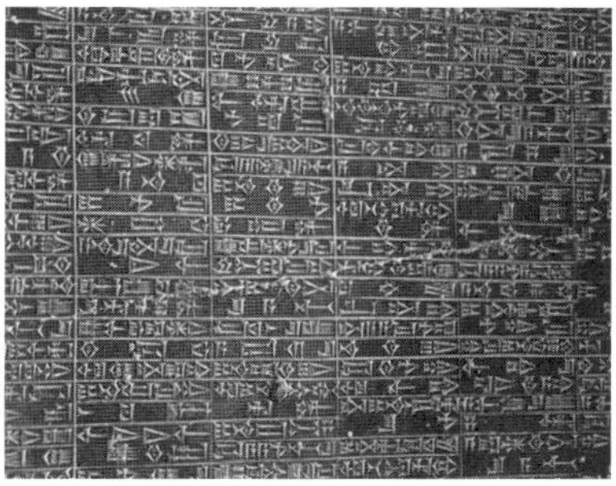

* 함무라비 법전 *

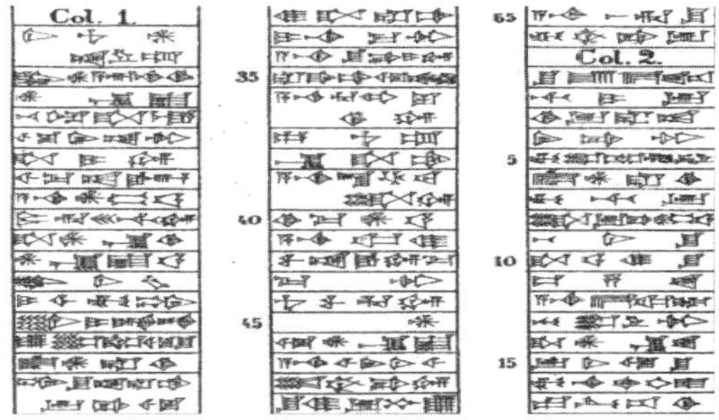


* 바빌로니아 설형문자(Cuneiform) *

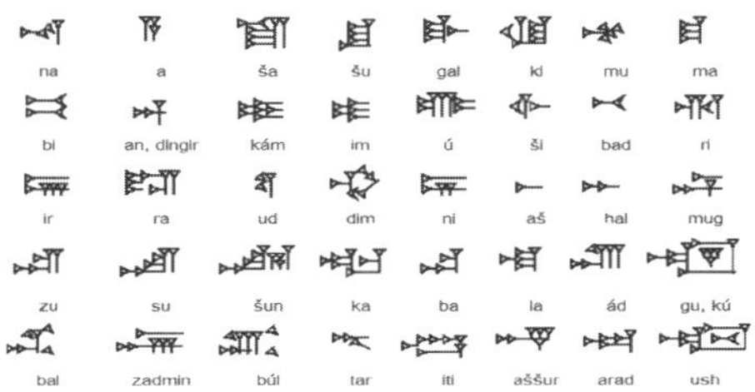


* 악카드 설형문자(Cuneiform) *

* 앗시리아 설형문자(Cuneiform) *

## 5) 이집트 상형문자

이집트상형문자(the Egyptian Pictograph)를 '히에로글리프'(Hieroglyph, 신성문자; B.C. 3100-900)[19]라 부르며, 수메르문자보다 약 1~200년 뒤에 나타났다. 이는 어휘(語彙)·음절(音節)·자모(字母)으로 기록되었으며 문자수 총 1,400개나 된다. 이집트상형문자는 신관문자(Hieratic; B.C. 3100-900)과 민용문자(Demotic; B.C. 600-400)와 같이 사용되다가 오늘날 문자의 주류를 이루고 있는 알파벳으로 전승되었다. 갑골문자, 한자, 마야문자, 롱고롱고문자(Rongorongo Script)[20], 아르메니아문자, 그루지아문자 등을 제외한 나머지문자 대부분은 알파벳문자이며, 알파벳은 이집트상형문자와 이집트신관문자에 그 연원을 두고 전승·차용·모방·답습·변형·개발된 것이다.

19) '히에로글리프'(신성문자)는 헬라어로 ἱερος(신성한)+γραφειν(조각하다, 새기다)에서 유래한 말이며, 일본에서는 보통 성각(聖刻)문자로 번역한다.

20) 롱고롱고 문자(Rongorongo Script; A.D. 18C말에서 1860년 경까지 사용)는 칠레의 이스터 섬에서 쓰이고 있는 라파누이어를 기록할 때에 쓰인 것으로 추정되는 문자이다. 현재까지 이 문자는 미해독문자이며, 남아있는 문헌이 많지 않아서 문자에 대해 알려진 것이 많지 않은 상황이다.

이집트상형문자는 상형성을 지니고 있는 것이며, 신관문자는 상형문자의 상형성을 선상적(線狀的)으로 줄인 것이며, 민용문자는 신관문자의 자획을 흘려 쓴 것이다. 이들 세 문자의 필법은 상형문자의 경우에는 좌향우서(左向右書, dextrosinistral; ←)·우향좌서(右向左書; sinistrodextral; →)의 종서(縱書)·횡서(橫書) 등 4가지 필법으로 사용되었으며, 신관문자와 민용문자는 횡서(橫書)의 1가지 필법으로 사용되었다. 1799년 알렉산드리아에서 발견된 로제타석(Rosetta stone)은 애굽 신성문자를 해독하는 열쇠가 되었다.[21)]

* 이집트 신성문자(Hieroglyph) *

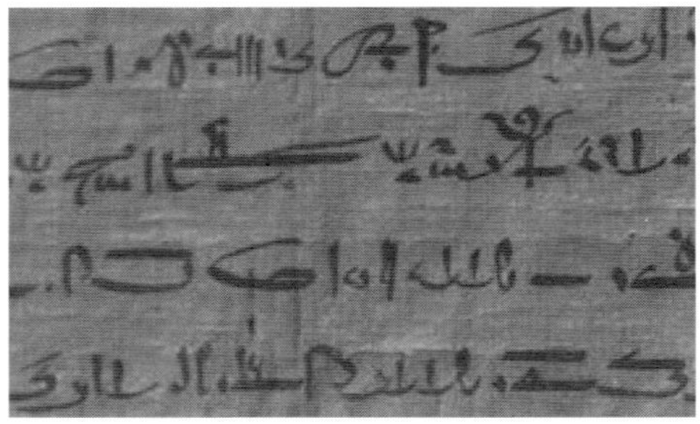

* 신관문자(Hieratic) *

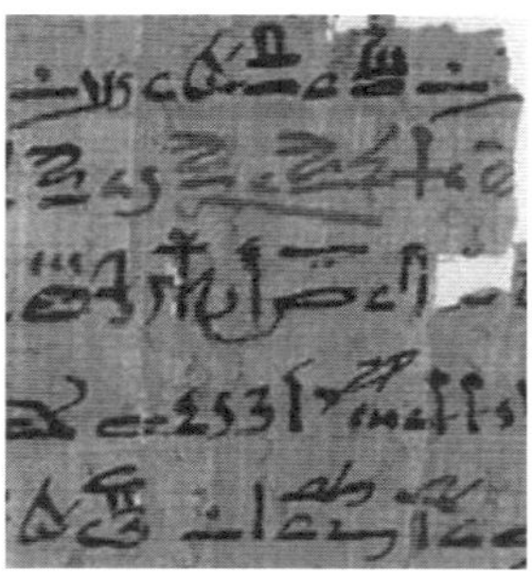

* 민용문자(Demotic) *

* 로제타석비(탁본) *[22)]

21) 로제타석은 프톨레마이오스 5세 에피파네스 때에 만들어진 검은색 비석이다. 1799년 7월 15일 나일강의 어귀의 로제타(지금의 아랍어 이름 아르 라쉬드 ar-Rashid)에서 나폴레옹의 이집트 원정군 장교인 피에르 부샤르가 발견하였다. 로제타석(Rosetta石) 또는 로제타 돌은 기원전 196년에 고대 이집트에서 제작된 같은 내용의 글이 이집트 상형문자, 이집트 민용문자, 고대 그리스어 등 세 가지 문자로 번역되어 쓰여 있는 화강암이다. 이 돌이 있어서 장프랑수아 샹폴리옹(Jean-Francois Champollion, 1790-1832.)과 토머스 영( Thomas Young, 1773-1829)은 잘 알려진 그리스어를 바탕으로 상형문자를 해독할 수 있었다.

22) 로제타석비는 가로 75cm, 세로 114cm, 두께 약 28cm의 현무암으로 윗부분과 다른 곳에 약간의 손상이 있다. 내용은 프톨레마이오스 5세가 B.C. 197년 멤피스의 프타하 신전에서 열렸던 신관회의(신관회의)에서 결정한 법령이다. 3개의 언어로 되어 있다. 위에서부터 Hieroglyph, Demotic, Greek이다.

## 6) 크레타문자

이집트 히에로글리프(신성문자)와 히에라틱(신관문자)은 크레테(Crete)[23]와 에게해의 상형문자인 선상문자-A(B.C. 1800-1450)와 선상문자-B(B.C. 1600-115C)에 차용되었다. 선상문자-A(Linear-A)는 크레타 상형문자를 통상적으로 부르는 용어다. 최초의 발견자 영국인 아더 에반스는 애초에 이를 '미노아 문자'라고 불렀으며, 나중에 선상문자에도 두 종류가 있음을 알고 A, B로 분류했다. 선상문자-B(Linear-B)는 건축가 벤트리스(Michael Ventris, 1952)에 의하여 해독되었다. 선상문자-A는 아직 해독되지 못했지만, 키프로스 음절문자(Cypriotic; B.C. 1500-1200)와 파이스토스 원반문자(Phaistos Disk; B.C. 1700)로 전승되었다. 이들 문자는 후신문자를 남기지 못하고 폐기되었다.

선상문자-A는 대체로 상형문자와 선상문자-B의 중간에 위치하는 것이라고 볼 수 있으나, 반드시 상형문자에서 선상문자A로, 선상문자A에서 선상문자B로 단계적인 약체화(略體化)과정을 거친 것은 아니며, B쪽이 오히려 자획(字劃)이 많은 경우도 있다.

선상문자-B는 미케네 시대의 '문서문자'(文書文字)라고도 하며, B.C. 1600-1150년경의 후기 청동기 시대인 미케네 시대의 점토판에 기록된 문자체계로서 선상문자-A와 유사한 관계에 있다. 크노소스 궁전에서 발견된 B문자는 음절문자에 표음문자를 병용한 것이며, 내용은 경제에 관한 것이며, 숫자는 십진법을 사용한 것이다. 음절문자 중에 45개는 선상문자-A와 공통이지만, 그 음가를 가지고 선상문자-A에 응용하는 것은 아직 불가능하다. 선상문자-B가 기록된 점토판의 형태는 장방형과 야자잎 두 가지가 있다.

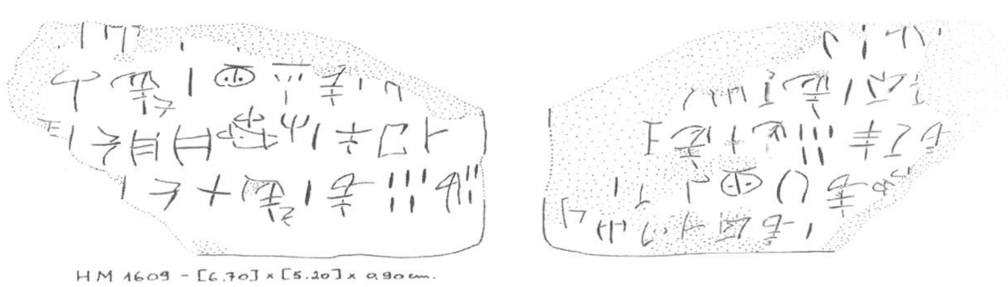


* 크레타 선상문자-A *

23) 크레타(Κρήτη, Crete)는 그리스의 13주 가운데 하나이며, 그리스에서는 가장 큰 섬이자, 지중해에서는 5번째로 큰 섬으로 면적은 8,336 평방킬로미터이다.

* 크레타 선상문자-B *

* 키프러스 문자(Cypriotic) *

## 7) 우가릿 문자(Ugaritc; B.C. 15세기)

역사적으로 보아 확실한 흔적을 남기고 있는 첫 번째 알파벳은 B.C. 15세기에 나타난 것으로 추정되는 우가릿(Ugaritc) 알파벳이다. 현재 시리아에 해당하는 라스 샴라(Ras Shamra)[24] 지역의 발굴을 통해 그 존재가 확인되었다. 우가릿 문자는 가나안 셈어군 가운데 하나로 분류된다. 이 문자의 모양은 쐐기형(Cuneiform)이다. 하지만 진흙토판에 갈대로 새긴 글자들은 수메르-아카드어 철자들과는 외관만 닮았을 뿐이며, 아주 단순화된 철자 모양은 인위적인 고안물이다. 문자의 수는 30개, 자음 위주의 알파벳 형태이다. 하지만 후대에 전승되어 현대 알파벳 글자 '형태'의 기원이 된 알파벳은 아니다.

이 문자는 설형문자이긴 하지만 다른 설형문자와는 상당한 차이점을 보이고 있다. 우가릿 문자의 해독은 1930년 독일인 한스 바우어(Hans Baur) 등에 의하여 완성을 보았으며, 그 결과 모음을 포함하여 30자의 표음문자로 구성된 세계 최초의 알파벳 문자라는 사실이 명백하게 밝혀졌다.

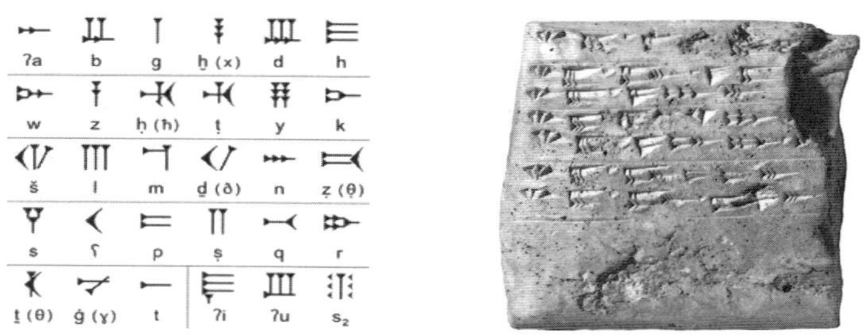


* 우가릿(Ugarit) 문자 *

24) 라스 샴라는 우가리트(Ugarit)라고 하는 고대왕국의 유적 가운데 남아 있는 청동기 시대의 유적지를 일컫는데, 봄여름이면 노란색 샴라꽃이 뒤덮여 오늘날에는 '라스 샴라'(Ras Shamra)라고 부른다.

## 8) 원(原)시나이 문자(Proto-sinaitic; B.C.1500)

우가릿 알파벳이 출현한 시기에 또 하나의 알파벳이 실험되었다. 이 문자는 이미 사용되던 이집트 '상형문자'와는 다른 문자 체계에서 비롯된 것이다. 이 새로운 알파벳은 시나이 반도의 '세라비트-엘-카뎀'(Serabit-el-khadem) 유물발굴과 함께 발굴되었다. 여기에서 '원시나이'(Proto-sinaitic)라는 명칭이 유래했다. 이 문자 역시 셈어 문자에 속하며, 아마도 이집트에 거주하던 히브리민족의 노예들이나 노동자들의 문자를 표기하는데 사용되었던 것 같다(아마도 힉소스 왕조 때 셈족들이 사용했던 문자?). 이 시기는 이집트에서 히브리민족의 노예생활이 끝나던 시기와 일치하며, 또한 출애굽과 시내산에서 모세가 하나님의 계시를 받았던 시기와 일치한다.

이 알파벳의 철자 순서는 우가릿 알파벳의 그것과 아주 비슷한 자음 위주의 순서이다. 원시나이 알파벳은 그림문자와 그림 등을 통해 표기할 수 있다. 가나안 문자(cr Phoenician)[25], 아람문자(Aramaic), 고대 히브리(Proto-Hebrew)문자와 히브리(Hebrew)문자, 나바티안 문자(Nabataean), 그리스문자(Greek), 아랍문자(Arabic) 등은 물론이고 라틴문자(Latin), 에트루리아문자(Eturscan)를 거쳐 현재 사용하는 유럽의 현대 알파벳 등은 모두 이 '원(原)시나이'(Proto-sinaitic) 알파벳에서 파생되었다. 문자가 수메르에서 태어났다면, 알파벳은 시나이(Sinai)에서 태어났다고 할 수 있다.

＊원시나이(Proto-sinaitic) 문자＊

25) 가나안(כְּנַעַן, Χαναάν; Canaanite; 자색, 낮은 땅), 스페이서(Speiser)는 "가나안"이란 단어를 누지(Nuzi)에서 발견되는 자주색 물감을 뜻하는 말에서 그 유래를 찾는다(Phoeician을 뜻하는 헬라어 단어 포이닉스(phoinix)는 자주색을 의미한다). 그러나 나중에 연구한 결과 그렇지 않다는 것을 알게 되었다. 마이슬(Maisler)와 올브라이트(Albright)는 이 단어의 원래 의미가 "자주 상인"이라고 주장한다.

### 9) 원(原)가나안 문자(or 원페니키아 문자; B.C. 1300)

원(原)시나이어에서 원(原)가나안어(Proto-Canaanite)와 동의어인 원(原)페니키아어(Proto- Phoenician )와 종종 혼동되는 고대히브리어(Paleo-Hebrew)로 발전하는 데에는 여러 복잡한 요소들이 있다. 특히 그 가운데 하나가 주목을 끈다. 유일신교의 고안, 시내산에서 전달된 하나님의 계시인 '십계명'(Ten Commandment) 등과 같은 문화적으로도 새롭고 중요한 코드가 도입되어 그 당시 사회에 커다란 언어적 변화가 일어났다는 점이다.

실제로 십계명의 제2계명, "너는 나 외에 다른 신들을 네게 있도록 말지니라. 너를 위하여 새긴 우상을 만들지 말고, 또 위로 하늘에 있는 것이나 아래로 땅에 있는 것이나 땅 아래 물속에 있는 것의 아무 형상이든지 만들지 말며...." 즉 우상의 이미지를 쓰지 못하도록 하였다. 그때까지 그림문자(상형문자) 체계를 갖춘 언어를 사용했던 셈족(즉 히브리민족)들은 이미지 사용에서 벗어나야만 했다. 결국 현대 알파벳에서 볼 수 있는 추상적인 모양이 탄생한 것은 '하나님의 계시'와 '십계명'의 전달과 밀접하게 연결되어 있다.

프랑스 언어학자 제라드 포미에(Gerard Pommier)는 『문자의 탄생와 재탄생』이라는 책에서 이렇게 말했다.

"상형문자에서 자음 위주의 문자로, 다신교에서 일신교로 옮겨가려면 하나의 경계를 넘어야 했다. 집단 이주가 필요하며, 거기에 더해 페니키아족, 아람족 등과 같은 많은 민족들이 이와같은 유일신교의 발견을 무조건적으로 받아들여야 하며, 또한 그것을 널리 퍼뜨려야 한다. 이집트 문자는 상형문자임과 동시에 자음 위주의 문자였다. 하지만 아케나톤(Akhenaton)[26]이 유일신교를 창안한 때부터 이집트의 만신전(萬神殿)에서 볼 수 있던 신들의 모습을 그리는 데 사용된 문자들을 위시해 상형문자들이 파괴되기 시작했다."

히브리 민족은 출애굽을 하면서 시나이 반도에서 '십계명'을 받았다. 이 십계명을 통해 그들은 사회를 조직할 수 있었다. 상형문자가 아닌 형태인 알파벳의 탄생은 이 십계명의 도입으로 파생된 여러 결과들 가운데 하나였다. 광야에서 40년간 방랑한 끝에 히브리 민족은 약속의 땅 가나안(Canaan)에 도착했다.

---

26) 아케나톤(Akhenaton)의 별칭은 Iknaton(B.C.1379-1362), 고대 이집트 제 18왕조의 아멘호텝 3세의 아들로 아멘호텝 4세(즉위식 이름)이다. 그는 '태양신'(Aton)을 유일신으로 신봉하여 다신교의 전통에서 이단이라고 하는 '아마르 시대'를 만들었다. 즉 종교개혁을 단행하고 수도를 텔엘 아마르나(Tel el - Amarna)로 옮겼다.

히브리 민족의 정복과 정착은 그 당시 자치를 하고 있던 가나안족들에게 큰 영향을 주었다. 이 가나안족들은 재빨리 유일신교(야훼신앙)라는 사상을 받아들인 것으로 보이며, 히브리민족의 종교적 제의를 따르게 된 것 같다. 포미에의 지적에 따르면, 우가릿 알파벳의 창안은 분명 유일신교의 도래 이후에 이루어졌다. 우가릿 문자로 쓴 텍스트들을 보면 히브리민족이 그 지역에서 아주 오래 거주했으며, 그 결과 우가릿 문자로 된 문헌에도 그 흔적을 남겼다는 사실을 알 수 있다. 히브리 민족과 가나안 민족의 종교 의식 사이에는 아주 큰 유사성이 존재하기 때문이다.

포미에는 "누가 누구의 모델을 따랐는가?"라는 물음에 대해서 다음과 같이 답한다. "모든 것을 고려하면 유일신교라는 아주 혁명적인 새로운 사상에 충격을 받은 가나안족들이 여러 면에서 이 유일신교를 모방했다고 할 수 있다. 결코 그 반대는 아니다."

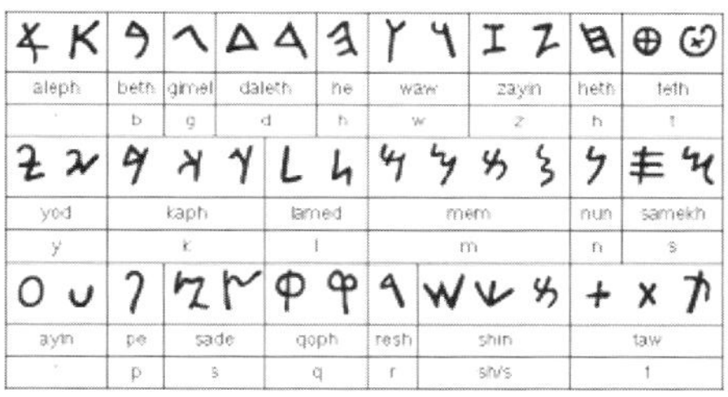


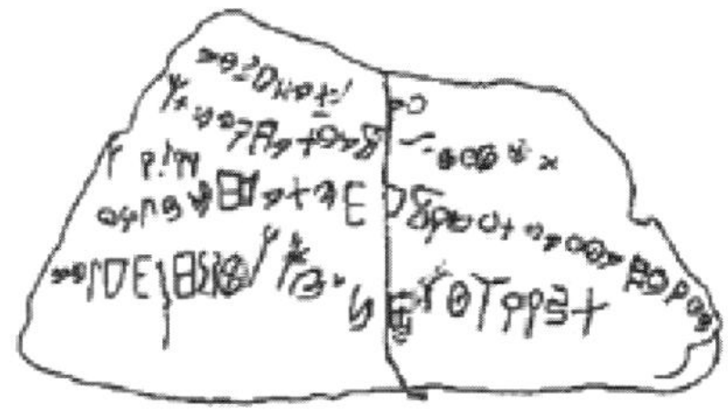

* 원가나안(Proto-Canaanite; B.C. 1300) 문자 *

## 10) 페니키아 문자(B.C. 1100)

'페니키아'(Phenicia)라는 호칭은 헬라인들이 붙인 이름이다. 페니키아인들의 본체는 서셈계의 가나안인이며, 원래는 팔레스타인 지방에서도 거주했지만, 팔레스타인에 히브리인들이 침입·정착함에 따라 거주지도 점차 북방으로 한정되었다. 페니키아 지방에는 선사시대 이래의 오리엔트계와 베드윈족, B.C. 18-17세기의 민족이동에 의하여 아리안족 등이 들어왔고 이들과의 혼합에 의해 페니키아인이 탄생했다고 추측된다.

이미 B.C. 15세기 무렵에 29자로 이루어진 우가릿 설형문자가 있었기 때문에 페니키아 알파벳 탄생을 위한 준비는 되어 있었다. 이러한 바탕 위에 가나단 문자와 비블로스 문자(Byblos Scripts; B.C. 1800)의 영향을 받아 22개의 자음으로 구성된 페니키아 문자(Phoeician Scripts)가 완성되었다. 이 문자는 외형상으로는 이집트 문자를 모방하였고, 이름은 바빌로니아식이다. 이 문자는 여러 세기 동안 고대히브리 문자와 아주 유사하였다.

페니키아 문자는 페니키아인(두로와 시돈)의 식민·무역 활동에 의해 B.C. 11세기경부터 지중해 주변에 전파되었다. 키프로스 문자, 몰타 문자, 시실리 사르디니아 문자, 카르타고 문자, 이베리아 문자 등이 그것이며, 이러한 문자들을 총칭하여 식민 페니키아 문자, 또는 포에니 문자라고 한다. 그리고 서양 문명의 기초가 되는 그리스 문자도 페니키아 문자에서 파생된 것이다. 본래의 페니키아 문자와 페니키아 문자에서 파생된 문자는 모두 22개의 자음을 표기하는 문자였으며 오른쪽에서 왼쪽으로 필서(筆書)하는 방식도 동일하였다.

페니키아 문자는 그리스 문자(B.C. 800), 아람 문자(B.C. 800), 고대히브리 문자(B.C. 600)로 차용되었다. 고대히브리문자는 A.D. 150년에 폐용되었지만, 사마리아 문자(Samaritan Scripts; B.C. 100)로 전승되었다. 페니키아 문자는 A.D. 100년에 폐용되었지만 카르타고음절문자(Carthaginian Scripts; B.C. 500-A.D. 250)로 차용되었다.

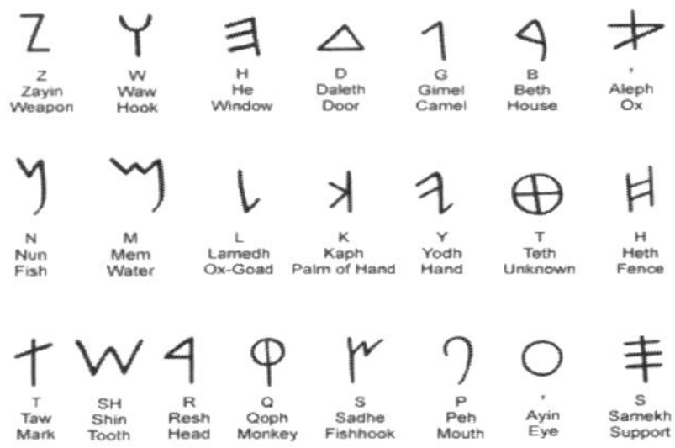

* 페니키아 문자(Phoeician) *

## 11) 고대히브리 문자(B.C. 1000)

히브리인에 의해 사용된 것으로 알려진 비문들의 문자 유형은 사실상 그 이전의 가나안인에 의해 사용된 것과 약간 다를 뿐이다. 고대 히브리 문자에 있어서 보다 오래된 기호들은 보다 상투적이고 각이 지고 갈퀴모양이었지만 자음도 같으며 표기방향도 같으며(좌향우서) 모음은 없었다. 이 문자는 B.C. 10세기경부터 이스라엘과 유다 왕국이 망할 때까지 두 왕국에서 사용되었다. 대표적인 고대히브리 문자의 증거물들은 다음과 같다.

### ① 게젤달력(Gezer Calendar; B.C. 1000-950)

1908년에 고대 게젤의 폐허에서 발견되었다. 이것은 팔레스타인에서 10월에 시작하여 한 해의 8개월을 위한 농경 계획을 제공한다. 혹자는 이것을 학생들의 학습용 석판이라고 한다.

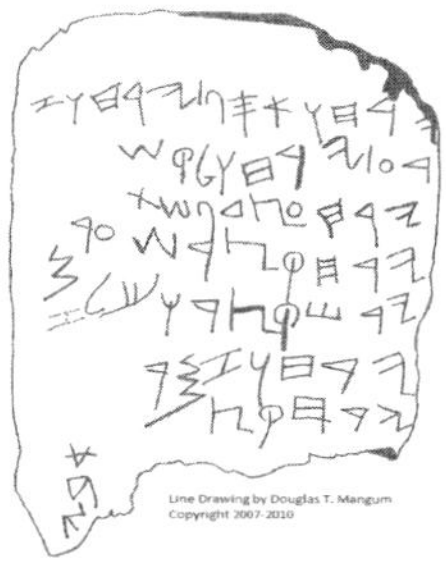

### ② 사마리아 도편(Samaritan Ostraca; B.C. 750)

깨진 도자기 파편 위에 솔과 잉크로 기록되어 있으며, 약 8개 조각의 집합물로서, 그 당시 세금 내역이 기록되어 있다.

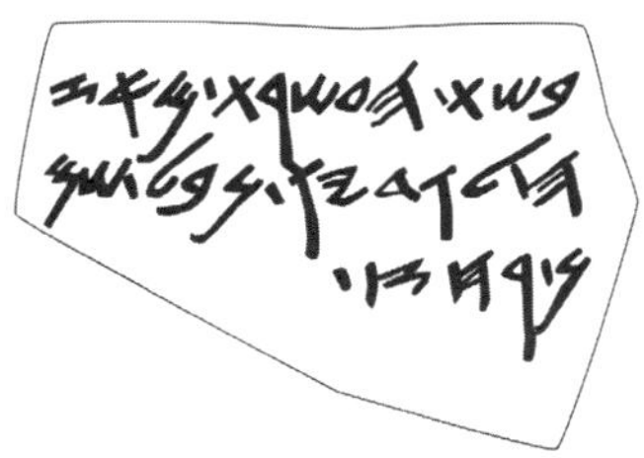

Fig. 6: Drawing of Samaria Ostracon 17a (3894)
(Christopher A. Rollston)

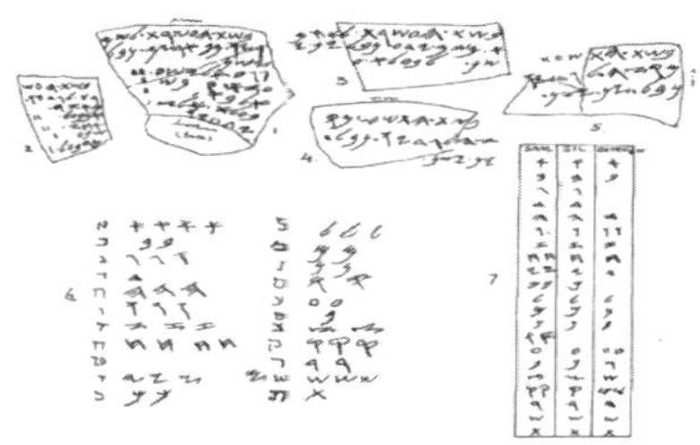

### ③ 실로암 비문(Siloam Inscription; B.C. 700)

1880년에 고대 예루살렘 지하 수로의 벽에서 발견되었다. 그것은 히스기야 왕과 선지자 이사야 시대에 수로의 완성을 말해준다. 모두 200개의 문자 중 177개만 보존된 비문이며, 양쪽에서 파들어간 인부들이 중간에서 만나 지하터널의 역사적 개통을 자축하는 극적인 장면이 묘사되어 있다. "3규빗(1.3m) 쯤 남았을 때 반대편에서 상대방을 부르는 목소리가 들렸다. 터널이 뚫렸을 때 동료를 얼싸안고 도끼를 서로 부딪혔다. 물은 샘으로부터 1천 2백 규빗(525m)을 흘러나왔다."

④ **라기스 도편**(Lachish Ostraca; B.C. 600-589)

'라기스 편지'라 불리며, 1935년에 Starkey가 라기쉬의 불탄 시가지의 한 작은 방에서 18개의 도편에 기록된 라기스 문서들을 발견했다. 예레미야의 마지막 시기로 보이는 고대히브리어 문자로 기록된 검은 잉크로 기록된 메시지들이다. 즉 느브갓네살이 예루살렘을 파괴하기 이전에 정치적·군사적 상태를 쓴 문서들이다. 편지 4번은 "그리고 나의 주님은 우리가 나의 주가 주신 모든 표적에 따라서 라기스의 신호를 봄으로 알 수 있게 하라. 왜냐하면 우리는 아즈가를 볼 수 없기 때문이다"(렘 34:7)라고 기록되어 있다. 편지 20번은 시드기야의 "제 9년"이라는 것을 보여준다.

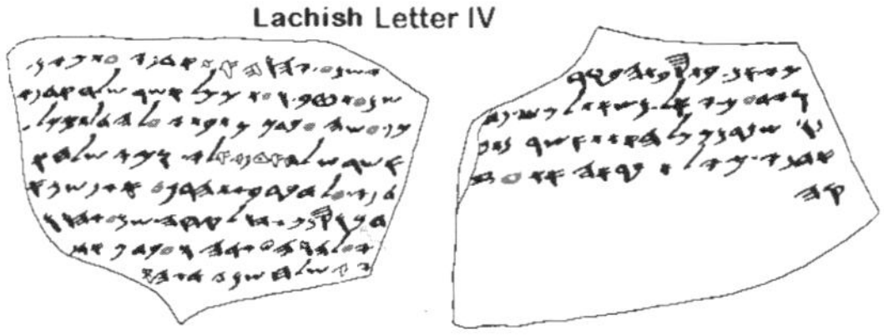

⑤ **고대히브리어성경 도편**(B.C. 10세기)

2009년에 히브리어로 기록된 성경 중 최초의 것으로 보이는, 다윗왕 시대에 기록된 고대히브리어 성경 문구가 발견되었다. 이스라엘 엘라 계곡 인근 키르벳 케이야파 발굴 현장에서 도자기 조각(ostracas)과 함께 발견되었다. 이스라엘 하이파 대학의 게르숀 갈릴(Galil) 성서학 교수는 "이스라엘 왕국이 B.C. 10세기에 이미 존재했다는 것을 의미한다"며 "앞선 연구보다도 수백년이나 앞선 것"이라고 평가했다. 또한 히브리어로 쓰여진 구약 성경의 기록 시기를 지금까지 알려진 것보다 최소한 4세기가량 앞당겼다고 라이브사이언스닷컴이 보도했다.

지금까지 많은 학자들은 B.C. 6세기에 히브리어로 기록된 성경을 최초의 것으로 추정했다. 이보다 앞선 시기의 히브리어 문서가 없었기 때문이다.

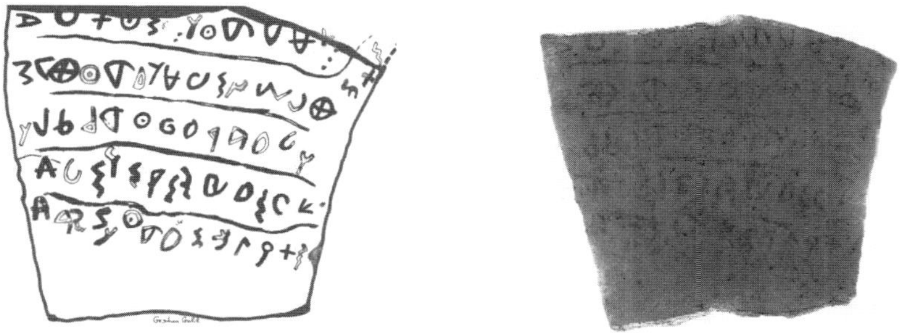

* 다윗 왕 시대의 고대히브리어성경구절 *

(사 1:17; 시 72:3; 출 23:3과 비슷한 내용)

### 12) 고대 아람 문자(B.C. 1000)

페니키아 문자가 서쪽으로 이동하여 서양 문자들의 조상이 되어가는 동안 아람 문자(Aramaic)는 동양의 문자들을 발생시키고 있었다. 아람어를 말하는 사람들의 고향은 알려지지 않다. 그들은 B.C. 13-11세기 사이에 생긴 이주의 물결 속에 북동아라비아에서 시리아와 메소포타미아로 들어갔다고 여겨진다. 그들은 국제교역로를 따라 소규모지만 전략적 요충지에 일련의 왕국을 건설했으며, 그 중에서 다마스쿠스(Damascus), 알레포(Aleppo), 칼케미쉬(Carchemish) 등이 가장 중요한 중심지였다. 그 왕국들은 정치적으로 단명하여 B.C. 8세기에 앗시리아인에 의해 패망했다.

그러나 그 도시국가의 붕괴에도 불구하고 그들은 문화적·경제적으로 살아남았을 뿐만 아니라 B.C. 7세기에 이르면 아람문자로 씌여진 아람어가 그 제국의 혼성 국제어(lingua franca)가 되었다. 페르시아의 아케메네스(Achaemenes) 왕조 하에서는 아람어가 국제 공용어의 하나가 되었으며 이집트와 인도를 왕래하는 상인들에게 중요한 말과 문자가 되었다.

아람 문자는 히브리인들로 하여금 페니키아 문체를 버리고 그들의 성경을 자역하여(字譯, transliteration), 아람어 표기의 파생적 형태가 되게 하였다. 초기 아람어 표기는 고대히브리어나 페니키아어와 매우 비슷했으나 점차 다르게 발전하였다. 원래는 닫혀있던 b, d, r과 같은 문자의 윗부분이 열리게 되었다. 일부의 글자에서는 획수를 줄이는 경향이 나타났다. 각이 진 획은 둥글게 되었으며, 연결글자(ligature)가 도입되었다. 서체 전체가 다소 흘림체로 되었다. B.C. 3-2세기까지는 아람 문자는 상당히 동질적인 형태를 유지했다. 그 이후에 그것은 몇 개의 가지로 갈라졌으며, 그 각각은 서로 독자적으로 발전하였다. 그것들 중 일부는 그 나름으로 탁월성을 지니게 되었다. 즉 히브리 장방형 문자(Square script), 팔미라(Palmyra) 문자, 시리아 문자, 나바테아(Nabatea) 문자, 아랍 문자, 만다이(Mandaic) 문자 등이 그것이다. 이란이나 남아시아, 중앙아시아에서는 아람 문자가 매우 많이 차용하였다.

대표적인 아람 문자의 증거물로는 갑바도기아(Cappadocia)의 아르슬란 타쉬(Arslan Tash)에서 발견된 상아 서판(B.C. 9세기 말), 아슈르바니팔(Ashurbanipal)의 서고에 있는 서판(B.C. 7세기), 그리고 이집트 엘레판틴 파피루스(B.C. 5세기) 등이다.

* 고대아람문자 *

* 엘레판틴 파피루스 *

* 아르슬란 타쉬 비문 *

* 아슈르바니팔 서판 *

## 13) 히브리 문자(B.C. 5-4세기)

'히브리 문자'(Biblical Hebrew or Modern Hebrew)는 아람어(Aramaic)를 거쳐 고대 히브리어(Paleo Hebrew)에서 파생되었다. 아람인들(the Arameans)은 시리아 고원에서 살았으며, 서아시아 전역에 걸쳐 상업에 종사했던 유목민 셈족계 부족이었다. 페니키아인들이 해외 국제 무역 활동을 통해 서아시아 밖까지 알파벳을 전파한 장본인들이었다면, 무역로의 지배와 대상(隊商)의 폭넓은 활동으로 전체 서아시아 대륙에 알파벳을 전파한 주역은 바로 아람인들이었다.

아람인들은 다마스쿠스(Damascus), 하맛(Hamat) 그리고 알렙포(Aleppo) 주변에 작은 국가들을 이루고 있었다. 앗시리아의 지배를 받았고, 이후 페르시아의 지배를 받았다. 하지만 그들은 무역활동과 문화 전파자라는 특권을 온전히 누렸다.

기원전 586년 히브리인들이 최초의 성전이 파괴된 후에 바빌로니아로 강제 이주되었을 때, 그들은 자신들의 히브리 문자보다 더 각이 진 아람 문자(Square Aramaic Scripts)를 채택했다. 그리고 70년 뒤 에스라와 느헤미아의 안내로 이스라엘 땅으로 돌아 왔을 때, 히브리인들은 탈무드가 정확히 **'크타브 아슈리트'(Ktav Ashurit)** 또는 앗시리아 문자라고 명명하고 있는 그 '새로운' 문자(아람문자)를 함께 가지고 돌아왔다. [참고로, 고대 히브리 문자(The ancient Hebrew script)는 '크타브 이브리'(Ktav Ivri) or 'Paleo-Hebrew'로 불린다.]

그 아람문자는 나바트어(Nabataean) 및 팔미레니아어(Palmyrenian) 문자들 속에서 여전히 대상 무역을 하는 민족들의 문자로 보존되어 있으며, 기원후 1세기 이후부터 동방교회들의 역사와 관련되어 여러 형태로 나타나고 있는 시리아 문자 속에 보존되어 있다.

근대 히브리 문자는 '정방형 문자'(Square Letter)라 불리며, 아람문자에서 파생된 것이다. 이 아람 문자는 신성한 텍스트들을 필사하기 위해서뿐만 아니라 일상생활에서 쓰는 '공식 문자'가 되었다. 사해 두루마리에서 발견된 두루마리들이 그 좋은 예이다. 하지만 사적으로 쓸 때에는 또 다른 초서체 문자가 존재하며, 이 문자는 여러 면에서 고대 페니키아 문자와 쌍둥이를 이루고 있는 고대 히브리어 문자에서 파생되었다.

* Biblical Hebrew *

* Modern Hebrew *

### * 서안(西安)의 반파도문(半破匋文) *

중국의 신석기 문화를 대표하는 앙소(仰韶)문화의 유적지인 서안(西安)의 반파(半破)와 임동(臨童)의 강채(姜寨)에서 출토된 도기에 부호가 새겨져 있다. 대만(Taiwan)의 이효정(李孝定, 1984)에 의하면 서안의 반파도문 25개는 B.C.4770±135년으로 측정되었으며, 그 가운데 8개가 갑골문자와 한자의 전신(前身)문자로 주장되었다. 그러나 아직 문자로 인정받지 못하고 있다. 만약 도기에 새겨진 부호가 문자로 판명된다면 한자의 역사는 최소한 6천년 이상의 역사를 지니고 있다고 할 수 있다. 유명한 고문자 학자인 궈모루(郭沫若)는 반파도문은 문자 성질을 띈 부호라고 단정하며 중국문화의 기원이거나 중국원시문자의 잔류라고 하였다.

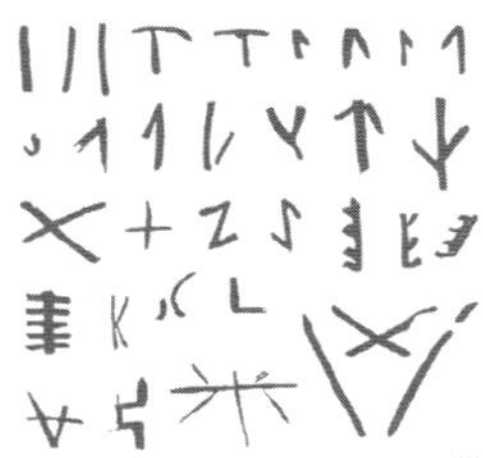
* 반파 도문(匋文) *

* 강채 도문(匋文) *

## 4. 문자와 알파벳

'문자'(文字, Characters)는 다음 두 가지 조건이 충족될 때만 존재한다.

① 하나의 기호체계나 상징체계가 확고히 이루어져야 한다.

② 이 체계를 이용하는 자가 그것을 통해 자신의 생각, 느낌, 표현하고자 하는 바를 정확히 고정시키고 물질화시킬 수 있어야 한다.

문자의 체계가 결코 하룻밤에 이루어진 것이 아니며, 그것은 길고도 느리고도 복잡한 역사의 산물이다. 문자 발달의 역사는 곧 인간의 역사이기도 하다. 그것은 아직도 그 주요 단계가 완전히 밝혀지지 않은 아주 흥미로운 한 편의 장편소설이기도 하다.

알파벳을 이용하지도 않으면서 수많은 기호들을 가지고 모든 것을 표현할 수 있는 아주 많은 문자들이 존재한다. 수메르의 쐐기문자(Cuneiform), 이집트의 상형문자(Pictograph), 중국의 표의문자(Ideagraph), 그리고 마야나 아스텍 문명에서 볼 수 있는 장식문자(Mayan hiero

-glyphic writing)등이 그 좋은 예이다.

모든 문자들은 기호들과 상징들을 포함하고 있으며, 인간의 정신을 거의 다 표현할 수 있기는 하다. 하지만 모든 문자들이 알파벳을 사용하는 것은 아니다.

### 1) 알파벳의 정의

'알파벳'(Alphabets)은 언어의 기본적인 음(音)들을 표현해 주는 한정된 체계이다. 이 음들을 통해 알파벳 사용자는 자신이 의도하는 바를 거의 다 표현할 수 있다. '알파벳'이라는 단어는 라틴어 '알파베툼'(alphabetum)에서 유래했다. 이 단어는 헬라어 알파벳의 첫 두 철자인 '알파'(alpha)와 '베타'(bēta)의 합성으로 이루어졌으며, 이 헬라어의 첫 두 철자는 셈어 철자인 '알렢'(aleph)과 '베트'(bêt)에서 빌려온 것이다.

메소포타미아의 쐐기문자, 이집트의 상형문자, 중국의 표의문자들은 므두 단어나 음절들을 기록할 수 있으나, 기본적인 음들을 기록할 수는 없다. 따라서 이와 같은 글자 체계 속에서 읽고 쓰는 것을 안다는 것은 많은 수의 기호들이나 글자들을 안다는 것을 의미한다.

이와 반대로 약 30여개(22개에서 30개 사이)의 기호들을 가지고서 모든 것을 읽고 쓸 수 있는 알파벳의 기능은 위의 문자들과 전혀 다르다. 중국의 한자는 7만자, 이집트의 상형문자는 100여개, 메소포타미아의 쐐기문자는 600여 개의 기호를 알아야 읽을 수 있다.

#### ① 비알파벳 문자들

여러 지역과 여러 시기에 걸쳐 다양한 형태로 실현되었으므로 그 기원이 동일하지 않다. 수메르의 쐐기문자(Cuneiform), 이집트 문자[상형문자(象形文字, Pitograph-주로 나무관이나 파피루스에 잉크로 그렸다); 신관문자(神官文字, Hieratic-이집트 사제들이 사용); 민용문자(民用문자, Demotic-이집트 문학과 행정에 사용)], 히타이트의 상형문자, 크레타의 상형문자, 중국의 한자, 콜럼버스 탐험 이전의 아메리카 문자 등은 모두 비알파벳 문자들이다.

#### ② 알파벳 문자들

알파벳 문자는 동일한 기원을 가지고 있는 것으로 보인다. 이 알파벳 문자는 오늘날 시리아,

레바론, 이스라엘, 요르단, 시나이 사막 지역에 해당하는 지역에서 기원전 2000년 무렵에 셈족의 발명으로 나타난 것으로 보인다.

따라서 '알파벳'이라는 단어가 헬라어(Greek)의 첫 두 글자인 '알파' α와 '베타' β가 결합한 형태로 헬라어에 최초로 나타났다할지라도 그 기원은 헬라어보다 훨씬 더 오래된 것으로 보인다. 그 결과 알파벳의 탄생을 보여주는 곳은 기원전 1500년 무렵으로 거슬러 올라가 셈어들만이 사용되던 지역이다. 지리적으로 보면 이 지역은 그 당시에 이미 존재했던 두 문자 체제, 곧 서부의 이집트의 '상형문자'(B.C.3100)와 동부의 수메르-아카디아 '쐐기문자'(B.C. 3300)를 사용하는 지역사이에 있다.

그 당시 각각의 민족은 '셈어 방언'을 사용했다. 그 가운데 히브리어와 아랍어는 지금까지도 문법구조는 물론이거니와 통사 및 어휘 등을 그대로 간직하고 있다. 아카드어(Akkadian)가 그 당시 서아시아 지역에서 살았던 거의 대다수 민족들과 이들과 외교, 교역 관계를 맺었던 그 이웃 민족들의 공용어·교역어·외교어로 사용되었다(lingua franca).

### 2) 알파벳의 계보

앞의 사실들을 통해 보면, 알파벳의 계보는 다음과 같다.

① 먼저 유일신교의 영향으로 상형문자는 신들을 표현하는 많은 이미지를 떨쳐 버리기 시작했고, 그 결과 원시나이어(Proto-sinaitic)라는 '최초의 알파벳'을 정립하려고 시도하기에 이르렀다.

② 이 알파벳은 가나안 지역으로 들어간 히브리 민족과 함께 여행을 하며, 쐐기문자 형태를 하고 있던 22개 자음으로 구성된 셈어의 알파벳에 접목되고 이식되기 시작했다. 이로부터 바로 우가리트어 알파벳이 탄생했으며, 이 알파벳은 기원전 1200년 무렵에 해양족(Sea people)들이 침략할 때까지 사용되었다.

③ 그 이후 원히브리어와 원가나안어(원페니키아어)가 된 원시나이어는 계속 변화를 겪었다. 그 결과 페니키아어[Phoenician 또는 고대 히브리어(Paleo-Hebrew): B.C. 1000]와 아람어(Aramaic), 그 파생어(현대 히브리어, 아랍어, 중앙 아시아 문자들- 위구르어, 몽골어, 시베

리아어, 아르메니아어, 그루지아어), 헬라어(B.C. 800)와 그 파생어[라틴어(B.C. 600), 오늘날 서구의 알파벳], 그리고 브라미어와 그 파생어(인도어, 크메르어, 타이어, 미얀마어, 자바어)가 되었다.

### 3) 근대 알파벳의 전승

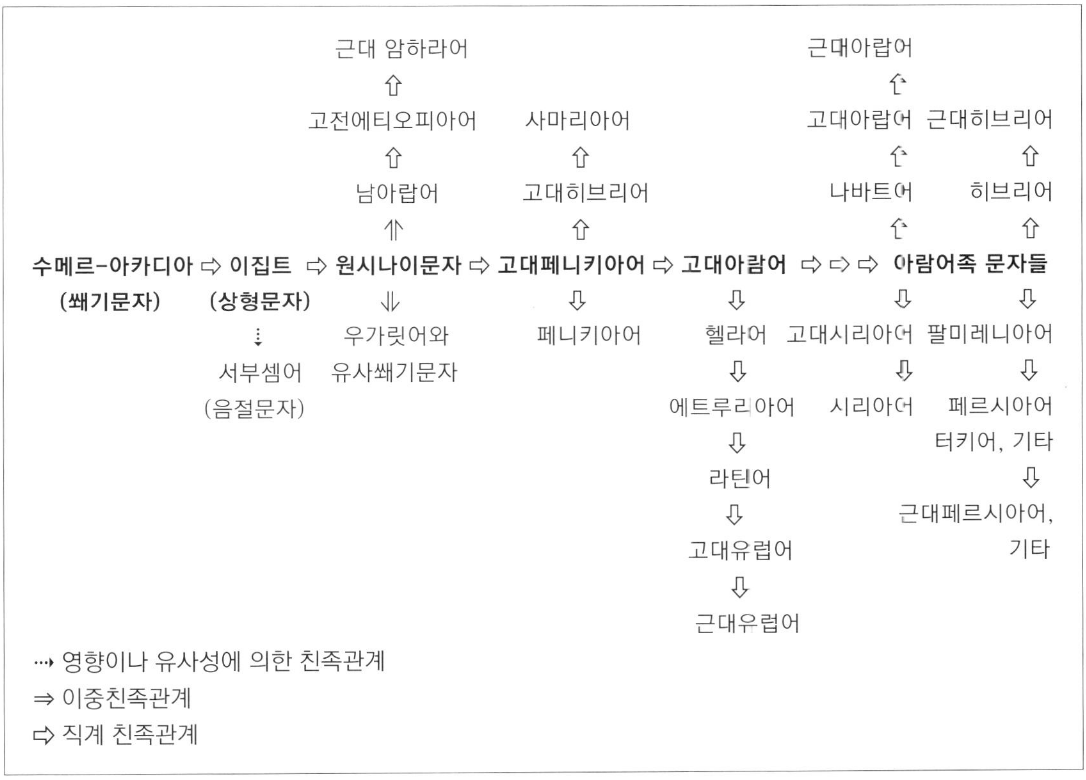

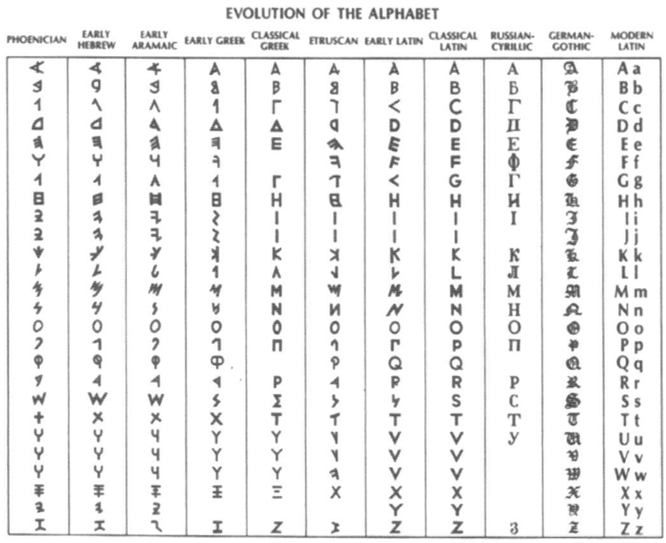


* 알파벳의 발전사 *

## 4) 히브리어 알파벳의 비밀

| HEBREW NAME | MODERN | PICTO | PALEO | MEANING | NUMERIC | ANCIENT SOUND |
|---|---|---|---|---|---|---|
| Aleph | א | | | Ox/Strength Leader | 1 | Ah |
| Bět | ב | | | House / "In" | 2 | B |
| Gimel | ג | | | Foot/Pride/Camel | 3 | G |
| Dalet | ד | | | Path/Tent Door | 4 | D |
| Hay | ה | | | Lo! Behold! The / Window | 5 | H |
| WaW | ו | | | Nail/Peg/ Add/ And / hook | 6 | U / OO like pool |
| Zayin | ז | | | Weapon/Plow/cut off | 7 | Z |
| Ḥet | ח | | | Tent Wall/fence/separation | 8 | Ḥ (like Bach) |
| Tet | ט | | | Basket/Snake/Surround/winding | 9 | T |
| Yod | י | | | Arm and hand/work/deed | 10 | Y |
| Kaph | כ | | | Palm of Hand/To Open | 20 | K |
| Lamed | ל | | | Staff/Goad/Control/Toward | 30 | L |
| Mem | מ / ם | | | Water/Chaos | 40 | M |
| Nun | נ / ן | | | Seed/Fish/Activity/Life | 50 | N |
| Samek | ס | | | Hand on Staff/Support/Prop | 60 | S |
| Ayin | ע | | | Eye/to see/experience | 70 | Ah |
| Peh | פ | | | Mouth/Speak/Word | 80 | P |
| Tsadē | צ / ץ | | | Need/Desire/Man on Side/hook | 90 | TS (hits) |
| Qoph | ק | | | Behind/Sun on Horizon/needle eye | 100 | Q |
| Resh | ר | | | First/Person/Head | 200 | R |
| Shin | ש | | | Destroy/Eat/Consume/tooth | 300 | SH / S |
| Tau | ת | | | Covenant/Mark/Sign | 400 | T |

"그분은 22개의 문자를 새기고 조각하셨다. 그분은 이 문자들을 여러 조합을 통해 검토하고 또 그것들에 움직임을 부여하셨다. 그분은 이 문자들을 통해 모든 피조물의 영혼과 모든 언어의 영혼을 창조하셨다. 231개의 살이 있는 수레바퀴에 고정된 이 22개의 기본 문자들. 그리고 그분은 이 수레바퀴를 앞뒤로 돌리셨다. 하나님(יהוה)은 3개의 문자, 요드(י), 헤(ה), 바브(ו)로 공간의 여섯 방향(위, 아래, 동, 서, 남, 북)을 봉인하여 우주의 경계를 만드셨다. 그 분께서는 진실로 문자들의 결합양식을 보이셨으니, 각각의 문자는 각각의 문자와 함께하고, '알렙'(א)은 만유와, 만유는 '알렙'(א)과 함께 한다.

그러므로 만유를 쌍으로 결합하면, 이 231개의 지식의 문이 나온다. 그리고 그 분께서는 무(無)에서 어떤 것, 모든 형태의 말과 모든 창조된 것을 만드시고, 그 분께서는 허공에서 단단한 땅을 만드시고, 존재하지 않는 것에서 생명을 내신다. 수레바퀴는 계속해서 돌아간다. 모든 창조와 모든 언어는 '알파벳'(Alphabet)이라는 이 유일한 이름에서 유래했다."

『세페르 예치라(Sēfer Yetsira, 창조의 書)』[27]

---

27) 『세페르 예치라(Sēfer Yetsira, 창조의 서書)』는 가장 긴 판본조차도 2,000개 이너의 단어로 되어 있는 유대교 신비주의 문서이다. 이것은 10세기에 쓰여진 것으로 알려져 있으나, 실제로는 훨씬 더 이전의 것임이 분명하다. 『세페르 예치라(창조의 書)』는 히브리 알파벳의 수와 글자들의 상징에 대해 말하고 있다. 이것은 바히르(Bahir), 조하르(Zohar)와 함께 '카발라'의 3대 경전 중 하나이다. 이 책은 우주가 22개의 히브리어 알파벳과 10개의 신의 수(sefirot)에서 생겨났다고 주장한다. 이것들이 하나님이 우주를 창조할 때 사용한 '32가지의 은밀한 지혜의 길'을 이룬다고 했다. 이 책을 종종 아브라함이 지은 것으로 잘못 알려져 '우리 조상 아브라함의 알파벳'(Otiyyot de Avraham Avinu)으로 불렸다. 그러나 이 책은 3~6세기의 것으로 나중에 내용이 더 첨가된 작자 미상의 작품이다. 『세페르 예치라(Sēfer Yetsira)』는 10개의 세피르트라는 극히 중요한 개념을 발전시켰는데, 이것은 뒤에 유대교에 깊은 영향을 끼쳤다. 이중 처음 4개의 세피로트는 우주의 원소들(하나님의 영·공기·물·불)을 나타낸 반면, 나머지 6개의 세피로트는 공간의 방향을 나타냈다. 이러한 세피로트와 알다벳 문자들은 또한 창조의 소우주인 인간 몸의 각 부분과도 관련이 있다.

## * 히브리 문자와 가림토 문자 *

훈민정음의 기원은 창제설과 모방설로 대립된다. 창제설(創製說)은 세종대왕과 집현전 학사들이 고대 금석문을 참조하여, 자음은 조음기관의 모양을 형상화하여 만들었고, 모음은 천지인(天地人) 삼재(三才)를 가지고 만든 것이다. 모방설(模倣說)은 '훈민정음해례'(訓民正音解例; 정인지, 1446)의 '자방고전'(字倣古篆; 문자는 옛 전자篆字를 모방했다)과 세종실록(世宗實錄 25년 12월조(條), 1443)의 '기자방고전'(其字倣古篆; 그 문자는 옛 전자篆字를 모방했다)에서 발단되었으며, 일본의 '신대문자'(神代文字)와 환단고기(桓檀古記)의 '가림토문자'(加臨土文字; 38字)를 그 증거로 삼는다.

신대문자란 한자가 전해지기 전에 고대 일본에서 사용했다고 전해지는 문자 즉 히후미(日文), 아나이치(天名地鎭), 아히루문자(阿比留文字) 등을 일컫는다. '아히루문자'는 19세기말 서구에 훈민정음의 모(母)문자로 선전되었다. 이 문자들은 후대(18-19세기)에 위조된 것으로 판명되었다. 아히루문자의 자형(字形)은 가림토문자와 흡사하다. 환단고기에 따르면, 가림토문자는 제3세 단군 가륵(嘉勒) 2년(B.C. 2181년)에 삼랑(三郞) 을보륵(乙普勒)에 의해 만들어졌다고 한다. 특히 아히루 문자는 한글과 그 자형이 비슷하여 환단고기 신봉자들은 이 문자가 가림토에서 왔다고 주장한다.

조철수 박사(모방설 주장; 신동아 97, 5월호)에 의하면, 송·원·명대의 중원을 방문한 고려의 태백교도(太白敎徒)는 자신들과 동질사상인 경천숭조(敬天崇祖)를 신봉하는 유대인 디아스포라 청진교도(淸眞敎徒, A.D.11-15세기)와 교분을 쌓는다. 그들은 청진교도의 히브리어 자모문자와 마소라부호를 개작하여 가림토문자를 성립시켰고, 집현전 학사들은 가림토문자에 대하여 조음기관을 형상화한 자음과 天地人삼재를 기초한 모음을 적용하여 훈민정음의 제자원리(制字原理)를 확정·반포하였다고 한다.

① **마소라 모음**의 기본은 '•'과 'ㅡ'이다. '•'은 자음의 좌측상단에서 /ō/(ˑㅁ), 자음의 하단중앙에서 /ī/(ㅁ̣), 'ㅡ'의 하단중앙에서 /ā/(ㅁ̱), 자음의 하단 중앙에서 겹치면 /ē/(ㅁ̤), 자음의 하단중앙에서 겹치고 그 하단중앙에 하나를 덧붙이면 /e/(ㅁ̤̣), 바브(ו)의 좌측중앙에서 /wu/(וּ)를 각각 표기한다. ② **가림토 모음**의 기본은 '•'(天), 'ㅡ'(地), 'ㅣ'(人)이다. 'ㅣ'는 'ㅡ'를 90도로 세운 것이며, '•'은 'ㅡ'의 상단중앙과 하단중앙에서 /o/(ㅗ)와 /u/(ㅜ), 'ㅣ'의 우측중앙과 좌측중앙에서 /a/(ㅏ)와 /ə/(ㅓ)를 표기한다. 따라서 가림토의 모음문자는 '마소라' 부호에서 '•'과 'ㅡ'를 차용하여 이를 활용하였으며, 가림토의 모음은 훈민정음에서 그대로 답습되었다고 하였다. ③ **히브리 문자와 가림토의 자음**은 답습(מ → ㅁ), 생략(נ → ㄱ), 변형(ז → ㅈ), 반전(ל → ㄹ), 180도 회전-생략(ס → ㅅ)이 되었으며, 이는 훈민정음의 자음에 그대로 답습되었다고 하였다. 한글이 훈민정음을 전승했음은 논란의 여지가 없지만, 훈민정음이 모방한 '고전'(古篆)이 '가림토' 문자였음은 인정되지 않고 있다.

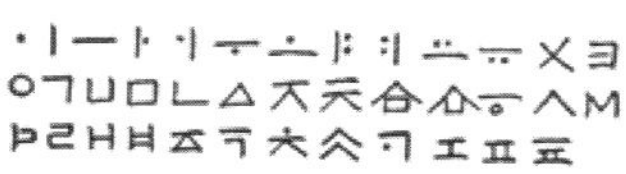

* 가림토(38자) *

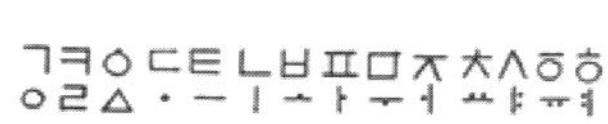

* 훈민정음(28자) *

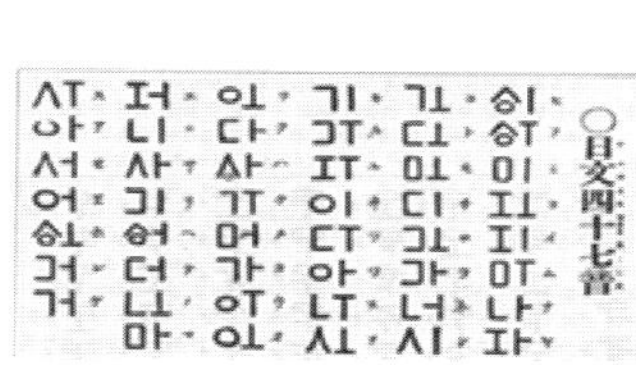

* 신대문자(아히루문자) *

제2부

# 형태론과 구문론

형태론(어형론; morphology or etymology) 또는 품사론은 단어들을 품사로서의 성격에 따라 논하는데 이는 다음과 같은 것들을 포함한다. 첫째, 단어 형성의 원리 혹은 어근(or 어간)으로부터 여러 가지 품사의 파생 또는 품사 상호간의 파생의 원리에 관한 것. 둘째, 굴절의 원리(declension 명사 변화; conjugation 동사 변화) 곧 단어가 다른 단어나 문장에 대해서 갖는 관계에 따라 취하는 여러 가지 형태에 관한 원리들을 논한다.

구문론(Syntax)은 단어 결합으로 이루어지는 문장(文章)의 구조나 구문(構文) 요소를 분석함으로써, 각 문장 성분이 구성되는 규칙을 연구한다.

# Ⅰ. 히브리어의 형성과 굴절의 원리

## 1. 형성 원리

**1) 대부분의 히브리어 단어는 다른 셈족 언어에서처럼 세 개의 자음(triliteral)으로 이루어지는 것이 특징이다.**

단어의 본질적인 의미는 이 세 개의 자음에 의존하지만, 모음의 변화에 따라서 그 의미가 다양해진다. 이 세 개의 자음을 어근(root)이라 한다. 어근(root)은 한 단어의 가장 단순한 요소이다. 이것은 한 어근에서 파생되었거나, 어형 변화된 모든 요소들을 제거하여 얻을 수 있다. 그 요소들은 모든 모음들뿐만 아니라 특정한 자음들로서, 주로 '헤만틱' (he'ĕmatic; הֶאֱמַנְתִּיו)으로 알려진 7개의 자음 ו י ת נ א מ ה 이다.

**2) 유대인 문법가들은 '칼(Qal) 완료 남성 3인칭 단수'(VQAMZS)를 '어근'(root, שֹׁרֶשׁ)라고 부른다.**

기독교 문법가들은 그것을 **'어간'(stem)**이라 부르며 그 자음(3자음)을 근자음(형태소 자음, formative letters)이라 부른다. 일부 학자들은 어간의 3자음을 어근(root)으르 간주한다. 아무튼 이 3자음 구조는 히브리어의 필수적인 구성요소이다. 히브리어에서는 '3자음 어간'의 원칙이 동사나 명사의 형성에 엄격히 적용된다.

예) '다스리다'(to rule)라는 뜻의 '칼 완료 남성 3인칭 단수'(VQAMZS) 동사의 어간(stem)은 מָלַךְ(그가 다스렸다; he was rule)이다. 이 동사의 어근(root)은 מלך이며, '명사 어간'(stem)은 מֶלֶךְ(왕; king)이다.

*** 형태소**(形態素, morpheme)는 의미를 가지는 언어단위 중에서 가장 작은 언어단위이다. 그러므로 형태소는 더 쪼개면 전혀 의미가 없어지거나 또는 이전의 의미와 관련되는 의미가 없어지는 문법단위라 할 수 있다.
*** 어근**(語根, root)은 무모음(vowelless)으로 발음할 수 없는 것으로 간주되는데, 그것은 자신으로부터 생겨난 동사 어간과 명사 어간의 공통의 조상을 표상하는 것이라는 의미에서 부르게 된 것이다.

3) '칼(Qal) 완료 남성 3인칭 단수'(VQAMZS) 형태는 사전이나 문법 기술에 있어서 통상적으로 '기본형'(ground-form)으로 취급된다.

이 형태는 대체로 '2음절어'(disyllable-3자음)이다. 물론 '단음절어'(monosyllable-2자음) 형태와 '3음절어'(trisyllable-4자음 이상) 형태도 존재한다.

단음절어 형태는 가운데 자음이 약자음 ו 와 י 어근으로부터 축약(contraction)에 의해서 발생한 '아인-바브(요드)' 형태(ע״י ע״ו)와 둘째 자음과 셋째 자음이 동일한 어간 형태에서 발생한 '아인-중복'형태(ע״ע)가 있다. 2음절어 자체는 3음절어 형태에서 마지막 모음이 탈락되면서 발생했다.

예) 기본형: קָטַל(he was kill) ⇨ 2음절어: טַל(자+모+자) - קָ(자+모)
1음절어: ① שָׂם(자+모+자) ⇨ שִׂים(ע״י)에서 약자음 י 의 '축약 현상'에 의해 발생.
② סַב(자+모+자) ⇨ סָבַב(ע״ע) 즉 둘째•셋째자음의 동일 어간형에서 발생.
2음절어: קָטַל 예를 들면, 아랍어 제3활용에 나타나는 3음절어 qâtălă형에서 마지막 모음(ă)의 탈락으로 발생.

4) 4자음(quadriliteral), 5자음(quinqueliteral; 명사의 경우)을 갖는 어간들은 이차적인 형성 즉, 원형에서 변형을 이루어 만들어진 것들이다.

이런 형태는 히브리어에서 비교적 드물지만, 다른 셈어 특히 에티오피아어에 보다 많다. 이것들은 3자음 어간들의 확대에서 발생한다. 다음과 같이 확대된다.

(1) 네 번째 자음의 첨가에 의해 발생한다.

예) 4자음 כִּרְסֵם(뜯어 먹다; 동사) ⇨ 3자음 כָּסַם(자르다, 깎다)에서 네 번째 자음( ר )의 첨가로 발생; 5자음 זַלְעָפָה(맹렬한 연기; 여성명사) ⇨ 3자음 זָעַף(분격하다)에서 자음( ל ה )의 첨가로 발생.

(2) 2개의 3자음 어간들이 결합 및 축약된 것으로, 심지어 5자음 어간이 발생하기도 한다.

예) 5자음 צְפַרְדֵּעַ(개구리들) ⇨ צָפַר(깡총깡총 뛰어다니다)+'늪'이라는 뜻의 미확인 단어와의 결합으로 발생된 복합어; 5자음 צַלְמָוֶת(죽음의 그림자) ⇨ צֵל(그림자, 그늘)+מָוֶת(죽음)의 결합으로 발생된 복합어. 이들 복합어들은 나중에 차용어(loan-words )로 밝혀졌다.

## * 차용어(loan words) *

**① 히브리어로 들어온 차용어**

יְאֹר(강, Nile) ⇨ 이집트어 yoor, yaro; 앗수르어 yaru'u에서 차용된 말이다. 구약에 65회 나온다. 창 41:1-3, 17, 18; 출 1:2; 7:25.

פַּרְדֵּס(정원) ⇨ 조로아스터교의 경전인 '젠드 아베스타'(Zend Avesta)로부터 헬라어로는 물론 히브리어로 차용된 말이다. 느 2:8; 전 2:5.

אֲדַרְכּוֹן(다릭) ⇨ 옛 페르시아 금화 '다릭' daric을 의미하며, 페르시아 통치 기간동안 유대인들이 많이 사용했다. 대상 29:7; 스 8:27.

כַּרְפַּס(무명실, 세마포) ⇨ 페르시아어 karbâs, 산스크리트어 karpâsa에서 차용된 말이다. 이 말은 헬라어 κάρπασος으로 차용되었다. 에 1:6.

תֻּכִּי(공작) ⇨ 인도 말라바르어(Malabar) tôgai 또는 tôghai에서 차용된 말이다. 왕상 10:22; 대하 9:21.

קוֹף(원숭이) ⇨ 산스크리트어 kapi에서 차용되었고, 헬라어 κῆτος, κῆβος로 차용되었다. 왕상 10:22; 대하 9:21.

**② 헬라어로 들어간 차용어**

בּוּץ(옛 삼베) ⇨ 이집트어에서 차용된 말로서, 헬라어 βύσσος로 차용됨. 대상 15:27, 겔 27:16, 에 1:6.

לְבֹנָה(유향) ⇨ λίβανος, λιβανωτος로 차용. 창 37:25; 렘 8:22, 46:11; 겔 27:17.

קָנֶה(갈대) ⇨ 악카드어에서 차용된 말로서, 헬라어 κάνη, κάννα로 차용. 욥 31:22; 사 46:4; 왕하 18:21.

עֵרָבוֹן(담보물, 보증물) ⇨ 우가릿어에서 차용된 말로서, 헬라어 ἀρραβών로 차용. 창 38:17, 18, 20.

כַּמֹּן(커민 χυμιν, 대회향) ⇨ κύμινον로 차용. 사 28:25, 27.

קְצִיעָה(계피, 육계 χασσια) ⇨ κασσία로 차용. 시 45:8.

גָּמָל(낙타) ⇨ κάμηλοασσία로 차용. 창 24:11; 레 11:4; 삿 6:5.

### 5) 일반적인 형성과 달리 특별하게 형성된 어간들

#### (1) 감탄사(Interjection): 자연적인 소리를 직접 모방한 것

예) אָח אֲהָהּ (아하! 오호라! 슬픔의 표현): אוֹי אוֹיָה (화로다! 오오 슬프다!)
הֶאָח (아하! 기쁨의 탄성) ⇨ הֵא (보라!) + אָח (오! 슬픔이나 놀람의 표현)
חָלִילָה (결단코 아니다! 감탄사 or 부정불변사)

#### (2) 인칭대명사(Personal pronoun)

예) אָנֹכִי(NPCXS); נחְנוּ אֲנַחְנוּ(NPCXP); אַתֵּמָה(NPMYP); אַתֵּנָה(NPFYP)

#### (3) 부사(Adverb), 전치사(Preposition), 접속사(Conjunction)

예) 부사: רִאשׁוֹן(첫째로, 이전에), סָבִיב(주위에, 사방에서)
전치사: כִּנְלַל(on account of), בַעבוּר(for the sake of, in half of)
접속사: כַּאֲשֶׁר(according as), בְּטֶרֶם(before)

## 2. 굴절의 원리

히브리어는 한 단어의 어간으로부터 품사들이 형성·파생되고 그것들이 굴절(어형변화)한다. 굴절하는 방법에는 2가지가 있다.

### 1) 어간 자체 특히 모음의 변화와 강화에 의한 내부적인 방식으로 형성된다.

예) קָטַל ⇨ קָטֹל קָטֵל (내부 모음 변화) / קֻטַּל קִטֵּל (내부 자음의 강화- 중복)

### 2) 어간의 앞 • 뒤에 형태소를 첨가(확장)하는 외부적인 방식으로 형성된다.

예) קָטַל ⇨ הִתְקַטֵּל(ה ת 형태소-앞 첨가 및 내부 강화) / הִקְטִיל(ה 형태소 앞 첨 가) / תִּקְטֹלְנָה(ה נ 형태소-뒷 첨가, ת 형태소-앞 첨가 ) / תִּקְטְלוּ(ו 형태소-뒷 첨가, ת 형태소-앞 첨가)

### * 언어의 유형(linguistic types) *

① **굴절형(屈折形, declension)**: 곡용형이라고도 한다. 성 • 수 • 격을 지시하는 격어미(格語尾)에 의해 말(어간+격어미)을 나타내는 유형. 어간은 말(단어)의 개념적 의미를 갖고, 격어미는 문법적 기능을 가진다. 히브리어, 헬라어, 라틴어, 산스크리트어 등.
특별히 히브리어는 성(Gender) • 수(Number)변화는 있지만, 격(Case)에 따른 변화는 하지 않는다. 히브리어의 격은 전치사나 문맥을 통해 파악할 수 있다.

② **교착형(膠着形, agglutination)**: 교착(膠着)이란 '달라붙다'는 의미이므로, 앞의 말에 조사(토씨)라는 것들이 달라붙어 단어의 관계를 형성해 말뜻을 전하는 유형. 수메르어, 에스토니아어, 락어, 몽골어, 국어(韓國語) 등

③ **어순형(語順形, word order)**: 어순(語順)이 일정해서 말의 순서에 따라 말뜻을 나타내는 유형. 고대애굽어, 페르시아어, 마야어, 한어(漢語), 영어 등

④ 굴절형은 어순에 구속되지 않으므로 '어순 자유형'에 속하며, 교착형과 어순형은 어순에 구속되므로 '어순구속형'에 속한다.

참고로, 타동사란 동작이 다른 대상으로 옮겨가는 동사를 말하고, 자동사는 그렇지 않은 동사다. 타동사는 영어로 transitive verb라고 한다. 여기서 trans-는 "건너가다" "넘어가다" "옮겨가다"는 뜻이고, 동작이 다른 대상으로 건너가지 않는 동사는 부정(否定)을 의미하는 접두어 'in-'을 붙여서 intransitive verb(자동사)라고 한다.

# Ⅱ. 히브리어의 성(性)·인칭(人稱)·수(數)·격(格)

모든 셈어(Semitic)와 마찬가지로 히브리어 명사(Noun)는 성(性; Gender), 수(數; Number)를 가진다. 명사는 남성(Masculine)과 여성(Feminine)의 두 가지만 구별한다. 헬라어에서 중성(Neuter)으로 표현되는 무생물적 대상이나 추상적 개념들은 히브리어에서는 주로 여성으로 간주된다. 간혹 남성으로도 간주되기도 한다. 그리고 히브리어 명사의 수(數)는 크게 3가지로 구분된다. 단수(單數; Singular), 복수(複數; Plural), 쌍수(雙數; Dual)로 나누어진다. 쌍수는 복수의 일종이며, '존엄의 복수'(예를 들면, אֱלֹהִים)는 단수의 일종이다.

히브리어는 격 어미(case-ending)를 사용하지 않으므로, 격 표시 없이 어순(word order)이나 전치사를 사용하여 격(格; Case) 관계를 표시한다. 특별히 속격은 주로 '지배하는 명사'(nomen regens)와 '지배받는 명사'(nomen rectus)의 결합에 의해서 표현된다.

## 1. 인칭(Person)

① 1인칭 (X): 화자(말하는 사람)와 관계된 인칭(영어의 I, we 등).
예를 들면, 인칭대명사[ אָנֹכִי אֲנִי (영어의 I); אֲנוּ נַחְנוּ אֲנַחְנוּ (영어의 we) ]에 해당.

② 2인칭 (Y): 청자(듣는 사람)와 관계된 인칭(영어의 you 등).
예를 들면, 인칭대명사[ אַתְּ אַתָּה (단수 you); אַתֵּנָה אַתֶּן (אַתֵּמָה) אַתֶּם (복수 you) ]에 해당.

③ 3인칭 (Z): 이야기와 관계된 대상, 1인칭, 2인칭도 아닌 세상 모든 것은 다 3인칭. 명사들은 일반적으로 3인칭에 속함.
예를 들면, 인칭대명사[ הוּא(he) הִיא(she); הֵנָּה הֵן הֵמָּה הֵם (they) ]에 해당.

## 2. 성(Gender)

히브리어의 명사의 성은 생물의 경우에는 대부분 자연적으로 규정되어 있지만, 무생물이나 추상 명사 등은 문법적인 성을 지닌다. 그러나 중성은 없다.

### 1) 남성(Masculine)

#### (1) 자연적인 성으로서 남성

남성은 어떤 특별한 구별 표시(즉, 성의 어미; gender endings)가 없으며, 자연적이며 해부학적으로 남성(수컷)에 해당되는 경우다.

예) אָב(아버지), אִישׁ(남자), גִּבּוֹר(용사), נָבִיא(선지자), זָכָר(수컷), סוּס(숫말)

#### (2) 문법적 성으로서 남성

생명이 없는 대상들을 표현하는 많은 낱말들이 수컷이거나 남성적 특성을 가지고 있지 않음에도 문법적인 남성을 지닌다. 이러한 성을 '어휘적 또는 사전적 성'(Lexical gender)으로도 불린다.

예) דָּבָר(말씀), בַּיִת(집), לֵב(마음), יַיִן(포도주), מָשָׁל(잠언), דָּם(피)

#### (3) 타 언어에서 중성으로 취급하는 추상적 관념이나 무생물이 남성

예) גִּיל(즐거움), כָּבוֹד(영광), גְּבוּל(경계), גֵּלֶל(분노), מְחִיר(가격), שָׂכָר(임금)

### 2) 여성(Feminine)

#### (1) 자연적인 성으로서 여성

자연적이며 해부학적으로 여성(암컷)에 해당되는 경우다.

예) אֵם(어머니), אָחוֹת(자매), מַלְכָּה(왕비), פָּרָה(암소), אַיָּלָה(암사슴), נְקֵבָה(암컷)

### (2) 문법적인 성으로서 여성

생명이 없는 대상들을 표현하는 많은 낱말들이 암컷이거나 여성적 특성을 가지고 있지 않음에도 문법적인 여성을 지닌다. 주로 인간 생활에 사용되는 일상 도구들이 해당된다.

예) מַאֲכֶלֶת(도살용 칼), אֵשׁ(불), כּוֹס(잔), אַשְׁפָּה(화살통), מִשְׁתֶּה(축제)

### (3) 추상적 관념의 여성

예) מְלָאכָה(일), אֱמוּנָה(신실함), אַהֲבָה(사랑), בְּרָכָה(축복), חֶרְפָּה(수치)

### (4) 생산적인 사물이나 보이지 않는 본질은 여성

예) אוֹר(빛), שֶׁמֶשׁ(태양, 남성일 때도 있다), רוּחַ(영), נְשָׁמָה(호흡), נֶפֶשׁ(영혼)

### (5) 사람이나 동물의 쌍으로 된 기관

예) יָד(손), עַיִן(눈), כָּנָף(날개), רֶגֶל(발), אֹזֶן(귀), קֶרֶן(뿔), כִּלְיָה(콩팥)

그러나 한 개만 있는 기관들 רֹאשׁ(머리), אַף(코), פֶּה(입), לֵב(심장)은 남성이다. 예외 적으로 כָּבֵד(간장)은 여성이다.

### (6) 나라와 성읍 이름은 여성

① 나라와 성읍들은 고유명사로서 그 명칭은 여성으로 간주된다. 이유는 그것들이 그 안에 살고 있는 사람들을 가슴 또는 자궁에 품고 있는 어머니요 유모로 비유되기 때문이다.

예) צִיּוֹן(시온), אַשּׁוּר(앗수르), צֹר(두로), אֱדֹם(에돔), עִיר(성읍)

② 나라와 성읍들이 그 백성(or 거민)으로 취급될 때는 남성으로 취급되기도 한다.

예) 삼하 10:14. " ~ בְנֵי עַמּוֹן רָאוּ כִּי־נָס אֲרָם"을 직역하면, "암몬 자손들이 아람거민들(the Syrians, 남성)이 도망가는 것을 보았다." 즉 כִּי이하 절(목적절-명사절)에서 אֲרָם(아람거민- 고유명사)이 남성단수동사(נָס; VQAMZS)의 주어이기 때문이다.

③ 그러나 거민에 대한 언급은 가끔 여성으로 취급되기도 한다.

예) 삼하 8:5. " ~ וַתָּבֹא אֲרַם דַּמֶּשֶׂק לַעְזֹר לַהֲדַדְעֶזֶר מֶלֶךְ צוֹבָה"을 직역하면, "다메섹의 아람 거민(the Syrians of Damasus)이 소바의 왕, 하닷에셀을 돕기 위하여 왔다." 즉 '다메섹의 아람거민'이 여성단수동사(תָּבֹא; VQIFZS)의 주어이기 때문이다. 여기서 וַתָּבֹא는 '바브 미완료 계속법'이므로 과거형으로 번역한다.

### (7) 어형상 여성 구별법

① ָה로 끝나는 명사는 여성

예) צֵידָה(음식), אֲדָמָה(땅), בְּהֵמָה(짐승), מִלְחָמָה(전쟁), תּוֹרָה(율법)

② ָא로 끝나는 명사는 여성 (ָא는 ָה의 아람어 형태)

예) שֵׁנָא(잠), חָגָא(공포), זָרָא(혐오), מַטָּרָא(감옥, 과녁), לְבִיָּא(암사자)

② ת로 끝나는 명사는 여성

a. ת형 예) רֵאשִׁית(태초), בְּרִית(언약), אָחוֹת(자매), דְּמוּת(모양)
b. ַת형 예) בַּת(딸), בָּרְקַת(에메랄드), שִׁפְעַת(많은 무리), דַּעַת(지식)
c. ָת형 예) נַחֲלָת(상속), עֶזְרָת(도움), זִמְרָת(노래), גָּלְיָת(골리앗)
d. ֶתֶ형 예) אֱמֶת(진리), קֶשֶׁת(활), מַאֲכֶלֶת(칼), דֶּלֶת(문)

③ 남성 명사에 여성형 어미 ָה를 접미하여 여성명사화 한다.

예) מֶלֶךְ(왕) ⇨ מַלְכָּה(여왕), נָבִיא(선지자) ⇨ נְבִיאָה(여선지자)
יֶלֶד(어린남아) ⇨ יַלְדָּה(어린여아), נַעַר(소년) ⇨ נַעֲרָה(소녀)
שַׂר(왕자, 통치자) ⇨ שָׂרָה(공주, 왕후)

### 3) 공성(Common)

몇몇 명사들은 문맥에 따라 남성도 되고, 여성도 된다.

예) דֶּרֶךְ(길), שֶׁמֶשׁ(태양), אֲרוֹן(궤; 신 10:8에서 여성, 그 외 남성)

### 4) 중성(Neuter)

히브리어에서는 남성과 여성만으로 표현되며, 중성은 없다. 하지만 중성은 하나의 여성 형용사에 의해 표현되기도 한다.

예) טוֹבָה 선한 것(the good), רָעָה 악한 것(the bad), זֹאת 이것(this, 지시형용사)

## 3. 수(Number)

히브리어 명사에는 3개의 수(數) 즉 단수(單數; Singular), 복수(複數; Plural), 쌍수(雙數; Dual)가 있다. 단수와 복수는 다른 언어에서와 마찬가지로 사용하며, 쌍수는 쌍으로 된 사물을 나타낼 때에만 사용한다.

명사는 성(性)과 수(數)에 따라서 다음과 같은 굴절어미를 붙여준다.

סוּס(말)

| ☺ | 남성 | | 여성 | |
|---|---|---|---|---|
| | 굴절어미 | 예)명사변화 | 굴절어미 | 예)명사변화 |
| 단수 | 없음 | סוּס(숫말) | ◌ָה | סוּסָה(암말) |
| 복수 | ◌ִים | סוּסִים(숫말들) | וֹת | סוּסוֹת(암말들) |
| 쌍수 | ◌ַיִם | סוּסַיִם(숫말들) | ◌ָתַיִם | סוּסָתַיִם(암말들) |

### 1) 단수(Singular)

| * 일반적으로 남성명사 단수형은 특정한 어미를 가지고 있지 않으며 여성명사 단수형은 ָה 또는 ת로 끝나는 어미를 취한다. |
|---|

**① 한 사람 또는 하나의 사물을 나타낸다.**

예) אִישׁ 한 사람(남편), כֶּבֶשׂ 한 마리의 어린 숫양, עֵץ 한 그루 나무
אִשָּׁה 한 여자(아내), כִּבְשָׂה 한 마리의 어린 암양, סֵפֶר 한권의 책

**② 단수를 나타내는 집합명사**

a. 대부분의 집합명사는 여성형으로 단수동사를 받는다. 몇몇 집합명사는 남성형이다.

예) יוֹשֶׁבֶת 주민들, אֹיֶבֶת 적들, אֹרְחָה 대상(隊商), זֶרַע 후손(씨), עַם 국민(민족)

b. 군집명사는 복수 형태의 동사를 취한다.

예) 왕상 20:20. 직역: 그들이(이스라엘의 정예병) 각각 그의 사람(벤하닷의 군사들)을 학살하였다. 그리고 아람인들은 도망하였다. 그리고 이스라엘은 그들을 추격하였다.

| יִשְׂרָאֵל | וַיִּרְדְּפֵם | אֲרָם | וַיָּנֻסוּ | אִישׁוֹ | אִישׁ | וַיַּכּוּ |
|---|---|---|---|---|---|---|
| NE | CW.VQIMZS.MZP | NE | CW.VQIMZP | NMS.MZS | NMS | CW.VHIMZP |

**해설**

위 문장은 '바브(와우) 미완료 계속법' (Waw Imperfect Consecutive; 완료 시상) 형태의 문장이므로 '과거형'으로 해석해야 하며, '아람'(אֲרָם)은 복수 형태의 동사(וַיָּנֻסוּ)를 취하였으므로 아람군사 개개인을 나타내는 군집명사(아람인들)이며, 아람과 같은 형태인 '이스라엘'(יִשְׂרָאֵל)은 단수 동사(וַיִּרְדְּפֵם)를 취하였으므로 동족 전체를 나타내는 집합명사이다. 일반적이고 총칭적인 '사람'을 나타내는 'אִישׁ'에 대해서, 위 문장에서 앞의 것은 '각각, 각자'(each)를 나타내는 '부정 대명사'(Indefinite Pronoun)로 기능하여 동사 וַיָּנֻסוּ의 주어인 이스라엘 정예병 '각각'을 의미하며, 뒤의 것(אִישׁוֹ)은 벤하닷의 아람군대 전체를 나타내는 집합명사로 사용되었다.

* **집합명사**(Collective Noun): 같은 종류의 것이 모인 전체를 단수로 취급하는 명사를 말하며, 단수동사를 받는다.
* **군집명사**(a noun of multitude): 집합체를 구성하는 개체를 낱낱으로 보고 복수로 취급하는 집합명사를 말하며, 복수동사를 받는다.
* **부정대명사**(Indefinite Pronoun)는 불특정한 사람 • 사물이나 일정하지 않은 수량을 나타내는 대명사를 말한다.

## 2) 복수(Plural)

### ① 수치상 둘 또는 둘 이상의 사람 또는 사물을 나타낸다.

* 일반적으로 남성 명사는 ◌ִים으로 끝나는 복수형 어미를 취하며, 여성 명사는 ◌וֹת로 끝나는 복수형 어미를 취한다. 그리고 ◌ִי로 끝나는 여성명사는 여성 복수형태 어미인 ◌ִיּוֹת를 취한다.

예1) גִּבּוֹרִים(용사들- 남성), חוֹמוֹת(성벽들- 여성), דְּבָרִים(말씀들- 남성)
סְפָרִים(책들- 남성), נְפָשׁוֹת(영혼들- 여성), פָּרוֹת(암소들- 여성)

예2) עִבְרִי(히브리인; 남성) ⇨ עִבְרִיָּה(히브리여인; 단수) ⇨ עִבְרִיּוֹת(히브리여인들; 복수)
מִצְרִי(애굽인; 남성) ⇨ מִצְרִית(애굽여인; 단수) ⇨ מִצְרִיּוֹת(애굽여인들; 복수)

### ② 불규칙적인 복수 명사

a. 양성(남성과 여성)을 함께 취하는 복수 명사.

예) עָב(짙은 구름) ⇨ עָבִים(남성 복수) or עָבוֹת(여성 복수)
דּוֹר(세대) ⇨ דּוֹרִים(남성 복수) or דּוֹרוֹת(여성 복수)
שָׁנָה(해 年) ⇨ שָׁנִים(남성 복수) or שָׁנוֹת(여성 복수)
אֵימָה(공포) ⇨ אֵימִים(남성 복수) or אֵימוֹת(여성 복수)

b. 암수 관계없이 언제나 남성형만 취하는 복수 명사.

예) בָּקָר(소) ⇨ בְּקָרִים, גָּמָל(낙타) ⇨ גְּמַלִּים

c. 여성 복수 어미를 취하는 남성 명사.

예) אָב(아버지) ⇨ אָבוֹת, מָקוֹם(장소) ⇨ מְקוֹמוֹת, קוֹל(소리) ⇨ קוֹלוֹת
שֵׁם(이름) ⇨ שֵׁמוֹת, בּוֹר(우물) ⇨ בּוֹרוֹת, לֵב(마음) ⇨ לְבוֹת
אֲרִי(사자) ⇨ אֲרָיוֹת, חֲלוֹם(꿈) ⇨ חֲלוֹמוֹת

d. 남성 복수 어미를 취하는 여성 명사.

예) אִשָּׁה(여자) ⇨ נָשִׁים, עִיר ⇨ עָרִים, דְּבוֹרָה(꿀벌) ⇨ דְּבוֹרִים,
שְׂעוֹרָה(보리) ⇨ שְׂעוֹרִים, חִטָּה(밀) ⇨ חִטִּים, סְאָה(세아) ⇨ סְאִים

**③ 아람어 복수어미(◌ִין)와 고대어 복수어미(◌ָן)**

예) מְלָכִין(왕들; 잠 31:3), צִדֹנִין(시돈 사람들; 왕상 11:33), רָצִין(전령들; 왕하 11:13), חִטִּין(추수된 밀의 알곡들; 겔 4:9 – '확장의 복수'로 쓰인 חִטִּים의 불완전 서법으로 쓰인 경우), אִיִּן(섬들; 겔 26:18), מִדִּין(천, 카페트; 삿 5:10).

פְּרָזוֹן(통치자; 삿 5:7, 11) ⇨ 아카드어에서 '쌍수주격어미' 형태로 보존되어 있는 고대 복수 어미 /ān/의 한 형태이다. 즉 פְּרָזָן에서 유래.

**④ 항구적 복수(permanant plural)**

어떤 명사들은 오직 복수 형태로만 사용된다. 이 명사들은 대부분 추상명사이거나 의미상 단수이다.

예) סַנְוֵרִים(눈멂; blindness), שָׁמַיִם(하늘, 공중), מַיִם(물), פָּנִים(얼굴),
מֵעַיִם(내장), מְתִים(사람) 등

* 항구적 단수: 항구적 복수와 마찬가지로 오직 단수 형태로만 사용된다.
예) רֵעֶה(친구), בֹּהוּ(공허, 텅빔)

⑤ 추상의 복수(abstract plural)

어떤 복수 명사는 특성, 특징, 상태, 행위의 추상적인 개념을 나타낸다. 이 용법은 어간 개념에 내재된 특징들에 보다 강한 초점이 놓여 지는데, 크게 두 부류로 나눌 수 있다. 첫째, 명사 어간에 내재된 상태나 특질들을 표현한다. 둘째, 하나의 행위를 구성하는 여러 가지 개별적인 동작들을 표현한다. 추상개념의 복수는 영어에서 -hood, -ness, -ship의 형태로 표현된다. 이러한 추상 개념의 복수형에 속하는 명사는 상당히 많다.

예) 첫째 부류: בְּתוּלִים(처녀성; maidenhood), בְּשָׂרִים(육욕적임; fleshliness; 잠 14:30 에만 나타남), כְּלוּלוֹת(결혼; bridal state), סַנְוֵרִים(눈멂; blindness), בְּחוּרוֹת or בְּחוּרִים(청년; youth), זְקֻנִים(노년, old age), חַיִּים(생명; life-생물의 특성), אֱמוּנִים(성실함; faithfulness), דֵּעוֹת(완전한 지식; thorough knowledge), בְּרָכוֹת(풍성한 축복; abundant blessing), הַוּוֹת(사악함; wickedness), חֵמוֹת(맹렬한 진노; fierce wrath), חֲרָפוֹת(경멸; contempt), מֵישָׁרִים(옳바름; uprightness) 등등

둘째 부류: חֲנֻטִים(향료로 방부처리하기; embalming), כִּפֻּרִים(속죄; atonement), פִּתֻּחִים(인을 새김; engraving), שִׁלֻּחִים(내보냄; dismissal), אֲהָבִים(우상숭배; fornication), נַאֲפִים(간음; adultery), זְנוּנִים(매춘; whoredom), תַּחֲנוּנִים(간청; supplication), פְּלָאִים(놀람; wonder), נִחֻמִים(위로, 위안; consolation), עֹלֵלוֹת(이삭줍기; gleaning), שִׁלֻּמִים(보응, 보상; retribution) 등등

⑥ 존엄의 복수(majestic plural)

어떤 명사는 단수형을 사용하지 않고 그 의미는 단수이지만 수•양•권위 등이 크고 높거나 두려운 대상이나 사람을 나타낼 때에 복수형을 사용한다. 이와 같이 '권위'나 '위엄'을 나타내기 위하여 특별히 사용하는 복수형을 '존엄(존칭)의 복수형'이라 하며, 이것이 주어일 때는 단수형 동사를 취한다. 또한 이를 '탁월의 복수'(excellent plural)라고도 한다.

대표적인 예들이 אֱלֹהִים(하나님), אֲדֹנִים(주님; 단수형인 אָדוֹן과 마찬가지로 lord), קְדֹשִׁים(지극히 거룩하신 분; the Most Holy), עֶלְיוֹנִין(지극히 높으신 분; the Most High), בַּעַל(주인, 주; 남편이라는 뜻이 아닌 경우, 접미사와 함께 사용될 때 즉, בְּעָלָיו'그의 주인', בְּעָלֶיהָ '그녀의 주인' 은 존엄의 복수로 사용됨), תְּרָפִים(드라빔; 가정 수호신; 삼상 19:13, 16에서 단수 취급되며, '탁월의 복수로 사용됨).

예) 창 1:1. 직역: 태초에 하나님이 그 하늘과 그 땅을 창조하셨다.

בְּרֵאשִׁית בָּרָא אֱלֹהִים אֵת הַשָּׁמַיִם וְאֵת הָאָרֶץ

| הָאָרֶץ | וְאֵת | הַשָּׁמַיִם | אֵת | אֱלֹהִים | בָּרָא | בְּרֵאשִׁית |
|---|---|---|---|---|---|---|
| D.NFS | C.O | D.NMP | O | NMP | VQAMZS | P.NFSG |
| 지를 | | 천 | | 하나님이 | 창조하시니라 | 태초에 |

**해설** 문장의 주어인 אֱלֹהִים(하나님)은 '존엄의 복수'로서 단수의 의미를 가지므로 단수 동사(בָּרָא)가 왔다. שָׁמַיִם(하늘)은 문법적 형태는 쌍수이나 실제로는 '항구적 복수 or 확장의 복수'로 취급한다.

특히 문법적으로 복수 이름인 אֱלֹהִים(하나님; The God))은 이스라엘의 하나님을 언급할 때에는 '존엄(존칭)'의 의미로 사용되었다. 이 존칭의 복수는 이방신들을 지칭하는 데에도 사용되었는데, 이 형태가 수치상으로 복수로 사용되면 '이방신들'(gods)을 뜻한다. 경우에 따라서 하늘의 천사와 같은 존재들에 대해서도 사용되었다.

예) 창 35:2. 직역: 너희는 너희 가운데 있는 그 이방의 신들을 제거하라 그리고 너희는 너희 자신들을 위해서 깨끗하게 하라 그리고 너희는 너희의 겉옷들을 변경하라.

הָסִרוּ אֶת־אֱלֹהֵי הַנֵּכָר אֲשֶׁר בְּתֹכְכֶם וְהִטַּהֲרוּ וְהַחֲלִיפוּ שִׂמְלֹתֵיכֶם

| שִׂמְלֹתֵיכֶם | וְהַחֲלִיפוּ | וְהִטַּהֲרוּ | בְּתֹכְכֶם | אֲשֶׁר | הַנֵּכָר | אֱלֹהֵי | אֶת־ | הָסִרוּ |
|---|---|---|---|---|---|---|---|---|
| NFP.MYP | C.VHMMYP | C.VTMMYP | P.NMS.MYP | R | D.NMS | NMPG | O | VHMMYP |
| 의복을 | 바꾸라 | 자신을-정결케하고 | 너희 중의 | | 이방 | 신상을 | | 버리고 |

**해설** 위 문장의 첫 번째 동사 סוּר(옆으로 빗나가다, 벗어나다, 방향을 바꾸어 들어가다)는 히필형(사역 능동형)에서는 '제거하다'의 뜻을 가지며, 네 번째 동사 חָלַף(뚫고 지나가다, 꿰뚫다, 통과하다)는 히트파엘(강의 재귀형)에서는 '변경하다, 바꾸다'의 뜻을 가진다. '이방 신상'의 אֱלֹהֵי는 אֱלֹהִים의 연계형으로 일반적인 신을 의미하는 복수형 '신들'(gods)을 나타낸다. 관계대명사 אֲשֶׁר는 선행사 אֱלֹהֵי הַנֵּכָר(이방의 신들)를 수식하는 형용사절을 이끌고 있다.

> ✏ 하나님의 성호로서 אֲדוֹנִי 대신에 אֲדוֹנָי(my Lord)가 사용된다. 본래 אָדוֹן에 1인칭 접미대명사(my; ִי)가 붙은 형태는 언제나 אֲדוֹנִי이다. 그러나 존엄의 복수형인 אֲדֹנִים에 1인칭 단수 접미대명사가 붙으면 통상적으로 אֲדֹנַי(my lords)이다. 하지만 오직 하나님의 성호로서 '나의 주님'(my Lord)은 אֲדוֹנָי로만 표현한다. 이는 창 19:2의 אֲדֹנַי(my lords)와 구별하기 위해 언제나 카메츠를 취한다. 마소라 학자들은 יהוה(여호와; tetragrammaton)의 '항구적 크레'(Qere perpetuum)로서 אֲדוֹנָי를 사용한다.

### ⑦ 확장의 복수(extensive plural)

외면적으로 여러 개의 부분들이 결합되어 이루어진 하나의 대상을 가리키는 복수형이다. 이 복수형은 일반적으로 공간적인 장소를 가리키지만, 특히 무수한 개별 부분들이나 점들이 모여서 전체 표면(surface)을 구성한다는 개념이 뚜렷이 드러나기 때문에 '표면의 복수'(the surface-plural)라고도 한다.

예) שָׁמַיִם(하늘, 공중), מַיִם(물), יַמִּים(바다, 운문에서 יָם 대신에 쓰임), פָּנִים(얼굴; 겔 1:6에서는 복수형 '얼굴들'로 사용됨), אֲחוֹרִים(뒷부분), צַוָּארִים(목), מַרְגְּלוֹת(발등상), מְרַאֲשׁוֹת(침대머리; 머리를 두는 부분), בִּמְצִלּוֹת(심연), בְּמַחֲשַׁכִּים(어두움), תַּחְתִּיּוֹת(깊음) 등등

### ⑧ 결과물의 복수(plural of the result)

물질 및 이와 비슷한 것은 항상 단수 명사로 표현된다. 그러나 가공이나 작업을 통해서 이루어진 결과물 복수 명사들은 '결과의 복수'라 한다. 또는 '구성의 복수'(plural of composition)라고도 한다.

예) חִטָּה(가지에 붙어 있는 밀; 단수) ⇨ חִטִּים(추수된 밀의 알곡들; 복수); בַּד(아마, linen; 단수) ⇨ בַּדִּים(아마로 만든 의복, linen garments; 복수); כֶּסֶף(은; 단수) ⇨ כְּסָפִים(은 조각들, 은전; 복수); עָפָר(흙, 티끌; 단수) ⇨ עַפְרוֹת(흙덩이; 복수); עֵץ(나무; 단수) ⇨ עֵצִים(나무 조각들; 복수); בְּדִיל(납; 단수) ⇨ בְּדִילִים(납의 찌끼); לָיְלָה(밤; 단수) ⇨ לֵילוֹת(밤의 일부 또는 밤 시간; 복수); דָּם(피; 생명체의 몸속에 흐르는 피, 월경피, 희생제사의 피, 상처에서 분출하는 피는 단수) ⇨ דָּמִים(흘려진 피, 해산이나 할례시 흐르는 피, 피흘리는 행위 등은 복수).

### ⑨ 복합어의 복수

명사와 그 뒤에 연결되는 속격 명사의 결합으로 생긴 복합 개념(연계 상태)은 복수형으로 표현할 수 있다. 즉 연계 상태에 있는 복합어의 경우, 앞·뒷 명사중 하나 드는 들 다에 복수형을 취하므로 복수 개념을 표현할 수 있다. 이것은 다음의 3가지 형태로 표현된다.

> *** 명사의 연계 상태(The Construct State)의 복합어 형태 ***
>
> **'지배받는 명사'**(nomen rectum; ~ 의) + **'지배하는 명사'**(nomen regens; 는, 이, 가)
>
> 예) דְּבַר אֱלֹהִים(하나님의 말씀)라는 구(phrase)에서 명사구의 구조상으로 דְּבַר는 '지배하는 명사'(주격 명사; 말씀), אֱלֹהִים는 '지배받는 명사'(소유격 명사; 하나님의).

a. '지배하는 명사'의 복수형

예) גִּבּוֹרֵי חַיִל(능력의 '용사들'; 대상 7:2, 9)
⇨ גִּבּוֹרֵי는 גִּבּוֹר(용사)의 연계형 복수명사.

בְּנֵי יְמִינִי(오른손의 '아들들' or 남쪽의 '아들들' 즉 '베냐민 사람들'; 삼상 22:7)
⇨ בְּנֵי는 בֵּן(아들)의 연계형 복수명사.

כָּתְנוֹת עוֹר(가죽의 '겉옷들'; 창 3:21)
⇨ כָּתְנוֹת는 כְּתֹנֶת(무릎까지 내려오는 긴옷)의 연계형 복수명사.

b. '지배받는 명사'의 복수형

예) בֵּית־אֲבֹתָם('아버지들의' 집 즉 '족속들'; 출 6:17, 민 1:2, 4)
⇨ אֲבֹתָם는 אָב(아버지, 조상)의 복수명사.

בֵּית בָּמוֹת('높은 곳의' 집 즉 '산당들'; 왕상 12:31)
⇨ בָּמוֹת는 בָּמָה(높은 곳, 산당)의 복수 명사.

בֵּית עֲצַבֵּיהֶם(그들의 '우상들의' 집 즉 우상 신전; 삼상 31:9, 겔 46:24)
⇨ עֲצַבֵּיהֶם는 עָצָב(우상의 형상)의 복수명사(עֲצַבִּים 우상들)에 3인칭 복수접미사 (הֶם)가 접속됨.

c. '지배하는 명사'와 '지배받는 명사' 모두의 복수형

예) בָּתֵּי כְלָאִים('감금'의 '집들' 즉 감옥; 사 42:22)
⇨ בָּתֵּי는 בַּיִת(집)의 연계형 복수명사, כְלָאִים는 כֶּלֶא(투옥, 가둠)의 복수명사로서 행위를 나타내는 '추상의 복수'이다.

גִּבּוֹרֵי חֲיָלִים('능력'의 '용사들'; 대상 7:5)
⇨ גִּבּוֹרֵי는 גִּבּוֹר(용사)의 연계형 복수명사, חֲיָלִים는 חַיִל(힘, 능력)의 복수명사.

שָׂרֵי הַחֲיָלִים('능력'의 '수령들' 즉 군대의 지휘관들; 왕상 15:20)
⇨ שָׂרֵי는 שַׂר(수령, 두목)의 연계형 복수명사, הַחֲיָלִים는 חַיִל(힘, 능력)의 복수명사.

### 3) 쌍수(Dual)

둘 또는 짝을 이루는 한 쌍을 나타낸다. 히브리어에서 쌍수는 대부분이 쌍(짝)으로 존재하는 사물을 지칭하기 위해서만 사용되었다. 형용사, 대명사, 동사는 쌍수 형태가 없고 명사와 수사에만 나타난다. 따라서 쌍수명사를 수식하거나 서술할 때는 복수형으로 일치한다.

| * 일반적으로 남성명사 쌍수형은 ◌ַיִם 어미를 가지고 있으며, 여성명사 쌍수형은 ◌ָתַיִם 로 끝나는 어미를 취한다. 다시 말해, 명사 쌍수의 어미는 ◌ַיִם 이다. 하지만 여성 쌍수 어미가 ◌ָתַיִם인 것은 여성 단수 어미 ◌ָה를 가진 명사들에서 여성 어미 ת가 쌍수어미 ◌ַיִם앞에서 유지되기 때문이다. |
|---|

**① 쌍으로 이루어진 사물들은 복수대신 쌍수가 사용된다.**

눈, 귀, 손, 발, 뺨, 팔, 팔, 입술, 이 , 뿔, 날개, 신발, 허리, 무릎, 에브라임, 애굽 등.

예) יָדַיִם(손들; 남성), עֵינַיִם(눈들; 남성), כְּנָפַיִם(날개들: 남성), רַגְלַיִם(발들; 남성), שְׂפָתַיִם(입술들; 여성), אָזְנַיִם(귀들; 여성), הַחֹמֹתַיִם(벽들; 여성), נְחֻשְׁתַּיִם(족쇄; 단수명사는여성어미를 가진 남성 명사 נְחֹשֶׁת '놋쇠' 이다), קַרְנַיִם(뿔들; 여성), ֹתַיִם
לוּח(널빤지들; 남성), דְּלָתַיִם(이중 문; 여성), דְּרָכַיִם(중복 길: 남성) 등등; 그 밖에 관용구처럼 쓰이는 몇몇 단어에서, יוֹמַיִם(이틀), שְׁנָתַיִם(두 해).

** 자연적으로 짝을 이루어 존재하는 대상들이 모두 쌍수 형태를 취하는 것은 아니다. 예외적인 것들이 있다. 즉 זְרוֹעוֹת(팔들: 여성; 단수형은 זְרוֹעַ)과 כְּלָיוֹת(콩팥들; 여성; 단수형은 כִּלְיָה)은 쌍수형이 아닌 복수형이 사용된다.

## ② 문법적 형태는 쌍수형이나 실제로 복수형인 명사

예) שָׁמַיִם(하늘, 공중), מַיִם(물) ⇨ 이 명사들은 형태상으로 쌍수이나 실제로는 사용되지 않는 단수 형태들( שָׁמַי 와 מַי )에서 나온 비정상적인 복수들이다. 이 두 단어에서 원래 복수 어미인 ִים◌( -îm)은 강세의 영향을 받아서 ִם◌( -im)으로 축약되었다.

## ③ 수사(numeral)의 쌍수

예) שְׁנַיִם(2), מָאתַיִם(200; מְאָתַיִם]이 축약된 것임), אַלְפַּיִם(2000), רִבֹּתַיִם(20000) 등. 예외적으로 20(עֶשְׂרִים)은 10(עָשָׂר)의 남성복수형이다.

## ④ 관용구처럼 쓰이는 쌍수

예) יוֹמַיִם(두 날들; 이틀), שְׁנָתַיִם(두 해들; 두 해), שְׁבֻעַיִם(두 주), פַּעֲמַיִם(두 번), כְּמָתַיִם(두 규빗), כִּכָּרַיִם(두 키카르 or 두 달란트) 등

## ⑤ 복수형으로 사용되는 쌍수

쌍수 명사들이 비유적으로 사용될 때 복수로 나타난다. 특히 두 개 혹은 그 이상의 것들로 존재하는 사물을 가리킬 때에 나타난다. 이것들은 대부분 여성 복수 형태(וֹת)를 가진다.

예) עֲיָנוֹת(샘들; 원천들), כַּפּוֹת(손•발 바닥들; 한 줌 가득), כְּנָפוֹת(끝부분들; 모퉁이들), קְרָנוֹת(제단의 뿔들; 힘, 권능), יָדוֹת(솔로몬의 보좌에서 팔걸이; 왕상 10:19), רַגְלַיִם(발들; 번, 횟수) 등

**⑥ 동사나 형용사(or 분사)가 쌍수 명사와 함께 사용될 때 복수 형태를 취한다.**

예) 잠 6:17. 직역: 눈들이 거짓의 혀를 높인다. 그리고 손들이 깨끗한 피를 쏟아 붓는다.
or 거짓의 혀를 높이는 눈들과 깨끗한 피를 쏟아 붓는 손들

| נָקִי | דָּם־ | שֹׁפְכוֹת | וְיָדַיִם | שָׁקֶר | לְשׁוֹן | רָמוֹת | עֵינַיִם |
|---|---|---|---|---|---|---|---|
| AMS | NMS | VQPAFP | C.NFD | NMS | NFSG | VQPAFP | NFD |
| 무죄한자의 | 피를 | 흘리는 | 손과 | 거짓된 | 혀와 | 곧 교만한 | 눈과 |

**해설**

이 문장은 분사들이(רָמוֹת, שֹׁפְכוֹת) 술어 역할을 하는 명사문장을 이루고 있다. 두 분사의 주어가 각각 쌍수의 눈들(עֵינַיִם)과 손(יָדַיִם)이다. 따라서 주어가 각각 '여성 쌍수'이므로 술어 기능을 하는 분사들이 '여성 복수형'을 취하고 있다. 그리고 술어인 분사들이 각각 목적어(דָּם־ נָקִי שָׁקֶר וְיָדַיִם)를 가지고 있으므로 분사들이 동사적 기능까지도 겸하고 있다.

## 4) 명사의 반복

복수형과 유사한 어떤 개념은 단수 명사의 '반복'(duplication)으로 표현된다. 단수나 복수형 명사의 '반복'(duplication) 사용은 어떤 늬앙스를 표현하기 위한 과정으로 볼 수 있다.

**① 배분적 반복**

반복의 표현이 '각각'(each), ' ~마다'(every), '모든'(all), '차례로'(one after another) 등의 의미를 나타낸다.

* יוֹם יוֹם(매일, 날마다), שָׁנָה שָׁנָה(해마다), אִישׁ אִישׁ(각각, 모두), בַּבֹּקֶר בַּבֹּקֶר(매일아침) 등등; * 접속사 ו 와 함께, אִישׁ וְאִישׁ(모두), יוֹם וָיוֹם(매일), דּוֹר וָדוֹר(대대로), לְשַׁעַר וָשָׁעַר(각 문에); * 후대성서·쿰란·미쉬나 히브리어에서는 כֹּל과 ו를 추가한다. 여기에 대한 완전한 목록은 BDB, כֹּל항목을 찾아보라.
참고로, כָּל־הַיָּמִים(항상, 늘); לַיָּמִים(해마다); יָמִים(해의 '시간' 단위를 나타냄).

예) 에 2:11. 직역: 그리고 날마다 모르드개는 여자들의 집의 뜰의 정면쪽으로 걸어다녔다.

| הַנָּשִׁים | בֵּית־ | חֲצַר | לִפְנֵי | מִתְהַלֵּךְ | מָרְדֳּכַי | וָיוֹם | יוֹם | וּבְכָל־ |
|---|---|---|---|---|---|---|---|---|
| D.NFP | NMSG | NMSG | P.NMPG | VTPA | NE | C.NMS | NMS | C.P.NMSG |
| 후 | 궁 | 뜰 | 앞으로 | 왕래하며 | 모르드개 | | 날마다 | |

**해설** 본문은 영어로 2형식의 명사문이다. 즉「시간부사구(וּבְכָל־יוֹם וָיוֹם) + 주어(מָרְדֳּכַי) + 술어분사(מִתְהַלֵּךְ) + 장소부사구(לִפְנֵי חֲצַר בֵּית־הַנָּשִׁים)」의 구조로 되어 있다. 본문의 '시간 부사구'(וּבְכָל־יוֹם וָיוֹם)는 יוֹם יוֹם(매일, 날마다)구에다 כֹּל과 ו를 추가한 경우이므로 후대의 '배분적 반복'표현 형태를 보이고 있다. 그리고 장소부사구(לִפְנֵי חֲצַר בֵּית־הַנָּשִׁים)는 '연속적인 연계형'구조로 되어 있는데, 첫 번째 연계형은 주격이 되며, 나머지 모두 속격으로 사용된다.

### ② 강조적 반복

'최대의 양' 또는 '최고의 품질'을 나타낼 때 단수•복수 명사의 반복적인 표현을 사용한다.

* זָהָב זָהָב (최고의 품질의 금 즉 '순금'), שָׁלוֹם שָׁלוֹם (완전한 평화), גֵּבִים גֵּבִים (최대한 많은 도랑), מְעַט מְעַט (아주 적은, 아주 서서히), קָדוֹשׁ קָדוֹשׁ קָדוֹשׁ (최고의 거룩함) 등등

예) 왕하 3:16. 직역: 그리고 그가 이와 같이 말씀하셨다. 즉 여호와께서 이 와디(wadi)에 최대한 많은 도랑을 많이 만들도록 말씀하셨다.

| גֵּבִים | גֵּבִים | הַזֶּה | הַנַּחַל | עָשֹׂה | יְהוָה | אָמַר | כֹּה | וַיֹּאמֶר |
|---|---|---|---|---|---|---|---|---|
| NMP | NMP | D.ADMS | D.NMS | VQNA | NE | VQAMZS | AB | CW.VQIMZS |
| 개천을 | 많이 | 이 | 골짜기에 | 파라 | 여호와 | 말씀하셨 | | 저가 가로되 |

**해설** 본문은 '와우 미완료 계속법'(Waw Imperfect Consecutive)으로 구성되어 있다. 복수형 명사의 '반복'을 나타내는 명사구(גֵּבִים גֵּבִים)는 도랑의 '최대의 양'을 표현하는 '강조적 반복'을 나타낸다. 부정사 절대형(עָשֹׂה)은 주동사(עָשֹׂה)의 '목적'( ~ 하도록)을 나타내며, 이 부정사 절대형의 목적어인 '대격'(הַנַּחַל הַזֶּה)은 '장소의 대격'(그 와디에)을 의미한다. 즉 '이 wadi에'이다. 그리고 'wadi'(급류 계곡)로 번역되는 'נַחַל'는 우기에 세찬 급류로 흐르다가 건기에는 마른 강바닥이나 계곡이 되는 시내를 가리킨다. 즉 빠르게 흐르는 강물이나 급류 또는 마른 강바닥, 계곡을 가리킨다.

### ③ 다양성의 반복

명사의 반복이 '다양한 종류'를 표현하고자 할 때 사용되기도 한다.

예) 잠 20:10. 직역: 다른 추돌 다른 에바, 여호와의 가증스러운 것 역시 그것들 둘이다.

אֶבֶן וָאֶבֶן אֵיפָה וְאֵיפָה תּוֹעֲבַת יְהוָה גַּם־ שְׁנֵיהֶם

| שְׁנֵיהֶם | גַּם־ | יְהוָה | תּוֹעֲבַת | וְאֵיפָה | אֵיפָה | וָאֶבֶן | אֶבֶן |
|---|---|---|---|---|---|---|---|
| NMD.MZP | AB | NE | NFSG | C.NFS | NFS | C.NFS | NFS |
| 다 | | 여호와 | 미워하시 | 한결같지 | 않은 말 | 한결같지 | 않은 추와 |

**해설** 본문은 동사가 없는 명사문이다. '반복'을 나타내는 2개의 명사구(אֶבֶן וָאֶבֶן / אֵיפָה וְאֵיפָה)는 다양성을 나타내는 표현이다. 즉 에벤(אֶבֶן; 돌)은 다양한 형태의 돌을 가리키나 본문에서는 무게를 측정하는 '추돌'을 가리키며, 에바(אֵיפָה)는 '곡식을 측정할 때 사용되는 단위이다. 저자가 이러한 측정 단위를 2번 반복해서 사용하는 것은 바로 악한 장사꾼이 곡식을 파거나 살 때에 정상적인 것과 다른 추돌과 에바를 사용하는 것을 지적한 것이다. 그가 곡식을 사들일 때는 부피가 큰 추돌과 에바를, 팔 때는 부피가 적은 추돌과 에바를 사용하는 것을 말한다.

> *** 에바(אֵיפָה) ***
>
> 에바(אֵיפָה) = 부셸의 3/8 ~ 2/3 정도. 에바는 곡식측량의 단위 및 액체의 단위.
> 1호멜(חֹמֶר; 나귀에 실은'한 짐'에 해당) = 10에바〈참고로, 호멜과 나귀(חֲמוֹר)는 동일어간(חָמַר)에서 유래.
>
> 1에바 = 10오멜(עֹמֶר) = 3스아(סְאָה; 가루와 곡식 도량 단위)
> 1바트(בַּת; 액체의 단위)의 부피 = 1에바(אֵיפָה)의 부피 = 대략 22~45리터 정도, 대부분의 학자들은 22리터로 산정하였다.

### ④ 친밀성의 반복

사람의 이름이나 다른 대용어를 반복적으로 사용함으로써 감정의 표시나 친밀한 관계를 표현한다.

예) 왕하 2:12. 직역: 그리고 엘리사가 보고 있었다 그리고 그는, 나의 아버지여, 나의 아버지여! 이스라엘의 병거와 그것의 마병이여!라고 강하게 소리치고 있었다.

| וּפָרָשָׁיו | יִשְׂרָאֵל | רֶכֶב | אָבִי | אָבִי | מְצַעֵק | וְהוּא | רֹאֶה | וֶאֱלִישָׁע |
|---|---|---|---|---|---|---|---|---|
| C.NMP.MZS | NE | NMSG | NMS.CXS | NMS.CXS | VPPA | C.NPMZS | VQPA | C.NE |
| 그 마병이여 | 이스라엘 | 병거와 | 내 아버지 | 내 아버지 | 소리지르 | | 보그 | 엘리사가 |

**해설**

본문은 2개의 명사문으로 연결되어 있는 문이다. 즉 정동사가 아닌 분사(רֹאֶה, מְצַעֵק)가 술어 역할을 하고 있다. 여기서 분사 מְצַעֵק는 피엘형(강조 능동)이므로 '강하고 크게 소리지름'을 의미한다. 그리고 '반복'적으로 이름을 부르는 표현('אָבִי אָבִי')은 '엘리사'의 '엘리야'에 대한 친밀성과 친밀한 관계를 나타내는 명사구이다.

## 4. 격(Case)

히브리어는 영어에서처럼 격을 나타내는 접미사는 없다. 그러나 모든 히브리어 명사는 격의 기능을 가진다. 히브리어의 격에는 주격, 소유격 및 대격이 있다. 원칙적으로 행동이나 상태의 주체는 주격으로 간주된다. 연계형 명사나 연계형 형용사를 수식하는 명사는 소유격이다. 직접 목적어나 부사적 수식어의 기능을 하는 '명사' 및 '한정 대격 표시 불변화사'(אֵת or אֶת־)가 앞에 오는 명사는 대격이다.

### * 히브리어의 일반적인 격(case)을 나타내는 형태 *

1. 주격(nominative; 은, 는, 이, 가): 문의 주어(술어와 성 • 수일치), 서술적 주격(보어)에 의해
2. 속격(genitive; ~의): 명사의 연계형, 명사에 접사된 인칭접미사, 전치사 לְ에 의해
3. 여격(dative; ~에게): 전치사 לְ or אֶל 에 의해, 문맥(어순)에 의해
4. 대격(accusative: ~을, 를): 문의 직접목적어, 즉 동사에 접사된 인칭접미사, 대격불변화사 אֵת, 전치사 לְ, 문맥(어순)에 의해
5. 호격(vocative; ~오! ~이여!): 관사(הַ)에 의해
6. 방위격 or 향격(locative; ~을 향하여, ~에게로): 부사적 방향접미사 ה(He locale)에 의해, 방위격은 직접 목적어의 '대격'과 연관이 있다.

* **'격'(case)**이라는 용어는 라틴어 casus(기울기; a falling)에서 파생된 말로서, 주격을 직격(直格; directive case)이라 하고, 나머지 격들을 사격(斜格; oblique case)이라 한다.

### * 고대 히브리어의 격어미의 흔적들 *

고대 히브리어에는 명사에 첨가된(paragogic) 모음들이 격을 나타내어 명사의 격을 분명히 구별지어 주었던 것으로 생각된다. 이러한 첨가된 모음들이 명사의 '격 어미'를 나타내었다. 명사에서 가장 많이 발견되는 '격 어미' 모음은 강세가 없는 ◌ָה이다. 그 다음은 ◌ִי모음이 다소 빈번하게 나타나며, 그리고 וֹ는 드물게 나타난다. 아마도 주격에 וֹ, 소유격에 ◌ִי, 목적격에 ◌ָה가 사용되었던 것으로 추정된다.

이 같은 '격 어미'들은 맛소라 본문에는 흔적만이 남아 있는데, 주격 어미 וֹ는 몇몇 고유명사의 중간에 찾아 볼 수 있고, 목적격 어미 ◌ָה는 방향을 나타내는 부사적 방향접미사에서 찾아 볼 수 있으나, 소유격 어미 ◌ִי는 찾아 볼 수 없다. ◌ִי는 아랍어와 같은 타셈어권에서 찾아볼 수 있다.

예) ① 주격 어미: פְּנוּאֵל '브니엘'(하나님의 얼굴) - פְּנוּ는 פָּנִים(얼굴)의 연계형에 '주격 어미' וּ가 접미된 것이고, אֵל는 אֱלֹהִים과 동의어이다.
② 목적격 어미: הָאַרְצָה 땅으로, הָעִירָה 도시로

## 1) 주격

주격(nominative case)은 동사의 주어나 명사 문장의 서술어로서 사용된다. 다시 말해, 주격의 명사는 일반적으로 ① 행동이나 상태의 주어 ② 술어적 주격(영어의 2형식 문장에서; 주어와 동일시) ③ 독립 주격 등으로 표현할 수 있다.

① 문(절)의 주어

예1) 행동의 주어 - 창 1:1. 직역: 하나님이 그 하늘과 그 땅을 창조하셨다.

| הָאָרֶץ | וְאֵת | הַשָּׁמַיִם | אֵת | אֱלֹהִים | בָּרָא |
|---|---|---|---|---|---|
| D.NFS | C.O | D.NMD | O | NMP | VQAMZS |
| 지를 | | 천 | | 하나님이 | 창조하시니라 |

**해설** 이 문장은 영문의 3형식문이다. 주어는 אֱלֹהִים 동사는 בָּרָא, 목적어는 אֵת הַשָּׁמַיִם וְאֵת הָאָרֶץ 들이다. אֵת는 한정대격부호로서 정관사 •הַ에 의해 한정되어 있는 목적어를 나타낼 때 사용된다. 이 문의 주어는 동사의 동작(행위)의 주체를 나타내는 '행위의 주어'이다.

예2) 상태의 주어 - 시 68:9. 직역: 하나님은 우리의 피난처입니다.

| לָנוּ | מַחֲסֶה־ | אֱלֹהִים |
|---|---|---|
| P.CXP | NMS | NMP |
| 우리의 | 피난처시로다 | 하나님은 |

**해설** 이 문장은 명사 문장으로 영문의 be 동사가 생략된 2형식 문장이다. 문의 주어는 אֱלֹהִים이며, 술어(주격보어)는 מַחֲסֶה이다. 특히 이 문의 주어는 술어에 대해 '상태의 주어'를 나타낸다. לָנוּ는 전치사구로서 부사구를 나타내며(우리의), 전치사 לְ는 속격을 나타낸다.

② 술어적 주격

술어적 주격은 영문의 2형식 문처럼 주어와 동일시되는 주격이다(A = B).

예1) 명사 문장 - 시 46:7. 직역: 야곱의 하나님은 우리의(or 에게) 산성(or 피난처)입니다.

| יַעֲקֹב | אֱלֹהֵי | לָנוּ | מִשְׂגָּב |
|---|---|---|---|
| NE | NMPG | P.CXP | NMS |
| 야곱의 | 하나님은 | 우리의 | 피난처시로다 |

**해설**

이 문장은 영문으로 2형식문으로 동사술어가 없는 명사 문장이다. 주어 אֱלֹהֵי, 술어는 מִשְׂגָּב으로서 주어와 동일한 '술어적 주격'을 나타낸다. 즉 '야곱의 하나님' = '우리의 피난처'. 전치사구 לָנוּ(우리의)에서 전치사 לְ는 속격을 나타낸다.

예2) 동사 문장 - 시 61:4. 직역: 왜냐하면 당신은 나의 피난처(요) 미워하는 자(or 대적)의 면전으로부터(앞에서) 강함(능력)의 망대입니다.

כִּי־ הָיִיתָ מַחְסֶה לִי מִגְדַּל־ עֹז מִפְּנֵי אוֹיֵב

VQPA P.NMPG NMS NMSG P.CXS NMS VQAMYS C

원수를 피하는 견고한 망대 나의 피난처 시요

**해설**

이 문은 영문에서 be 동사 역할을 하는 동사 הָיִיתָ가 내적 주어(2인칭 남성 단수)를 자체 내포하고 있다. 이 문은 '술어적 주격'(주격보어)이 2개이다. 즉 מַחְסֶה(피난처)와 מִגְדַּל(망대)이다. 따라서 '당신'(주님) = '피난처와 망대'. 분사 אוֹיֵב는 명사적(독립적) 용법으로 '미워하고 있는 자'(칼형 분사능동) 즉 대적(원수)를 나타낸다. 전치사구(부사)인 מִפְּנֵי אוֹיֵב는 '대적의 면전(얼굴)으로부터'로 해석하며, 명사의 연계관계를 나타내는 מִגְדַּל־עֹז는 '강함(힘, 능력)의 망대'로 해석한다.

> * 문장에서 주어와 술어적 주격을 구분하는 것은 다소 어렵다. 일반적으로 주어는 독립 인칭대명사, 고유명사, 정관사가 있는 명사, 대명사 접미사 있는 명사 등이 문맥에서 선호된다.

### ③ 독립주격

이 용법은 문장 속에서 다른 요소들과 아무런 문법적인 관련이 없는 주격 구조이다. 즉 문장 속에서 문법적인 주어가 아닌 논리적인 주격을 말한다. 이것은 완전한 문장과 문법적인 관계를 갖지 않으며 주로 문장의 초두에 나오는 단어와 구를 말한다. 이를 '독립주격'(independ-ant nominative)이라 부르기도 한다. 이 절대주격은 문장의 중심이나 주제를 언급하여 문장을 명료하게 하는데 사용된다.

예) 창 17:15. 직역: (그리고 하나님이 아브라함에게), "너의 아내 사래에 관하여, 너는 그녀의 이름을 사래로 부르지 말고, 그녀의 이름을 사라로 불러라" (말씀하셨다)

| שְׁמָהּ | שָׂרָה | כִּי | שָׂרָי | שְׁמָהּ | אֶת־ | תִקְרָא | לֹא־ | אִשְׁתְּךָ | שָׂרַי |
|---|---|---|---|---|---|---|---|---|---|
| NMS.FZS | NE | C | NE | NMS.FZS | O | VQIMYS | ABN | NFS.MYS | NE |
| 그 이름을 | 사라 |  | 사래 | 이름을 |  | 라 하지 | 말고 | 네 아내 | 사래 |

**해설** 이 문장은 직접화법의 인용문(피전달부)에 해당되는 문이다. 피전달부에서 אִשְׁתְּךָ שָׂרַי는 독립주격으로 문두에 위치했고, 피전달부의 문법적인 주어(주격)는 주동사(תִקְרָא)에 내포되어 있는 '내적주어'인 '2인칭 남성 단수'(너는; 아브라함)이다. '사래'와 '너의 아내'는 동격이다. 헬라어에서 '독립주격'은 '절대주격'이라 하며, '관계의 주격'(~에 관하여)라고도 한다. 접속사 כִּי는 부정어(לֹא)뒤에서 반의접속사(adversative)로 사용되어 'but'의 의미를 나타낸다. כִּי가 반의접속사로 사용될 때는 אִם과 함께 결합되어 나타나는 경우가 보다 일반적이다.

## 2) 호격

문장에서, 사람이나 물건을 부를 때 사용되는 격을 '호격'(vocative case)이라 한다. 히브리어에서는 정관사에 의해서 호격이 표현된다. 그러나 호격으로 사용된 고유명사는 관사를 사용하지 않는다.

예) 삼하 14:4. 직역: 그녀(드고아 여인)가 그녀의 코(or 얼굴)를 땅을 향해 떨어뜨렸다. 그리고 스스로 엎드렸다. 그리고 그녀가 "왕이여! 속히 구원하소서."라고 말했다.

| הַמֶּלֶךְ | הוֹשִׁעָה | וַתֹּאמֶר | וַתִּשְׁתָּחוּ | אַרְצָה | אַפֶּיהָ | עַל־ | וַתִּפֹּל |
|---|---|---|---|---|---|---|---|
| D.NMS | VHMMYS | CW.VQIFZS | CW.VTIFZS | NFS.H | NMP.FZS | P | CW.VQIMZS |
| 왕이여 | 도우소서 | 가로되 | 엎드려 | 땅에 | 얼굴 | 을 | 대고 |

**해설** 이 문장은 바브(• וְ) 접속사로 연결되어 3개의 '와우 미완료 계속법'(해석은 '과거형'으로 번역함)으로 이루어진 문이다. אַרְצָה는 방향을 나타내는 부사적 방향접미사 ה(locale he)가 접미되어 '땅을 향하여'로 번역된다. 마지막 3번째 '와우 미완료 계속법'에서 הַמֶּלֶךְ는 호격(왕이여!)을 나타내며, הוֹשִׁעָה는 יָשַׁע(구원하다)동사의 히필형(Hiphil; 사역능동) '2인칭 명령법'에 '연장형 어미'(Paragogic He; ה)가 첨가되어 '강세 명령'을 나타낸다. 즉 '빨리(속히) 구원하소서.'

### 3) 속격

히브리어에서 속격(or 소유격; genitive case)은 '지배 명사'(Nomen regens)와 '피지배 명사'(Nomen rectum)의 상호 결합(연계 상태)에 의해서 표현된다. 이러한 결합 현상으로 뒤에 위치하는 **피지배 명사가 속격 명사가 되며** 강세를 가지나 형태상 아무런 변화가 없고, '피지배 명사'와 연계되는 '지배 명사'는 결합으로 인해 강세를 잃게 되어 약화되므로 모음이 단축된다. 따라서 히브리어에서는 '지배 명사'를 문법적으로 '연계 상태'(construct state; 연계형)에 있다고 말하며, '피지배 명사'는 '절대 상태'(absolute state; 절대형)에 있다고 한다. 또한 히브리어는 명사(절대형)에 명사, 명사 상당 어구(형용사, 분사), 인칭접미대명사, 전치사 לְ가 결합되어 '속격'을 표현하기도 한다.

*** Nomen Regens & Nomen Rectum ***

히브리어의 연계형 명사와 절대형 명사가 소유 관계를 나타내는 한 개의 구문에 대해서, 앞에 위치하는 연계형은 주격(은, 는, 이, 가)을 표시하므로 '주격명사' 또는 '지배 명사'(Nomen Regens)라고 하며, 뒤에 위치하는 절대형 명사는 속격(~의, of)을 표시하므로 '속격명사' 또는 '피지배 명사'(Nomen Rectum)라고 한다. 이러한 구문에서 주개념은 지배 명사에 있으며, 피지배 명사는 지배 명사의 의미를 보완하는 역할을 한다.

히브리어로 앞의 명사를 '니스막'(נִסְמָךְ; 지지되다, supported), 뒤의 명사를 '수멕' (סוֹמֵךְ; 지지하는, supporting)으로 부른다. 이 두 명사 사이의 구문론적인 관계는 '스미쿠트'(סְמִיכוּת)라고 한다.

예) רוּחַ אֱלֹהִים (하나님 의 영; the Sprit of the God)에서,
⇨ אֱלֹהִים은 Nomen Rectum (절대형; '하나님의, of the God'),
⇨ רוּחַ은 Nomen Regens (연계형; '영, the Sprit')

#### (1) 연계형과 절대형으로 결합된 속격

#### ① 주어적 속격(Subjective Genitive)

속격명사(수식명사)가 동작명사(피수식명사)에 의하여 암시된 동작을 나타낼 경우에, 동작명사에 포함되어 있는 동사적 개념의 '주어'로서의 기능을 한다. 이 때 속격명사를 '주어적 속

격'이라 부른다. 이 속격은 동작적 개념을 가진 동작명사의 동작(행위)의 주체(행위자)를 나타낸다. 따라서 이러한 속격은 '행위의 속격'(genitive of agency)이라 부른다. 이러한 명사구는 『동작명사(앞) + 속격명사(뒤)』로 구성된다.

예) 신 7:8. 직역: 여호와의 사랑으로부터 너희를 (선택했다; 7절로부터) 그리고 그가 그 맹세를 지킴으로부터 (선택했다; 7절로부터)

| אֶת־הַשְּׁבֻעָה | | וּמִשָּׁמְרוֹ | אֶתְכֶם | יְהוָה | מֵאַדֲבַת |
|---|---|---|---|---|---|
| D.NFS | O | C.P.VQNG.MZS | O.MYP | NE | P.NFSG |
| 맹세를 | | 또는 지키려하심을 인하여 | 너희를 | 여호와께서 | 사랑하심을 인하여 |

**해설** מֵאַהֲבַת יְהוָה는 연계상태에 있으므로 앞의 명사는 동작명사(연계형)이고, 뒤의 명사(절대형)는 동작명사의 주체(행위자)가 되는 '주어적 속격'을 나타낸다. 부정사구(מִשָּׁמְרוֹ)에서 연계형부정사(명사적 용법)에 접미된 3인칭대명사는 부정사의 의미상의 주어(그가)로 간주한다. 이 문장은 불완전문 즉 동사가 없는 문이므로 7절에서 동사의 의미를 발췌해야 한다. 즉 7절에서 여호와 하나님이 이스라엘을 선택하신 이유(כִּי)는 8절에서 여호와께서 사랑하심과 또한 그 열조와 맺은 약속을 지킴으로서 그들을 선택한 것이다.

### ② 목적어적 속격(Objective Genitive)

속격명사가 동작명사(피수식명사)에 의하여 암시된 동작(행위)을 받는 경우에 동작명사에 포함되어 있는 동사적 개념의 '목적어'(대격)로서의 기능을 가진다.

예) 옵 10. 직역: 야곱인 네 형제의 포학(폭력을 당함) 때문에 수치가 너를 덮을 것이다 그리고 너는 영원히 잘려지게 될 것이다.

| לְעוֹלָם | וְנִכְרַתָּ | בוּשָׁה | תְּכַסְּךָ | יַעֲקֹב | אָחִיךָ | מֵדֲמַס |
|---|---|---|---|---|---|---|
| P.NMS | C.VNAMYS | NFS | VPIFZS.MYS | NE | NMS.MYS | P.NMSG |
| 영원히 | 멸절되리라 | 수욕을 | 입고 | 야곱에게 | 네 형제 | 행한 포악을 인하여 |

**해설** מֵחֲמַס אָחִיךָ는 연계 상태에 있으므로 앞의 명사는 동작명사(연계형)이고, 뒤의 명사(절대형)는 동작명사에 의하여 암시된 동작(행위)을 받는 대상(목적어)의 기능을 가지는 '목적어적 속격'이다. 즉 יַעֲקֹב(야곱)과 אָחִיךָ(네 형제)는 동격을 이루드로 연계형 명사

의 동작을 야곱 네 형제(절대형)이 받는 것이다. כִּסָּה동사는 '덮다, 감추다'의 뜻을 가진 피엘형(Piel; 강의 능동)이므로 '확실히 덮다'라는 의미이다. כָּרַת동사는 '자르다, 베어내다, (특히) 언약을 맺다'의 뜻을 가진 니팔형(Niphal; 단순 수동형)이므로 '잘림을 당하다'의 의미이다. 그리고 מֵחֲמַס에 접두된 전치사 מִן은 구문상 '이유'(causal)를 나타내어 because of, because의 의미로 사용되었다.

### ③ 소유의 속격(Genitive of Possesion)

소유의 속격은 소유 또는 소유물, 다른 밀접한 관계를 나타낸다. 이 속격은 종종 부부관계나 혈연관계나 심지어 사회관계까지 표현함으로써 **'관계의 속격'**(Genitive of Relationship)이라 불리운다. 이 속격은 '~ 에 속하여 있는, ~ 의'라는 말로 번역된다.

예) 렘 7:4. 직역: 너희들은 너희들에게 "이것들이 여호와의 전이다"라고 말하는 그 거짓 말을 신뢰하지 말 것이다.

אַל־ תִּבְטְחוּ לָכֶם אֶל־ דִּבְרֵי הַשֶּׁקֶר לֵאמֹר הֵיכַל יְהוָה הֵמָּה

| NPMZP | NE | NMSG | P.VQNG | D.NMS | NMPG | P | P.MYP | VQIMYP | ABN |
|---|---|---|---|---|---|---|---|---|---|
| 이것이 | 여호와의 | 전이라 | 하는 | 거짓 | 말 | 을 | 너희는 | 믿지 | 말라 |

**해설** הֵיכַל יְהוָה는 연계상태에 있음으로 뒤의 명사(절대형)는 앞의 명사(연계형)에 대해 '소유의 속격' 즉 소유된 관계를 나타낸다. 즉 성전(הֵיכַל)은 여호와(יְהוָה)의 소유(물)이라는 의미이다. 전치사구인 אֶל־ דִּבְרֵי הַשֶּׁקֶר에서 앞의 명사(연계형)와 뒷 명사(절대형) 역시 연계 상태에 있다. 여기서 뒷 명사의 속격은 속격용법의 가장 기본적인 '서술의 속격'을 나타낸다. 즉 그 말이 허위(거짓)라는 의미이다. 그리고 동사 בָּטַח(신뢰하다, 의지하다, 믿다)는 전치사(אֶל־ or בְּ)를 가진 명사나 명사구가 관용구적으로 목적어로 사용된다. 연계형 부정사구인 לֵאמֹר는 직접화법을 유도하는데 사용된다(saying으로 번역).

### ④ 한정적 속격(Attributive Genitive)

부가어로 사용되어 명사를 직접 수식하는 속격을 말한다. 이것은 명사를 수식하는 한정적 형용사에 해당한다. 어떤 문법가들은 **'특성의 속격'(Genitive of Quality)**이라 부른다. 즉 어떤 명사의 특성 중 하나를 묘사하는 역할을 한다.

예) 레 10:17. 직역: 왜 너희는 그 거룩한 그 장소에서 속죄제(물)을 먹지 아니하느냐? 이 속죄제(물)은 지극히 거룩한 것이기 때문이다.

מַדּוּעַ לֹא־ אֲכַלְתֶּם אֶת־ הַחַטָּאת בִּמְקוֹם הַקֹּדֶשׁ כִּי קֹדֶשׁ קָדָשִׁים הִוא

APDFS NMP NMSG C D,NMS P.NMSG D.NFS O VQAMYP ABN ABT

이 거룩하거늘 지극히 거룩한 곳에서 속죄희생을 먹지 아니 어찌하여

**해설** 이 문장은 의문사(מַדּוּעַ; 왜, 어찌하여)가 있는 의문문이다. 연계상태로 되어 있는 전치사구(בִּמְקוֹם הַקֹּדֶשׁ; 그 거룩한 장소에서=성소)내에서 두 의 명사(הַקֹּדֶשׁ; 절대형)는 앞의 명사(!/qm]; 연계형)를 직접 수식하는 '한정적 속격'을 나타낸다. 즉 관사를 가지고 장소가 거룩한 장소임을 한정한다. 이와 유사한 형태로 연계상태에 있는 명사구(קָדָשִׁים קֹדֶשׁ)는 같은 낱말의 속격 복수(קָדָשִׁים)와 결합되어 있는 '최상급'(최고의 거룩)을 나타낸다. 접속사 כִּי는 '이유'(왜냐하면, 때문에)를 나타내는 종속접속사다. 따라서 כִּי이하의 절은 동사가 없는 명사문이다.

### ⑤ 서술적 속격(Genitive of Description)

속격의 가장 기본적인 의미의 용법이다. 이 속격은 단순히 다른 명사를 서술하는 역할을 한다. 이 속격은 절대형 명사가 추상명사로 표현되어 형용사적으로 사용된다. 이 속격을 '성질의 속격'(Genitive of Quality)이라 한다.

예) 잠 1:9. 직역: 이것들은 너의 머리에 있는 은혜의 화관이다 그리고 네 목에 있는 목거리이다.

לִוְיַת חֵן הֵם לְרֹאשֶׁךָ וַעֲנָקִים לְגַרְגְּרֹתֶיךָ

P.NFP.MYS C.NMP P.NMS.MYS NPMZP NMS NFSG

네 목의 금사슬 네 머리의 이는 아름다운 관

**해설** 이 문장은 주동사가 없는 명사 문장이다. 연계 상태의 명사구(לִוְיַת חֵן)에서 뒤의 명사(חֵן; 절대형)가 앞의 명사(לִוְיַת; 연계형)를 서술하는 '서술적 속격'을 나타낸다. 즉 '화관이 은혜롭다'는 의미다. 또한 절대형 명사(חֵן; 은혜)가 추상명사이며 연계형 명사(לִוְיַת)의 성질을 나타내므로 '은혜로운 화관'으로 번역할 수 있다.

### ⑥ 동격적 속격(Genitive of Appositive)

어떤 속격의 명사가 수식하는 명사를 설명하거나 확인하는 역할을 할 때 즉 동일한 것이면 그것은 '동격의 속격'이다.

예) 창 15:18. 직역: 내가 네 자손에게 이 땅을 애굽의 강으로부터 그 큰 강 곧 그 강 유브라데까지 주었다.

לְזַרְעֲךָ נָתַתִּי אֶת־הָאָרֶץ הַזֹּאת מִנְּהַר מִצְרַיִם עַד־הַנָּהָר הַגָּדֹל נְהַר פְּרָת

| NE | NMSG | D.AMS | D.NMS | P | NE | P.NMSG | D.ADFS | D.NFS | O | VQACXS | P.NMS.MYS |
|---|---|---|---|---|---|---|---|---|---|---|---|
| 유브라데 | | 그 큰 | 강 | 까지 | 애굽 | 강에서부터 | 이 | 땅을 | | 주노니 | 네 자손에게 |

**해설** 연계상태에 있는 명사구(נְהַר פְּרָת)에서 절대형 명사인 פְּרָת는 유프라테스강 자체의 명칭이며 앞의 연계형 명사인 נְהַר와는 동격이므로 절대형 명사의 속격은 '동격적 속격'을 나타낸다. 복합 전치사구인 עַד־הַנָּהָר הַגָּדֹל נְהַר פְּרָת에서 הַנָּהָר הַגָּדֹל(그 큰 강)와 נְהַר פְּרָת(그 강 유브라데)는 역시 동격을 나타낸다. 연계상태의 명사구(נְהַר פְּרָת)에서 절대형 명사인 '유브라데'는 고유명사이므로 한정된 상태이기 때문에 연계형 명사(נְהַר)는 한정을 의미하는 관사를 가진 명사로 해석해야 한다(그 강). 히브리어 고유명사 פְּרָת가 개역 성경과 영어 성경에서 '유브라데(Euphrates)'로 번역된 이유는 Lxx(70인역; 구약의 헬라어본문)에서 Εὐφρατου로 번역되었기 때문이다.

### ⑦ 목적의 속격(Genitive of Purpose)

이 속격은 선행하는 연계형 명사의 목적을 표현한다. '목적의 속격'은 아마도 그 목적이 이루어졌거나, 이루어지지 않았거나에 초점이 주어진다.

예) 시 44:23. 직역: 우리가 당신을 위하여 종일 죽임을 당하게 되었습니다 우리가 도살의 양같이 여겨졌습니다.

עָלֶיךָ הֹרַגְנוּ כָל־הַיּוֹם נֶחְשַׁבְנוּ כְּצֹאן טִבְחָה

| NFS | P.NFSG | VNACXP | D.NMS | NMSG | VUACXP | P.MYS |
|---|---|---|---|---|---|---|
| 도살할 | 양같이 | 여김을 받았나이다 | 일 | 종 | 죽임을 당하게 되며 | 주를 위하여 |

**해설** 이 문장은 등위접속사(וְ)가 없는 2개의 문(wn동사가 2개)으로 나열되어 있는 대등문이다. 연계상태에 있는 전치사구(כְּצֹאן טִבְחָה)에서 절대형 명사 טִבְחָה(도살)는 '목적의 속격'을 나타내므로 즉 '도살을 위하여'라고 해석한다. 따라서 연계형 명사 צֹאן(양)은 도살을 목적으로 준비된 양을 의미한다.

### ⑧ 결과의 속격(Genitive of Result)

이 속격은 선행하는 연계형 명사의 결과를 표현한다.

예) 사 53:5. 직역: (우리의 범죄 때문에 그가 궤뚫림을 당했다-생략) 우리의 죄악 때문에 그가 짓눌림을 당했다 우리의 평화의 징계가 그 위에 있다 그리고 그의 채찍질로 우리에게 치료함이 되었다.

הוּא ~ מְדֻכָּא מֵעֲוֺנֹתֵינוּ מוּסַר שְׁלוֹמֵנוּ עָלָיו וּבַחֲבֻרָתוֹ נִרְפָּא־לָנוּ

| P.CXP | VNPP | C.P.NFS.MZS | P.MZS | NMS.CXP | NMSG | P.NMF.CXP | VUPP | NPMZS |
|---|---|---|---|---|---|---|---|---|
| 우리가 | 나음을 | 채찍에 맞음 | | 평화를 누리고 | 징계를 | 죄악을 인함 | 상함은 | 그가 |

**해설** 이 문장은 서술어가 2개의 수동분사(호팔형-사역수동, 니팔형-단순수동)로 구성된 불완전한 문장이다. 연계상태에 있는 명사구(מוּסַר שְׁלוֹמֵנוּ)에서 절대형 명사인 שְׁלוֹמֵנוּ(우리의 평화)는 연계형 명사인 מוּסַר(징계)에 대해 '결과의 속격'을 나타낸다. 즉 우리의 평화는 예수의 징계받음의 결과로 얻어진 것이다. 전치사구(מֵעֲוֺנֹתֵינוּ)에서 접두된 전치사 מִן은 구문상 '이유'(causal)를 나타내어 because of, because의 의미로 사용되었다. 즉 '우리의 죄악 때문에'라고 번역된다.

### ⑨ 방법의 속격(Genitive of Manner)

'도구의 속격'으로 불리는 '방법의 속격'은 연계형 명사에 의해 암시된 행위를 하는 도구(장치)를 나타낸다.

예) 사 64:11. 직역: 우리의 조상들이 당신을 찬양하던 우리의 아름다움과 거룩함의 전이 불의 태움이 되었다.

בֵּית קָדְשֵׁנוּ וְתִפְאַרְתֵּנוּ אֲשֶׁר הִלְלוּךָ אֲבֹתֵינוּ הָיָה לִשְׂרֵפַת אֵשׁ

| NFS | P.NFSG | VQANZS | NMP.CXP | VPACZP.MYS | R | C.NFS.CXP | NMS.CXP | NMSG |
|---|---|---|---|---|---|---|---|---|
| 불에 | 탔으며 | | 우리 열조가 | 주를 찬송하던 | | 아름다운 | 거룩하고 | 전이 |

**해설** 이 문장은 주동사가 הָיָה이며, 관계대명사로 연결된 명사구(בֵּית קָדְשֵׁנוּ וְתִפְאַרְתֵּנוּ)가 주어인 문이다. 처음에 나오는 연계상태에 있는 2개의 절대형 명사(קָדְשֵׁנוּ וְתִפְאַרְתֵּנוּ)는 1개의 연계형 명사(בֵּית)에 대해 '서술적 속격'을 나타낸다. 즉 '여호와의 전이 아름답고 거룩하다'는 의미이다. 두 번째 나오는 연계상태에 있는 절대형 명사(אֵשׁ; 불)는 연계형 명사(שְׂרֵפַת; 불태움, 연소)에 대해 '방법의 속격'을 나타낸다. 즉 불이라는 방법으로 태워짐(연소)을 의미한다. הָיָה동사가 '~되다'를 의미할 때 동사 뒤에 따르는 전치사(לְ)는 '산물의 לְ'이다. 즉 불에 타게 되었다. 참고로, '산물의 לְ'의 목적어는 다른 행위의 결과인 상태나 상황일 수 있다. 즉 아름답고 거룩한 여호와의 집(전)이 불에 다 타버린 상태가 되었다는 의미이다.

### ⑩ 물질의 속격(Genitive of Material)

속격명사(수식명사)가 수식받는 명사의 물질(재료)임을 나타낸다. 즉 속격이 수식받는 명사를 구성하는 물질(재료)임을 나타낸다.

예) 출 20:24. 직역: 너는 나를 위해 흙의 제단(토단)을 만들 것이다. 그리고 너는 그 위에 너의 번제와 너의 화목제를 드릴 것이다.

מִזְבַּח אֲדָמָה תַּעֲשֶׂה־לִּי וְזָבַחְתָּ עָלָיו אֶת־עֹלֹתֶיךָ וְאֶת־שְׁלָמֶיךָ

| NMP.MYS | C.O | NFP.MYS | O | P.MZS | C.VQAMYS | P.CXS | VQIMYS | NFS | NMSG |
|---|---|---|---|---|---|---|---|---|---|
| 화목제를 | | 너의 번제와 | | 그 위에 | 드리라 | 내게 | 쌓고 | 토 | 단을 |

**해설** 이 문장은 전형적인 등위접속사(וְ)로 연결된 대등절(중문)이다. 연계상태에 있는 명사구(מִזְבַּח אֲדָמָה; 흙의 제단)에서 절대형 명사인 אֲדָמָה(땅, 흙)는 연계형 명사인 מִזְבַּח(제단)의 재료를 나타내는 '물질의 속격'이다. 즉 제단의 재료가 쉽게 쌓고 쉽게 허물어질 수 있는 흙으로 된 것을 의미한다. 그리고 이 명사구(מִזְבַּח אֲדָמָה)는 목적어로 문두에 도치되었음으로 강조를 나타낸다. 2번째 동사인 וְזָבַחְתָּ는 완료형 와우 계속법(waw perfect consecutive)를 나타낸다. 이유는 마소라 본문에서 동사의 종음절인 인칭접미사에 mûnaḥ 액센트가 있기 때문이다. 따라서 이 동사의 시상은 앞의 동사의 시상인 '미완료'와 동일하다. 참고로, '완료형 와우 계사법'(Waw perfect Copulative)은 액센트가

종음절(altima)인 인칭접미사에 있지 않고 전종음절(penult)에 있으며, 시상은 '단순과거'로 해석한다.

### ⑪ 측정의 속격(Genitive of Measure)

이 속격은 연계형 명사가 숫자나 측량의 단위일 때 나타나며, 이 때 속격은 연계형 명사에 측정되거나 계수되어진 것을 표현한다.

예) 레 14:12. 직역: 그 제사장이 그 기름 한 록을 취하고 여호와 앞에서 그것을 요제로 흔들게 할 것이다.

| יְהוָה | לִפְנֵי | תְּנוּפָה | אֹתָם | וְהֵנִיף | הַשָּׁמֶן | לֹג | אֶת־ ~ | הַכֹּהֵן | לָקַח |
|---|---|---|---|---|---|---|---|---|---|
| NE | P.NMPG | NFS | O.MZP | C.VHAMZS | D.NMS | NMSG | O | D.NMS | VQAMZS |
| 여호와 | 앞에 | 요제를 삼고 | | 흔들어 | 기름 | 한 록과 | | 제사장이 | 취하여 |

**해설** 이 문장은 2개의 동사(칼형-단순능동, 히필형-사역능동)이 등위접속사(וְ)로 연결되어 있는 등위절이다. 연계상태에 있는 명사구(לֹג הַשָּׁמֶן; 기름 한 록)에서 앞에 위치한 연계형 명사(לֹג)는 절대형 명사(הַשָּׁמֶן)의 측량 계수를 나타내므르 절대형 명사는 '측정의 속격'을 의미한다. 참고로, 한 록(לֹג)은 액체 약 1.5리터의 양을 나타내는 단위이다.

### ⑫ 전체의 속격(Genitive of Whole)

이 속격은 '부분의 속격'(Partitive Genitive)이라 하는데, 전체의 일부분을 말함에 있어서 그 전체나, 그 전체의 부분을 나타낸다.

예1) 창 8:9. 직역: 그 비둘기가 그 발의 바닥을 위한 휴식처를 발견하지 못하였다. 그리고 그것이 그를 향해 그 방주로 돌아왔다.

| הַתֵּבָה | אֶל־ | אֵלָיו | וַתָּשָׁב | רַגְלָהּ | לְכַף־ | מָנוֹחַ | הַיּוֹנָה | מָצְאָה | וְלֹא־ |
|---|---|---|---|---|---|---|---|---|---|
| D.NFS | P | P.MZS | CW.VQIFZS | NFS.FZS | P.NFSG | NMS | D.NFS | VQAFZS | C.ABN |
| 방주 | 로 | 오는지라 | 돌아와 | 발 | 붙일 | 곳을 | 비둘기가 | 찾지 | 못하고 |

**해설** 이 문장은 '미완료 와우 계속법'(Waw Imperpect Cosecutive)으로 연결되어 있는 문이다. 주동사가 과거형(מָצְאָה) 동사이며, 연속 동사는 '미완료'(תָּשָׁב)이다. 동사의 시상

은 '완료형'으로 번역해야 한다. 연계상태에 있는 명사구(לְכַף־רַגְלָהּ; '그(비둘기) 발의 바닥')에서 절대형 명사(רַגְלָהּ; 그 발)는 연계형 명사(לְכַף; 바닥)에 대해 **'전체의 속격'** 을 나타낸다. 즉 비둘기 두 발 전체의 발바닥을 의미하며 한 발 부분의 바닥이 아니다.

예2) 대하 21:17. 직역: 그에게 아들이 남겨지지 않았다. 그러나 그의 아들들의 가장 작은 자 여호아하스(만이 남았다).

לֹא נִשְׁאַר־ לוֹ בֵּן כִּי אִם־ יְהוֹאָחָז קְטֹן בָּנָיו

| בָּנָיו | קְטֹן | יְהוֹאָחָז | אִם־ | כִּי | בֵּן | לוֹ | נִשְׁאַר־ | לֹא |
|---|---|---|---|---|---|---|---|---|
| NMP.MZS | AMSG | NE | Q | C | NMS | P.MZS | VNAMZS | ABN |
| 아들 | 말째 | 여호아하스 | 외에는 | | 한 | 아들도 | 남지 | 아니하였더라 |

**해설**

연계상태에 있는 명사구(קְטֹן בָּנָיו)에서 절대형 명사(בָּנָיו; 그의 아들들)가 연계형 형용사(קְטֹן; 가장 작은)에 대해서 **'부분의 속격'** 을 나타낸다. 즉 많은 아들 중에 가장 작은 아들(막내 아들) 여호아하스를 의미한다. 형용사 קְטֹן는 명사적으로 사용되어 연계형으로 나타났다. 접속사 כִּי가 반의접속사(adversative)로 사용될 때는 불변사 אִם과 함께 결합되어 'but'의 뜻으로 번역된다.

### ⑬ 시간과 장소의 속격

'시간의 속격'(Genitive of Time)은 일반적으로 시간의 종류, 범위를 나타낸다. '장소의 속격'(Genotive of Place)은 '처격'(Locative)으로 표현되는데 어떤 특정 장소, 지점, 지역을 나타낸다.

예1) 암 3:15. 직역: 내가 그 여름의 전과 함께 그 겨울 전을 칠 것이다. 그리고 그 상아의 전들이 소멸될 것이다.

הִכֵּיתִי בֵית הַחֹרֶף עַל־ בֵּית הַקָּיִץ וְאָבְדוּ בָּתֵּי הַשֵּׁן

| הַשֵּׁן | בָּתֵּי | וְאָבְדוּ | הַקָּיִץ | בֵּית | עַל־ | הַחֹרֶף | בֵית | הִכֵּיתִי |
|---|---|---|---|---|---|---|---|---|
| D.NFS | NMPG | C.VQACZP | D.NMS | NMSG | P | D.NMS | NMSG | VHACXS |
| 상아 | 궁 | 파멸되며 | 여름 | 궁 | | 겨울 | 궁 | 치리니 |

**해설**

이 문장은 '예언적 완료상'(prophetic perfect)을 가진 등위절이다. 즉 2개의 완료형 동사는 동사의 동작이 반드시 잘 이루어질 것으로 생각되는 밝은 미래(a vivid future)를 표현한다. 2개의 연계상태로 결합된 명사구들('겨울의 전'과 '여름의 전')에서 절대형의 명사들(הַחֹרֶף과 הַקַּיִץ)은 각각 연계형의 명사들(בֵּית)에 대해서 '여름과 겨울'의 시간을 의미하는 **'<u>시간의 속격</u>'**을 나타낸다. 세 번째 연계상태에 있는 명사구(הָשֵּׁן הַשֵּׁן; 상아의 전)에서 절대형 명사(הַשֵּׁן)는 연계형 명사(הַשֵּׁן)에 대해서 '물질의 속격'을 나타낸다. 즉 그 전이 '상아'(שֵׁן)라는 물질(재료)로 건축된 전이라는 것이다.

예2) 삼하 5:7. 직역: 다윗이 시온의 산성(요새)를 취하였다 이것은 다윗의 성(이다).

יִלְכֹּד דָּוִד אֵת מְצֻדַת צִיּוֹן הִיא עִיר דָּוִד

| NE | NFSG | APDFS | NE | NFSG | O | NE | C.VQIMZS |
|---|---|---|---|---|---|---|---|
| 다윗 | 성 | 이는 | 시온 | 산성을 | | 다윗이 | 빼앗았으니 |

**해설** 이 문장은 동사문과 명사문으로 병렬되어 있는 중문 형식이다. 연계상태로 결합되어 있는 명사구가 2개이다. 첫 번째 명사구(מְצֻדַת צִיּוֹן; 시온의 산성)에서 절대형 명사(צִיּוֹן)는 연계형 명사(מְצֻדַת)에 대해서 **'<u>장소의 속격</u>'**을 나타낸다. 즉 '시온이라는 장소에 있는 요새'라는 것이다. 두 번째 명사구(עִיר דָּוִד; 다윗의 성)에서 절대형 명사(דָּוִד)는 연계형 명사(עִיר)에 대해서 '소유의 속격'을 나타낸다. 즉 이 성은 원래 여부스 사람들의 소유였는데 다윗이 빼앗아 그 성의 명칭을 '다윗의 성'으로 변경하였으므로 다윗의 소유가 되었다.

### ⑭ 최상급의 속격(Genitive of the Superlative)

최상급의 속격은 연계어와 결합하여 어떤 것의 최상을 의미한다. 최상급의 속격은 절대형 명사로서 항상 복수형이 되며, 연계형 명사는 속격 절대형명사와 동일어근을 가진다. 즉 동일어근의 명사의 반복으로 최상급을 나타낸다.

예) 아 1:1. 직역: 솔로몬의 그 노래들 중에 노래(즉 최고의 노래)

שִׁיר הַשִּׁירִים אֲשֶׁר לִשְׁלֹמֹה

| P.NE | R | D.NMP | NMSG |
|---|---|---|---|
| 솔로몬의 | | 아 | 가라 |

**해설** 연계상태(שִׁיר הַשִּׁירִים)에서 절대형 명사(הַשִּׁירִים)는 연계형 명사(שִׁיר)에 대해서 동

일어근의 명사(שִׁיר; 노래)의 복수형을 가지므로 '최상급의 속격'을 나타낸다. 왕상 4:32에서 솔로몬이 1005편의 노래를 지었다고 하였는데 그 노래들 중에서 가장 위대한 노래인 '아가서'를 의미한다. 전치사구(לִשְׁלֹמֹה; 솔로몬의)에서 전치사 'לְ'는 '소유의 לְ'를 나타내는데, 즉 솔로몬이 소유한(지은) 시들이다, 또한 이 '최고의 노래'(쉬르 하쉬림; 아가서)가 솔로몬이 저자라는 의미에서 '저자의 לְ'라고도 한다. 특히 관계사 אֲשֶׁר는 전치사 לְ와 결합하여 하나의 관용구로서 즉 『אֲשֶׁר לְ』는 '~에게 속한'(who (is) to)의 의미로 '소유'에 대한 의미의 정확성을 높이고 강조를 더하기 위해 사용된다.

### ⑮ 연계형이 '형용사'(Ajective)인 경우

속격(절대형 명사)과 결합되어 나오는 형용사(연계형 형용사)는 주로 '한계나 원인'을 표현한다.

예1) '한계'의 경우. 창 39:6. 직역: 요셉은 용모(모양)가 아름다웠다. 그리고 보기가 아름다웠다.

וַיְהִי יוֹסֵף יְפֵה־תֹאַר וִיפֵה מַרְאֶה

| מַרְאֶה | וִיפֵה | תֹאַר | יְפֵה־ | יוֹסֵף | וַיְהִי |
|---|---|---|---|---|---|
| NMS | C.AFS | NMS | AMSG | NE | CW.VQIMZS |
| 아담하였더라 | | 용모가 | 준수 | 요셉 | 하고 |

**해설** 이 문장은 앞의 문장과 '미완료 와우 계속법'(Waw Imperfect Consecutive)으로 연결되어 있는 문이다. 따라서 시상은 '완료형'이다. 연계 상태에 있는 יְפֵה־תֹאַר(용모의 아름다운)에서 절대형 명사(תֹאַר)가 연계형 형용사(יְפֵה)에 대해서 '용모가 아름다운'으로 번역된다. 여기서 형용사는 **'<u>한계</u>'**를 나타낸다. 또 유사한 연계상태로 보이는 יְפֵה מַרְאֶה에서는 연계상태가 아니며 형용사 יְפֵה(아름다운)가 מַרְאֶה(보기)의 서술어로 사용된 경우다. 즉 '보기가 아름답다'.

예2) '원인'의 경우. 학 2:13. 직역: 그리고 학개가 "만일 시체 때문에 더럽혀진 자가 이 모든 것들 가운데에 손을 대었다면 그것이 더럽혀진 것인가?"라고 말했다.

וַיֹּאמֶר חַגַּי אִם־יִגַּע טְמֵא־נֶפֶשׁ בְּכָל־אֵלֶּה הֲיִטְמָא

| הֲיִטְמָא | אֵלֶּה | בְּכָל־ | נֶפֶשׁ | טְמֵא־ | יִגַּע | אִם־ | חַגַּי | וַיֹּאמֶר |
|---|---|---|---|---|---|---|---|---|
| T.VQIMZS | APDMP | P.NMSG | NFS | AMSG | VQIMZS | Q | NE | CW.VQIMZS |
| 부정하겠느냐 | 그것들 | 중에 | 시체 | 부정하여진 | 만지면 | 만일 | 학개가 | 가로되 |

**해설** 이 문장은 '미완료 와우 계속법'(Waw Imperfect Consecutive)으로 시작되는 문이며, 직접화법으로 이루어진 문이다. 형용사와 연계상태에 있는 구(טְמֵא־נֶפֶשׁ)에서 절대형 명사(נֶפֶשׁ; 죽은 영혼, 시체)는 연계형 형용사(טְמֵא; 더러운)에 대해서 **'원인'**을 나타낸다. 즉 '시체 때문에 더럽혀졌다'는 것이다.

### ⑯ 연계형이 '분사'(Participle)인 경우

속격(절대형 명사)과 결합되어 나오는 분사(연계형 분사) 역시 '한계나 원인'을 표현한다.

예) 아 2:5. 직역: 너희는 그 건포도 빵들로 나를 (강하게) 버티게 하라 너희는 그 사과로 나를 위로하라 왜냐하면 나는 사랑으로 인해 병이 들었기 때문이다.

| אָנִי | אַהֲבָה | חוֹלַת | כִּי־ | בַּתַּפּוּחִים | רַפְּדוּנִי | בָּאֲשִׁישׁוֹת | סַמְּכוּנִי |
|---|---|---|---|---|---|---|---|
| NPCXS | NFS | VQPAFSG | C | P.D.NMP | VPMMYP.CXS | P.D.NFP | VPMMYP.CXS |
| 내가 | 사랑하므로 | 병이 났음 | | 사과로 | 나를 시원케 하라 | 건포도로 | 내 힘을 돕고 |

**해설** 이 문장은 주절(등위 접속사없이 병렬되어있다)이 2개, 종속절(이유 부사절)이 1개인 혼합문이다. 하지만 주절은 서술어가 동사가 아닌 분사(סַמְּכוּנִי, רַפְּדוּנִי)들로 구성되었으며, 종속절은 주동사가 없는 연계형태(חוֹלַת אַהֲבָה)로 불완전 문이다. 연계상태(חוֹלַת אַהֲבָה)에서 절대형 명사(אַהֲבָה; 사랑)는 연계형 분사(חוֹלַת; 병이 든)에 대해서 **'원인'**을 나타낸다. 즉 병이 든 원인이 바로 사랑 때문이라는 것이다. 접속사 כִּי는 '이유'를 나타내는 종속접속사이다.

### ⑰ 연계형이 추상 명사(Abstract Noun)인 경우

어떤 속격구들은 '추상 명사'가 지배 명사(Nomen Regens; 연계형)일 때 최상급이나 고양된 의미를 가진다.

예) 창 23:6. 직역: 당신은 우리 가운데서 우리 매장지의 선택된 것(최고의 선택지)으로 당신의 죽은 자를 매장하소서.

| מֵתֶךָ | אֶת־ | קְבֹר | קְבָרֵינוּ | בְּמִבְחַר | בְּתוֹכֵנוּ | אַתָּה |
|---|---|---|---|---|---|---|
| VQPA.MYS | O | VQMMYS | NMP.CXP | P.NMSG | P.NMS.CXP | NPMYS |
| 죽은 자를 | | 장사하소서 | 우리 묘실 | 좋은 것을 택하여 | 우리 중 | 당신은 |

**해설** 이 문은 2인칭 직접 명령문이다. 2인칭 독립인칭대명사(אַתָּה)는 외적 주어로서 '강조'를 나타낸다. 전치사구의 연계 상태(בְּמִבְחַר קְבָרֵינוּ; 우리 매장지의 선택된 것)에서, '지배 명사'(Nomen Regens)인 연계형 명사(מִבְחַר; '선택된 것')가 **'추상명사'**이므로 최상급의 의미를 가진다. 즉 '우리 매장지들 중에서 가장 좋은 선택지(매장지)'를 의미한다. 분사(מֵתֶךָ; 당신의 죽은 자)는 명사적 용법으로 '죽은 자'(능동 분사)로 표현되어 한정 목적어로 사용되었다.

### ⑱ 절대형이 부사(Adver)인 경우

예) 출 27:13. 직역: 그리고 동편의 그 뜰의 넓이는 동쪽을 향하여 오십 규빗(이다).

| אַמָּה | חֲמִשִּׁים | מִזְרָחָה | קֵדְמָה | לִפְאַת | הֶחָצֵר | וְרֹחַב |
|---|---|---|---|---|---|---|
| NFS | ANCMP | NMS.H | AB.H | P.NFS.G | D.NMS | C.NMSG |
| 규빗이 | 오십 | 동을 향하여 | 동 | 편의 | 뜰 | 광도 |

**해설** 이 문장은 동사가 없는 불완전한 명사문이다. 주어는 'רֹחַב הֶחָצֵר'(뜰의 넓이)이며 술어 역할은 'חֲמִשִּׁים אַמָּה'(오십 규빗)이 하고 있다. 연계 상태의 속격 구문(פְּאַת קֵדְמָה)에서 절대형이 부사(קֶדֶם; 동쪽)로 이루어진 구문이다. 이것은 부사가 실명사로 기능하는 경우다. 이와 같은 구문은 아주 희소하다. 다른 예로는 חִנָּם(NS) דְּמֵי(NMPG) '이유 없이 (흘린) 피'(왕상 2:31)이다. חִנָּם(NS; 이유 없이)는 '고대 실명사'로서 '부사'를 나타낸다.

> *** אַמָּה와 규빗(cubit) ***
>
> אַמָּה는 척량 단위로 규빗(cubit)에 해당한다. 헬라어는 πῆχυς이다. '규빗'은 팔꿈치에서부터 가운데 손가락 끝까지의 길이와 동등한 길이의 도량형 단위이다. 그러나 이 길이가 개인에 따라 다르기 때문에 '규빗'은 정확하지 못한 척도였다. 애굽에는 공식적인 '규빗'이 있었다. 실제로 좀 짧은 '규빗'(17.6인치)과 더 긴 규빗(20.65인치)으로 2가지의 규빗이 있었다. 실로암의 비문에는 실로암 굴의 길이가 1,200'규빗'이라고 기록되어 있다. 이것은 1,749피트(feet)로 히스기야 시대까지도(대하 32:4) '규빗'은 17.5인치 가량이었거나, 애굽의 짧은 '규빗'이었음을 알 수 있다.
>
> 규빗은 노아의 방주(창 6장), 장막과 그 설비물(출 25장 이하), 솔로몬의 성전(왕상 6장 이하), 그리고 에스겔이 본 성전(겔 40장 이하)을 건축하는데 사용되었다. 에스겔은 아마도 바벨론의 '규빗'을 사용했을 것이다. 바벨론은 짧은 '규빗'을 사용했는데, 공식적인 '규빗'의 오분의 사 정도의 길이로, 한 손바닥 넓이만큼 짧았다.
>
> * cubit(규빗)의 어원은 라틴어 cubitum(팔꿈치)에서 왔다. 히브리어 אַמָּה의 어원이 אֵם(어머니)에서 유래하였음으로, '암마'는 '측량의 어머니', 즉 '규빗'을 나타낸다.

### ⑲ 절대형이 형용사인 경우

예) 시 2:6. 직역: 내가 나의 거룩한 산인 시온에 나의 왕을 기름 부었다.

| קָדְשִׁי | הַר־ | צִיּוֹן | עַל־ | מַלְכִּי | נָסַכְתִּי | אֲנִי |
|---|---|---|---|---|---|---|
| AMS.CXS | NMSG | NE | P | NMS.CXS | VQACXS | NPCXS |
| 내 거룩한 | 산 | 시온 | 에 | 나의 왕을 | 세웠다 | 내가 |

**해설**

이 문장은 3형식의 문(주어+동사+목적어+부사구)이다. 연계관계(הַר־קָדְשִׁי)에서 '형용사'(קָדְשִׁי; 나의 거룩한)가 절대형 명사의 기능을 하고 있는 것은 형용사가 실명사(Substantive)로 기능하므로 인칭접미사(1인칭)까지 첨가되어 한정되었기 때문이다. 그리고 주어인 1인칭대명사(אֲנִי; 하나님)는 세상 군왕들의 반역의 배경 하에서 '나의 왕' 즉 다윗의 왕가를 계승할 만왕의 왕이신 그리스도를 세우심으로 '당신의 권위'로서 절대적인 왕권을 나타내고 있다. '시온'(צִיּוֹן)과 '나의 거룩한 산'(הַר־קָדְשִׁי)은 '동격'이다.

### ⑳『여러 개의 '지배 명사'(연계형) + 한 개의 '피지배 명사'(절대형)』

속격 관계에서 하나의 피지배 명사(nomen rectum)에 둘 이상의 지배명사(nomen regens)가 결합될 때, 하나의 동일한 속격이 둘 이상의 지배명사에 의존할 수 없기 때문에 두 번째 지배명사에는 피지배 명사에 해당하는 '인칭 접미사'를 붙여 표현한다.

예) 직역: 다윗의 아들들과 다윗의 딸들

| וּבְנֹתָיו | דָוִד | בְּנֵי |
|---|---|---|
| C.NFPG.MZS | NE | NMPG |
| 딸들 | 다윗의 | 아들들 |

**해설**

이 명사구에서 '지배 명사'는 בְּנֵי(아들들; בָּנִים의 연계형)와 בְּנוֹת(딸들; בָּנוֹת의 연계형)의 둘이다. 이 둘에 의존하는 '피지배 명사'는 דָוִד(다윗) 하나이다. 따라서 두 번째 지배명사에는 피지배 명사 다윗을 지칭하는 3인칭 단수접미사 ָ יו를 붙여 표현하고 있다. בְּנֹתָיו는 '그(다윗)의 딸들'이다. 3인칭 단수 접미사 ָ יו는 복수명사에 붙는 인칭접미사이다. 단수명사에 붙는 3인칭접미사는 וֹ이다.

### ㉑『한 개의 ‘지배 명사’(연계형) + 여러 개의 ‘피지배 명사’(절대형)』

예) 민 20:5. 직역: 석류의 포도의 무화과의 파종의 장소가 없는 이 악한 장소로 - (생략) - 너희들이 우리를 올라가게 하였다.

| וְרִמּוֹן | וְגֶפֶן | וּתְאֵנָה | זֶרַע | מְקוֹם | לֹא | הַזֶּה | הָרָע | הַמָּקוֹם | אֶל־ | 생략 | הֶעֱלִיתֻנוּ |
|---|---|---|---|---|---|---|---|---|---|---|---|
| C.NMS | C.NFS | C.NFS | NMS | NMSG | ABN | D.ADMS | D.AMS | D.NMS | P | | VHAMYP.CXP |
| 석류도 | 포도도 | 무화과도 | 파종할 | 곳이 | 없는 | 이 | 악한 | 곳 | 으로 | | |

해설

한 개의 지배명사(מְקוֹם)에 4개의 피지배 명사(זֶרַע וּתְאֵנָה וְגֶפֶן וְרִמּוֹן)인 경우이다. 이 문은 접속사가 생략된 관계절이다. 즉 부정어 לֹא앞에 관계사 אֲשֶׁר가 생략되어 있는 문이다.

### ㉒ 연속적인 지배 명사

지배 명사가 동시에 지배하는 명사 역할을 함으로써 즉 자기 자신이 자신에게 의존하는 연계형으로 표현된다. 이 때 여러 개의 연계형이 연속될 수 있다.

예) 창 47:9. 직역: 그리고 야곱이 파라오에게 “나의 순례의 세월이 일백 삼십년이다”라고 말했다.

| שָׁנָה | וּמְאַת | שְׁלֹשִׁים | מְגוּרַי | שְׁנֵי | יְמֵי | פַּרְעֹה | אֶל־ | יַעֲקֹב | וַיֹּאמֶר |
|---|---|---|---|---|---|---|---|---|---|
| NFS | C.NFSG | ANCP | NMP.CXS | NFPG | NMPG | NE | P | NE | CW.VQIMZS |
| 년 | 일백 | 삼십 | 나그네 길의 | 세 | 월 | 바로 | 에게 | 야곱이 | 고하되 |

해설

이 문장은 ‘와우 미완료 계속법’(Waw Imperfect Consecutive; 시상은 ‘완료’)으로 시작되는 문이다. 연계상태의 명사구(יְמֵי שְׁנֵי מְגוּרַי)에서 2개의 연계형(지배 명사; שְׁנֵי יְמֵי)이 연속함으로써 앞의 연계형 יְמֵי은 자기 자신에게 의존함을 나타낸다. 즉 ‘the days of the years of my pilgrimage’.

참고로, 사 10:12에는 4개의 연계형이, 사 21:17에는 5개의 연계형이 연속되고 있다.

### (2) 전치사(לְ)와 결합된 속격

#### ① 속격의 לְ

속격관계를 표현할 때 일반적인 방식으로 두 개의 명사를 연계시키는 것 대신에, 전치사 לְ(to)로 연계시켜서 표현한다.

예) 삼상 14:16. 직역: 그리고 베냐민의 기브아에 (있는) 사울의 그 지켜보고 있는 자들(즉 파숫군들)이 바라보았다.

| בִּנְיָמִן | בְּגִבְעַת | **לְשָׁאוּל** | הַצֹּפִים | וַיִּרְאוּ |
|---|---|---|---|---|
| NE | P.NEG | P.NE | D.VQPAMP | CW.VQIMZP |
| 베냐민 | 기브아에 | 사울의 | 파숫군이 | 바라본즉 |

**해설**

이 문장은 '와우 미완료 계속법'(Waw Imperpect Consecutive; 시상은 '완료')으로 이루어진 문이다. 관사를 가진 분사 הַצֹּפִים는 명사적 용법으로 '그 지켜보고 있는 자들'(분사능동-'계속성') 즉 파숫군을 의미한다. 전치사구 לְשָׁאוּל에서 전치사 לְ는 '속격의 לְ'이다. 고유 명사로 연계된 전치사구(בְּגִבְעַת בִּנְיָמִן)에서 절대형 בִּנְיָמִן(베냐민)은 앞의 연계형 גִבְעַת(기브아)에 대해서 '동격'을 나타내는 '속격'이다. 즉 '베냐민의 기브아, 베냐민 땅의 한 성읍인 기브아'를 의미한다.

#### ② 비한정적 속격의 לְ

두 개의 명사로 연계 상태에 있는 명사구에서 '피지배 명사'(절대형)는 한정적이다. 그러나 '지배 명사'(연계형)가 뒤 따르는 속격 명사에 의해서 한정되는 것을 막기 위하여 '피지배 명사'에 전치사 לְ를 덧붙여 사용한다.

예) 삼상 16:18. 직역: 그리고 그 소년들로부터 한 사람이 "보라! 내가 베들레헴 사람인 이새의 아들을 보았다"라고 대답하여 말했다.

| הַלַּחְמִי | בֵּית | **לְיִשַׁי** | בֵּן | רָאִיתִי | הִנֵּה | וַיֹּאמֶר | מֵהַנְּעָרִים | אֶחָד | וַיַּעַן |
|---|---|---|---|---|---|---|---|---|---|
| D.NGe | NGe | P.NE | NMS | VQACXS | J | CW.VQIMZS | P.D.NMP | ANCM | CW.VQIMZS |
| 레헴 | 베들 | 이새의 | 아들 | 내가 본즉 | | 가로되 | 소년 중 | 한사람이 | 대답하여 |

**해설** 이 문장은 '와우 미완료 계속법'(Waw Imperpect Consecutive; 시상은 '완료')으로 이루어진 2개의 병렬문이다. 고유명사 יִשַׁי(어원: '현존하는') 항상 한정적인데 여기서 전치사 לְ에 의해 '비한정적'이 됨. 따라서 בֵּן לְיִשַׁי 는 '이새의 아들'. 인종표시명사인 חְמִי
בֵּית הַלַּ와 יִשַׁי는 동격이다.

### ③ 속격의 אֲשֶׁר לְ

이 속격구문은 '소유(소속)'의 의미에 대한 정확성을 높이고 강조를 더하기 위해 사용된다. 뜻은 '~ 에게 속한'(who [is] to).

예) 왕상 1:33. 직역: 그리고 너희가 나의 아들 솔로몬을 나의 노새(즉 내 자신의 노새) 위에 올려 놓았다 그리고 너희가 그를 기혼으로 내려가게 했다.

וְהִרְכַּבְתֶּם אֶת־שְׁלֹמֹה בְּנִי עַל־הַפִּרְדָּה אֲשֶׁר־לִי וְהוֹרַדְתֶּם אֹתוֹ אֶל־גִּחוֹן

NE P O.MZS　C.VHAMYP　P.CXS R　D.NFS　P　NMS.CXS　NE　O　C.VHAMYP

기혼으로　내려가고　나의　노새　에　내 아들　솔로몬을　태우고

**해설** 이 문장은 2개의 대등문으로 연결되어 있다. 속격구 אֲשֶׁר־לִי는 '소유(소속)'의 의미에 대한 정확성을 높이고 강조를 더하기 위해 사용되었다. 즉 '나의' 보다 '내 자신의'라는 의미가 강조됨. 첫째 동사 הִרְכַּבְתֶּם는 רָכַב(올라타다)의 Hiphil형(사역 능동)이므로 '올려 놓다'로 번역된다. 2번째 동사 הוֹרַדְתֶּם 역시 יָרַד(내려오다)의 Hiphil(사역능동)이므로 '내려가게 하다'로 번역된다.

## 4) 여격

'여격'(Dative Case)의 기본 개념은 인격적인 이해관계라고 할 수 있다. 이러한 인격적 이해관계는 '…에게'(간접목적어; Indirect Object)와 '…을 위하여/…을 반대하여'(이익과 불이익)라는 의미를 함께 포함한다.

히브리어에서는 격어미가 거의 사라졌다고 해도 원래의 모든 형태론적인 범주들은 구문론적인 범주들로 대부분 대체되었다. 따라서 여격 역시 구문론적으로 전치사 לְ과 אֶל에 의해서 표현될 수 있다.

### ① 여격의 לְ

동사의 간접목적어는 어떤 일이 누구에게, 또는 누구를 위하여 이루어지는가를 나타내 준다. 즉 그 동작의 이해관계가 있는 사람에게 이루어진다. 이것은 여격의 가장 일반적인 용법이다. 해석은 『…에게』이다.

예) 창 24:35. 직역: 그가(여호와) 그에게(아브라함) 양과 소와 은과 금과 종들과 계집종들과 낙타들과 숫나귀들을 주셨다.

| וַחֲמֹרִים | וּגְמַלִּים | וּשְׁפָחֹת | וַעֲבָדִם | וְזָהָב | וָכֶסֶף | וּבָקָר | צֹאן | לוֹ | וַיִּתֶּן־ |
|---|---|---|---|---|---|---|---|---|---|
| C.NMS | C.NMP | C.NFP | C.NMP | C.NMS | C.NMS | C NMS | NFS | P.MZS | CW.VQIMZS |
| 나귀 | 약대 | 비 | 노 | 금 | 은 | 우 | 양 | 그에게 | 주셨고 |

**해설** 이 문장은 앞의 문장과 '와우 미완료 계속법'(Waw Imperfect Consecutive)으로 나열된 문장이며, 영어의 '4형식'[주어+동사+간접목적어(사람)+직접목적어(사물)]으로 이루어진 문이다. 주어는 동사의 내적주어로 3인칭(그; 여호와), 동사는 נָתַ, '간접목적어'는 לוֹ(그에게; 아브라함에게), 주어의 동작으로 영향을 받는 대상인 '직접목적어'는 '양과 소와 은과 금과 종들과 계집종들과 나타들과 숫나귀들' 모두를 가리킨다.

### ② 여격의 אֶל

예) 창 4:8. 직역: 가인이 그의 형제, 아벨에게 말했다 그리고 그들이 그 들판에 있을 때에 가인이 그의 형제 아벨을 반대하여 일어나서 살해하는 일이 발생했다.

| בַּשָּׂדֶה | בִּהְיוֹתָם | וַיְהִי | אָחִיו | הֶבֶל | אֶל־ | קַיִן | וַיֹּאמֶר |
|---|---|---|---|---|---|---|---|
| P.D.NMS | P.VQNG.MZP | CW.VQIMZS | NMS.MZS | NE | P | NE | CW.VQIMZS |
| 들에 | 그들이 있을 때에 | | 그후 | 아벨 | 에게 | 가인 | 고하니라 |

| וַיַּהַרְגֵהוּ | אָחִיו | הֶבֶל | אֶל־ | קַיִן | וַיָּקָם |
|---|---|---|---|---|---|
| CW.VQIMZS.MZS | NMS.MZS | NE | P | NE | CW.VQIMZS |
| 쳐죽이니라 | 그 아우 | 아벨 | 을 | 가인이 | (일어나) |

**해설** 이 문장은 '와우 미완료 계속법'(Waw Imperfect Consecutive; 시상은 '완료')으로 나열된 문장이다. 첫 번째 전치사구(אֶל־הֶבֶל; 아벨에게)는 간접목적어(여격)를 나타낸다.

두 번째 전치사구(אֶל־הֶבֶל; 아벨을 반대하여)에서는 '반대나 불이익'을 나타내는 אֶל로 사용되었다. 즉 '아벨을 대항하여(반대하여)'. 그리고 두 번째 '와우 미완료 계속법'부터는 다음과 같은 구조로 되어 있다. 즉 히브리어 וַיְהִי는 70인역(LXX)에 καὶ ἐγένετο와 ἐγένετο δέ로 번역되며( ~ 이 되었다, ~ 이 일어났다, ~ 이 발생했다; and it came to pass ~ ), 여기서 ἐγένετο는 절이나 부정사를 주어로 취하며, ἐγένετο 다음에 보통 '시간의 절이나 구'가 나오며, 묘사되어야 할 사건은 직설법과 함께 καὶ를 사용하거나, καὶ 없이 직설법을 사용하거나, 부정사를 사용하여 표현된다. 따라서 위의 두 번째 '와우 미완료 계속법'부터 70인역 헬라어 구조로 나타내면『καὶ ἐγένετο + 시간부사구(부정사구) + καὶ + 직설법 + καὶ + 직설법』이다. 이정철『직통헬라어』(서울: 도서출판 목양, 2016), 224-25. 참고하시오.

### ③ 윤리적 여격의 לְ

'윤리적 여격'(Ethical Dative)은 '전치사' לְ가 '인칭 대명사'와 결합하여 '관심'이나 '참여'를 표현하는 여격으로 사용되는 경우이다. 이 때 대명사의 인칭은 항상 그 동사의 인칭과 일치해야 한다. 대부분의 경우, 전치사 לְ는 2인칭 대명사와 결합한다.

또한 동사 바로 다음에 나오는 전치사 לְ를 '재귀의 לְ'라 하며, 전치사의 목적어가 동사의 주어가 된다. 즉 주어가 자기 자신에게 행동함을 나타낼 때 '재귀의 לְ'라 불리 운다. 즉 재귀대명사(Reflexive pronoun)의 기능을 한다.

a.『명령법(imperative) + לְ』

예) 창 22:5. 직역: 그리고 아브라함이 그의 소년(종)에게 "너는 너 자신이(스스로) 여기서 그 나귀와 함께 거하라"라고 말했다.

| הַחֲמוֹר | עִם־ | פֹּה | לָכֶם | שְׁבוּ־ | נְעָרָיו | אֶל־ | אַבְרָהָם | וַיֹּאמֶר |
|---|---|---|---|---|---|---|---|---|
| D.NMS | P | AB | P.MYP | VQMMYP | NMP.MZS | P | NE | CW.VQIMZS |
| 나귀와 | 함께 | 여기서 | 너희는 | 기다리라 | 사환 | | 아브라함이 | 이르되 |

**해설** 이 문장은 '와우 미완료 계속법'(Waw Imperfect Consecutive; 시상은 '완료')으로 시작되며 직접화법을 나타낸다. 화법의 피전달문 내의 2인칭 명령법 동사(שְׁבוּ)에 이어 위치한 לָכֶם는 '재귀대명사의 기능'를 가지므로 '너 자신이 or 스스로'의 의미이다. 여기서 전치사 לְ는 '윤리적 여격의 לְ'을 나타낸다. 즉 재귀대명사가 동사의 동작에 참여.

b. 『미완료 와우 계속법(Waw Imperfect Cosecutive) + לְ』

예) 사 36:9. 직역: 그리고 너는 너 자신이 병거와 마병을 위하여 애굽을 신뢰하였다.

| וּלְפָרָשִׁים | לְרֶכֶב | מִצְרַיִם | עַל־ | לְךָ | וַתִּבְטַח |
|---|---|---|---|---|---|
| C.P.NMP | P.NMS | NE | P | P.MYS | CW.VQIMYS |
| 기병 | 병거 | 애굽을 | | | 의뢰하여 |

**해설** 이 문장은 '와우 미완료 계속법'(Waw Imperfect Consecutive; 시상은 '완료')을 나타낸다. '와우 미완료 계속법'에 바로 이어 나오는 לְ에 결합된 인칭대명사(2인칭 단수)와 동사의 주어(2인칭 단수)와 일치하므로 לְ는 '윤리적 여격의 לְ'을 나타낸다. 즉 לְךָ이 재귀대명사 역할을 하므로 '너 자신이, 스스로'이다. 재귀대명사가 동사의 상태에 참여하는 것을 의미.

c. 『완료 와우 계속법(Waw Perfect Cosecutive) + לְ』

예) 왕상 17:3. 직역: 너는 여기로부터 떠나라 그리고 너는 스스로 동쪽을 향하여 돌이키고,

| קֵדְמָה | לְךָ | וּפָנִיתָ | מִזֶּה | לֵךְ |
|---|---|---|---|---|
| NMS.H | P.MYS | CW.VQAMYS | P.APDMS | VQMMYS |
| 동으로 | | 가서 | 여기서 | 떠나 |

**해설** 이 문장은 2절과 연결되어 직접화법의 피전달문(인용부)에 해당된다. 『'완료 와우 계속법'(וּפָנִיתָ) + לְךָ(너 자신이, 스스로)』에서 לְךָ는 동사의 주어와 2인칭이 일치하므로 재귀대명사 역할을 한다. 따라서 전치사 לְ는 '윤리적 여격의 לְ를 나타낸다. 즉 동사의 동작(돌이킴)에 자신이 참여하는 것을 의미.

d. 3인칭에도 적용

예) 창 21:16. 직역: 그리고 그녀가(하갈) 갔다 그리고 그녀 자신이 정면으로부터 마치 화살이 날아간 거리 만큼 떨어져서 앉았다.

| קֶשֶׁת | כִּמְטַחֲוֵי | הַרְחֵק | מִנֶּגֶד | לָהּ | וַתֵּשֶׁב | וַתֵּלֶךְ |
|---|---|---|---|---|---|---|
| NFS | P.VPPAMPG | VHNA | P.NS | P.FZS | CW.VQIFZS | CW.VQIFZS |
| 화살 | 한 바탕쯤 | 떨어져서 | 마주 | | 앉아 | 가서 |

**해설** 이 문장은 2개의 '미완료 와우 계속법'(Waw Imperfect Consecutive)으로 연속되어 있는 문이다. 연계상태의 구(כִּמְטַחֲוֵי קֶשֶׁת)에서 속격명사(절대형)과 결합되어 나오는 분사(מְטַחֲוֵי; '발사된 것'; 연계형)는 '한계'를 표현한다. 여기서 전치사 כְּ는 '비교'(as if, as it were)의 의미로 사용되었다, 따라서 연계상태의 구(כִּמְטַחֲוֵי קֶשֶׁת)는 '마치 쏜 화살이 날아간 거리와 같은'을 의미한다. '부정사 절대형'(הַרְחֵק)은 Hiphil형(사역 능동)으로 '거리를 띄우다'라는 뜻으로 '부사적 대격'으로 사용되었다. 즉 '떨어져서'이다. 그리고 3인칭 대명사 접미사 הָ 에 결합된 전치사 לְ는 '윤리적 여격'을 유도하고 있다.

## 5) 대격

대격의 기본 개념은 동사의 범위를 규정하거나 제한하는 것이다. 즉 동사의 동작이 어떻게, 무엇에게 미치는가 하는 범위와 그 범위의 한계를 나타내 준다. 다시 말해 목적어는 동사의 동작을 한정지어 주는 것으로 내용, 영역, 범위, 방향, 지속, 그리고 끝 등에 관한 것이다. '대격'의 일차적인 목적은 동사의 '직접목적어'(누구를, 무엇을)를 나타내는 것으로 '여격'으로 표시되는 간접목적어와 비교된다.

히브리어에서 대격은 문의 직접목적어로서 동사에 접사된 인칭접미사, 대격 불변화사 אֶת־(אֵת; 접미사 앞에서), 전치사 לְ, 문맥(어순) 등을 통해 표현할 수 있다.

### (1) 대격의 형태

#### ① 문맥에 의한 직접목적어(대격)

예) 창 8:20. 직역: 그리고 노아가 여호와를 위하여 제단을 지었다 그리고 그는 모든 깨끗한 짐승들 중에서 (일부분을) 그리고 모든 깨끗한 새 중에서 (일부분을) 취하였다 그리고 그는 그 제단에서 번제를 올라가게 했다.

| וּמִכֹּל | הַטְּהוֹרָה | הַבְּהֵמָה | מִכֹּל | וַיִּקַּח | לַיהוָה | מִזְבֵּחַ | נֹחַ | וַיִּבֶן |
|---|---|---|---|---|---|---|---|---|
| C.P.NMSG | D.AFS | D.NFS | P.NMSG | CW.VQIMZS | P.NE | NMS | NE | CW.VQIMZS |
| 모든 | 정결한 | 짐승 | 모든 | 취하여 | 여호와를 위하여 | 단을 | 노아 | 쌓고 |

הָעוֹף הַטָּהֹר וַיַּעַל עֹלֹת בַּמִּזְבֵּחַ

| בַּמִּזְבֵּחַ | עֹלֹת | וַיַּעַל | הַטָּהֹר | הָעוֹף |
|---|---|---|---|---|
| P.D.NMS | NFP | C.W.VHIMZS | D.AMS | D.NMS |
| 단에 | 번제로 | 드렸더니 | 정결한 | 새 |

**해설** 이 문장은 3개의 '와우 미완료 계속법'(Waw Imperfect Consecutive; ㅅ 상은 '완료')으로 병렬된 문장이다. 첫 번째 등위문(대등문)에서 '직접목적어'은 문맥에 의해서 מִזְבֵּחַ(제단)이며, '간접목적어'는 לַיהוָה(여호와를 위하여)이다. 2개의 '~ מִכֹּל'구에서 전치사 מִן는 '부분'(partitive; ~의 일부, ~의)을 나타내는 'some'의 뜻으로 사용되었다. 즉 모든 정결한 짐승의 일부분, 모든 정결한 새의 일부분을 의미한다. 연계상태의 전치사구(מִכֹּל הַבְּהֵמָה הַטְּהוֹרָה)에서 형용사 הַטְּהוֹרָה(깨끗한) 앞의 절대형 명사 הַבְּהֵמָה(짐승)을 수식하는 한정적 용법으로 사용되었다. 즉 '깨끗한 짐승'이다. '깨끗한 새'역시 형용사의 한정적 용법으로 사용되었다. כֹּל은 '집합명사'를 나타낸다. 따라서 뒤에 결합되는 명사는 당연히 '단수'가 온다. 그리고 '번제를 올라가게 했다'는 말은 그 번제물을 화제로 다 태워서 그 연기가 하늘로(즉 하나님께로) 올라가게 했다는 의미이다. 즉 화제로 번제를 드렸다는 것이다.

### ② 한정적 대격

불변화사 אֶת־(or אֵת; 접미사 앞에서, '을, 를')는 한정적인 직접 목적어를 나타낼 때 사용된다. 일반적으로 번역은 되지 않으며 거의 모든 경우, 한정된 명사(or 실명사) 앞에 위치한다. 이 대격 불변화사는 운문에는 드물게 사용하나 산문에서는 일반적으로 사용된다.

#### a. 『명사(or 명사 상당어) + אֵת』의 경우

예1) 창 1:1. 직역: 태초에 하나님이 그 하늘과 그 땅을 창조하셨다.

בְּרֵאשִׁית בָּרָא אֱלֹהִים אֵת הַשָּׁמַיִם וְאֵת הָאָרֶץ

| הָאָרֶץ | וְאֵת | הַשָּׁמַיִם | אֵת | אֱלֹהִים | בָּרָא | בְּרֵאשִׁית |
|---|---|---|---|---|---|---|
| D.NFS | C.O | D.NMD | O | NMP | VQAMZS | P.NFSG |
| 지를 | | 천 | | 하나님이 | 창조하시니라 | 태초에 |

**해설** 이 문장은 영어로 3형식의 문이며, 주어가 1개, 목적어가 2개인 문이다. 여기서 2개의 목적어(הַשָּׁמַיִם, הָאָרֶץ)가 각각 정관사 ( • הַ)를 가지고 있음으로 한정된 경우가 된다. 따라서 산문에서의 2개의 직접목적어는 모두 대격 불변화사인 אֵת를 취하고 있다. 일반

적으로 '한정되었다'는 것은 그 명사(or 실명사)가 자신이 고유명사이든지, 대명사 접미사가 붙었든지, 관사를 가지고 있든지 할 때이다. 그리고 שָׁמַיִם(하늘, 공중)은 형태상으로 쌍수이나 실제로는 사용되지 않는 단수 형태들( שָׁמַי )에서 나온 비정상적인 복수형이다. 이 단어에서 원래 복수 어미인 ִים( -îm)은 강세의 영향을 받아서 ִם( -im)으로 축약되었다. 주어인 אֱלֹהִים은 '권위'나 '위엄'을 나타내는 '존엄(존칭)의 복수형'이라 하며, 문의 주어일 때는 단수형 동사를 취한다.

### * 대격불변사(אֵת)와 전치사(אֵת with)의 구분 *

| | 1cs | 2ms | 2fs | 3ms | 3fs | 1cp | 2mp | 2fp | 3mp | 3fp |
|---|---|---|---|---|---|---|---|---|---|---|
| אֵת 대격 | אֹתִי | אֹתְךָ | אֹתָךְ | אֹתוֹ | אֹתָהּ | אֹתָנוּ | אֶתְכֶם | אֶתְכֶן | אֹתָם | אֹתָן |
| | me | you | you | him | her | us | you | you | them | them |
| אֵת 전치사 | אִתִּי | אִתְּךָ | אִתָּךְ | אִתּוֹ | אִתָּהּ | אִתָּנוּ | אִתְּכֶם | אִתְּכֶן | אִתָּם | אִתָּן |
| | with me | with you | with you | with him | with her | with us | with you | with you | with them | with them |

* 대격 불변사(אֵת)는 그 어원이 'āt 이며, 대명사 접미사가 결합할 때 אֹתִי, אֹתְךָ, אֹתָךְ와 같이 변화한다. 그러나 전치사(אֵת)는 그 어원이 'itt(Akkad. ittu 'side')로서 대명사 접미사가 결합할 때 אִתִּי, אִתְּךָ, אִתָּךְ와 같이 변화한다.

### b. 『대명사 접미사+ אֵת』의 경우

예) 수 1:14. 직역: 그리고 너희는 너희 형제들 앞에 건너갈 것이다. '군대의 강한 모든 자들'(모든 용사들)은 전투대형으로 (할 것이다.) 그리고 너희는 그들을 도울 것이다.

| אוֹתָם | וַעֲזַרְתֶּם | הַחַיִל | גִּבּוֹרֵי | כֹּל | אֲחֵיכֶם | לִפְנֵי | חֲמֻשִׁים | תַּעַבְרוּ | וְאַתֶּם |
|---|---|---|---|---|---|---|---|---|---|
| O.MZP | C.VQAMYP | D.NMS | AMPG | NMSG | NMP.MYP | P.NMPG | AMP | VQIMYP | C.NPMYP |
| 그들을 | 돕고 | 용 | 사들 | | 너희 형제보다 | 앞서 | 무장하고 | 건너가서 | 너희 |

해설

본문은 2개의 문으로 병렬되어 있다. 첫 번째 문은 불완전한 문이므로 2개의 문으로 나눠서 직역하면 이해가 쉬울 것이다. 이유는 타동사 תַּעַבְרוּ의 '직접 목적어'(즉 요단강)가 없기 때문이다. אוֹתָם가 『대명사 접미사(3인칭 남성복수) + אֵת』의 경우이다. 인칭대명사 אַתֶּם는 강조를 나타내며, 연계상태(כֹּל גִּבּוֹרֵי הַחַיִל)에서 속격과 함께 나오는 형용사 גִּבֹּרֵי는 '한계' 즉 '강함'을 표현한다. עָבַר는 두 개의 구체적인 장소 사이에 어떤 이동이 있음을 표현하는데 사용되는 동사이므로, 르우벤, 갓, 므낫세 반지파는 요단강 동편에서 요단강을 건너 요단강 서편으로 이동을 나타낸다. 참고로, חֲמֻשִׁים(무장하고) 형용사는 '다섯'(חָמֵשׁ)이라는 숫자를 뜻하는 어근에서 파생된 말로써, 다섯 명이 한 조가 되는 전투 대형을 갖춘 것으로 짐작된다.

### ③ 대격의 לְ

예1) 암 8:9. 직역: 내가(여호와) 정오에 그 태양을 지게 할 것이다 그리고 내가 빛의 날에 그 땅을 어둡게 할 것이다.

| אוֹר | בְּיוֹם | לָאָרֶץ | וְהַחֲשַׁכְתִּי | בַּצָּהֳרָיִם | הַשֶּׁמֶשׁ | וְהֵבֵאתִי |
|---|---|---|---|---|---|---|
| NMS | P.NMSG | P.D.NFS | C.VHACXS | P.D.NMD | D.NFS | C.VHACXS |
| 백 | 주에 | 땅을 | 캄캄케하며 | 대낮에 | 해로 | 지게 하여 |

**해설** 이 문장은 2개의 3형식 단문(주어+동사+목적어+전치사구)으로 병렬되어 구조이다. 앞 문장의 목적어는 הַשֶּׁמֶשׁ(태양)이며, 뒤 병렬문의 목적어는 לָאָרֶץ이다. 여기서 전치사는 '대격을 나타내는 לְ'이다. 그리고 2개의 동사(הַחֲשַׁכְתִּי, הֵבֵאתִי)의 시상은 '미래적 완료상'(prophetic perfect - '확실성') 을 나타내는데, 즉 꼭 이루어질 것으로 생각되는 '밝은 미래'(a vivid future)를 표현한다.

예2) 신 9:27. 직역: 당신은 당신의 종들 즉 아브라함 이삭 그리고 야곱을 기억하소서!

| וּלְיַעֲקֹב | לְיִצְחָק | לְאַבְרָהָם | לַעֲבָדֶיךָ | זְכֹר |
|---|---|---|---|---|
| C.P.NE | P.NE | P.NE | P.NMP.MYS | VQMMYS |
| 야곱 | 이삭 | 아브라함 | 주의 종 | 생각하사 |

**해설** 이 문장은 3형식의 명령문이다. 즉 2인칭의 명령인데 '요청'을 나타낸다. 직접목적어를 전치사 לְ를 사용하여 나타내고 있다. 그리고 직접목적어 לַעֲבָדֶיךָ는 뒤에 나오는 3개의 목적어(아브라함, 이삭, 야곱)와 동격을 이루고 있다.

### ④ 대명사 접미사의 대격

타동사에 붙은 인칭대명사의 접미사가 그 동사의 목적어 역할을 한다.

예) 시 13:5. 직역: 나의 원수가 "내가 그를 압도했다"라고 말하지 않도록 (하라). 나의 대적들이 기뻐할 것이다. 왜냐하면 내가 비틀거림을 당할 것이기 때문이다.

פֶּן־יֹאמַר אֹיְבִי יְכָלְתִּיו צָרַי יָגִילוּ כִּי אֶמּוֹט

VNICXS C VQIMZP NMP.CXS VQACXS.MZS VQPA.CXS VQIMZS C

요동될 때에 기뻐할까 나의 대적들 내가 저를 이기었다 나의 원수가 이르기를 두렵건대

**해설** 이 문장은 2개의 등위절과 2개의 종속절(이유)을 나타내는 '혼합문'(compound-compex sentence)으로 구성되어 있다. 첫 번째 등위절은 'פֶּן־יֹאמַר אֹיְבִי יְכָלְתִּיו'이며, 두 번째 등위절은 'צָרַי יָגִילוּ'이며, '이유'를 나타내는 종속절(부사절)은 'כִּי אֶמּוֹט'이다. 접속사 פֶּן는 '부정적인 목적'( ~ 하지 않도록; lest ~ should)을 나타내는 종속절(부사절)을 유도한다. 그리고 첫 번째 등위절은 화법형식을 나타낸다. 그리고 יְכָלְתִּיו에서 동사에 붙은 3인칭대명사는 동사의 '목적어'(그를)를 나타낸다. אֹיְבִי(나의 대적)에서 אֹיֵב(미워하는)의 분사는 명사적 용법으로 '미워하고 있는 자'(능동 분사) 즉 '대적'을 의미한다.

## (2) 대격의 용법

### ① 동족의 대격

대격이 동사와 같은 어근(root)을 가질 때를 '동족 대격'(Cognate Accusative)이라 한다. 대격으로 표시되는 목적어에는 타동사의 행위의 대상이 되는 '외적 목적어'(직접 목적어)와 자동사 의미에 함축된 '내적 목적어'(internal-object accusative; or '내적 목적어 대격')가 있다. 이때 '내적 목적어'를 '동족의 대격'이라 하며, '동족 목적어'라 한다.

예) 애 1:8. 직역: 예루살렘이 크게 범죄하였다 그러므로 그녀(예루살렘)의 영광을 받던 모든 자는 불결하게 되었다.

חֵטְא חָטְאָה יְרוּשָׁלַםִ עַל־כֵּן לְנִידָה הָיָתָה כָּל־מְכַבְּדֶיהָ

VPPAMP.FZS NMSG VQAFZS P.NFS AB P NEF VQAFZS NMS

전에 높이던 모든자가 되니 불결한 자같이 예루살렘이 범죄하므로 크게

**해설** 이 문장은 '주절+ 종속절'로 되어 있는 복문이다. 목적어 חֵטְא(죄, 범죄)는 주동사 חָטְאָה(죄를 짓다)와 어근(root; חָטָא, 빗나가다)이 같으므로 '동족 대격'이며, 주동사의

개념을 확장시키므로 '큰 범죄'을 의미한다. 그리고 이 '동족 대격'은 문맥에 의해서 직접목적어를 나타낸다. עַל־כֵּן는 결과를 나타내는 접속사로 사용되었다. 전치사구(לְנִדָּה)에서 전치사 לְ는 행위의 결과인 상태나 상황을 나타내는 '산물의 לְ'(~ 으로, ~ 위한)로서 보통 הָיָה( ~이 되다)동사와 같이 사용된다. '결과'종속절에서 주어는 'כָּל־מְכַבְּדֶיהָ'인데 동사 הָיְתָה는 '3인칭 여성 단수'가 왔다. 동사와 주어의 성 • 수 불일치 다. 하지만 כָּל־은 집합명사로서 '단수동사'가 왔으며, 분사 מְכַבְּדֶיהָ('영광을 받는'; 수동 분사)의 인칭어미는 '그녀' 즉 예루살렘이므로 '영광을 받았던 자들'은 모두 여루살렘에 소속된 자들이다. 따라서 주어는 '예루살렘'(여성형 단수)이 대표적 주어가 된다.

### ② 서술적 대격

'서술적 대격'(Predicative Accusative)은 " ~ 인, ~ 이다"(to be)라는 동사를 동반한다. '서술적 대격'은 영어의 제 5형식문에서, 즉『주어+타동사+목적어(대격)+목적보어(서술적 대격)』구조에서 '목적보어'에 해당된다. 따라서 '서술적 대격'은 직접목적어(대격)의 상태를 설명하거나 서술하는 기능을 한다. 그리고 '직접목적어'와 '서술적 대격'사이에 " ~ 인"(to be)라는 2형식문의 계사적인(copula) 관계를 표시할 수 있다. '서술적 대격'은 무관사이며, 대개 형용사와 분사가 위치한다.

#### a. 형용사가 서술적 대격인 경우

예) 창 7:1. 직역: 나는 이 시대에서 내 앞에서 너가 의롭다는 것을 보았다.

| הַזֶּה | בַּדּוֹר | לְפָנַי | צַדִּיק | רָאִיתִי | אֹתְךָ |
|---|---|---|---|---|---|
| D.ADMS | P.D.NMS | P.NMP.CXS | AMS | VQACXS | O.MYS |
| 이 | 세대에 | 내 앞에서 | 의로움을 | 보았음이니라 | 네가 |

해설

이 문장은 영어의 제5형식 문과 같은 구조이다. 직접목적어(대격) אֹתְךָ가 동사 앞에 위치하여 강조가 되었고, 형용사 צַדִּיק는 목적보어로서 '서술적 대격'이며 목적어를 설명하고 있다. 즉 '너(목적어)가 의롭다'(2형식)는 것을 설명하고 있다. 관사를 가진 지시형용사 הַזֶּה는 관사를 가진 명사 הַדּוֹר를 한정하고 있다. 즉 '이 시대(세대)'

#### b. 분사가 서술적 대격인 경우

예) 창 3:8. 직역: 날의 바람의 때에(or 바람이 부는 때에) 그들이 그 동산에서 거닐고 계시는 하나님 여호와의 소리를 들었다.

וַיִּשְׁמְעוּ אֶת־ קוֹל יְהוָה אֱלֹהִים מִתְהַלֵּךְ בַּגָּן לְרוּחַ הַיּוֹם

| D.NMS | P.NFSG | P.D.NMS | VTPA | NMP | NE | NMSG | O | CW.VQIMZP |
|---|---|---|---|---|---|---|---|---|
| 날이 | 서늘할 때에 | 동산에 | 거니시는 | 하나님 | 여호와 | 음성을 | | 듣고 |

해설
이 문장은 '와우 미완료 계속법'(Waw Imperfect Consecutive; 시상은 완료)으로 이루어져 있으며 영어로 제 5형식문(동사+주어+목적어+목적보어+장소부사구+시간부사구)이다. 서술적 대격이 분사(מִתְהַלֵּךְ, '거닐고 있는'; 능동분사가 위치한 경우다. 연계상태에 있는 전치사구(לְרוּחַ הַיּוֹם)에서 전치사 לְ는 '때'를 나타낸다(towards; ' 무렵'). 즉 '그 날의 바람의 무렵에, or 그 날의 바람이 부는 무렵에'. 하나님의 동산 에덴에서는 서늘한 바람보다 따뜻한 바람이 부는 것이 아닐까? 그 날 따뜻한 바람이 부는 무렵에, רוּחַ는 '영'보다는 '바람'으로 해석.

### ③ 결과의 대격

'결과의 대격'(Accusative of Result)은 동사의 행위에 의한 결과물을 나타낸다.

예) 잠 10:31. 직역: 의인의 혀는 지혜를 결실한다 그리고 패역한 자들의 혀는 베어 내짐을 당할 것이다.

פִּי־ צַדִּיק יָנוּב חָכְמָה וּלְשׁוֹן תַּהְפֻּכוֹת תִּכָּרֵת

| VNIFZS | NFP | C.NFSG | NFS | VQIMZS | AMS | NMSG |
|---|---|---|---|---|---|---|
| 베임을 | 패역한 | 혀는 | 지혜를 | 내어도 | 의인의 | 혀는 |

해설
이 문장은 영어에서 3형식문과 제1형식문으로 병렬되어 있다. 첫 번째 3형식문에서 '직접목적어'(대격)는 חָכְמָה(지혜)이며, 주어는 연계상태의 속격구인 פִּי־צַדִּיק(의인의 혀)이다. 여기서 형용사 צַדִּיק는 명사적인 용법으로 '의로운자'(의인)으로 사용되었다. 따라서 직접목적어(대격) חָכְמָה(지혜)는 '의인의 혀'의 동작의 결과로 나타난 결과물을 의미한다.

### ④ 방향의 대격

'방향의 대격'(Accusative of Direction)은 움직임의 방향 또는 움직임을 통해 도달한 장소, 목적지를 나타낸다. 또한 '떠나는 장소'에도 사용된다. 이 대격은 움직임의 동사와 함께 사용된다. 그리고 이 대격은 '방향의 헤'(locale הָ◌)와 같은 형태는 여기에 속하지 않는다.

예) 민 22:26. 직역: 그리고 그가(여호와의 사자) 오른쪽으로나 왼쪽으로 돌릴(or 피할) 길이 없는 좁은 장소에 섰다.

וַיַּעֲמֹד בְּמָקוֹם צָר אֲשֶׁר אֵין־ דֶּרֶךְ לִנְטוֹת יָמִין וּשְׂמֹאול

| וּשְׂמֹאול | יָמִין | לִנְטוֹת | דֶּרֶךְ | אֵין־ | אֲשֶׁר | צָר | בְּמָקוֹם | וַיַּעֲמֹד |
|---|---|---|---|---|---|---|---|---|
| C.NMS | NFS | P.VQNG | NMS | ABN | R | AMS | P.NMS | CW.VQIMZS |
| 좌 | 우로 | 피할 | 데 | 없는 | | 좁은 | 곳에 | 선자라 |

**해설** 이 문장은 '와우 미완료 계속법'(Waw Imperfect Consecutive; 시상 - 완료)으로 구성된 문이다. '좌우로'(יָמִין וּשְׂמֹאול)는 명사들로서 '방향의 헤'가 없음에도 불구하고 움직임의 방향을 나타내는 '방향의 대격'으로 사용되었다. 즉 '목적어'(대격)로서 '오른 쪽을 향하여, 왼쪽을 향하여'로 번역된다. 부정부사 אֵין־는 'there is no'( ~이 없는, 아닌)의 의미를 가진다. 부정사연계형이 명사적으로 사용되어 '방향 또는 목적'을 나타내는 전치사 לְ에게 지배되어 전치사구(לִנְטוֹת)가 되어 명사 דֶּרֶךְ(길)를 수식하고 있다. 관계대명사 אֲשֶׁר의 선행사는 앞의 '좁은 장소'(מָקוֹם צָר)이다.

### ⑤ 시간의 대격

'시간의 대격'(Temporal Accusative)은 '얼마 동안?, 언제?'과 같은 질문에 대답하는 시간에 사용된다. 이 '시간의 대격'은 동사의 동작이 지속하는 동안의 '시간의 길이'를 나타내는 대격(temporal-duration accusative; 시간 지속의 대격) 또는 동사의 동작이 '발생하는 시간'(temporal-point accusative; 시간의 특정한 때의 대격)을 말해 준다. 이 '시간의 대격'은 동사를 수식하며, 부사와 같은 기능을 한다(부사적 대격).

a. '시간의 특정한 때의 대격'(temporal-point accusative)

예) 시 55:18. 직역: 저녁과 아침과 정오에 내가 묵상하리라 그리고 큰 소리로 말하리라 그리고 그가(여호와) 나의 소리를 들을 것이다.

| קוֹלִי | וַיִּשְׁמַע | וְאֶהֱמֶה | אָשִׂיחָה | וְצָהֳרַיִם | וָבֹקֶר | עֶרֶב |
|---|---|---|---|---|---|---|
| NMS.CXS | C.VQIMZS | C.VQICXS(vh) | VQICXS(vh) | C.NMP | C.NMS | NMS |
| 내 소리를 | 들으시리로다 | 탄식하리니 | 근심하여 | 정오에 | 아침과 | 저녁에 |

**해설** 이 문장은 3개의 문으로 병렬되어 있다. 첫 번째와 두 번째 문은 1인칭 동사(미완료형)의 어미에 '연장 어미' הָ◌(Paragogic He)가 첨가되어 있으므로 '연장형'(or 권유법; The Coortative)을 나타낸다. 즉 화자 '다윗'의 의지의 방향을 반영하고 있다. 다시 말해서 다윗은 하루 3번, 저녁과 아침과 정오에 기도하겠다는 의지(결심, 자기 권고)를 나타내고 있다. 그리고 명사구(עֶרֶב וָבֹקֶר וְצָהֳרַיִם)는 모두 동사 אָשִׂיחָה(묵상하다)를 수식하는 부사의 기능을 하는 '시간의 대격'을 나타낸다. 특히 동사의 동작 즉 '기도'의 동작이 '발생하는 특정한 시간'(저녁, 아침, 정오)을 말해 준다.

b. '시간 지속의 대격'(temporal-duration accusative)

예) 출 20:9. 직역: 너는 6일 동안 일할 것이다(섬길 것이다) 그리고 너의 일의 모든 것을 행할 것이다.

| מְלַאכְתֶּךָ | כָּל־ | וְעָשִׂיתָ | תַּעֲבֹד | יָמִים | שֵׁשֶׁת |
|---|---|---|---|---|---|
| NFS.MYS | NMSG | C.VQAMYS | VQIMYS | NMP | ANCFG |
| 네 일을 | 모든 | 행할 것이나 | 힘써 | 동안은 | 엿새 |

**해설** 이 문장은 2개의 문으로 병렬되어 있다. 연계상태에 있는 속격구(שֵׁשֶׁת יָמִים; 6일 동안)는 '시간의 대격'으로 동사 תַּעֲבֹד를 수식하는 부사의 기능을 하고 있다. 특히 6일간의 지속 시간을 나타내는 '시간 지속의 대격'(temporal -duration accusative)을 나타낸다.

### ⑥ 장소의 대격

'장소의 대격'(Accusative of Place)은 동사의 동작이 발생하는 특정한 지점 or 지역을 한정한다. 이 '장소의 대격'은 동사를 수식하며, 부사와 같은 기능을 한다(부사적 대격).

예) 창 18:1. 직역: 그리고 여호와께서 마므레의 상수리나무에서 그에게(아브라함) 보여지게 되었다 그리고 그는 그 날의 정오에 장막의 문에 앉아 있었다.

| הַיּוֹם | כְּחֹם | הָאֹהֶל | פֶּתַח־ | יֹשֵׁב | וְהוּא | מַמְרֵא | בְּאֵלֹנֵי | יְהוָה | אֵלָיו | וַיֵּרָא |
|---|---|---|---|---|---|---|---|---|---|---|
| D.NMS | P.NMSG | D.NMS | NMSG | VQPA | C.NPMZS | NE | P.NEPG | NE | F.MZS | CW.VNIMZS |
| 그날 | 오정즈음 | 장막 | 문에 | 앉았다가 | 그가 | 마므레 | 상수리수풀 | 여호와 | | 나타나시니라 |

**해설** 이 문장은 2개의 문으로 병렬되어 있다. 첫째 문은 '와우 미완료 계속법'(Waw Imperfect Consecutive; 시상 - 완료)으로 구성되었고, 두 번째 문은 분사 יֹשֵׁב('앉아 있는' - 능동분사)가 서술어로 기능하고 있다. 연계상태의 속격구(בְּאֵלֹנֵי מַמְרֵא; 마므레의 상수리 나무에서)에서 מַמְרֵא(마므레의)는 '장소의 속격'을 나타낸다. 두 번째 연계 상태에 있는 속격구(פֶּתַח־הָאֹהֶל; 장막의 문)에서 הָאֹהֶל(그 장막의)은 '장소의 속격'을 나타내며, 속격구(פֶּתַח־הָאֹהֶל) 자체는 '장소의 대격' 즉 동사의 행위(즉 יֹשֵׁב '앉아 있는')가 발생한 장소를 나타내며, 동사를 수식하고 있는 부사의 기능을 하고 있다.

### ⑦ 한계의 대격

'한계의 대격'(Accusative of Limitation)은 동사가 적용되는 '범위' or 동사가 존재할 수 있는 '한계'를 나타낸다. 이 '한계의 대격'은 동사를 수식하며, 부사와 같은 기능을 한다(부사적 대격).

예1) 왕상 15:23. 직역: 다만 그는(아사왕) 그의 노년의 시간에 그의 발에 병이 들었다.

| רַגְלָיו | אֶת־ | חָלָה | זִקְנָתוֹ | לְעֵת | רַק |
|---|---|---|---|---|---|
| NFD.MZS | O | VQAMZS | NFS.MZS | P.NFSG | AB |
| 발에 | | 병이 있었다 | 늙을 | 때에 | 그러나 |

**해설** 연계상태(לְעֵת זִקְנָתוֹ; '그의 노년 무렵에')에서 전치사 לְ는 '때'를 나타내어 '무렵'(towards)으로 사용되었다. 즉 '노년 무렵에'라는 의미이다. אֶת־רַגְלָיו(그의 발에)는 동사(חָלָה; 병들다)를 수식하는 '한계의 대격'을 나타낸다. 즉 병들은 범위가 '발'에 제한된다. 여기서 אֶת־는 '한정적 대격'(~을, ~를)으로 사용된 것이 아니라 아주 드물게 '한계의 대격'으로 사용되었다.

예2) 창 3:15. 직역: 그는(여인의 후손) 너를 즉 너의 머리를 물어뜯을 것이다 너는 그를 즉 그의 발꿈치를 물어 뜯을 것이다.

| עָקֵב | תְּשׁוּפֶנּוּ | וְאַתָּה | רֹאשׁ | יְשׁוּפְךָ | הוּא |
|---|---|---|---|---|---|
| NMS | VQIMYS.MZS | C.NPMYS | NMS | VQIMZS.MYS | NPMZS |
| 발꿈치 | 상하게 | 너는 | 머리를 | 상하게 | 그가 |

**해설** 독립 인칭대명사(הוּא)가 문두에 왔음으로 그를(여자의 후손) 강조한다. 동사 יְשׁוּפְךָ(물어뜯다)에 접미된 2인칭대명사 접미어(ךָ)는 뒤에 위치한 목적어 רֹאשׁ(머리)와 동격을 나타낸다. 즉 '너의 머리'를 나타낸다. 이 목적어는 물어뜯는 범위(한계)가 '머리'이므로 '한계의 대격'으로 사용되었다. 동사 תְּשׁוּפֶנּוּ에 접미된 3인칭대명사 접미어(הוּ) 역시 뒤에 위치한 목적어 עָקֵב(발꿈치)와 동격을 나타낸다. 즉 '그의 발꿈치'를 나타낸다. 이 목적어 역시 물어뜯는 범위(한계)가 '발꿈치'이므로 '한계의 대격'으로 사용되었다.

### ⑧ 측정의 대격

'측정의 대격'(Accusative of Measure)은 '측정 단위'를 나타낸다. 이 '측정의 대격'은 동사를 수식하며, 부사와 같은 기능을 한다(부사적 대격).

예) 창 7:20. 직역: 그 물이 위를 향하여 십오 규빗이나 강하게 되었다 그리고 그 산들이 덮어 졌다.

| הֶהָרִים | וַיְכֻסּוּ | הַמָּיִם | גָּבְרוּ | מִלְמַעְלָה | אַמָּה | עֶשְׂרֵה | חֲמֵשׁ |
|---|---|---|---|---|---|---|---|
| D.NMP | CW.VUIMZP | D.NMP | VQACZP | P.P.AB.H | NFS | ANCFS | ANCMS |
| 산들이 | 덮인지라 | 물이 | 불어서 | 오르매 | 규빗이 | 십 | 오 |

**해설** '측정의 대격'(חֲמֵשׁ עֶשְׂרֵה אַמָּה; 십오 규빗)이 동사(גָּבְרוּ)를 수식하며, 문두에 위치하므로 '강조'를 나타낸다. מִלְמַעְלָה는 전치사의 복합어로서 '위를 향하여'으로 해석.

### ⑨ 원인의 대격

'원인의 대격'(Accusative of Reason)은 동사의 행위가 일어난 비의도적인 '원인'이나 '이유'를 나타낸다. 이 '원인의 대격'은 동사를 수식하며, 부사와 같은 기능을 한다(부사적 대격). 이 대격은 아랍어에서는 일반적이지만 구약에서는 오직 사 7:25에만 나타난다. 이 '원인의 대격'은 동사를 수식하며, 부사와 같은 기능을 한다(부사적 대격).

예) 사 7:25.  직역: 사람들이 그 괭이로 괭이질 당하게 될 그 모든 산들, 거기로 가시와 가시덤불의 두려움이 가지(or 임하지) 못할 것이다.

וְכֹל הֶהָרִים אֲשֶׁר בַּמַּעְדֵּר יֵעָדֵרוּן לֹא־ תָבוֹא שָׁמָּה יִרְאַת שָׁמִיר וָשָׁיִת

| וָשָׁיִת | שָׁמִיר | יִרְאַת | שָׁמָּה | תָבוֹא | לֹא־ | יֵעָדֵרוּן | בַּמַּעְדֵּר | אֲשֶׁר | הֶהָרִים | וְכֹל |
|---|---|---|---|---|---|---|---|---|---|---|
| C.NMS | NMS | NFSG | AB.H | VQIFZS | ABN | VNIMZP | P.D.NMS | R | D.NMP | C.NMSG |
| 형극 | 질려 | 두려워서 | 그리로 | 가지 | 못할 | 갈던 | 보습으로 | | 산에도 | |

**해설** 본문은 매우 난해한 구절이다. 학자들은 '원인의 대격'의 유일한 표현으로 שָׁמִיר וָשָׁיִת יִרְאַת(가시와 가시덤불이 두렵기 때문에)를 본다. 즉 가시와 가시덤불의 두려움 때문에 그 곳으로 가지 못한다는 것이다. 하지만 본문이 모호하기 때문에 이 연계상태의 속격구는 대격이 아니라 동사 תָבוֹא(가다)의 주어가 될 수 있다. 왜냐하면 תָבוֹא동사는 3인칭 여성 단수가 주어로 되어 있기 때문이다. 문두에 있는 כֹל הֶהָרִים과 שָׁם는 동격으로 보아야 할 것 같다.

### ⑩ 수단의 대격

'수단의 대격'(Accusative of Means)은 발생한 동작의 수단을 나타낸다.

예) 수 7:25.  직역: 온 이스라엘이 그를 돌로 쳐 죽였다.

וַיִּרְגְּמוּ אֹתוֹ כָל־ יִשְׂרָאֵל אֶבֶן

| אֶבֶן | יִשְׂרָאֵל | כָל־ | אֹתוֹ | וַיִּרְגְּמוּ |
|---|---|---|---|---|
| NFS | NE | NMSG | O.MZS | CW.VQIMZP |
| 돌로 | 이스라엘이 | 온 | 그를 | 치고 |

**해설** 이 문장은 '와우 미완료 계속법'(Waw Imperfect Cosecutive; 시상은 완료)으로 이루어져 있으며 영어로 5형식 문이다. 대격 'אֶבֶן'(돌)은 목적보어로서 서술적 대격임과 동시에 '수단의 대격'을 나타낸다. 즉, רָגַם(돌을 던져 죽이다) 동사의 행위가 '돌'(אֶבֶן)을 수단으로 발생하였기 때문이다. '돌을 수단으로 쳐서 죽였다'.

### ⑪ 방법의 대격

'방법의 대격'(Accusative of Manner)은 동사의 행위가 어떠한 방법으로 일어나는지를 나타낸다. 부정사의 절대형 역시 '방법의 대격'으로 표현될 수 있다. 이 '방법의 더격'은 동사를 수식하며, 부사와 같은 기능을 한다(부사적 대격).

예) 삼상 12:11. 직역: 그가(여호와) 사방에서 너희의 미워하고 있는 자들(즉 대적들)의 손으로부터 너희를 구출하게 하였다 그리고 너희는 안전하게 거주하였다.

| בֶּטַח | וַתֵּשְׁבוּ | מִסָּבִיב | אֹיְבֵיכֶם | מִיַּד | אֶתְכֶם | וַיַּצֵּל |
|---|---|---|---|---|---|---|
| NMS | CW.VQIMYP | P.AB | VQPAMP.MYP | P.NFSG | O.MYP | CW.VHIMZS |
| 안전히 | 거하게 | 사방 | 너희 원수의 | 손에서 | 너희를 | 건져내사 |

**해설** 이 문장은 '와우 미완료 계속법'(Waw Imperfect Consecutive; 시상은 완료)으로 연속적으로 나열되어 있다. 분사 אֹיְבֵיכֶם는 명사적으로 사용되어 대명사 접미사가 첨가되었다. 즉 '너희의 미워하는 자들(or 대적들)'이다. 직접목적어(대격) בֶּטַח(안전)은 '방법의 대격'으로 사용되어 동사를 수식하는 부사로 사용되었다. 즉 '안전한 방법으로(or 안전하게)' 거주하다.

### ⑫ 분리의 대격

'분리의 대격'(Accusative of Separation)은 주어가 '누구로부터' 또는 '무엇으로부터' 출발했는지를 나타내기 위해 동사 יָצָא(나가다, 떠나다)와 함께 사용된다.

예) 창 44:4. 직역: 그들이 그 성을 떠나 멀어지지 않았다.

| הִרְחִיקוּ | לֹא | הָעִיר | אֶת־ | יָצְאוּ | הֵם |
|---|---|---|---|---|---|
| VHACZP | ABN | D.NFS | O | VQACZP | NPMZP |
| 멀리 가기 | 전에 | 성에서 | | 나가 | 그들이 |

**해설** 이 문장은 2개의 절이 '대등 접속사'(וְ)없이 대등하게 병렬되어 있다. 독립 인칭 대명사 הֵם는 주어를 강조하고 있다. 그리고 '한정 목적어' אֶת־הָעִיר는 동사 יָצָא와 함께 사용되어 '분리'의 대격으로 사용되었다.

### ⑬ 수동동사와 함께 나오는 대격

예) 사 45:17. 직역: 이스라엘은 여호와 안에서 영원한 구원을 얻을 것이며 부끄럽지 않을 것이다.

יִשְׂרָאֵל נוֹשַׁע בַּיהוָה תְּשׁוּעַת עוֹלָמִים לֹא־ תֵבֹשׁוּ

| VQIMYP | ABN | NMP | NFSG | P.NE | VNAMZS | NEM |
|---|---|---|---|---|---|---|
| 부끄러움 | | 영원한 | 구원을 얻으 | 여호와께 | 구원을 입어 | 이스라엘 |

**해설** 본문은 2개의 문으로 병렬되어 있다. 앞의 문에서 ‘대격’ תְּשׁוּעַת עוֹלָמִים(영원의 구원 or 영원한 구원)이 ‘수동동사’(לאהפנ נוֹשַׁע형; ‘구원을 받다’)와 함께 나온 경우다.

### ⑭ 비인칭 수동동사와 함께 나온 대격

예) 창 27:42. 직역: 그리고 리브가에게 그녀의 큰 아들, 데서의 말이 알려지게 되었다.

וַיֻּגַּד לְרִבְקָה אֶת־ דִּבְרֵי עֵשָׂו בְּנָהּ הַגָּדֹל

| D.AMS | NMS.FZS | NE | NMPG | O | P.NE | CW.VOIMZS |
|---|---|---|---|---|---|---|
| 맏 | 아들 | 에서의 | 말이 | | 리브가에게 | 들리매 |

**해설** 이 문장은 ‘와우 미완료 계속법’(Waw Imperfect Consecutive; 시상은 완료형)으로 시작된다. 한정 목적어(אֶת־ דִּבְרֵי עֵשָׂו)가 수동동사(יֻגַּד; ‘알리다’- Hophal형, 사역 수동)와 함께 나온 경우이다. 이 때 동사의 주어는 비인칭을 나타낸다. ‘그녀의 큰 아들’과 ‘에서’는 동격이다.

## 6) 방위격

‘방위격’(locative)은 부사적 방향 접미사 ָה(locale he)에 의해 표현된다. ‘ָה(locale He)’는 방향 개념(direction; ~을 향하여, ~에게로)과 동작 개념(motion; ~를 향하여 towards, ~ 으로 to)에 주로 사용된다.

첨가 모음 ָה 는 이전에는 고대의 한정적인 대격(determinate accusative)의 흔적으로 간주되었다. 그러나 우가릿어(Ugaritic)의 자료들이 발견된 후 그렇지 않음을 알게 되었다. 우가릿어에서 ָה 는 모음이 아니라 자음이다. 이것은 주로 방향을 또는 목적지, 장소를 표시한다. 여기에서 방향의 ָה , 장소의 ָה(locale He)라는 문법적 용어가 유래되었다.

### ① ‘목표’ or ‘행동’의 ◌ָה

방향 접미사 ◌ָה는 명사 뒤에 붙어서 ‘목표’나 ‘행동’의 향방을 나타내어 명사를 부사화 한다. 그리고 연계상태의 명사구문에 첨가될 때는 반드시 연계형 명사에 접미된다.

예) 왕상 19:15. 직역: 그리고 여호와께서 그에게 “너는 가라, 너는 너의 길을 다메섹의 광야를 향하여 돌아가라”고 말씀하셨다.

| דַמָּשֶׂק | מִדְבַּרָה | לְדַרְכְּךָ | שׁוּב | לֵךְ | אֵלָיו | יְהוָה | וַיֹּאמֶר |
|---|---|---|---|---|---|---|---|
| NE | NMSG.H | P.NMS.MYS | VQMMYS | VQMMYS | P.MZS | NE | CW.VQIMZS |
| 다메섹의 | 광야로 | 네 길을 | 돌이켜 | 가서 | 저에게 | 여호와 | 이르시되 |

**해설** 이 문장은 ‘와우 미완료 계속법’(Waw Imperfect Consecutive; 시상은 완료형)으로 시작되며, 직접화법을 나타내는 문이다. לְדַרְכְּךָ(너의 길을)에서 전치사 לְ는 대격을 나타낸다. 명사구 מִדְבַּרָה דַמָּשֶׂק는 연계상태를 나타낸다. 즉 ‘광야’를 나타내는 ‘מִדְבָּר’가 ‘מִדְבַּר’로 짧아지면 연계형이 되고, ‘מִדְבָּר’로 길어지면 연계형이 아니다. 따라서 본문은 짧으므로 ‘연계형’이다. 그러므로 방향 접미사 ◌ָה가 연계형에 첨가되었다.

### ② 시간의 ◌ָה

‘시간의 ◌ָה’는 어떤 사물이 존재하거나 발생하는 시간을 나타내어 명사를 부사화 한다.

예) 삿 11:40. 직역: 날들로부터 날들을 향하여(즉 해마다) 이스라엘의 딸들이 입다의 딸을 위하여 애곡하러 갔다.

| יִפְתָּח | לְבַת־ | לְתַנּוֹת | יִשְׂרָאֵל | בְּנוֹת | תֵּלַכְנָה | יָמִימָה | מִיָּמִים |
|---|---|---|---|---|---|---|---|
| NE | P.NFSG | P.VPNG | NE | NFPG | VQIFZP | NMP.H | P.NMP |
| 입다 | 딸을 위하여 | 애곡 | 이스라엘 | 여자들이 | 가서 | 해마다 | |

**해설** 이 문장은 제1형식 문이다. 즉 ‘부사구+동사+주어+부사구+부사구’의 구조로 되어 있다. יָמִימָה는 ‘시간의 He’가 첨가되어 있다. מִיָּמִים יָמִימָה(날들로부터 날들을 향하여)는 1개의 관용구로서 ‘해마다 or 매년’로 해석된다. 부정사 연계형(לְתַנּוֹת)과 결합된 전치사 לְ는 ‘목적’(purpose)을 나타낸다. 즉 ‘애곡하기 위하여’.

### ③ 장소의 ◌ָה

‘장소의 ◌ָה’는 어떤 사물이 존재하거나 발생하는 장소를 나타내어 명사를 부사화 한다. 특히 이 ‘장소의 ◌ָה’가 첨가된 명사에 전치사 בְּ( ~ 에)가 접두하거나, 전치사 אֵצֶל(가까이)이 앞에 위치하게 되면 그 전치사와 중복되어 ‘방향’보다는 ‘장소’를 가리키게 된다.

예) 삼상 23:18. 직역: 다윗은 그 숲 속에 거하였다 그리고 요나단은 그의 집으로 걸어 갔다.

| לְבֵיתוֹ | הָלַךְ | וִיהוֹנָתָן | בַּחֹרְשָׁה | דָּוִד 9 | וַיֵּשֶׁב |
|---|---|---|---|---|---|
| P.NMS.MZS | VQAMZS | C.NE | P.D.NMS.H | NE | C.W.VQIMZS |
| 자기 집으로 | 돌아가니라 | 요나단은 | 수풀에 | 다윗은 | 거하고 |

**해설** 이 문장은 ‘와우 미완료 계속법’(Waw Imperfect Consecutive; 시상은 완료형)으로 시작되며, 2개의 문으로 병렬되어 있다. 전치사구 בַּחֹרְשָׁה(숲 속에)에서 ‘방향의 접미사 ◌ָה’가 전치사 בְּ가 접두된 명사(חֹרֶשׁ)에 첨가되었으므로 ‘장소의 ◌ָה’로 사용되었다. 즉 ‘숲 속에’.

### ④ 방향 접미사 ◌ָה

방향 접미사 ◌ָה는 전치사를 가진 명사 뒤에서는 자신의 기능을 상실한다 따라서 전치사의 의미만 살아난다.

예) בַּנֶּגְבָּה (남쪽에); אֶל־הַצָּפוֹנָה (북쪽으로); מִבָּבֶלָה (바벨론으로부터);
לִשְׁאוֹלָה (음부로); עַד־אֲפֵקָה (아벡까지)

## 7) 동격

동격(Apposition)은 한 명사가 선행하는 명사와 단순하게 병렬되어 나오는 경우를 말한다. 즉 속격이나 서술적 대격에서 명사는 선행 명사에 종속되지만, 동격에서 명사는 첫 번째 명사에 종속되지 않고 동일한 격에 속하게 된다. 여기에서 두 명사 사이에 동질성(identity)이나 동일성(equation) 관계가 나타나며, 명사문으로서 ‘A는 B이다’로 변환할 수 있다. 히브리어에서 동격은 다른 언어보다도 훨씬 더 넓게 사용된다. 이것은 실명사가 술어로 나오는 명사문을 자유롭게 사용할 수 있는 히브리어의 특성 때문에 생긴 것이다.

### ① 「종류(species)+부류(genus)」의 동격

이와 같은 동격에서는 일반적인 단어가 먼저 위치하고, 그 뒤를 보다 전문적인 단어가 위치한다. 이 때의 전문적인 단어는 앞의 단어의 부분 집합 쯤 된다.

예) 신 22:23. 직역: 한 남자와 정혼한 '처녀'인 '한 소녀'가 있었다.

| לְאִישׁ | מְאֹרָשָׂה | בְתוּלָה | נַעֲרָה | (נַעַר) | יִהְיֶה |
|---|---|---|---|---|---|
| P.NMS | VPPAFS | NFS | NFS | NMS | VQIMZS |
| 남자와 | 약혼한 후에 | 처녀인 | 여자가 | | 있었다 |

**해설**

בְתוּלָה(처녀)와 נַעֲרָה(소녀)는 동격관계에 있다. 첫 번째 명사 נַעֲרָה(소녀)는 '유년기에서 청년기에 이르는 젊은 여자'를 지칭하는 일반적인 용어이며, 두 번째 명사는 '결혼한 경력이 전혀 없는 동정녀(virgin)'인 처녀를 말한다. נַעֲרָה(여성형)과 נַעַר(남성형)는 사본상 즉 '남성명사' or '여성명사'의 차이다.

### ② 성질의 동격

'성질(or 속성)의 동격'(Apposition of quality)은 두 번째 단어가 첫 번째 단어의 성질(quality)을 설명하거나 표현한다.

예) 시 60:5. 직역: 당신은 당신의 백성으로 하여금 가혹함을 보이도록 하셨다 당신은 우리에게 비틀거림의 포도주를 쭉 들이키도록 하셨다.

| תַּרְעֵלָה | יַיִן | הִשְׁקִיתָנוּ | קָשָׁה | עַמְּךָ | הִרְאִיתָה |
|---|---|---|---|---|---|
| NFS | NMSG | VHAMYS.CXP | AFS | NMS.MYS | VHAMYS |
| 비척거리게 | 포도주로 | 마시우셨나이다 | 어려움 | 주의 백성 | 보이시고 |

**해설**

이 문장은 등위접속사 없이 2개의 문으로 병렬되어 있다. 2개의 명사구(יַיִן תַּרְעֵלָה)는 '동격'의 관계에 있다. 즉 두 번째 명사(תַּרְעֵלָה; 비틀거림)가 앞의 명사(יַיִן; 포도주)의 성질, 사람을 비틀거리게 하는 성질을 설명하고 있다. 따라서 두 번째 명사(תַּרְעֵלָה; 비틀거림)는 '성질의 동격'을 나타낸다.

### ③ 물질의 동격

'물질의 동격'(Apposition of Material)은 두 번째 단어가 첫 번째 단어의 물질(or 재료)이 무엇인지를 알려준다.

예) 왕하 16:14. 직역: 여호와 앞에 있는 그 구리 제단을,

| יְהוָה | לִפְנֵי | אֲשֶׁר | הַנְּחֹשֶׁת | הַמִּזְבַּח | וְאֵת |
|---|---|---|---|---|---|
| NE | P.NMPG | R | D.NMS | D.NMS | C.O |
| 여호와의 | 앞에 | | 놋 | 단을 | 또 |

**해설** 2개의 명사구(הַמִּזְבַּח הַנְּחֹשֶׁת)에서 두 번째 명사는 앞의 명사에 대해서 '물질의 동격'으로 사용되었다. 즉 앞의 명사(הַמִּזְבַּח; 제단)가 '구리'(הַנְּחֹשֶׁת; 놋)라는 물질로 만들어진 것으로 설명하고 있다.

### ④ 측량의 동격

'측량의 동격'(Apposition of Measure)은 두 번째 단어가 첫 번째 단어의 분량을 나타낸다.

예) 겔 47:4. 직역: 그리고 그가(=천사) 일천(척)을 측량하였다 그리고 그가 나를(=에스겔) 두 무릎이 (차는) 그 물 안으로 건너가도록 시켰다

| בִּרְכָּיִם | מַיִם | בַמַּיִם | וַיַּעֲבִרֵנִי | אֶלֶף | וַיָּמָד |
|---|---|---|---|---|---|
| NFD | NMD | P.D.NMP | CW.VHIMZS.CXS | NMS | CW.VQIMZS |
| 무릎에 | 물이 | 물을 | 나로 건너게 | 일천척을 | 척량하고 |

**해설** 이 문장은 2개의 '와우 미완료 계속법'(Waw Imperfect Consecutive; 완료 시상)으로 연결된 문이다. 명사구(מַיִם בִּרְכָּיִם)에서 두 번째 명사는 앞의 명사에 다해서 '측량의 동격'으로 사용되었다. 즉 두 번째 명사가 앞의 명사(מַיִם; 물)의 분량을 나타낸다. 즉 '그 깊이가 두 무릎 높이 정도의 물'이다

### ⑤ 설명의 동격

'설명의 동격'(Explicative Apposition)은 '동격의 속격'(Genitive of Apposition)과 유사하다. 두 단어는 순서가 바뀌어도 괜찮다. 즉 서로가 서로를 설명한다.

예) 민 34:2. 직역: 너는 그들에게 "너희가 가나안 그 땅으로 들어가고 있다"라고 말하라.

| כְּנָעַן | הָאָרֶץ | אֶל־ | בָּאִים | אַתֶּם | כִּי־ | אֲלֵהֶם | וְאָמַרְתָּ |
|---|---|---|---|---|---|---|---|
| NE | D.NFS | P | VQPAMP | NPMYP | C | P.MZP | C.VQAMYS |
| 가나안 | 땅 | 에 | 들어가는 | 너희가 | | 그들에게 | 이르라 |

**해설** 이 문장은 직접 화법으로 구성되었다. 즉 접속사 'כִּי'가 직접화법의 '피전달부'(인용문; " " 부분)를 이끈다. 명사구(הָאָרֶץ כְּנָעַן)에서 두 명사는 '설명의 동격'을 나타낸다. 즉 '가나안의 그 땅' or '그 땅 가나안'이다.

### ⑥ 술어적 동격

'술어적 동격'(Predicate Apposition)은 첫 번째 단어가 서술 형용사로 기능한다.

예) 창 43:27. 직역: 그리고 그가(요셉), 너희가 말했던 그 늙은 너희 아버지는 평안하시냐? 그가 여전히 살아있느냐?라고 말했다.

| חָי | הַעוֹדֶנּוּ | אֲמַרְתֶּם | אֲשֶׁר | הַזָּקֵן | אֲבִיכֶם | הֲשָׁלוֹם | וַיֹּאמֶר |
|---|---|---|---|---|---|---|---|
| AMS | T.AB.MZS | VQAMYP | R | D.AMS | NMS.MYP | T.NMS | CW.VQIMZS |
| 생존 | 지금까지 | 말하던 | | 그 노인이 | 너희 아버지 | 안녕하시냐 | 가로되 |

**해설** 이 문장은 '와우 미완료 계속법'(Waw Imperfect Consecutive; 완료 시상)으로 시작하여 '화법 형식'의 문이다. 여기서 피전달부는 2개의 의문부호(הֲ הַ; question mark; ?)가 이끄는 의문문으로 되어 있다. 그리고 명사구(הֲשָׁלוֹם אֲבִיכֶם)에서 첫 번째 명사(הֲשָׁלוֹם)가 두 번째 명사(אֲבִיכֶם)의 '서술적 형용사'의 기능을 하는 '술어적 동격'을 나타낸다. 즉 '너희 아버지는 평안하다'이다.

### ⑦ 수의 동격

'수의 동격'은 두 번째 단어가 수(or 수량)을 통해 첫 번째 단어를 한정하는 경우다.

예) 민 9:20. 직역: 그 장막 위에 그 구름이 적은 날들이 있었던 일이 있었다.

| הַמִּשְׁכָּן | עַל־ | מִסְפָּר | יָמִים | הֶעָנָן | יִהְיֶה | אֲשֶׁר | וְיֵשׁ |
|---|---|---|---|---|---|---|---|
| D.NMS | P | NMS | NMP | D.NMS | VQIMZS | R | C NS |
| 장막 | 위 | 적을 | 날이 | 구름 | | | 혹시 |

**해설**

이 문장은 '존재적 불변화사'인 יֵשׁ( ~이 있다. 이다; there is, are)가 이끄는 문이다. 명사구(יָמִים מִסְפָּר)에서 두 번째 단어(מִסְפָּר; 소수, 적은 수)가 첫 번째 명사(יָמִים; 날들)을 수량으로 한정하는 '수의 동격'을 나타낸다.

## ⑧ 반복의 동격

대격 불변화사(אֵת)나 전치사도 동격인 명사 앞에서 일반적으로 반복된다.

예) 창 4:2. 직역: 그리고 그녀가(하와) 그의(가인) 형제 아벨을 낳는 것을 다시 하였다.

| הָבֶל | אֶת־ | אָחִיו | אֶת־ | לָלֶדֶת | וַתֹּסֶף |
|---|---|---|---|---|---|
| NE | O | NMS.MZS | O | P.VQNG | CW.VHIFZS |
| 아벨 | | 가인의 아우 | | 낳았는데 | 그가 또 |

**해설**

이 문장은 '와우 미완료 계속법'(Waw Imperfect Consecutive; 완료 시상)으로 구성되었다. 연계형 부정사(לָלֶדֶת)가 אֶת־אָחִיו(그의 형제)를 '목적어'로 취하여 동사의 기능을 나타내고 있다. 그리고 אֶת־הָבֶל(아벨)는 그 '목적어'에 대한 '동격'으로서 '대격 불변사'가 '반복'된 채로 사용되었다. 그리고 전치사 לְ가 첨가된 '부정사 연계형'(לָלֶדֶת)은 '주동사'(תֹּסֶף)의 '목적어'로 사용되어 명사의 기능을 나타내고 있다. 동사 יָסַף의 '히필형'은 'do again'(다시 ~ 을 하다)의 뜻을 가진다.

## ⑨ 선제적 동격

'선제적 동격'(Anticipative Apposition)이란 '대명사 접미사'가 자신의 지시 대상과 '동격 관계'에 있으며, 그 지시 대상보다 앞에 위치하는 것을 말한다. '대명사 접미사'는 일반적으로 번역할 때 생략된다.

예) 출 2:6. 직역: 그리고 그녀가 열었다 그리고 그녀가 그 아이를 보았다 그리고 보라! 아이가 울고 있다

וַתִּפְתַּח וַתִּרְאֵהוּ אֶת־הַיֶּלֶד וְהִנֵּה־נַעַר בֹּכֶה

| בֹּכֶה | נַעַר | וְהִנֵּה־ | הַיֶּלֶד | אֶת־ | וַתִּרְאֵהוּ | וַתִּפְתַּח |
|---|---|---|---|---|---|---|
| VQPA | NMS | C.Q | D.NMS | O | CW.VQIFZS.MZS | CW.VQIFZS |
| 우는지라 | 아이가 | | 그 아이를 | | 보니 | 열고 |

**해설**

이 문장은 2개의 '와우 미완료 계속법'(Waw Imperfect Consecutive; 완료 시상)으로 나열되어 있다. 두 번째 동사(תִּרְאֵהוּ)DP 접미된 '대명사 접미사'는 '목적격'으로 뒤에 위치한 지시 대상(אֶת־ הַיֶּלֶד; '그 아이를')과 '동격'관계로서 '선제적 동격'을 나타낸다. 그리고 세 번째 문은 분사(בֹּכֶה; 울고 있는)가 서술어 기능을 하고 있다.

# Ⅲ. 명사의 변화(Declension)

히브리어에서 명사의 어간(stem)은 동사와 마찬가지로 세 자음으로 형성되어 있다. 모든 명사는 어근(root)으로부터 직접 형성되었거나 동사에서 파생되었거나 다른 명사로부터 파생 또는 결합에 의해서 발생되었다. 명사는 그 기원에 따라, 어근(root)에서 직접 형성된 명사를 **원시 명사**(primitive nouns)라 하고, 동사나 다른 명사에서 온 것을 **파생 명사**(derivative nouns)라고 한다. 파생 명사는 '동사 파생 명사'(verbal nouns)와 '명사 파생 명사' (denominative nouns)로 나뉜다.

동사(verbs)는 '동작' 개념을 표현하며, 명사는 '휴식'의 개념을 표현한다. 휴식의 개념을 표현하는 명사는 억양의 영향을 받아 모음이 길어지므로 동사보다 무거운 모음 형태를 취한다.

히브리어 명사는 실명사(substantive)와 형용사도 포함한다. 형용사는 그 형태(formation)와 어형 변화(declension)에 있어서 명사와 같기 때문이다. 복합 명사들은 자주 고유명사(Proper Noun)로 사용되며, 아주 드물게 보통 명사로 사용되기도 한다.

언어 유형에 있어서, 히브리어는 성(Gender)•수(Number)변화는 있고 격(Case)변화는 하지 않는 굴절형(屈折形, declension)에 해당되므로 명사의 격(格)들을 표시하는 어미(끝모음)가 상실되어 있다. 즉 격 변화를 나타내지 못하므로 '격' 표시는 구나 문장 안에서의 명사의 위치를 통해서(문맥), 혹은 명사 앞에 위치한 전치사를 통해서 파악할 수 있다.

*** 히브리어 명사에만 붙는 명사전용어미는 다음과 같다.**

| | | |
|---|---|---|
| ① ים ִ (남성복수형) | ② וֹת(여성복수형 or 연계형) | ③ יִם ַ (쌍수) |
| ④ ה ָ (여성단수형) | ⑤ ת ַ (여성단수 연계형) | ⑥ י ֵ (남성복수/쌍수 연계형) |
| ⑦ תֵי (여성쌍수 연계형) | | |

## 1. 명사의 정의

형상이 있건 없건 모든 것에 무엇이라고 이름이 붙여져서 사용하는 말인데, 한 문장(sentence) 안에서 주어(主語), 목적어(目的語), 보어(補語), 전치사(前置詞)의 목적어 등이 되는 말이다. 또한 명사는 사물, 인물, 개념을 일컫는 말로서, 고유명사를 제외한 모든 명사는 성(性)을 나타내는 관사(冠詞)를 가지고 있다. 영어 noun은 라틴어에서 '이름'을 뜻하는 nōmen으로부터 유래되었다. 또한 로망스제어의 언어에서 명사(프랑스어의 nom, 스페인어의 nombre 등)는 명사와 이름, 두 가지 뜻을 함께 가지고 있다.

> * 인류 최초의 **명사(noun)**는 첫 사람 아담의 의해서 사용되었다. 창 1:19에서 " ~ 아담이 각 생물을 부르는 것이 곧 **그 이름(nōmen)이 되었더라**(חַיָּה הוּא שְׁמוֹ).

## 2. 명사(Noun)의 기원과 형태

**1) 원시 명사(primitive nouns): 명사든 동사든 자음 어근을 공유하지 않는 명사, 즉 파생어의 존재가 알려지지 않은 명사들.**

אָב 아버지 אֵם 어머니 דָּם 피 יוֹם 날 רֹאשׁ 머리 פֶּה 입 등등

**2) 파생 명사(derivative nouns)**

**① 동사 파생 명사(verbal nouns)**

히브리어 명사는 대부분 동사에서 파생되었다. 즉 가장 단순한 기본형(ground form; Qal 완료 남성 3인칭 단수형)에서 파생되었다.

דָּבָר(N) 말씀, 말 ⇦ דָּבַר(V) 그가 말했다
מֶלֶךְ(N) 왕, 통치자 ⇦ מָלַךְ(V) 그가 다스렸다, 통치했다

עֶבֶד(N) 종, 하인 ⇦ עָבַד(V) 그가 섬겼다, 봉사했다
עוֹף(N) 새 ⇦ עוּף(V) 날았다
פֶּתַח(N) 문 ⇦ פָּתַח(V) 그가 열었다

② 명사 파생 명사(Denominative Nouns)

다른 명사로부터 직접 형성된 명사들이 이에 속한다.

בֹּקֵר(N) 목동 ⇦ בָּקָר(N) 소(떼), 수소
כֹּרֵם(N) 포도원지기 ⇦ כֶּרֶם(N) 포도
מִצְרִי(N) 애굽인 ⇦ מִצְרַיִם(N) 애굽
רֵאשִׁית(N) 시작, 처음, 첫째 ⇦ רֹאשׁ(N) 머리, 꼭대기, 우두머리
מַרְגְּלוֹת(N) 발등상, 발치, 발이 있는 곳 ⇦ רֶגֶל(N) 발

### 3) 특정 동사 형태와 관련된 특정 명사

גִּדּוּף(NMS) 모욕, 욕설 ⇦ גִּדֵּף(피엘 동사) 그가 모욕했다, 그가 욕을 했다
תְּהִלָּה(NFS) 영광, 찬양, 찬양할만한 행위 ⇦ הִלֵּל(피엘 동사) 그가 찬양했다

### 4) 특정 개념과 관련된 명사

다른 셈어에서 처럼 히브리어에는 유사한 것을 가리키는 명사들이 동일한 형태소의 틀로 나타나는 경향이 있다.

① Qittel 형: 순수한 히브리어 형태. 신체적 또는 정신적 결함을 나타내는 형용사와 관련.

עִוֵּר 눈이 먼, אִלֵּם 벙어리의, פִּסֵּחַ 절름발이의, גִּבֵּן 곱사등의

② Qattāl 형: 직업을 표현하는 직업 명사(nomina opificum)와 관련.

טַבָּח 도살자, דַּיָּן 재판관, רַכָּב 전차를 모는 사람, פָּרָשׁ 말을 모는 사람(기수)
חָרָשׁ 노동자

③ Qatil 형: 원시형태는 Qātel 형, 신체의 사지의 명칭과 관련.

כָּתֵף 어깨, יָרֵךְ 넓적다리, עָקֵב 발꿈치, כָּבֵד 간, כָּרֵשׂ 배

④ Qatīl 형: 원시형태는 Qatîl형, 동작 명사 특히 농경 활동의 명칭과 관련.

קָצִיר 추수, בָּצִיר 포도수확, אָסִיף 수확, חָרִישׁ 밭갈이, זָמִיר 가지치기

## 5) 복합 명사

복합명사는 흔히 고유명사(Proper Noun)로서 사용되며, 아주 드물게 보통명사(Common Noun)로도 사용된다.

### ① 고유명사

אֲבִיאֵל(아비엘, 사울의 조부): אָבִי(나의 아버지) + אֵל(하나님)
= 하나님은 나의 아버지
גַּבְרִיאֵל(가브리엘, 천사장): גֶּבֶרִי(나의 용사) + אֵל(하나님)
= 하나님의 강한 자 or 하나님은 나의 용사(강한 자)
יְשַׁעְיָה(이사야, 대선지자): יָשַׁע(구원하다) + יָהּ(여호와의 단축형)
= 여호와께서 구원하셨다

### ② 보통명사

בְּלִיַּעַל(베리야알): בְּלִי(not) + יַעַל(가치가 있다, 유익이 있다)
= 무가치함, 무익함, 파멸

### 6) 차용어(loan-words)

아카드어(Akkadian)로부터 유입된 차용어들이 다양하게 히브리어 형태소에 자리 잡았다.

אִגֶּרֶת(편지) ⇨ 아카드어 egertu(앗수르와 신바벨론 시대 때, 진흙토판에 새겨진 편지 or 법률 문서)에서 차용됨. 쎄골 명사처럼 ג(g)을 중복하여 만들어짐.

שַׁבָּת(안식일) ⇨ 아카드어 šabattu or šapattu(달의 15일째 날, 2주간)에서 차용됨.

## 3. 명사의 종류

### 1) 일반적인 분류

① **보통 명사(Common Noun)**: 사람과 사물, 셀 수 있는 명사.

사람( אָדָם ), 강( נָהָר ), 나무( עֵץ ), 약대( גָּמָל ) 등등

② **고유 명사(Proper Noun)**: 인명이나 지명 등 고유한 이름을 나타내는 명사. 특히 고유명사는 유일한 존재를 가리키므로 그 자체가 한정적이다. 따라서 고유명사들은 몇몇을 제외하고는 정관사를 취하지 않는다.

예수아( יֵשׁוּעַ ), 이사야( יְשַׁעְיָה ), 예루살렘( יְרוּשָׁלַיִם ), 사단( שָׂטָן );
요단강( הַיַּרְדֵּן ), 레바론산( הַלְּבָנוֹןה ), 히브리인( הָעִבְרִיה ) 등등

③ **집합 명사(Collective Noun)**: 같은 종류의 것이 여럿 모여 있는 전체를 나타내는 명사.

백성( עַם ), 군대( צָבָא ), 민족( גּוֹי ), 무리( עֵדָה ) 등등

### * 군집 명사(群集名詞) *

집합 명사(Collective Noun)의 대부분은 그 집합체를 하나의 집단으로 취급하므로 **단수 동사**가 오게 된다. 그러나 집합체를 구성하는 개체를 낱낱이 취급하여 **복수 동사**를 받는 경우가 있다. 이런 명사를 군집 명사(Noun of Multitude)라 한다.

④ **물질 명사(Material Noun)**: 일정한 형체가 없는 물질을 나타내는 명사.

빛( אוֹר ), 영(or 바람)( רוּחַ ), 물( מַיִם ), 안개( אֵד ) 등등

⑤ **추상 명사(Abstract Noun)**: 구체성 없이 추상적 개념을 언어로써 말하여 나타내는 명사.

논쟁( רִיב ), 악한 행위( מַעֲלָל ), 거룩함( קֹדֶשׁ ), 평화( שָׁלוֹם ) 등등

⑥ **실명사(Substantive)**: 명사의 구칭(舊稱)으로, 형용사, 분사, 부정사 연계형 등의 품사가 문맥에서 명사의 개념이 뚜렷하여 명사적으로 사용되는 '명사 상당어'를 말한다.

⑦ **인종 표시 명사(Gentilic Noun)**

a. 종족을 나타내는 명사는 접미사 ִי◌가 첨가된다.
עִבְרִי(히브리인; Hebrew), חִתִּי(헷 족속; the Hittite),
אַשּׁוּרִי(앗수르 족속; the Asshur), מִדְיָנִי(미디안 족속; the Midian)

b. 사람의 이름에 접미사 ִי◌가 첨가되어 그 사람의 백성이나 후손을 나타낸다.
יִשְׂרְאֵל(이스라엘 자손; the Israelite), יְהוּדִי (유다 자손 ; the Jew),
יִשְׁמְעֵאלִי(이스마엘 후손; the Ishmaelite), כְּנַעֲנִי(가나안 자손; the Canaanite)

c. 지역의 이름에 접미사 ִי◌가 첨가되어 그 지역의 사람(종족)을 나타낸다.
מִצְרִי(애굽 사람; the Egyptian), מוֹאָבִי(모압 사람; the Moabite),
אֱדֹמִי(에돔 사람; the Edomite), בֵּית הַלַּחְמִי(베들레헴 사람; the Bethlehemite)

d. 또한 접미사 ִי는 기수(cardinals)에 첨가되어 서수(ordinals)을 표현한다.
שְׁלִישִׁי(셋째; third) ⇦ שְׁלִישָׁה(3, three), תְּשִׁיעִי(ninth) ⇦ תִּשְׁעָה(nine)

e. 접미사 ִי는 명사에 첨가되어 형용사로 변화된다. 이 접미사는 일반적으로 연계형 명사들에서 발견되고 따라오는 명사들과 밀접한 관계를 가지고 있기 대문에 '연결의 ī' 이라고 부른다. 접미사 ִי는 그 일반적인 용법과 기원 때문에 '연계형의 ī'이라고 부를 수 있다.

예) 애 1:1. 직역: 어떻게 백성이 많았던 그 성읍이 홀로 앉았고 그것이(그 성읍) 과부(or 황폐한 곳) 같이 되었는고!

| כְּאַלְמָנָה | הָיְתָה | עָם | רַבָּתִי | הָעִיר | בָדָד | יָשְׁבָה | אֵיכָה |
|---|---|---|---|---|---|---|---|
| P.NFS | VQAFZS | NMS | AFSG | D.NFS | NMS | VQAFZS | J |
| 과부같고 | 되었고 | 거민이 | 많더니 | 이 성 | 적막히 | 앉았는고 | 어떻게 |

**해설**

이 문장은 등위접속사가 생략된 채로 2개의 문(완료형 동사가 2개)으로 병렬되어 있는 문이다. 첫 번째 문은 관계사가 없는 복문(complex sentence) 형식으로 되어 있는데, 주절에서 동사(יָשַׁב; '앉다, 거하다')는 '완전자동사', 주어는 הָעִיר(그 성읍), בָדָד(명사; '고독함')는 '부사적 주격'으로서 '홀로'(부사)로 번역한다. 그리고 종속절이라 할 수 있는 명사구(רַבָּתִי עָם)에서 רַבָּתִי는 연계형 명사임과 동시에 형용사의 개념으로 바꾸는 '연결의 ī'(ִי)로 인해 명사구(רַבָּתִי עָם)는 '백성이 많은 or 인구가 조밀한'으로 번역된다. 두 번째 문은 단문(simple sentence) 형식으로 되어 있다.

## 2) 어미변화에 따른 분류

히브리어는 언어 분류상 '굴절형'(屈折形, declension) 곧 '곡용형'(曲用形)에 속한다. 특별히 히브리어는 성(Gender)·수(Number)변화는 있지만, 격(Case)에 따른 변화는 하지 않는다. 따라서 히브리어 명사는 성·수를 지시하는 '곡용어미'(曲用語尾)에 의해 말(어간+곡용어미)을 나타내는 유형이다. 어간은 말(단어)의 개념적 의미를 갖고, '곡용어미'는 문법적 기능을 가진다. 즉 '곡용어미'에 따라, 성(性)에서 남성·여성으로, 수(數)에서 단수·복수·쌍수로 분류된다.

## ① 제 1곡용명사

명사의 모음이 둘 다 Qameṣ( ◌ָ )가 아니면 하나만이라도 Qameṣ( ◌ָ )를 가지고 있다. 이것은 액센트가 끝음절에 있다.

예) דָּבָר 말씀, כּוֹכָב 별, לֵבָב 마음, נָבִיא 선지자, מִדְבָּר 광야, פָּרָה 암소

| 수 \ 성 | 남 성 | 곡용어미 | 여 성 | 곡용어미 |
|---|---|---|---|---|
| 단 수 | דָּבָר (말씀) | - | פָּרָה (암소) | ◌ָה |
| 복 수 | דְּבָרִים | ◌ִים | פָּרוֹת | וֹת |
| 쌍 수 | דְּבָרַיִם | ◌ַיִם | פָּרָתַיִם | ◌ָתַיִם |

## ② 제 2곡용명사

a. 명사의 모음이 특히 끝모음이 언제나 Seghol( ◌ֶ )이며, 나머지 하나의 모음은 ṣere( ◌ֵ ), Seghol( ◌ֶ ), Holem( ◌ֹ )을 가지고 있다. 이것은 액센트가 첫음절에 있다.

예) בֹּקֶר 아침, סֵפֶר 책, מֶלֶךְ 왕, שֶׁמֶשׁ 태양

| 수 \ 성 | 남 성 | 곡용어미 | 여 성 | 곡용어미 |
|---|---|---|---|---|
| 단 수 | מֶלֶךְ (왕) | - | כִּבְשָׂה (어린암양) | ◌ָה |
| 복 수 | מְלָכִים | ◌ִים | כְּבָשׂוֹת | וֹת |
| 쌍 수 | מְלָכַיִם | ◌ַיִם | כִּבְשָׂתַיִם | ◌ָתַיִם |

b. 이 명사들은 본래 '단음절 명사'(monosyllabic noun)이었기 때문에, 즉 בֹּקֶר의 원형은 בָּקְר סֵפֶר의 원형은 סִפְר, מֶלֶךְ 의 원형은 מַלְךְ, שֶׁמֶשׁ의 원형은 שַׁמְשׁ이다. 이 원형은 자음 2개로 끝나기 때문에 발성하기 어렵다. 이 때 발성하기 쉽도록 보조모음을 사용하여 2 자음을 분리한다. 이 보조모음은 Seghol( ◌ֶ )이다. 그리고 이 명사들은 인칭어미를 가지게 될 때는 첫 음절에서 원형의 모음이 살아난다. 즉 ◌ֹ ⇨ ◌ָ(Qameṣ-hatuph), ◌ֶ ⇨ ◌ַ, ◌ֵ ⇨ ◌ִ 로 살아난다.

예) מַלְךְ (원형) ⇨ מֶלֶךְ ( לֶ의 □ֶ이 보조모음) ⇨ מַלְכְּךָ your king;
סִפְרְ (원형) ⇨ סֵפֶר ( פֶּ의 □ֶ이 보조모음) ⇨ סִפְרִי my book;
בָּקְרְ (원형) ⇨ בֹּקֶר ( קֶ의 □ֶ이 보조모음) ⇨ בָּקְרָהּ her morning;
שַׁמְשְׁ (원형) ⇨ שֶׁמֶשׁ ( מֶ의 □ֶ이 보조모음) ⇨ שַׁמְשְׁכֶם your sun

### ③ 제 3곡용명사

a. 제 3곡용은 모음이 특히 끝모음(ultima)에 ṣere( □ֵ )가 오며, 이들은 '전종음절'(penult)에 '불변모음'(pure long vowels)을 지니는 명사들과 분사들로 구성되어 있다.

예) קוֹטֵל killing, מִסְפֵּד 애곡, מַקֵּל 막대기, שֵׁם 이름

b. 제 3곡용 명사에 곡용어미가 접미되면 끝모음( □ֵ )가 쉐바( □ְ )가 된다.

예) מַקֵּל ⇨ מַקֵּלִי ( □ִי 접미 ) ⇨ מַקְּלִי my rod;
קוֹטֵל ⇨ קוֹטֵלִים ( □ִים 접미 ) ⇨ קוֹטְלִים killings

*** 히브리인의 '발성 관습'(HHP; Hebrew Habit of Pronunciation)**

인구어(Indo-European)는 '어미변화 언어'(languages of endings)인 반면에, 히브리어는 '발성 언어'(languages of pronunciation)이다. 따라서 히브리 사람들은 낱말을 발성할 때, 낱말의 앞부분은 아주 빨리 소리를 내며, 가운데 부분은 길게 내고, 마지막 부분은 강세(accent)를 주며 길게 낸다. 이것이 히브리인의 '발성 관습'(HHP; Hebrew Habit of Pronunciation)이다.
즉 히브리인들의 발성관습은 다음과 같다. **명사**는 묵직하게 자리잡고 있는 사물과 동물을 나타내므로 그것을 발성할 때 끝에 있는 음절을 힘주어 끌어 올리면서 길게 발성하고 주저앉듯이 발성을 끝낸다. 반면에 **동사**는 사물이나 동물의 움직임을 나타내므로 그것을 발성할 때 명사와 반대로 가볍게 즉 마지막 모음은 짧게 발성한다. 따라서 낱말의 마지막 모음이 길면 동사이고, 짧으면 동사가 된다.

예) דָּבָר는 '말씀'을 뜻하는 명사(마지막 모임이 길다), דָּבַר는 '말하다'라는 동사(마지막 모음이 짧다)이다.

* **굴절(곡용; declension)**이란 용어는 "~으로부터 휘어져 나가다"를 뜻하는 라틴어 동사 declino에서 유래되었다.

## 4. 명사의 형태

히브리어의 어근(root)은 보통 3개의 자음으로 이루어져 있다. 이 어근에서 동사가 일차적으로 형성되었고, 이 동사에서 명사를 비롯한 다른 품사들이 파생되는 경우가 일반적이다. 그러나 명사에서 명사가 파생되는 경우도 있으며, 흔치 않지만 명사에서 동사가 파생되는 겨우도 있다. 또한 예외적으로 현존하는 동사의 어근에서 그 기원을 찾을 수 없는 명사들도 있는데(Hapax legomenon; 단 한 번밖에 쓰이지 않은 말), 이런 명사들은 다른 셈어에서 그 기원을 찾을 수밖에 없다.

### 1) 한 개의 근자음으로 이뤄진 명사

하나의 근자음만을 갖는 형태들은 매우 드물다.

אִי '섬' or '자칼'(jackal) ⇨ 복수형, אִיִּים
צִי '배'(ship) ⇨ 복수형, צִים 참고) צִיִּי(사막에 사는 야생동물)의 복수형, צִיִּים

### 2) 두 개의 근자음으로 이뤄진 명사

אָב(Qal 형태) 아버지, דָּג(Qal) 물고기; דּוֹד(Qāl) 사랑하는 사람, חוֹף(Qāl) 해변; בֵּן(Qil) 아들, עֵץ(Qil) 나무; טִיט(Qīl) 진흙, מִין(Qīl) 종류; תּוֹר(Qul) 산비둘기; צוּר(Qūl) 바위, רוּחַ(Qūl) 영.

참고로, 3개의 근자음으로 이루어진 명사들 중에 그 중 1개가 약자음이면 명사에서는 2개의 자음만이 나타날 수 있다. 예) דָּג ⇦ דָּגָה

### 3) 3개의 근자음으로 이뤄진 명사

#### ① 1개의 단모음이 붙은 명사

많은 수의 히브리어 명사는 원시 형태 CVCC와 그것의 파생 형태인 CCVC에서 유래되었으나 후자는 비교적 드물다. 이 두 형태들에서는 모음이 짧다. 그러나 티베리아 전통에서는 음운론적으로 CVCC는 허용되지 않고, 기본적인 CVCVC 형태로 변한다. 이 때 추가된 모음은 이차적으로 첨가되었기 때문에 '모음 삽입'(epenthetic)이라고 불리며 '쎄골'(ֶ)이 된다.

| * 참고로 괄호 안에 기재된 명칭은 패러다임 동사의 어근 קטל(Qtl)을 사용하여 그 형태를 표준화한 것이다. |
|---|

מֶלֶךְ(Qatl - 원시 모음 a를 가진 형태) 왕; עֵגֶל(Qitl - 원시 모음 i를 가진 형태) 송아지; אֵבֶל(Qetl; Qitl의 변형) 애곡; סְבַךְ(Qtal- 아람어) 덤불; בְּאֵר(Qtil - 2번째 어근이 א) 우물; אֹהֶל(Qutl - 원시 모음 u를 갖는 형태) 천막

② 2개의 단모음을 가진 명사

דָּבָר(Qatal) 말; רָחֵל(Qatil) 암양; יָתוֹם(Qatul) 고아; צֵלָע(Qital) 갈비뼈 등

③ 첫 번째 단모음과 두 번째 순장모음을 가진 명사

אָתוֹן(Qatâl) 암나귀; מָשִׁיחַ(Qatîl) 메시아; בָּחוּר(Qatûl) 젊은이; חֲמוֹר(Qitâl - 원시 모음 i탈락) 당나귀; בְּרוֹשׁ(Qutâl - 원시 모음 u 탈락) 로뎀나무 등

④ 첫 번째 순장모음과 두 번째 단모음을 가진 명사

עוֹלָם(Qâtal) 영원; רֹעֶה(Qâtil) 목자; שׁוּשַׁן(Qûtal) 백합 등

### 4) 두 번째 자음이 중복된 명사

① 2개의 단모음을 가진 명사

히브리어에서 일부 직업을 표현하는 명사들은 קַטָּל(Qattal) 형태를 가지고 있다. 이 때 뒤

의 모음 ā는 어원적으로 장모음으로 보지 않는다.

דַּיָּן(Qattal) 재판관; גַּנָּב(Qattal) 도둑; טַבָּח(Qattal) 도살자; רַכָּב(Qattal) 전차를 모는 사람 등

**② 두 번째 순장 모음을 가진 명사**

קַנָּא(Qattâl) 질투; שַׁלִּיט(Qattîl) 통치자; עַמּוּד(Qattûl) 기둥 등

### 5) 기타 자음이 중복된 명사

עַבְטִיט(Qatlîl) 무거운 채무; נַעֲצוּץ(Qatlûl) 가시 덤불; אֲסַפְסֻף(Qataltul) 잡다한 군중; גַּלְגַּל(Qalqal) 바퀴; גֻּלְגֹּלֶת(Qalqul) 해골 등

### 6) 4개의 근자음으로 이뤄진 명사

4개의 자음으로 이루어진 형태들은 비교적 수가 적다.
עַקְרָב(Qatlad) 전갈; קַרְדֹּם(Qatlud) 도끼; שַׁרְבִיט(Qatlid) 왕의 홀; עַכְשׁוּב(Qatlûd) 독사 등

### 7) 5개의 근자음으로 이뤄진 명사

매우 드물다. צְפַרְדֵּעַ 개구리; שַׁעַטְנֵז 혼합물 등

## 5. 접두사와 접미사

어떤 말의 앞이나 뒤에 첨가되어서 그 의미를 강화시키거나 혹은 어떤 뜻을 더하는 말의 요

소를 '접두사'(Prefix) 또는 '접미사'(Suffix)라 한다.

### 1) 접두 요소

접두사 א, ה, י 는 상당히 드물지만, מ과 ת는 매우 빈번하다.

#### ① 접두사 א

א은 몇몇 명사에서 어두 첨가 글자이다. 즉 '어두음 첨가 알렙'(prosthetic Alef)이다. 이것은 발음을 쉽게 하기 위해 가끔 단어 처음에 '알렙'(실제로 발음 안됨)이 모음과 함께 첨가되는 것이다.

예) אזְרוֹעַ, 팔 (일반적인 형태, זְרוֹעַ 팔 어깨 힘); אֶצְבַּע 손가락; אֶצְעָדָה 팔찌 등

#### ② 접두사 ה

ה는 아람어에서는 동사 사역형(Hapfel, 사역능동) 부정사형태(הַקְטָלָה)에서만 발견된다. 히브리어에서는 동사 사역형(Hiphîl; 사역능동) 부정사 연계형에서 나타난다.

예) הֲנָפָה 체질하는 것(VHNG, 사 30:28); הֲנָחָה 휴식을 줌(NFS, 에 2:18); הַצָּלָה 구원(NFS, 에 4:14); הַכָּרָה 편견'(NFS, 사 4:9)

#### ③ 접두사 י

י는 3인칭 남성 단수 미완료 형태로 보이는 일부 명사와 고유명사에서 발견된다.

예) יִצְהָר 신선한 기름(그것은 밝다); יַלְקוּט 주머니(그것은 모은다); יִצְחָק 이삭(그가 웃는다); יַעֲקֹב 야곱(그가 발꿈치를 잡는다) 등

#### ④ 접두사 מ

מ은 동사나 명사에 접두되는데 명사에 접두되면 장소를, 동사에 접두되면 동사를 명사화

하여 동작의 주체물, 대상물, 장소, 도구, 방향 등을 나타낸다. מַ은 두 원시 모음 a와 i이며, 이것은 '개음절'(open syllable)에서 일반적으로 ◌ָ와 ◌ֵ가 된다. '폐음절'(closed syllable)에서는 a가 유지되거나 ◌ִ또는 ◌ֶ로 약화될 수 있다. i는 후음과 함께 올 때 ◌ֶ가 되는 경우를 제외하고는 유지된다.

a. 장소의 מִ

예) מִזְבֵּחַ 제단(희생 제물을 드리는 장소), מִדְבָּר 광야(가축을 모는 장소), מִזְרָח 동쪽(태양이 뜨는 곳), מָקוֹם 장소, מָבוֹא 입구(들어가는 곳)

b. 도구의 מַ

예) מַאֲכֶלֶת 칼(살상 도구), מַפְתֵּחַ 열쇠(여는 도구), מֶלְקָחַיִם 불집게(집는 도구), מָגֵן 방패(막는 도구)

c. 동작의 מַ

예) מַלְאָךְ 사자 or 천사(위임하다), מַמְלָכָה 왕국(다스리다), מִשְׁפָּט 판결(심판하다), מִזְמוֹר 노래(노래하다), מַעֲשֶׂה 행위(행하다)

### ⑤ 접두사 ת

ת는 주로 약한 자음의 어간을 가진 동사에 사용되어 음성상으로 강화를 목적하며, 동사적 명사나 추상 명사에서 발견된다.

예) תְּשׁוּבָה 돌아옴(귀환), תְּחִנָּה 기도, תְּהִלָּה 찬양, תִּפְאָרָה 아름다움, תַּרְדֵּמָה 깊은 잠, תֵּקְשׁוּל 친절, תַּעֲנוּג 기쁨

### ⑥ 접두사 נ

접두사 נ은 Niphal 분사형(נִקְטָל)과 Niphal 부정사형(נִקְטֹל)에서 변형된 명사에서 나타난다.

예) נַפְתּוּל 씨름( פָּתַל '투쟁하다'의 '니팔분사형'의 변형; 창 30:8)

⑦ **접두사 שׁ**

접두사 שׁ은 아람어 동사 Shaphel형(שַׁקְטֵל; 사역 능동)에서 변형된 명사에서 나타난다.

예) שַׁלְהֶבֶת 불꽃(לַהַב '번쩍이다'의 '샤펠형'의 변형; 욥 15:30)

## 2) 접미 요소

① **접미사 ָן, וֹן**

접미사 ָן은 일반적으로 וֹן이 된다. 다른 셈어들에서는 ָן을 가진 몇몇 명사들이 나오는 반면에, 히브리어에서는 וֹן이 나온다.

a. 추상 명사

예) הָגָיוֹן 묵상, זִכָּרוֹן 기억, בִּטָּחוֹן 확신, שִׁמָּמוֹן 황폐, הֵרָאוֹן 공포, חָקָיוֹן 정결함

b. 명사의 형용사화

예) קַדְמוֹן 동방의 ⇦ קֶדֶם 동쪽; אַחֲרוֹן 후의 ⇦ אַחַר 뒤;
תִּיכוֹן 가운데의 ⇦ תּוֹךְ 중앙; לִוְיָתָן 휘감긴 ⇦ לִוְיָה 구부르짐

c. 지소어(指小語; dimimtive sufformative; 명사 의미의 축소화 or 애칭화)

예) אִישׁוֹן 작은 사람 or 눈동자 ⇦ אִישׁ 사람

② **접미사 ִית**

접미사 ִית는 구상명사를 추상명사화 한다.

예) רֵאשִׁית 처음, אַחֲרִית 끝, שְׁאֵרִית 나머지, חִתִּית 공포, תָּכְנִית 분량

③ **접미사 וּת**

접미사 וּת는 구상명사를 추상명사화 한다.

예) יַלְדוּת 젊음, מַלְכוּת 왕권, עֵדוּת 계명, גֵּאוּת 교만, פְּדוּת 해방

④ **접미사 ָת**

접미사 ָת는 어원적으로 아람어에서 차용된 접미 요소이다.

예) מְנָת 부분, קְצָת 맨끝, מָחֳרָת 이튿날, כְּנָת 동료

⑤ **접미사 ִי**

접미사 ִי는 사람 또는 종족을 나타낸다. 이것은 '인종표시어미'(gentilic endings)로 불린다. 이것의 구체적인 용법은 '명사의 종류'를 참조하시오.

## 6. 인칭 접미사

| 수 \ 인칭 \ 성 | | 단수 명사 | | | 복수 명사 | | |
|---|---|---|---|---|---|---|---|
| | | 접미사 | 남성 | 여성 | 접미사 | 남성 | 여성 |
| 단수 | 1c | ִי | סוּסִי | סוּסָתִי | ַי | סוּסַי | סוּסוֹתַי |
| | 2m | ְךָ | סוּסְךָ | סוּסָתְךָ | ֶיךָ | סוּסֶיךָ | סוּסוֹתֶיךָ |
| | 2f | ֵךְ | סוּסֵךְ | סוּסָתֵךְ | ַיִךְ | סוּסַיִךְ | סוּסוֹתַיִךְ |
| | 3m | וֹ | סוּסוֹ | סוּסָתוֹ | ָיו | סוּסָיו | סוּסוֹתָין |
| | 3f | ָהּ | סוּסָהּ | סוּסָתָהּ | ֶיהָ | סוּסֶיהָ | סוּסוֹתֶיהָ |
| 복수 | 1c | ֵנוּ | סוּסֵנוּ | סוּסָתֵנוּ | ֵינוּ | סוּסֵינוּ | סוּסוֹתֵינוּ |
| | 2m | כֶם | סוּסְכֶם | סוּסַתְכֶם | ֵיכֶם | סוּסֵיכֶם | סוּסוֹתֵיכֶם |
| | 2f | כֶן | סוּסְכֶן | סוּסַתְכֶן | ֵיכֶן | סוּסֵיכֶן | סוּסוֹתֵיכֶן |
| | 3m | ָם | סוּסָם | סוּסָתָם | ֵיהֶם | סוּסֵיהֶם | סוּסוֹתֵיהֶם |
| | 3f | ָן | סוּסָן | סוּסָתָן | ֵיהֶן | סוּסֵיהֶן | סוּסוֹתֵיהֶן |

### 1) 명사 접미사

인칭 접미사가 명사 뒤에 첨가되는 경우를 '명사 접미사'라 하며, 이때 소유대명사의 의미를 가진다.

예) סוּסִי 나의 말(my horse); סוּסָתִי 나의 암말(my female horse)

### 2) 접미사의 구분과 발음

① 중접미사(heavy suffixes)는 כֶם כֶן הֶם הֶן, 경접미사(light suffixes)는 나머지 인칭접미사 모두가 해당된다.

② נוּ הָ הוּ 이외의 인칭접미사를 가진 명사는 종음절(ultima)에 액센트를 가진다.

③ ךָ는 유음쉐바 다음에서만 액센트를 가진다. 예) סוּסְךָ '너의 말'

④ ךָ כֶם כֶן의 כ는 아람어의 영향아래 항상 마찰음(fricative)이다.

⑤ 경접미사는 연결모음이 있는 곳에 액센트가 있으며, 중접미사는 자신이 액센트를 가진다.

### 3) 연결모음

① 접미사가 자음으로 끝나는 명사 뒤에 접미될 때는 그 명사와 접미사 사이에 '연결모음'(connecting vowels; ◌ֵ, ◌ָ )이 개입된다. 그러나 모음으로 끝나는 명사에서는 연결모음이 사라진다.

② 복수명사 접미사는 י 가 들어 있는 연결모음으로 시작하는데 이것은 복수나 쌍수의 연계형 원형에 접미사를 붙였기 때문으로 여겨지며 ◌ָיו는 아우(āw)로 발음한다.

③ 2인칭 단수( ◌ְךָ ), 2인칭 복수( ◌ְכֶם, ◌ְכֶן ) 앞에서 연결 모음으로 사용한 쉐바는 유음쉐바이다. 따라서 כֶם, כֶן에는 경음점을 찍지 않는다.

## 7. 연계형과 절대형

명사는 소유나 소속 등의 개념(속격 관계)을 표현하기 위해 다른 명사와 밀접히 결합되어 사용될 수 있다. 이 관계는 두 명사가 밀접하게 결합됨으로써 표현되며, '하나의 개념'이 된다. 두 명사는 **'지배 명사'(Nomen regens)**와 **'피지배 명사'(Nomen rectum)**의 상호 결합(연계 상태)에 의해서 표현된다. 이러한 결합 현상으로 뒤에 위치하는 피지배 명사가 속격 명사가 되며 강세를 가지나 형태상 아무런 변화가 없고, '피지배 명사'와 연계되는 '지배 명사'는 결합으로 인해 강세를 잃게 되어 약화되므로 모음이 단축된다.

따라서 히브리어에서는 '지배 명사'를 문법적으로 **'연계 상태'(Construct State; 연계형)**에 있다고 말하며, **'피지배 명사'는 '절대 상태'(Absolute State; 절대형)**에 있다고 한다.

예를 들면, סוּס הַמֶּלֶךְ '그 왕의 그 말'(the horse of the king), 여기서 סוּס(the horse of; '~의 그 말')는 연계형이고, הַמֶּלֶךְ( the king; '그 왕')은 절대형이다.

### 1) 연계형 어미변화

| 성 | 수 | 절대형 어미 | 절대형 명사 | 연계형 어미 | 연계형 명사 |
|---|---|---|---|---|---|
| 남성 | 단수 | - | סוּס (말) | - | סוּס |
| | 복수 | ◌ִ֫ים | סוּסִ֫ים | ◌ִי | סוּסֵי |
| | 쌍수 | ◌ַ֫יִם | סוּסַ֫יִם | ◌ִי | סוּסֵי |
| 여성 | 단수 | ◌ָ֫ה | סוּסָ֫ה (암말) | ◌ַת | סוּסַת |
| | 복수 | וֹת ֫ | סוּס֫וֹת | וֹת | סוּסוֹת |
| | 쌍수 | ◌ָתַ֫יִם | סוּסָתַ֫יִם | ◌ְתֵי | סוּסְתֵי |

### 2) 연계형 용법

① 개음절(open syllable)의 '어조 장모음'(tone long vowels)은 '유성 쉐카'( ◌ְ )가 된다.

② 폐음절(closed syllable)의 '어조 장모음'은 '단모음'(short vowel)이 된다.

| | 절대형 | 연계형 |
|---|---|---|
| 단수 | דָּבָר (word ) | דְּבַר (word of) |
| 복수 | דְּבָרִים (words) | דִּבְרֵי (words of) |

③ 연계형 명사는 정관사를 가지지 못한다. 그러나 절대형 명사가 '관사'나 '고유명사'를 가질 때 연계형 명사는 한정된다.

예1) סוּס מֶ֫לֶךְ 한 왕의 말 ⇨ 절대형이 한정되지 않음

סוּס הַמֶּ֫לֶךְ 그 왕의 그 말 ⇨ 절대형이 관사를 가짐으로 연계형이 한정됨

הַר יהוה 여호와의 (그) 산 ⇨ 절대형이 고유명사이므로 연계형이 한정됨

예2) 레 10:17. 직역: 왜 너희는 그 거룩의 그 장소에서 속죄제(물)을 먹지 아니하느냐? 이 속죄제(물)은 지극히 거룩한 것이기 때문이다.

| הִוא | קָדָשִׁים | קֹדֶשׁ | כִּי | הַקֹּדֶשׁ | בִּמְקוֹם | הַחַטָּאת | אֶת־ | אֲכַלְתֶּם | לֹא־ | מַדּוּעַ |
|---|---|---|---|---|---|---|---|---|---|---|
| APDFS | NMP | NMSG | C | D,NMS | P.NMSG | D.NFS | O | VQAMYP | ABN | ABT |
| 이 | 거룩하거늘 | 지극히 | | 거룩한 | 곳에서 | 속죄희생을 | | 먹지 | 아니 | 어찌하여 |

**해설** 이 문장은 의문사(מַדּוּעַ; 왜, 어찌하여)가 있는 의문문이다. 연계상태로 되어 있는 전치사구(בִּמְקוֹם הַקֹּדֶשׁ; '그 거룩의 그 장소에서'; the place of the holy)내에서 뒤의 명사(הַקֹּדֶשׁ; 절대형; the holy)는 앞의 명사(מְקוֹם; 연계형; the place of)를 직접 수식하는 '한정적 속격'을 나타낸다. 즉 절대형이 관사를 가지므로 한정되어 있어 연계형 역시 한정되어 '그 장소'가 거룩한 장소 즉 '성소'임을 한정한다. 이와 유사한 형태로 연계상태에 있는 명사구(קֹדֶשׁ קָדָשִׁים)는 같은 낱말의 속격 복수(קָדָשִׁים)와 결합되어 있는 '최상급'(최고의 거룩)을 나타낸다. 접속사 כִּי는 '이유'(왜냐하면, 때문에)를 나타내는 종속접속사다. 따라서 כִּי이하의 절은 동사가 없는 명사문이다.

### ④ 연계형과 절대형 사이의 정관사

연계형과 절대형 사이에는 정관사 이외에 아무것도 개입될 수 없다.

a. מִזְמֹר דָּוִד (다윗의 그 시): 절대형(다윗)이 고유명사이므로 한정되었다. 따라서 연계형(~의 그 시) 역시 관사가 없지만 한정이 된다.

b. מִזְמֹר לְדָוִד(다윗의 시): 전치사 '소유의 לְ'( ~에 속한; belonging to)에 의해 연계상태(construct state)가 깨진 경우이다. 즉 '여호와께 속한 산, 다윗에게 속한 시'로 번역된다.

예) 잠 1:1. 직역: 이스라엘의 왕, 다윗의 그 아들, 솔로몬의 그 잠언들(이라)

| יִשְׂרָאֵל | מֶלֶךְ | דָּוִד | בֶן־ | שְׁלֹמֹה | מִשְׁלֵי |
|---|---|---|---|---|---|
| NE | NMSG | NE | NMSG | NE | NMPG |
| 이스라엘 | 왕 | 다윗 | 의 아들 | 솔로몬 | 의 잠언 |

**해설** 본문은 여러 현자들의 교훈을 모은 잠언 전체의 머리말로서의 성격을 지니며, 저자가 솔로몬임을 명시적으로 밝히는 부분이다. 본문은 크게 3개의 동격구문으로 구성되어 있

다. 즉 '이스라엘의 왕'과 '다윗의 아들', 그리고 '솔로몬의 잠언들'이다. 각각의 동격구문들이 연계상태를 나타내고 있다. 그리고 첫 번째 연계형 복수(מִשְׁלֵי; ~의 잠언들)은 절대형이 고유명사(שְׁלֹמֹה; 솔로몬)이므로 한정되었다. 두 번째 연계형 단수(בֶּן; ~의 아들)도 절대형이 고유명사(דָּוִד; 다윗)이므로 한정되었다. 세 번째 연계형 단수(מֶלֶךְ; ~의 왕)도 절대형이 고유명사(יִשְׂרָאֵל; 이스라엘)이므로 한정되었다.

### ⑤ 연속적인 연계형

연속적인 연계형에서는 첫 번째 연계형이 주격이 되고 나머지는 모두 속격이 된다.

예1) יִשְׂרָאֵל עַם מֶלֶךְ מְשַׁל

| יִשְׂרָאֵל | עַם | מֶלֶךְ | מְשַׁל |
|---|---|---|---|
| NE | NMSG | NMSG | NMSG |
| 이스라엘 | 의 백성 | 의 왕 | 의 잠언 |

**해설** 직역은 '이스라엘의 그 백성의 그 왕의 그 잠언'이다. 연계형이 연속적으로 3개가 이어졌다. 첫 번째 연계형이 주격( 잠언)이 되며, 나머지는 모두 속격(이스라엘의, 백성의, 왕의 )이 된다. 그리고 절대형이 고유명사(יִשְׂרָאֵל; 이스라엘)이므로 나머지 연계형은 모두 한정되었다.

예2) 렘 39:3. 직역: 그리고 바벨론의 왕의 통치자들의 모든 자들이 왔다.

| בָּבֶל | מֶלֶךְ | שָׂרֵי | כֹּל | וַיָּבֹאוּ |
|---|---|---|---|---|
| NE | NMSG | NMPG | NMSG | CW.VQIMZP |
| 바벨론 | 왕의 | 방백이 | 모든 | 이르러 |

**해설** 이 문장은 와우 미완료 계속법(Waw Imperfect Cosecutive)으로 구성된 문이다. 연계관계로 결합된 명사구( כֹּל שָׂרֵי מֶלֶךְ בָּבֶל)에서 첫 번째 명사는 주격명사이고 나머지 명사들은 속격명사이다. 그리고 כֹּל은 뒤에 오는 단어가 복수일 경우에는 "모든"(all)으로 번역되고, 뒤에 단수가 따라오고 관사가 없을 경우에는 "각각의, 매, ~마다"(every)로 번역하는 것이 일반적이다. 헬라어의 πᾶς의 용법과 같은 경우다. 따라서 본문의 כֹּל은 복수의 의미이므로 복수동사가 왔다.

### ⑥ 연속되는 연계형의 위치

'등위접속사'로 연속되는 두 개의 연계형이 한 명사(절대형) 앞에 위치하지 못한다. 그러나 접속사 없이 연속되는 연계형은 절대형 앞에 위치할 수 있다.

예) בְּנֵי וּבְנוֹת הַשָּׂר (그 방백의 아들들과 딸들) ⇨ 불가능

בְּנֵי הַשָּׂר וּבְנוֹתָיו (그 방백의 아들들과 그의 딸들) ⇨ 가능

### ⑦ 형용사의 성·수일치

형용사가 연계관계에 있는 명사들을 수식할 때는 '절대형 명사' 뒤에 위치하나 수식하는 명사와 성(性)·수(數)가 일치해야 한다.

a. 형용사가 절대형 명사를 수식할 때

예) 신 5:26. 직역: 우리같이 그 불 가운데로부터 (강하게) 말씀하시는 살아계신 하나님의 소리를 들었던 모든 육체는 누구인가?

| כָּמֹנוּ | הָאֵשׁ | מִתּוֹךְ־ | מְדַבֵּר | חַיִּים | אֱלֹהִים | קוֹל | שָׁמַע | אֲשֶׁר | בָּשָׂר | כָל־ | מִי |
|---|---|---|---|---|---|---|---|---|---|---|---|
| P.CXP | D.NFS | P.NMSG | VPPA | AMP | NMP | NMSG | VQAMZS | R | NMS | NMS | APT |
| 우리처럼 | 불 | 가운데서 | 발함을 | 사시는 | 하나님의 | 음성을 | 듣고 | | 육신을 | | 누구 |

**해설** 이 문장은 의문문으로 영어로 2형식문이지만, 주절과 관계절(형용사절)로 이루어진 복문(complex sentence)으로 구성되어 있다. 관계사 אֲשֶׁר가 이끄는 형용사절(즉 선행사는 כָל־בָּשָׂר)에서 '복수 형용사' חַיִּים(살아계신)은 '복수형 절대형 명사'(אֱלֹהִים; 하나님)을 수식한다(성·수 일치). 그리고 이 형용사절은 제 5형식문으로 "주어 + 동사 + 목적어(קוֹל אֱלֹהִים חַיִּים; 살아계신 하나님의 소리) + 목적보어(מְדַבֵּר; '강하게 말씀하시는' - 피엘분사) + 부사구(מִתּוֹךְ־הָאֵשׁ) + 부사구(כָּמֹנוּ)" 형식으로 되어 있다.

b. 형용사가 연계형 명사를 수식할 때

예) 습 1:14. 직역: 여호와의 그 큰 날이 가깝다. 여호와의 그 날의 그 소리가 매우 급하고 가깝다.

קָרוֹב יוֹם־ יְהוָה הַגָּדוֹל קָרוֹב וּמַהֵר מְאֹד קוֹל יוֹם יְהוָה

| יְהוָה | יוֹם | קוֹל | מְאֹד | וּמַהֵר | קָרוֹב | הַגָּדוֹל | יְהוָה | יוֹם־ | קָרוֹב |
|---|---|---|---|---|---|---|---|---|---|
| NE | NMSG | NMSG | AB | C.AMS | AMS | D.AMS | NE | NMSG | AMS |
| 여호와의 | 날의 | 소리 | 심히 | 빠르도다 | 가깝고 | 큰 | 여호와 | 날이 | 가깝도다 |

**해설** 이 문장은 제 2형식문이 2개 연속되어 있는 문이다. 즉 "(형용사 + 주어) + (형용사 and 형용사 + 주어)"로 구성되어 있다. 이 때 형용사들(קָרוֹב ; קָרוֹב וּמַהֵר)은 주격보어로서, 형용사의 '서술적 용법'으로 사용되었다. 첫 번째 문에서 주어는 연계관계로 된 명사구이다(יוֹם־ יְהוָה הַגָּדוֹל). 여기서 관사를 가진 형용사(הַגָּדוֹל)는 한정적 용법으로, '고유명사'(יְהוָה; 절대형)로 인해 한정되어 있는 연계형 명사(יוֹם־)를 수식한다.

### ⑧ 연계관계에 있는 명사가 정관사를 갖는 경우

위 ④에서와 같이, 문법적으로 '연계형 명사'는 정관사를 지닐 수 없다. 드물게 연속적인 '연계형 명사' 중에 일부가 정관사를 가진 경우가 있다.

예) 렘 25:26. 직역: 그리고 그 땅의 얼굴들 위에(즉 그 지면 위에) 있는 그 땅의 그 왕국들의 모든 것을

וְאֵת כָּל־ הַמַּמְלְכוֹת הָאָרֶץ אֲשֶׁר עַל־ פְּנֵי הָאֲדָמָה

| הָאֲדָמָה | פְּנֵי | עַל־ | אֲשֶׁר | הָאָרֶץ | הַמַּמְלְכוֹת | כָּל־ | וְאֵת |
|---|---|---|---|---|---|---|---|
| D.NFS | NMPG | P | R | D.NFS | D.NFPG | NMSG | C.O |
| 지 | 면 | 에 | 있는 | 세상의 | 나라로 | 모든 | |

**해설** 본문은 하나의 복합 구(phrase)로서, 렘 25:15에서 여호와의 열방에 대한 심판으로써 '진노의 잔'을 마시게 될 대상 중의 하나이다. 연계 상태에 있는 명사구(כָּל־הַמַּמְלְכוֹת הָאָרֶץ; 그 땅의 그 왕국들의 모든 것)에서 두 번째 연계형 명사에 정관사가 있는 매우 드문 경우이다. 정상적으로는 연계형 명사에 관사가 올 수 없다. 그리고 כֹּל은 뒤에 오는 단어가 복수일 경우에는 "모든"(all)으로 번역되고, 뒤에 단수가 따라오고 관사가 없을 경우에는 "각각의, 매, ~마다"(every)로 번역하는 것이 일반적이다. 헬라어의 πᾶς의 용법과 같은 경우다.

### ⑨ 연계형의 무시

위 ⑥에서와 같이, '등위접속사'로 연속되는 두 개의 연계형이 한 명사(절대형) 앞에 위치

하지 못한다. 하지만 후기 본문들에서 자주 일어나는 현상으로, ‘등위접속사’로 연속되는 두 개의 연계형이 한 명사(절대형) 앞에 위치하는 경우가 더러 있다. 이런 현상을 ‘연계형의 무시’(Construct override)라고 한다.

예) 단 1:4. 직역: 그리고 갈대아 족속의 언어의 책을 그들에게 가르치게 되었다.

וּלְלַמְּדָם סֵפֶר וּלְשׁוֹן כַּשְׂדִּים

| NGeMP | C.NFSG | NMSG | C.P.VPNG.MZP |
|---|---|---|---|
| 갈대아 사람의 | 방언을 | 학문과 | 그들에게 가르치게 |

**해설**

연계상태에 있는 명사구(סֵפֶר וּלְשׁוֹן כַּשְׂדִּים; 갈대아 족속의 방언의 책)에서, 문법적으로 ‘등위접속사’로 연속되는 두 개의 연계형(סֵפֶר וּלְשׁוֹן)이 한 명사(절대형) 앞에 위치하지 못한다. 하지만 본문은 그 원칙이 깨진 경우다. 그리고 ‘부정사 연계형’인 לְלַמְּדָם은 앞에 결과(product)를 뜻하는 전치사 לְ가 접두되어 ‘동사상 형용사’ (Gerundive; 동명사)와 유사하게 사용되었다. 해석은 ‘be to + be + p.p’이다. 그리고 부정사 연계형이 ‘인칭접미사’(3인칭 남성 복수)를 가지므로 ‘이중 대격’을 취한 경우이다. 즉 ( ~ 에게; 간접목적어 ) + ( ~ 을; 직접목적어 ). 여기서 간접 목적어는 사람으로써 4절에 나오는 ‘소년들’(יְלָדִים)이며, 직접목적어는 ‘갈대아 족속의 언어의 책’(명사구)이다.

## 8. 명사의 중언법

어떤 것에 대해 강조하고자 할 때, 다른 두 단어들(명사 or 동사)을 중복으로 사용하거나 접속사 וְ(그리고; and)를 통해 나열하여 하나의 개념을 나타내는 언어유희(言語遊戲) 방법을 중언법(重言法, Hendiadys)이라고 한다. 이 개념은 헬라어 ἕν διὰ δυοῖν(‘둘을 통해 하나를’)에서 유래되었다. 중언법을 영어 형식으로 번역할 때는, 두 번째 명사가 첫 번째 명사를 수식하는 형용사로 번역된다.

중언법에는 ‘명사적 중언법’(Nominal Hendiadys)과 ‘동사적 중언법’(Verbal Hendiadys)이 있다.

예1) 창 3:16. 직역: 내가 임신하는 너의 괴로움을 반드시 크게 할 것이다 너는 아들들을 낳을 것이다.

| בָנִים | תֵּלְדִי | בְּעֶצֶב | וְהֵרֹנֵךְ | עִצְּבוֹנֵךְ | אַרְבֶּה | הַרְבָּה |
|---|---|---|---|---|---|---|
| NMP | VQIFYS | P.NMS | C.NMS.FYS | NMS.FYS | VHICXS | VHNA |
| 자식을 | 낳을 것 | 수고하고 | 잉태하는 | 네게 고통을 | 더하리니 | 크게 |

**해설**

이 문장은 등위접속사 없이 2개의 문으로 병렬되어 있다. 첫 번째 문의 '목적어'인 명사구(עִצְּבוֹנֵךְ וְהֵרֹנֵךְ)는 '중언법'을 나타낸다. 즉 뒤 명사(הֵרֹנֵךְ; 너의 임신의)가 앞 명사(עִצְּבוֹנֵךְ; 너의 괴로움)를 수식하는 형용사로 번역한다(임신하는). 문자적 번역은 '너의 괴로움과 너의 잉태'이다. 다시 말해, 중언법의 개념은 임신과 괴로움이 별개의 두 가지가 아니라, 둘이 합해져서 하나의 뜻을 나타내는 것이다. 즉 '임신(or 출산)하는 괴로움'이다. 그리고 주동사(אַרְבֶּה)와 동일 어근(רָבָה; 크다, 증가하다)을 가진 '부정사 절대형'(הַרְבָּה)이 주동사 앞에 위치할 때는 '확실성, 강경성'의 의미를 지니는 부사로 사용된다. 번역은 '반드시, 꼭'이다. 두 번째 문에서 전치사구(בְּעֶצֶב; 수고롭게)는 동사(תֵּלְדִי)를 수식하는 부사로 사용되었다.

예2) 습 1:16. 직역: 요새화되어 있는 그 성읍에 대항하며 높은 모서리 망대를 대항하는 '경고하는 나팔의 날'이로다.

| הַגְּבֹהוֹת | הַפִּנּוֹת | וְעַל | הַבְּצֻרוֹת | הֶעָרִים | עַל | וּתְרוּעָה | שׁוֹפָר | יוֹם |
|---|---|---|---|---|---|---|---|---|
| D.AFP | D.NFP | C.P | D.VQPPFP | D.NFP | P | C.NFS | NMS | NMSG |
| 높은 | 망대를 | | 견고한 | 성읍을 | | 경고하며 | 나팔을 | 날이로다 |

**해설**

이 문장은 술어(동사)가 생략되어 있는 불완전문(1형식)이다. 즉 명사문장이다. 연계관계에 있는 명사구(יוֹם שׁוֹפָר וּתְרוּעָה; 경고음과 나팔의 날)에서 2개의 다른 명사(שׁוֹפָר וּתְרוּעָה; 경고음과 나팔의)가 '중언법'을 나타낸다. 즉 뒤의 명사가 형용사적으로 앞의 명사를 수식하는 하나의 개념을 나타낸다. 즉 '경고하는 나팔(소리)의'로 번역한다. 관사를 가진 분사 הַבְּצֻרוֹת(요새화되어 있는; 수동분사)는 관사를 가진 명사(הֶעָרִים; 그 성읍)를 수식하는 '한정적 용법'으로 사용되었다. 역시 관사를 지닌 형용사(הַגְּבֹהוֹת; 높은)는 관사를 지닌 명사(הַפִּנּוֹת; 모서리 망대)를 수식하는 '한정적 용법'으로 사용되었다.

# IV. 대명사

'대명사'(pronoun)란 '명사'(라, nomen) '대신에'(라, pro) 쓰는 품사이며, 명사나 형용사의 중복을 피하기 위해 사용된다.

## 1. 독립 인칭대명사

'인칭대명사'(Personal Pronoun)는 사람이나 사물 대신에 사용되는 대명사로서, 1·2·3인칭(단·복수)을 나타낸다. 특히 '독립 인칭대명사'(Independent Personal Pronoun)는 독립된 단어로 다른 단어들과 절대로 붙여 쓰지 않고 분리하여 사용한다. 다만 '마켑'(maqqeph: - )으로 연결된 경우는 예외다. '독립 인칭대명사'는 헬라어와 라틴어 인칭대명사와 같이 거의 주어를 강조하기 위한 경우(주격)에만 사용되며, 성(性)·수(數)·인칭(人稱)에 따라 변한다.

### 1) 인칭대명사의 어형 변화

| 인칭 \ 수 / 성 | | 단 수 | | 복 수 | |
|---|---|---|---|---|---|
| | | 인칭대명사 | 주요부 | 인칭대명사 | 주요부 |
| 1 | 공성 | אֲנִי אָנֹכִי | ־ִי נִי כִי | אֲנַ֫חְנוּ נַ֫חְנוּ אֲנוּ | נוּ |
| 2 | 남성 | אַתָּה | תָּ | אַתֶּם | תֶּם |
| | 여성 | אַתְּ | תְּ | אַתֶּן אַתֵּ֫נָה | תֶּן |
| 3 | 남성 | הוּא | ו הוּ | הֵם הֵ֫מָּה | הֶם ם |
| | 여성 | הִיא | י ה הָ | הֵן הֵ֫נָּה | הֶן ן |

① 인칭대명사의 1인칭은 남성, 여성의 구별없이 공성으로 사용한다. 1인칭 단수의 원시 히브리어 형태는 *'anā 'ki* > אָֽנֹכִֽי(휴지 형태)이다. אָנֹכִי형태는 후기 형태인 אֲנִי보다 드물게 나타

난다. 원래 복수 형태인 נַ֫חְנוּ는 매우 드물게 나타나며, אֲנַ֫חְנוּ형태가 빈번히 사용된다. 이 형태의 א은 단수 형태 אֲנִי에서 유추하여 생겼을 것으로 추정한다. 강세 뒤에 오는 u(וּ)는 원래 단모음이었다. '미쉬나 히브리어'(Mishinah Hebrew)의 일반적인 형태인 אָנוּ는 렘 42:6에서 크티브(K^e^tibh) 형태(אנו)로 1회 나타난다.

② 2인칭 남성 단수의 원시 형태는 *'an'ta* > אַתָּ֫ה 이다. 2인칭 여성 단수는 남성 원시 형태에서 강세 뒤의 모음 탈락과 함께 אַתְּ가 된다. 민 11:15, 신 5:24, 겔 28:14에서 אַתְּ가 '남성'으로 나타난다. 여성형태인 אַתִּי는 크티브 형태로만 7회 발견된다(삿 17:2, 왕상 14:2, 왕하 4:16, 23, 8:1, 렘 4:30, 겔 36:13). 크레(Q^e^re) 형태는 אַתְּ이다. 그리고 ת 안에 들어 있는 강음점(תּ)은 원시 형태의 *t* ( ת ) 앞에 있던 *n* ( נ )이 동화된 것이다. 즉 אַנְתָה가 אַתָּ֫ה로 된 것이다.

③ 2인칭 남성 복수의 원시 형태는 *'antumu*는 살아남지 못했고, 모음 어미 u가 여성 형태의 i로 대체되어 *'antim* 형태가 되었다. 그 후 אַתֶּם이 되었다. 여성 복수형 אַתֵּן는 1회(겔 34:31), אַתֵּ֫נָה는 4회(창 31:6, 겔 13:11, 20, 34:17) 사용되었다. 겔 13:20에서는 אַתֶּם이 여성형으로 사용되었다.

④ 2인칭 여성 복수의 원시 형태는 *'antinna* > אַתֵּ֫נָה 이다. 이 형태는 창 31:6, 겔 13:11, 20, 34:17에서 אַתֵּ֫נָה 형태로 4회 발견된다. 그러나 이 형태는 레닌그라드 사본(L), 알레포 사본(A), 카이로 사본(C)에는 나타나지 않고, אַתֵּ֫נָה로 나타난다. 그리고 אַתֵּ֫נָה에서 강세 뒤에 오는 모음이 떨어져 אַתֵּן가 된 형태가 겔 34:31에 나타난다.

⑤ 3인칭 남성 단수의 원시 형태는 *hū'a* > הוּא 이다. 쿰란의 몇몇 사본에는 הואה로 나타난다. 여기서 א은 모음이 아니며 페니키아어 הא에서 나타나는 것처럼 자음을 나타낸다. 3인칭 여성 단수의 원시 형태는 *šī'a* > הִיא 이다. 여성형의 *š*는 아카드어, 에블라어에서 발견되나, 히브리어의 *š*는 남성형의 *h*로 대체되었다. '쿰란 사본'(Dead Sea Scroll)에는 היאה로 나타난다. 쿰란 사본에 나타나는 הואה, היאה와 같은 긴 형태는 원시 히브리어 형태의 순수한 흔적이라기보다, 쿰란 히브리어가 일반적으로 긴 형태를 선호하는 것임을 반증한다.

오경의 자음 본문(K^e^tibh)에는 여성형으로 הִיא대신에 הִוא형태로 나타난다. 이 경우에서 마소라 학자들은 '마소라 난외주'(Mp)에 '크레' הִיא를 나타냈다. 이것을 '영구적 크레'(Q^e^re perpetuum)이라 한다.

⑥ 3인칭 남성 복수형의 원시 형태는 *humu* > הֵ֫מָּה 이다. 가장 많이 나타난 형태는 הֵ֫מָּה 이다(272회). 반면에 הֵם은 191회 사용되었다. 그러나 정관사와 함께 사용될 때는 주로 הָהֵם 이며, הָהֵ֫מָּה는 12회 정도 나타난다. 정관사 다음에 나오는 3인칭 대명사들은 הֵ֫מָּה, הַהוּא, הַהִיא, הַהֵם, הַהֵ֫מָּה, הָהֵ֫נָּה 등이다. 그리고 슥 5:10, 아 6:8, 룻 1:22에서 הֵ֫מָּה가 여성형으로 사용되었다.

⑦ 3인칭 여성 복수형의 원시 형태는 *šinna* > הֵ֫נָּה 이다. 첫 자음 ה는 남성 형태를 유추하여 나왔다. 짧은 형태인 הֵן는 '미쉬나 히브리어'의 표준 형태이며, 성서 히브리어에는 בָּהֵן, לָהֶ, הֶן, בְּנֵיהֶ같이 결합된 형태로만 나타난다. 원시 여성 형태 *šinna* 의 두 모음이 히브리어 남성형 הֵ֫מָּה로 전환되었다.

*** 우가릿어·아카드어 인칭대명사 ***

| 인칭 \ 성 \ 수 | | Ugaritic | | | Akkadian | |
|---|---|---|---|---|---|---|
| | | 단 수 | 복수 | 쌍수 | 단 수 | 복 수 |
| 1 | 공성 | *'anāku 'anā* | | | *anāku* | *nīnu* |
| 2 | 남성 | *'atta* | *'attumū* | *'attumā* | *atta* | *attunu* |
| | 여성 | *'atti* | | | *atti* | *attina* |
| 3 | 남성 | *huwa* | | *humā* | *šū* | *šunu* |
| | 여성 | *hiya* | | | *šī* | *šina* |

## 2) 인칭대명사의 용법

### ① 주어(주격)로서의 인칭대명사

인칭대명사는 그 자체로써는 동사나 명사에 접미시켜 사용할 수 없으므로 반드시 주격만을 표시하는데 사용한다. 이를 '분리 주격 대명사'라 한다. 이런 경우, 인칭대명사는 대개 강조보다는 명확성을 위해 기능한다.

a. 명사문(noun sentence)

예) 잠 30:24. 직역: 땅의 가장 작은 것들이 넷이다 그리고 그것들이 가장 지혜로운 것들이다.

אַרְבָּעָה הֵם קְטַנֵּי־אָרֶץ וְהֵמָּה חֲכָמִים מְחֻכָּמִים

| VOPPMP | AMP | C.NPMZP | NFS | AMPG | NPMZP | ANCMS |
|---|---|---|---|---|---|---|
| 가장 | 지혜로운 | 것 | 땅에 | 작고도 | 있나니 | 넷이 |

**해설**

2번째 문에서 '복수 3인칭대명사'(הֵמָּה)가 동사가 없는 경사문에서 주어(주격)을 나타낸다. 그리고 'חֲכָמִים מְחֻכָּמִים'은 동일한 뜻(어근)의 다른 실명사를 결합시킴으로써, 반복에 의한 속성 개념(즉 지혜로움)의 강화로 '최상급'을 나타낸다. 즉 '가장 지혜로운 것들'. 본문은 동사가 없는 명사문이 2개인 병렬문이다. 앞의 문에서 '복수 3인칭대명사' הֵם은 주어(קְטַנֵּי־אָרֶץ; 땅의 가장 작은 것)와 술어(אַרְבָּעָה; 넷)를 연결시켜 주기 위한 '계합사'(link verb or the copula; to be; ~ 이다)로 사용된 경우이다. 그리고 '연계관계'(קְטַנֵּי־אָרֶץ)에서 연계형이 '형용사'(Ajective)인 경우, 즉 속격(절대형 명사; אָרֶץ)과 결합되어 나오는 형용사(연계형; קְטַנֵּי)는 주로 '한계나 원인'을 표현한다. 여기서는 형용사(קְטַנֵּי)가 '한계'를 나타낸다. 즉 '가장 작음'.

b. 동사문(verbal sentence)

예) 시 74:16. 직역: 낮은 당신의 것(이요) 또한 밤도 당신의 것(이다) 당신은 빛(광명)과 태양을 견고하게 하셨다.

לְךָ יוֹם אַף־לְךָ לָיְלָה אַתָּה הֲכִינוֹתָ מָאוֹר וָשָׁמֶשׁ

| C.NFS | NMS | VHAMYS | NPMYS | NMS | P.MYS | C | NMS | P.MYS |
|---|---|---|---|---|---|---|---|---|
| 해를 | 빛과 | 예비하셨으며 | 주께서 | 밤도 | 주의 것 | | 낮도 | 주의 것 |

**해설**

2인칭대명사(אַתָּה)가 정동사(הֲכִינוֹתָ; 히필형-사역능동)의 내적주어를 보다 명확히 나타낸다. 즉 낮과 밤이 모두 '당신'(2인칭; 주님)의 소유인데, 창 2:16에서 '낮'과 '밤'을 나뉘고 주관하는 '빛(작은 광명)과 태양(큰 광명)'을 견고하게 세우신 분이 바로 '당신'(그 분 즉 하나님)임을 명확히 하고 있다.

### ② 주어의 강조

'3인칭 대명사'(단·복수)는 주어 뒤에 위치하여 주어를 강조한다. 이때 인칭대명사는 주어의 성•수와 일치한다. 이 때 인칭대명사는 '자신' 또는 '바로' 등으로 번역한다.

a. 단수 3인칭 대명사

예1) 직역: 주님 자신이 한 표적을 주셨다.

| אוֹת | הוּא | אֲדֹנָי | נָתַן |
|---|---|---|---|
| NFS | NPMZS | NMP.CXS | VQAMZS |
| 표적 | | 나의 주님 | 주셨다 |

**해설** 이 문장은 영어로 3형식문(동사+주어+목적어)이다. 히브리어 문장이므로 어순적으로 동사가 먼저 위치했고, 그 다음 주어와 목적어가 왔다. 특히 주어(אֲדֹנָי)는 복수형이지만, 위엄을 나타내는 '존엄의 복수'이며 단수 취급하므로 단수 동사가 왔다. 특히 주어 뒤에 인칭대명사(3인칭남성단수; הוּא)가 위치하여 주어자신을 강조한다. 즉 '주님 자신'.

b. 복수 3인칭 대명사

예2) 직역: 그 유대인들 자신들이 선하다.

| הֵמָּה | הַיְּהוּדִים | טוֹבִים |
|---|---|---|
| NPMZP | D.AGeMP | AMP |
| 자신 | 유대인들 | 선하다 |

**해설** 이 문장은 동사가 없고 형용사가 술어 기능하는 명사문이다. 주어(הַיְּהוּדִים; 그 유대인들) + 술어(טוֹבִים; 선하다). 주어와 술어 관계에서 항상 성(性)·수(數)가 일치하여야 한다. '복수 3인칭대명사'(הֵמָּה)가 주어 뒤에 위치하여 '복수형 주어'를 강조하고 있다. 즉 '그 유대인들 자신들'로 번역된다.

### ③ 반의적 대조

히브리어의 정동사는 자체 '내적주어'(inner subject)의 인칭, 성, 수를 나타내기 때문에 따로 주어를 가리키는 인칭대명사는 생략된다. 하지만 인칭대명사가 정동사에 부가될 때는 정동사의 '내적주어'를 다른 대상(물)과 반의적으로 대조시키기 위해 사용한다.

예) 렘 17:18. 직역: 나를 박해하는 자들이 부끄러워할 것이다 하지만 나로 부끄럽지 않게하소서. 그들은 산산히 부서질 것이다 하지만 나로 산산히 부서지지 않게 하소서

| אָנִי | אֵחַתָּה | וְאַל־ | הֵמָּה | יֵחַתּוּ | אָנִי | אֵבֹשָׁה | וְאַל־ | רֹדְפַי | יֵבֹשׁוּ |
|---|---|---|---|---|---|---|---|---|---|
| NPCXS | VQICXS | C.ABN | NPMZP | VQIMZP | NPCXS | VQICXS(Ch) | C.ABN | VQPAMP.CXS | VQIMZP |
| 나로 | 놀라게 | 마시옵소 | 그들로 | 놀라게 | 나로 | 수욕을 당케 | 마옵소서 | 나를 박해하 | 수욕을 당케 |

**해설** 이 문장은 4개의 절(clauses)로 병렬되어 있다. 1인칭디명사(אָנִי; '나')가 다른 대상('나'를 박해하는 자들; רֹדְפַי)과의 반의적 대조를 드러내기 위해 문장에 부가되었다. 즉 '나'와 '나를 박해자들'을 대조시키고 있다. 등위접속사 וְ는 여기서 대조법(an antithesis)을 유도하며 'but'의 의미로 사용되었다. 그리고 대조법을 나타내는 2개의 등위문에서 동사들(אֵבֹשָׁה, אֵחַתָּה)은 모두 '1인칭 미완료형'에 '연장형 어미' ָה (Paragogic He)가 첨가되어 있으므로 '연장형'(The Cohortative)을 나타낸다. 즉 '말하는 자'의 '결심, 의지, 소원, 자기 권고'를 나타낸다. 여기서 부정어 אַל이 사용되어 주어(말하는 자)의 '부정적인 의지'를 나타낸다. 즉 '나로 ~하지 않게 하라'.

### ④ 독립 주격

'독립 주격'(Independent Nominative)이란 독립 인칭대명사가 문장 속에서 다른 요소들과 아무런 문법적인 관련이 없는 주격구조이다. 즉 문장 내에서 문법적인 주어가 아닌 논리적인 주어를 말한다. 이것은 완전한 문장과 문법적인 관계를 갖지 않는 독립적인 구조다. '코이네 헬라어'(κοινη Greek)에서는 매우 자주 사용되는 파격구문의 형태이다.

예) 삼상 12:23. 직역: 또한 나는 너희를 위하여 여호와 앞에 기도하는 것을 멈추는 죄를 결단코 짓지 아니(한다).

| בַּעַדְכֶם | לְהִתְפַּלֵּל | מֵחֲדֹל | לַיהוָה | מֵחֲטֹא | לִּי | חָלִילָה | אָנֹכִי | גַּם |
|---|---|---|---|---|---|---|---|---|
| P.MYP | P.VTNG | P.VQNG | P.NE | P.VQNG | P.CXS | AB | NPCXS | AB |
| 너희를 위하여 | 기도하기를 | 쉬는 | 여호와 | 죄를 범치 | | 결단코 아니 | 나 | 또한 |

**해설** 1인칭대명사(אָנֹכִי)가 문장 속에서 다른 요소들과 아무런 문법적인 관련이 없는 주격이다. 즉 문법적인 주어가 아닌 논리적인 주어로서 기능하고 있다. 왜냐하면 23절의 문의 요소가 모두 부사(or 부사구)로만 되어 있어서 '서술어'로서 기능할 수 있는 요소(명사, 형용사, 분사, 부정사 등)가 하나도 없는 불완전한 문이기 때문이다. 전치사구 לִי에서 לְ는 본문에서 논리적인 주어를 가리키는 '재귀적 לְ'를 가리키며, 번역하지 않는다. 전치사구 לַיהוָה에서 לְ는 '불이익의 לְ'(~에 대항하여; against ~)를 나타낸다. 즉 '기도하는 것을 멈추는 죄'는 바로 '하나님께 대항하는 것'을 의미한다. 전치사구 לְהִתְפַּלֵּל에 접두된 לְ는 '부정사 연계형'(חָדַל ; 멈추다)의 직접목적어인 '부정사 연계형'에 접두된 허사적(pleonastic) 전치사이며 번역은 하지 않는다. 전치사구 מֵחֲטֹא에서 전치사 מִן은 '이유, 원인'을 나타낸다. 즉 기도하는 것(일)을 멈추는 것이 하나님 앞에 범죄하는 원인(이유)가 되는 것이다.

### ⑤ 자기 자랑·자기 권위·자기주장

특별히 '1인칭대명사'는 자신을 자랑하거나 자기의 권위를 나타내는 문체에 사용된다. 뿐만 아니라 자의식이나 자기주장을 표현하기도 한다.

a. 자기 자랑

예) 대하 6:2. 직역: 내가(솔로몬) 당신(하나님)을 위하여 높은 곳의 전 곧(namely) 당신이 영원히 거하실 거처를 건축하였습니다.

| עוֹלָמִים | לְשִׁבְתְּךָ | וּמָכוֹן | לָךְ | זְבֻל | בֵית־ | בָּנִיתִי | אֲנִי |
|---|---|---|---|---|---|---|---|
| NMP | P.VQNG.MYS | C.NMS | P.MYS | NMS | NMSG | VQACXS | NPCXS |
| 영원히 | 주께서-거하실 | 처소 | 주 위하여 | 거하실 | 전을 | 건축하였사 | 내가 |

**해설** 이 문장은 영어로 3형식문(주어+동사+목적어)이다. 여기서 주어인 1인칭대명사(אֲנִי)는 주어(솔로몬)의 '자기 자랑'을 나타내는데 사용되었다. 즉 '여호와의 전'을 다른 사람이 아닌 바로 '내가' 건축하였다는 자랑함이다. 그리고 접속사 וּ는 앞에 있는 단어나 구나 절을 설명하는 '설명'(namely)을 나타낸다. 이것을 '설명적 와우'(Waw explicativum)라 한다. '부정사 연계형'(לְשִׁבְתְּךָ)에서 전치사 לְ는 '목적'을 나타낸다. 즉 '거주하시기 위한 처소'의 의미. 또한 부정사 연계형에 접미된 2인칭접미사(ךָ◌)가 '명사의 소유격 접미사'(ךָ◌ -유성 쉐바)냐 '동사의 목적격 접미사'(ךָ◌ -무성 쉐바)냐에 따라서 부정사의 '주격'(의미상의 주어)이 되고, '목적격'(직접목적어)가 된다. 여기서는 부정사 뒤에 직접목적어(עוֹלָמִים; 영원)가 있으므로 2인칭접미사(ךָ◌)는 '주격'이 된다. 즉 부정사의 '의미

상의 주어'다. 그리고 '목적어'(대격)인 은 '부사적 대격'(영원히)으로 사용된 경우다. 본문에서 עוֹלָמִים은 일반적으로 사용되는 '영원'을 의미하는 עוֹלָם(단수)의 복수형을 사용하였다. עוֹלָם의 단수와 복수는 본질적인 차이점을 나타내지 않으나, 복수형의 사용은 '영원'(무한히 긴 시간 or 지속되는 시간의 개념)의 개념을 더욱 강조하기 위한 것이다.

### b. 자기 권위

예) 시 2:6. 직역: 내가 나의 거룩한 산인 시온에 나의 왕을 기름 부었다.

אֲנִי נָסַכְתִּי מַלְכִּי עַל־צִיּוֹן הַר־קָדְשִׁי

| קָדְשִׁי | הַר־ | צִיּוֹן | עַל־ | מַלְכִּי | נָסַכְתִּי | אֲנִי |
|---|---|---|---|---|---|---|
| AMS.CXS | NMSG | NE | P | NMS.CXS | VQACXS | NPCXS |
| 내 거룩한 | 산 | 시온 | 에 | 나의 왕을 | 세웠다 | 내가 |

해설

이 문장은 3형식의 문(주어+동사+목적어+부사구)이다. 주어인 1인칭대명사(אֲנִי; 하나님)는 세상 군왕들의 반역의 배경 하에서 '나의 왕' 즉 다윗의 왕가를 계승할 만왕의 왕이신 그리스도를 세우심으로 '당신의 권위'로서 절대적인 왕권을 나타내고 있다. '시온'(צִיּוֹן)과 '나의 거룩한 산'(הַר־קָדְשִׁי)은 '동격'이다. 그리고 연계관계(הַר־קָדְשִׁי)에서 '형용사'(קָדְשִׁי; 나의 거룩한)가 절대형 명사의 기능을 하고 있는 것은 형용사가 실명사(Substantive)로 사용되어 인칭접미사(1인칭)까지 첨가되어 한정되었기 때문이다.

### c. 자기 주장

예) 스 7:8. 직역: 내가 내 위에 (있는) 나의 하나님 여호와의 손(권능)같이 나 자신를 위하여 아주 강하게 하였다. 그리고 내가 이스라엘로부터 우두머리들을 모았다 (그 결과) 나와 함께 올라왔다.

אֲנִי הִתְחַזַּקְתִּי כְּיַד־יְהוָה אֱלֹהַי עָלַי וָאֶקְבְּצָה מִיִּשְׂרָאֵל רָאשִׁים לַעֲלוֹת עִמִּי

| עִמִּי | לַעֲלוֹת | רָאשִׁים | מִיִּשְׂרָאֵל | וָאֶקְבְּצָה | עָלַי | אֱלֹהַי | יְהוָה | כְּיַד־ | הִתְחַזַּקְתִּי | אֲנִי |
|---|---|---|---|---|---|---|---|---|---|---|
| P.CXS | P.VQNG | NMP | P.NE | CW.VQICXS | P.CXS | NMP.CXS | NE | P.NFSG | VTACXS | NPCXS |
| 나와함께 | 올라오게 | 두목을 | 이스라엘 중에 | 모아 | 내 위 | 하나님 | 여호와 | 손이 | 힘을 얻어 | 내가 |

해설

이 문장은 '미완료 와우 계속법'(Waw Imperfect Consecutive; 완료 시상)으로 연결되어 있다. 1인칭 대명사(אֲנִי)는 본문에서 에스라자신의 '자기주장'을 나타낸다. 즉 에스라 자신이 스스로 강하게 한 것을 주장하고 있다. 여기서 동사 הִתְחַזַּקְתִּי는 '힐파엘형'(강조 재귀형; '자신을 위하여 ~')이므로 에스라의 '자기주장'이 더욱 강하다. '연계형부정사 구'(לַעֲלוֹת)에서 전치사 לְ는 '결과'를 나타내므로 '(그 결과) 올라왔다'라고 번역. 그리고 אֱלֹהַי(나의 하나님)과 יְהוָה(여호와)는 '동격' 관계이다.

### ⑥ 동격

인칭대명사는 명사의 동격(Apposition)으로, 명사·동사의 인칭접미사의 동격(Apposition)으로 사용된다.

#### a. 명사와 동격

예) 에 9:1. 직역: '그 유다인들'인 그들이 그들을(or 자신들을) 미워하고 있는 자들을(or 자들 안에서) 다스릴 것이다.

| בְּשֹׂנְאֵיהֶם | הֵמָּה | הַיְּהוּדִים | יִשְׁלְטוּ |
|---|---|---|---|
| P.VQPAMP.MZP | NPMZP | D.NGeMP | VQIMZP |
| 자기를 미워하는 | | 유다인이 | 제어하게 |

**해설**

독립인칭대명사(הֵמָּה; 남성 3인칭 복수)가 동사의 주어인 인종표시명사(gentilic)인 הַיְּהוּדִים와(남성 복수) '동격'관계에 있다. 동사 שָׁלַט가 '다스리다, 지배하다'의 의미로 사용될 경우에는 다스리는 대상(목적어)에 전치사 בְּ (안에서)를 접두하여 사용한다. 즉 관용어적으로 「שָׁלַט + בְּ」 = ' ~을 다스리다'. 그리고 분사구(בְּשֹׂנְאֵיהֶם)에서 동사 שָׂנֵא (미워하다, 증오하다)의 현재분사형이므로 '중단되지 않는 계속 동작'을 나타내며, 목적어(대격)와 전치사를 가지고 있으므로 '실명사'로 사용된 경우이다. 따라서 목적어를 가지므로 '분사의 동사적 용법'으로 사용되었고, 전치사가 접두되었으므로 '분사의 명사적(or 독립적) 용법'을 나타낸다.

#### b. 동사 접미사와 동격

예) 창 27:34. 직역: 그리고 그가(에서) 그의 아비에게 "당신은 나 또한 축복하소서 나의 아버지여"라고 말했다.

| אָבִי | אָנִי | גַם־ | בָּרֲכֵנִי | לְאָבִיו | וַיֹּאמֶר |
|---|---|---|---|---|---|
| NMS.CXS | NPCXS | AB | VPMMYS.CXS | P.NMS.MZS | CW.VQIMZS |
| 내 아버지여 | 내게 | 도 | 축복하소서 | 아비에게 | 이르되 |

**해설** 이 문장은 '와우 미완료 계속법'(완료 시상)으로 시작되며, '직접화법'형식으로 이루어져 있다. '인용문'(피전달부에 해당)에서 명령동사 בָּרֲכֵנִי의 '1인칭접미사'(נִי)가 목적어를 나타낸다. 뒤에 나오는 '독립 1인칭대명사'(אָנִי)는 명령동사에 접미된 '1인칭 대명사 접미사'(נִי)와 '동격' 관계에 있다. '전달부' לְאָבִיו에서 전치사 לְ는 '간접목적거'를 나타낸다. 즉 '나의 아비에게'. 명령법은 2인칭에게 하는 명령 혹은 요청을 나타낸다.

c. 명사 접미사와 동격

예) 왕상 21:19. 직역: 그 개들이 너의 피를 또한 핥을 것이다.

| אָתָּה | גַּם־ | דָּמְךָ | אֶת־ | הַכְּלָבִים | יָלֹקּוּ |
|---|---|---|---|---|---|
| NPMYS | AB | NMS.MYS | O | D.NMP | VQIMZP |
| 네 | 곧 | 네 피 | | 개들이 | 핥으리라 |

**해설** 이 문장은 3형식문이다. 독립 인칭대명사(אָתָּה; 2인칭 남성단수)가 명사(דָּמְךָ; 너의 피)에 접미된 2인칭 대명접미사와 선제적 동격(anticipative apposition) 관계에 있다. 즉 2인칭 대명사 접미사(ךָ)가 '대격' 인칭대명사 אָתָּה와 '선제적 동격' 관계에 있다.

## ⑦ 계합사(연계사)

특별히 '독립 3인칭 대명사'가 주어와 술어를 연결시켜 주는 '계합사'(the copula or 연계사 link verb; ~이다, to be)로서 사용되기도 한다.

예) 직역: 그 백성은 지혜롭다.

חָכָם הָעָם (명사 문장) ⇨ הוּא חָכָם הָעָם (동사 문장)

| חָכָם | הָעָם | | הוּא | חָכָם | הָעָם |
|---|---|---|---|---|---|
| AMS | D.NMS | | NPMZS | AMS | D.NMS |
| 지혜로운 | 그 백성이 | | (이다) | 지혜로운 | 그 백성이 |

**해설** 이 문장은 2형식문이다. 즉 「주어(הָעָם) + 주격보어(חָכָם) + 계합사(הוּא)」의 구조다.

## 2. 대명사 접미사

히브리어의 독립 인칭대명사는 다른 낱말과 분리하여 오직 주격만을 나타내므로 속격이나 대격으로 사용할 수 없다. 따라서 인칭대명사가 주격 외에 속격이나 대격을 나타낼 때는 인칭을 나타내는 '인칭 어미'를 사용하게 된다. 이것은 인칭대명사의 짧은 '주요부'로서 수식하는 단어 뒤에 연결시켜 사용하므로 '대명사 접미사'(Pronominal suffixes)라고 한다.

'대명사 접미사'는 **명사**에 붙는 '명사의 소유격 접미사'와 **동사**에 붙는 '동사의 목적격 접미사'가 있다.

예) סוּסִי 나의 말; דְבָרֵ֫נוּם 우리의 말씀 (명사의 소유격 접미사)
שְׁמָרַ֫נִי 그가 나를 지켰다; זְכָרָ֫נוּ 그가 우리를 기억했다 (동사의 목적격 접미사)

### 1) 대명사 접미사의 변화표

| 인칭 | 성 \ 접미사 | 명사의 소유격 접미사 | | 동사의 목적격 접미사 | | |
|---|---|---|---|---|---|---|
| | | 단수 명사 | 복수 명사 | 완료형 | 미완료형 | 연결모음 없이 사용 |
| 단 1 | 공성 | ◌ִי | ◌ַי | ◌ַ֫נִי | ◌ֵ֫נִי | ◌֫נִי |
| 2 | 남성 | ◌ְךָ | ◌ֶ֫יךָ | ◌ְךָ | ◌ְךָ | ◌֫ךָ |
| | 여성 | ◌ֵךְ | ◌ַ֫יִךְ | ◌ֵךְ | ◌ֵךְ | ◌֫ךְ |
| 3 | 남성 | וֹ | ◌ֵ֫יהוּ ◌ָיו | ◌ָ֫הוּ וֹ | ◌ֵ֫הוּ | וֹ ◌֫הוּ |
| | 여성 | ◌ָהּ | ◌ֶ֫יהָ | ◌ָהּ | ◌ֶ֫הָ | ◌֫הָ |
| 복 1 | 공성 | ◌ֵ֫נוּ | ◌ֵ֫ינוּ | ◌ָ֫נוּ | ◌ֵ֫נוּ | ◌֫נוּ |
| 2 | 남성 | ◌ְכֶם | ◌ֵיכֶם | ◌ְכֶם | ◌ְכֶם | –כֶם |
| | 여성 | ◌ְכֶן | ◌ֵיכֶן | ◌ְכֶן | ◌ְכֶן | |
| 3 | 남성 | ◌ָם | ◌ֵיהֶם | ◌ָ֫מוֹ ◌ָם | ◌ֵ֫מוֹ ◌ֵם | –ם –הֶם |
| | 여성 | ◌ָן | ◌ֵיהֶן | ◌ָן | ◌ֵן | –ן |

① 대명사 접미사는 **'중접미사'**(heavy endings)와 **'경접미사'**(light endings)로 구분된다. 중접미사는 כֶם, כֶן, הֶם, הֶן이며, 자신이 억양(accent)을 가진다. 경접미사는 한 자음과 모음으

로 구성된 것으로 י, ךָ, ךְ, וֹ, הּ, נוּ, ם, ן, הוּ, הָ, נִי이며, 에(◌ֵ)음이나 아(◌ַ)음과 같은 연결모음이 있는 음절에 억양이 있고, 연결 모음을 취하지 않을 때는 선행 음절에 억양이 있다. 그러나 경접미사 ךְ◌는 연결 모음이 쉐바이므로 불가피하게 자신이 억양을 가진다.

② 대명사 접미사가 자음으로 끝나는 단어 뒤에 접미될 때는 에(◌ֵ)음이나 아(◌ָ)음과 같은 '연결 모음'(connecting vowels)을 취한다. 그러나 모음으로 끝나는 단어 뒤에서 연결 모음은 사라진다.

③ '복수 명사'에 붙는 대명사 접미사는 י가 들어 있는 연결 모음으로 시작하는데 이것은 복수나 쌍수의 연계형 원형에 접미사를 붙였기 때문으로 추정되며(즉 다른 자음이 바로 부딪치는 것을 완충시켜 주는 역할), יו◌ָ 는 '아우'(āw)로 발음한다. 여기서 י는 발음되지 않지만 복수 연계형 어미를 나타내는 것이므로 당연히 표기된다.

④ 2인칭 단수 접미사 ךְ◌, 복수 접미사 כֶם◌ְ과 כֶן◌ְ 앞에서 연결 모음으로 사용된 쉐바는 '유성 쉐바'(vocal $š^{e}$vâ)이다. 따라서 כֶם과 כֶן에는 '연강점'(Dagheš lene)을 붙이지 않는다.

⑤ 명사가 대명사 접미사를 취할 때는 명사의 억양은 자연히 대명사 접미사로 이동한다. 그리고 접미사의 2인칭은 독립 인칭대명사와 같이 t(ת) 음으로 형성되지 않고 k(כ) 음으로 형성된다.

## 2) 대명사 접미사 용법

### ① 명사의 소유격

예) 시 31:16. 직역: 나의 시간들이 당신의 손 안에 (있습니다) '나를 (계속적으로) 미워하고 있는 자들'과 '나를 (계속적으로) 핍박하고 있는 자들'의 손으로부터 당신이 나를 잡아채 가기를 바랍니다.

| וּמֵרֹדְפָי | אוֹיְבַי | מִיַּד־ | הַצִּילֵנִי | עִתֹּתָי | בְּיָדְךָ |
|---|---|---|---|---|---|
| C.P.VQPAMP.CXS | VQPAMP.CXS | P.NFSG | VHMMYS.CXS | NFP.CXS | P.NFS.MYS |
| 핍박하는 자의 | 내 원수와 | 손에서 | 나를 건지소서 | 내 시대가 | 주의 손에 |

**해설**

이 문장은 2개의 문장이 연결사없이 병렬되어 있다. 즉 명사문(בְּיָדְךָ עִתֹּתָי; 1형식과 동사문(나머지 부분)으로 구성되었다. 본문에서 명사의 소유격을 나타내는 것은 전치사구인 בְּיָדְךָ(당신의 손안에)와 עִתֹּתָי(나의 시간들)이다. 둘 다 명사에 접미되었기 때문에 '소유격'(속격)을 나타낸다. 그리고 분사들(אוֹיְבַי וּמֵרֹדְפָי)에 접미된 대명사 접미사(◌ָי ; ◌ַי)는 '목적격'을 나타낸다.

### ② 동사의 목적격

예) 창 2:15. 직역: 그가(하나님) 그를(그 사람; 아담) 에덴의 정원 안에 그것을(정원을) 섬기도록 그리고 그것을(정원을) 지키도록 놓아 두셨다.

| וּלְשָׁמְרָהּ | לְעָבְדָהּ | עֵדֶן | בְגַן־ | וַיַּנִּחֵהוּ |
|---|---|---|---|---|
| C.P.VQNG.FZS | P.VQNG.FZS | NE | P.NFSG | C.W.VHIMZS.MZS |
| 지키게 | 다스리며 | 에덴 | 동산에 | 두사 |

**해설**

이 문장은 '와우 미완료 계속법'(Waw Imperfect Consecutive; 완료 시상)으로 구성된 문이다. 주동사 וַיַּנִּחֵהוּ에 '대명사 접미사' הוּ(3인칭 남성 단수; 그를)가 목적어로 사용되었다. 또한 부정사구(לְעָבְדָהּ וּלְשָׁמְרָהּ)에 '대명사 접미사' ◌ָהּ(3인칭 여성 단수; 앞의 '정원' גַּן을 지시함)가 목적어로 사용되었다. 그리고 부정사 연계형에 접두된 전치사 לְ는 모두 '목적'(~ 하기 위하여; ~ 하도록)을 나타낸다.

### ③ 분사의 목적격

대명사 접미사가 분사(Participle)에 의해 지배될 때는 '동사의 목적격 접미사'와 '명사의 소유격 접미사'가 함께 사용되는데 격(格)은 모두 목적격(대격)을 나타낸다.

예) 전 5:10. 직역: 그 좋은 것이 증가할 때, 그것을(그 좋은 것) 먹는 자들이 증가하였다 그리고 그것의(그 좋은 것의) 주인에게 유익이 무엇인가?

| לִבְעָלֶיהָ | כִּשְׁרוֹן | וּמַה־ | אוֹכְלֶיהָ | רַבּוּ | הַטּוֹבָה | בִּרְבוֹת |
|---|---|---|---|---|---|---|
| P.NMP.FZS | NMS | C.APT | VQPAMP.FZS | VQACZP | D.NFS | P.VQNG |
| 그 소유주가 | 유익하랴 | 무엇이 | 먹는 자도 | 더하나니 | 재산이 | 더하면 |

**해설** 이 문장은 접속사 וְ(and)를 통해 2개의 문으로 병렬되어 있다. 첫 번째 문은 종속절(בִּרְבוֹת הַטּוֹבָה; '그 좋은 것이 증가할 때에'; 명사문)과 주절(רַבּוּ אוֹכְלֶיהָ; '그것을 먹는 자들이 증가하였다')로 구성된 문이다. 분사(אוֹכְלֶיהָ)에 '대명사 접미사'(ֶיהָ; 3인칭 여성 단수; 앞의 '그 좋은 것'을 지시함)가 목적격으로 사용되었다. 즉 '그것을 먹는 자들'이다. 여기서 분사는 명사적 용법으로 사용되어 '그것을 먹고 있는 자들'을 나타낸다. 그리고 '연계형 부정사' בִּרְבוֹת에 접두된 전치사 בְּ는 '시점의 בּ'(~에, ~때)로 사용되어 '종속절'을 유도하고 있다. 즉 '그 좋은 것이 증가할 때'이다. 의문사가 이끄는 문(동사가 없는 명사문)에서, 전치사구(לִבְעָלֶיהָ; '그것의 주인에게')는 간접목적어를 나타내며, '대명사 접미사'(ֶיהָ; 3인칭 여성 단수; 앞의 '그 좋은 것'을 지시함)가 '소유격'을 나타낸다.

### ④ 부정사 연계형의 주격과 목적격

부정사 연계형은 동사와 명사의 기능을 모두 지니고 있으므로 '명사의 소유격 접미사'와 '동사의 목적격 접미사'를 모두 지배할 수 있다. 따라서 '명사의 소유격 접미사'가 사용되면 '주격'(의미상의 주어), '동사의 목적격 접미사'를 사용하면 '대격(목적격)'을 나타낸다.

a. 주격

예) 창 2:4. 직역: 그것들(그 하늘들과 그 땅)이 창조되어진 때, 그 하늘들과 그 땅의 계보가 이것들이다.

| בְּהִבָּרְאָם | וְהָאָרֶץ | הַשָּׁמַיִם | תוֹלְדוֹת | אֵלֶּה |
|---|---|---|---|---|
| P.VNNG.MZP | C.D.NFS | D.NMD | NFPG | APDCP |
| 창조하신 | 지를 | 천 | 대략이 | 이러하니라 |

**해설** 부정사구 בְּהִבָּרְאָם(Niphal; 단순 수동형)에서 '명사의 소유격 접미사'(ָם; 3인칭 남성 복수, 즉 앞의 '그 하늘들과 그 땅'을 지시)가 부정사의 주격(의미상의 주어)로 사용되었고, 전치사 '시점의 בְּ'(~에, ~때)가 접두되어 부정사를 종속절로 유도하고 있다. 즉 '그것들이 창조되어진 때'이다.

b. 목적격

예) 창 2:15. 직역: 그가(하나님) 그를(그 사람; 아담) 에덴의 정원 안에 그것을(정원을) 경작하도록 그리고 그것을(정원을) 지키도록 놓아 두셨다.

| וּלְשָׁמְרָהּ | לְעָבְדָהּ | עֵדֶן | בְגַן־ | וַיַּנִּחֵהוּ |
|---|---|---|---|---|
| C.P.VQNG.FZS | P.VQNG.FZS | NE | P.NFSG | C.W.VHIMZS.MZS |
| 지키게 | 다스리며 | 에덴 | 동산에 | 두사 |

**해설** 이 문장은 '와우 미완료 계속법'(Waw Imperfect Consecutive; 완료 시상)으로 구성된 문이다. 부정사구(לְעָבְדָהּ וּלְשָׁמְרָהּ) 속에 있는 2개의 부정사에 '동사의 목적격 접미사' ◌ָהּ(3인칭 여성 단수; 앞의 '정원' גַּן을 지시함)가 '목적어'로 사용되었다. 즉 '그것을 경작하고 지키는 것'이다. 그리고 부정사 연계형에 접두된 전치사 לְ는 모두 '목적'(~하기 위하여; ~ 하도록)을 나타낸다. 즉 '그것을 경작하도록 그리고 그것을 지키도록'이다. 그리고 주동사 וַיַּנִּחֵהוּ도 '대명사 접미사' הוּ(3인칭 남성 단수; 그를)가 목적어로 사용되었다.

### ⑤ 전치사의 목적어

대명사 접미사가 전치사에 의해 지배될 때 '명사의 소유격 접미사'가 사용되며 주격, 목적격, 여격 등을 나타낸다.

예) 학 2:8. 직역: 그 은은 나에게 (있다) 그리고 그 금은 나에게 (있다) 만군의 여호와의 말씀

| צְבָאוֹת | יְהוָה | נְאֻם | הַזָּהָב | וְלִי | הַכֶּסֶף | לִי |
|---|---|---|---|---|---|---|
| NE | NE | NSG | D.NMS | C.P.CXS | D.NMS | P.CXS |
| 만군의 | 여호와 | 말 | 금도 | 내 것 | 은도 | 내 것 |

**해설** '1인칭 대명사 접미사' ◌ִי가 전치사 לְ에 접미되어 '여격'을 나타낸다. 즉 '나에게'이다. 이것은 '소유 대명사'로도 대치된다. 즉 '나의 것'이다. '그 은은 나의 것, 그 금은 나의 것'. '고유명사'구(יְהוָה צְבָאוֹת)에서 두 고유명사는 '동격'을 이룬다. 특히 'צְבָאוֹת'는 문법적으로 '여성복수명사'이나 여기서는 '고유명사'로 사용되어 '여호와'(יְהוָה)와 '동격'을 이루며 연계되지 않는다. 이 때의 동격을 '설명적 동격'이라 한다. 즉 '만군' '여호와' or '여호와' '만군'이 되며, '만군의 여호와'로 하지 않는다. 이것 때문에 '크레'(Qere)에는 צְבָאוֹת אֲדֹנָי 가 나온다. 그리고 '여호와의 말씀'에서 '말씀'(נְאֻם)은 명사로서, 이 단어가 사용될 때는 특별한 주의가 요구되는데, 즉 그 메시지가 그 기원과 권위에 있어서 하나님이심을 선언하는 관용적 표현으로만 사용된다(렘 23:31, 시 36:1).

## 3. 지시대명사

'지시대명사'(Demonstration Pronoun)란 어떤 사람이나 사물을 지시(지적)하는 대명사이며, 이것들의 기능은 독립적(or 단독적)으로 사용되면 지시대명사, 명사를 수식하거나 서술하게 되면 지시형용사의 기능을 한다.

### 1) 지시대명사의 변화

| 대수 / 성 | 이것(this) | | 저것(that) | |
|---|---|---|---|---|
| | 단 수 | 복 수 | 단 수 | 복 수 |
| 남 성 | זֶה | אֵלֶּה | הוּא | הֵם הֵמָּה |
| 여 성 | זֹאת | | הִיא | הֵן הֵנָּה |

① 히브리어에서 엄밀하게 말하면, 지시사는 זֶה이며, 정관사와 함께 사용된 הַזֶּה이 있다. 그리고 유사(quasi) 지시사인 הַהוּא가 있다. 원래 זֶה는 '지시 부사'였다.

② זֶה의 복수 אֵלֶּה는 남·여성 구별 없이 공성으로 사용한다.

③ זֶה의 여성 זֹאת 대신 זֹה나 זוֹ가 간혹 사용되기도 한다.

④ 지시 대명사 הוּא의 변화는 인칭 대명사와 동일하다.

⑤ זֶה(this)는 시간적으로나 위치적으로 가까운 사람과 사물을 지시하며, הוּא(that)는 이미 언급되었거나 지적되어 잘 알려져 있는 인물이나 사물을 지시한다.

### 2) 지시대명사의 용법

#### ① 독립적 용법

지시 대명사가 동사가 없는 절에서 독립적으로 문의 주어로 사용된다. 이런 지시사의 사용을 '설명적 용법'(the explicative usage)라 한다.

예) 창 36:10. 직역: 이것들이 에서의 아들들의 이름들이다. 에서의 아내 아다의 아들 엘리바스.

| עֵשָׂו | אֵשֶׁת | עָדָה | בֶּן־ | אֱלִיפַז | עֵשָׂו | בְּנֵי־ | שְׁמוֹת | אֵלֶּה |
|---|---|---|---|---|---|---|---|---|
| NE | NMSG | NE | NMSG | NE | NE | NMPG | NMPG | APDCP |
| 에서 | 아내 | 아다의 | 아들 | 엘리바스 | 그 | 자손의 | 이름은 | 이러하더라 |

**해설** 이 문장은 영어로 2형식의 문이다. 즉「주어+(술어 생략)+주격보어 ~ 」이다. 여기서 '지시 대명사' אֵלֶּה(these)는 명사문의 '주어'로 사용되었으며, '설명적 용법'으로 사용되었다. 연계관계(שְׁמוֹת בְּנֵי־עֵשָׂו)에서 연속적인 '지배 명사'(Nomen Regens; 연계형 명사)가 표현된 경우다.

### ② 한정적 용법

a.「관사 + 명사 + 관사 + 지시 대명사 」

'지시 대명사'가 '한정 형용사'(정관사를 취함)로 '한정 명사'(정관사를 취함)를 수식하는 경우다. 이 때 지시 대명사는 '지시 형용사'의 기능으로 수식하는 명사와 성(性)·수(數)가 일치해야 하며, 한정 명사 뒤에 위치한다.

예) 삼상 18:23. 직역: 그리고 사울의 종들이 다윗의 귀에 이 말들을 말했다.

| הָאֵלֶּה | הַדְּבָרִים | אֶת־ | דָוִד | בְּאָזְנֵי | שָׁאוּל | עַבְדֵי | וַיְדַבְּרוּ |
|---|---|---|---|---|---|---|---|
| D.ADCP | D.NMP | O | NE | P.NFDG | NE | NMPG | CW.VPIMZP |
| 이 | 말로 | | 다윗의 | 귀에 | 사울의 | 신하들이 | 고하매 |

**해설** 이 문장은 '와우 미완료 계속법'(Waw Imperfect Consecutive; 완료 시상)으로 시작되며, 제 3형식문으로 되어 있다. 즉 「동사+주어+부사구+목적어」이다. 그리고 한정된 공성 복수 '지시 대명사' הָאֵלֶּה가 한정된 남성 복수 명사 הַדְּבָרִים를 수식하므로 '한정적 용법'으로 사용되었다. '한정되었다'함은 바로 정관사( •הַ)를 지니고 있다는 것이다. 그리고 연계 관계에 있는 2개의 명사구(אָזְנֵי דָוִד; עַבְדֵי שָׁאוּל)는 모두 '소유의 속격'을 나타낸다. 즉 '사울의 소유인 종들', '다윗의 소유인 귀'를 말한다.

b. 「관사 + 명사 + 관사 + 형용사 + 관사 + 지시대명사」

지시 대명사가 한정적으로 사용되어 형용사와 함께 명사를 수식할 경우에는 지시 대명사가 맨 뒤에 위치한다.

예) 출 3:3. 직역: 그리고 모세가 "자 이제 내가 방향을 바꾸련다 내가 이 위대한 광경을 보련다"라고 말했다.

וַיֹּאמֶר מֹשֶׁה אָסֻרָה־נָּא וְאֶרְאֶה אֶת־הַמַּרְאֶה הַגָּדֹל הַזֶּה

D.ADMS D.AMS D,NMS O C.VQICXS.Ch Q VQICXS.Ch NE CW.VQIMZS

이 큰 광경을 보리라 돌이켜 모세가 가로되

**해설** 이 문장은 '와우 미완료 계속법'(Waw Imperfect Consecutive; 완료 시상)으로 시작되며, 화법 형식으로 되어 있는 문이다. 관사가 있는 '지시 대명사'(הַזֶּה)가 한정적으로 사용되어 관사를 가진 형용사(הַגָּדֹל)와 함께 관사를 가진 명사(הַמַּרְאֶה)를 수식하는 경우이다. 즉 '이 위대한 광경'. 그리고 이들 앞에 '대격 표시 어미'(־אֶת)가 붙은 이유는 이들이 '한정 목적어'이기 때문이다. 그리고 화법의 피전달부에 해당되는 절어서 동사들(אָסֻרָה, אֶרְאֶה)에 '연장 어미'(Paragogic He; הָ)가 첨가되어 '연장형'(the Cohortative; 화자의 의향, 결심, 소원)이 사용되었다. 여기에 '간청 어미'의 불변화사 נָּא가 사용되었다.

### ③ 계사의 기능

'지시 대명사'와 '3인칭 독립 인칭대명사'는 '계합 동사'(계사, the copula 'to be', '~이다')로서의 기능을 한다. '계사'는 항상 주어 뒤에 오며, '명사문'에서 사용된다.

예) 삼하 7:28. 직역: 당신은 하나님이십니다 그리고 당신의 말씀들은 진리입니다 그리고 당신이 당신의 종에게 이 좋은 것을 (확실히) 말씀하셨습니다.

אַתָּה־הוּא הָאֱלֹהִים וּדְבָרֶיךָ יִהְיוּ אֱמֶת וַתְּדַבֵּר אֶל־עַבְדְּךָ אֶת־הַטּוֹבָה הַזֹּאת

D.ADFS D.NFS O NMS.MYS P CW.VPIMYS NFS VQIMZP C.NMP.MYS D.NMP APDMZS NPMYS

이 좋은 것으로 종 허락하셨으니 참 되시니 말씀이 하나님 이시니 주는

**해설** 이 문장은 3개의 문으로 병렬되어 있다. 즉 「2형식문 + 2형식둔 + 3형식문」이다. 첫 번째 문에서 지시대명사 הוּא가 '계사'(to be; ~ 이다)로서 주어(אַתָּה)와 주격보어(הָאֱלֹהִים)를 연결하고 있다. 이 지시대명사는 3인칭 독립 인칭대명사의 '계사'(copula)

로 봐도 무방하다. 세 번째 문에서 지시 대명사 הַזֹּאת는 관사를 가진 채로 관사를 가진 명사 הַטּוֹבָה를 수식하는 '한정적 용법'을 나타낸다. 즉 성·수가 일치한다. 그리고 동사 תְּדַבֵּר는 '피엘'(강조 능동)형 동사이므로 '확실히 말하다'이다.

### ④ 속성(성질) 동격의 지시대명사

관사가 없는 지시사가 한정적인 실명사를 수식할 때, 지시사는 '지시 형용사'보다는 '성질의 동격' 관계 속에 있는 '지시 대명사'로 취급된다.

예) 수 2:20. 직역: 그리고 만일 네가(라합) 우리의 이 말(or 일)을 알린다면,

| זֶה | דְּבָרֵנוּ | אֶת־ | תַּגִּידִי | וְאִם־ |
|---|---|---|---|---|
| ADMS | NMS.CXP | O | VHIFYS | C.Q |
| 이 | 우리의 일을 | | 누설하면 | |

**해설** 이 문장은 조건절로 시작된다(אִם; if~). 여기서 지시사(זֶה)가 '대명사 접미사'(ֵ֫נוּ)를 가진 한정적인 실명사(דָּבָר; 말 or 일)를 수식한다. 이 때 지시사는 명사를 수식하는 '지시 형용사'이기보다 실명사와 '속성의 동격'관계에 있음을 표현한다. 즉 '우리의 이것, 일'이다.

### ⑤ 지시대명사의 관용구

지시대명사는 의문사, 부사, 감탄사, 불변사의 전후에서 관용구와 같이 이들을 강조해 준다.

| | | | |
|---|---|---|---|
| מִי זֶה | 도대체 누구냐? | מַה זֹּאת | 도대체 무엇을? |
| לָמָּה זֶה | 도대체 어찌하여? | עַתָּה זֶה | 막! 이제, 자! 이제 |
| אַתָּה זֶה | 네가 정말? | הִנֵּה זֶה | 자! 보라 |
| אֵי־זֶה | 도대체 어디에? | אֵי־מִזֶּה | 도대체 어디로부터? |
| אֵי לְזֹאת | 무슨 근거로 | לְזֹאת | 이것에 대하여 |
| זֶה(or זֹאת) ~ זֶה(or זֹאת) ~ | 이 사람(이것)은 ~ 저 사람(저것)은 ~ | | |

예) 창 3:13. 직역: 그리고 하나님 여호와께서 그 여자에게 너는 도대체 무엇을 하였느냐? 라고 말씀하셨다.

וַיֹּאמֶר יְהוָה אֱלֹהִים לָאִשָּׁה מַה־ זֹּאת עָשִׂית

| VQAFYS | APDFS | ABT | P.D.NFS | NMP | NE | CW.VQIMZS |
|---|---|---|---|---|---|---|
| 하였느냐 | 이렇게 | 어찌하여 | 여자에게 | 하나님이 | 여호와 | 이르시되 |

**해설** 이 문장은 '와우 미완료 계속법'(Waw Imperfect Consecutive; 완료 시상)으로 시작되며, 화법 형식의 문이다. '지시 대명사'의 관용구([illegible]; 도대체 무엇을)가 동사 [illegible]의 목적어로 사용된 경우다. [illegible]과 [illegible]는 '동격'을 나타낸다.

## ⑥ 유사 지시사

지시 대명사 זֶה, הוּא 외에도 '유사 지시사'(qusai-demonstration)가 약한 지시 대명사의 기능을 한다. 즉 הַהוּא와 הַהִיא('바로 그' or '동일한')이다. 이것은 헬라어의 3인칭 대명사 αὐτός의 특별 용법과 같은 기능을 한다.

예) 삼상 4:12. 직역: 그리고 한 베냐민의 사람이 그 전선으로부터 달려왔다 그리고 바로 그 날에 실로에 들어 왔다.

וַיָּרָץ אִישׁ־בִּנְיָמִן מֵהַמַּעֲרָכָה וַיָּבֹא שִׁלֹה בַּיּוֹם הַהוּא

| D.ADMS | P.D.NMS | NE | CW.VQIMZS | P.D.NFS | NE | NMSG | CW.VQIMZS |
|---|---|---|---|---|---|---|---|
| 당 | 일에 | 실로에 | 이르니라 | 진에서 | 베냐민 | 사람이 | 달려 나와 |

**해설** 이 문장은 2개의 '와우 미완료 계속법'(Waw Imperfect Consecutive; 완료 시상)으로 나열된 문이다. 2번째 문에서 관사를 가진 지시형용사([illegible])가 '유사 지시사'의 기능을 하여, 앞의 관사를 가진 명사([illegible])를 수식하고 있다. 즉 '바로 그 날' or '동일한 날(당일)' 이다. 전치사구 [illegible]는 「[illegible](명사) + • [illegible](관사) + [illegible](전치사)」로 분해된다. 참고로, [illegible]은 '오늘날'이다.

## ⑦ 관계사 אֲשֶׁר의 대용

지시 대명사가 관계 대명사 אֲשֶׁר( ~ 한 바) 대신에 사용되기도 한다.

예) 잠 23:22. 직역: 너는 너를 낳은 바 너의 아비에게 들으라 그리고 너의 어미가 늙었다는 것을 멸시하지 말 것이다.

| אִמֶּךָ | זָקְנָה | כִּי־ | תָּבוּז | וְאַל־ | יְלָדֶךָ | זֶה | לְאָבִיךָ | שְׁמַע |
|---|---|---|---|---|---|---|---|---|
| NFS.MYS | VQAFZS | C | VQIMYS | C.ABN | VQAMZS.MYS | ADMS | P.NMS.MYS | VQMMYS |
| 네 어미를 | 늙은 | | 경히여기지 | 말라 | 너 낳은 | | 아비에게 | 청종하고 |

**해설**

이 문장은 2인칭 '명령법'과 '부정문'으로 병렬되어 있다. 명령문에서 '지시 대명사' זֶה 가 '관계 부호' אֲשֶׁר의(~ 한 바) 역할을 하고 있다. 선행사는 앞 전치사구(לְאָבִיךָ) 속의 명사부분 אָבִיךָ(너의 아비)이다. 동사 יְלָדֶךָ에서 대명사 접미사 ךָ는 '목적어'(너를)를 나타낸다. 부정문에서 접속사 כִּי־는 명사절을 유도하는 'that'의 의미로 사용되었다. 이것은 헬라어 접속사 ὅτι와 같다.

## 4. 관계대명사

'관계대명사'(Relative Pronoun)란 일종의 관계어로서 『접속사 + 대명사』의 역할을 하는 대명사이다. 즉 대명사의 역할을 함과 동시에 절을 이끌어 선행하는 명사나 대명사에 연결시키는 접속사의 역할을 하는 것을 관계대명사라 한다. 히브리어에 있어서 관계절을 인도하는 '관계 대명사'는 אֲשֶׁר( ~ 한 바)가 있다. 이것은 원래 '지시 대명사'에서 시작된 것으로, אֲשֶׁר 이하에 그것이 인도하는 어떤 관계절이 종속하고 있음을 나타내는 '단순한 부호(표시)'에 불과하다. 따라서 אֲשֶׁר는 그 이하의 관계절과 앞의 단어 사이에 관계를 지어주는 접속사와 같은 역할을 하며 성(性)·수(數)·격(格)의 변화 없이 사용된다. אֲשֶׁר는 대개 who, which, that 혹은 선행사를 포함하는 he(they) who, that which 등등의 의미로 사용된다. 참고로, 관계 대명사 אֲשֶׁר는 아카드어 'ašar'(place, locale, setting)에서 나온 말이다.

다음은 관계 대명사의 용법이다.

### 1) 용법

#### ① אֲשֶׁר의 선행사 소유

선행사(先行詞; antecedent)가 있을 때 אֲשֶׁר는 그 앞에 나오는 선행사에 종속된 관계절을 인도한다.

예) 삼하 6:4. 직역: 그리고 그들이 하나님의 궤와 함께 기브아에 있는 아비나답 집으로부터 (그것을) 가지고 갔다.

| הָאֱלֹהִים | אֲרוֹן | עִם | בַּגִּבְעָה | אֲשֶׁר | אֲבִינָדָב | מִבֵּית | וַיִּשָּׂאֻהוּ |
|---|---|---|---|---|---|---|---|
| D.NMP | NMSG | P | P.D.NFS | R | NE | P.NMSG | CW.VQIMZP.MZS |
| 하나님의 | 궤를 | | 산에 | 있는 | 아비나답 | 집에서 | 싣고 나올 때에 |

**해설** 이 문장은 '와우 미완료 계속법'(Waw Imperfect Consecutive; 완료 시상)의 문이다. 관계 대명사 אֲשֶׁר는 자신이 인도하는 절을 앞의 '선행사'(בֵּית אֲבִינָדָב; '아비나답의 집') 와 관계를 지어 주고 있다. 그리고 הַגִּבְעָה는 고유명사일 경우에 '기브아', 보통명사일 경우에 '낮은 언덕'을 의미한다. 그리고 주동사 יִּשָּׂאֻהוּ에 접미되어 있는 '대명사 접미사' הוּ는 목적어로서 뒤에 나오는 'אֲרוֹן הָאֱלֹהִים'(하나님의 궤)와 '선제적 동격'(Anticipative Apposition)을 이루고 있다. 이 때 '대명사 접미사'는 번역할 때 생략된다.

### ② אֲשֶׁר의 독립적 용법

선행사가 없을 때 אֲשֶׁר는 선행사 없이 독립적인 관계절을 인도한다. 이 때 관계 대명사는 선행사를 내포한 자신이 선행사의 역할까지 하며 명사(절)의 의미를 가지게 된다. 따라서 이 때의 אֲשֶׁר는 관계절의 성격에 따라 '~한 자(he who, those whom)' 또는 '~한 것(that which, what)'등과 같이 해석해 주어야 한다.

예) 민 22:6. 직역: 나는(모압왕 발락) 너가(브올의 아들 발람) 축복하는 자는 복을 받게 되는 것을 알았다 그리고 너가 저주하는 자는 저주를 당하게 될 것이다.

| יוּאָר | תָּאֹר | וַאֲשֶׁר | מְבֹרָךְ | תְּבָרֵךְ | אֲשֶׁר־ | אֵת | יָדַעְתִּי |
|---|---|---|---|---|---|---|---|
| VOIMZS | VQIMZS | C.R | VUPP | VPIMYS | R | O | VQACXS |
| 저주를 받을 | 저주하는 | 자는 | 복을 받고 | 복을 비는 | 자는 | | 내가 앎이라 |

**해설** 이 문장은 2개의 문으로 병렬되어 있다. 앞 문에서 주동사는 יָדַעְתִּי, 뒤 문의 주동사는 יוּאָר이다. 따라서 앞 문의 대격(목적어)은 '한정 대격'으로서 אֵת אֲשֶׁר־תְּבָרֵךְ(너가 저

주한 자를)를 나타낸다. 여기서 관계 대명사 אֲשֶׁר는 선행사를 내포한 채 자신이 명사절을 이끌며 동사(יָדַעְתִּי)의 '한정 목적어'로 사용되었다. 즉 ' ~ 너가 축복한 자'. 그리고 뒤 문에서, 관계 대명사 אֲשֶׁר는 선행사를 내포한 채 자신이 명사절을 인도하며 동사(יוּאָר)의 '주어'의 역할을 하고 있다.

### ③ 명사절 유도

אֲשֶׁר는 히브리어 접속사 כִּי와 헬라어 접속사 ὅτι와 같이, 명사절을 유도하는 that의 의미로 사용된다.

예) 삼상 18:15. 직역: 그리고 사울은 그가(다윗) 매우 신중히 행동하는 것을 보았다 그리고 그는 그의(다윗) 낯으로부터 두려워하였다.

| מִפָּנָיו | וַיָּגָר | מְאֹד | מַשְׂכִּיל | הוּא | אֲשֶׁר־ | שָׁאוּל | וַיַּרְא |
|---|---|---|---|---|---|---|---|
| P.NMP.MZS | CW.VQIMZS | AB | VHPAMS | NPMZS | R | NE | CW.VQIMZS |
| 그를 | 두려워 | 크게 | 지혜롭게 | 다윗의 | | 사울이 | 보고 |

**해설**

이 문장은 2개의 '와우 미완료 계속법'(Waw Imperfect Consecutive; 완료 시상)으로 나열된 문이다. 관계 대명사 אֲשֶׁר는 주동사 יַּרְא의 목적어인 '명사절'을 인도하고 있다. 즉 '다윗이 매우 신중히 행동하는 것'이다. אֲשֶׁר가 인도하는 명사절에서 분사 מַשְׂכִּיל(힢일형-사역분사능동; '신중히 행동하는')는 주어 הוּא의 주격보어(술어 기능) 역할을 하고 있다. 참고로, 동사 גּוּר는 3가지 다른 의미를 가진 단어이다. 즉 ① 머무르다, 체류하다, 거주하다, 우거하다 ② 싸움 또는 언쟁을 일으키다(선동하다), 함께 모으다 ③ 두려워하다, 무서워하다, 경외하다.

### ④ 직접 화법 유도

אֲשֶׁר는 히브리어 접속사 כִּי와 같이 '직접 화법'(Direct Speech)을 유도한다. 즉 화법에서 직접 전달되는 '피전달부'(인용문)를 나타낸다. 번역시 피전달부는 인용부호(" ")로 묶는다.

예) 삼상 15:20. 직역: 그리고 사울이 사무엘에게 "나는 여호와의 소리에 경청하였다" 라고 말했다.

| יְהוָה | בְּקוֹל | שָׁמַעְתִּי | אֲשֶׁר | שְׁמוּאֵל | אֶל־ | שָׁאוּל | וַיֹּאמֶר |
|---|---|---|---|---|---|---|---|
| NE | P.NMSG | VQACXS | R | NE | P | NE | CW.VQIMZS |
| 여호와의 | 목소리를 | 청종하여 | | 사무엘 | 에게 | 사울이 | 이르되 |

**해설** 이 문장은 '와우 미완료 계속법'(Waw Imperfect Consecutive; 완료 시상)을 나타내는 문이다. 특히 관계 대명사 אֲשֶׁר는 '직접 화법'의 '피전달부'를 유도한다. 즉 직역에서 " "부분이다.

### ⑤ '목적'의 부사절 유도

אֲשֶׁר는 '목적'(purpose)의 부사절(Adverbial Clause)을 나타내며, 'so that … may'( ~ 하기 위하여; ~ 하도록)의 의미로 사용되는 경우이다. 아주 희귀하게 사용되는 용법이다.

예) 출 20:26. 직역: 너는 그(제단) 위에서 너의 나체가 발가벗겨지지 않도록 나의 제단 위에 계단(or 오르기)으로 올라가지 말 것이다.

| עָלָיו | עֶרְוָתְךָ | תִגָּלֶה | לֹא־ | אֲשֶׁר | מִזְבְּחִי | עַל־ | בְמַעֲלֹת | תַעֲלֶה | וְלֹא־ |
|---|---|---|---|---|---|---|---|---|---|
| P.MZS | NFS.MYS | VNIFZS | ABN | R | NMS.CXS | P | P.NFP | VQIMYS | C.ABN |
| 그 위에서 | 네 하체가 | 드러날 | | | 내 단 | 에 | 층계로 | 오르지 | 말라 |

**해설** 이 문장은 '주절과 종속절(부사절)'로 이루어진 복문(complex sentence)이다. 종속절은 관계 대명사 אֲשֶׁר가 유도하며 주절에 대한 '목적'(~ 하기 위하여; ~ 하려고)을 나타내는 부사절을 보여준다.

### ⑥ '결과'의 부사절 유도

אֲשֶׁר는 '결과'(result)의 부사절(Adverbial Clause)을 나타내며, 'so that'(그 결과 ~ )의 의미로 사용되는 경우이다. 아주 희귀하게 사용되는 용법이다.

예) 왕하 9:37. 직역: 그리고 이세벨의 시체가 이스르엘의 몫인 그 들판 면 위에 똥같이 있었다 그 결과 그들이 이 여자가 이세벨이다라고 말하지 못할 것이다.

| יִזְרְעֶאל | בְּחֵלֶק | הַשָּׂדֶה | פְּנֵי | עַל־ | כְּדֹמֶן | אִיזָבֶל | נִבְלַת | וְהָיְתָה |
|---|---|---|---|---|---|---|---|---|
| NE | P.NMSG | D.NMS | NMPG | P | P.NMS | NE | NFSG | C.VQAFZS |
| 이스르엘 | 토지에서 | 밭 | 면 | 에 | 거름같이 | 이세벨 | 시체가 | |

| אִיזָבֶל | זֹאת | יֹאמְרוּ | לֹא־ | אֲשֶׁר |
|---|---|---|---|---|
| NE | APDFS | VQIMZP | ABN | R |
| 이세벨 | 이것이 | 가리켜 | 못하게 | 되리라 |

**해설** 이 문장은 주절과 종속절(부사절)로 이루어진 복문(complex sentence)이다. 종속절은 관계 대명사 אֲשֶׁר가 유도하며 주절에 대한 '결과'(그 결과 ~ )를 나타내는 부사절을 보여준다. '결과' 종속절은 화법 형식으로 되어 있다. '피전달부'에 해당되는 것은 'אִיזָבֶל זֹאת'(이 여자는 이세벨이다; 명사문)이다. 여기서 '지시대명사' זֹאת는 주격(주어)이며, אִיזָבֶל(이세벨)은 주격보어(술어 기능)이다.

### ⑦ '조건'의 부사절 유도

אֲשֶׁר는 접속사 כִּי와 같이, '사실 조건'(real condition)의 부사절(Adverbial Clause)을 나타내며, 'if'의 의미로 사용된다.

예) 신 11:27. 직역: 만일 너희가 그날(or 오늘날) 내가 너희에게 명령하는 너희 하나님 여호와의 명령에 경청하면, (그 복을 두는 것이다)

| הַיּוֹם | אֶתְכֶם | מְצַוֶּה | אָנֹכִי | אֲשֶׁר | אֱלֹהֵיכֶם | יְהוָה | מִצְוֹת | אֶל־ | תִּשְׁמְעוּ | אֲשֶׁר |
|---|---|---|---|---|---|---|---|---|---|---|
| D.NMS | O.MYP | VPPA | NPCXS | R | NMP.MYP | NE | NFPG | P | VQIMYP | R |
| 오늘날 | 너희에게 | 명하는 | 내가 | | 너희하나님 | 여호와 | 명령을 | | 들으면 | 만일 |

**해설** 이 문장은 본래 주절과 종속절(부사절)로 이루어진 복문(complex sentence)이지만, 주절을 나타내는 절이 생략되어 있는 문이다. 즉 '조건'을 나타내는 부사절만이 있다. 첫 번째 나오는 '관계 대명사' אֲשֶׁר는 '조건'을 나타내는 부사절을 유도하며, 두 번째 '관계 대명사' אֲשֶׁר는 선행사(מִצְוֹת; 여호와의 '명령')인 명사를 수식하는 형용사절을 유도하고 있다. 여기서 분사 מְצַוֶּה(명령하고 있는)는 주어 אָנֹכִי의 주격보어(술어) 역할을 한다. 또한 주어인 1인칭대명사 주격(אָנֹכִי)은 주어를 강조하는 독립 인칭대명사이다.

### ⑧ '원인'의 부사절 유도

אֲשֶׁר는 접속사 כִּי와 같이, '원인'(cause)의 부사절(Adverbial Clause)을 나타내며, 'because'의 의미로 사용된다.

예) 왕상 3:19. 직역: 그리고 밤에 저 여자의 아들이 죽었다 왜냐하면 그 여자가 그녀의 아들 위에 드러누웠기 때문이다.

| עָלָיו | שָׁכְבָה | אֲשֶׁר | לָיְלָה | הַזֹּאת | הָאִשָּׁה | בֶּן־ | וַיָּמָת |
|---|---|---|---|---|---|---|---|
| P.MZS | VQAFZS | R | NMS | D.ADFS | D.NFS | NMSG | CW.VQIMZS |
| 아들 위에 | 누우므로 | | 밤에 | 저 | 계집이 | 아들이 | 죽으니 |

**해설** 이 문장은 '와우 미완료 계속법'(Waw Imperfect Consecutive; 완료 시상)을 나타내며, 주절과 종속절(부사절)로 이루어진 복문(complex sentence)이다. 종속절에서 '관계 대명사' אֲשֶׁר는 '원인'을 나타내는 부사절을 이끌고 있다. 즉 '왜냐하면 그녀가 그녀의 아들 위에 드러누웠기 때문이다'이다. 주절에서 지시대명사 הַזֹּאת는 관사를 가진 채 역시 관사를 가진 한정 명사(הָאִשָּׁה)를 수식하는 '한정 형용사'의 기능을 나타낸다. לָיְלָה는 '밤'이라는 명사 לַיִל에 '방향 표시 어미'(Locale He)가 접미되어 명사가 '부사화'된 '전성 부사'(밤에)이다.

### ⑨ אֲשֶׁר의 대용어

a. 관계사 • שֶׁ 또는 • שַׁ

이것들은 전도서, 시편 등 후기의 성경에서 אֲשֶׁר 대신에 단어와 결합하여 나타난다.

예) 삿 7:12. 직역: 그리고 바다의 해변에 풍성하게 있는 바 그 모래 같이 그들의 약대들의 수는 (셀 수가) 없다.

| לָרֹב | הַיָּם | שְׂפַת | שֶׁעַל־ | כַּחוֹל | מִסְפָּר | אֵין | וְלִגְמַלֵּיהֶם |
|---|---|---|---|---|---|---|---|
| P.D.NMS | D.NMS | NFSG | R.P | P.D.NMS | NMS | ABNG | C.P.NMP.MZP |
| 수다함 | 해 | 변 | 의 | 모래같은 | 무수함 | | 그 약대의 |

**해설** 이 문장은 동사가 없는 명사문을 나타낸다. 특히 부정 불변사 אַיִן(there is(are) no ~)이 뒤따르는 명사 주어(מִסְפָּר; 수)에 연계되어 명사절을 유도한다. 부정불변사가 명사에 연계되어 있으므로 연계형(אֵין)이 되었다. 그리고 '관계대명사' אֲשֶׁר의 대용어인 שֶׁ가 관계절(형용사절)을 이끌며 그 선행사로 הַחוֹל(그 모래)를 나타내고 있다.

b. 지시대명사 זֶה

지시 대명사 זה가 관계사 אֲשֶׁר 대용으로 사용된다.

예) 직역: 그가 세웠던 바 그 장소로 그가 갔다.

| יָסַד | זֶה | בַּמָּקוֹם | וַיָּבֹא |
|---|---|---|---|
| VQAMZS | APDMS | NMS | CW.VQIMZS |
| 그가 세운 | | 그 장소로 | 그가 갔다 |

해설

이 문장은'와우 미완료 계속법'(Waw Imperfect Consecutive; 완료 시상)의 문이다. '지시 대명사'(זֶה)가 '관계사'(אֲשֶׁר) 기능을 하고 있다. '~ 한 바'로 번역한다. 선행사는 הַמָּקוֹם(그 장소)이다.

c. 관계사 זוֹ, זוּ

예) 시 132:12. 직역: 만일 너의 아들들이 나의 언약과 내가 그들에게 가르칠 바 나의 증거를 지킨다면, (그들의 아들들 또한 영원히 네 소유의 보좌에 앉을 것이다)

| אֲלַמְּדֵם | זוֹ | וְעֵדֹתִי | בְּרִיתִי | בָנֶיךָ | יִשְׁמְרוּ | אִם־ |
|---|---|---|---|---|---|---|
| VPICXS.MZP | R | C.NFP.CXS | NFS.CXS | NMP.MYS | VQIMZP | Q |
| 교훈하는 | | 내 증거를 | 내 언약과 | 네 자손이 | 지킬진대 | |

해설

이 본문은 '조건' 부사절을 나타내는 종속절만 나타나있다. 주절되는 본문(생략)은 직역의 괄호 부분에 해당된다. 그리고 이 종속절은「주절 + 관계절」로 분해된다. 특히 관계사 זוֹ가 '관계 대명사' אֲשֶׁר를 대신하여 관계절을 유도하며 선행사 עֵדֹתִי(나의 증거) 를 지배하고 있다.

예) 관계사 זוּ는 출 15:13에 나타나 있다.

d. 정관사 •ה

역대기와 에스라에서 정관사 •ה가 가끔 관계 대명사 역할을 한다.

예) 대상 29:17. 직역: 지금 나는 여기서 발견된 당신의 백성이 기쁨으로 당신께 기꺼이 드리는 것을 보았습니다.

| לָךְ | לְהִתְנַדֶּב־ | בְשִׂמְחָה | רָאִיתִי | פֹה | הַנִּמְצְאוּ־ | עַמְּךָ | עַתָּה |
|---|---|---|---|---|---|---|---|
| P.MYS | P.VTNG | P.NFS | VQACXS | AB | D.VNACZP | NMS.MYS | AB |
| 주께 | 즐거이 드리 | 기쁘이다 | 보오니 | 여기 | 있는 | 주의 백성이 | 이제 |

**해설**

이 문장은 영어로 3형식의 문이다. 즉 「'부정사의 의미상의 주어'(강조) + 내적주어 + 동사 + 부사구 + 목적어(부정사 연계형) + 부사구」이다. 관사가 접두된 동사(הַנִּמְצְאוּ־; 발견된)에서 정관사(• ה)가 관계절을 인도하며, '부정사 연계형의 의미상의 주어'(עַמְּךָ: 당신의 백성)로서 역할을 하고 있는 선행사와 관계하고 있다. 「לְ + 부정사 연계형」이 동사 רָאִיתִי의 '목적어'로 사용되었다. 이것을 중심으로 앞·뒤에 있는 전치사구 לָךְ(당신께)와 בְשִׂמְחָה(기쁨으로)는 둘 다 '부정사 연계형'을 수식하므로 모두 '부사구'를 나타낸다. 따라서 본문에서 '부정사 연계형'은 동사와 명사의 기능을 모두 가지고 있다

## 5. 의문대명사

'의문 대명사'(Interrogative Pronoun)란 질문이나 의문에 사용되는 대명사이며 '누구?' (מִי; who), '무엇?' (מָה; what) 등이 있다. '의문 대명사'은 성(性)·수(數)·인칭(人稱)을 가지지 않는다. '인물 의문 대명사'인 מִי는 불변화사로서 모음이 변하지 않지만 '사물 의문 대명사'인 מָה는 뒤에 나오는 문자에 따라서 정관사와 유사하게 모음이 변한다. 의문대명사의 용법이 다음과 같다.

| 사물 의문 대명사 מַה what | | | |
|---|---|---|---|
| מַה • | 일반 자음 앞에서 | מַה־זֶּה | 이것이 무엇일까? |
| מָה | 후음 자음 א ע ר 앞에서 | מָה רָאָה | 그가 무엇을 보았나? |
| מַה | 후음 자음 ה ח 앞에서 | מַה חַטָּאתִי | 나의 죄가 무엇인가? |
| מֶה | ◌ָ ◌ֲ ◌ֳ ◌ֱ을 가진<br>후음 자음 ע ה ח 앞에서 | מֶה עָשָׂה | 그가 무엇을 행했나? |

### 1) 용법

## ① מִי(who)

의문대명사 מִי(who)는 성(性)•수(數)구별 없이 사람에게 사용된다.

예) 창 24:23. 직역: 그리고 그가 너는 누구의 딸인가? 제발 너는 나에게 고하라고 말했다.

וַיֹּאמֶר בַּת מִי אַתְּ הַגִּידִי נָא לִי

| P.CXS | Q | VHMFYS | NPFYS | APT | NFSG | CW.VQIMZS |
|---|---|---|---|---|---|---|
| 내게 | 청컨대 | 고하라 | 네가 | 뉘 | 딸 | 가로되 |

**해설**

이 문장은 '와우 미완료 계속법'(Waw Imperfect Consecutive; 완료 시상)을 나타내며, 화법 형식으로 되어 있다. 즉「전달 동사(יֹּאמֶר) + 피전달부(בַּת 이하 ~)」이다. 피전달부의 '의문 대명사' מִי가 בַּת의 '속격 명사'(절대형)로 '속격'을 나타낸다. 즉 '누구의'이다. 독립 2인칭 대명사 אַתְּ는 명사문의 주어를 강조한다. 피전달부의 2번째 절은 강세 불변사 נָא(제바, 청컨대, 바라건대)와 함께 2인칭 명령법(Imperative)을 나타낸다.

## ② מָה(what)

의문대명사 מָה(what)는 사물에만 사용된다. 그리고 מָה는 뒤따르는 비 후음문자에 중복을 일으키는 מַה־로 나타난다.

예) 창 37:26. 직역: 그리고 유다가 그의 형제들에게, 만일 우리가 우리의 형제를 살해하고 그리고 우리가 그의 피를 덮는다면 무엇이 이익인가?라고 말했다.

וַיֹּאמֶר יְהוּדָה אֶל־אֶחָיו מַה־בֶּצַע כִּי נַהֲרֹג אֶת־אָחִינוּ וְכִסִּינוּ אֶת־דָּמוֹ

NMS.MZS O C.VPACXP NMS.CXP O VQICXP C NMS APT NMP.MZS P NE CW.VQIMZS
그 피를 은익한 우리동생을 죽이고 유익할 무엇을 자기형제 유다가 이르되

**해설**

이 문장은 '와우 미완료 계속법'(Waw Imperfect Consecutive; 완료 시상)을 나타내며, 화법 형식으로 되어 있다. 즉「전달 동사(יֹּאמֶר) + 피전달부(־מַה이하 ~)」이다. 피전달부에 해당되는 문은「주절 + '조건'(부사절)」로 구성되었다. 여기서 주절은 '사물 의문 대명사' 이끄는 명사절(מַה־בֶּצַע; 무엇이 이익인가?)이며, '조건' 부사절은 접속사 כִּי(if)가 이끄는 절이다, 또한 의문대명사 ־מַה뒤에 비후음문자 בֶּצַע에 중복(Dagheš forte)이 되었음을 보여준다.

### ③ 부정 대명사(Indefinite Pronoun) 대용

의문대명사 מִי와 מָה는 가끔 부정 대명사(Indefinite Pronoun)의 역할을 한다.

> * מִי는 '누구나, 누구든지'(whoever) * מָה는 '무엇이나, 무엇이든지'(whatever)
> 대부분의 경우에 동사 다음에 위치한다.

a. 부정대명사 מָה

예) 삼상 19:3. 직역: 내가 무엇이나 보고 내가 너에게 알리게 할 것이다.

| לָךְ | וְהִגַּדְתִּי | מָה | וְרָאִיתִי |
|---|---|---|---|
| P.MYS | C.VHACXS | APT | C.VQACXS |
| 네게 | 알게 하리라 | 무엇을 | 보거든 |

**해설** 이 문장은 2개의 단순 '와우 계사법'(Waw perfect Copulative)으로 연결되어 있는 문이다. 이는 단순한 접속사 와우(simple waw)가 단순히 동일한 시간 경역어 있는 두 개의 동사 사이에 개입되어 있음을 나타낸다. 앞의 문에서 의문대명사 מָה가 동사 רָאִיתִי의 '목적어'로서 '부정대명사'(무엇이나) 역할을 하고 있다. 여기 서 동사의 '완료형'은 '예언적 완료상'(prophetic perfect aspect)으로 앞으로 이루어질 것으로 생각되는 '밝은 미래'(a vivid future)로 사용되었다.

b. 부정대명사 מִי

예) 출 32:26. 직역: 그리고 그가(모세) 여호와의 편에 (있는) 누구든지 나에게로 라고 말했다 그리고 레위의 모든 아들들이 그에게로 소집되었다.

| לֵוִי | בְּנֵי | כָּל־ | אֵלָיו | וַיֵּאָסְפוּ | אֵלָי | לַיהוָה | מִי | וַיֹּאמֶר |
|---|---|---|---|---|---|---|---|---|
| NGe | NMPG | NMSG | P.MZS | CW.VNIMZP | P.CXS | P.NE | APT | CW.VQIMZS |
| 레위 | 자손이 | 다 | 그에게로 | 모여 | 내게로 | 여호와 편 | 누구든지 | 가로되 |

**해설** 이 문장은 2개의 '와우 미완료 계속법'(Waw Imperfect Consecutive; 완료 시상)으로 나열되었다. 앞 문에서 의문 대명사 מִי가 '명사문'의 주어로서 '부정 대명사'(누구

든지) 역할을 하고 있다. 전치사구 לַיהוָה에서 전치사 לְ는 '조력'(assistance)이나 '가담'(partisanship)을 나타내어 'for, on the side of'의 의미로 사용되었다.

### ④ 소유격 · 목적격 대용

מִי와 מָה는 명사, 전치사, 불변사의 지배를 받아 소유격이나 목적격으로 사용된다.

a. 명사의 지배

예) 창 24:47. 직역: 그리고 내가 그녀에게 물었다 그리고 내가 너는 누구의 딸이냐라고 말했다.

| אַתְּ | מִי | בַּת־ | וָאֹמַר | אֹתָהּ | וָאֶשְׁאַל |
|---|---|---|---|---|---|
| NPFYS | APT | NFSG | CW.VQICXS | O.FZS | CW.VQICXS |
| 네가 | 뉘 | 딸이뇨 | 한즉 | 그에게 | 묻기를 |

**해설** 이 문장은 2개의 '와우 미완료 계속법'(Waw Imperfect Consecutive; 완료 시상)으로 나열되었다. 2번째 문에서 연계관계에 있는 명사구(בַּת־מִי)에서 '의문대명사' מִי는 속격명사(소유격) 역할을 하고 있다. 즉 '누구의'이다.

b. 불변사의 지배

예) 삼상 12:3. 직역: 그리고 내가 누구의 나귀를 취하였느냐? 그리고 내가 누구를 속였느냐? 내가 누구를 압제하였느냐?

| רַצּוֹתִי | מִי | אֶת־ | עָשַׁקְתִּי | מִי | וְאֶת־ | לָקַחְתִּי | מִי | וַחֲמוֹר |
|---|---|---|---|---|---|---|---|---|
| VQCXS | APT | O | VQACXS | APT | C.O | VQACXS | APT | C.NMSG |
| 압제하 | 누구를 | | 속였느냐 | 누구를 | | 취하였느냐 | 뉘 | 나귀를 |

**해설** 이 문장은 3개의 절로 병렬되어 있다. 첫 번째 절에서 '의문 대명사' מִי가 명사 חֲמוֹר(그 나귀)와 연계관계로서 '속격명사'(소유격; '누구의')를 나타낸다. 2,3번째 절에서 의문 대명사 מִי는 대격불변사 אֶת־에 첨가되어 동사의 '한정 목적어'(목적격; '누구를')를 나타낸다.

c. 전치사의 지배

예) 사 45:5. 직역: 너희는 나를 누구에게 비교하며 동등하게 하며 그리고 너희가 나를 비유하며 우리가 비교할 것인가?

| וְנִדְמֶה | וְתַמְשִׁלוּנִי | וְתַשְׁווּ | תְדַמְּיוּנִי | לְמִי |
|---|---|---|---|---|
| C.VQICXP | C.VHIMYP | C.VHIMYP | VPIMYP.CXS | P.APT |
| 서로 같다 | 누구와 비교 | 누구와 짝 | 나를 비기며 | 누구에 |

**해설** 이 문장은 4개의 절이 의문 대명사 מִי에 지배를 받고 있는 의문문이다. 여기서 의문 대명사 מִי는 전치사 לְ의 목적격으로 사용되어 '누구에게'로 번역된다.

## ⑤ 의문부사 대용

מִי와 מָה는 의문부사(어떻게? or 왜?)로 사용된다.

a. 의문부사 מִי

예) 암 7:2. 직역: 내가 말하기를 여호와 주님! 당신이 제발 용서하소서 어떻게 야곱이 일어나겠습니까? 왜냐하면 그는 어리기(or 작기) 때문입니다.

| הוּא | קָטֹן | כִּי | יַעֲקֹב | יָקוּם | מִי | נָא | סְלַח־ | יְהוִה | אֲדֹנָי | וַיֹּאמַר |
|---|---|---|---|---|---|---|---|---|---|---|
| NPMZS | NMS | C | NE | VQIMZS | APT | Q | VQMMYS | NE | NMP.CXS | CW.VQICXS |
| 하오니 | 미약 | | 야곱이 | 서리이까 | 어떻게 | 청컨대 | 사하소서 | 여호와 | 주 | 가로되 |

**해설** 이 문장은 '와우 미완료 계속법'(Waw Imperfect Consecutive; 완료 시상)으로 시작되며, 화법 형식으로 구성되어 있다. 즉「전달동사(וַיֹּאמַר) + 피전달부」이다 피전달부에서 '의문 대명사' מִי가 '의문 부사'(어떻게; How)로 사용된 경우다. 그리고 אֲדֹנָי יְהוִה는 동격(여호와, 주님)이며 '호격'으로 사용되었다. 고유명사가 호격으로 사용될 때는 정관사(• הַ)를 사용하지 않는다. אֲדֹנָי는 하나님의 호칭으로 사용하는 경우는 '고유명사'(주님)로 취급한다. 일반 명사로 취급될 경우에는 '나의 주들'. 그리고 접속사 כִּי는 '이유'를 나타내는 부사절을 유도하고 있다.

b. 의문부사 מָה

예) 왕하 4:43. 직역: 그리고 그의 섬기는 자가 내가 어떻게 이것을(보리떡과 채소) 일백 사람 앞에 주겠습니까?라고 말했다.

| אִישׁ | מֵאָה | לִפְנֵי | זֶה | אֶתֵּן | מָה | מְשָׁרְתוֹ | וַיֹּאמֶר |
|---|---|---|---|---|---|---|---|
| NMS | NFS | P.NMPG | APDMS | VQICXS | ABT | VPPAMS.MZS | CW.VQIMZS |
| 명 | 일백 | 에게 | 이것을 | 베풀겠 | 어찜이니 | 그 사환이 | 가로되 |

**해설** 이 문장은 '와우 미완료 계속법'(Waw Imperfect Consecutive; 완료 시상)으로 시작되며, 화법 형식으로 구성되어 있다. 즉「전달동사(וַיֹּאמֶר) + 피전달부」이다. 피전달부에서 '의문 대명사' מָה가 '의문 부사'(어떻게; How)로 사용된 경우다. 수사 מֵאָה(일백)은 단수로 연계형이나 절대형으로 모두 사용되며 복수형는 절대형만 사용된다. 본문은 단수형이므로 절대형이다. 그리고 뒤 계수되는 명사 역시 단수(אִישׁ; 남자)가 왔다.

## ⑥ 감탄사 מָה

의문 대명사 מָה가 뒤에 형용사나 분사와 함께 나와 부사적으로 사용되면 감탄사의 의미를 가진다. 즉 '얼마나 ~ 하는가!'.

예) 창 28:17. 직역: 그리고 그는(야곱) 두려웠다 그리고 그는 이 곳이 얼마나 두려워 지는가! 라고 말했다.

| הַזֶּה | הַמָּקוֹם | נּוֹרָא | מַה־ | וַיֹּאמַר | וַיִּירָא |
|---|---|---|---|---|---|
| D.ADMS | D.NMS | VNPP | ABT | CW.VQIMZS | CW.VQIMZS |
| 이 | 곳이여 | 두렵도다 | | 가로되 | 두려워하여 |

**해설** 이 문장은 2개의 '와우 미완료 계속법'(Waw Imperfect Consecutive; 완료 시상)으로 나열되었다. 2번째 '와우 미완료 계속법'에서 의문 대명사(־מַה)가 뒤에 분사(נּוֹרָא; 두려워 지는; '니팔 분사 수동')와 함께 사용되어 감탄사로 사용된 경우다. 그리고 관사를 가진 지시 대명사(הַזֶּה)가 관사를 가진 명사(הַמָּקוֹם)를 수식하므로 '한정 지시 형용사'로 사용되었다.

### ⑦ מָה - 수사의문문 유도

의문 대명사 מָה는 '부정적인 답'을 구하는 '긍정형의 수사의문문'에 사용된다. 번역에 따라, מָה를 수사의문문의 본래 질문 형식으로 번역하거나 아니면 ' ~이 없다'와 같이 부정적인 진술(답) 형식으로 번역할 수 있다.

예) 왕상 12:16. 직역: 말하기를, "다윗에게 있는 몫이 우리에게 있으랴? 즉 이새의 아들에게 있는 소유는 (우리에게) 없다." or "다윗에게 있는 몫이 우리에게 없다 즉 이새의 아들에게 있는 소유는 (우리에게) 없다."

| יִשָׁי | בְּבֶן־ | נַחֲלָה | וְלֹא־ | בְּדָוִד | חֵלֶק | לָנוּ | מַה־ | לֵאמֹר |
|---|---|---|---|---|---|---|---|---|
| NE | P.NMSG | NFS | C.ABN | P.NE | NMS | P.CXP | APT | P.VQNG |
| 이새의 | 아들에게서 | 없이 | 없도다 | 다윗과 | 관계가 | 우리가 | 무슨 | 가로되 |

**해설** 이 문장은 직접화법을 나타낸다. 즉「전달동사(לֵאמֹר) + 피전달부」로 이루어져 있다. 따라서 '부정사 연계형'(אמֹר)에 전치사 לְ가 접두되면 직접화법(direct narration)을 유도한다. 즉 'saying'(לֵאמֹר)으로 번역된다. 피전달부에서 1번째 절이 시작되는 지점의 '의문 대명사' מַה־는 '긍정형의 수사의문문'으로 사용되었음으로 '부정의 답을 유도한다. 그리고 2번째 절이 시작되는 지점의 접속사 וְ는 '설명'의 '와우'로서 'namely, to wit'(즉 다시 말해)의 의미를 가진다.

> **＊ 수사 의문문(Rhetorical Question) ＊**
>
> 상대방의 답을 구하는 것이 아니고 말하는 이가 의도하는 내용을 듣는 이에게 납득시키기 위해 반어적으로 의문문의 형식으로 서술하는 것을 말한다. 긍정형의 수사의문은 '부정의 평서문'에, 부정형의 수사의문은 '긍정의 평서문'에 상당한다.

### ⑧ 소원(or 희구)의 מִי

「מִי + 미완료 동사 + ~」는 '어떤 기대나 소원, 욕구'의 진술을 표현한다. 대개「מִי + יִתֵּן + ~」의 형식으로 나타난다. 해석은「~ 이면 좋을 텐데」이다.

예) 출 16:3. 직역: 그리고 이스라엘의 아들들이 그들에게 애굽의 땅에서 여호와의 손에 우리들이 죽었다면 좋았을 텐데 라고 말했다.

| מִצְרַיִם | בְּאֶרֶץ | יְהוָה | בְיַד־ | מוּתֵנוּ | יִתֵּן | מִי־ | יִשְׂרָאֵל | בְּנֵי | אֲלֵהֶם | וַיֹּאמְרוּ |
|---|---|---|---|---|---|---|---|---|---|---|
| NE | P.NFSG | NE | P.NFSG | VQNG.CXP | VQIMZS | APT | NE | NMPG | P.MZP | CW.VQIMZP |
| 애굽 | 땅에서 | | 여호와의 손에 | 죽었 | 더면 | 좋았을 | | | 그들에게 | 이르되 |

**해설** 이 문장은 '와우 미완료 계속법'(Waw Imperfect Consecutive; 완료 시상)으로 화법 형식으로 되었다. 즉 「전달 동사(יֹּאמְרוּ) + 간접목적어(אֲלֵהֶם) + 주어(בְּנֵי יִשְׂרָאֵל) + 피전달부」이다. 피전달부에서 「מִי+미완료 동사(יִתֵּן) ~ 」이 '어떤 기대나 소원, 욕구'의 진술을 표현한다. 그리고 '부정사 연계형'(מוּתֵנוּ)에 '동사 목적격 접미사' 1인칭 공성 복수(◌ֵנוּ)가 접미되어 부정사의 목적어를 나타낸다.

## ⑨ 관계사와 결합

מִי와 מָה는 관계사와 결합된다

a. מִי אֲשֶׁר (누구든지; 아람어 מַן דִּי와 비교 – 단 5:21)

예) 삼하 20:11. 직역: 그리고 그가(요압의 소년 중 한 사람) 말했다 요압 때문에 기뻐하는 자는 누구든지 그리고 다윗 편에 있는 자는 누구든지 요압 뒤로 라고.

| יוֹאָב | אַחֲרֵי | לְדָוִד | אֲשֶׁר־ | וּמִי | בְּיוֹאָב | חָפֵץ | אֲשֶׁר | מִי | וַיֹּאמֶר |
|---|---|---|---|---|---|---|---|---|---|
| NE | P | P.NE | R | C.APT | P.NE | VQAMZS | R | APT | CW.VQIMZS |
| 요압을 | 따르라 | 다윗을 | | 자는 | 요압을 | 좋아하는 | | 자와 | 가로되 |

**해설** 이 문장은 '와우 미완료 계속법'(Waw Imperfect Consecutive; 완료 시상)으로 화법 형식으로 되었다. 「전달동사(יֹּאמֶר) + 피전달부」이다. 피전달부에 해당되는 부분에서 관계사 אֲשֶׁר와 연결된 מִי는 '~한 자는 누구든지'로 번역된다. 그리고 יוֹאָב(요압)에 접두된 전치사 בְּ는 '원인'(causal)의 의미로 사용되어 'because of'로 번역된다. 그리고 דָּוִד(다윗)에 접두된 전치사 לְ는 '조력'(assistance)이나 '가담'(partisanship)을 나타내어 'for, on the side of'의 의미로 사용되었다.

b. מָה שֶׁ (그것, that which, the thing which; 아람어 מָא דִּי와 비교 - 스 6:8)

예) 전 1:9. 직역: 존재했던 그것은 존재할 것이다 그리고 만들어졌던 그것도 만들어지게 될 것이다(or 행해졌던 그것은 행해지게 될 것이다)

מַה־שֶּׁהָיָה הוּא שֶׁיִּהְיֶה וּמַה־שֶּׁנַּעֲשָׂה הוּא שֶׁיֵּעָשֶׂה

| שֶׁיֵּעָשֶׂה | הוּא | שֶּׁנַּעֲשָׂה | וּמַה־ | שֶׁיִּהְיֶה | הוּא | שֶּׁהָיָה | מַה־ |
|---|---|---|---|---|---|---|---|
| R.VNIMZS | ADMS | R.VNAMZS | C.T | R.VQIMZS | ADMS | R.VQAMZS | APT |
| 후에 다시 할 | | 이미 한 | 일을 | 후에 다시 | | 이미 있던 | 것이 |

**해설** 이 문장은 2개의 2형식 문으로 연결되어 있다. 즉「주어(מַה־שֶּׁהָיָה) + 계사(הוּא; to be) + 주격보어(שֶׁיִּהְיֶה) + 등위 접속사(וּ) + 주어(מַה־שֶּׁנַּעֲשָׂה) + 계사(הוּא to be) + 주격보어(שֶׁיֵּעָשֶׂה)」이다. 여기서 주어(מַה־שֶּׁהָיָה)와 (מַה־שֶּׁנַּעֲשָׂה)는 '그것'(that which)을 나타내며, '지시 대명사' הוּא는 계사(to be; ~ 이다)로 사용되었고, 주격보어 주격보어(שֶׁיִּהְיֶה)와 (שֶׁיֵּעָשֶׂה)는 관계대명사' אֲשֶׁר의 대용어인 שֶׁ가 관계절(명사절)을 이끌며 각각 주어의 '보어'로 사용된 경우다. 그리고 관계사 שֶׁ는 선행사를 자체 가지고 명사절(보어)을 유도한다. 즉 ' ~ 바 그것'으로 번역된다.

### ⑩ 기타, 의문문을 유도하는 의문부사들

| | |
|---|---|
| * אֵי Where? | * אֵיךְ How? |
| * אַיֵּה Where? | * אָנָה אָן Whiter? To what place? |
| * אֵיפֹה Where? | * לָמָּה(לָמָה) Why? To what purpose? (מַה + לְ) |
| * מֵאַיִן Whence? From where | |
| * אֵי־מִזֶּה Whence? From where | * מַדּוּעַ Why? |

## 6. 부정대명사

'부정대명사'(Indefinite Pronoun)란 불특정한 사람이나 사물 그리고 일정하지 않는 수량을 나타내는 대명사를 말한다. 즉 정해지지 않은 어떤 대상물에 대한 것을 말할 때 사용되는 대명사이다.

## 1) אִישׁ

### ① 한 사람 or 어떤 사람(someone)

예) 아 8:7. 직역: 만일 어떤 사람이 그 사랑과 교환으로 그의 집의 모든 부를 준다면 그는 그 자신을 반드시 경멸하는 것이다.

אִם־ יִתֵּן אִישׁ אֶת־ כָּל־ הוֹן בֵּיתוֹ בְּאַהֲבָה בּוֹז יָבוּזוּ לוֹ

| P.MZS | VQIMZS | VQNA | P.D.NFS | NMS.MZS | NMSG | NMSG | O | NMS | VQIMZS | Q |
|---|---|---|---|---|---|---|---|---|---|---|
| | 멸시를 | 오히려 | 사랑과 | 그 가 | 산을 | 다 | | 사람이 | 주고 | |

**해설**

이 문장은 「'조건'부사절 + 주절(בּוֹז יָבוּזוּ לוֹ)」로 구성되어 있는 복문(complex sentence)이다. 조건 부사절(אִם־; if)에서 주어 אִישׁ는 불특정한 사람을 나타낸다(즉 '어떤 사람'). 그리고 전치사구(בְּאַהֲבָה)에서 전치사 בְּ는 '댓가'(price) 또는 '교환'(exchange)의 의미로 사용되어 'in exchange for'( ~ 와 교환으로) 또는 'at the risk of'( ~ 을 무릅쓰고)으로 번역한다. 그리고 '절대형 부정사' בּוֹז는 '동일한 어근'(בוז; 경멸하다, 모욕하다)을 가진 동사 앞에 위치하여 부사적으로 '반드시, 꼭'이라는 '강경성, 확실성'의 의미를 가진다. 그리고 לוֹ는 '재귀대명사'로 사용되어 '주어 자신'(himself)을 가리킨다.

### ② 아무도~ 아닌 (no one; 부정어와 함께)

예) 출 12:22. 직역: 너희는 아침까지 (너희들 중) 아무도 그의 집의 입구으로부터 나가지 말 것이다.

אַתֶּם לֹא תֵצְאוּ אִישׁ מִפֶּתַח־ בֵּיתוֹ עַד־ בֹּקֶר

| NMS | P | NMS.MZS | P.NMSG | NMS | VQIMYP | ABN | NPMYP |
|---|---|---|---|---|---|---|---|
| 아침 | 까지 | 자기 집 | 문밖에 | 한사람도 | 나가지 | 말라 | |

**해설**

부정어(לֹא; not) + אִישׁ = '아무도 ~ 아닌'(no one). 즉 관용적으로 사용된다. '인칭대명사' אַתֶּם는 주어를 강조하고 있다. 여기서 주어 '남성 복수 2인칭'과 단수 'אִישׁ' 사이에 '불일치'가 이루어짐. 복수형 אֲנָשִׁים이 나와야 일치한다. 그리고 이 복수형 자체가 '어떤 것'(some) 또는 '몇몇'(several)의 뉘앙스를 가진다.

### ③ 분배적 의미

אִישׁ는 분배적인 의미인 '각각'(each other), '모두'(everyone)의 뜻으로 사용된다.

예) 암 4:3. 직역: 너희들(바산의 암소들) 각각은 반대쪽으로 갈라진 틈을 떠나서 그리고 너희는 그 하르몬을 향하여 내던지도록 할 것이다. 여호와의 말씀

| יְהוָה | נְאֻם־ | הַהַרְמוֹנָה | וְהִשְׁלַכְתֶּנָה | נֶגְדָּהּ | אִשָּׁה | תֵּצֶאנָה | וּפְרָצִים |
|---|---|---|---|---|---|---|---|
| NE | NSG | D.NE.H | C.VHAFYP | P.FZS | NFS | VQIFYP | C.NMP |
| 여호와 | 말씀 | 하르몬에 | 던지우리라 | 앞으로 | 각기 | 나가서 | 쿠너진 |

**해설** 이 문장은 2개의 대등절로 병렬되어 있다. פְּרָצִים(갈라진 틈 or 브서진 성벽)은 동사 יָצָא(나가다, 떠나다)의 '목적어'로서 '분리의 대격'으로 사용되었다. 즉 יָצָא동사와 함께 사용되는 '대격'은 '분리'(separation)의 의미를 가진다. 그리고 여성명사인 אִשָּׁה는 동사의 '여성 주어'(바산의 암소)를 분배적인 의미로 나타낸다. 그리고 הַהַרְמוֹנָה 에 붙은 접미사 ה◌ָ는 '방향 표시 어미'(locale He; ~ 을 향하여)를 나타낸다.

## 2) 「כֹּל + 비한정 명사(무관사 명사)」

כֹּל은 엄격하게 말하면, '총체성'을 의미하는 추상적 실명사이므로 '모두'와 '각각의(마다)'을 뜻한다. 따라서 כֹּל 뒤에 정관사가 없는 명사가 나오면 כֹּל은 '각각'의 뜻으로 사용된다. 그리고 כֻּלָּה와 כֻּלּוֹ는 가끔 '각각'(= 그 전체)으로 번역된다.

예) 사 24:10. 직역: 황폐의 성읍이 파열되었다 집마다 들어가는 곳에는 닫혀졌다.

| מִבּוֹא | בַּיִת | כָּל־ | סֻגַּר | תֹהוּ | קִרְיַת־ | נִשְׁבְּרָה |
|---|---|---|---|---|---|---|
| P.VQNG | NMS | NMSG | VUAMZS | NMS | NFSG | VNAFZS |
| 들어가는 | 집 | 마다 | 닫히었고 | 약탈 | 성읍이 | 훼파되고 |

**해설** 이 문장은 대등 접속사(וְ)없이 2개의 절로 병렬되어 있으며, 수동타 문(니팔 동사와 호팔 동사)으로 되어 있다. 두 번째 절에서 실명사 כָּל־이 '비한정 명사' בַּיִת와 연결되어 '~마다, 각각의'라는 의미로 사용되었다. 전치사구(מִבּוֹא)에서 전치사 מִן는 공간 속의 '관계'(relationship)를 나타내는데 사용되어 공간에서 'on, to' 의 의미로 표현된다.

### 3) 「전치사 כְּ + 지시 대명사(זֶה)」

전치사 כְּ 뒤에 '지시 대명사'(זֶה)가 나오면 '동일한, 같은'의 뜻으로 강조적으로 사용된다.

① זֶה ~ כְּ

예) 창 44:7. 직역: 왜? 우리의 주님은 이러한 말씀들을 말하십니까? 이와 '동일한' 말씀을 당신의 종들에게 결단코 행하지 않습니다.

| הַזֶּה | כַּדָּבָר | מֵעֲשׂוֹת | לַעֲבָדֶיךָ | חָלִילָה | הָאֵלֶּה | כַּדְּבָרִים | אֲדֹנִי | יְדַבֵּר | לָמָּה |
|---|---|---|---|---|---|---|---|---|---|
| D.ADMS | P.D.NMS | P.VQNG | P.NMP.MYS | NS | D.APDCP | P.D.NMP | NMS.VXS | VPIMZS | P.APT |
| 이런 | 일은 | 하나이다 | 종들이 | 아니 | 이렇게 | 말씀 | 우리 주여 | 하시나이까 | 어찌 |

**해설**

'כַּדָּבָר הַזֶּה'(이와 동일한 말씀)에서 관용적으로 쓰인 전치사 כְּ와 합쳐진 지시대명사 זֶה는 '동일한'의 의미를 가진다. 의문부사 לָמָּה는 why?의 뜻을 가진다. 관사를 가진 지시대명사 הָאֵלֶּה는 관사를 가진 '한정 명사' הַדְּבָרִים를 수식하는 '한정 지시 대명사'로 사용되었다. '부정 불변화사' חָלִילָה는 '결단코 ~ 아닌'의 뜻을 가진다.

② כָזֶה

예) 창 41:38. 직역: 그리고 바로가 그의 종들에게, 우리가 그 안에 하나님의 성령이 있는 바 이와 동일한 사람을 만날 수 있는가? 라고 말했다.

| בּוֹ | אֱלֹהִים | רוּחַ | אֲשֶׁר | אִישׁ | כָזֶה | הֲנִמְצָא | עֲבָדָיו | אֶל | פַּרְעֹה | וַיֹּאמֶר |
|---|---|---|---|---|---|---|---|---|---|---|
| P.MZS | NMP | NFSG | R | NMS | P.APDMS | T.VQICXP | NMP.MZS | P | NE | CW.VQIMZS |
| 하나님의 | 신이 | 감동한 | | 사람을 | 이와같이 | 얻을 수 | 그 신하들 | 에게 | 바로 | 이르되 |

**해설**

이 문장은 '와우 미완료 계속법'(Waw Imperfect Consecutive; 완료 시상)으로 화법 형식으로 구성 되었다. 즉 「전달 동사(יֹּאמֶר) + 주어 + 간접 목적어 + 피전달부(의문문-명사절; 목적절)」이다. 피전달부에 해당되는 인용문에서, הֲנִמְצָא에서 '접두사' הֲ는 의문문의 '의문부호'(?)에 해당한다. 그리고 כָזֶה는 '이와 동일한'의 뜻으로 사용된다. 따라서 אִישׁ כָזֶה는 '이와 동일한 사람'으로 번역된다.

### ③ אֶחָד(하나) - '동일한'

기수 אֶחָד(하나)가 가끔 '동일한'(same)의 뜻으로 강조적으로 사용된다.

예) 창 11:1. 직역: 그리고 모든 땅은 동일한 입술(언어)과 동일한 말들(단어들)이었다.

| אֲחָדִים | וּדְבָרִים | אֶחָת | שָׂפָה | הָאָרֶץ | כָל־ | וַיְהִי |
|---|---|---|---|---|---|---|
| AMP | C.NMP | ANFS | NFS | D.NFS | NMSG | CW.V.QIMZS |
| 하나이었 | 언어가 | 하나 | 구음이 | 땅의 | 온 | 이요 |

**해설** 이 문장은 '와우 미완료 계속법'(Waw Imperfect Consecutive; 완료 시상)으로 영어로 2형식의 문이다. 즉 「동사 + 주어 + 주격보어 ①와 주격코어 ②」이다. 수사 אֶחָת(하나)는 단수명사(שָׂפָה)를 '동일한'의 뜻으로 강조하며, 복수 수사 אֲחָדִים역시 복수명사(דְבָרִים)를 '동일한'의 뜻으로 강조한다.

### ④ הַהוּא '동일한'

관사 가진 지시대명사 הַהוּא가 '동일한'의 뜻으로 이미 언급된 대상을 강조한다.

예) 삼상 4:12. 직역: 그리고 베냐민의 어떤 사람이 그 전선으로부터 달려왔다 그리고 바로 그 날에 실로에 들어 왔다.

| הַהוּא | בַּיּוֹם | שִׁלֹה | וַיָּבֹא | מֵהַמַּעֲרָכָה | בִּנְיָמִן | אִישׁ־ | וַיָּרָץ |
|---|---|---|---|---|---|---|---|
| D.ADMS | P.D.NMS | NE | CW.VQIMZS | P.D.NFS | NE | NMSG | CW.VQIMZS |
| 당 | 일에 | 실로에 | 이르니라 | 진에서 | 베냐민 | 사람이 | 달려 나와 |

**해설** 이 문장은 2개의 '와우 미완료 계속법'(Waw Imperfect Consecutive; 완료 시상)으로 나열된 문이다. 2번째 문에서 관사를 가진 지시대명사(הַהוּא)가 '지시형용사'의 기능을 하여('동일한'), 앞의 관사를 가진 명사(הַיּוֹם)를 수식하고 있다. 즉 '동일한 날(당일)'이다. 전치사구 בַּיּוֹם(그 날에)는 「יוֹם(명사) + • הַ(관사) + בְּ(전치사)」로 분해된다. 참고로, הַיּוֹם הַזֶּה은 '오늘날'이다. 따라서 בַּיּוֹם הַהוּא는 '동일한 날에(or 당일에)'이다.

### 4) 부정대명사의 대용어 דָּבָר

중성의 의미인 דָּבָר(말 word, 일 thing)가 부정대명사의 대용어로서, 'anything'(아무것도, 무엇이든)의 뜻으로 사용된다.

예) 창 18:14. 직역: 무슨 일이든지 여호와 앞에(여호와께) 경이로울 수가 있겠느냐? (네가) 살아있는 시간과 같이 그 정해진 시간에 내가 너에게 돌아갈 것이다. 다시 말해 사라에게 아들이 (있을 것이다).

| בֵן | וּלְשָׂרָה | חַיָּה | כָּעֵת | אֵלֶיךָ | אָשׁוּב | לַמּוֹעֵד | דָּבָר | מֵיְהוָה | הֲיִפָּלֵא |
|---|---|---|---|---|---|---|---|---|---|
| NMS | C.P.NE | AFS | P.D.NFS | P.MYS | VQICXS | P.D.NMS | NMS | P.NE | T.VNIMZS |
| 아들 | 사라에게 | 살아있는 시간 | | 네게로 | 돌아오리니 | 기한이 | 일이 | 여호와께 | 능치 못한 |

**해설**

이 문장은 3개의 절로 병렬되어 있다. 즉 (הֲיִפָּלֵא מֵיְהוָה דָּבָר) + (אֵלֶיךָ כָּעֵת חַיָּה לַמּוֹעֵד אָשׁוּב) + (וּלְשָׂרָה בֵן)으로 병렬되어 있다. 첫 번째 절은 동사 הֲיִפָּלֵא에 결합된 의문사( הֲ ; ?)에 의해 의문문을 나타내며, 목적어(대격)인 דָּבָר는 '부정대명사'('무엇이든지')로 사용되었다. 그리고 동사 יִפָּלֵא은 פָּלָא(놀랍다, 경이롭다, 기이하다)의 '니팔'(Niphal; 단순 재귀)형으로 사용되었다. 이 니팔형은 사람에게 적용될 경우에는 '~의 능력을 초월하다' 의미지만, 하나님께 적용될 경우에는 '경이로운 일이다' 의미를 가진다. 그리고 두 번째 절에서, לַמּוֹעֵד는 '정해진 시간에'의 뜻이며, כָּעֵת חַיָּה에서 전치사 כְּ가 결합되어 '비교'하는데 사용되어 '살아 있는 시간만큼 or 살아있는 시간에 따라(같이)'의 뜻을 가진다. 마지막 절(וּלְשָׂרָה בֵן)에서 접속사 וּ는 '설명적 와우'로 사용되어 'namely'의 뜻을 가지고, 여호와께서 네게 돌아오리라는 뜻이 무엇인지를 설명하는 것이다. 그리고 3째절은 명사문으로 1형식문이다.

## 7. 재귀대명사

'재귀대명사'(Reflexive Pronoun)란 주격 자신을 반복하는 대명사이다. 재귀대명사는 그 절의 주격을 되풀이하여 재 언급한다. 즉 주어가 하는 동작이 동작자인 주어 자신에게 되돌아옴을 나타낸다. 그러나 히브리어는 재귀대명사를 따로 가지고 있지 않으며, 다음과 같은 방법으로 그것을 표현한다.

### 1) '니팔'(Niphal)형이나 '히트파엘'(Hithpael)형의 동일 어간

재귀대명사는 '니팔'(Niphal)형이나 '히트파엘'(Hithpael)형과 같은 동사 어간을 사용한다.

#### ① 중간태의 니팔

동사 니팔(Niphal)은 헬라어의 중간태적인(middle voice) 역할을 할 수 있다. 중간태는 주어가 행동의 결과에 참여하는 것으로 일종의 '재귀동사적인' 형태이다.

예) 삼상 20:6. 직역: (본문 생략: 만일 너의 아비가 나를 반드시 찾는다면,) 너는, 다윗이 그의 성 베들레헴으로 달려가기 위하여 내 앞에(내게) 자신을 의하여(or 스스로) 요청하였다 라고 말할 것이다.

| עִירוֹ | לֶחֶם | בֵּית־ | לָרוּץ | דָוִד | מִמֶּנִּי | נִשְׁאַל | נִשְׁאֹל | וְאָמַרְתָּ |
|---|---|---|---|---|---|---|---|---|
| NFS.MZS | NE | NE | P.VQNG | NE | P.CXS | VNAMZS | VNNA | C.VQAMYS |
| 자기성 | 레헴 | 베들 | 가기를 | 다윗이 | 내게 | 청하였사오니 | 간 | 말하기를 |

**해설**

이 문장은 조건절이 생략되고 그 조건절에 대한 귀결절(apodosis) 부분에 해당된다. 이는 וְאָמַרְתָּ에 붙은 접속사 וְ가 조건절에 대한 귀결절을 유도하기 때문이다. נִשְׁאַל는 동사 שָׁאַל의(요청하다) 니팔형이므로 '재귀적'으로사용되어 '자기 자신을 위하여 요청하다'(He asked himself)라는 뜻으로 번역된다. 여기서 이 동사와 동일한 어근을 가진 '부정사 절대형' נִשְׁאֹל는 부사적으로 사용되어 '반드시, 꼭'(강경성, 확실성의 의미)으로 번역된다. 그리고 '간접목적어'의 역할을 하는 전치사구 מִמֶּנִּי에서 전치사 מִן은 '관계'(relationship)를 나타내는데 'before, in the sight of'(내 앞에 or 나에게)로 번역된다. לָרוּץ는 '부정사 연계형'에 '방향'의 의미를 지닌 전치사 לְ와 결합하여 '행동의 목적'를 나타낸다. 즉 '달려가기 위하여'이다. 여기서 이 '부정사 연계형'의 목적어인 בֵּית־לֶחֶם(베들레헴)은 움직임의 방향 또는 움직임을 통해 도달한 장소, 목적지를 나타내는 '방향의 대격'(Accusative of Direction)으로 사용되었다.

#### ② 재귀적 히트파엘

동사 히트파엘'(Hithpael)은 피엘(Piel; 강조 능동)의 재귀적인 개념을 표현한다.

예) 출 32:3. 직역: 그리고 모든 백성이 스스로 그들의 귀에 있는 바 그 금고리를 뜯어내었다 그리고 그들이 아론에게 가져오게 하였다.

| אַהֲרֹן | אֶל־ | וַיָּבִיאוּ | בְּאָזְנֵיהֶם | אֲשֶׁר | הַזָּהָב | נִזְמֵי | אֶת־ | הָעָם | כָּל־ | וַיִּתְפָּרְקוּ |
|---|---|---|---|---|---|---|---|---|---|---|
| NE | P | CW.VHIMZP | P.NFP.MZP | R | D.NMS | NMPG | O | D.NMS | NMSG | CW.VTIMZP |
| 아론 | 에게로 | 가져오매 | 그 귀에서 | | 금 | 고리를 | | 백성이 | 모든 | 빼어 |

**해설** 이 문장은 2개의 '와우 미완료 계속법'(Waw Imperfect Consecutive; 완료 시상)으로 나열되었다. 첫 번째 동사 יִתְפָּרְקוּ는 '히트파엘'형 어간을 가지고 있으므로 '재귀적'으로 사용되었다(즉 '스스로 뜯어내다'). 그리고 '관계 대명사' אֲשֶׁר가 앞의 한정 명사구(הַזָּהָב נִזְמֵי)를 선행사로 취하기 때문에 형용사절을 유도하고 있다.

## 2)「 לְ + 인칭대명사 」

인칭대명사를 전치사(לְ)와 결합하여 재귀대명사로 표현한다. 즉 לוֹ(그 자신의; of his own).

예) 삿 3:16. 직역: 그리고 에훗이 칼 즉 '그 칼에 양쪽에 날선, 길이 짧은 규빗 (되는) 칼'을 스스로(그 자신이) 만들었다.

| אָרְכָּהּ | גֹּמֶד | פֵיוֹת | שְׁנֵי | וְלָהּ | חֶרֶב | אֵהוּד | לוֹ | וַיַּעַשׂ |
|---|---|---|---|---|---|---|---|---|
| NMS.FZS | NMS | NMP | ANCMG | C.P.FZS | NFS | NE | P.MZS | CW.VQIMZS |
| 장이 | 한규빗 | 날 | 좌우에 | 선 | 칼을 | 에훗 | | 만들어 |

**해설** 이 문장은 '와우 미완료 계속법'(Waw Imperfect Consecutive; 완료 시상)을 나타낸다. לוֹ는 3인칭대명사에 전치사 (לְ)가 결합되어 '그 자신의(or 스스로)' 뜻으로 '재귀 대명사'를 표현하고 있다. 그리고 גֹּמֶד는 짧은 규빗을 뜻하며 팔꿈치에서 주먹 쥔 손의 관절부까지의 길이이다. 그리고 וְלָהּ에서 접속사 וְ는 '설명'의 '와우'(waw explicativum)로 사용되어 즉 'namely, to wit'(즉 다시 말해)의 뜻을 가지며, 앞의 명사 '칼'(חֶרֶב)의 외형을 설명하고 있다. 참고로, אַמָּה는 규빗(cubit)은 어원적으로 라틴어 cubitum에서 유래된 말로서, 팔꿈치에서부터 가운데 손가락 끝까지의 길이와 동등한 길이의 도량형 단위이다.

### 3) 재귀대명사 אֵת

대격 불변사 אֵת가 아주 희소하게 재귀대명사를 표현한다.

예) 출 5:19. 직역: 그리고 이스라엘의 아들들의 감독관들이 악함 안에 있는(즉 아주 나쁜 상황에 처한) 그들 자신들을 알았다.

| בְּרָע | אֹתָם | יִשְׂרָאֵל | בְנֵי־ | שֹׁטְרֵי | וַיִּרְאוּ |
|---|---|---|---|---|---|
| P.NMS | O.MZP | NE | NMPG | NMPG | CW.VQIMZP |
| 화가 미친 | | 이스라엘 | 자손의 | 패장들이 | 알고 |

**해설** 이 문장은 '와우 미완료 계속법'(Waw Imperfect Consecutive; 완료 시상)을 나타낸다. 대격 불변사 אֹתָם에 인칭 접미사(남성 3인칭 복수)가 결합하여 '재귀대명사'로 사용되었다. 즉 '그들 자신을'이다.

### 4) 재귀대명사 נֶפֶשׁ

נֶפֶשׁ(영혼; '그 자신')가 '사람'에 대한 재귀대명사의 대용어로서 사용된다.

예) 암 6:8. 직역: 주 여호와께서 스스로 만군의 하나님 여호와의 말씀(신탁)으로 '내가 야곱의 높임을 몹시 싫어한다 ~ '라고 맹세하셨다

| יַעֲקֹב | גְּאוֹן | אֶת־ | אָנֹכִי | מְתָאֵב | צְבָאוֹת | אֱלֹהֵי | יְהוָה | נְאֻם־ | בְּנַפְשׁוֹ | יְהוִה | אֲדֹנָי | נִשְׁבַּע |
|---|---|---|---|---|---|---|---|---|---|---|---|---|
| NE | NMSG | O | NPCXS | VPPAMS | NFP | NMPG | NE | NSG | P.NFS.MZS | NE | NMP.CXS | VNAMZS |
| 야곱의 | 영광을 | | 내가 | 싫어하며 | 만군의 | 하나님 | 여호와 | | 자기를 | 여호와께서 | | 맹세하 |

**해설** 전치사구 בְּנַפְשׁוֹ가 재귀대명사의 대용어로 사용된 경우다. 즉 'by h mself'(혼자서, 스스로)이다. 그리고 주동사 נִשְׁבַּע는 שָׁבַע(맹세하다) 니팔형 어간을 가지므로, '재귀적' 강조 용법을 반영하고 있다. 즉 '맹세로서 자신을 묶다'(to binc oneself by an oath)가 된다. 여기에 בְּנַפְשׁוֹ를 사용하여 더욱 재귀적인 의미를 강조하고 있다. 그리고 נְאֻם־יְהוָה은 주동사 נִשְׁבַּע(맹세하다)의 목적어로 부사적 대격인 '방법의 대격'으로 사용된 경우이다. 즉 동사의 행위가 어떠한 방식으로 일어나는지를 설명하는 것이다. 다시 말해, '만군,

하나님' '여호와'의 말씀으로(부사적) 맹세하셨다. 또한 נְאֻם은 동사 נָאַם(말하다, 예언하다)에서 전성된 '실명사'로 화법의 '전달 동사'의 역할을 하므로 뒤 따라오는 피전달부(מְתָאֵב אָנֹכִי אֶת־גְּאוֹן יַעֲקֹב)를 유도한다.

## 5) 재귀대명사 עֶצֶם

עֶצֶם(뼈, 지체, 몸; '그 자체')이 '사물'에 대한 재귀대명사의 대용어로서 사용된다.

예) 욥 21:23. 직역: 한 사람은 그의 완전함 자체 안에서 죽을 것이다. 그의 모든 것(즉 그의 처한 모든 상황)은 평안하고 편안하다

| וְשָׁלֵיו | שַׁלְאֲנַן | כֻּלּוֹ | תֻּמּוֹ | **בְּעֶצֶם** | יָמוּת | זֶה |
|---|---|---|---|---|---|---|
| C.AMS | AMS | NMS.MZS | NMS.MZS | P.NFSG | VQIMZS | ADMS |
| 안일하고 | 평강하며 | | 충실하며 | 기운이 | 죽도록 | 어떤 사람은 |

**해설**

지시사 זֶה는 25절의 זֶה와 연결되어 '한 사람은 ~, 다른 사람은 ~ '으로 표현된다. 이 문장은 2개의 문(sent -ence)이 병렬되어 있는 것으로 보아야 한다. 왜냐하면 주동사 יָמוּת는 자동사이기 때문이다. 따라서 「1형식문 + 2형식(명사문)」으로 되어 있는 구조이다. 즉 (זֶה יָמוּת בְּעֶצֶם תֻּמּוֹ; 1형식) + (כֻּלּוֹ שַׁלְאֲנַן וְשָׁלֵיו; 2형식의 명사문)의 구조이다. 그리고 「בְּעֶצֶם תֻּמּוֹ」에서 'בְּעֶצֶם'는 '사물'에 대한 재귀대명사의 대용어로 사용되었다. 즉 '그의 완전함 자체에서'로 번역한다.

## 6) 재귀대명사 לֵב

לֵב(마음; '그 자신')이 '사람'에 대한 재귀대명사의 대용어로서 사용된다.

예) 창 17:17. 직역: 그는(아브라함) 비웃었다 그리고 그는 그 자신에게, 1백 살(사람)이 아들을 스스로 낳을 수 있을까? 라고 말했다.

| יִוָּלֵד | שָׁנָה | מֵאָה־ | הַלְּבֶן | **בְּלִבּוֹ** | וַיֹּאמֶר | וַיִּצְחָק |
|---|---|---|---|---|---|---|
| VNIMZS | NFS | NFS | T.P.NMSG | P.NMS.MZS | CW.VQIMZS | CW.VQIMZS |
| 낳을까 | 세 | 백 | 어찌 자식을 | 심중에 | 이르되 | 웃으며 |

**해설**

이 문장은 2개의 '와우 미완료 계속법'(Waw Imperfect Consecutive; 완료 시상)을 나타낸다. 2번째 '와우 미완료 계속법'은 화법 형식으로 되었다. 즉 「전달동사(יֹּאמֶר) + 재귀대명사(בְּלִבּוֹ) + 피전달부」의 구조이다. 여기서 (בְּלִבּוֹ)은 '재귀대명사'로 사용되어 '그 자신에게'(to himself)의 뜻을 가진다. 그리고 피전달부에서 הַלְּבֶן의 접두사 הַ는 의문문을 유도하는 '의문사 or 의문부호'( ? )를 나타낸다. 여기서 לְבֶן는 니팔동사(יִוָּלֵד)의 '목적어(대격)'을 나타낸다. 즉 명사(בֵּן; 아들)와 함께 사용된 전치사 לְ는 '대격'의 변형처럼 사용된다('아들을'). 그리고 니팔동사(יִוָּלֵד)는 '재귀형'으로 사용된 경우이다. 즉 '스스로 낳다'이다.

## 8. 소유 대명사

'소유대명사'(Possessive Pronoun)이란 「 ~ 의 것 」이라는 의미를 나타내는 대명사이다. '소유대명사'는 「인칭대명사의 소유격 + 명사」의 의미를 나타내며, '독립소유격'(Absolute Possessive)이라 한다. 즉 인칭대명사의 소유격이 항상 뒤에 명사를 거느리는 데 반해, 소유대명사는 독립해서 쓰인다. 히브리어에서 소유대명사는 접미사와 함께 나오는 전치사 לְ로 대치된다. 다음은 소유대명사의 용법을 나타낸다.

예) 창 24:67. 직역: 그리고 이삭이 그녀를(리브가) 그의 어머니 사라 장막을 향하여 들어가게 했다. 그리고 그는 리브가를 취했다 그리고 그녀는 아내로 '그의 것'이 되었다.

| לְאִשָּׁה | לוֹ | וַתְּהִי־ | רִבְקָה | אֶת־ | וַיִּקַּח | אִמּוֹ | שָׂרָה | הָאֹהֱלָה | יִצְחָק | וַיְבִאֶהָ |
|---|---|---|---|---|---|---|---|---|---|---|
| P.NFS | P.MZS | CW.VQIFZS | NE | O | CW.VQIMZS | NFS.FZS | NE | D.NMS.H | NE | CW.VHIMZS.FZS |
| 아내를 | | 삼고 | 그를 | | 취하여 | 모친 | 사라의 | 장막으로 | 이삭이 | 인도하여 |

**해설**

이 문장은 3개의 '와우 미완료 계속법'(Waw Imperfect Consecutive; 완료 시상)으로 나열되었다. 첫 째문(sentence)에서 הָאֹהֱלָה(그 장막을 향하여)는 명사에 '방향 표시 어미'(הָ◌; locale He)가 첨가되어 '방향의 대격'을 나타낸다. 그리고 אִמּוֹ과 שָׂרָה는 '동격'이며, '방향의 대격'(הָאֹהֱלָה)에 대해서 '설명적 동격'(explicative apposition)을 이루고 있다. 즉 '그 장막'이 '이삭의 어머니인 사라'의 '장막'이라는 설명이다. 그리고 세 번째 문에서 전치사구 לוֹ는 '소유대명사'(그의 것, 즉 이삭의 소유)로 사용되었다. 또 다른 전치사구인 לְאִשָּׁה에서 전치사 לְ는 'become' 의미의 הָיָה와 결합하여 어떤 행동이 낳은 상태적 결과인 '산물의 לְ'로 사용되었다. 즉 '아내가 되다'라는 의미다.

## 9. 상호 대명사

'상호대명사'(Reciprocal Pronoun)란「서로」라는 의미를 가지는 '상호성'(상호관계)을 나타내는 대명사이다. 영어에서 each와 other, one과 another가 각각 결합하여「서로」라는 의미로 쓰이는 경우와 같다. 히브리어에는 상호대명사가 없지만 상호 행위에 의한 상호작용의 개념은 니팔(Nipfal), 히트파엘(Hithpael), 그리고 희귀형 어간인 포엘형(Poel) 동사 또는 짝을 나타내는 단어들을 통해 표현된다. 다음과 같은 방법으로 그것을 표현한다.

### 1) 남성형「אִישׁ ~ אָח(형제) ~」; 여성형「אִשָּׁה ~ אָחוֹת(자매) ~」

예) 출 26:3. 직역: 그 휘장(or 앙장)의 다섯은(즉 휘장의 다섯 폭) 서로 결합할 것이다.

חֲמֵשׁ הַיְרִיעֹת תִּהְיֶיןָ חֹבְרֹת אִשָּׁה אֶל־אֲחֹתָהּ

| NFS.FZS | P | NFS | VQPAFP | VQIFZP | D.NFP | ANCMG |
|---|---|---|---|---|---|---|
| | | 서로 | 결합 | 하며 | 그 앙장 | 다섯 폭을 |

**해설**

이 문장은 영어로 2형식의 문이다. 즉「주어(חֲמֵשׁ הַיְרִיעֹת) + 동사(תִּהְיֶיןָ) + 분사보어(חֹבְרֹת) + 상호대명사(אִשָּׁה אֶל־אֲחֹתָהּ)」이다. 그리고 (אִשָּׁה אֶל־אֲחֹתָהּ)는 주어에 대한 '여성형 상호대명사'「אִשָּׁה ~ אָחוֹת(자매) ~ (each ~ other ~ ; 서로)」로 사용되었다.

### 2) 남성형「אִישׁ ~ רֵעַ(친구) ~」; 여성형「אִשָּׁה ~ רְעוּת(여자친구) ~」

예) 창 11:3. 직역: 그리고 그들은 서로에게, 자 오라! 우리가 벽돌을 만들자

וַיֹּאמְרוּ אִישׁ אֶל־רֵעֵהוּ הָבָה נִלְבְּנָה לְבֵנִים

| NFP | VQICXP.Ch | VQMMYS | NMS.MZS | P | NMS | CW.VQIMZP |
|---|---|---|---|---|---|---|
| 벽돌을 | 만들어 | 자 | 서로 | | | 말하되 |

**해설**

이 문장은 '와우 미완료 계속법'(Waw Imperfect Consecutive; 완료 시상)으로 시작되며, 화법 형식의 구조이다. 즉「전달동사(וַיֹּאמְרוּ) + 상호대명사(אִישׁ אֶל־רֵעֵהוּ) + 피전달부(הָבָה נִלְבְּנָה לְבֵנִים)」이다. 피전달부에서「אִישׁ אֶל־רֵעֵהוּ」는「אִישׁ ~ רֵעַ ~ (each ~ other ~ )」의 형식으로 남성형 '상호대명사'(서로)로 사용되었다. 여기에 전

치사 אֶל가 결합되어 '서로에게'로 번역된다. 그리고 הָבָה는 '감탄사'로 사용되어 '자 오라!(come)'번역된다. 그리고 נִלְבְּנָה는 '연장어미' ָה(Paragogic He)첨가되어 '연장형'(권유법; The Cohortative)을 표현한다.

### 3) 기타 「אֶחָד אֶל־אֶחָד」, 「עֶצֶם אֶל־עַצְמוֹ」, 「זֶה אֶל־זֶה」 등

예) 겔 37:17. 직역: 너는 그것들을(나무들) 너를 위하여 한 나무로 서로 결합되게 하라

| אֶחָד | לְעֵץ | לְךָ | אֶחָד | ־אֶל | אֶחָד | אֹתָם | וְקָרַב |
|---|---|---|---|---|---|---|---|
| NMS | P.NMS | P.MYS | ANC | P | ANC | O.MZP | C.VPMMYS |
| 하나가 | 막대기 | 네가 | 서 | | 로 | 그 막대기를 | 되게하라 |

**해설** 이 문장은 2인칭 '명령법'(Imperative Mood) 형식이다. 「אַחַד אַל־אֶחָד」는 '한정 목적어' אֹתָם에 대한 '상호대명사'(서로) 형식으로 표현되었다.

## 10. 의문사

의문문은 반드시 의문대명사나 의문부사나 의문사(The Interrogative)를 사용하여 만드는 것은 아니며, 단어의 자연스런 강조를 통해서도 충분히 의문문을 표현할 수 있다. 히브리어의 의문문은 일반적으로 '의문사 הֲ'(He interrogative)를 반드시 문두에 결합시켜 만드는데, הֲ는 의문을 표시하는 의문부호(question mark; ? )에 불과할 뿐 아무런 의미는 없다.

| 의문사 | 모음 변화 | 예문 |
|---|---|---|
| הֲ | 일반자음 앞에서 | הֲמִן־הָעֵץ אָכַל 그 나무로부터 그가 먹었는가? |
| הַ | 쉐바나 후음자음 앞에서 | הַעוֹד אֲבִיכֶם חַי 아직도 너희 아비가 살았는가? |
| הֶ | 카메츠 가진 후음 앞에서 | הֶחָזָק הוּא 그가 강한가? |

## 1) 명사문장의 의문사

예) 창 43:7. 직역: 그리고 그들이 말하기를, 그 사람이 우리와 우리의 친족에게, "아직도 너희의 아비가 살아 있느냐? 형제가 너희에게 있느냐?"라고 확실히 물었다.

וַיֹּאמְרוּ שָׁאוֹל שָׁאַל־הָאִישׁ לָנוּ וּלְמוֹלַדְתֵּנוּ לֵאמֹר הַעוֹד אֲבִיכֶם חַי הֲיֵשׁ לָכֶם אָח

NMS P.MYP T.NS AMS NMS.MYP T.AB P.VQNG C.P.NFS.CXP P.CXP D.NMS VQAMZS VQNA CW.VQIMZP

아우가 너희 있느냐 살았느냐 너희 아비가 이르기를 우리의 친족에 우리의 그사람이 힐문하여 자세히 가로되

**해설** 이 문장은 '와우 미완료 계속법'(Waw Imperfect Consecutive; 완료 시상)으로 시작되며, 화법 형식의 구조이다. 즉 「전달동사(וַיֹּאמְרוּ) + 피전달부①[ 전달동사(שָׁאוֹל שָׁאַל) + 주어(הָאִישׁ) + 간접목적어(לָנוּ וּלְמוֹלַדְתֵּנוּ) + 'by saying'(לֵאמֹר) + 피전달부②("הַעוֹד אֲבִיכֶם חַי הֲיֵשׁ לָכֶם אָח") ] 」의 구조로 되어 있다. 그리고 피전달부 ①에서, 전달동사(שָׁאַל)는 앞의 부정사 절대형(שָׁאוֹל)은 '강경성 or 확실성'을 나타내는 '부사'로 사용되어 동일한 어근을 가진 동사 שָׁאַל을 수식한다. 즉 '확실히 묻다'이다. 그리고 전치사 לְ가 결합된 '부정사 연계형'(לֵאמֹר)는 '직접화법'(by saying)을 유도한다. 따라서 피전달부 ②는 '부정사 연계형'(לֵאמֹר)의 '목적어'(명사절)로서 '직접 전달되는 내용으로 인용문'에 해당된다. 그리고 이 인용문(הַעוֹד אֲבִיכֶם חַי הֲיֵשׁ לָכֶם אָח)은 2개의 의문문으로 되어 있는데, 둘 다 동사가 없는 명사문이며, 의문사(הַ, הֲ)가 결합되어 의문문을 나타내고 있다. 그리고 첫 번째 명사문은 형용사 חַי(살아 있는)가 술어 역할을 하고 있으며, 두 번째 명사문은 '존재' 불변화사 יֵשׁ(there is; there are)가 술어 역할을 하고 있다.

## 2) 동사문장의 의문사

예) 욥 2:3. 직역: 그리고 여호와께서 그 사탄에게, 너는 욥 나의 종에게(or 종을 향하여) 너의 마음을 두었느냐?라고 말씀하셨다

וַיֹּאמֶר יְהוָה אֶל־הַשָּׂטָן הֲשַׂמְתָּ לִבְּךָ אֶל־עַבְדִּי אִיּוֹב

NE NMS.CXS P NMS.MYS T.VQAMYS D.NMS P NE CW.VQIMZS

욥 내 종 을 유의하여 사단 에게 여호와께서 이르시되

**해설** 이 문장은 '와우 미완료 계속법'(Waw Imperfect Consecutive; 완료 시상)으로 시

작되며, 간접화법 형식의 구조이다. 즉 「전달동사(יֹּאמֶר) + 주어(יְהוָה) + 간접목적어(אֶל־הַשָּׂטָן) + 피전달부(나머지 부분)」이다. 피전달부에서 문두에 결합된 의문사(הֲ)는 의문문을 표시하는 의문부호( ? ) 역할을 한다. 그리고 אִיּוֹב(욥)과 עַבְדִּי(나의 종)은 동격관계를 나타낸다. 여기서 전치사 אֶל־은 간접목적어(~에게) or '방향'의 אֶל(~을 향하여, ~쪽으로)을 의미한다.

## 3) 수사의문문의 의문사

예) 욥 14:14. 직역: 만일 용사가 죽는다면, 나의 전쟁의 날들의 전부가 존재할까요?(즉 내가 싸울 수 있는 모든 날들이 존재할까요?) 나는 나의 변화가 올 때까지 나는 기다릴 것이다.

אִם־יָמוּת גֶּבֶר הֲיִחְיֶה כָּל־יְמֵי צְבָאִי אֲיַחֵל עַד־בּוֹא חֲלִיפָתִי

| חֲלִיפָתִי | בּוֹא | עַד־ | אֲיַחֵל | צְבָאִי | יְמֵי | כָּל־ | הֲיִחְיֶה | גֶּבֶר | יָמוּת | אִם־ |
|---|---|---|---|---|---|---|---|---|---|---|
| NFS.CXS | VQNG | P | VPICXS | NMS.CXS | NMPG | NMSG | T.VQIMZS | NMS | VQIMZS | Q |
| 놓이기를 | 오기 | 까지 | 참고 | 나의 싸우는 | 날 | 모든 | 살리이까 | 사람이 | 죽으면 | 만일 |

**해설** 이 문장은 「종속절(subordinate clause; '조건'부사절) + 주절(main clause; 의문문+평서문)」의 형식으로 된 문이다. 즉 「종속절(אִם־יָמוּת גֶּבֶר) + 주절(나더지 부분)」이다. 여기서 '주절'(귀결절)부분은 대등접속사 없이 '의문문'(הֲיִחְיֶה כָּל־יְמֵי צְבָאִי)과 '평서문'(אֲיַחֵל עַד־בּוֹא חֲלִיפָתִי)으로 병렬되어 있다. 그리고 '의문문'은 의둔사 הֲ가 결합되어 의문문을 나타낸다. 특히 이 의문문은 '긍정형'의 '수사의문문'으로 사용되어 '부정'의 의미를 요구하고 있다. 즉 '내가 싸울 수 있는 모든 날은 결코 존재하지 않는다는 것이다'. 욥 자신은 지금 자신이 처한 현실이 아무런 희망도 없는 심각한 고난을 당하고 있는 상태이기 때문에, 마치 죽어 있는 상태와 같은 견디기 힘든 귀경가운데 있음을 표현하고 있다. 그래서 자신의 변화 즉 하나님께서 자신을 부활 or 회복으로 변화시켜 주실 때까지 인내하겠다는 것이다. 그리고 '부정사 연계형'(בּוֹא)에 전치사(עַד־) 가 결합되어서 '시간'(temporal)의 의미를 나타낸다. 즉 '올 때까지'이다.

## 4) 의문사가 없는 의문문

예) 삼상 11:12. 직역: 그리고 그 백성이 사무엘에게, 사울이 우리를 다스릴 것인가?라고 말한 자는 누구인가?라고 말했다.

| עָלֵינוּ | יִמְלֹךְ | שָׁאוּל | הָאֹמֵר | מִי | שְׁמוּאֵל | אֶל־ | הָעָם | וַיֹּאמֶר |
|---|---|---|---|---|---|---|---|---|
| P.CXP | VQIMZS | NE | D.VQPA | APT | NE | P | D.NMS | CW.VQIMZS |
| 우리를 | 다스리 | 사울이 | 한 자가 | 누구냐 | 사무엘 | 에게 | 백성이 | 이르되 |

**해설**

이 문장은 '와우 미완료 계속법'(Waw Imperfect Consecutive; 완료 시상)으로 시작되며, 화법 형식의 구조이다. 즉 「전달동사(יֹּאמֶר) + 주어(הָעָם) +간접목적어(שְׁמוּאֵל אֶל־) + 피전달부」이다. 그리고 피전달부도 「주어(מִי) +분사술어(הָאֹמֵר; '말하고 있는 자') + 분사의 목적어(명사절; 의문문; שָׁאוּל יִמְלֹךְ עָלֵינוּ)」의 구조로 되어 있다.

# V. 형용사

'형용사'(Adjective)란 직접 명사에 붙거나 보어의 자리에 위치하여, 명사나 대명사를 수식하거나 서술하는 품사이다. 이 때 형용사는 그 수식·서술하는 명사와 반드시 성(性)·수(數)가 일치해 한다. 히브리어의 형용사는 명사와 꼭같은 형식으로 변화하나 단지 쌍수(dual)가 없다. 그러므로 형용사가 '쌍수 명사'를 수식할 때에는 '복수형'으로 대용한다. 형용사에는 2가지 용법이 있는데, 한정적 용법과 서술적 용법이 있다.

| 형용사 טוֹב(좋은)의 모음 변화 | | | | |
|---|---|---|---|---|
| 성 / 수 | 남 성 | 어미 | 여 성 | 어미 |
| 단 수 | טוֹב | - | טוֹבָה | ◌ָה |
| 복 수 | טוֹבִים | ◌ִים | טוֹבוֹת | וֹת |

## 1. 용법

### 1) 한정적 용법

'한정적 용법'(Attributive usage)은 형용사가 명사를 관형적으로 수식해 주는 데, 이 때는 형용사가 명사 뒤에 오며, 명사가 정관사를 가지는 한 반드시 형용사도 정관사를 취한다.

#### ① '비한정 형용사'의 '비한정 명사' 수식

예) 창 21:8. 직역: 그리고 아브라함은 이삭이 젖을 떼는 날에 큰 연회를 행하였다.

וַיַּעַשׂ אַבְרָהָם מִשְׁתֶּה גָדוֹל בְּיוֹם הִגָּמֵל אֶת־יִצְחָק

NE O VNNG P.NMSG AMS NMS NE CW.VQIMZS

이삭의 젖을 떼는 날에 대 연을 아브라함이 배설하였다

**해설** 이 문장은 '와우 미완료 계속법'(Waw Imperfect Consecutive; 완료 시상)을 나타내는 문이다. 비한정(or 무관사) 형용사 גָּדוֹל(큰, 위대한)가 비한정(or 무관사) 명사 מִשְׁתֶּה(연회)를 뒤에서 수식하는 '한정적 용법'을 나타낸다. 이 때 수식하는 명사와 성·수가 일치한다. 즉 '남성 단수' 일치한다. '부정사 연계형'(הִגָּמֵל; 젖을 떼는 일)는 명사와 동사의 기능을 하므로 '속격명사'(절대형 명사 위치)의 기능과 '의미상의 주어'(대격: אֶת־יִצְחָק)를 취한다.

## ② '비한정 형용사'가 수사와 함께 '한정 명사' 수식

예) 수 7:21. 직역: 그리고 내가 그 노략물 가운데 시날의 아름다운 외투 한 벌과 은 이백 세겔을 보았다.

וָאֵרֶא בַשָּׁלָל אַדֶּרֶת שִׁנְעָר אַחַת טוֹבָה וּמָאתַיִם שְׁקָלִים כֶּסֶף

NMS NMP C.ANCD AFS ANCF NE NFS P.D.NMS CW.VQICXS

은 세겔과 이백 아름다운 한 시날산의 외투 노략한 물건 중에 보고

**해설** 이 문장은 '와우 미완료 계속법'(Waw Imperfect Consecutive; 완료 시상)으로 시작되는 문이며, 영어로 제3형식의 문이다. 즉 「동사(וָאֵרֶא ; 내적주어-'내가') + 전치사구(בַשָּׁלָל; 부사) + 목적어1(대격; אַדֶּרֶת שִׁנְעָר אַחַת טוֹבָה) + 목적어2(שְׁקָלִים כֶּסֶף וּמָאתַיִם)」이다. 그리고 목적어1에서 '비한정 형용사'(טוֹבָה; 아름다운)가 확실하게 '형용사'의 성격을 띠는 수사 אַחַת(하나, 1)와 함께 고유명사(שִׁנְעָר; '시날')로 한정된 '명사' אַדֶּרֶת(외투)를 수식하는 '한정적 용법'으로 사용되었다. 여기서 고유명사(שִׁנְעָר; '시날')는 앞의 명사 אַדֶּרֶת(외투)와 '설명적 동격'(explicative apposition)을 나타낸다. 즉 외투가 시날 지역에서 만들어진 외투라는 것이다. '시날의 외투' or '외투 시날'이다.

## ③ '한정 형용사'의 '한정 명사' 수식

a. 유관사 명사 수식

예) 신 21:3. 직역: 그리고 살해된 자에게 그 가까운 성읍이 있었다 그리고 그 성읍의 장로들이 소의 (젊은)암소를 취할 것이다.

וְהָיָה הָעִיר הַקְּרֹבָה אֶל־הֶחָלָל וְלָקְחוּ זִקְנֵי הָעִיר הַהִוא עֶגְלַת בָּקָר

| בָּקָר | עֶגְלַת | הַהִוא | הָעִיר | זִקְנֵי | וְלָקְחוּ | הֶחָלָל | אֶל־ | הַקְּרֹבָה | הָעִיר | וְהָיָה |
|---|---|---|---|---|---|---|---|---|---|---|
| NMS | NFSG | D.ADFS | D.NFS | AMPG | C.VQACZP | D.AMS | P | D.AFS | D.NFS | C.VQAMZS |
| 암 | 송아지를 | 그 | 성읍의 | 장로들 | 취하고 | 피살한 곳으로 | | 가까운 | 성읍 | |

**해설** 이 문장은 2개의 접속사(וְ)로 연결되어 있는 문이다. 이 접속사들은 문맥적으로 특별한 의미가 있다. 첫 번째 접속사(וְ)는 전제절을 지배하는 접속사다. 즉 '급함'(haste)이나 '격정적 자극'(passionate excitement)을 표현하는 '전제절'을 유도한다. 두 번째 접속사(וְ)는 '귀결절'(apodosis)을 유도한다. 즉「전제절(만일 그 살해된 자어게 가까운 성읍이 있다면) + 귀결절(그 성읍의 장로들이 암송아지를 취해야 한다)」으로 구성되었다. '전제절'에서 관사를 취한 형용사(הַקְּרֹבָה; 가까운)가 관사를 취한 '한정 명사'(הָעִיר; 그 성읍)를 수식하는 '한정적 용법'을 보여주며, 성·수일치한다(여성·단수). 그리고 전치사구(אֶל־הֶחָלָל)에서 관사를 취한 형용사가 실명사('살해된 자')로 사용된 경우이다. '귀결절'에서 관사를 취한 지시대명사(הַהִוא)는 '연계관계'에 있는 '한정 속격명사'(הָעִיר)를 지시한다. 성·수일치한다(여성·단수). 그리고 '주격 명사'(nomen regens; 연계형)의 위치에 형용사(זִקְנֵי; 늙은)가 위치한 것은 형용사가 '실명사'(늙은 자; 즉 장로)로 사용되었기 때문이다.

**⊙ 피살체의 대속 규례(신 19:11-13) ⊙**

살해된 시체는 발견되었지만 그 살해범이 도저히 알 수 없는 경우, 무죄한 자를 피 흘리게 한 살인자의 죄책(罪責)은 반드시 대속 받아야 하는데 그 대속의 절차는 ① 먼저 대속을 책임질 자를 선정해야 하는데 그것은 그 주검과 가장 가까운 성읍에 사는 장로들이 받아야 했다. ② 다음으로 대속을 담당할 희생 제물을 선정해야 하는데 그것은 한 번도 멍에를 얹고 부린 적이 없는 암송아지를 골라야 했다. ③ 마지막으로 대속의 방법은, 그 송아지를 험한 산골짜기로 끌고 가서 거기서 살해범 대신 그 목을 꺾어 피 흘리게 한 연후에 백성들을 대표해서 장로들은 그 죽은 암송아지 의에서 물로 손을 씻으면서 그들 모두는 이 살해 사건과 전혀 무관함을 선언하고 하나님의 사죄하심을 간구하여만 했다. 이렇게 함으로써 범인을 모르는 살해 사건의 속죄 의식이 끝나게 되었다.

– 피흘림이 없이는 결코 속죄함이 없다는 교훈 –

b. 접미사 취한 명사 수식

예) 겔 36:23. 직역: 그리고 나는 그들 가운데서 너희가 더럽힌 바 그 이방나라에 더럽혀진 나의 위대한 이름을 나는 거룩하게 할 것이다.

| בְּתוֹכָם | חִלַּלְתֶּם | אֲשֶׁר | בַּגּוֹיִם | הַמְחֻלָּל | הַגָּדוֹל | שְׁמִי | אֶת־ | וְקִדַּשְׁתִּי |
|---|---|---|---|---|---|---|---|---|
| P.NMS.MZP | VPAMYP | R | P.D.NMP | D.VUPP | D.AMS | NMS.CXS | O | C.VPACXS |
| 그들중에서 | 더럽힌 | | 열국가운데 | 더럽힘을받은 | 큰 | 나의 이름 | | 거룩하게 |

**해설**

이 문장은 복문(complex sentence)이다. 즉 「주절 + 형용사절(חִלַּלְתֶּם בְּתוֹכָם אֲשֶׁר)」의 구조로 되어 있다. 여기서 주동사 קִדַּשְׁתִּי에서 과거시상은 '확실성'(certitude)을 나타내어 잘 이루어질 것으로 생각되는 밝은 미래를 표현하는 '예언적 완료상'으로 사용되었다. 그리고 '1인칭 대명사 접미사'를 취한 '한정 목적어'(אֶת־שְׁמִי; 나의 이름을)를 관사를 취한 '한정 형용사'(הַגָּדוֹל; 그 위대한)가 수식하고 있다. 또한 관사를 취한 한정 분사(הַמְחֻלָּל; 그 더럽힘을 받았던) 역시 '한정 목적어'(אֶת־שְׁמִי)를 수식한다. 그리고 관계대명사(אֲשֶׁר)가 앞의 선행사(הַגּוֹיִם; 그 이방나라들)를 수식하고 있다.

c. כָּל־ 한정 명사 수식

예) 창 1:21. 직역: 그리고 하나님이 큰 바다의 생물(괴물)과 움직이는 모든 생물을 창조하셨다.

| הָרֹמֶשֶׂת | הַחַיָּה | נֶפֶשׁ | כָּל־ | וְאֵת | הַגְּדֹלִים | הַתַּנִּינִם | אֶת־ | אֱלֹהִים | וַיִּבְרָא |
|---|---|---|---|---|---|---|---|---|---|
| D.VQPAFS | D.AFS | NFSG | NMSG | C.O | D.AMP | D.NMP | O | NMP | CW.VQIMZS |
| 움직이는 | 생 | 물을 | 모든 | | 큰 | 물고기와 | | 하나님 | 창조하시니 |

**해설**

이 문장은 '와우 미완료 계속법'(Waw Imperfect Consecutive; 완료 시상)을 나타내는 문이며, 영어로 제3형식문이다. 즉 「동사 + 주어 + 2개의 한정 목적어 」이다. 첫 번째 '한정 목적어'에서 '관사를 취한 한정형용사'(הַגְּדֹלִים; 큰)가 '관사를 취한 한정 명사'(הַתַּנִּינִם; 바다 생물)를 수식하는 '한정적 용법'으로 사용되었다. אֶת는 '한정 목적어'를 나타내는 '한정 대격 불변사'(or 대격 부호)이다. 두 번째 '한정 목적어'에서 '관사를 취한 한정 형용사'(הַחַיָּה; 살아 있는)가 '「כָּל」로 지배받는 명사'를 수식하는 '한정적 용법'으로 사용되었다. 그리고 '관사를 취한 한정 분사'(הָרֹמֶשֶׂת; 움직이는) 역시 '「כָּל」로 지배받는 명사'를 수식하고 있는 '분사의 한정적 용법'으로 사용되었다.

### ④ '한정 형용사'의 '비한정 명사' 수식

예) 겔 40:28. 직역: 그리고 그가 나를 그 남쪽문 안에 (있는) 그 내부의 뜰로 들어가게 하였다.

וַיְבִיאֵנִי אֶל־חָצֵר הַפְּנִימִי בְּשַׁעַר הַדָּרוֹם

| הַדָּרוֹם | בְּשַׁעַר | הַפְּנִימִי | חָצֵר | ־אֶל | וַיְבִיאֵנִי |
|---|---|---|---|---|---|
| D.NMS | P.NMSG | D.AMS | NMS | P | CW.VHIMZS.CXS |
| 그 남 | 문으로 | 안 | 뜰 | 에 | 나를 데리고 들어가서 |

해설 이 문장은 '와우 미완료 계속법'(Waw Imperfect Consecutive; 완료 시상)을 나타내는 문이다. 주동사 יְבִיאֵנִי는 '히필'(사역능동; ~하도록 하게 하다)형으로 '1인칭 대명사 접미사'(◌ֵנִי)를 목적어로 취하였다. 그리고 '한정 형용사'인 הַפְּנִימִי(그 내부의)가 '비한정 명사'(חָצֵר; 뜰)를 수식하는 특별한 경우다. 이러한 '한정 형용사'의 '비한정 명사'를 수식하는 예들이 드문데, 삼상 12:23, 렘 6:20, 왕상 7:12 등에 나타난다.

## 2) 서술적 용법

형용사의 '서술적 용법'(Predicative Usage)이란 형용사에 정관사가 없이 명사나 명사 상당어를 서술(설명)한다. 명사 문장일 경우, 계사(copula)가 생략되어 있으므로 형용사는 주어(명사 or 대명사)를 서술하는 보어(주격)역할을 한다. 서술하는 명사와 성(性)·수(數)에서 일치해야 한다.

### ① 명사문에서

명사문에서 서술 형용사는 일반적으로 주어 앞에 위치한다. 그러나 '동시적 상황절'(즉 주절과 같은 시간에 동작이 일어나는 부사절)과 '종속절'에서 '서술 형용사'는 주어 뒤에 위치한다.

#### a. 서술 형용사의 주어 앞 위치

예) 민 14:7. 직역: 우리가 그 땅을 탐지하기 위하여 그 땅으로 건너갔다. 그 땅은 심히 아름다웠다.

| מְאֹד | מְאֹד | הָאָרֶץ | טוֹבָה | אֹתָהּ | לָתוּר | בָהּ | עָבַרְנוּ |
|---|---|---|---|---|---|---|---|
| AB | AB | D.NFS | AFS | O.FZS | P.VQNG | P.FZS | VQACXP |
| 심히 | | 땅 | 아름다운 | | 탐지한 | | 두루 다니며 |

**해설** 이 문장은 2개의 문으로 병렬되어 있다. 즉 「1형식문(עָבַרְנוּ בָהּ לָתוּר אֹתָהּ) + 2형식문(טוֹבָה הָאָרֶץ מְאֹד מְאֹד)」의 구조로 되어 있다. 그리고 '부정사 연계형'(לָתוּר)은 명사적으로 사용되므로 전치사 לְ를 취하여 '목적'(~ 하기 위하여)을 나타내며 주동사(עָבַרְנוּ)를 수식하는 부사구로 사용되었다. 형용사 טוֹבָה는 명사문에서 주어 앞에 위치하여 주어 הָאָרֶץ의 서술어 역할을 하고 있다. 그리고 'מְאֹד מְאֹד'는 '최상급의 속성'을 최대 한도까지 강조해 주는 수사적 표현법이다. 즉 '심히'.

b. 서술 형용사의 주어 뒤 위치

예) 겔 42:13. 직역: 그들이(제사장들) 가장 거룩한 것들(지성물들)과 소제(물)과 속죄제(물)과 속건제(물)을 거기에 놓아두게 할 것이다. 왜냐하면 그 장소는 거룩하기 때문이다.

| קָדֹשׁ | הַמָּקוֹם | כִּי | וְהָאָשָׁם | וְהַחַטָּאת | וְהַמִּנְחָה | הַקֳּדָשִׁים | קָדְשֵׁי | יַנִּיחוּ | שָׁם |
|---|---|---|---|---|---|---|---|---|---|
| AMS | D.NMS | C | C.D.NMS | C.D.NFS | C.D.NFS | D.NMP | NMPG | VHIMZP | AB |
| 거룩한 | 곳이라 | 이는 | 속건제물 | 속죄제 | 소제 | 지 | 성물 | 둘 것이며 | 거기 |

**해설** 이 문장은 「주절 + 종속절(이유 부사절; 왜냐하면~ )」형식으로 되어 있다. 주절에서 קָדְשֵׁי הַקֳּדָשִׁים(지성물)은 명사의 최상급을 나타낸다. 일반적으로 최상급은 '복수형 속격 명사'와 여기에 동일한 어근의 단수 '연계형 명사'가 연계형태로 결합됨으로 '최상급'으로 표현된다. 하지만 본문은 같은 어근이지만 복수형 속격명사(הַקֳּדָשִׁים)에 '복수형 연계형 명사'(קָדְשֵׁי)가 연계관계로 이루어진 것으로 드문 형태이다. 즉 '거룩한 것들의 거룩한 것들'(지성물들)로 이다. 그리고 접속사 כִּי는 앞의 '주절'에 대한 '이유'(왜냐하면, ~ 때문에)를 나타내는 종속접속사로 '부사절'을 이끈다. 따라서 "הַמָּקוֹם קָדֹשׁ"는 계사(copula)가 생략된 명사문이므로 הַמָּקוֹם(그 장소)이 '주어'이고 형용사 קָדֹשׁ(거룩한)는 주어 뒤에서 성·수가 일치하는 '서술어' 역할을 한다. 즉 형용사의 '서술적 용법'을 나타낸다. '그 장소는 거룩하다'이다.

### ② 일치의 부재

예) 시 119:137. 직역: 여호와여! 당신은(하나님) 의롭습니다 그리고 당신의 판결은 정직합니다.

| מִשְׁפָּטֶיךָ | וְיָשָׁר | יְהוָה | אַתָּה | צַדִּיק |
|---|---|---|---|---|
| NMP.MYS | C.AMS | NE | NPMYS | AMS |
| 주의 판단은 | 정직하며 | 여호와여 | 주는 | 의로우시고 |

**해설** 이 문장은 2개의 명사문으로 병렬되어 있다. 즉「형용사술어(צַדִּיק) + [계사(copula; to be)생략] + 주어(אַתָּה) + וְ(and) + 형용사술어(יָשָׁר) + [계사(ccpula; to be)생략] + 주어(מִשְׁפָּטֶיךָ)이다. 첫 번째 명사문에서 형용사 צַדִּיק(의로운)가 서술어 역할을 하고 있다. 주어와 성·수가 일치한다. 여기서 고유명사 יְהוָה(여호와)는 '호격'(the vocative case)으로 사용되었다. 히브리어에서는 일반적으로 정관사에 의해서 호격이 표현되는데, 호격으로 사용된 고유명사는 정관사를 사용하지 않는다 두 번째 명사둔에서는 형용사술어(יָשָׁר)가 주어(מִשְׁפָּטֶיךָ)와 수(數)에 있어 불일치를 보여주고 있다. 즉 주어는 '남성 복수'이나 서술형용사는 '남성 단수'이다. 이와 같은 '일치의 부재'는 일반적이지 않다. 이것은 '여호와의 판결들'이 여러 개의 단일체보다는 하나의 '일체'임을 암시한다.

## 3) 지시 형용사

'한정 형용사'와 함께 사용된 '지시대명사'는 '한정 명사'를 수식하는 '한정 형용사' 뒤에 위치하며, '한정 명사'를 수식하는 '지시형용사'로 기능한다. 이 때 명사와 형용사와 지시형용사는 성(性)·수(數)의 일치와 함께 한정성의 일치를 보인다.

예) 렘 8:3. 직역: 이 악한 일족(family)으로부터 나머지 일족의 남겨져 있는 모든 자들에 의해 삶보다 죽음이 선택받게 될 것이다.

| הַזֹּאת | הָרָעָה | הַמִּשְׁפָּחָה | מִן־ | הַנִּשְׁאָרִים | הַשְּׁאֵרִית | לְכֹל | מֵחַיִּים | מָוֶת | וְנִבְחַר |
|---|---|---|---|---|---|---|---|---|---|
| D.ADFS | D.AFS | D.NFS | P | D.VNPPMP | D.NFS | P.NMSG | P.AMP | NMS | C.VNAMZS |
| 이 | 악한 | 족속 | 의 | 남아 있는 | 자 | | 사는 것보다 | 죽는 | 원하리라 |

**해설** 이 문장은 수동태형식으로 이루어진 문이다. 즉 「'수동동사'(נִבְחַר; 니팔-단순수동; '선택받다') + ~ + 'by+대격'(לְכֹל הַשְּׁאֵרִית הַנִּשְׁאָרִים; '나머지 일족의 남겨져 있는 모든 자들에 의해'」이다. 주어는 מָוֶת(죽음)이며, 주어와 '비교'를 나타내는 전치사구 מֵחַיִּים(삶보다)에서 전치사 מִן는 '비교'접속사 'than'(~보다)의 의미를 가진다. 그리고 '한정 지시대명사' 'הַזֹּאת'는 '한정 명사' הַמִּשְׁפָּחָה를 수식하는 '한정 지시 형용사'로 사용되었다. 여기에 '한정 형용사' הָרָעָה 역시 '한정 명사' הַמִּשְׁפָּחָה를 수식하는 '한정적 용법'으로 사용되었다. 이 셋 모두 '여성·단수·한정성'이 일치하고 있다.

### ⊙ 고대 이스라엘의 사회적 분류 ⊙

아간이 죄를 지었을 때 여호와가 여호수아에게 내리는 지시를 통해 알 수 있다. "너희는 아침에 너희의 지파( שֵׁבֶט )대로 가까이 나아오라 여호와께 뽑히는 그 지파는 그 족속( מִשְׁפָּחָה)대로 가까이 나아올 것이요 여호와께 뽑히는 족속은 그 가족( בַּיִת)대로 가까이 나아올 것이요 여호와께 뽑히는 그 가족은 그 남자들( גְּבָרִים )이 가까이 나아올 것이며"(수 7:14).

고대 이스라엘 공동체의 분류 단위는 위에서부터 ‣ עַם(암; 여호와의 백성 또는 계약 공동체 즉'이스라엘 민족'을 말한다) 〉 שֵׁבֶט(쉐베트; 12지파를 대상하는'지파'를 말한다) 〉 מִשְׁפָּחָה(미쉬파하; 12지파 내의 자손들 즉 '친족'을 말한다) 〉 בַּיִת(바이트; '아비의 집'혹은 '가족'의 의미로 2세대 이상의 소가족이나 한 혈통 가족을 말한다) 〉 גֶּבֶר(게베르; '남자' 즉 부계중심의 사회에서 '강한 자'로서 '남자'를 말한다)

#### 4) '존엄의 복수' 수식

'권위나 위엄'을 나타내기 위하여 특별히 사용하는 '존엄(존칭)의 복수형'(majestic plural)은 주어일 때는 단수형 동사를 취한다. 또한 이것을 수식하는 형용사 역시 일반적으로 '단수'가 사용된다.

예) 왕하 19:4. 직역: 그의 주 앗수르의 왕이 그를(랍사게) 살아계신 하나님을 강하게 모독하도록 보냈다.

| חַי | אֱלֹהִים | לְחָרֵף | אֲדֹנָיו | אַשּׁוּר | מֶלֶךְ־ | שְׁלָחוֹ |
|---|---|---|---|---|---|---|
| AMS | NMP | P.VPNG | NMP.MZS | NE | NMSG | VQAMZS.MZS |
| 사신 | 하나님을 | 훼방하였으니 | 그 주 | 앗수르 | 왕의 | 보냄을 받고 |

**해설** 이 문장은 영어로 3형식의 문이다. 즉「동사(שְׁלָחוֹ) + 동사의 목적격 접미사(3인칭 단수; 랍사게) + 주어(מֶלֶךְ־אַשּׁוּר) + 부사구(לְחָרֵף; 부정사 연계형+לְ) + 부정사의 목적어(אֱלֹהִים חַי)」이다. 그리고 주어(מֶלֶךְ־אַשּׁוּר)와 אֲדֹנָיו는 '동격' 관계이다. 그리고 '부정사 연계형'(לְחָרֵף)에 전치사 לְ가 결합하여 '목적'을 나타낸다. 즉 '강하게 모독하기 위하여'(피엘형-강조 능동; 강하게 모독하다, 확실히 모독하다)이다. '단수형 형용사'가 '존엄(존칭)의 복수형'인 אֱלֹהִים을 수식하고 있다.

### 5) '쌍수형 명사' 수식

쌍수(Dual)의 명사를 수식하거나 서술하는 형용사는 '복수형'이고, '집합명사'를 수식하거나 서술하는 형용사도 '복수형'이 온다.

#### ① '쌍수명사'의 수식

예) 사 34:3. 직역: 너는 약한 손을 강하게 하라 그리고 휘청거리는 무릎을 강하게 하라

| אַמֵּצוּ | כֹּשְׁלוֹת | וּבִרְכַּיִם | רָפוֹת | יָדַיִם | חַזְּקוּ |
|---|---|---|---|---|---|
| VPMMYP | VQPAFP | C.NFD | AFP | NFD | VPMMYP |
| 굳게하여 | 떨리는 | 무릎을 | 약한 | 손을 | 강하게 하여 |

**해설** 이 문장은 2개의 명령문으로 병렬되어 있다. 첫 번째 명령문에서 목적어(대격)인 יָדַיִם(쌍수; 한 쌍의 손)을 '복수형 형용사'(רָפוֹת; 약한)가 수식하며 성·수일치를 보여준다. 그리고 두 번째 명령문에서 목적어인 בִּרְכַּיִם(쌍수; 한 쌍의 무릎)을 '복수형 분사'(וֹת
כֹּשְׁל; 휘청거리고 있는) 가 수식하며 성·수 일치를 보여준다. 즉 형용사는 쌍수형(dual)이 없으므로 쌍수 명사를 수식할 경우에는 복수형(plural)을 사용한다.

#### ② '집합명사'의 수식

예) 창 30:43. 직역: 그리고 그 사람은 심히 증가하였다. 그리고 그에게 많은 양떼가 있었다.

| רַבּוֹת | צֹאן | לוֹ | וַיְהִי־ | מְאֹד | מְאֹד | הָאִישׁ | וַיִּפְרֹץ |
|---|---|---|---|---|---|---|---|
| AFP | NFS | P.MZS | CW.VQIMZS | AB | AB | D.NMS | CW.VQIMZS |
| 많았 | 양떼 | 그에게 | | 심히 | | 그사람이 | 풍부하여 |

**해설** 이 문장은 2개의 '와우 미완료 계속법'(Waw Imperfect Consecutive; 완료 시상)으로 나열되었다. 첫 번째 절(1형식의 문)에서 중복된 부사 מְאֹד מְאֹד는 '매우'라는 의미의 반복으로 그 속성을 최대한도까지 강조해 주는 수사적 표현법이다. 즉 '심히'라는 최상급의 의미로 사용된다. 그리고 두 번째 절(1형식의 문)에서 '주어'인 집합명사 צֹאן(양떼)를 '복수형' 형용사(רַבּוֹת; 많은)가 수식하고 있다.

## 2. 형용사의 비교급

'비교급'(The Comparative)이란 둘 중에 한 쪽이 다른 쪽보다 정도가 높음을 나타낸다. 히브리어는 비교급을 나타내는 특별한 형태를 가지고 있지 않다. 대신에 '비교'하려는 대상 앞에 전치사 מִן( ~ 보다; than~ )을 접두하거나 형용사에 정관사를 붙여서 표현한다. 이 때 '비교 형용사'는 영어의 비교급 표현처럼 'more'( 더 ~ )의 의미를 더하여 해석한다. 그리고 '비교급 형용사'로 많이 사용되는 히브리어는 לֵב(더 많은), טוֹב(더 좋은), גָּדוֹל(더 크게) 등등이다.

### 1) 전치사 מִן에 의한 비교급

일반적으로 비교급은 「형용사(더 ~한; more ~ ) + מִן(보다; than) + 비교의 대상」의 구조로 표현된다.

예) 삼상 9:2. 직역: 그리고 이스라엘의 자손 가운데에서 어떤 사람도 그보다 더 선하지 않았다. 그의 어깨로부터 그리고 위로 향해 모든 백성보다 더 높았다.

| הָעָם | מִכָּל־ | גָּבֹהַּ | וָמַעְלָה | מִשִּׁכְמוֹ | מִמֶּנּוּ | טוֹב | יִשְׂרָאֵל | מִבְּנֵי | אִישׁ | וְאֵין |
|---|---|---|---|---|---|---|---|---|---|---|
| D.NMS | P.NMSG | AMS | C.AB.H | P.NMS.MZS | P.MZS | AMS | NE | P.NMPG | NMS | C.NSG |
| 백성 | 모든 보다 | 더하 | 위는 | 어깨 | 그보다 | 더준수한 | 이스라엘 | 자손 중에 | 자가 | 없고 |

**해설** 이 문장은 2개의 '비교급을 나타내는 문'이 병렬되어 있는 문이다. 즉 「(טוֹב מִמֶּנּוּ אֵין אִישׁ מִבְּנֵי יִשְׂרָאֵל; 1형식문) + (מִשִּׁכְמוֹ וָמַעְלָה גָּבֹהַּ מִכָּל־הָעָם; 2형식문)」의 구조로 되어 있다. 첫 번째 문에서, '부정'의 실명사 אֵין는 'there is(are)'의 뜻을 가지며, 주어인 אִישׁ는 부정대명사(someone; 누구든지, 어떤 사람)를 나타내며, 연계상태(מִבְּנֵי יִשְׂרָאֵל; 이스라엘 자손 가운데에서)에 결합된 전치사 מִן은 '~가운데에서'(from among)의 의미로 사용되었고, '서술 형용사' טוֹב는 비교형용사로서 '더 선한'의 의미를 가지며, 전치사구 מִמֶּנּוּ에서 결합된 전치사 מִן은 비교 대상을 나타내는 '비교 접속사'(than)의 역할을 한다. 그리고 두 번째 문은 문법적으로 주어(사울)가 생략되어 있지만 주어의 존재를 인식할 수 있는 문으로서 비교급을 나타내는 '서술 형용사' גָּבֹהַּ(더 높은)만이 나타나있는 '불완전 문'임을 보여 준다.

## 2) 상관 비교급

비교대상이 대립적인 쌍으로 표현되는 것을 말한다. 즉 형용사의 상호적인 비교는 형용사에 '정관사'(the definite article)를 붙여서 표현한다. 이것은 양자 사이의 동질적인 면의 비교를 나타낸다.

예) 창 1:16. 직역: 그리고 하나님이 두 큰 발광체를 만드셨다. 그 큰 발광체를 낮의 통치에…

וַיַּעַשׂ אֱלֹהִים אֶת־שְׁנֵי הַמְּאֹרֹת הַגְּדֹלִים אֶת־הַמָּאוֹר הַגָּדֹל לְמֶמְשֶׁלֶת הַיּוֹם

| הַיּוֹם | לְמֶמְשֶׁלֶת | הַגָּדֹל | הַמָּאוֹר | אֶת־ | הַגְּדֹלִים | הַמְּאֹרֹת | אֶת־שְׁנֵי | אֱלֹהִים | וַיַּעַשׂ |
|---|---|---|---|---|---|---|---|---|---|
| D.NMS | P.NFSG | D.AMS | D.NMS | O | D.AMP | D.NMP | ANCMC-O | NMP | CW.VQIMZS |
| 낮을 | 주관하게 | 큰 | 광명으로 | | 큰 | 광명을 | 두 | 하나님이 | 만드사 |

**해설** 이 문장은 '와우 미완료 계속법'(Waw Imperfect Consecutive; 완료 시상)으로 시작된다. 연계 관계에 있는 명사구(הַמְּאֹרֹת הַגְּדֹלִים)에서, 관사를 취한 '한정 형용사' הַגְּדֹלִים가 관사를 취한 '한정 명사' הַמְּאֹרֹת를 수식하는 '한정적 용법'을 보여준다. 또 연계 관계에 있는 '한정 대격구'(אֶת־הַמָּאוֹר הַגָּדֹל)에서 '한정 형용사' הַגָּדֹל가 '한정 명사' הַמָּאוֹר를 수식하고 있다. 그리고 여기서 '한정 형용사' הַגָּדֹל에 접두된 정관사 •הַ는 뒤에 위치한 הַמָּאוֹר הַקָּטֹן(더 작은 발광체)과의 '상관 비교'를 나타내는 의미로 사용된다. 따라서 הַמָּאוֹר הַגָּדֹל은 '그 큰 발광체'로 표현된다. 그리고 전치사구(לְמֶמְשֶׁלֶת)에서 전치사 לְ는 '소유의 לְ'( ~의 , ~에 속한)로 사용되었다. 즉 '통치(or 지배)에 속한'이다.

### 3) 자동사의 비교급

자동사(自動詞; Intransitive Verb)의 비교는 형용사의 상대적인 비교와 동일하게 표현된다. 즉 형용사 대신 자동사가 비교의 속성을 표현한다.「자동사 + מִן + 비교대상」이다.

예) 욥 7:6. 직역: 나의 날들이 (베틀의) 북보다 더 빨리 갔다 그리고 그것들이(나의 날들) 아무런 희망도 아님으로 끝났다.

| תִּקְוָה | בְּאֶפֶס | וַיִּכְלוּ | אָרֶג | מִנִּי־ | קַלּוּ | יָמַי |
|---|---|---|---|---|---|---|
| NFS | P.NMSG | CW.VQIMZP | NMS | P | VQACZP | NMP.CXS |
| 소망 | 없이 | 보내는구나 | 베틀의 북 | 보다 | 빠르니 | 나의 날은 |

**해설** 이 문장은 2개의 사건이 '와우 미완료 계속법'(Waw Imperfect Consecutive; 완료 시상)으로 나열되었다. 즉 '과거의 사건'을 기술할 때 처음에만 완료형 동사(קַלּוּ; 빠르다)를 사용하고, 그 뒤부터는 접속사( • וַ)와 함께 미완료형 동사(יִכְלוּ ; 끝나다)를 나열하여 후속사건을 기술하였다. 그리고 전치사 מִן는 운문에서(욥기서)는 מִנִּי로 사용되며 비교의 대상을 유도하는 than의 의미로 사용되었다. 따라서 '비교 형용사'의 역할을 형용사가 아닌 '자동사'(קַלּוּ)가 하여 '더 빨리 가다'로 해석된다. 두 번째 사건에서, 전치사구(בְּאֶפֶס)의 אֶפֶס는 부사로 사용되기도 하는데 '아무도 ~ 아닌' or '더 이상 ~이 아닌'으로 해석된다. 따라서 연계 상태에 있는 명사구(בְּאֶפֶס תִּקְוָה)는 '더 이상 희망이 아닌'(부사) or '아무런 희망도 아님'(명사)으로 해석된다. 여기에 '도구'의 전치사 בְּ 가결합되어(בְּאֶפֶס תִּקְוָה)는 '아무런 희망도 아님으로'로 번역된다. '도구'의 בְּ 란 '무언가를 촉발시키거나 일으킨 수단, 도구'를 나타낸다.

## 3. 형용사의 최상급

'최상급'(The Superlative)이란 3개 이상 중에서 정도가 가장 높음을 나타낸다. 히브리어에서 형용사의 최상급은 정관사나 한정명사나 접미사로 한정된 형용사를 사용한다. 즉 형용사를 한정 시켜줌으로써 표현하는데, 정관사를 붙이거나 '부분 속격'(즉 소유격)이나 '인칭대명사 접미사'를 붙여줌으로써 나타낸다. 이 때 형용사의 최상급은 영어의 최상급 표현처럼 'most'( 가장 ~ 한 )의 의미를 더하여 해석한다.

### 1) 최상급의 용법

#### ① 한정 형용사에 의해

'관사'를 가진 '한정 형용사'에 의해 '최상급'으로 표현된다. 그런데 관사를 취한 '한정 명사'를 수식하는 '한정 형용사' 역시 관사를 가진다. 이런 경우, 문맥에 의해 최상급인지 단순한 한정 형용사인지를 판단해야 한다.

예) 창 9:24. 직역: 그리고 노아가 그의 포도주로부터 깨어났다. 그리고 그는 가장 작은 아들이 그에게 행한 바를 알았다.

| הַקָּטָן | בְּנוֹ | לוֹ | עָשָׂה־ | אֲשֶׁר־ | אֵת | וַיֵּדַע | מִיֵּינוֹ | נֹחַ | וַיִּיקֶץ |
|---|---|---|---|---|---|---|---|---|---|
| D.AMS | NMS.MZS | P.MZS | VQAMZS | R | O | CW.VQIMZS | P.NMS.MZS | NE | CW.VQIMZS |
| 그 작은 | 아들이 | 자기에게 | 행한 | 일을 | | 알고 | 술이 | 노아가 | 깨어 |

**해설** 이 문장은 2개의 사건이 '와우 미완료 계속법'(Waw Imperfect Consecutive; 완료 시상)으로 나열되었다. '대격 표시 불변사' אֵת에 의해 한정된 관계대명사 ־אֲשֶׁר는 선행사 없이 자체 가진 경우다. 즉 '~ 하는 바 그 일을'이다. 그리고 הַקָּטָן는 「관사 + 형용사」의 구조로서 '형용사의 최상급'을 나타낸다. 즉 '가장 작은'으로 해석된다.

#### ② 서술 형용사에 의해

형용사가 서술적 용법으로 사용되는 경우에는 관사를 취하지 않는다. 그러나 서술 형용사가 관사를 가지게 되는 경우에는 '최상급'을 나타낸다.

예) 신 7:7. 직역: 여호와께서 너희를 기뻐하셨다 그리고 그는 너희를 택하셨다 왜냐하면 너희는 모든 민족들 가운데서 가장 적기 때문이다.

| הָעַמִּים | מִכָּל־ | הַמְעַט | אַתֶּם | כִּי־ | בָּכֶם | וַיִּבְחַר | בָּכֶם | יְהוָה | חָשַׁק |
|---|---|---|---|---|---|---|---|---|---|
| D.NMP | P.NMSG | D.AMS | NPMYP | C | P.MYP | CW.VQIMZS | P.MYP | NE | VQAMZS |
| 민족 | 모든 | 가장 적은 | 너희는 | | 너희를 | 택하심은 | | 여호와께서 | 기뻐하시고 |

**해설** 이 문장은 2개의 사건이 '와우 미완료 계속법'(Waw Imperfect Consecutive; 완료 시

상)으로 나열되었다. 첫 번째 사건에서, 타동사 חָשַׁק의 목적어 위치에 전치사구 בָּכֶם가 위치하였다. 이 때 전치사 בְּ는 타동사의 직접 목적어를 사용할 그 자리에 의하여 '대격'을 나타낸다. 즉 '너희를'이다. 그리고 두 번 째 사건에서, 문의 구조는 「주절 + 종속절(이유」로 이루어져 있다. 여기서 종속절은 「אַתֶּם הַמְעַט מִכָּל־הָעַמִּים」이다. בָּכֶם 역시 타동사 בָּחַר(선택하다) 뒤에 위치하여 '목적어'로 사용된 경우다. 그리고 הַמְעַט는 명사문장의 「서술 형용사」로서 최상급을 나타낸다.

### ③ 연계형 형용사에 의해

한정적인 명사 즉 '부분'을 나타내는 '속격 명사'에 대한 '연계형의 형용사'가 최상급을 나타낸다.

예) 아1:8. 직역: 여인들 중에 가장 아름다운 자여! 만일 네가 네 자신을(or 스스로) 알지 못한다면, 너는 너 자신을(or 스스로) 그 양 떼의 후방 안에서 떠나라

| הַצֹּאן | בְּעִקְבֵי | לָךְ | צְאִי־ | בַּנָּשִׁים | הַיָּפָה | לָךְ | תֵדְעִי | לֹא | אִם־ |
|---|---|---|---|---|---|---|---|---|---|
| D.NFS | P.NMPG | P.FYS | VQMFYS | P.D.NFP | D.AFSG | P.FYS | VQIFYS | ABN | Q |
| 양떼의 | 발자취를 | | 따라 | 여인 중에 | 어여쁜 자야 | | 알지 | 못하겠 | 거든 |

**해설** 이 문장은 '사실 조건'을 나타내는 문이다(if; 만일 ~ 한다면). 즉 「조건절(종속절) + 주절(귀결절)」의 구조로 되어 있다. 여기서 주절과 종속절에 있는 전치사구 לָךְ는 '재귀대명사'(인칭대명사(ךְ)와 전치사(לְ)가 결합하여 재귀대명사로 표현한다. 즉 '너 자신의'(of your own)이다. 그리고 '부분'을 나타내는 전치사 בְּ가 결합되어 '부분 속격'을 나타내는 명사(בַּנָּשִׁים; '그 여인들 중에')에 연계된 형용사(הַיָּפָה)가 '최상급'으로 사용되었다. 즉 '가장 아름다운'이다. 여기서 형용사가 정관사를 가지므로 '실명사'(가장 아름다운 자)로 한정되었다.

### ④ 대명사 접미사를 가진 형용사에 의해

대명사 접미사를 취한 형용사는 최상급을 나타낸다.

예) 렘 6:13. 직역: 왜냐하면 그들의 가장 작은 자로부터 그리고 그들의 가장 큰 자까지 그의 모든 자가 (부당한) 이를 취득하였기 때문이다.

| בָּצַע | בּוֹצֵעַ | כֻּלּוֹ | גְּדוֹלָם | וְעַד־ | מִקְּטַנָּם | כִּי |
|---|---|---|---|---|---|---|
| NMS | VQPA | NMS.MZS | AMS.MZP | C.P | P.AMS.MZP | C |
| 탐남 | 하며 | 다 | 큰 자 | 까지 | 가장 작은 자 | 이는 |

**해설**

이 문장은 앞의 12절에 대한 '이유(원인)'을 나타내는 부사절(종속절)이다. 그리고 이 문장은 분사(בּוֹצֵעַ)가 서술어 역할을 하고 있는 명사문이다. 전치사구(וְעַד־גְּדוֹלָם מִקְּטַנָּם)에서 형용사에 접미된 '대명사 접미사'(3인칭 남성 복수)로 인해 형용사(גְּדוֹלָם, קְטַנָּם)가 최상급을 나타낸다. 즉 '그의 가장 작은, 그의 가장 큰'이다. 여기서 형용사에 대명사 접미사와 전치사가 결합되었다는 것은 바로 '형용사'가 '실명사'임을 보여준다.

### ⑤ 속격 복수 명사와의 결합에 의해

같은 낱말(단수)의 '속격 복수'(the genitive plural)와의 결합을 통해서 최상급이 표현된다. 이 때 '속격'은 '부분 속격'을 나타내며, 연계형 명사는 '단수 명사'이다. 즉「(동일 어근의) 속격 복수 명사 + (동일 어근의) 단수 명사」의 구조를 통해 '최상급'을 표현한다.

예) 전 1:2. 직역: 전도자가 '헛됨들의 헛됨, 헛됨들의 헛됨, 그 모든 것이 헛되다'라고 말했다. 즉 전도자가 '가장 헛되고 가장 헛되니 그 모든 것이 헛되도다'라고 말했다.

| הָבֶל | הַכֹּל | הֲבָלִים | הֲבֵל | קֹהֶלֶת | אָמַר | הֲבָלִים | הֲבֵל |
|---|---|---|---|---|---|---|---|
| NMS | D.NMS | NMP | NMSG | NMS | VQAMZS | NMP | NMSG |
| 헛되도다 | 모든 것 | 헛되고 | 헛되니 | 전도자가 | 가로되 | 헛되고 | 헛되며 |

**해설**

이 문장은 화법 형식에 해당되는 문이다. 2개의 연계 관계에 있는 명사구(הֲבָלִים הֲבֵל)는 '최상급'의 형태를 보여준다. 그리고 같은 낱말(단수; הֶבֶל; '헛됨')이 '속격 복수'(the genitive plural; !ylib;h})와의 결합을 통해서 '최상급'이 표현된다. 즉 '절대형 복수 명사'와 '연계형 단수 명사'와의 결합으로 최상급을 표현한다. 이것의 번역은 '헛됨들의 헛됨' 곧 '가장 헛됨'이다. 그리고 הַכֹּל הָבֶל는 1개의 명사문으로 보았다. 즉 주어는 הַכֹּל이며, 술어는 '무관사 명사'(הַכֹּל)에 의해 표현되었다.

## 2) 절대 최상급

절대 최상급(Absolute superlative)이란 다른 것과 비교하는 것이 아니라 막연히 정도가 가장 높음을 나타내는 것을 말한다. 즉 מְאֹד(much, very)나 혹은 אֱלֹהִים에 의하여 표현된다.

| | |
|---|---|
| אַרְזֵי־אֵל ‘가장 높은 백향목’(시 80:11) | חִתַּת אֱלֹהִים ‘큰 공포’(창 35:5) |
| חֶרְדַּת אֱלֹהִים ‘끔찍한 공황’(삼상 14:15) | |

예) 창 30:8. 직역: 그리고 라헬이 ‘내가 (스스로) 나의 언니와 함께 하나님의 씨름을(or 크게) 씨름하였다 역시 내가 능가했다’라고 말했다.

| יָכֹלְתִּי | גַּם־ | אֲחֹתִי | עִם־ | נִפְתַּלְתִּי | אֱלֹהִים | נַפְתּוּלֵי | רָחֵל | וַתֹּאמֶר |
|---|---|---|---|---|---|---|---|---|
| VQACXS | AB | NFS.CXS | P | VNACXS | NMP | NMPG | NE | CW.VQIFZS |
| 이기었다 | | 형과 | | 경쟁하여 | | 크게 | 라헬 | 가로되 |

**해설** 이 문장은 ‘와우 미완료 계속법’(Waw Imperfect Consecutive; 완료 시상)이며, 화법 형식에 해당한다. 즉 「전달 동사(תֹּאמֶר) + 주어(רָחֵל) + 피전달부(나머지 부분)」이다. 여기서 ‘피전달부’에 해당하는 부분에서 동사(נִפְתַּלְתִּי; 니팔-재귀형; 내가 스스로 씨름하다)의 목적어로 사용된 ‘명사구’(연계 관계; נַפְתּוּלֵי אֱלֹהִים)는 ‘절대 최상급’으로 사용되었다. 즉 ‘하나님의 씨름을’이라는 대격을 ‘가장 크게’라는 절대 최상급의 부사로 대치시킬 수 있다.

### 3) 의미의 반복에 의한 최상급

비교와는 관계없이 의미를 반복함으로써 최상의 속성을 최대한도까지 강조해 주는 수사적인 표현법이다. 그것들은 다음과 같다.

| | |
|---|---|
| עָמֹק עָמֹק 지극히 깊은 | מְעַט מְעַט 조금씩, 매우 점차적으로 |
| מְאֹד מְאֹד 심히 | לְדֹר דֹּר 오랜 오랜 세대까지 |

# Ⅵ. 수사

'수사'(Numeral, Number)란 수량을 나타내는 형용사의 일종으로 일정한 수를 나타내는 품사를 말한다. 수사에는 개수를 나타내는 '기수사'(Cardinal), 순서를 나타내는 '서수사'(Ordinal), 배수를 나타내는 '배수사'(Multiplicative)가 있다.

히브리어에서 수사는 원래 실명사 또는 형용사였다. 그러나 그것들은 모두 그 정도는 다르지만 일부는 실명사적이고 일부는 형용사적인 것으로서 혼합된 성격을 갖게 되었다.

## 1. 기수

| 수 | 남성 명사와 함께 | | 여성 명사와 함께 | |
|---|---|---|---|---|
| | 절대형 | 연계형 | 절대형 | 연계형 |
| 1 | אֶחָד | אַחד | אַחַת | אַחַת |
| 2 | שְׁנַ֫יִם | שְׁנֵי | שְׁתַּ֫יִם | שְׁתֵּי |
| 3 | שְׁלֹשָׁה | שְׁלֹ֫שֶׁת | שָׁלֹשׁ | שְׁלֹשׁ |
| 4 | אַ-רְבָּעָה | אַרְבַּ֫עַת | אַרְבַּע | אַרְבַּע |
| 5 | חֲמִשָּׁה | חֲמֵ֫שֶׁת | חָמֵשׁ | חֲמֵשׁ |
| 6 | שִׁשָּׁה | שֵׁ֫שֶׁת | שֵׁשׁ | שֵׁשׁ |
| 7 | שִׁבְעָה | שִׁבְעַת | שֶׁבַע | שְׁבַע |
| 8 | שְׁמֹנָה | שְׁמֹנַת | שְׁמֹנֶה | שְׁמֹנֶה |
| 9 | תִּשְׁעָה | תִּשְׁעַת | תֵּ֫שַׁע | תְּשַׁע |
| 10 | עֲשָׂרָה | עֲשֶׂרֶת | עֶ֫שֶׂר | עֶ֫שֶׂר |

### 1) 기수 1

숫자 1(אֶחָד-남성; אַחַד-여성)은 가장 확실하게 '형용사'의 성격을 띠고 있다. 즉 수식하는 명사와 성(性)·수(數)가 일치하며 형용사의 한정적 용법처럼 명사 뒤에 위치한다.

예) אִישׁ אֶחָד 한 남자; אִשָּׁה אַחַת 한 여자; מָקוֹם אֶחָד 한 장소

### 2) 기수 2

숫자 2(שְׁנַיִם- 남성; שְׁתַּיִם- 여성)는 '명사'이며 계수되는 명사와 성(性)이 일치한다. 특히 여성형 2의 발음상 주의해야 하는 것은 앞의 '쉐바'가 무성이므로 '쉬타임'으로 읽어야 한다. 그리고 이 숫자 2는 '쌍수'(Dual)이므로 계수되는 명사는 '쌍수' or '복수'이며, 대부분 명사 앞에 위치한다.

예) שְׁנַיִם אֲנָשִׁים 두 남자; שְׁתַּיִם בָּנוֹת 두 딸

### 3) 기수 3-10

기수 3-10까지는 '추상 명사'이며, 계수되는 명사와 성(性)이 일치하지 않는다. 즉 '남성형 기수'는 '여성 명사'에, '여성형 기수'는 '남성 명사'에 사용된다. 이와 같은 비대칭적으로 결합되는 현상을 **'교차배열법적 일치'**(chaistic concord)라 불린다. 이와 같은 현상이 성경에서 예외적으로 나타나는 곳이 3군데(즉 창 7:13, 삼상 10:3, 욥 1:4 등)가 있다. 그러나 이것은 필사자의 실수일 가능성이 있다고 본다.

예) שְׁלֹשָׁה בָּנִים 세 아들들; שְׁלֹשׁ בָּנוֹת 세 딸들

NMP ANCFP NFP ANCMP

① 기수 3 ~ 10까지의 기수들은 단수형이다. 왜냐하면 3에서부터 9까지의 기수들의 남성 복수 형태들은 '30'부터 '90'까지의 숫자들을 나타내기 때문이다. 또한 '10'의 남성 복수형은 기수 '20'을 나타낸다.

② 기수 2부터 10까지의 1단위 수는 계수되는 명사 앞에 '연계형'으로 위치하거나 앞과 뒤에 '절대형'으로 위치한다. 이 때의 절대형은 계수되는 명사와 '동격 관계'를 나타낸다.

예) שְׁלֹשֶׁת יָמִים 날들의 셋(세 날);

NMP ANCFSG(연계형)

שְׁלֹשָׁה אֲנָשִׁים 남자들 세(세 아들들);

NMP ANCFS(절대형)

בָּנוֹת שָׁלֹשׁ 딸들 셋(세 딸들)

(절대형)ANCMS NFP

③ 교차배열법적 불일치, 즉 여성형 '기수'에 계수되는 '명사'가 남성형이 아니라 여성형이다.

예) 창 7:13. שְׁלֹשֶׁת נְשֵׁי־בָנָיו 그의 아들의 아내들의 세(명) 즉 '세 자부'

NMP NFPG NFSG

삼상 10:3. שְׁלֹשֶׁת כִּכְּרוֹת לֶחֶם 빵의 덩이의 세(개) 즉 '세 빵덩이'

NMS NFPG ANCFG

욥 1:4. שְׁלֹשֶׁת אחְיֹתֵיהֶם 그들의 자매의 세(명) 즉 그들의 '세 자매'

NFP.MZP ANCFSG

## 4) 기수 11 - 19

기수 11에서 19까지는 명사이며, 계수되는 명사들과 성(性)이 일치한다. 그리고 수를 나타낼 때는 '10' 앞에 '1'단위의 수를 놓아두며, 계수되는 명사와 동격으로 사용한다. 여기서 계수되는 명사는 일반적으로 기수 앞에 '복수형'이 놓인다. 하지만 소수의 예외적인 명사들은 이러한 기수의 뒤에서 '단수형'을 유지한다. 그 예외적인 명사들은 다음과 같다.

| יוֹם(날), שָׁנָה(년, 해), נֶפֶשׁ(영혼), אִישׁ(남자), מַצֵּבָה(기둥), שֵׁבֶט(ㅈ 파) 등.<br>그리고 כֹּר(건량 1단위; 한 호멜에 상당), אֶלֶף(군부대, military unit) 같은 명사도 자주 단수형으로 사용된다. |
|---|

예) שְׁלֹשָׁה עָשָׂר בָּנִים 열 세(명) 아들들:

⇨ 기수 שְׁלֹשָׁה עָשָׂר와 복수 명사 בָּנִים는 동격관계.

תִּשְׁעָה־עָשָׂר אִישׁ 열아홉(명) 남자

⇨ 기수 תִּשְׁעָה־עָשָׂר와 단수 명사 אִישׁ는 동격 관계.

אַחַת עֶשְׂרֵה שָׁנָה 십일 년

⇨ 기수 אַחַת עֶשְׂרֵה와 단수 명사 שָׁנָה는 동격 관계.

| 수 | 남성 명사와 함께 | | 여성 명사와 함께 | |
|---|---|---|---|---|
| | 절대형 | 연계형 | 절대형 | 연계형 |
| 11 | אַהַד עָשָׂר | עַשְׁתֵּי עָשָׂר | אַחַת עֶשְׂרֵה | עַשְׁתֵּי עֶשְׂרֵה |
| 12 | שְׁנֵים עָשָׂר | שְׁנֵי עָשָׂר | שְׁנֵים עֶשְׂרֵה | שְׁתֵּי עֶשְׂרֵה |
| 13 | שְׁלֹשָׁה עָשָׂר | | שְׁלֹשׁ עֶשְׂרֵה | |
| 14 | אַ-רְבָּעָה עָשָׂר | | אַרְבַּע עֶשְׂרֵה | |
| ≀ | ≀ | | ≀ | |
| 19 | תִּשְׁעָה עָשָׂר | | תְּשַׁע עֶשְׂרֵה | |

## 5) 기수 20 - 99

① 기수 20은 10의 '남성 복수형'이며, 30부터 90까지는 1단위수의 '남성 복수형'으로 나타낸다.

예) עֶשְׂרִים אֵילִים 수양 20(마리); שְׁלֹשִׁים בָּנִים 아들 30(명)

② 10단위수와 1단위수가 복합된 기수는 서로 앞•뒤 순서 없이 사용한다. 이 때 10단위수와 1단위수는 접속사 וְ(그리고)에 의해 연결된다.

예) עֶשְׂרִים וְשָׁלֹשׁ שָׁנָה 23년; שְׁתַּיִם וְשִׁשִּׁים שָׁנָה 62년

③ 그리고 이 때 계수되는 명사는 10단위수와 1단위수 뒤에 각각 나누어 나타내기도 한다.

예) 27년: עֶשְׂרִים שָׁנָה וְשֶׁבַע שָׁנִים or שֶׁבַע שָׁנִים וְעֶשְׂרִים שָׁנָה

| | 남성 명사와 함께 | 여성 명사와 함께 |
|---|---|---|
| 20 | עֶשְׂרִים (10 עֶשֶׂר의 복수) | |
| 21 | עֶשְׂרִים וְאֶחָד or אֶחָד וְעֶשְׂרִים | עֶשְׂרִים וְאַחַת or אַחַת וְעֶשְׂרִים |
| 22 | עֶשְׂרִים וּשְׁנַיִם | |
| ≀ | ≀ | ≀ |
| 30 | שְׁלֹשִׁים (3 שָׁלוֹשׁ의 복수) | |
| ≀ | ≀ | ≀ |
| 90 | תִּשְׁעִים (9 תֵּשַׁע의 복수) | |

### 6) 기수 100 이상

① 기수 100(מֵאָה)은 언제나 '여성형'이다. 단수로는 연계형(מְאַת)이나 절대형(מֵאָה)으로 모두 사용되며, '복수형'(מֵאוֹת; 'hundreds')이나 쌍수(מָאתַיִם; 문자적으로, 'a pair, couple of hundreds')는 절대형으로만 사용된다('복수 연계형'은 입증되지 않음). 그리고 기수 200은 מֵאָה(100)의 쌍수인 מָאתַיִם(מְאָתַיִם이 축약된 것임 )가 사용된다.

다음은 계수되는 명사 중 규칙적으로 기수 뒤에 단수로 쓰이지만 그 이외에는 복수로 사용되는 명사들이다.

| יוֹם(날), שָׁנָה(년, 해), אִישׁ(남자), אֶלֶף(천), אַמָּה(구빗), כִּכָּר(달란트), שֶׁקֶל(세겔), צֶמֶד(겨리), רַגְלִי(보행자) |
|---|

예) מְאַת שָׁנָה 일백 살 (즉 기수 100의 연계형; 계수 명사 שָׁנָה의 단수형)
בֶּן־מֵאָה שָׁנָה 일백 살의 아들 or '일백 살' (즉 기수 100의 절대형; 계수 명사 שָׁנָה의 단수형)
מָאתַיִם שׁוּעָלִים 여우 이백(마리) (즉 계수 명사 שׁוּעָל(여우)의 복수형)

② 기수 300에서 900까지의 수는 기수 מֵאָה(100, 여성)에다 1단위의 수(3-9)의 '남성 연계형'이 결합된다.

예) 300 שְׁלֹשׁ מֵאוֹת (즉 מֵאוֹת는 여성, 기수 3 שְׁלֹשׁ은 남성 연계형; 그러나 왕하 11:4, 9, 10, 15에서 크티브는 הַמְּאָיוֹת)
700 שְׁבַע מֵאוֹת (즉 מֵאוֹת는 여성, 기수 7 שְׁבַע은 남성 연계형 )

③ 기수 1000은 אֶ֫לֶף(남성); 복수형 אֲלָפִים; 연계형 אַלְפֵי

④ 기수 2000은 אַלְפַּ֫יִם; אֶ֫לֶף의 쌍수; 연계형은 אַלְפֵי일 것이다. 이 때 פּ는 파열음이다. 그렇지만 실제로 사용되었는지 의심스럽다.

⑤ 기수 3000에서 9000까지의 수는 기수 1000의 복수형 אֲלָפִים(남성)에다 1단위의 수(3-9)의 '여성 연계형'이 결합된다.

예) 3000 שְׁלֹשֶׁת אֲלָפִים (즉 기수 3 שְׁלֹשֶׁת는 여성 연계형; 단, 삼하 18:3, 왕하 24:14의 크티브 עֲשָׂרָה אֲלָפִים은 예외이다. 다른 곳에서는 언제나 עֲשֶׂרֶת אֲלָפִים이다.)
4000 אַרְבַּעַת אֲלָפִים ( 즉 기수 4 אַרְבַּעַת는 여성 연계형 )

⑥ 기수 10,000는 일반적인 형태인 עֲשֶׂרֶת אֲלָפִים로 표현되지만, 특별한 단어들이 있다. 즉 רְבָבָה, רִבּוֹם, רִבּוֹא, רִבּוֹת, רִבּוֹ(후대 아람어 형태) 등이다. 그리고 18,000은 שְׁמוֹנָה עָשָׂר אֶ֫לֶף(삼하 8:13).

⑦ 기수 20,000는 עֶשְׂרִים אֶלֶף 또는 רִבֹּתַיִם 또는 שְׁתֵּי רִבּוֹת(느 7:71), שְׁתֵּי רִבּוֹא(느 7:72); 기수 40,000은 אַרְבַּע רִבּוֹא(느 7:66); 기수 60,000는 שֵׁשׁ־רִבּוֹא(스 2:69), רִבֹּאוֹת(단 11:12).

⑧ 기수 100,000은 מְאַת אֶלֶף(민 2:9), מֵאָה אֶלֶף(왕하 3:4).

### 7) 알파벳 문자의 숫자 표기법

주전 2세기 하스몬 왕조 시대에 히브리어 알파벳으로 숫자를 표기하는 방식이 등장하였다. 각각의 문자가 지니는 숫자값은 알파벳 일람표에 제시되어 있다.

| | | | | | |
|---|---|---|---|---|---|
| א = 1, | ב = 2, | ג = 3, | ד = 4, | ה = 5, | ו = 6, |
| ז = 7, | ח = 8, | ט = 9, | י = 10, | יא = 11, | יב = 12, |
| יג =13, | יד = 14, | טו = 15, | טז = 16, | יז = 17, | יח = 18, |
| יט = 19, | כ = 20, | כא = 21, | כב = 22... | ל = 30, | לא = 31... |
| קא = 101... | קכא = 121... | ר = 200... | רכא = 221... | תקכא = 521... | |
| תתא = 801... | תתרכא = 921... | | | | |

**해설** 유대인들은 특별히 '15'를 טו으로, '16'을 טז으로 표기하였다. 이유는 원래 15와 16은 יה와 יו인데, 이 둘의 표현은 여호와 하나님의 명칭인 **'신명4문자'**(יהוה; Tetragrammaton)의 축약형이기 때문에 이것들의 사용을 피하기 위한 것이다.

### 8) 기수의 용법

#### ① אֶחָד의 '하나'로 번역

예) 삿 18:19. 직역: 네가 한 남자의 집에 제사장이 되는 것 또는 이스라엘의 지파와 친족에 제사장이 되는 것 가운데에 어느 것이 좋겠느냐?

הֲטוֹב הֱיוֹתְךָ כֹהֵן לְבֵית אִישׁ אֶחָד אוֹ הֱיוֹתְךָ כֹהֵן לְשֵׁבֶט וּלְמִשְׁפָּחָה בְּיִשְׂרָאֵל

P.NE C.P.NFS P.NMS NMS VQNG.MYS C ANCM NMS P.NMSG NMS VQNG.MYS T.AMS

이스라엘 한 가족의 한 지파 제사장이 되는 것 한 사람의 집의 제사장 되는것과 낫겠느냐

**해설** 이 문장은 문장 초두에 의문사(הֲ)의 결합으로 의문문을 나타내며, '이접(or 선택) 접속

사’ אוֹ(‘or’)에 의해 ‘2개의 ’명사절‘(noun clause) 가운데서의 선택’(alternative)을 나타내는 문이다. 그리고 수사 אֶחָד가 명사 אִישׁ를 뒤에서 수식하므로 ‘하나’의 의미로 사용되었다. 그리고 ‘부정사 연계형’ הֱיוֹתְךָ은 첫 번째 명사문의 ‘주어’(주격)로 사용되었고 וֹב הֱט는 이 명사문의 ‘서술어’(주격보어) 역할을 한다. 이 때 ‘부정사 연계형’에 결합된 ‘대명사 접미사’ ךָ는 부정사의 ‘의미상의 주어’에 해당된다. 두 번째 명사문의 ‘부정사 연계형’ 역시 동일한 구조이다. 참고로, 고대 이스라엘 공동체의 분류 단위는 큰 순서부터 다음과 같이 분류된다. 즉 עַם(암; 여호와의 백성 또는 계약 공동체 즉 ‘이스라엘 민족’을 말한다) > שֵׁבֶט(쉐베트; 12지파를 대상하는‘지파’를 말한다) > מִשְׁפָּחָה(미쉬파하; 12지파 내의 자손들 즉 ‘친족’을 말한다) > בַּיִת(바이트; ‘아비의 집’혹은 ‘가족’의 의미로 2세대 이상의 소가족이나 한 혈통 가족을 말한다) > גֶּבֶר(게베르; ‘남자’ 즉 부계중심의 사회에서 ‘강한 자’로서 ‘남자’를 말한다)

### ② אֶחָד의 ‘동일한’으로 번역

헬라어 ‘강의 대명사’ αὐτός의 한정적 용법처럼 한정적 위치에서 ‘동일한’의 뜻으로 사용된다.

예) 창 11:1. 직역: 그리고 모든 땅은 동일한 입술(언어)과 동일한 말들(단어들)이었다.

| אֲחָדִים | וּדְבָרִים | אֶחָת | שָׂפָה | הָאָרֶץ | כָּל־ | וַיְהִי |
|---|---|---|---|---|---|---|
| AMP | C.NMP | ANFS | NFS | D.NFS | NMSG | CW.VQIMZS |
| 하나이었 | 언어가 | 하나 | 구음이 | 땅의 | 온 | 이요 |

**해설** 이 문장은 ‘와우 미완료 계속법’(Waw Imperfect Consecutive; 완료 시상)으로 영어로 2형식의 문이다. 즉「동사 + 주어 + 주격보어①와 주격보어②」이다. 기수 אֶחָת(하나)는 단수명사(שָׂפָה)를 ‘동일한’의 뜻으로 수식하며, 복수 기수 אֲחָדִים역시 복수명사(דְבָרִים)를 ‘동일한’의 뜻으로 수식한다.

### ③ 기수 뒤의 분량, 무게, 횟수의 단위는 생략

* 자주 생략되는 측량 명사들: אַמָּה(규빗; 출 27:11, 삼상 10:4에서 생략), שֶׁקֶל(세겔; 창 20:16, 24:22에서 생략), כִּכָּר(빵 덩어리; 삼상 21:4, 왕상 14:3) 등

예) 사 7:23. 직역: 그리고 그 날에, 덩굴 포도나무 일천(그루)가 있을 모든 장소가 은 일천(세겔)의 가치가 되는 일이 일어 날것이다. 그것이(그 장소가) 가시와 가시덤불이 될 것이다.

| גֶּפֶן | אֶלֶף | שָׁם | יִהְיֶה־ | אֲשֶׁר | מָקוֹם | כָּל־ | יִהְיֶה | הַהוּא | בַּיּוֹם | וְהָיָה |
|---|---|---|---|---|---|---|---|---|---|---|
| NFS | NMS | AB | VQIMZS | R | NMS | NMSG | VQIMZS | D.ADMS | P.D.NMS | C.VQAMZS |
| 포도나무 | 천주에 | | 있던 | | 곳 | 마다 | 있으리라 | 그 | 날에는 | |

| יִהְיֶה | וְלַשַּׁיִת | לַשָּׁמִיר | כָּסֶף | בְּאֶלֶף |
|---|---|---|---|---|
| VQIMZS | C.P.D.NMS | P.D.NMS | NMS | P.NMS |
| 날 것이라 | 형극이 | 질려와 | 은 | 일천개 |

**해설** 이 문장은 2개의 문으로 연결되어 있다. 첫 단어 וְהָיָה는 καὶ ἐγένετο와 ἐγένετο δέ ( ~ 이 되었다, ~ 이 일어났다, ~ 이 발생했다; and it came to pass ~ )의 의미로 사용되었다. 기수 אֶלֶף의 분량 단위, 즉 '은'(כֶּסֶף)의 세겔(שֶׁקֶל)이 생략되었다. 즉 앞의 기수의 분량은 '일천 그루'요, 뒤의 기수의 분량은 '일천 세겔'이다. 그리고 בְּאֶלֶף כָּסֶף(은 일천) 앞에 접두된 전치사 בְּ는 '가격 or 교환'의 뜻을 가진다. 즉 '~ 의 가치(가격)가 있는' 이다. 그리고 '가시와 가시 덤불' 앞에 결합된 전치사 לְ는 어떤 행동이 낳은 상태적 결과를 나타내는 '산물의 לְ'를 의미한다. 특히 'become'의 הָיָה동사와 결합할 때가 많다.

### ④ 한정 무관사 기수

기수는 어떠한 한정된 명사와 동격에 놓일 경우에는 정관사 없이 사용된다. 이 때 그 기수는 자체 한정된 실명사와 같다.

예) 수 15:14. 직역: 그리고 갈렙이 거기서 아낙의 아들들 세(명)을, 쉐사이를 그리고 아히만을 그리고 탈마이를 쫓아내었다.

| תַּלְמַי | וְאֶת־ | אֲחִימַן | וְאֶת־ | שֵׁשַׁי | אֶת־ | הָעֲנָק | בְּנֵי | שְׁלוֹשָׁה | אֶת־ | כָּלֵב | מִשָּׁם | וַיֹּרֶשׁ |
|---|---|---|---|---|---|---|---|---|---|---|---|---|
| NE | C.O | NE | C.O | NE | O | D.NMS | NMPG | ANCF | O | NE | P.AB | CW.VHIMZS |
| 달매를 | | 아히만과 | | 세세와 | | 아낙의 | 아들 | 세 | | 갈렙 | 거기서 | 쫓아내었다 |

**해설** 이 문장은 '와우 미완료 계속법'(Waw Imperfect Consecutive; 완료 시상)을 나타낸

다. 기수 3(שְׁלֹשָׁה)은 정관사( • הַ )없이 '한정 대격' 불변사(אֶת־)를 취하여 한정된 실명사로 구실하고 있다. 이유는 뒤에 위치한 계수되는 명사(בְּנֵי הָעֲנָק; 아낙의 아들들)와 '동격' 관계에 있기 때문이다. 물론 계수 명사는 관사를 가지므로 '한정'되어 있다.

### ⑤ 계수 명사와 성(性) 일치

예) 왕상 3:16. 직역: 그 때에 간음을 한 여자들 둘이 그 왕에게 왔다 그리고 그의 정면에 섰다.

| לְפָנָיו | וַתַּעֲמֹדְנָה | אֶל־הַמֶּלֶךְ | | זֹנוֹת | נָשִׁים | שְׁתַּיִם | תָּבֹאנָה | אָז |
|---|---|---|---|---|---|---|---|---|
| P.NMP.MZS | C.W.VQIFZP | D.NMS | P | VQPAFP | NFP | ANCF | VQIFZP | AB |
| 그 앞에 | 서며 | 왕 | 에게 | 창기 | 계집 | 둘이 | 와서 | 때에 |

**해설** 이 문장은 2개의 사건(동작)이 '와우 미완료 계속법'(Waw Imperfect Consecutive; 완료 시상)으로 나열되었다. 첫 번째 사건에서 기수 שְׁתַּיִם가 계수되는 명사 נָשִׁים 앞에서 수식하며 '여성'이 일치한다. '현재 능동 분사' זֹנוֹת는(계속적으로 간음하는 여자 즉 창녀)가 앞의 명사 נָשִׁים를 수식하는 '한정적 용법'으로 사용되었다.

### ⑥ 계수의 속격

기수가 계수되는 '속격 명사'의 '연계형'의 위치에서 사용되기도 한다. 이때 속격 명사는 '계수의 속격'을 나타낸다. 만약 기수가 절대형의 위치에 온다면 이것은 '측량의 속격'을 나타낸다.

예) 삼하 4:2. 직역: 그리고 군대의 지휘관인 두 남자들이 사울의 아들 (이스보셋에게) 있었다. 그 하나의 이름은 바아나.

| בַּעֲנָה | הָאֶחָד | שֵׁם | שָׁאוּל | בֶן־ | הָיוּ | שָׂרֵי־ | גְדוּדִים | אֲנָשִׁים | וּשְׁנֵי |
|---|---|---|---|---|---|---|---|---|---|
| NE | D.ANCM | NMSG | NE | NMSG | VQACZP | NMP | NMPG | NMP | C.ANCMG |
| 바아나 | 하나의 | 이름은 | 사울의 | 아들 | 있으니 | 군 | 장 | 사람이 | 둘 |

**해설** 이 문장은 「동사문 + 명사문」의 구조로 되어 있다. 앞의 동사문은 '주어(שָׂרֵי־גְדוּדִים שְׁנֵי אֲנָשִׁים) + 동사(הָיוּ) + 주격보어(בֶן־שָׁאוּל)'이며, 뒤의 명사문은 '주어(שֵׁם הָאֶחָד) + 주격보어(בַּעֲנָה)'이다. 그런데 이런 구조에서 번역은 '군대의 지휘관인 두 남자들이 사

울의 아들이었다.'로 해야 한다. 그러면 본문의 내용상 맞지 않다. 근대의 두 지휘관인 '바아나'와 '레갑'은 사울의 아들이 아니라 사울의 아들인 '이스보셋'의 수하 장군들이다. 따라서 이 본문은 '본문 비평'적으로 LXX역의 본문에 따라 「לְאִישׁ בֹּשֶׁת בֶּן־שָׁאוּל」 즉 "사울의 아들, 이쉬보셋에게"로 읽는다. 그리고동사문의 주어에서 기수(שְׁנֵי)가 계수되는 '속격 명사'(אֲנָשִׁים)의 연계형으로 사용되었다. 여기서 기수 2(שְׁנֵי)는 명사로 취급된다. 그리고 '속격 명사'(אֲנָשִׁים)와 שָׂרֵי־גְדוּדִים(군대의 장관)는 동격 관계에 있다. 그리고 명사문에서 주어는 שֵׁם הָאֶחָד이며, בַּעֲנָה는 서술어 역할을 한다. 여기서 기수 הָאֶחָד(그 하나의)는 관사를 취하므로 '실명사'로 사용된 경우이다.

### ⑦ 측량의 동격

'동격'의 관계에서, 기수 2가 첫 번째 위치에 온다면 계수되는 명사는 '측량의 동격'이다. 반면에 기수 2가 두 번째 위치에 온다면 이것은 '수의 동격'을 나타낸다.

예) 삼하 1:1. 직역: 그리고 다윗이 아말렉을 살해한 (일)토부터 돌아 왔다 그리고 다윗은 이틀(or 날 둘) 시글락에 거주하였다.

| שְׁנָיִם | יָמִים | בְּצִקְלָג | דָּוִד | וַיֵּשֶׁב | הָעֲמָלֵק | אֶת־ | מֵהַכּוֹת | שָׁב | וְדָוִד |
|---|---|---|---|---|---|---|---|---|---|
| ANCM | NMP | P.NE | NE | CW.VQIMZS | D.NGe | O | P.VHNG | VQA.MZS | C.NE |
| 이틀을 | 날 | 시글락에서 | 다윗이 | 유하더니 | 아말렉 사람을 | | 도륙하고 | 돌아와서 | 다윗이 |

**해설** 이 문장은 2개의 사건(동작)이 '와우 미완료 계속법'(Waw Imperfect Consecutive; 완료 시상)으로 나열되었다. 두 번째 사건에서, 명사구(יָמִים שְׁנָיִם; 날 둘)에서 기수 שְׁנָיִם는 '명사'로서 앞의 명사(יָמִים)와 동격을 이루면서 '측량의 동격'으로 사용되었다. 즉 '날, 둘'을 나타낸다. 그리고 이 명사구는 동사 יֵּשֶׁב의 대격(목적어)이나 '시간의 특정한 때의 대격'을 나타낸다. 즉 '날 둘에' or '이틀날에'로 번역된다.

### ⑧ 교차배열법적 일치

예) 민 31:8. 직역: 미디안의 왕들의 다섯(or 다섯 왕들), 에비와 레켐과 쭈르와 후르와 레바.

| מִדְיָן | מַלְכֵי | חֲמֵשֶׁת | וְאֶת־רֶבַע | וְאֶת־חוּר | וְאֶת־צוּר | וְאֶת־רֶקֶם | אֶת־אֱוִי |
|---|---|---|---|---|---|---|---|
| NE | NMPG | ANCFG | NE C.O | NE C.O | NE C.O | NE C.O | NE O |
| 미디안 | 왕들은 | 다섯 | 레바이며 | 후르와 | 수르와 | 레겜과 | 에위와 |

**해설** 위의 다섯 왕들은 아모리 왕 '시혼'(סִיחוֹן; 쓸어버림)의 다섯 방백(נְשִׂיא; 수 13:21-22)을 말한다. 그리고 '연계 상태'에 있는 기수(חֲמֵשֶׁת)와 계수되는 명사(מַלְכֵי) 사이에 비대칭적으로 결합되는 '교차배열법적 일치'(chaistic concord) 현상이 나타나있다. 즉 기수는 여성형, 계수되는 명사는 남성형이다.

### ⑨ 기수의 대명사 접미사

수는 명사이므로 2에서 10까지의 기수는 대명사의 접미사를 취할 수 있다. 접미사는 기수의 연계형에만 붙을 수 있다. 대개의 경우, 이러한 예는 기수 2에서 발생한다.

예) 창 31:37. 직역: 당신은(라반) 여기 나의 형제들과 당신의 형제들 앞에 두기를 바랍니다. 그리고 그들이 우리 두(사람) 가운데에서 증명하게 하시기 바랍니다.

| שְׁנֵינוּ | בֵּין | וְיוֹכִיחוּ | וְאַחֶיךָ | אַחַי | נֶגֶד | כֹּה | שִׂים |
|---|---|---|---|---|---|---|---|
| ANCMP.CXP | P | C.VHIMZP | C.NMP.MYS | NMP.CXS | P | AB | VQMMYS |
| 우리 두 | 사이에 | 판단하게 | 외삼촌의 형제 | 나의 형제 | 앞에 | 여기 | 그것을 두고 |

**해설** 이 문장은 '요청'을 나타내는 2인칭 명령법을 나타내며, 2개의 대등절로 연결되어 있다. 2번째 절에서 분리 전치사구(שְׁנֵינוּ בֵּין; 우리 둘 사이에)에서 기수 '2'는 명사를 나타내므로 '1인칭 복수 대명사 접미사'가 결합되었다. 즉 기수 '2'의 연계형(שְׁנֵי)에 '대명사 접미사'가 붙은 것이다.

### ⑩ '년 월 일' 표기

'몇 월(月)' '몇 일(日)' 및 '년(年)'에 대한 수를 나타낼 때는 1부터 10까지의 숫자에서도 서수 대신에 기수가 흔히 사용된다.

예) 왕상 15:25. 직역: 그리고 여로보암의 아들 나답이 유다의 왕 아사 때 2년에 이스라엘을 다스렸다.

וְנָדָב בֶּן־יָרָבְעָם מָלַךְ עַל־יִשְׂרָאֵל בִּשְׁנַת שְׁתַּיִם לְאָסָא מֶלֶךְ יְהוּדָה

| NE | NMSG | P.NE | ANCF | P.NFSG | NE | P | VQAMZS | NE | NMSG | C.NE |
|---|---|---|---|---|---|---|---|---|---|---|
| 유다 | 왕 | 아사 | 제 이 | 년 | 이스라엘 | | 왕이 되어 | 여로보암의 | 아들 | 나답이 |

**해설** 이 문장은 영어로 3형식 문이다. 즉 「주어 + 동사(타동사구; עַל־ מָלַךְ; 통치하다, 다스리다) + 목적어(יִשְׂרָאֵל) + 전치사구(בִּשְׁנַת שְׁתַּיִם) + 전치사구(לְאָסָא) + 동격(מֶלֶךְ יְהוּדָה)」이다. 그리고 기수 2(שְׁתַּיִם)는 명사이므로 계수되는 명사(שָׁנָה)와 성(여성형)이 일치한다. 그리고 '년'(年)에 대한 표기는 서수가 아닌 기수르 표기되었다(2년). 그리고 '유다의 왕'(מֶלֶךְ יְהוּדָה)과 '아사'(אָסָא)는 동격 관계에 있으며, לְאָסָא에 결합된 전치사 לְ는 '시간, 때'를 나타낸다.

## 2. 서수

'서수'(Ordinal)는 순서를 나타내는 숫자이다. '첫째'부터 '열째'까지의 서수들은 형용사이며, 일반적으로 '한정 형용사'로 사용된다. '열째' 이상의 숫자는 기수를 사용한다. 특히 첫째부터 열째까지의 서수는 기수의 어미에 ◌ִי 나 ◌ִית 를 첨가하므로써 형성하는데 남성은 ◌ִי, 여성은 ◌ִית가 접미된다. 단지 첫째는 רֹאשׁ(머리, 시작)에서부터 온 것이다. 서수의 용법은 다음과 같다.

| 서수 | 남 성 | 여 성 |
|---|---|---|
| 첫째 | רִאשׁוֹן | רִאשׁוֹנָה |
| 둘째 | שֵׁנִי | שֵׁנִית |
| 셋째 | שְׁלִישִׁי | שְׁלִישִׁית |
| 넷째 | רְבִיעִי | רְבִיעִית |
| 다섯째 | חֲמִישִׁי | חֲמִישִׁית |
| 여섯째 | שִׁשִּׁי | שִׁשִּׁים |
| 일곱째 | שְׁבִיעִי | שְׁבִיעִית |
| 여덟째 | שְׁמִינִי | שְׁמִינִית |
| 아홉째 | תְּשִׁיעִי | תְּשִׁיעִית |
| 열째 | עֲשִׂירִי | עֲשִׂירִית |

### 1) 동격적 속격 형용사로 사용

서수는 계수되는 대상(명사)과 성(性)•수(數)와 한정성에 있어서 일치한다. 그러나 계수되는 명사의 연계형 뒤에서 '동격적 속격 형용사'로 나타난다.

예) 신 5:14. 직역: 그리고 제 일곱째의 날은 너의 하나님 여호와의 안식일(이다) 너는 일의 모든 것을 행하지 말 것이다.

| מְלָאכָה | כָל־ | תַעֲשֶׂה | לֹא | אֱלֹהֶיךָ | לַיהוָה | שַׁבָּת | **הַשְּׁבִיעִי** | וְיוֹם |
|---|---|---|---|---|---|---|---|---|
| NFS | NMSG | VQIMYS | ABN | NMP.MYS | P.NE | NFS | D.ANOM | C.NMSG |
| 일도 | 아무 | 하지 | 말고 | 너의 하나님 | 여호와의 | 안식일 | 제 칠 | 일 |

해설

위 본문은 '등위 접속사'(וְ)없이 2개의 문으로 나열되어 있다. 즉「명사문 [ (주어-יוֹם הַשְּׁבִיעִי) + (술어- שַׁבָּת לַיהוָה) + (동격- אֱלֹהֶיךָ) ] + 동사문[ 부정부사(לֹא) + 동사(תַעֲשֶׂה; '내적 주어'- '너는') + 목적어(כָל־ מְלָאכָה) ]의 구조로 되어 있다. 문두의 서수(הַשְּׁבִיעִי)는 계수되는 '연계형 명사'(יוֹם) 뒤에서 '동격적 속격 형용사'로 사용된 경우이다. 전치사구(לַיהוָה; 여호와의)에서 전치사 לְ는 '속격'으로 사용되었다. 즉 '여호와의~ '이다. 그리고 서수가 관사( • הַ)에 의해 한정되었기 때문에 '제 ~ '로 번역한다.

### 2) 열째 이상은 기수로 사용

히브리어는 열째 이상의 서수를 나타내는 특정한 수가 없다. 대신에 '기수'를 사용한다. 이때 계수된 대상(명사)에는 관사를 붙이지 않는다. 그러나 한정적일 때 가장 높은 숫자에 '관사'를 붙인다. 때때로 가장 낮은 숫자에 관사가 붙거나 아예 생략되는 경우도 있다.

#### ① 가장 높은 숫자에 관사

예) 왕상 19:19. 직역: 그리고 그는 열둘째(겨리)와 함께 있었다. 그리고 엘리야가 그에게로 건너갔다 그리고 그는 그의 겉옷을 그에게로 내던져지게 했다.

| אֵלָיו | אַדַּרְתּוֹ | וַיַּשְׁלֵךְ | אֵלָיו | אֵלִיָּהוּ | וַיַּעֲבֹר | **הֶעָשָׂר** | בִּשְׁנֵים | וְהוּא |
|---|---|---|---|---|---|---|---|---|
| P.MZS | NFS.MZS | CW.VHIMZS | P.MZS | NE | CW.VQIMZS | D.ANCM | P.ANCM | C.NPMZS |
| 그 위에 | 겉옷을 | 던졌더니 | 그리로 | 엘리야 | 건너가서 | 열 | 둘째(겨리) | 자기는 |

**해설** 위 본문은 '와우 미완료 계속법'(Waw Imperfect Consecutive; 완료 시상)으로 3개의 사건(sentence)으로 나열되었다. 그리고 기수(שְׁנֵים הֶעָשָׂר; 열둘째) 뒤의 분량, 무게, 횟수의 단위는 생략하여 사용된다. 따라서 서수로 사용된 열둘째(기수; שְׁנֵים הֶעָשָׂר)에 '겨리'는 생략되었다. 그리고 '1겨리'(צֶמֶד)란 한 쌍으로 함께 멍에를 멘 2마리의 동물을 가리킨다(사 21:7). 고대 이스라엘에서 소들은 밭갈 때 2마리씩 짝으로 멍에를 메었다. 따라서 12겨리란 총 24마리의 소들을 말한다. 여기서 서수에 관사(• הַ)가 붙어 한정되었는데, 가장 높은 숫자에 관사를 붙인 경우이다. 그리고 '둘째'(בִּשְׁנַיִם) 앞의 전치사 בְּ는 '동반'(accompaniment)의 의미로 'with'(함께)로 번역된다.

### ② 가장 낮은 숫자에 관사

예) 대상 25:19. 직역: (제비 뽑혔던 자) 열둘째는 하사바(에 속한 자들이다), 그의 아들들과 그의 형제들 12(명).

| עָשָׂר | שְׁנֵים | וְאֶחָיו | בָּנָיו | לַחֲשַׁבְיָה | עָשָׂר | הַשְּׁנֵים |
|---|---|---|---|---|---|---|
| ANCM | ANCM | C.NMP.MZS | NMP.MZS | P.NE | ANCM | D.ANCM |
| 십 | 이인이요 | 형제와 | 그 아들과 | 하사바니 | 열 | 둘째는 |

**해설** 본문에서 서수를 나타내는 기수(הַשְּׁנֵים עָשָׂר)에서 한정을 의미하는 정관사(• הַ)가 가장 낮은 숫자에 붙은 경우이다. 즉 찬양대 총 288명의 대원 중 한 무리에 속하는 '제비 뽑힌 자들'(12명)이므로 한정된 경우이다. 계수되는 대상(하사바에 속한 자들)이 한정적일 때 가장 높은 숫자에 관사를 붙이는데, 본문은 가장 낮은 숫자에 붙은 경우이다. 그리고 '하사바'(לַחֲשַׁבְיָה)에 접두된 전치사 לְ는 '소유'의 개념이므로 '하사바에 속한 자들'로 번역된다.

### ③ 관사의 생략

예) 창 7:11. 직역: 노아의 생존의 무렵에, 곧 육백 년째의 해에, 2월에, 그 달의 열일곱째 날에,

| לַחֹדֶשׁ | יוֹם | עָשָׂר | בְּשִׁבְעָה־ | הַשֵּׁנִי | בַּחֹדֶשׁ | נֹחַ | לְחַיֵּי־ | שָׁנָה | מֵאוֹת | שֵׁשׁ־ | בִּשְׁנַת |
|---|---|---|---|---|---|---|---|---|---|---|---|
| P.D.NMS | NMS | NMS | P.NFS | D.AMS | P.D.NMS | NE | P.NMPG | NFS | NFP | ANCMS | P.NFSG |
| 곧 그 달 | 일이라 | 십 | 칠 | 이 | 월 | 노아 | 되던 | 세 | 백 | 육 | 해 |

**해설** 본문에서 명사구 「לְחַיֵּי־נֹחַ」(노아의 생존의 때에)에서 전치사 לְ는 '시간'(때)를 나타내어 '무렵'(towards)의 의미로 사용된다. 그리고 앞의 수를 나타내는 명사구 「שְׁנַת שֵׁשׁ־מֵאוֹת שָׁנָה」는 '육백년 째의 해'의 의미이다. 그리고 이 숫자 앞에 붙은 전치사 בְּ는 '시점'(point of time)을 나타낸다. 즉 '육백년 째가 되는 해에'의 의미이다. 그리고 서수 '열일곱째'을 나타내는 기수(שִׁבְעָה־עָשָׂר)는 앞의 '2월'(חֹדֶשׁ הַשֵּׁנִי)과 '그 달'(הַחֹדֶשׁ)에 의해 한정되었으나, 정관사( • הַ)가 가장 높은 숫자에나 낮은 숫자에도 붙지 않은 경우이다.

### 3) 서수 1-10에서 기수의 사용

히브리어 수는 '첫 번째'부터 '열 번째'까지 서수로 나타내지만, 가끔 기수가 사용되기도 한다.

예) 삼하 4:2. 직역: 그리고 군대의 지휘관인 두 남자들이 사울의 아들 (이스보셋에게) 있었다. 그 첫째의 이름은 바아나(이다).

| בַּעֲנָה | הָאֶחָד | שֵׁם | שָׁאוּל | בֶן־ | הָיוּ | גְדוּדִים | שָׂרֵי־ | אֲנָשִׁים | וּשְׁנֵי |
|---|---|---|---|---|---|---|---|---|---|
| NE | D.ANCM | NMSG | NE | NMSG | VQACZP | NMP | NMPG | NMP | C.ANCMG |
| 바아나 | 하나의 | 이름은 | 사울의 | 아들 | 있으니 | 군 | 장 | 사람이 | 둘 |

**해설** 본문은 「동사문 + 명사문」의 구조로 되어 있다. 앞의 동사문은 '주어(שְׁנֵי אֲנָשִׁים שָׂרֵי־גְדוּדִים) + 동사(הָיוּ) + 주격보어(בֶן־שָׁאוּל)'이며, 뒤의 명사문은 '주어(שֵׁם הָאֶחָד) + 주격보어(בַּעֲנָה)'이다. 그런데 이런 구조에서 번역은 '군대의 지휘관인 두 남자들이 사울의 아들이었다.'로 해야 한다. 그러면 본문의 내용상 맞지 않다. 군대의 두 지휘관인 '바아나'와 '레갑'은 사울의 아들이 아니라 사울의 아들인 '이스보셋'의 수하 장군들이다. 따라서 이 본문은 '본문 비평'적으로 LXX역의 본문에 따라 「לְאִישׁ בֹּשֶׁת בֶּן־שָׁאוּל」 즉 "사울의 아들, 이쉬보셋에게"로 읽는다. 그리고 동사문의 주어에서 기수(שְׁנֵי)가 계수되는 '속격 명사'(אֲנָשִׁים)의 연계형으로 사용되었다. 여기서 기수 2(שְׁנֵי)는 명사로 취급된다. 그리고 '속격 명사'(אֲנָשִׁים)와 שָׂרֵי־גְדוּדִים(군대의 장관)는 동격 관계에 있다. 그리고 명사문에서 주어는 שֵׁם הָאֶחָד이며, בַּעֲנָה는 서술어 역할을 한다. 여기서 기수 הָאֶחָד(그 하나의)는 관사를 취하므로 '실명사'로 사용된 경우이다. 그런데 שֵׁם הָאֶחָד에서 기수는 원래 '서수'(그 첫째의)이어야 하는데, 기수가 서수의 역할로 대용된 경우다.

### 4) 계수 명사, '년 월 일' 표기

#### ① 해·달·날(년·월·일)의 표현

예) 학 1:1. 직역: 다리오 왕의 두 번째의 해(년)에, 여섯 째 달에, 그 달의 첫째 날에 여호와의 말씀이 있었다.

בִּשְׁנַת שְׁתַּיִם לְדָרְיָוֶשׁ הַמֶּלֶךְ בַּחֹדֶשׁ הַשִּׁשִּׁי בְּיוֹם אֶחָד לַחֹדֶשׁ הָיָה דְבַר־יְהוָה

NE NMSG VQAMZS P.D.NMS AMS P.NMS D.ANOM P.D.NMS D.NMS P.NE NFD P.NFSG

여호와의 말씀 임하니라 곧 그 달 초 하루에 유 월 왕 다리오 이 년

**해설** 본문은 해(년), 달(월), 날(일)이 종합적으로 나타나 있다. 여기서 수는 모두 기수이나 모두 서수의 의미이다. 계수되는 명사들 중 년(שְׁנַת; 여성형)는 수사 앞에 위치, 월(חֹדֶשׁ; 남성형) 역시 수사 앞에, 일(יוֹם; 남성형)은 수사 앞에 위치하였다. 수사오- 계수되는 명사 모두 성(性)이 일치한다.

#### ② 년(해)의 표현

'년'(年)의 여성 명사 '절대형'(שָׁנָה)는 수사 뒤에, '연계형'(שְׁנַת)는 수사 앞에 위치한다.

예) 레 25:10. 직역: 그리고 너희는 제 오십년 째의 해를 거룩하게 할 것이다. 그리고 너희는 그 땅 안에(있는) 그 땅의 거주하고 있는 모든 자들에게 자유를 선언할 것이다.

וְקִדַּשְׁתֶּם אֵת שְׁנַת הַחֲמִשִּׁים שָׁנָה וּקְרָאתֶם דְּרוֹר בָּאָרֶץ לְכָל־יֹשְׁבֶיהָ

VQPAMP.FZS P.NMSG P.D.NFS NMS C.VQAMYP NFS D.ANCMP NFSG O C.VPAMYP

거민에게 전 국 자유를 공포하라 제 오십 년을 거룩하게

**해설** 본문은 등위접속사(ו)의 의해 2개의 절로 병렬되어 있는 중문(compound sentence)이다. 그리고 수사를 나타내는 명사구(שְׁנַת הַחֲמִשִּׁים שָׁנָה)는 '오십년 째의 해'라는 의미이다. 이 때 '년'(年)의 여성 명사 '절대형'(שָׁנָה)는 수사 뒤에, '연계형'(שְׁנַת)는 수사 앞에 위치한 경우이다. 그리고 분사(יֹשְׁבֶיהָ)는 동사 'יָשַׁב'(거주하다)의 분사능동형에 '대명사 접미사'(여성 3인칭 단수; '그것의' 즉 '그 땅의')가 접미된 경우이므로 실명사적으로 사용되어 '거주하고 있는 자들'라는 의미이다. 즉 '그것의(즉 그 땅의) 거주하고 있는 자들'이

다. 그리고 동사들이 모두 '완료형'이므로, 여기서 '예언적 완료상'(prophetic perfect)을 나타내어 '꼭 이루어질 것으로 생각되는 밝은 미래'(vivid future)를 표현한다.

### ③ 날(일)의 표현

'일'(日)의 남성 명사 '절대형'(יוֹם)은 수사 앞, 연계형(יוֹם)은 수사 뒤에 위치한다.

예) 스 10:16. 직역: 그리고 그들이 그 열 번째 달(月) 무렵, 첫째 날에 그 일을 조사하기 위하여 앉았다.

| הַדָּבָר | לְדַרְיוֹשׁ | הָעֲשִׂירִי | לַחֹדֶשׁ | אֶחָד | בְּיוֹם | וַיֵּשְׁבוּ |
|---|---|---|---|---|---|---|
| D.NMS | P.VQNG | D.ANO | P.D.NMS | AMS | P.NMS | C.W.VQIMZP |
| 그 일을 | 조사하여 | 시 | 월에 | 초 | 하루에 | 앉아 |

**해설** 본문은 '와우 미완료 계속법'(Waw Imperfect Consecutive)으로 이루어져 있다. 부정사 연계형(דַּרְיוֹשׁ)은 전치사 לְ가 결합되어 실명사적으로 사용되었고, 주동사(יֵּשְׁבוּ)를 수식하는 '목적'을 나타내는 전치사구(부사)로 사용된 경우이다. 그리고 '일'(日)을 나타내는 계수 명사(יוֹם)의 절대형이 수사(אֶחָד) 앞에 위치한 경우이다. '월'(חֹדֶשׁ)에 접두된 전치사 לְ는 '때'를 나타내는 'towards'(무렵)의 의미이다. 그리고 관사가 붙은 것은 뒤 수사(הָעֲשִׂירִי) 역시 한정되었기 때문이다. 그리고 본문에서 수사와 계수 명사는 모두 '동격 관계'를 나타낸다.

## 3. 배수사

배수를 나타내는 수를 '배수(사)'(Multiplicative)라 한다. 배수는 기수의 여성형, 기수의 쌍수형, 그리고 פַּ֫עַם(번, 회)을 사용하여 나타낸다. 용법은 다음과 같다.

### 1) 기수의 여성형

예) 욥 40:5. 직역: 내가 한번(once) 말했습니다. 그러나 나는 두 번(twice) 대답하지 않을 것입니다. 그리고 나는 더하게 하지도 않을 것입니다.

| אוֹסִיף | וְלֹא | וּשְׁתַּיִם | אֶעֱנֶה | וְלֹא | דִּבַּרְתִּי | אַחַת |
|---|---|---|---|---|---|---|
| VHICXS | C.ABN | C.NFD | VQICXS | C.ABN | VPACXS | ANCFS |
| 더하지도 | 아니 | 두 번 | 대답지도 | 아니 | 말하였사온즉 | 한 |

**해설** 본문은 등위접속사(וְ)에 의해 3개의 문으로 나열되어 있는 중문(compound sentence)이다. 첫 번째 문에서 기수(אַחַת; 여성형)가 '배수사'(once)로 사용되었다. 두 번째 문에서 접속사(וְ)는 앞의 문에 대한 '대귀법'(an antithesis)을 유도하므로 'but'의 의미로 사용되었다. 그리고 기수의 쌍수(שְׁתַּיִם) 역시 '배수사'(twice)로 사용되었다.

## 2) 기수의 쌍수

예) 창 4:24. 직역: 가인(을 죽인 자는) 일곱배 벌을 받는다 그리고 라덱(을 죽인 자는) 칠십 칠배 (벌을 받는다)

| וְשִׁבְעָה | שִׁבְעִים | וְלֶמֶךְ | קַיִן | יֻקַּם־ | שִׁבְעָתַיִם | כִּי |
|---|---|---|---|---|---|---|
| C.NFS | NMP | C.NE | NE | VQIMZS | ANCFD | C |
| 칠배 | 칠십 | 라멕위하여 | 가인위하여 | 벌이 | 칠배 | |

**해설** 본문은 창 4장 15절의 내용과 대비하여 번역해야 한다. 15절에서 가인을 죽인 자는 칠배 벌을 받는다. 따라서 본문에서 '가인'(קַיִן)은 동사[יֻקַּם; נָקַם(벌 받다)]의 주어의 위치에 있으나 15절과의 문맥상 의미는 '가인을 죽인 자'의 의미가 내포도어 있다. 하나님이 그 자를 칠배 벌을 받게 하신다는 것이다. 여기서 7 수의 쌍수(שִׁבְעָתַיִם)가 '배수사'(seven times; 일곱 배)로 사용되었다. 참고로, 동사 נָקַם은 대상(동물, 식물)을 가리지 않고 자행하는 무자비한 살상행위나 전쟁과 같은 대량 살육을 나타내는 단어이다. 그리고 기수(שִׁבְעִים וְשִׁבְעָה; '칠십 칠')역시 문맥상으로 쌍수는 아니나 '배수사'(seventy seven times; 칠십 칠배)로 사용된 것으로 보아야 한다.

## 3) פַּעַם의(a time) 사용

פַּעַם(a time; ~번, ~회, ~배)은 본래 a step의 뜻을 가진 단어이다. 그리고 정관사가 접두된 הַפַּעַם은 'this time'을 뜻한다.

### ⊙ פַּ֫עַם 관련 표현들 ⊙

אַחַת פַּ֫עַם '한 번'; פַּעֲמַ֫יִם '두 번'(פַּ֫עַם의 쌍수형); פַּעַם וּשְׁתָּיִם '한두 번'; שָׁלֹשׁ פְּעָמִים; '세 번'(출 23:14, 민 22:28, 32에서는 이것 대신에, שָׁלֹשׁ רְגָלִים이 '세 번'으로 사용됨); שָׁלוֹשׁ וּשְׁלֹשִׁים פְּעָמִים; '삼십삼 배'(겔 41:6); מֵאָה פְעָמִים '일백 배'(삼하 24:3); אֶלֶף פְּעָמִים '일천 배'(신 1:11); עַד־כַּמֶּה פְעָמִים '얼마나 자주'(왕상 22:16); עֲשֶׂרֶת מֹנִים '열 번'(창 31:7, 14); רַבּוֹת עִתִּים '여러 번'(느 9:28).

예) 느 13:20. 직역: 그리고 모든 상품들을 파는 자들과 대상들이 예루살렘 밖에서 한번과 두 번 머물렀다.

וַיָּלִינוּ הָרֹכְלִים וּמֹכְרֵי כָל־מִמְכָּר מִחוּץ לִירוּשָׁלָםִ פַּעַם

C.ANCF NFS P.NE P.NMS NMS NMSG C.VQPAMP D.VQPAMP CW.VQIMZP

두 번 한 예루살렘성 밖에서 물건 각양 파는 자들 장사들 자므로

**해설** 본문은 '와우 미완료 계속법'(Waw Imperfect Consecutive; 완료 시상)으로 이루어져 있다. 주어는 실명사로 사용된 2개의 현재분사[מֹכְרֵי(팔고 있는 자들)과 הָרֹכְלִים(장사하기 위해 여행하는 자들, 즉 대상들)]이다. 그리고 이 분사 מֹכְרֵי(팔고 있는 자들)는 목적어(כָל־מִמְכָּר; 모든 상품들)를 취하므로 동사의 기능도 가지고 있다. 그리고 명사 פַּ֫עַם는 '배수사'(한번; once)로 사용되었으며, 여성 절대형 기수 שְׁתָּיִם 역시 '배수사'(두번; twice)를 나타낸다.

## 4) 배수사의 다른 표현들

מֹנֶה (부분, ~번); יָד (손); עֵת (시간) 등을 사용하여 배수사를 표현하기도 한다. 그리고 מִשְׁנֶה עַל־ 는 출 16:5에서 '두 배 or 갑절'(the double)을 표현한다.

### ① יָד (~배)

예) 창 43:34. 직역: 그가(요셉) 자기 앞에 (있는) 몫(or 선물들)을 그들에게 주었다 그러나

베냐민의 몫이 모든 사람들의 몫보다 다섯 손들(즉 다섯 배) 증가하였다.

וַיִּשָּׂא מַשְׂאֹת מֵאֵת פָּנָיו אֲלֵהֶם וַתֵּרֶב מַשְׂאַת בִּנְיָמִן מִמַּשְׂאֹת כֻּלָּם **חָמֵשׁ יָדוֹת**

NFP ANCMS NMS.MZP P.NFPG NE NFSG CW.VQIFZS P.MZP NMP.MZS P NFP CW.VQIMZS

배나 오 다른사람 보다 베냐민 식물을 주매 그들에게 자기 식물로 주되

**해설** 본문은 2개의 '와우 미완료 계속법'(Waw Imperfect Consecutive; 완료 시상)으로 나열되어 있는 구조이다. 두 번째 문장의 시작되는 동사(וַתֵּרֶב) 앞의 접속사(וַ)는 앞의 문(sentence)에 대한 '대귀법'(an antithesis)을 유도하여 'but'의 의미로 사용되었다. 그리고 연계 관계에 있는 명사구(מִמַּשְׂאֹת כֻּלָּם)에 접두되어 있는 전치사 •מִ은 '비교 접속사'(than; ~보다)의 역할을 하고 있다. 그리고 수사 חָמֵשׁ(다섯)와 함께 결합된 יָדוֹת(손들)은 '배수사'의 다른 표현 형태이다. 즉 '다섯 배'를 의미한다.

## ② 「מִשְׁנֶה עַל־」(두 배 or 갑절)

예) 출 16:5. 직역: (생략: 제 여섯째 날에 그 일이 있었다) 그리고 그들로 가져오게 한 것을 그들이 준비할 것이다. 그리고 날마다 그들이 주워 올린 것들이 갑절이 될 것이다.

וְהֵכִינוּ אֵת אֲשֶׁר־יָבִיאוּ וְהָיָה **מִשְׁנֶה עַל** אֲשֶׁר־יִלְקְטוּ יוֹם יוֹם

NMS NMS VQIMZP R P NMS C.VQAMZS VHIMZP R O C.VHACZP

날마다 거두는 것의 갑절이 되리라 그 거둔 것을 예비할찌니

**해설** 본문은 혼합문(compound-complex sentence)이다. 즉 「복문(주절 + 종속절) + and(וְ) + 복문(주절 + 종속절)」의 구조이다. 이 때 2개의 종속절은 모두 관계대명사 אֲשֶׁר가 이끄는 관계절로서 자체 선행사를 내포한 독립적인 명사절을 나타낸다. 여기서 관계대명사는' ~ 한 것(that which, what)'등과 같이 해석 한다. 그리고 앞의 관계절은 '한정 대격 부호'인 אֵת의 지배를 받으므로 동사 הֵכִינוּ의 '목적어'가 되는 명사절이며, 뒤의 관계절은 동사 הָיָה의 '주어'가 되는 명사절이다. 그리고 명사의 반복 표현(יוֹם יוֹם)이 '배분적 반복'을 나타내므로 '각각'(each), ' ~마다'(every), '모든'(all), '차례로'(one after another) 등의 의미를 나타낸다. 즉 '날마다, 매일'의 의미이다. 그리고 '배수사'의 한 표현인 (מִשְׁנֶה עַל)는 '갑절'(the double)의 의미를 가진다.

## 4. 배분사

‘배분사’(配分詞; Distributive)는 「기수의 반복」, 「וְ를 통한 반복」, 「לְ אֶחָד」, 「לְאֶחָד」, 「לְ」, 「בְּ」등으로 표현된다. ‘각각’(each), ‘ ~마다’(every), ‘ ~씩’(by) 등의 의미를 나타낸다. 그리고 계수되는 대상도 반복되는 경우도 있다(수 3:12). 배분사의 용법은 다음과 같다.

### 1) 기수의 반복

이 때 기수의 반복적 표현은 ‘배분적 반복’을 나타낸다.

예) 창 7:2. 직역: 너는 그 정결한 짐승의 모든 것(or 모든 짐승) (곧) 수컷과 수컷의 암컷 일곱 씩을 너에게로 취할 것이다.

| וְאִשְׁתּוֹ | אִישׁ | שִׁבְעָה | שִׁבְעָה | לְךָ | תִּקַּח־ | הַטְּהוֹרָה | הַבְּהֵמָה | מִכֹּל |
|---|---|---|---|---|---|---|---|---|
| C.NFS.MZS | NMS | NFS | NFS | P.MYS | VQIMYS | D.AFS | D.NFS | P.NMSG |
| 암 | 수 | 일곱 | 씩 | 네게로 | 취하며 | 정결한 | 짐승은 | 모든 |

**해설** 본문은 영어로 제 4형식의 문이다. 즉 「부사구(מִכֹּל הַבְּהֵמָה הַטְּהוֹרָה) + 동사(תִּקַּח־) + 간접목적어(לְךָ) + 직접목적어(שִׁבְעָה שִׁבְעָה אִישׁ וְאִשְׁתּוֹ)」의 구조이다. 여기서 직접목적어(אִישׁ וְאִשְׁתּוֹ; 암수)의 ‘배분사’를 나타내는 표현이 ‘기수의 반복’(שִׁבְעָה שִׁבְעָה; 일곱 씩)으로 표현된다. 그리고 ‘그 정결한 짐승’(הַבְּהֵמָה הַטְּהוֹרָה)의 표현에서 관사(• הַ)를 취한 형용사 הַטְּהוֹרָה(정결한)는 앞의 관사를 가진 명사(הַבְּהֵמָה)를 수식하는 ‘한정적 용법’으로 사용되었다.

### 2) 접속사 וְ를 통한 반복

이때의 등위접속사 וְ는 ‘배분적’(distributive) 의미를 가진다.

예) 신 32:7. 직역: 너는 고대의 날들을 기억하라 너희는 모든 시대의 년대를 구별하라 너는 너의 아비에게 문의하라 그리하면 그가 너에게 알게 할 것이다.

| וְיַגֵּדְךָ | אָבִיךָ | שְׁאַל | וָדוֹר | דּוֹר־ | שְׁנוֹת | בִּינוּ | עוֹלָם | יְמוֹת | זְכֹר |
|---|---|---|---|---|---|---|---|---|---|
| C.VHIMZS.MYS | NMS.MYS | VQMMYS | C.NMS | NMS | NFPG | VQMMYP | NMS | NMPG | VQMMYS |
| 그가 네게 설명할 | 네 아비에게 | 물으라 | 역 | 대의 | 연대를 | 성각하라 | 옛 | 날을 | 기억하라 |

**해설** 본문은 등위 접속사(וְ)없이 3개의 문이 병렬되어 있으며, 마지막 4번째 문은 접속사(וְ)로 연결되어 앞문에 대한 '귀결절'(apodosis)을 유도한다. 그리고 경사의 반복을 보여주는 '명사구'(דּוֹר־וָדוֹר)는 배분적 의미를 나타내는 접속사 וְ에 의해 '세대마다 or 모든 세대'의 의미를 가진다.

### 3) 「אֶחָד לְ」에 의한 배분

예) 민 17:18. 직역: 그리고 너는 아론의 이름을 레위의 지팡이 위에 기록하라 왜냐하면 그들 아비의 집의 우두머리에게 지팡이 하나씩 (있어야 하기 대문이다)

| אֲבֹתָם | בֵּית | לְרֹאשׁ | אֶחָד | מַטֶּה | כִּי | לֵוִי | מַטֵּה | עַל־ | תִּכְתֹּב | אַהֲרֹן | שֵׁם | וְאֵת |
|---|---|---|---|---|---|---|---|---|---|---|---|---|
| NMP.MZP | NMSG | P.NMSG | ANCMS | NMS | C | NE | NMSG | P | VQIMYS | NE | NMSG | C.O |
| 그들의 종 | 족 | 각 두령이 | 하나씩 | 지팡이 | | 레위 | 지팡이 | 에는 | 쓰라 | 아론의 | 이름을 | |

**해설** 본문은 복문(complex sentence)을 나타낸다. 즉「주절 + 종속절(이유절 כִּי이하 절)」의 구조로 되어 있다. 그리고「מַטֶּה אֶחָד לְרֹאשׁ」구에서「אֶחָד לְ」는 '배분사'를 표현하는 어구이다. 즉 '하나씩'을 의미한다. 따라서 '우두머리에게 지팡이 하나씩~'라는 의미이다.

⊙ **'베트 아브'**( בֵּית אָב; '아버지의 집' 즉 '대가족')는 피를 나눈 형제들과 결혼으로 엮인 여인들로 구성되었으며 이스라엘의 가장 기본적인 단위였다. 이 가족은 이스라엘 민족의 종교적, 사회적, 그리고 경제적 생활 영역의 핵심이었으며 이스라엘의 역사, 신앙, 그리고 전통의 중심에 위치했다. 각각의 대가족은 상속된 그들의 토지(נַחֲלָה)가 있었다. 같은 조상의 계열로 이루어지고 같은 지역이나 혹은 마을에 사는 이러한 가족들이 바로 '베트 아브'(בֵּית אָב)를 형성하는 것이다. 이 대가족을 형성하는 구성원은 몇 세대를 포함하는데, 아버지의 가계를 따르고 있는 자들과 함께 그의 아내 혹은 첩들, 아들들과 그들의 아내들, 손자들과 그들의 아내들, 결혼하지 않은 아들들과 딸들, 노예들, 하인드, 게림들(גֵּרִים), 이모/고모들, 삼촌들, 과부들, 고아들 그리고 가족의 구성원이 될 수 있는 레위인들을 포함한다. '게림'(גֵּרִים)은 혈통을 따르지 않지만 보호해 주어야 할 자들, 즉 '가신/부하' 혹은 '하인'이 되어 가족의 보호 차원으로 소속된 자들을 말한다.

### 4) 「לְאֶחָד」에 의한 배분

예) 사 6:2. 직역: 스랍들이 위로부터 그(주님) 쪽으로 서있으며, 각각 여섯 날개(가 있으며), 그는(한 스랍) 그 두 (날개)로는 그의 얼굴을 가리고 있다.

שְׂרָפִים עֹמְדִים מִמַּעַל לוֹ שֵׁשׁ כְּנָפַיִם שֵׁשׁ כְּנָפַיִם לְאֶחָד בִּשְׁתַּיִם יְכַסֶּה פָנָיו

| פָנָיו | יְכַסֶּה | בִּשְׁתַּיִם | לְאֶחָד | כְּנָפַיִם | שֵׁשׁ | כְּנָפַיִם | שֵׁשׁ | לוֹ | מִמַּעַל | עֹמְדִים | שְׂרָפִים |
|---|---|---|---|---|---|---|---|---|---|---|---|
| NMP.MZS | VPIMZS | P.ANCF | P.ANCF | NFD | ANCM | NFD | ANCM | P.MZS | P.NS | VQPAMP | NMP |
| 그 얼굴 | 가리었고 | 그 둘로는 | 각기 | 날개가 | 여섯 | 날개가 | 여섯 | 그를 | 모셔 | 섰는데 | 스랍들은 |

**해설** 본문은 등위 접속사(וְ)없이 2개의 문으로 병렬되어 있는 중문(compound sentence)이다. 즉 「명사문(분사 עֹמְדִים가 술어 역할; 2형식문) + 동사문(בִּשְׁתַּיִם יְכַסֶּה פָנָיו; 3형식문)」의 구조로 되어 있다. 명사문에서 기수와 계수되는 명사가 같이 반복되어 '배분사'(שֵׁשׁ כְּנָפַיִם שֵׁשׁ כְּנָפַיִם; 날개 여섯 씩)를 나타내며, 이 반복 표현 뒤에 또다른 '배분사' 표현인 לְאֶחָד(각각, 하나씩)가 나타나있다. 그리고 동사문에서 동사(יְכַסֶּה; 덮다, 감추다)의 시상은 '미완료'인데, 여기서는 '습관적으로 반복되는 동작'을 나타낸다. 즉 스랍 천사는 총 여섯 날개 중 두 개의 날개는 주의 보좌 앞에서 늘 습관적으로 자기의 얼굴을 가리고 있다'는 의미이다.

### 5) 전치사 「לְ」에 의한 배분

예) 신 1:23. 직역: 그리고 내 눈에(즉 내가 보기에) 그 말이 좋았다 그리고 내가 너희로부터 지파마다 한 사람씩 열둘 사람들을 택했다.

וַיִּיטַב בְּעֵינַי הַדָּבָר וָאֶקַּח מִכֶּם שְׁנֵים עָשָׂר אֲנָשִׁים אִישׁ אֶחָד לַשָּׁבֶט

| לַשָּׁבֶט | אֶחָד | אִישׁ | אֲנָשִׁים | עָשָׂר | שְׁנֵים | מִכֶּם | וָאֶקַּח | הַדָּבָר | בְּעֵינַי | וַיִּיטַב |
|---|---|---|---|---|---|---|---|---|---|---|
| P.D.NMS | ANCM | NMS | NMP | ANCM | ANCMDG | P.MYP | CW.VQICXS | D.NMS | P.NFD.CXS | CW.VQIMZS |
| 매 지파에 | 한 | 사람씩 | | 열 | 둘 | 너희 중 | 택하매 | 그 말을 | 내가 | 선히 여겨 |

**해설** 본문은 2개의 '와우 미완료 계속법'(Waw Imperfect Consecutive)으로 나열되어 있는 문이다. 전치사구 '내 눈에'(בְּעֵינַי)를 의역하면 '내가 보기에'로 번역한다. 기수 뒤에 위치한 전치사구 לַשָּׁבֶט에 접두된 전치사 לְ에 의해 '배분사'로 표현된다. 따라서 「לַשָּׁבֶט אִישׁ אֶחָד」는 '지파마다 한 사람 씩'의 의미로 번역된다.

### 6) 전치사 「בְּ」에 의한 배분

예) 왕상 20:30. 직역: 그리고 벤하닷(or 하닷의 아들)이 도망하였다 그리고 그는 그 성읍으로 방마다(or 한 방씩) 들어갔다

וּבֶן־הֲדַד נָס וַיָּבֹא אֶל־הָעִיר חֶדֶר בְּחָדֶר

| בְּחָדֶר | חֶדֶר | הָעִיר | אֶל־ | וַיָּבֹא | נָס | הֲדַד | וּבֶן־ |
|---|---|---|---|---|---|---|---|
| P.NMS | NMS | D.NFS | P | CW.VQIMZS | VQAMZS | NE | C.NE |
| 골 | 방으로 | 성읍 | 에 | 이르러 | 도망하여 | 하닷 | 벤 |

**해설**

본문은 2개의 연속되는 사건을 '와우 미완료 계속법'(Waw Imperfect Consecutive)으로 나열하고 있다. 그리고 「חֶדֶר בְּחָדֶר」를 문자적으로 직역하면, '방 안에 있는 방' 즉 '골방'을 나타낼 수 있으나, 이 구(phrase)는 전치사 בְּ(by)에 의해 '배분사'로 표현된 구이다. 즉 '방마다 or 한방 씩'의 의미이다.

## 5. 수의 격언(어림수)

'수의 격언'(numerical sayings)이란 두 개의 연속적인 기수가 나란히 병치되는 구조를 말하는데, 이는 정확히 나타낼 필요가 없거나 그렇게 할 수 없는 수를 표현하는 수사적 장치이다. 즉 어림수의 양을 가리키며 '혹은'(אוֹ)의 의미와 같은 뜻으로 사용된다. 이때 두 개의 연속적인 기수 사이에 접속사(וְ)가 삽입되거나 생략된 형태로 표현된다.

**⊙ '수의 격언'(numerical sayings) ⊙**

1과 2(한둘) ⇒ 신 32:30, 렘 3:14, 욥 33:14, 40:5 (ו가 없는 유형: 시 62:12)

2과 3(두셋) ⇒ 사 17:6 (ו가 없는 유형: 왕하 9:32, 호 6:2, 암 4:3)

3과 4(서넛) ⇒ 렘 36:23, 암 1:3-11, 잠 30:18, 21:29 (ו가 없는 유형: 잠 30:15)

4과 5(너댓) ⇒ 사 17:6 (ו가 없는 유형)

6과 7(예닐곱) ⇒ 욥 5:19, 잠 6:16

7과 8(일고여덟) ⇒ 미 5:4, 전 11:2; (9와 10 ⇒ 벤 시락 25:7)

### 1) 1과 2의 어림수

예) 렘 3:14. 직역: 그리고 내가 너희를 성읍과 자손으로부터 한두 명을 택할 것이다 그리고 내가 그들을 시온에 데려올 것이다.

| צִיּוֹן | אֶתְכֶם | וְהֵבֵאתִי | מִמִּשְׁפָּחָה | וּשְׁנַיִם | מֵעִיר | אֶחָד | אֶתְכֶם | וְלָקַחְתִּי |
|---|---|---|---|---|---|---|---|---|
| NE | O.MYP | C.VHACXS | P.NFS | C.ANCMD | P.NFS | ANC | O.MYP | C.VQACXS |
| 시온으로 | | 데려오겠고 | 족속중에 | 둘을 | 성읍에서 | 하나와 | 너희를 | 택하여 |

**해설**

본문은 2개의 등위절로 병렬되어 중문(compound sentence)을 이루고 있다. 첫 등위절에서 기수 אֶחָד(하나)와 שְׁנַיִם(둘)이 접속사(וּ)와 함께 병치되어 '수의 격언'(어림수)의 구조를 보여 주고 있다. 즉 '한두 명'의 의미를 가진다. 여기서 '어림수'는 접속사 ו가 있는 유형이다. 그리고 מִמִּשְׁפָּחָה는 고대 이스라엘 사회 구조상 12지파 내의 '한 자손'을 말한다. 두 번째 등위절에서 동사(הֵבֵאתִי)의 목적어인 צִיּוֹן(시온)은 '장소의 대격'을 나타낸다. 즉 '시온에(으로)'이다. 그리고 각 동사(הֵבֵאתִי לָקַחְתִּי)의 시상이 '완료'(perfect)인 것은 소위 '예언적 완료'(prophetic perfect)를 말하는데, 이것은 반드시 잘 이루어질 것으로 생각되는 '밝은 미래'(vivid future)를 표현한다.

### 2) (2와 3)과 (4와 5)의 어림수

예) 사 17:6. 직역: 그리고 **마치** [올리브 나무의 베어 잘라낼 때, 정상의 꼭데기에 (있는) 올리브 열매 두세 개 / 열매가 많은 나무(의 베어 잘라 낼 때) 그것의 제일 끝가지에 (있는) 서너 개] **같이** 주울 것이 그 안에(다메섹 안에) 남겨지게 될 것이다. 이스라엘의 하나님 여호와의 말씀.

| אָמִיר | בְּרֹאשׁ | גַּרְגְּרִים | שְׁלֹשָׁה | שְׁנַיִם | זַיִת | כְּנֹקֶף | עֹלֵלֹת | בּוֹ | וְנִשְׁאַר־ |
|---|---|---|---|---|---|---|---|---|---|
| NMS | P.NMSG | NMP | ANCF | ANCM | NMS | P.NMSG | NFP | P.MZS | C.VNAMZS |
| 가장 | 높은 가지 | 실과 | 삼 | 이개 | 감람나무 | 흔들 때 | 주울 것이 | | 남으리니 |

| יִשְׂרָאֵל | אֱלֹהֵי | יְהוָה | נְאֻם־ | פֹּרִיָּה | בִּסְעִפֶיהָ | חֲמִשָּׁה | אַרְבָּעָה |
|---|---|---|---|---|---|---|---|
| NE | NMPG | NE | NSG | VQPAFS | P.NMP.FZS | ANCF | ANCF |
| 이스라엘의 | 하나님 | 여호와의 | 말씀 | 무성한 | 가장 먼 가지에 | 오 | 사개 |

**해설**

본문에서 '2와 3'에 대한 어림수는 「שְׁנַיִם שְׁלֹשָׁה」이며. 즉 '두세 개'의 의미가 있다. 그리고 '4와 5'에 대한 어림수는 「אַרְבָּעָה חֲמִשָּׁה」이며, 즉 '서너 개'의 의미가 있다. 여기서 '어림수'는 접속사 ו가 생략된 유형이다. 그리고 전치사구(כְּנֹקֶף; '베어 잘라냄 같이')에서 전치사 כְּ는 '비교'의 기능을 가지며, 'as, as if, as it were, such~as, the same as'의 의미로 사용된다. 그리고 분사 פֹּרִיָּה('열매 맺다, 열매가 많다'는 동사 פָּרָה의 분사 능동형)는 명사적(or 독립적) 용법으로 '열매가 많은 나무'를 나타낸다. 그리고 분사 앞의 명사에 결합된 대명사 접미사(3인칭 여성 단수)는 '열매가 많은 나무'(분사)를 지시한다. 본문에서 '주울 것'(עוֹלֵלֹת ; '이삭줍기'와 같은 의미)이란 올리브 나무의 '두세 개의 열매'와 열매 많은 나무의 '서너개 열매'를 말한다. 결국 이방인들을 통한 하나님의 혹독한 심판 중에서도 다메섹에 남겨질 자, 즉 구원받을 자(남은 자)가 극소수지만 몇이 있다는 것이다. 그리고 주동사(נִשְׁאַר)의 시상이 '완료'(perfect)인데, 이것은 '예언적 완료'(prophetic perfect)로서, 반드시 잘 이루어질 것으로 생각되는 '밝은 미래'(vivid future)를 의미한다.

## 6. 분수

'분수'(fraction)는 '서수의 여성형'이나 수사의 모음을 세골 명사형으로 만들어서 나타낸다. 서수의 여성 형태들은 ִית로 끝나며, 매우 드물게 ִיָּה의 형태도 나타난다.

**⊙ 분수(fraction)의 예들 ⊙**

1/3 = שְׁלִישִׁית or שָׁלִישׁ or שְׁלִישִׁיָּה (사 19:24)

1/4 = רְבִיעִית or רֶבַע ; 1/5 = חֲמִישִׁית or חֹמֶשׁ

1/2(절반) = חֲצִי or מַחֲצִית (드문 형태) or מֶחֱצָה (민 31:36)

1/10 = עִשָּׂרוֹן (복수 עֶשְׂרֹנִים ) or עֲשִׂרִיָּה (사 6:13)

참고로, 십일조 (열 번째 부분) = מַעֲשֵׂר

2/3 = פִּי שְׁנַיִם (신 21:17, 왕하 2:7, 슥 13:8), 반면에 שְׁנַיִם는 기수(2)이다.

### 1) ◌ִיָּה 의 형태

예) 사 19:24. 직역: 그 날에 애굽과 앗수르와 (한 편에 서서) 삼분의 일인 이스라엘이 그 땅 가운데에 복이 될 것이다.

| הָאָרֶץ | בְּקֶרֶב | בְּרָכָה | וּלְאַשּׁוּר | לְמִצְרַיִם | שְׁלִישִׁיָּה | יִשְׂרָאֵל | יִהְיֶה | הַהוּא | בַּיּוֹם |
|---|---|---|---|---|---|---|---|---|---|
| D.NFS | P.NMSG | NFS | C.P.NE | P.NE | ANOFS | NEM | VQIMZS | D.ADMS | P.D.NMS |
| 세계 | 중에 | 복이 | 앗수르로 | 애굽과 | 셋이 | 이스라엘이 | 되리니 | 그 | 날에 |

**해설** 본문은 영어로 제 2형식의 문이다. 즉「부사구 + 동사 + 주어 + 부사구 + 부사구」의 구조이다. 서수의 드문 형태인 שְׁלִישִׁיָּה(셋째)는 본문에서 '분수'(fraction), 1/3의 의미로 사용되었다. 즉 이스라엘이 앗수르와 애굽과 더불어 1/3에 해당한다는 의미이다. 그리고 앗수르(לְאַשּׁוּר)와 애굽(לְמִצְרַיִם)에 접두된 전치사 לְ는 '조력'(assistance)이나 '가담'(partisanship)의 의미로 'for, on the side of'의 뜻을 가진다.

### 2) ◌ִית와 세골 명사 형태

예) 민 15:4. 직역: 여호와께 그의 예물(or 고르반)을 가져온 자는 '고운가루 십분의 일이 올리브 기름 한 힌의 사분의 일에 혼합된' 소제(물)을 가져올 것이다.

| שָׁמֶן | הַהִין | בִּרְבִעִית | בָּלוּל | עִשָּׂרוֹן | סֹלֶת | מִנְחָה | לַיהוָה | קָרְבָּנוֹ | הַמַּקְרִיב | וְהִקְרִיב |
|---|---|---|---|---|---|---|---|---|---|---|
| NMS | D.NMS | P.NFSG | VQPP | NMS | NFS | NFS | P.NE | NMS.MZS | D.VHPAMS | C.VHAMZS |
| 기름 | 한 힌 | 사분지 일 | 섞어 | 십분지 일 | 고운가루 | 소제로 | 여호와께 | 그 예물을 | 드리는자는 | 드릴 것 |

**해설** 본문은 제5형식의 문이다. 즉「동사 + 주어( 분사; הַמַּקְרִיב ) + 간접 목적어(לַיהוָה) + 직접 목적어( ~ מִנְחָה)」의 구조로 되어 있다. 문의 주어 분사(הַמַּקְרִיב)는 '목적어'로 קָרְבָּנוֹ(그의 고르반)을 취한다. 본문에서 수사는 모두 실명사로서 '분수'를 나타내고 있다. 즉 עִשָּׂרוֹן는 '세골 명사형 분수'로서 '십분의 일'(1/10)을 나타내며, רְבִעִית는 '◌ִית형 분수'로서 '사분의 일'(1/4)을 나타낸다.

### 3) 「פִּי שְׁנַיִם」의 형태

예) 슥 13:8. 직역: 그 모든 땅에 여호와의 말씀(or 예언)이 있었다. (곧) 그 땅 안에 삼분의 이(2/3)는 잘리게 되고 죽을 것이다 그 땅 안에 그 삼분의 일(1/3)은 남게 될 것이다.

וְהָיָה בְכָל־הָאָרֶץ נְאֻם־יְהוָה פִּי־שְׁנַיִם בָּהּ יִכָּרְתוּ יִגְוָעוּ וְהַשְּׁלִשִׁית יִוָּתֶר בָּהּ

P.FZS VNIMZS C.D.ANCF VQIMZP VNIMZP P.FZS ANCM NMSG NE NSG D.NFS P.NMSG C.VQAMZS

거기 남으리니 삼분지 일 절하고 멸 그 중에 삼분지 이 여호와의 말씀 이 당 온

**해설** 본문은 '간접화법'의 형식을 보여준다. 즉 문맥적으로 전달동사 역할을 '명사구'(נְאֻם־יְהוָה)가 한다. 이 실명사 נְאֻם는 본래 동사 נָאַם(말하다, 신탁으로 발언하다, 예언하다)의 '칼 분사 수동'형으로 실명사로 전성된 경우이기 때문이다. 즉 '여호와께서 ~라고 말씀하셨다'의 의미다. 그리고 이 단어가 사용되었을 때 그 메시지의 기원과 권위에 대해특별한 주의가 요구되는데, 즉 그 메시지가 그 기원과 권위에 있어서 '하나님이심'을 선언하는(렘 23:31) 관용적 표현으로만 사용된다. 그리고 '분수'를 나타내는 표현들, 즉 פִּי־שְׁנַיִם는 '삼분의 이'(2/3)를 나타내며, הַשְּׁלִשִׁית는 '삼분의 일'(1/3)을 나타낸다.

# Ⅶ. 관사

히브리어의 '정관사'(the Definite Article)는 본래 고대의 지시사(demonstrative)의 일종이며, 어떤 경우에도 독립적으로 사용되는 법이 없고, 언제나 그 정관사에 의해 규정되는 단어와 밀접하게 결합되어 사용된다. 의미상 히브리어 정관사는 영어의 정관사와 거의 일치한다. 히브리어에는 부정관사는 없고 정관사만 있다. 명사에 정관사가 없으면 부정관사가 있는 것처럼 여럿 중 하나의 의미로 간주하여 해석해 주어야 한다. 정관사는 성(性)·수(數)·격(格)의 구별없이 명사(or 실명사) 앞에 접두하는데 일반적으로 명사의 첫 자음이 '경강점'(Dagesh forte; 중복점)을 받는 한에서 •הַ를 접두시킨다.

## 1. 정관사의 어원

히브리어 및 페니키아어 정관사인 •הַ의 본래 형태는 일반적으로 הַל로 생각한다. 여기서 ל는 정관사의 후접어적(proclitic) 성격 때문에 마치 יִקַּח (< *yilqaḥ* )의 '자음' 동화(assimilation)처럼 언제나 뒤의 자음으로 동화되었다고 한다. 이런 견해는 아랍어의 정관사 형태 אַל(일부 현대의 베두윈들은 *hal*로 발음함)에 의해 지지되는데, 여기서도 ל는 적어도 s- 와 t- 류의 모든 자음들 앞에서 그리고 *l*, *n*, *r* 앞에서 동화된다. 예를 들면, *'al-Qu r'ân* 이지만 *'as-sǎ́nǎ* (베두윈의 발음, *has-sana*)는 히브리어 הַשָּׁנָה(the year)와 동등하다.

그러나 G. Bergstässer는 관사의 원래 형태가 /hal-/이었을 수가 없다고 주장한다. Barth는 Hupfeld와 Stade의 뒤를 이어 히브리어 정관사는 오히려 원시 셈어의 지시사인 /*hā*/와 연결되어야 한다고 하였다. Testen는 정관사와 기원적(precative)-단언적(asserveration) 불변화사 l 이 둘 다 /l/에서 온 것으로 보았다. Voigt(1998)는 han을 원시 히브리어 정관사 형태라고 주장한다. 이와 반면에 Tropper는 증거가 매우 빈약함에도 불구하고 *hn*을 우가릿어에서 정관사의 초기 형태라고 주장한다. Zaborski(2000)는 *haC*-이 원시 서부 셈어 정관사였다고 주장한다(C는 자음을 뜻함).

## 2. 정관사의 형태 변화

### 1) 정관사의 형태

| 접두 문자 | 정관사 형태 | 예들 |
|---|---|---|
| 일반자음( ר ע ח ה א 제외) 앞에서 | הַ · | הַמֶּלֶךְ 그 왕 |
| ר א ר ע הָ עָ 앞에서 | הָ | הָהָרָה 그 산으로 |
| ה ח 앞에서 | הַ | הַהֵיכָל 그 성전 |
| הָ חָ חֳ עָ 앞에서 | הֶ | הֶהָמוֹן 그 소란 |
| יְ מְ 앞에서 | הַ | הַיְאֹר 그 강 |

### 2) 정관사의 탈락

정관사 ה 자음은 전치사 בְּ כְּ לְ 뒤에서 탈락된다(syncopated).

예) לְהַמֶּלֶךְ ⇨ לַמֶּלֶךְ (to the king) ; בְּהַיָּמִים ⇨ בַּיָּמִים (in the days)
בְּהָעֵת ⇨ בָּעֵת (in the time) ; בְּהַחֶרֶב ⇨ בַּחֶרֶב (by the sword)

### 3) 정관사의 무탈락

정관사 ה 자음은 전치사 בְּ כְּ לְ 뒤에서 때때로 탈락되지 않는다. 이와 같은 보기들은 후기 성서 문헌에서 발견된다.

예) לְהָעָם (to the people; 대하 10:7); לְהַגְּדוּד (to the army; 대하 25:10)

예) 느 5:11. 직역: 너는 제발 그들에게 그들의 밭들, 그들의 포도원들, 그들의 감람나무들을 즉시(바로 오늘에) 돌려주도록 하라

| זֵיתֵיהֶם | כַּרְמֵיהֶם | שְׂדֹתֵיהֶם | כְּהַיּוֹם | לָהֶם | נָא | הָשִׁיבוּ |
|---|---|---|---|---|---|---|
| NMP.MZP | NMP.MZP | NMP.MZP | P.D.NMS | P.MZP | Q | VHMMYS |
| 감람원과 | 포도원과 | 그 밭과 | 오늘일 | 그들에게 | | 돌려 보내라 |

**해설** 본문은 2인칭에 하는 명령(or 요청)을 나타내는 '명령법'이다. 특히 '강세 불변사' נָא를 사용하여 '명령 or 요청'을 강화시키고 있다. 그리고 전치사구(כְּהַיּוֹם; 즉시)에서 원래 관사가 결합된 명사(הַיּוֹם)에 전치사 כְּ(as, according to, like)가 붙으면 관사 ה자음이 탈락된다. 하지만 본문은 '관사'가 탈락되지 않은 예를 보여주고 있다. 그리고 명령 동사(הָשִׁיבוּ; 동사 שׁוּב의 히필형)의 목적어가 3개(שְׂדֹתֵיהֶם כַּרְמֵיהֶם זֵיתֵיהֶם)가 있지만 등위접속사 וְ없이 사용되었다.

### 4) 정관사의 영향으로 변경모음을 가진 특정한 명사들

정관사 ָ모음의 영향으로 첫 어근이 후음인 경우에 후음 아래 ָ모음을 취한다. 다음의 명사들이 그러하다.

עַם ⇨ הָעָם (the people) ; הַר ⇨ הָהָר (the mountain)
אֲרוֹן ⇨ הָאָרוֹן (the ark) ; אֶרֶץ ⇨ הָאָרֶץ (the land)

그러나 חַג ⇨ הֶחָג (the feast) ; פַּר ⇨ הַפָּר (the ox)

## 3. 정관사의 용법

### 1) 개체 또는 개인의 한정화

정관사는 어떤 집단에 속한 개체 또는 개인을 한정한다. 만약 그것들이 한정되어 있는 경우에는 정관사를 취하지 않는다. 그리고 고유명사는 자체 한정된 것이므로 정관사가 붙지 않는다.

예) 민 16:30. 직역: ~ 살아있는 자들이 스올을 향하여 내려간다면, 이 사람들이 여호와를 경멸한 줄을 너희가 알 것이다.

וְיָרְדוּ חַיִּים שְׁאֹלָה וִידַעְתֶּם כִּי נִאֲצוּ הָאֲנָשִׁים הָאֵלֶּה אֶת־יְהוָה

| NE | O | D.ADCP | D.NMP | VPACZP | C | C.VQAMYP | NFS.H | AMP | C.VQACZP |
|---|---|---|---|---|---|---|---|---|---|
| 여호와를 | | 이 | 사람들이 | 멸시한 것인 | | 너희가 알리라 | 음부에 | 산채로 | 빠지게 |

**해설**

이 문장은 조건문의 조건절과 귀결절(apodosis)을 나타낸다. 즉 첫 번째 접속사 וְ가 이끄는 절(~וְיָרְדוּ)은 앞문(생략)의 조건절(אִם; if)에 해당되며, 두 번째 접속사 וְ가 이끄는 절(~וִידַעְתֶּם)은 조건절의 귀결절을 이끈다. 여기서 등사의 '완료시상'은 확실히 이루어질 '예언적 완료상'(prophetic perfect)을 나타내는 '밝은 미래'(vivid future)를 표현한다. 그리고 אֲנָשִׁים 명사 אִישׁ(남자)의 복수형에 정관사(הָ)가 결합되어 '당을 지어 하나님께 반역한 고라의 집단(고라당)'을 말한다. 그리고 지시형용사 אֵלֶּה가 관사를 취하여 הָאֲנָשִׁים를 수식하여 '이 사람들'을 나타낸다. 고유명사 יְהוָה(여호와)는 자체 한정된 것이므로 관사를 취하지 않으나 앞에 '한정 대격 부호'(־אֶת)가 왔다. 그리고 שְׁאֹלָה에 접미된 ה는 부사적 방향접미사(He locale)를 나타낸다. 즉 '으로 향하여'이다. 그리고 접속사 כִּי는 주동사 יְדַעְתֶּם의 목적절을 이끈다.

### 2) 종류 전체의 총칭화

종(種)을 나타내는 명사에 정관사가 결합되어 그 종의 전체를 대표하는 것으로 표현된다.

예) 시 78:52. 직역: 그가 그의 백성을 그 양같이 뽑아 내셨다. 그리고 그가 그들을 그 광야에서 양떼같이 (확실히) 인도하셨다.

וַיַּסַּע כַּצֹּאן עַמּוֹ וַיְנַהֲגֵם כַּעֵדֶר בַּמִּדְבָּר

| P.D.NMS | P.D.NMS | CW.VPIMZS.MZP | NMS.MZS | P.D.NFS | CW.VHIMZS |
|---|---|---|---|---|---|
| 광야에서 | 양떼 같이 | 지도하셨도다 | 자기 백성을 | 양 같이 | 인도하여 내시고 |

**해설**

본문은 2개의 '와우 미완료 계속법'(Waw Imperfect Consecutive; 완료 시상)으로 나열된 문이다. 전치사구인 כַּצֹּאן는 [전치사 כְּ + 정관사(• הַ) + 명사 צֹאן]가 결합된 구이며, 여기서 정관사가 결합된 명사 הַצֹּאן는 '종류 전체'를 나타낸다. 즉 '양의 무리'를 총칭한다. 그리고 동사 נָסַע의 히필 어간은 '발행하게 하다' 혹은 '출발시키다'를 의미한다. 그리고 동사 נָהַג는 동물(혹은 동물 떼)이나 사람을 강제로 몰거나 인도하여 의도된 목적지로 질서있게 호송하는 것을 나타낸다.

### 3) 정관사의 고유명사화

본래의 보통 명사에 정관사가 결합되면 오직 하나의 단일체에게만 적용될 수 있는 이름이나 직함, 즉 고유명사로 표현된다. 이때에 사용된 관사는 '구별의 관사'라고 불린다.

예) 수 7:4. 직역: 그리고 그 백성으로부터 약 삼천명이 그곳으로(아이성) 올라갔다. 그리고 그들이 아이의 사람들 앞(or 면전)에서 달아났다.

| הָעָי | אַנְשֵׁי | לִפְנֵי | וַיָּנֻסוּ | אִישׁ | אֲלָפִים | כִּשְׁלֹשֶׁת | שָׁמָּה | הָעָם | מִן־ | וַיַּעֲלוּ |
|---|---|---|---|---|---|---|---|---|---|---|
| D.NE | NMPG | P.NMPG | CW.VQIMZP | NMS | NMP | P.ANCFG | AB.H | D.NMS | P | CW.VQIMZP |
| 아이 | 사람 | 앞에서 | 도망하니 | 명 | 천 쯤 | 삼 | 그리로 | 백성 | 중 | 올라갔다가 |

**해설** 본문은 2개의 '와우 미완료 계속법'(Waw Imperfect Consecutive; 완료 시상)으로 나열된 문이다. 특히 고유명사 הָעָי는 원래 '보통 명사'(עַי; '폐허 무더기')에 정관사( • הַ)가 결합되어 '고유명사'가 된 경우이다. 즉 '아이성'(여리고 근처의 벧아웬 곁에 있는 도시)을 의미한다. 그리고 수사(כִּשְׁלֹשֶׁת)와 함께 사용된 전치사 כְּ는 'about'(약)라는 의미의 근사치를 나타낸다. 수사와 함께 사용된 명사 אִישׁ는 사람의 수를 나타내는 '명'(名)으로 표현된다.

### 4) 정관사의 추상명사화

정관사가 결합된 형용사는 재난 또는 불행을 나타내는 추상명사로 표현되기도 한다.

예) 왕상 11:6. 직역: 그리고 솔로몬이 여호와의 눈 안에서(즉 앞에서) 악한 행위를 행하였다. 그리고 그는 그의 아비 다윗같이 여호와의 뒤를 따르지 아니 하였다.

| אָבִיו | כְּדָוִד | יְהוָה | אַחֲרֵי | מִלֵּא | וְלֹא | יְהוָה | בְּעֵינֵי | הָרַע | שְׁלֹמֹה | וַיַּעַשׂ |
|---|---|---|---|---|---|---|---|---|---|---|
| NMS.MZS | P.NE | NE | P | VPAMZS | C.ABN | NE | P.NFPG | D.AMS | NE | CW.VQIMZS |
| 그 부친 | 다윗 | 여호와 | 좇지 | 온전히 | 아니하고 | 여호와의 | 눈앞에 | 악을 | 솔로몬이 | 행하여 |

**해설** 본문은 '와우 미완료 계속법'(Waw Imperfect Consecutive; 완료 시상)을 나타낸다. 주동사(וַיַּעַשׂ)의 '주어'인 הָרַע는 형용사( רַע; 악한)에 정관사(הַ)가 결합되어 '악한 행위' 즉 '왕비들을 따라 다른 신들을 섬긴 반역 행위'를 나타내는 '추상명사'로 표현되었다. 두 번째 '와우'접속사 וְ는 앞의 문의 내용을 설명하는 '설명적 와우'(explicational Waw)의 역할을 한다. 즉 'namely'(= to wit)란 의미를 나타낸다. 그리고 동사 מִלֵּא(מָלֵא; 채우다, 충만하다, 성취하다) 피엘형은 때의 기간을 나타내기도 한다. 따라서 동사 מִלֵּא의 의미는 하나님의 예언과 그 예언의 성취 사이의 시간을 채우는 것(성취하는 것)을 말하는데, 여호와를 따르는 시간(אַחֲרֵי יְהוָה)을 채우는 것을 말한다, 솔로몬은 말년에 그의 왕비와 후궁들을 좇아 다른 신들을 섬기게 되므로, 그의 아비 다윗과 달리 하나님께 순종하는 시간을 그의 생전 끝까지 가득 채우지 못하였다.

## 5) 정관사의 지시형용사

예) 신 26:18. 직역: 그리고 여호와께서 오늘날 너를 그에게 속한 것으로 즉 너에게 약속하신 바대로 특별한 소유의 백성으로 말씀하셨다.

| לָךְ | דִּבֶּר־ | כַּאֲשֶׁר | סְגֻלָּה | לְעַם | לוֹ | לִהְיוֹת | הַיּוֹם | הֶאֱמִירְךָ | וַיהוָה |
|---|---|---|---|---|---|---|---|---|---|
| P.MYS | VPAMZS | P.R | NFS | P.NMSG | P.MZS | P.VQNG | D.NMS | VHAMZS.MYS | C.NE |
| 네게 | 말씀하신 | 대로 | 보배로운 | 백성으로 | 자기의 | 인정하시고 | 오늘날 | 확언하셨은즉 | 여호와께서 |

**해설** 본문은 복문(complex-sentence)을 나타낸다. 즉 「주절 + 종속절('이유' 부사절; ~ כַּאֲשֶׁר; because~ )」이다. 그리고 הַיּוֹם는 원래 「명사 יוֹם(날) + 정관사( • הַ)」 즉 '그 날'을 나타내지만 여기서는 정관사가 지시형용사의 구실을 하므로 '오늘날'로 표현된다. 그리고 (לִהְיוֹת לוֹ; 그에게 속한 것으로 )와 (לְעַם סְגֻלָּה; 특별한 소유의 백성으로)는 동격이다. 그리고 כַּאֲשֶׁר에서 전치사 כְּ는 관계대명사(אֲשֶׁר)가 유도하는 명사절 앞에서, 'in accordance with the fact that …'라는 본래의 의미에서 'because'라는 뜻으로 발전되어 사용된다. 따라서 כַּאֲשֶׁר는 '이유'부사절을 이끈다.

### 6) 정관사의 비교

명사에 관사가 결합되어 '비교'를 나타낸다. 즉 '비교'를 나타낼 때 관사를 결합한다. 단, 명사에 형용사가 첨가되어 있는 경우에는 제외된다.

예) 출 4:6. 직역: 그가 그의 손을 그의 품속에 가져가게 했다 그리고 그는 그것을(그의 손을) 나오게 했다. 그리고 보라! 그의 손이 그 눈같이 피부병에 걸려 있었다.

| כַּשָּׁלֶג | מְצֹרַעַת | יָדוֹ | וְהִנֵּה | וַיּוֹצִאָהּ | בְּחֵיקוֹ | יָדוֹ | וַיָּבֵא |
|---|---|---|---|---|---|---|---|
| P.D.NMS | VUPPFS | NFS.MZS | C.Q | CW.VHIMZS.FZS | P.NMS.MZS | NFS.MZS | CW.VHIMZS |
| 눈같이 | 문둥병이 | 그 손에 | 보니 | 내어 | 품에 | 손을 | 넣었다가 |

**해설** 본문은 2개의 '와우 미완료 계속법'(Waw Imperfect Consecutive; 완료 시상)으로 나열되어 있다. 그리고 전치사구인 כַּשָּׁלֶג는 「전치사 כְּ + 정관사(•הַ) + 명사(שֶׁלֶג ; 눈, snow)」로 구성되어 있다. 여기서 '비교'를 나타내는 접속사 כְּ를 사용하여 '비교'를 나타내므로 명사에 정관사가 결합되었다. 그리고 세 번째 접속사 וְ가 이끄는 절에서 분사(מְצֹרַעַת; 수동분사; '피부병에 걸려 있는')가 불변사 הִנֵּה와 함께 '상황'의 '여기 지금'을 강조한다. 즉 '지금 여기'에 피부병에 걸려 있는 상황을 강조한다.

### 7) 정관사의 호격

정관사는 특정한 상대를 지칭하는 호격으로 사용되기도 한다.

예) 왕하 6:12. 직역: 그리고 어떤 여자가 그에게(이스라엘 왕, 여호람) 날카로운 소리를 질러, "나의 주, 왕이여! (속히) 구원하소서"라고 말했다.

| הַמֶּלֶךְ | אֲדֹנִי | הוֹשִׁיעָה | לֵאמֹר | אֵלָיו | צָעֲקָה | וְאִשָּׁה |
|---|---|---|---|---|---|---|
| D.NMS | NMS.CXS | VHMMYS(Vh) | P.VQNG | P.MZS | VQAFZS | C.NFS |
| 왕이여 | 나의 주 | 도우소서 | 가로되 | | 외쳐 | 한 여인이 |

**해설** 본문은 직접화법을 나타내는 문이다. 특히 부정사 연계형(אֱמֹר)에 전치사 לְ가 결합된 형태(לֵאמֹר)는 직접화법을 유도하는데 사용되므로, 'saying'으로 번역된다. 그리고 אִשָּׁה(한 여자)는 '어떤 여자'라는 약한 의미의 부정대명사(Indefinite Pronoun)로 사용

된 경우다. 그리고 הַמֶּלֶךְ와 אֲדֹנִי(나의 주)는 동격이며, 명사 מֶלֶךְ(왕)에 정관사가 접두되어 '호격'(vocative)을 표현한다.

### 8) 특별히 잘 알려진 사람이나 사물

역사적으로 잘 알려진 사람이나 사물(or 사건)을 나타낼 때 정관사를 사용한다.

예) 암 1:1. 직역: 그리고 그 지진의 전 이 년, 이스라엘 왕 요아스의 아들 여로보암의 시대에,

| הָרָעַשׁ | לִפְנֵי | שְׁנָתַיִם | יִשְׂרָאֵל | מֶלֶךְ | יוֹאָשׁ | בֶּן־ | יָרָבְעָם | וּבִימֵי |
|---|---|---|---|---|---|---|---|---|
| D.NMS | P.NMPG | NFD | NE | NMS | NE | NMSG | NE | C.P.NMPG |
| 지진 | 전 | 이 년에 | 이스라엘 | 왕 | 요아스 | 아들 | 여로보암 | 시대에 |

**해설** 본문은 선지자 아모스가 이스라엘에 대한 하나님의 예언의 말씀을 받은 시기를 나타내는 '시간' 부사구이다. 절(sentence)이 아니다. 여기서 '이스라엘 왕'(מֶלֶךְ יִשְׂרָאֵל)과 '요아스'(יוֹאָשׁ)는 동격이며, '요아스의 아들'(בֶּן־ יוֹאָשׁ)과 '여로보암'(יָרָבְעָם)이 동격이다. 수사 שְׁנַיִם(둘)의 쌍수인 שְׁנָתַיִם는 짝이 아닌 '어떤 대상의 두 개를 위한 쌍수'로서 '이 년'을 나타낸다. 그리고 명사 רַעַשׁ(지진)에 정관사 הָ를 결합하여 여로보암 2세가 다스리던 시대에 실제로 발생했던 엄청난 지진을 언급하고 있다('그 지진').

### 9) 정관사의 관계사화

역대기와 에스라에서 정관사 •הַ는 가끔 관계사로 사용된다.

예) 대상 26:28. 직역: 그리고 선견자 사무엘과 기스의 아들 사울과 넬의 아들 아브넬이 거룩하게 하여 드린 모든 것,

| נֵר | בֶּן־ | וְאַבְנֵר | קִישׁ | בֶּן־ | וְשָׁאוּל | הָרֹאֶה | שְׁמוּאֵל | הַהִקְדִּישׁ | וְכֹל |
|---|---|---|---|---|---|---|---|---|---|
| NE | NMSG | C.NE | NE | NMSG | C.NE | D.NMS | NE | D.VHAMZS | C.NMSG |
| 넬의 | 아들 | 아브넬과 | 기스의 | 아들 | 사울과 | 선견자 | 사무엘과 | 구별하여 | 무엇이든지 |

**해설** 본문은 불완전한 문이다. 특히 הַהִקְדִּישׁ는 동사 קָדַשׁ(거룩하게 하다)의 '히필' 어간(הִקְדִּישׁ)에 정관사 הַ가 결합되어 앞에 위치한 명사 כֹּל을 선행사로 취하는 '관계대명사'의 역할을 하고 있다. 그리고 관사를 취한 명사 '선견자'(הָרֹאֶה)와 고유명사 '사무엘'(שְׁמוּאֵל)은 동격이다. 그리고 '기스의 아들'(בֶּן־קִישׁ)과 '사울'(שָׁאוּל), '넬의 아들'(בֶּן־נֵר)과 '아브넬'(אַבְנֵר)는 서로 동격 관계에 있다. 그리고 동사 הִקְדִּישׁ의 주어가 3명인데, 이 동사의 수(數)가 복수형이 아니라 단수형이다. 히브리어에서 주어가 여럿인 경우에 그 동사는 제일 앞에 위치한 주어의 성(性)·수(數)와 일치하는 경향이 있다. 즉 주어가 '사무엘, 사울, 아브넬'이지만, 동사는 사무엘과 성(性)·수(數)의 관계에서 일치한다.

### 10) 연계형 명사의 무관사

연계형과 절대형 사이에는 정관사 이외에 아무것도 개입될 수 없다.

예) 잠 1:1. 직역: 이스라엘의 왕, 다윗의 그 아들, 솔로몬의 그 잠언들(이라)

מִשְׁלֵי שְׁלֹמֹה בֶּן־דָּוִד מֶלֶךְ יִשְׂרָאֵל

| NE | NMSG | NE | NMSG | NE | NMPG |
|---|---|---|---|---|---|
| 이스라엘 | 왕 | 다윗 | 의 아들 | 솔로몬 | 의 잠언 |

**해설** 본문은 크게 3개의 동격구문으로 구성되어 있다. 즉 '이스라엘의 왕'과 '다윗의 아들', 그리고 '솔로몬의 잠언들'이다. 각각의 동격구문들이 연계상태를 나타내고 있다. 그리고 첫 번째 연계형 복수(מִשְׁלֵי; ~의 잠언들)은 절대형이 고유명사(שְׁלֹמֹה; 솔로몬)이므로 한정되었다. 두 번째 연계형 단수(בֶּן־; ~의 아들)도 절대형이 고유명사(דָּוִד; 다윗)이므로 한정되었다. 세 번째 연계형 단수(מֶלֶךְ; ~의 왕)도 절대형이 고유명사(יִשְׂרָאֵל; 이스라엘)이므로 한정되었다. 따라서 그것들의 연계형 명사들(מִשְׁלֵי, בֶּן, מֶלֶךְ)역시 한정되어야 하는데, 즉 관사를 붙여야 하는데, 연계형 명사에는 관사를 붙이지 않는다. 하지만 무관사로 한정되어 있는 것이다.

### 11) 대명사 접미사가 결합된 명사의 무관사

한 단어에 대명사 접미사가 붙는 경우에 일반적으로 관사를 붙이지 않는다. 이유는 대명사 접미사가 붙은 단어는 이미 한정되었기 때문에 관사가 필요하지 않다. 하지만 아주 드물게 한 단어에 대명사 접미사와 관사가 둘 다 결합된 경우(레 27:23, 민 32:6, 수 7:21, 8:33, 왕하 15:16, 미 2:12 등)가 있다.

예1) 시 3:2. 직역: 여호와여! 과연 나의 대적들이 많습니다! 나를 대항하여 일어나고 있는 자들이 많습니다.

| עָלָי | קָמִים | רַבִּים | צָרָי | רַבּוּ | מָה־ | יְהוָה |
|---|---|---|---|---|---|---|
| P.CXS | VQPAMP | AMP | NMP.CXS | VQACZP | ABT | NE |
| 나를 치는 | 일어나 | 많소이다 | 대적이 | 많은 지요 | 어찌그리 | 여호와여 |

**해설** 본문은 2개의 절로 병렬된 "중문"(compound sentence)이다. 즉 「감탄문(צָרָי מָה־רַבּוּ) + 명사문(רַבִּים קָמִים עָלָי)」이다. 고유명사 '여호와'(יְהוָה)는 본문에서 '호격'으로 사용되었다. 즉 히브리어에서는 '정관사'에 의해서 '호격'이 표현된다. 그러나 호격으로 사용된 고유명사(יְהוָה)는 관사를 사용하지 않는다. 그리고 의문대명사 מָה־(what? 무엇?)가 여기서 '감탄사'로 사용된 경우이다. 즉 '어떻게, 과연'(How)이다. 그리고 대명사 접미사(ִי; my)가 결합된 명사에는 정관사를 붙이지 않는다. 이미 이 '대명사 접미사'에 의해 한정되었기 때문이다. 명사문에서 주동사가 없이 형용사(רַבִּים; 많은)가 서술어 역할을 하고 있다. 그리고 분사(קָמִים; קוּם동사의 분사 능동)는 '명사적 용법'으로 명사문의 '주어'( ~ 하는 자들, 즉 일어나고 있는 자들)로 사용되어 술어인 형용사(רַבִּים)와 성(性)·수(數)가 일치한다. 그리고 전치사 'עַל'은 '반의'(adversative)를 나타내어 'against'(반대하여, 대항하여)의 의미로 사용되었다.

예2) 미 2:12. 직역: 내가 그를(야곱) 보스라의 양떼 같이, 그 초장의 중앙에 (있는) 무리같이 남겨 둘 것이다. 그들이(이스라엘의 남은 자) 사람 앞에서 크게 떠들썩하게 될 것이다.

| מֵאָדָם | תְּהִימֶנָה | הַדָּבְרוֹ | בְּתוֹךְ | כְּעֵדֶר | בָּצְרָה | כְּצֹאן | אֲשִׂימֶנּוּ |
|---|---|---|---|---|---|---|---|
| P.NMS | VHIFZP | D.NMS.MZS | P.NMSG | P.NMS | NE | P.NFSG | VQICXS.MZS |
| 인수가 | 소리가 크게 | 초장의 | 가운데에 | 양떼 같게 | 보스라 | 양떼 같게 | 그들을 두기를 |

**해설** 본문은 2개의 절로 병렬되어 있는 '중문'(compound sentence)이다. 연계 관계에 있는 명사구(תּוֹךְ הַדָּבְרוֹ; '그의 목초지')에서 '절대형 명사'(הַדָּבְר)와 '연계형 명사'(תּוֹךְ) 사이에 '한정'을 나타내는 '관사'(•הַ)만이 올 수 있다. 즉 '그 초장'(הַדָּבְר)이다. 그런데 한정된 '절대형 명사'에 또 다른 '한정'을 나타내는 '대명사 접미사'(וֹ : '그의')가 왔다. 즉 הַדָּבְרוֹ( '그의 목초지')이다.

## 12) 운문(시)에서의 무관사

히브리어의 '시'(poem)에 사용된 언어들은 그 성격상 고어적인 경향 때문에 관사의 발달 이전의 언어의 시기를 반영한다. 즉 셈어(Semitic)인 아카드어(Akkadian)와 우가릿어(Ugarit)는 관사를 갖고 있지 않는데, 가장 오래된 히브리어 산문에서도 관사가 결여되고 있는 경우를 보게 된다.

예) 창 14:19. 직역: 그리고 그가(멜기세덱) 축복하였다. 그리고 그가, 하늘과 땅의 소유주, 가장 높으신 하나님께, 아브람은 축복을 받은 자라고 말했다.

| וָאָרֶץ | שָׁמַיִם | קֹנֵה | עֶלְיוֹן | לְאֵל | אַבְרָם | בָּרוּךְ | וַיֹּאמַר | וַיְבָרְכֵהוּ |
|---|---|---|---|---|---|---|---|---|
| C.NFS | NMD | VQPAG | AMS | P.NMS | NE | VQPP | CW.VQIMZS | CW.VPIMZS.MZS |
| 지의 | 천 | 주재 | 높은 | 하나님 | 아브람에게 | 복을 | 가로되 | 그가 축복하여 |

**해설** 본문은 2개의 '와우 미완료 계속법'( Waw Imperfect Consecutive)으로 나열되었다. 2번째 '와우 미완료 계속법'은 '간접 화법'을 나타낸다. 즉 「전달 동사(יֹּאמַר) + 피전달부(בָּרוּךְ אַבְרָם) + 간접 목적어(~לְאֵל עֶלְיוֹן)」이다. 화법의 인용문(피전달부)에 해당하는 구문은 「술어(בָּרוּךְ) + 주어(אַבְרָם)」의 구조되었으며, 술어인 분사는 '명사적 용법'을 나타내므로 '축복을 받은 자'로 번역되며, 또한 '수동분사'이므로 외부적 행동에 의해 이미 발생된 동작의 결과 상태를 나타낸다. 즉 '멜기세덱이 축복하였으므로 이미 하나님으로부터 복을 받은 상태'이다. '축복하다'(בָּרַךְ)의 의미는 '하나님을 향해 무릎을 꿇고 하나님께 복을 받기를 간구하는 것'이다. 따라서 '하나님이 복을 주신 것'을 말한다. 그리고 '하늘과 땅'(שָׁמַיִם וָאָרֶץ)은 일반적으로 산문에서 각 명사 앞에 관사를 붙이는데, 즉 הַשָּׁמַיִם וְהָאָרֶץ(창 2:1)로 표현된다. 하지만 운문(시)에서는 관사가 생략된다. 그리고 분사(קֹנֵה; 소유한 자, 소유주)역시 '명사적 용법'으로 사용되었다.

## 13) 최상급의 표현

서술 형용사에 정관사를 붙여서 최상급을 표현하기도 한다.

예) 신 7:7. 직역: 여호와께서 너희를 기뻐하셨다 그리고 그는 너희를 택하셨다 왜냐하면 너희는 모든 민족들 가운데서 가장 적기 때문이다.

חָשַׁק יְהוָה בָּכֶם וַיִּבְחַר בָּכֶם כִּי־אַתֶּם הַמְעַט מִכָּל־הָעַמִּים

D.NMP P.NMSG D.AMS NPMYP C P.MYP CW.VQIMZS P.MYP NE VQAMZS

민족 모든 가장 적은 너희는 너희를 택하심은 여호와께서 기뻐하시고

**해설** 이 문장은 2개의 사건이 '와우 미완료 계속법'(Waw Imperfect Consecutive; 완료 시상)으로 나열되었다. 첫 번째 사건에서, 타동사 חָשַׁק의 목적어 위치에 전치사구 בָּכֶם가 위치하였다. 이 때 전치사 B]는 타동사의 직접 목적어를 사용할 그 자리에 의하여 '대격'을 나타낸다. 즉 '너희를'이다. 그리고 두 번 째 사건에서, 문의 구조는「주절 + 종속절(이유)」로 이루어져 있다. 여기서 종속절은「אַתֶּם הַמְעַט מִכָּל־הָעַמִּים」이다. בָּכֶם역시 타동사 בָּחַר(선택하다) 뒤에 위치하여 '목적어'로 사용된 경우다. 그리고 הַמְעַט는 명사문장의「서술 형용사」로서 최상급을 나타낸다.

## 14) 부정관사의 표현

'부정관사'(indefinite article)는 때때로 수사 '하나'(אֶחָד)에 의해 표현된다.

예) 삼상 1:1. 직역: 그리고 에브라임 산지로부터 라마다소임의 (출신의) 한(or 어떤) 사람이 있었다. 그리고 그의 이름은 엘가나이다.

וַיְהִי אִישׁ אֶחָד מִן־הָרָמָתַיִם צוֹפִים מֵהַר אֶפְרָיִם וּשְׁמוֹ אֶלְקָנָה

NE C.NMS.MZS NE P.NMSG NE D.NE P ANCM NMS CW.VQIMZS

엘가나 라 하는 에브라임 산지 -소빔 라마다임- 에 자가

**해설** 본문은 '와우 미완료 계속법'( Waw Imperfect Consecutive)의 문이다. '고유명사'에 접두된 전치사 מִן־은 '근원의 מִן־'을 나타낸다. 즉 '에브라임 산지로쿠터, 라마다임소빔으로부터'로 번역된다. 그리고 '기수' אֶחָד는 가끔 명사 앞 뒤에서 '브정관사' 역할을 한다. 즉 '어떤, 하나의~'로 번역된다.

# Ⅷ. 불변화사

'불변화사'(Particles)란 화자(speaker)가 어떤 생각을 달리 바꾸어서 말하는 이차적인 표현에 사용되거나, 단어와 단어와의 긴밀한 관계를 표현하거나, 또는 문장들의 상호 연결을 표현하기 위해 사용되는 품사들을 말한다. 이것들의 대부분은 명사(noun) 형태로부터 차용되었거나 파생된 것이지만 일부는 대명사(pronoun)나 동사(verb)로부터 파생된 것도 있다.

따라서 명사, 대명사 또는 동사 이외의 모든 품사 즉 부사, 전치사, 접속사 및 감탄사를 '불변화사'라고 한다. 이 다양한 불변화사의 부류들을 정확히 구분하는 것은 때때로 어렵다. 예를 들면, 동일한 단어가 부사와 전치사로 사용될 수 있는 것이다.

불변화사는 크게 2가지의 기원에서 유래되었다. 첫째는, 다른 품사에서 차용된 것들이다. 즉 명사, 대명사, 동사의 형태들이 본래의 의미를 약간 잃어버린 채로 불변화사로 사용되었다. 둘째는, 다른 품사에서 파생되었다. 이것들은 다시 다음의 형태로 형성된 것들이다.

① 형태소 음절의 첨가(addition)에 의한 것, ② 생략(ellipsis) or 단축(contraction)에 의한 것들이다. 생략형은 여러 방식으로 이루어졌으며, 많이 사용되는 단어일수록 그 본래의 형태가 많이 훼손되기도 하였다. 단축형은 가장 심하게 나타났는데, 짧은 모음이나 쉐바를 갖는 하나의 모음으로 단축되어 독립된 하나의 단어로서 그 특성을 완전히 잃어버리게 된 경우이다. ③ 합성(composition)에 의한 것이다.

이러한 '불변화사'(Particles)에 관련한 부분에서 부사, 전치사, 접속사, 의문사에 대한 구문론적 해설은 각각의 구문론에서 설명이 되고, 여기서는 '대격'불변화사와 '존재'불변화사, 그리고 '관계'불변화사에 대한 구문론을 공부하기로 한다.

## 1. 대격 불변화사 אֵת

'대격 불변화사'(Accusative Particle) אֵת(or אֶת־; '~을, ~를')는 시(詩)에서 보다 주로 산문에서 사용되는 불변화사다. 이것은 모든 경우에 한정된 '대격' 실명사 앞에 위치하며, אֵת(or אֶת־)는 일반적으로 번역되지 않는다. 또한 이것은 한정적인 직접 목적어 표지 및 대격의 표지(nota accusativi)로 불린다. 즉 대격 목적어가 고유명사이거나 정관사를 가지거나, 또는 한정된 속격어가 오게 되는 경우에 국한되어 사용된다. אֶת־는 무강세이며, אֵת는 어조 장모음 ē이다. 그리고 욥 41:26에만 אֶֽת־로 나타나며, 경접미사 앞에서는 אֹת, אוֹת로 나타나며, 중접미사 앞에서는 אֶתְ로 나타난다.

| 인칭 | 단 수 | | 복 수 | |
|---|---|---|---|---|
| | 남 성 | 여 성 | 남 성 | 여 성 |
| 1 | אֹתִי me | | אֹתָנוּ us | |
| 2 | אֹתְךָ thee<br>אֹתָךְ (종지형) | אֹתָךְ thee | אֶתְכֶם you | --- |
| 3 | אֹתוֹ him | אֹתָהּ her | אֹתָם them<br>אֶתְהֶם (드뭄) | אֶתְהֶן them<br>אֹתָן (드뭄) |

### 1) 용법

#### ① 한정적인 직접목적어 앞에서

예) 창 1:1. 직역: 태초에 하나님이 그 하늘들을 그리고 그 땅을 창조하셨다.

| הָאָרֶץ | וְאֵת | הַשָּׁמַיִם | אֵת | אֱלֹהִים | בָּרָא | בְּרֵאשִׁית |
|---|---|---|---|---|---|---|
| D.NFS | C.O | D.NMD | O | NMP | VQAMZS | P.NFSG |
| 지 | 를 | 천 | | 하나님이 | 창조하시니라 | 태초에 |

**해설** 본문은 영어로 제 3형식의 문이다. 즉 「부사구(בְּרֵאשִׁית) + 동사(בָּרָא) + 주어(אֱלֹהִים) + 한정 목적어1(אֵת הַשָּׁמַיִם) + 한정 목적어2(אֵת הָאָרֶץ)」이다. 대격 불변화사 אֵת에 직접목적어(הַשָּׁמַיִם, הָאָרֶץ)가 2개 결합된 경우이다. 주어는 '존엄의 복

수'(majestic plural)를 나타내는 אֱלֹהִים이다. 따라서 '단수'동사(בָּרָא)가 왔다. 그리고 한정목적어인 הַשָּׁמַיִם은 「정관사 · הַ + שָׁמַיִם」이며, שָׁמַיִם(하늘)의 문법적 형태는 쌍수(Dual)이나 실제로는 '항구적 복수 or 확장의 복수'로 취급한다.

**② 가끔 비한정적 직접목적어 앞에서**

예) 왕상 12:31. 직역: 그리고 그가(여로보암) 높은 곳의 집(산당)을 만들었다. 그리고 그가 레위의 아들로부터 아닌 바 그 백성의 말단으로부터 제사장을 삼았다.

וַיַּעַשׂ אֶת־בֵּית בָּמוֹת וַיַּעַשׂ כֹּהֲנִים מִקְצוֹת הָעָם אֲשֶׁר לֹא־ הָיוּ מִבְּנֵי לֵוִי

NE P.NMSG VQACZP ABN R D.NMS P.NFPG NMP CW.VQIMZS NFP NMSG Q CW.VQIMZS

레위 자손 인 아니 백성으로 보통 제사장을 삼고 산 당 짓고

**해설** 본문은 2개의 '와우 미완료 계속법'(Waw Imperfect Consecutive)으로 나열되었다. 특히 한정적인 직접목적어를 유도하는 불변사 אֶת־가 비한정적인 대격인 בֵּית בָּמוֹת(산당; 무관사)를 유도한 드문 경우이다. 그리고 관계대명사 אֲשֶׁר의 선행사가 הָעָם(그 백성)이므로 '형용사절'을 나타낸다.

**③ 2개의 대명사적 목적어 앞에서**

예) 삼하 15:25. 직역: 만일 내가(다윗) 여호와 눈 안에서(or 앞에서) 은혜를 얻는다면, 그가 나를 곧 돌아가게 하실 것이며 나에게 그 궤와 그것의 거처를 곧 보이게 하실 것이다.

אִם־ אֶמְצָא חֵן בְּעֵינֵי יְהוָה וֶהֱשִׁבַנִי וְהִרְאַנִי אֹתוֹ וְאֶת־ נָוֵהוּ

NMS.MZS C.O O.MZS C.VHAMZS.CXS C.VHAMZS.CXS NE P.NFPG NMS VQICXS Q

그 계신 데를 그 궤와 내게 보이시리라 나를 인도하사 여호와 앞에서 은혜를 얻으면 만일

**해설** 본문은 '조건문'을 나타낸다. 즉 「전재 조건절(~ אִם־) + 귀결절(~ וְ)」의 형식이다. 접속사 אִם־은 '사실조건'(real condition; if; 만일 ~ 한다면)을 나타낸다. 접속사 וְ는 조건문의 '귀결절'(apodosis)을 유도한다. 그리고 한정적 대격 불변사 אֶת־는 2개의 목적어, 즉 동사 הִרְאַנִי가 대명사 접미사(נִי; 나를)와 '그것을'(אֹתוֹ; 법궤를) 등 2개의 목적어를 가질 때는 그 목적어에 대격 불변사 אֶת־를 붙인다. 그리고 조건절의 동사(אֶמְצָא; '내가

획득하다, 발견하다')의 미완료시상은 '단순 미래'(simple future)를 나타내며, 귀결절의 동사(הֶשְׁבַּנִי, הִרְאַנִי)의 '완료시상'은 '확실성'의 의미를 지닌 '예언적 완료상'(prophetic perfect)를 나타내므로, 곧 이루어질 것으로 생각되는 밝은 미래를 표현한다.

### ④ 부정사 절대형의 대명사 대격

부정사 절대형(Infinitive Absolute)은 명사의 대격을 지배하는데, 대격이 대명사일 경우에 '한정 대격 불변사'(אֵת)가 사용된다.

예) 렘 9:23. 직역: 그러나 자랑하는 자는 이것 안에서(or 으로) 자랑할 것이다. (곧) 지혜롭게 행하는 것 그리고 나를 아는 것을 (자랑할 것이다.)

| אוֹתִי | וְיָדֹעַ | הַשְׂכֵּל | הַמִּתְהַלֵּל | יִתְהַלֵּל | בְּזֹאת | אִם־ | כִּי |
|---|---|---|---|---|---|---|---|
| O.CXS | C.VQNA | VHNA | D.VTPAMS | VTIMZS | P.APDFS | Q | C |
| 나를 | 아는 것 | 깨닫는 것 | 자랑하는 자는 | 자랑할 | 이것으로 | | |

해설

본문은 영어로 제 3형식의 문이다. 즉 「부사구(בְּזֹאת) + 동사(יִתְהַלֵּל) + 주어(הַמִּתְהַלֵּל) + 목적어(הַשְׂכֵּל וְיָדֹעַ אוֹתִי)」이다. 접속사 כִּי는 본문에서 '반의 접속사'(adversative)로 사용되어(부정을 나타내는 문 뒤에서; 23절은 부정어 אַל 사용), 'but'의 의미를 나타내는데, 일반적으로 접속사 אִם과 함께 결합되어 사용된다. 주어(הַמִּתְהַלֵּל)는 분사능동형이 관사를 가지고 '독립적(명사적) 용법'을 나타내므로 '그 자랑하고 있는 자'를 나타낸다. 그리고 목적어는 2개의 부정사(הַשְׂכֵּל וְיָדֹעַ)로 사용되었다. 이 때 부정사들은 '명사적인 용법'을 나타낸다. 특히 '부정사 절대형' יָדֹעַ는 자체 목적어(대격)을 지배하는데 대명사 대격(1인칭; ◌ִי)을 지배하므로 '한정 대격 불변사' אוֹתִי가 사용되었다. 그리고 부사구(בְּזֹאת)에서 지시대명사 זֹאת는 뒤에 나오는 목적어(הַשְׂכֵּל וְיָדֹעַ)를 가리킨다.

### ⑤ 모호함을 피하기 위해

일반적으로 모호함을 피하기 위해 부정사 연계형(Infinitive Construct)과 함께 אֵת가 사용된다.

예) 창 4:15. 직역: 그리고 여호와께서 그를(가인) 발견하는 모든 자가 그를 죽이게 하지 않도록 표시를 가인에게 두었다.

| מֹצְאוֹ | כָּל־ | אֹתוֹ | הַכּוֹת־ | לְבִלְתִּי | אוֹת | לְקַיִן | יְהוָה | וַיָּשֶׂם |
|---|---|---|---|---|---|---|---|---|
| VQPA.MZS | NMSG | O.MZS | VHNG | P.ABN | NMS | P.NE | NE | CW.VQIMZS |
| 만나는 | 누구든지 | | 죽임을 | 면케 | 표를 | 가인에게 | 여호와 | 벌을 받으리라 |

**해설** 본문은 '와우 미완료 계속법'(Waw Imperfect Consecutive; 완료 시상)을 나타낸다. 부정어 לְבִלְתִּי는 '목적 또는 결과'를 부정하는 복합 부사이다(lest ~ should; ~ 하지 않도록). '부정사 연계형'(הַכּוֹת) 뒤에 대격으로 추정할 수 있는 대상이 2개 위치하고 있는데, 본문의 문맥상 '그(가인)와 그를 만나는 모든 자'이다. 여기서 '부정사 연계형'의 '동작의 주체'(주어)와 '동작을 받는 대상'(목적어)의 모호함을 피하고 동작의 '대상'(목적어)을 명확히 하기 위해 '한정 대격 불변사'를 사용하였다(אֹתוֹ). 그리고 그 동작의 주체인 מֹצְאוֹ는 분사의 '명사적 용법'(발견하는 자)을 나타내는 동시에 '대명사 3인칭 접미사'를 목적어로 취하므로 '동사적 용법'까지 나타내고 있다.

### ⑥ 지시대명사와 함께

'지시 대명사'(Demonstrative)sms 한정된 것으로 여겨지므로 동사의 목적어로 오게 될 때는 אֵת가 사용된다.

예) 삼하 13:17. 직역: 그리고 그가(암논), 너희는 이 여자를 나로부터 그 밖을 향해 제발 내어 보내라 그리고 너는 그녀 이후에(즉 그녀가 나간 후에) 그 문을 잠그라고 말했다.

| אַחֲרֶיהָ | הַדֶּלֶת | וּנְעֹל | הַחוּצָה | מֵעָלַי | זֹאת | אֶת־ | נָא | שִׁלְחוּ־ | וַיֹּאמֶר |
|---|---|---|---|---|---|---|---|---|---|
| P.FZS | D.NFS | C.VQMMYS | D.NMS.H | P.P.CXS | APDFS | O | Q | VQMMYP | CW.VQIMZS |
| 나간 후 | 문 | 빗장을 지르라 | 내어 | 나로부터 | 이 계집을 | | 제발 | 보내고 | 이르되 |

**해설** 본문은 '와우 미완료 계속법'(Waw Imperfect Consecutive; 완료 시상)을 나타내며, 간접화법의 형식으로 되어 있다. 명령법을 나타내는 2인칭 동사 שִׁלְחוּ־에 간청을 나타내는 '강세불변사' נָא가 결합되어 명령 혹은 요청을 강화시키고 있다. 즉 '제발 너희가 내어 보내라'이다. 그리고 이 동사의 목적어(대격)이 지시대명사 זֹאת(여성 단수)이므로 '한정 대격 불변사' אֶת־가 결합되었다. 그리고 전치사구 מֵעָלַי는 '위치의 עַל'(~ 위에, ~ 옆에, ~ 위로)에 전치사 מִן이 결합되어 '나로부터'이다. 그리고 הַחוּצָה는 「정관사+명사

(חוּץ; 바깥, 외부)+방향격 접미사(הָ ; ~향하여)」로 구성되었다(그 밖을 향해). 그리고 전치사구인 אַחֲרֶיהָ는 '그녀의 후에' 즉 '그녀(다말)가 밖으로 나간 후에'라는 의미이다.

### ⑦ 논리적 한정 명사와 함께

대격 명사가 문법적으로 비한정적이지만 어떤 논리적 한정성을 가지면 אֵת를 취한다. 예를 들면 명사 כֹּל(전체, 전부)은 어떤 한정성을 내포하며 한정명사처럼 취급된다.

예1) 창 1:21. 직역: 하나님이, 날개의(or 있는) 새의 모든 것을 그것의 종류에 따라 창조하셨다. 그리고 하나님이 보셨다 왜냐하면 (그것이) 좋았기 때문이다.

וַיִּבְרָא אֱלֹהִים ~ וְאֵת כָּל־ עוֹף כָּנָף לְמִינֵהוּ וַיַּרְא אֱלֹהִים כִּי־טוֹב

| כִּי־טוֹב | אֱלֹהִים | וַיַּרְא | לְמִינֵהוּ | כָּנָף | עוֹף | כָּל־ | וְאֵת | | אֱלֹהִים | וַיִּבְרָא |
|---|---|---|---|---|---|---|---|---|---|---|
| AMS C | NMP | CW.VQIMZS | P.NMS.MZS | NFS | NMSG | NMSG | C.O | | NMP | CW.VQMZS |
| 좋았더라 | 하나님의 | 보시기에 | 그 종류대로 | 날개있는 | 새 | 모든 | | | 하나님이 | 창조하시니 |

**해설** 본문은 2개의 '와우 미완료 계속법'(Waw Imperfect Consecutive; 완료 시상)으로 나열되어 있다. '새'(עוֹף כָּנָף)의 종류는 모두 날개를 가지므로 문법적으로 비한정적이다. 하지만 '새 종류'에 대한 하나님의 '창조성'을 부각시키기 위해서 한정성을 내포하는 כָּל־을 결합함으로써 '논리적 한정성'을 부여한 경우이다. 전치사구 לְמִינֵהוּ(그 종류에 따라)에 접두된 전치사 לְ는 '양식이나 방식'을 표현하는 기준(norm)에 사용되어 'according to'의 의미를 나타낸다. 즉, '그것(새)의 종류(מִין)에 따라서(לְ)'이다. כִּי־טוֹב는 '이유' 접속사(כִּי)에 형용사(טוֹב ־סמ)만이 결합된 구조이므로, 브사절 'because it is good'의 의미를 나타낸다. 그리고 כִּי는 명사절을 유도하는 that의 의미로 사용되는데( 헬라어 ὅτι와 같이), 명사절 'that it is good'의 의미로 보면, '목적'(purpose)의 의미로서 '그것이 좋았다는 것을 하나님이 보셨다'로 번역되며, '결과'(resultative)의 의미로서, '하나님이 보셨다. 그 결과 그것이 좋았다'로 번역된다.

### ⑧ 시간의 대격 앞에

예) 출 13:7. 직역: 무교병이 그 날들의 일곱(or 칠일) 동안에 먹어질 것이다 그리고 유교병은 너희에게 보여지지 않게 될 것이다.

מַצּוֹת יֵאָכֵל אֵת שִׁבְעַת הַיָּמִים וְלֹא־יֵרָאֶה לְךָ חָמֵץ

NMS P.MYS VNIMZS C.ABN D.NMP NFSG O VNIMZS NFP

유교병을 너희 있게하지 말며 일 칠 먹고 무교병을

**해설** 본문은 2개의 수동태 문장(니팔 어간)으로 연결되어 있다. 시간을 나타내는 הַיָּמִים שִׁבְעַת(칠일)은 대격(시간의 대격; '~하는 동안에')이므로 '한정 대격 불변사'가 결합되었다. 첫 문장에서 동사 יֵאָכֵל의 내적 주어는' 남성 3인칭 단수'(MZS)이다. 하지만 외적 주어는 '여성 복수'(מַצּוֹת; 무교병)가 왔다. 문법적으로 '성(性)·수(數)일치'가 되지 않는다. 하지만 출 29:2에서 מַצּוֹת(무교병)은 「מצּוֹת(NFP) לֶחֶם(NMSG)」라는 완전한 '연계 관계의 형태'로 나타난다. 따라서 주어와 동사의 일치법에 어긋나지 않는다.

### ⑨ 전치사로 유도되는 명사와 동격인 명사 앞에

예) 겔 14:22. 직역: 그리고 너희는 내가 예루살렘에 내리게 한 그 재앙 곧 내가 그 위에(예루살렘 위에) 내리게 한 바 모든 것 위에 위로를 받게 될 것이다

וְנִחַמְתֶּם עַל־הָרָעָה אֲשֶׁר הֵבֵאתִי עַל־יְרוּשָׁלַםִ אֵת כָּל־אֲשֶׁר הֵבֵאתִי עָלֶיהָ

P.FZS VHAXS R NMS O NE P VHACXS R D.NFS P C.VNAMYP

그 내린 모든 일에 예루살렘 에 내린 재앙 위로를 받을

**해설** 본문은 단순 1형식의 문이다. 즉 「동사(내적 주어) + 전치사구(전치사 עַל + 명사(הָרָעָה; 선행사) + 관계사절( ~ אֲשֶׁר) + 동격절( ~ אֵת כָּל־)」의 구조로 되었다. 여기서 '관계절의 선행사'(הָרָעָה)와 동격인 명사(כָּל־) 앞에 '한정 대격 불변사'(אֵת)가 결합되었다. 그리고 주동사 נִחַמְתֶּם의 완료시상은 '확실성'(certitude)을 나타내는 '예언적 완료'(prophetic perfect)로서, 잘 이루어질 것으로 생각되는 밝은 미래(a vivid future)를 표현한다.

## 2. 관계 불변화사

### 1) 관계 불변사 אֲשֶׁר

אֲשֶׁר는 굴절하지 않으며, 그 기원은 여전히 논란 중에 있다. אֲשֶׁר는 구문론적인 관점에서 볼 때, 일차적으로 '관계 접속사' '그'(that)로 사용되어 관계절에서 나타난다. 점차 '관계 접속사'는 '관계 대명사'로 인식되었다. 역사적으로 אֲשֶׁר는 B.C. 10세기까지 히브리어는 '관계 대명사'의 용법을 갖지 않고 '관계 부호'(nota relationis)로서 사용했는데, 이 말은 폐용이 된 아캇드어 명사 'ašar'(place, locale, setting)에서 나온 말이다.

### ① 관계 접속사로 사용

예) 렘 28:9. 직역: 평화를 예언하는 그 선지자는 그 예언자의 말이 들어간 때에 여호와께서 그를 보내신 그 선지자임을 진리에 의하여 알게 될 것이다.

| הַנָּבִיא | יִוָּדַע | הַנָּבִיא | דְּבַר | בְּבֹא | לְשָׁלוֹם | יִנָּבֵא | אֲשֶׁר | הַנָּבִיא |
|---|---|---|---|---|---|---|---|---|
| D.NMS | VNIMZS | D.NMS | NMSG | P.VQNG | P.NMS | VNIMZS | R | D.NMS |
| 선지자로 | 알게되리라 | 그 예언자의 | 말이 | 응한 후에 | 평화를 | 예언하는 | | 선지자는 |

| בֶּאֱמֶת | יְהוָה | שְׁלָחוֹ | אֲשֶׁר־ |
|---|---|---|---|
| P.NFS | NE | VQAMZS.MZS | R |
| 진실로 | 여호와의 | 보내신 | |

**해설**

본문은 관계절이 2개인 제1형식문이다. 즉「선행사(הַנָּבִיא) + 관계절( ~ אֲשֶׁר) + 전치사구(בְּבֹא דְּבַר הַנָּבִיא; 그 선지자의 말이 들어간 때에) + 주동사(יִוָּדַע; 수동태) + 선행사(הַנָּבִיא) + 관계절( ~ אֲשֶׁר־)」이다. 여기서 2개의 אֲשֶׁר는 각각 '관계 접속사' that(그)의 의미로 나타난다. 즉 '평화를 예언하는 그 선지자'와 '여호와께서 진리의 수단으로 보내신 그 선지자'이다. 그리고 '부정사 연계형'(בֹּא; 가다, 으다)에 결합된 전치사 בְּ는 부정사나 명사절과 함께 사용되어 '시점'(point of time)을 나타낸다. 그리고 부정사 연계형 뒤에 위치한 '연계 관계' 명사구(דְּבַר הַנָּבִיא)는 부정사의 '의미상의 주어'(그 선지자의 그 말씀이)를 나타낸다. 주동사(יִוָּדַע)의 주어는 '평화를 예언하는 그 선지자'이며, '평화'에 결합된 전치사 לְ는 '목적어'(대격)의 대용어로서 사용되어 יִנָּבֵא의 목적어이다. '진리'에 결합된 전치사 בְּ는 수동태문에서 '동인'(agent)의 의미인 'by'를 나타낸다. 즉 '진리에 의하여'이다. 그리고 '예언하다'(נָבָא) 동사는 구약 성경 전체에서 '재귀형태'(니팔-단순 재귀, 히트파엘-강의 재귀)로만 사용되었다.

### ② 관계 대명사로 인식

관계 접속사는 점차 선행사 없이 독립적으로 사용되는 관계 대명사로 인식되었다.

예) 민 22:6. 직역: 내가 그를 그 땅으로부터 쫓아낼 것이다. 왜냐하면 너가 축복하는 자는 복을 받음을 알 것이기 때문이다. 그리고 너가 저주하는 자는 저주를 받게 할 것이기 때문이다.

וַאֲגָרְשֶׁנּוּ מִן־הָאָרֶץ כִּי יָדַעְתִּי אֵת אֲשֶׁר־תְּבָרֵךְ מְבֹרָךְ וַאֲשֶׁר תָּאֹר יוּאָר

| יוּאָר | תָּאֹר | וַאֲשֶׁר | מְבֹרָךְ | תְּבָרֵךְ | אֲשֶׁר־ | אֵת | יָדַעְתִּי | כִּי | הָאָרֶץ | מִן־ | וַאֲגָרְשֶׁנּוּ |
|---|---|---|---|---|---|---|---|---|---|---|---|
| VOIMZS | VQIMYS | C.R | VUPP | VPIMYS | R | O | VQACXS | C | D.NFS | P | C.VPICXS.MZS |
| 저주를 받을 | 저주하는 | 자는 | 복을 받고 | 복을 비는 | 자는 | | 내가 앎 | | 이 땅에서 | | 몰아 내리라 |

**해설** 본문은 복문(complex sentence)이다. 즉 「주절(אֲגָרְשֶׁנּוּ מִן־הָאָרֶץ) + '이유' 종속절(כִּי 이하 ~)」이다. 그리고 종속절은 2개의 관계절( 선행사없이 독립적으로 사용된 אֲשֶׁר가 절을 이끔)이 병렬되어 있다. 여기서 앞의 אֲשֶׁר는 동사 יָדַעְתִּי의 '한정 대격 불변사' אֵת에 의해 유도되어 '한정적 목적어'로 사용되었다. 즉 ' ~하는 자'로 번역된다. 그리고 두 번째 אֲשֶׁר는 '사역 수동'(호팔) 동사 יוּאָר(저주를 받게 하다)의 '주어'(너가 저주하는 자는)로 사용되었다.

### ③ 관계 대명사로 사용

정상적인 '관계 대명사'의 의미는 관계 대명사 אֲשֶׁר의 일반적인 용법을 참고.

## 2) 관계 불변화사 שַׁ / שֶׁ

אֲשֶׁר와 שֶׁ는 관계사(that)로서 관계 대명사가 되기 이전의 단계를 나타낸다. 특히 שֶׁ는 팔레스틴 북부와 후기 히브리어에서 최초로 관계 대명사로 사용되었다. 그러나 שֶׁ는 굴절을 하지 못하므로 하나의 불변화사(a Particle)로 간주되었으며, 그 용법은 אֲשֶׁר와 유사하다. 이것은 전도서, 시편 등 후기의 성경에 나타난다. 그 용법은 다음과 같다.

### ① 관계 대명사로 사용

예) 시 144:15. 직역: 이같이 그에게 있는 그 백성의 그 복은 여호와가 그의 하나님이신 그 백성의 복이다.

| אֱלֹהָיו | שֶׁיְהוָה | הָעָם | אַשְׁרֵי | לוֹ | שֶׁכָּכָה | הָעָם | אַשְׁרֵי |
|---|---|---|---|---|---|---|---|
| NMP.MZS | R.NE | D.NMS | NMPG | P.MZS | R.AB | D.NMS | NMPG |
| 자기 하나님 | 여호와를 | 백성은 | 복이 있도다 | | 이러한 | 백성은 | 복이 있나니 |

**해설** 본문은 '명사 문장'으로 2개의 관계절로 되어 있으며, 문법적으로 2형식의 문이다. 즉 「주부(אַשְׁרֵי הָעָם שֶׁכָּכָה לּוֹ) + 술부(אַשְׁרֵי הָעָם שֶׁיְהוָה אֱלֹהָיו)」이다. 주부에서 중심어는 주어(אַשְׁרֵי)이며 '연계 구문'(그 백성의 그 복)으로 되어 있으며, 관계 대명사 שֶׁ의 선행사이며 '그 백성'(הָעָם)이며 관계절(שֶׁכָּכָה לּוֹ; 명사문)을 이끈다. 술부에서 중심어는 술어동사인데 생략되어 있는 경우이다. 주격보어는 '그 백성의 복'(אַשְׁרֵי הָעָם)을 나타내며, 관계 대명사 שֶׁ의 선행사이기도 하다. 특히 본문의 '복'(אַשְׁרֵי)으로 표현된 이 명사는 언제나 '남성 복수 연계형' אַשְׁרֵי로 나오며, ' ~는 복되도다(or 복이 있도다)' 라고 번역할 수 있다.

### ② 명사절을 유도

명사절을 유도하는 'that'의 의미를 나타낸다.

예) 전 2:13. 직역: 그리고 나는 그 어두움보다 그 빛의 그 탁월함(이 있는 것)같이 그 어리석음보다 그 지혜에게 탁월함이 있다는 것을 보았다.

| מִן־הַחֹשֶׁךְ | הָאוֹר | כִּיתְרוֹן | מִן־הַסִּכְלוּת | | לַחָכְמָה | יִתְרוֹן | שֶׁיֵּשׁ | אֲנִי | וְרָאִיתִי |
|---|---|---|---|---|---|---|---|---|---|
| D.NMS P | D.NMS | P.NMSG | D.NFS | P | P.D.NFS | NMS | R.NS | NPCXS | C.VQACXS |
| 어두움 보다 | 빛이 | 뛰어남같아 | 우매 | 보다 | 지혜가 | 뛰어남이 | | 내가 | 보건대 |

**해설** 본문은 복문(complex sentence) 형식이다. 즉 「주절(רָאִיתִי אָנִי) + 종속절(명사절; 목적절; שֶׁיֵּשׁ이하~)」이다. '관계불변사' שׁ,이하의 절은 주동사 רָאִיתִי의 '목적어'를 나타내는 '명사절'(that~ 절)을 나타낸다. 그리고 실명사 יֵשׁ는 존재(existence)를 표현하는 'there is'(~ 이다, 있다, 존재하다)의 의미를 가진다. 그리고 명사 앞에 위치한 전치사 מִן은 '비교'(than; ~ 보다)의 의미를 가진다. 즉 '어리석음 보다'(מִן־הַסִּכְלוּת), '그 어두움

보다'(מִן־הַחֹשֶׁךְ) 등이다.

### ③ '결과'의 종속절을 유도

'결과'(result)의 'that'을 나타낸다.

예) 아 5:9. 직역: 가장 사랑하는 자들보다, 여자들 가운데 가장 아름다운 여자(= 너)의 가장 사랑하는 자는 무엇인가? 가장 사랑하는 자보다 너의 가장 사랑하는 자가 무엇이기에 (그 결과) 이와 같이 너는 우리에게 맹세하는가?

| הִשְׁבַּעְתָּנוּ | שֶׁכָּכָה | מִדּוֹד | דּוֹדֵךְ | מַה־ | בַּנָּשִׁים | הַיָּפָה | מִדּוֹד | דּוֹדֵךְ | מַה־ |
|---|---|---|---|---|---|---|---|---|---|
| VHAMYS.CXP | R.AB | P.NMS | NMS.FYS | T | P.D.NFP | D.AFS | P.NMS | NMS.FYS | T |
| 부탁하는가 | 이같이 | 사랑하는 | 자보다 | 무엇이 | 여자 중 | 어여쁜 | | 사랑하는자가 | 무엇인가 |

**해설** 본문은 2개의 의문대명사로 병렬된 의문문이다. 특히 2번째 의문문은 '관계 불변사' שֶׁ(that)가 유도하는 '결과' 종속절을 이끄는 복문(complex sentence) 구조인 「주절(מַה־דּוֹדֵךְ מִדּוֹד) + 종속절('결과'를 나타냄; )」으로 되어 있다. 그리고 הַיָּפָה는 '정관사'를 가진 '한정 형용사'에 의해 '최상급'으로 표현된다. 즉 '가장 아름다운'이다. 그리고 앞의 의문문에서 דּוֹדֵךְ(너의 가장 사랑하는 자)에서 2인칭 대명사 접미사 ךְ.. (너)는 뒤에 위치한 הַיָּפָה בַּנָּשִׁים(그 여자들 가운데 가장 아름다운 여자)와 서로 '선제적 동격'(Anticipative Apposition)을 나타낸다. 즉 '대명사 접미사'(ךְ.. ;너)가 자신의 지시 대상(הַיָּפָה בַּנָּשִׁים)과 '동격 관계'에 있으며, 그 지시 대상보다 앞에 위치하는 것을 말한다. '대명사 접미사'는 일반적으로 번역할 때 생략되기도 한다. 참고로, 명사 דּוֹד는 자체 사전적 의미가 최상급의 의미인 '가장 사랑하는 자'를 나타낸다.

### ④ '원인'(이유)의 종속절을 유도

이유(causal)를 나타내어 'because'의 의미를 나타낸다.

예) 전 2:18. 직역: 그리고 나는 내가 그 해아래서 수고한 나의 모든 수고를 증오하였다. 왜냐하면 내 이후에 존재할 그 사람에게 내가 그것을 놓아두게 될 것이기 때문이다.

| שֶׁאַנִּיחֶנּוּ | הַשָּׁמֶשׁ | תַּחַת | עָמֵל | שֶׁאֲנִי | עֲמָלִי | כָּל־ | אֶת־ | אֲנִי | וְשָׂנֵאתִי |
|---|---|---|---|---|---|---|---|---|---|
| R.VHICXS.MZS | D.NFS | P | AMS | R.NPCXS | NMS.CXS | NMSG | O | NPCXS | C.VQACXS |
| 끼치게 됨이라 | 해 | 아래서 | 수고한 | 나의 | 수고를 | 모든 | | 내가 | 한하였노니 |

| אַחֲרָי | שֶׁיִּהְיֶה | לָאָדָם |
|---|---|---|
| P.CXS | R.VQIMZS | P.D.NMS |
| 내 뒤를 | 이을 | 자에게 |

**해설** 본문은 3개의 '관계 불변화사' שֶׁ가 사용된 복문(complex sentence)을 나타낸다. 즉 「주절( ~ וְשָׂנֵאתִי) + '이유'종속절( ~ שֶׁאַנִּיחֶנּוּ)」이다. 그리고 이 구조를 더 세분화시키면, '주절'이 「주절( ~ וְשָׂנֵאתִי) + 형용사절( ~ שֶׁאֲנִי)」, '종속절'이 「주절( ~ אַנִּיחֶנּוּ) + 형용사절( ~ שֶׁיִּהְיֶה)」의 구조가 된다. 그리고 주절 내( ~ שֶׁאֲנִי)의 '관계 불변화사' שֶׁ는 '관계 대명사'로 사용되어 선행사가 '나의 모든 수고'(כָּל־ עֲמָלִי)이며, '이유 종속절' 내( ~ שֶׁיִּהְיֶה)의 '관계 불변화사' שֶׁ역시 '관계 대명사'로 사용되어 선행사가 '그 사람'(הָאָדָם)을 나타낸다. 그리고 종속절( ~ שֶׁאַנִּיחֶנּוּ)을 나타내는 '관계 불변화사' שֶׁ는 '이유'(원인)을 나타내므로 'because'의 의미로 사용되었다.

## 3. 존재 불변화사 יֵשׁ

יֵשׁ는 원래 명사로서, 어떤 대상이나 특성의 존재나 현존에 주의를 환기시키는 불변화사로 사용된다. 즉 'being, existence'(존재), 'wealth'(재산), 'there is(are)'(이다, 있다) 등의 의미를 지닌다. 용법은 다음과 같다.

### 1) 명사의 기능

예) 잠 8:21. 직역: 나를 사랑하는 자들이 재물을 상속받게 하기 위해서 내가 그들의 창고들을 채울 것이다.

| אֲמַלֵּא | וְאֹצְרֹתֵיהֶם | יֵשׁ | אֹהֲבַי | לְהַנְחִיל |
|---|---|---|---|---|
| VPICXS | C.NMP.MZP | NS | VQPAAMP.CXS | P.VHNG |
| 채우게 | 그 곳간에 | 재물을 | 나를 사랑하는 자 | 얻어서 |

**해설** 본문은 3형식의 문이다. 한 문장으로 되어 있다. 이유는 주동사(אֲמַלֵּא)의 목적어인 וְאֹצְרֹתֵיהֶם(그들의 창고들)에 결합된 접속사 וְ는 우가릿어·아랍어·에디오피아어에서와 같이 וְ접속사가 문체상(stylistic) 들어가 있는 경우로 보기 때문이다(저자의 소견). 그리고 연계형 부정사(לְהַנְחִיל)에 접두된 전치사 לְ는 '목적'(purpose)을 나타낸다. 즉 '상속받게 하기 위하여'(Hiphil 어간)이다. 분사 אֹהֲבַי(나를 사랑하는 자들)는 '명사적 용법'을 나타내므로 '부정사 연계형'(לְהַנְחִיל)의 '의미상의 주어' 기능을 하며, 존재 불변화사 יֵשׁ는 문맥상 명사의 기능을 하므로(재물), '부정사 연계형'(לְהַנְחִיל)의 목적어(대격)로 사용된 경우이다. 따라서 「יֵשׁ אֹהֲבַי לְהַנְחִיל」는 하나의 '부정사구' 즉 주동사를 수식하는 '부사구'를 이루고 있다.

## 2) '존재'의 실명사 기능

יֵשׁ는 '존재'(existance)를 나타내는 실명사의 기능을 하므로, 'there is(are)'의 의미로 사용된다.

예) 창 18:24. 직역: 만일 그 성 가운데에 의인 오십 명이 존재하는 것이 아니라면 실로 당신이 훱쓸어 가실 것입니까?

| תִּסְפֶּה | הַאַף | הָעִיר | בְּתוֹךְ | צַדִּיקִם | חֲמִשִּׁים | יֵשׁ | אוּלַי |
|---|---|---|---|---|---|---|---|
| VQIMYS | T.C | D.NFS | P.NMSG | AMP | ANCP | NS | AB |
| 멸하시고 | | 그 성 | 중에 | 의인 | 오십이 | 있을 | 지라도 |

**해설** 본문은 '조건'을 나타내는 복문(complex sentence)이다. 즉 「조건부사절(~ אוּלַי: '비록 ~이 아니라면') + 주절(~ הַאַף תִּסְפֶּה; 의문문)」이다. 불변화사 יֵשׁ는 본문에서 '존재'의 실명사로 기능하므로 'there is(are)'의 의미로 사용된다. '의인 오십 명'(צַדִּיקִם חֲמִשִּׁים)은 '존재 불변화사' יֵשׁ의 '주어'의 기능을 한다. 복수형 형용사 צַדִּיקִם는 '명사적 용법'으로 '의로운 자들'(의인들)을 의미한다. 주절의 문두에 붙은 의문사 הֲ는 '의문 부호'(question mark; ? )를 나타낸다.

## 3) '소유'의 실명사 기능

יֵשׁ는 전치사 לְ와 함께 사용되어 '소유'(possesion)의 의미로 사용된다.

예) 창 44:20. 직역: 그리고 우리가 나의 주께, 우리가 노인인 아비와 노년의 어린 아이인 작은 자를 가지고 있으며 그의 형은 죽었다라고 말하였다.

| מֵת | וְאָחִיו | קָטָן | זְקֻנִים | וְיֶלֶד | זָקֵן | אָב | לָנוּ | יֶשׁ־ | אֲדֹנִי | אֶל־ | וַנֹּאמֶר |
|---|---|---|---|---|---|---|---|---|---|---|---|
| VQAMZS | C.NMS.MZS | AMS | NMP | C.NMSG | AMS | NMS | P.CXP | NS | NMS.CXS | P | CW.VQICXP |
| 죽고 | 그의 형은 | 소년 | 노년에 | 얻은 아들 | 노인 | 아비가 | 우리에게 | 있으니 | 내 주 | 께 | 고하되 |

**해설**

본문은 '와우 미완료 계속법'(Waw Imperfect Consecutive; 과거 시상)을 나타내는 문이며, '간접 화법' 형식으로 되어 있다. '존재 불변화사'인 יֵשׁ는 본문에서 전치사 לְ와 함께 사용되어, '소유'의 의미로 사용되었다. 즉 「יֶשׁ־לָנוּ」(우리가 소유하고 있다)이다. 그리고 זָקֵן와 אָב는 서로 『종류(species; אָב)+부류(genus; זָקֵן)』의 동격'으로 사용되었다. 그리고 קָטָן과 יֶלֶד זְקֻנִים 역시 서로 『종류(species; אָב)+부류(genus; זָקֵן)』의 동격'으로 사용되었다. 여기서 יֶלֶד זְקֻנִים는 '연계 관계'에 있는 명사구이다. '지소사'가 접미된 형용사 קָטָן는 '명사적 용법'을 나타내므로 '가장 작은 자'를 의미한다.

### 4) 분사의 대명사 주어의 유도

יֵשׁ는 때때로 분사의 '의미상의 주어'인 '대명사 접미사'를 유도하기 사용된다. 이것을 '술어적 용법'(predicative usage)이라 한다. 특히 이 용법은 하나의 의도(의향)를 표현할 때 '조건 접속사' אִם(만일 ~한다면) 뒤에 빈번하게 나타난다.

#### ① 분사의 대명사 주어 유도

예) 신 13:4. 직역: 왜냐하면 너희 하나님 여호와께서, 너희가 너희 마음의 모든 것과 너희 영혼의 모든 것으로 너희 하나님 여호와를 사랑하는가?를 알기 위하여 너희를 시험하고 있기 때문이다.

| אֶת־יְהוָה | אֹהֲבִים | הֲיִשְׁכֶם | לָדַעַת | אֶתְכֶם | אֱלֹהֵיכֶם | יְהוָה | מְנַסֶּה | כִּי |
|---|---|---|---|---|---|---|---|---|
| NE O | VQPAMP | T.NS.MYP | P.VQNG | O.MYP | NMP.MYP | NE | VPPA | C |
| 여호와를 | 사랑하는 | 여부를 | 알려 하사 | 너희를 | 너희 하나님 | 여호와께서 | 시험하심 | |

| נַפְשְׁכֶם | וּבְכָל־ | לְבַבְכֶם | בְּכָל־ | אֱלֹהֵיכֶם |
|---|---|---|---|---|
| NFS.MYP | C.P.NMSG | NMS.MYP | P.NMSG | NMP.MYP |
| 성품을 | 다하여 | 너희가 마음을 | 다하고 | 너희 하나님 |

**해설** 본문은 4절 전반부에 대한 '이유절'( ~ כִּי; 왜냐하면 )로 표현된 문이다. 분사 מְנַסֶּה (시험하는)는 이유절의 술어 역할을 한다(즉 명사문). 그리고 יְהוָה과 אֱלֹהֵיכֶם는 동격으로 분사 מְנַסֶּה의 '주어'를 나타낸다. 연계형 부정사에 접두된 전치사 לְ는 '목적'( ~ 하기 위하여)을 나타내며, 분사 מְנַסֶּה를 수식한다. 그리고 הֲיִשְׁכֶם에서 '존재 불변화사' יֵשׁ는 분사 אֹהֲבִים(사랑하는 자들) '의미상의 주어'인 '2인칭 남성 복수'(כֶם)를 유도한다. 즉 '너희가 사랑하는가?'이다. 여기서 분사는 '서술적 용법으로 사용되었다. 그리고 הֲיִשְׁכֶם 이하의 명사문은 부정사 לָדַעַת의 '목적어'를 나타내는 문이다. 그리고 2개의 בְּכָל־에서 전치사 בְּ는 '수단·도구'를 나타내지만, 본래의 의미로 하면, "너희의 온 영혼 안에서, 너희의 온 마음 안에서"이다.

## ② 분사의 대명사 주어의 의도(의향)

예) 창 24:42. 직역: 바라건대 만일 당신이 그것(우물)으로 인해 행하는 바 나의 길을 형통하게 하실 의향이라면,

| עָלֶיהָ | הֹלֵךְ | אָנֹכִי | אֲשֶׁר | דַּרְכִּי | מַצְלִיחַ | נָּא | יֶשְׁךָ־ | אִם־ |
|---|---|---|---|---|---|---|---|---|
| P.FZS | VQPA | NPCXS | R | NMS.CXS | VHPA | Q | NS.MYS | C |
| 그것으로 | 행하는 | 나의 | | 길에 | 형통함을 | 주실 | 진대 | |

**해설** 본문은 조건절(אִם־ ; 만일 ~ 한다면)을 나타낸다. 여기서 '존재 불변화사' יֵשׁ가 접속사 אִם־뒤에서 분사 מַצְלִיחַ(형통하게 하는)의 '의미상의 주어'(2인칭 남성 단수; ךָ; 여호와)를 유도하며, 그 '주어의 의향(의도)'를 표현한다. 여기서 분사 מַצְלִיחַ(형통하게 하는)는 '서술적 용법'으로 사용되었고 목적어( דַּרְכִּי; '나의 길')을 가지고 있다. 그리고 '관계 대명사' אֲשֶׁר의 선행사 역시 דַּרְכִּי(나의 길)이며, 형용사절을 나타낸다. 관계 대명사가 이끄는 형용사절의 술어는 '분사'(הֹלֵךְ)이며, 이 문은 '명사문'을 나타낸다. 전치사구 עָלֶיהָ(그것으로 인해)에서 '접미사'(3인칭 여성 단수; הָ)는 42절 전반부에 있는 '우물'( הָעַיִן)을 지시한다.

### 5) '의무'의 실명사 기능

יֵשׁ가 '의무'의 '부정사 연계형'과 함께 사용되어 '의무'(obligation)를 표현한다.

예) 왕하 4:13. 직역: 너를 위하여 행할 것이 무엇이냐? 그 왕 또는 그 군대의 장관에게 너를 위하여 (확실히) 말해야만 하는 것이 있느냐?

| הַצָּבָא | שַׂר | אֶל־ | אוֹ | הַמֶּלֶךְ | אֶל־ | לָךְ | לְדַבֶּר־ | הֲיֵשׁ | לָךְ | לַעֲשׂוֹת | מֶה |
|---|---|---|---|---|---|---|---|---|---|---|---|
| D.NMS | NMSG | P | C | D.NMS | P | P.FYS | P.VPNG | T.NS | P.FYS | P.VQNG | APT |
| 군대 | 장관 | 에게 | | 왕 | 에게 | | 구할 것이 | 있느냐 | 너를 | 하라 | 어떻게 |

**해설** 본문은 2개의 의문문으로 나열되어 있으며, 둘 다 명사문의 구조로 되어 있다. 즉「의문문1( ~ מֶה) + 의문문2( ~ הֲיֵשׁ)」로 되어 있다. 의문문1은 술어 동사 없는 명사문이며, 「전치사 לְ + 부정사 연계형(עֲשׂוֹת)」이 문장의 '주어'(주격)가 된 경우이다. 즉 לַעֲשׂוֹת이 문의 '주어'이며, 의문대명사 מֶה(what)가 '주격보어'인 경우이다. 의문문2에서 '부정사 연계형'(לְדַבֶּר־)은 '존재 불변화사' יֵשׁ의 주어이며, 앞에 접두된 הֲ는 '의문부호'(?)를 나타낸다. 여기서 부정사 연계형에 접두된 전치사 לְ는 '산물의 לְ'로서 이 전치사가 붙는 '부정사 연계형'(דַּבֵּר)은 동작을 반드시 해야하거나, 반드시 행해져야 하는 동작을 가리킨다. 즉 '의무'(obligation)을 표현한다. 따라서 '의무'의 의미를 지니는 '부정사 연계형' 앞에 יֵשׁ가 위치하여 역시 '의무'를 표현한다.

### 6) '생략'의 의미

יֵשׁ는 화법 형식의 문에서, '생략'(elliptic)의 경우에 사용된다. 즉 יֵשׁ는 생략된 하나의 전체 문장을 의미한다.

예) 삼상 9:12. 직역: 그리고 그녀들(소녀들)이 그들에게 더답하였다 그리고 그녀들이, 있습니다. 보소서! 당신 앞에, 이제 서둘러야 합니다 라고 말했다.

| עַתָּה | מַהֵר | לְפָנֶיךָ | הִנֵּה | יֵשׁ | וַתֹּאמַרְנָה | אוֹתָם | וַתַּעֲנֶינָה |
|---|---|---|---|---|---|---|---|
| AB | VPMMYS | P.NMP.MYS | J | NS | CW.VQIFZP | O.MZP | CW.VQIFZP |
| 이제 | 빨리가소서 | 당신보다 앞 | 보소서 | 있나이다 | 가로되 | 그들에게 | 대답하여 |

**해설**

본문은 2개의 '와우 미완료 계속법'(Waw Imperfect Consecutive; 완료 시상)으로 나열되어 있는 문이다. 그리고 두 번째 '와우 미완료 계속법'은 간접화법 형식을 보여주는데, 즉 יֵשׁ이하는 피전달부(명사절)로서 전달동사(תֹּאמַרְנָה)의 목적어 기능을 한다. 여기서 존재 불변화사 יֵשׁ는 앞의 11절의 사울의 일행이 소녀들에게 말한 물음("선견자가 여기에 있느냐?")에 대한 소녀들의 대답, 즉 "선견자가 여기에 있나이다"라는 대답 전체 문장을 의미한다. 따라서 본문의 יֵשׁ는 '선견자가 여기에'라는 구절이 생략되어 있음을 나타낸다.

### 7) 부재의 אֵין

יֵשׁ는 '존재'의 불변화사는 장소 속의 존재 즉 '현존'(있다, there is ~ )을 표현한다. 그러나 부정 부사 אֵין은 장소에서의 비존재, 즉 '부재'(없다, there is no ~ )를 표현한다.

예) 창 37:29. 직역: 그리고 르우벤이 그 구덩이로 돌아갔다. 그리고 보라! 요셉이 그 구덩이 안에 없었다 그리고 그는 그의 겉옷들을 찢었다.

| בְּגָדָיו | אֶת־ | וַיִּקְרַע | בַּבּוֹר | יוֹסֵף | אֵין־ | וְהִנֵּה | הַבּוֹר | אֶל־ | רְאוּבֵן | וַיָּשָׁב |
|---|---|---|---|---|---|---|---|---|---|---|
| NMP.MZS | O | CW.VQIMZS | P.D.NMS | NE | NSG | C.Q | D.NMS | P | NE | CW.VQIMZS |
| 옷을 | | 찢고 | 거기 | 요셉이 | 없는지라 | 본즉 | 구덩이에 | | 르우벤이 | 돌아와서 |

**해설**

본문은 2개의 '와우 미완료 계속법'(Waw Imperfect Consecutive; 완료 시상)으로 나열되어 있는 문이다. 본문에서 연계구조의 실명사로 분해된 אֵין은 부존재(there is no ~ )의 의미를 지닌다.

# Ⅸ. 부사

명사, 대명사 또는 동사 외에, 부사, 전치사, 접속사 및 감탄사를 불변화사(particles)라고 한다. 이들 불변화사의 부류들을 정확히 구분하는 것은 때론 쉽지가 않다. 그 이유는 동일한 단어가 부사와 전치사로 사용될 수 있기 때문이다.

부사는 동사를 수식할 뿐만 아니라 형용사나 다른 부사도 수식하며, 또한 경사•대명사•부사구•절 그리고 문장 전체를 수식하는 등의 역할을 한다. 따라서 히브리어의 부사는 여러 가지 방식들로 표현된다.

## 1. 부사의 표현 방식

### 1)「전치사 + 실명사」

실명사에 전치사( לְ בְּ כְּ מִן 등)가 결합되어 부사적으로 표현된다.

| |
|---|
| בִּמְאֹד(매우, 크게), בֶּאֱמֶת(진실로, 정말로), לְבַד(홀로), לְבַדִּי(나 홀로; 접미사와 함께 사용), לְעֻמַּת / מִלְעֻמַּת( ~에 가까운, ~에 상응하는, ~와 비슷한), מִבַּיִת(안으로부터), כְּאֶחָד(하나같이, 함께) 등등 |

예) 창 2:18. 직역: 그리고 여호와 하나님이, 그 사람이 그 자신 홀로 있는 것이 좋지 않다 내가 그를 위하여 그의 상대자(베필) 같이 돕는 자를 만들 것이다. 라고 말씀하셨다.

וַיֹּאמֶר יְהוָה אֱלֹהִים לֹא־טוֹב הֱיוֹת הָאָדָם לְבַדּוֹ אֶעֱשֶׂה־לּוֹ עֵזֶר כְּנֶגְדּוֹ

P.P.MZS NMS P.MZS VQICXS P.NMS.MZS D.NMS VQNG AMS ABN NMP NE CW.VQIMZS

베필을 돕는 그를 지으리라 독 사람의 처하는 좋지 못하니 하나님이 여호와 하시니라

**해설** 본문은 '와우 미완료 계속법'(Waw Imperfect Consecutive; 완료 시상)을 나타내며, 간접화법 형식을 보여주고 있다. 즉「전달동사(יֹּאמֶר) + 주어(발언자; יְהוָה אֱלֹהִים) + 듣는 이(생략) + 피전달부( ~ לֹא־טוֹב)」이다. 그리고 피전달부에서 부정사(הֱיוֹת; 있는 것, 존재하는 것)가 문의 '주어' 역할하며, לֹא־טוֹב는 '주격보어'역할을 한다. 여기서 '그 사람'(הָאָדָם)은 부정사의 의미상의 주어가 되며, '그 홀로'(그 자신 홀로; לְבַדּוֹ)는 실명사 בַּד(분리, 부분, 홀로)에 '3인칭 대명사 접미어'(וֹ)가 결합된 부사로서 부정사(הֱיוֹת)를 수식하고 있다. 참고로, '돕는 베필'(עֵזֶר כְּנֶגְדּוֹ)로 번역된 구에서 כְּנֶגְדּוֹ는 '그와 동등한'의 의미를 가진다. 즉 하나님은 여자를 창조하실 때 본래 남자와 '동등한 존재'이며(종속된 존재가 아닌) '남자를 돕는 조력자'로 창조하셨다는 의미이다.

## 2) 대격의 실명사

| מְאֹד(매우), אֶפֶס(그 이상 ~하지 않다), הַיּוֹם(오늘), מָחָר(내일), יַחַד(함께),<br>סָבִיב / סְבִיבִים / סְבִיבוֹת(주변에, 둘레에), כְּבָר(벌써, 오래 전에; 전도서에서만 사용),<br>עוֹד(다시 or 더 멀리에) 등등 |
|---|

예) 전 3:15. 직역: 오래 전에 있었던 그것이 그것(הוּא)이다. 그리고 오래 전에 있었던 것이 있었다 그리고 그 하나님은 뒤에 있는 것(즉 지나간 것)을 찾으실 것이다.

מַה־שֶּׁהָיָה כְּבָר הוּא וַאֲשֶׁר לִהְיוֹת כְּבָר הָיָה וְהָאֱלֹהִים יְבַקֵּשׁ אֶת־נִרְדָּף

VNPP O VPIMZS C.D.NMP VQAMZS AB P.VQNG C.R ADMS AB R.VQAMZS ABT

지난 것을 찾으시니라 하나님은 있었나니 옛적에 장래에 있을 그것이 옛적에 있었고

**해설** 본문은 3개의 등위절(coordinate clause)로 병렬되어 있다. 그리고 첫 대등절에서 옛 관계사인 שֶׁ מָה는 '그것'(that which, the thing which)을 표현하는 어구이다. 그리고 관계대명사 אֲשֶׁר는 선행사 없이 ' ~ 한 것'(that which, what)을 의미하며 명사절(문의 주어)을 유도한다. 따라서 אֲשֶׁר이하 명사절은 동사 הָיָה의 주어의 역할을 한다. 그리고 כְּבָר는 원래 '시간의 대격'을 나타내는 실명사로서 부사로 사용된 경우이다.

### 3) 형용사들

> רַב(많이, 상당히), מַר(쓰라리게), רָחוֹק(멀리에서), רִאשֹׁנָה(처음으로, 이전에; לָרִאשֹׁנָה와 בָּרִאשֹׁנָה가 더 흔하게 사용된다), הַרְבֵּה וְרַבַּת(많이), שֵׁנִית(두번째로), יְהוּדִית(유대인의 언어로), נִפְלָאוֹת(아주, 놀랍도록) 등등

예) 사 33:7. 직역: 볼찌어다 그들의 용사들이 밖을 향하여 날카로운 소리를 지를 것이고 평화의 사자들이 쓰라리게 통곡할 것이다.

הֵן אֶרְאֶלָּם צָעֲקוּ חֻצָה מַלְאֲכֵי שָׁלוֹם מַר יִבְכָּיוּן

| יִבְכָּיוּן | מַר | שָׁלוֹם | מַלְאֲכֵי | חֻצָה | צָעֲקוּ | אֶרְאֶלָּם | הֵן |
|---|---|---|---|---|---|---|---|
| VQIMZP | AMS | NMS | NMPG | NMS.H | VQACZP | NMS.MZP | J |
| 곡하며 | 슬피 | 평화의 | 사신들이 | 밖에서 | 부르짖으며 | 용사가 | 보라 |

**해설**

본문은 단순 중문(compound sentence)형식이다. 즉 2개의 문장이 접속사없이 단순 병렬되어 있다. 첫 문장에서 동사 צָעֲקוּ의 주어는 אֶרְאֶלָּם(그들의 용사들)이며, 두 번째 문장에서 동사 יִבְכָּיוּן의 주어는 מַלְאֲכֵי שָׁלוֹם(평화의 사자들)이다. 그리고 명사 חוּץ에 '방향의 어미'(locale He)가 결합되어 '밖을 향하여'로 번역된다. 그리고 형용사 מַר는 동사 יִבְכָּיוּן를 수식하는 부사(쓰라리게)로 사용되었다.

### 4) 부정사 절대형(히필어간)

부정사 절대형이 어떤 정동사와 연결되어, 어떤 동작이나 상태가 일어난(or 일어나고 있는) 양태 혹은 부대상황을 보다 자세히 기술하기 위하여 '부사적 대격'으로 사용된다. 특히 시간과 장소와 관련되어 나타난다.

> הַרְבֵּה(많이, 다양하게), לְהַרְבֵּה(무수한; 후대에 드물게 사용), הַשְׁכֵּם(초기의, 이른), הַעֲרֵב(저녁에), הַשְׁלֵךְ(멀리 던져지게), הַסְתֵּר(몸을 숨겨, 세상을 등져), הַשְׂכֵּיל(명철로) 등등

예) 렘 22:19. 직역: 그는(여호야김 왕) 질질 끌려서 예루살렘의 성문 밖으로 내던져져서 나귀의 매장지에 매장될 것이다.

| יְרוּשָׁלִָם | לְשַׁעֲרֵי | מֵהָלְאָה | וְהַשְׁלֵךְ | סָחוֹב | יִקָּבֵר | חֲמוֹר | קְבוּרַת |
|---|---|---|---|---|---|---|---|
| NE | P.NMPG | P.AB | C.VHNA | VQNA | VNIMZS | NMS | NDSG |
| 예루살렘을 | 문 | 밖에 | 던지우고 | 끌려 | 당하리라 | 나귀같이 | 매장함을 |

**해설** 본문은 영어의 1형식 문장(수동태 문장)과 같은 형식이다. 즉 「'장소의 대격'(부사; קְבוּרַת חֲמוֹר: '나귀의 매장지에') + 동사(יִקָּבֵר; 수동어간) + '방법의 부사'(סָחוֹב וְהַשְׁלֵךְ; '질질 끌려서 멀리 던져지게') + 전치사구(מֵהָלְאָה לְשַׁעֲרֵי יְרוּשָׁלִָם)」이다. 문두에 위치한 '장소의 대격'은 동사(יִקָּבֵר; 매장당하다)의 행위가 일어나는 장소를 말하는데, 이 범주는 논쟁의 여지가 있다. 그리고 2개의 부정사 절대형 중 히필어간의 הַשְׁלֵךְ는 '부사적 대격'(부사; 멀리 던져지게)을 나타내며, 나머지 부정사 절대형인 סָחוֹב 역시 '방법'(manner)을 나타내는 '부사적 대격'(adverbial accusative)으로 사용된다. 즉 '질질 끌려서'이다.

## 5) 대명사와 수사

* 대명사: זֶה(여기서, 이 장소에), הֵנָּה(여기로; 장소), עַד־הֵנָּה(지금까지; 시간), עֲדֶנָּה / עֲדֶן(지금까지; 후대에 드물게 사용);
* 기수: 횟수를 표현하는 수를 위해 동사를 수식하는 부사로 사용.
 예) אַחַת(한 번), שְׁתַּיִם(두 번), שָׁלֹשׁ(세 번). 이 용법은 '횟수, 번'(פַּעַם; 여성 명사)이 생략된 것.
* 서수: 횟수를 표현하기 위해 동사를 수식하는 부사로 사용.
 예) שֵׁנִית(두 번째로), בַּשְּׁבִעִית(일곱 번째로). 여기서도 פַּעַם이 내포되어 있다.

예1) 시 71:17. 직역: 하나님이여! 당신은 어려서부터 지금까지 나를 가르치셨고 나로 당신의 기이한 일들을 전하게 하였나이다.

| נִפְלְאוֹתֶיךָ | אַגִּיד | וְעַד־הֵנָּה | מִנְּעוּרָי | לִמַּדְתַּנִי | אֱלֹהִים |
|---|---|---|---|---|---|
| VNPFP.MYS | VHICXS | AB C.P | P.NMP.CXS | VPAMYS.CXS | NMP |
| 주의 기사를 | 전하였다 | 지금까지 | 어려서부터 | 나를 교훈하셨 | 하나님이여 |

**해설** 본문은 2개의 3형식 문장으로 등위접속사(וְ) 없이 병렬되어 있다. 앞 문장에서 אֱלֹהִים은 호격(vocative case; 하나님이여!)으로 사용되었다. 호격은 명사에 정관사(הַ)를 사용하여 표현하는데, 여기서 '엘로힘'(여호와 하나님)을 고유명사로 취급하여 관사없이 '호격'으로 취급하였다. 그리고 עַד־הֵנָּה(지금까지)는 시간을 나타내는 부사로 사용된다. 여기서 הֵנָּה는 that을 의미하는 지시대명사이다.

예2) 왕상 18:44. 직역: 그리고 그 일이 일곱 번째에 일어났다. 곧 그가(엘리야의 사환), 보소서! 사람의 손 같은 작은 먹구름이 그 바다에서 올라 왔습니다라고 말했다.

| מִיָּם | עֹלָה | אִישׁ | כְּכַף־ | קְטַנָּה | עָב | הִנֵּה־ | וַיֹּאמֶר | בַּשְּׁבִעִית | וַיְהִי |
|---|---|---|---|---|---|---|---|---|---|
| P.NMS | VQPAFS | NMS | P.NFSG | AFS | NMS | Q | CW.VQIMZS | P.D.ANOF | CW.VQIMZS |
| 바다에서 | 일어나 | 사람의 | 손만한 | 작은 | 구름이 | | 저가 고하되 | 일곱 번째 | 이르러서는 |

**해설** 본문은 2개의 '와우 미완료 계속법'(Waw Imperfect Consecut ve)으로 나열되었으며, 두 번째 와우 미완료 계속법은 '간접화법'형식을 나타낸다. 그리고 「וַיְהִי」 구문은 LXX 역에서 καὶ ἐγένετο와 γένετο로 번역되며, '~ 이 일어났다, ~ 이 되었다, ~ 이 발생했다'(it came to pass ~ )라는 의미를 가진다. 그리고 וַיֹּאמֶר의 접속사 וַ는 구문상 '설명적 와우'(explicative waw)로 사용되어 'namely, to wit'의 의미를 가진다. 그리고 두 번째 '와우 미완료 계속법'의 구조는 간접화법의 형태로, 「 '발언자'(יֹּאמֶר동사의 내적 주어; 3인칭 남성 단수; 엘리야의 사환) + '전달동사'(יֹּאמֶר) + '듣는 이'(생략; 엘리야) + '피전달부'( ~ הִנֵּה־ 이하)」의 구조로 되있다.

## 2. 대표적인 부사들

### 1) גַּם

#### ① 부가의 גַּם

גַּם은 '부가 or 추가'(addition)를 나타내어, 'also'(또한)의 의미로 사용된다. 이것은 뒤 따르는 단어 또는 절과 결합되기도 한다. 그리고 관용어로, גַּם( וְ ) … גַּם은 'both … and'(둘 모두 … 그리고 또한)을 의미한다.

예) 룻 2:21. 직역: 그리고 모압여인 룻이 또한 “그가 나에게 (있는) 그 소년들과 함께 나에게 말했다”라고 말했다.

וַתֹּאמֶר רוּת הַמּוֹאֲבִיָּה גַּם כִּי־ אָמַר אֵלַי עִם־הַנְּעָרִים אֲשֶׁר־ לִי

P.CXS R D.NMP P P.CXS VQAMZS C AB D.AGeFS NE CW.VQIFZS

내 소년들 에게 내게 이르기를 또 모압여인 룻 가로되

**해설** 본문은 ‘와우 미완료 계속법’(Waw Imperfect Consecutive; 과거 시상)을 나타내며, 직접화법을 표현하고 있다. 즉 「전달동사(תֹּאמֶר) + 주어(רוּת הַמּוֹאֲבִיָּה) + 피전달부(כִּי־이하)」이다. 여기서 접속사 כִּי־는 ‘직접화법’ 형식에서 ‘피전달부’(명사절)을 유도한다. 주어 רוּת과 הַמּוֹאֲבִיָּה의 관계는 「‘종류(species)+부류(genus)」의 동격’을 표현한다. 즉 앞의 명사(רוּת)보다 뒤의 명사(הַמּוֹאֲבִיָּה)가 보다 전문적인 용어를 나타낸다. 그리고 גַּם은 ‘부가(추가; also)’를 나타내는 부사이다.

### ② 강조의 גַּם

גַּם이 은 뒤에 오는 단어들에 큰 의미가 있음을 나타내는 ‘강조’(emphatic)의 의미로 사용된다. 즉 ‘even, just’(조차도, 정말로)의 의미로 사용된다.

예) 삼상 24:12. 직역: 그리고 나의 아버지 당신은(사울왕) 보소서 정말로 내 손 안에 (있는) 당신의 옷깃을 보소서 그 이유는 내가 당신의 옷깃을 잘랐기 때문입니다.

וְאָבִי רְאֵה גַּם רְאֵה אֶת־כְּנַף מְעִילְךָ בְּיָדִי כִּי בְּכָרְתִי אֶת־כְּנַף מְעִילְךָ

NMS.MYS NFSG O P.VQNG.CXS C P.NFS.CXS NMS.MYS NFSG O VQMMYS AB VQMMYS C.NMS.CXS

겉옷 자락만 베었은즉 내손에 있는 왕의 옷 자락을 보소서 보소서 내 아버지여

**해설** 본문은 ‘요청’을 나타내는 2인칭 명령법형식으로 표현되었다. 명령법의 주어인 ‘2인칭 남성 단수’(당신은)과 אָבִי는 ‘동격’이다. 원래 이 동격은 ‘선제적 동격’(anticipative apposition)을 의미하는데, 즉 대명사 접미사(2인칭 남성 단수)가 동격어(אָבִי)인 지시 대상보다 앞에 온다. 하지만 본문은 둘의 위치가 도치되어 지시 대상인 동격어(אָבִי)가 강조되어 있다. 그리고 부사 גַּם은 명령 동사 רְאֵה를 강조하는 부사이다. 즉 ‘정말로 당신이 보시길 요청합니다’이다. 그리고 접속사 כִּי는 ‘이유’(원인)을 나타내는데, 다윗이 사울왕을 옷자락을 보기 원하는 이유를 말해준다. 즉 사울 당신을 죽이지 않고 칼로 겉옷의 일부인 옷깃만을 잘라 죽음을 면케했다는 것이다.

### ③ 수사적인 גַּם

גַּם은 수사적인(rhetorical) 용법으로도 사용된다. 즉 '그래(yes), 실로'로 번역된다.

예) 욥 21:7. 직역: 악인들이 살아가고 있으며 늙으며 실로 힘이 강한 것이 무엇때문인가?

| חָיִל | גָּבְרוּ | גַּם־ | עָתְקוּ | יִחְיוּ | רְשָׁעִים | מַדּוּעַ |
|---|---|---|---|---|---|---|
| NFS | VQACZP | AB | VQACZP | VQIMZP | AMP | AB |
| 세력이 | 강하냐 | | 수를 늘이고 | 살고 | 악인이 | 어찌 |

**해설** 본문은 욥기서의 특징인 '신정론'(Theodicy)에 대한 문제를 보여주는 문이다. 주어인 רְשָׁעִים는 형용사 רָשָׁע(도덕적으로 '악한')의 복수형으로 '명사적 용법'을 나타낸다. 즉 '악한 자들'이다. 본문은 3개의 동사들로 접속사 없이 병렬되어 있다 첫 번째 동사(יִחְיוּ)는 '미완료'시상으로 '현재나 과거의 미완료된 동작'(incompleted action)을 나타내므로 '과거부터 쭉 존재하며 지금도 살아가고 있음'을 표현한다. 나머지 동사들(עָתְקוּ, גָּבְרוּ)은 상태동사(늙다, 강하다)의 '완료'시상이므로 '현재의 상태'를 나타낸다 즉 악인들은 '지금도 년수를 더해가며 살고 있고 거기에 더해 힘도 강하다'는 의미이다. 여기서 부사 גַּם־은 수사적인 의미로 표현되었다. 즉 '실로'

### ④ 상관적인 גַּם

גַּם은 상관적(correlative)인 것을 나타내어, 'on one's part'(~의 편에)의 의미로 사용된다. 특히 동사의 주어에 주의를 집중시켜 다른 것들과 차별을 두는데 사용된다.

예) 삼상 1:28. 직역: 그리고 나는(한나) 내 편에서 모든 날 동안(평생에) 여호와께 그(사무엘)로 하여금 간구하게 할 것입니다 그는 여호와께 간구하게 될 것입니다.

| לַיהוָה | שָׁאוּל | הוּא | הָיָה | אֲשֶׁר | הַיָּמִים | כָּל־ | לַיהוָה | הִשְׁאִלְתִּהוּ | אָנֹכִי | וְגַם |
|---|---|---|---|---|---|---|---|---|---|---|
| P.NE | VQPP | NPMZS | VQAMZS | R | D.NMP | NMSG | P.NE | VHACXS.MZS | NPCXS | C.AB |
| 여호와께 | 드리나이다 | | | | 그의 ~생 | 평 | 여호와께 | 드리되 | 나도 | 그러므로 |

**해설** 본문은 주절과 종속절(형용사절)로 이루어진 복문(complex sentence)이다. 즉 「주절(~ גַּם אָנֹכִי) + 종속절(~ אֲשֶׁר이하)」이다. 여기서 부사 גַּם는 뒷 단어와 결합되어 동

사의 주어인 '한나 자신'(אָנֹכִי; 1인칭)에 주의를 집중하게 하는 '상관적인 것'을 나타낸다. 즉 '내 편에서'이다. 그리고 연계 관계에 있는 כָּל־הַיָּמִים는 '시간의 지속'을 표현하는 '대격'으로 '모든 날 동안'(평생 동안)의 의미이다. 그리고 כָּל־הַיָּמִים는 관계대명사 אֲשֶׁר의 선행사로서 기능을 한다. 따라서 선행사와 함께 직역하면, '그가 여호와께 간구하게 될 모든 날 동안에'이다. 여기서 수동분사(שָׁאוּל)에 'הָיָה'(become; 완료시상)가 결합되어 '동작의 진행'을 강조함과 동시에 '완료시상'을 사용하였으므로, '확실성'을 나타내는 '예언적 완료상'(prophetic perfect), 즉 잘 이루어질 것으로 생각되는 밝은 미래(a vivid future)를 표현하고 있다.

### ⑤ 양보의 גַּם

גַּם이 양보절을 유도하기도 하므로, 'although, even though'(비록 ~일지라도, ~이긴 하지만)의 의미로 사용된다. 또한 접속사 כִּי와 결합하여 같은 뜻으로 사용되기도 한다.

예) 사 1:15. 직역: 그리고 너희가 너희 손들을 (강하게) 펼 때에 내가 너희들로부터 나의 눈을 가리게 할 것이다 비록 너희가 기도를 많이 할지라도 내가 듣지 아니할 것이다.

וּבְפָרִשְׂכֶם כַּפֵּיכֶם אַעְלִים עֵינַי מִכֶּם גַּם כִּי־ תַרְבּוּ תְפִלָּה אֵינֶנִּי שֹׁמֵעַ

| שֹׁמֵעַ | אֵינֶנִּי | תְפִלָּה | תַרְבּוּ | כִּי־ | גַּם | מִכֶּם | עֵינַי | אַעְלִים | כַּפֵּיכֶם | וּבְפָרִשְׂכֶם |
|---|---|---|---|---|---|---|---|---|---|---|
| VQPA | NS.CXS | NFS | VHIMYP | C | AB | P.MYP | NFD.CXS | VHICXS | NFD.MYP | C.P.VPNG.MYP |
| 듣지 | 아니하리니 | 기도 | 많이할지라도 | | | | 눈을 | 가리우고 | 손을 | 펼 때에 |

**해설** 본문은 2개의 주절에 1개의 종속절(양보 부사절)로 이루어진 혼합문(compound-complex sentence)이다. 즉 「주절1( ~ בְּפָרִשְׂכֶם) + '양보' 종속절( ~ גַּם כִּי־) + 주절2(אֵינֶנִּי שֹׁמֵעַ)」이다. 그리고 전치사구(בְּפָרִשְׂכֶם; '너희가 펼 때에')에서 '부정사 연계형'(פְּרֹשׂ)은 전치사(בְּ)가 결합되어 있음으로 '명사'의 기능을 하며, 대명사 접미사를 목적어(כֶם)로 취하였음으로 '동사'의 기능을 하고 있다. 그리고 부사 גַּם는 접속사 כִּי־와 결합하여 '양보'(비록 ~할지라도) 부사절을 유도한다. 그리고 אֵינֶנִּי는 '부정불변사'(אַיִן; there is no ~)와 대명사 접미사 נִי(1인칭)가 결합된 형태이다.

## 2) אַף

부사 אַף는 산문에 드물게 사용되며, 주로 운문에서 흔히 발견된다.

### ① 부가의 אַף

부사 אַף는 '부가'(addition)의 의미로 사용되어 자신 뒤에 오는 단어나 절이 '추가' 또는 '부가'의 의미를 나타낸다. 즉 'also, moreover'(또한, 더욱이)로 번역된다.

예) 창 40:16. 직역: 그리고 그가(빵 굽는 관원장) 요셉에게, 나 또한 내 꿈속에 (있었다; 즉 꿈을 꾸었다) 그리고 보니 흰 빵의 세 바구니가 내 머리 위에 (있었다)

וַיֹּאמֶר אֶל־יוֹסֵף אַף־אֲנִי בַּחֲלוֹמִי וְהִנֵּה שְׁלֹשָׁה סַלֵּי חֹרִי עַל־רֹאשִׁי

| NMS.CXS | P | NMS | NMPG | ANCFS | C.Q | P.NMS.CXS | NFCXS | C | NE | P | CW.VQIMZS |
|---|---|---|---|---|---|---|---|---|---|---|---|
| 내 머리에 | | 흰떡 | 광주리가 | 세 | 보니 | 꿈에 | 나 | 도 | 요셉에게 | | 이르되 |

**해설** 본문은 '와우 미완료 계속법'(Waw Imperfect Consecutive; 과거 시상)을 나타내며, 간접화법 형식을 띠고 있다. 즉「전달 동사(יֹּאמֶר) + 내적주어(발언자; 빵 굽는 관원장) + 듣는 이(요셉에게) + 피전달부( ~ אַף־אֲנִי)」이다. 여기서 부사 אַף는 뒤에 오는 인칭대명사(אֲנִי)에 '부가'(추가)의 의미를 부여한다. 즉 '나 또한'이다. 그리고 '피전달부'에 해당하는 절은 2개의 명사문(즉 동사 술어가 생략된 문)로 병렬되어 있다. 즉 [첫 명사문: '나 또한 나의 꿈 안에서'(있었다-생략)] 그리고 [둘째 명사문: '보라. 흰 빵의 바구니 세 개가 나의 머리 위에' (있었다-생략)]이다.

### ② 강조의 אַף

부사 אַף는 '강조'(emphatic)를 나타내어 'even'( ~ 조차, 참으로)의 의미로 사용되기도 하며, 의문문에서 '기대'에 반대되는 것을 지적한다.

예) 욥 40:8. 직역: 참으로 너는(욥) 나의 판결을 깨뜨리게 하며 너가 의롭다 하기 위하여 나로(여호와)하여금 사악하게 하려고 하느냐?

הַאַף תָּפֵר מִשְׁפָּטִי תַּרְשִׁיעֵנִי לְמַעַן תִּצְדָּק

| VQMYS | P.P | VHIMYS.CXS | NMS.CXS | VHIMYS | T.C |
|---|---|---|---|---|---|
| 의롭다 | 하려하여 | 나를 불의하다 | 내 심판을 | 폐하려냐 | 어찌 |

**해설** 본문은 문두에 의문부호 הֲ(?)를 사용하므로 의문문을 나타낸다. 또한 등위 접속사

(וְ)없이 2개의 대등문으로 병렬되었다. 그리고 문두에 위치한 부사 אַף는 '강조'를 나타내어 의문문에서 '기대'에 반대되는 것을 나타낸다. 즉 여호와 앞에서 겸손하며 순전한 사람이어야 할 욥이 여호와의 기대에 조금도 미치지 못하는 교만하고 불의한 사람임을 지적하는 내용이다. 그리고 복합 전치사 לְמַעַן는 '목적'( ~ 하려고, ~을 하기 위하여)을 표현한다.

### ③ 수사적인 אַף

부사 אַף는 운문에서 수사적인(rhetorical)인 용법으로도 사용된다. 즉 '예 or 실로'으로 번역된다.

예) 시 65:14. 직역: 목초지가 그 양떼로 둘러 싸였다 그리고 골짜기는 곡식으로 뒤덮였다 그들은 즐거운 소리를 외칠 것이다 그들은 실로 노래할 것이다.

| יָשִׁירוּ | אַף־ | יִתְרוֹעֲעוּ | בָר | יַעַטְפוּ־ | וַעֲמָקִים | הַצֹּאן | כָרִים | לָבְשׁוּ |
|---|---|---|---|---|---|---|---|---|
| VQIMZP | C | VTIMZP | NMS | VQIMZP | C.NMP | D.NFS | NMP | VQACZP |
| 노래하나 | 또 | 즐거이 | 곡식이 | 덮여으매 | 골짜기에 | 양떼가 | 초장에는 | 입혔고 |

해설

본문은 등위접속사(וְ)없이 4개의 대등문으로 병렬되어 있다. 첫 번째 동사 לָבְשׁוּ의(둘러싸다, 옷을 입다) 주어는 כָרִים(목초지)이며, '그 양떼'(הַצֹּאן)는 '대격'을 나타낸다. 두 번째 동사 יַעַטְפוּ(덮다, 싸다)의 주어는 עֲמָקִים(골짜기)이며, '곡식'(בָר)은 '대격'을 나타낸다. 4번째 동사(יָשִׁירוּ) 앞에 위치한 부사 אַף는 본문에서 수사적인 표현(yes 또는 실로)을 나타낸다.

### ④ אַף כִּי

부사 אַף는 접속사 כִּי와 결합하여 '얼마나 더'(how much ~ more), '얼마나 덜'(how much ~ less)라는 의미로 사용된다.

예) 잠 11:31. 직역: 보라! 의인은 이 땅에서 보응을 받게 될 것이다 하물며 죄인과 악인은 얼마나 더 하겠는가

| וְחוֹטֵא | רָשָׁע | כִּי־ | אַף | יְשֻׁלָּם | בָּאָרֶץ | צַדִּיק | הֵן |
|---|---|---|---|---|---|---|---|
| C.VQPA | AMS | C | AB | VUIMZS | P.D.NFS | AMS | J |
| 죄인 | 악인 | | 하물며 | 보응을 받고 | 이 세상에서 | 의인이 | 보라 |

**해설** 본문은 댓구법 형식으로 된 문이다. 즉 의인과 악인 및 죄인과의 대조형식이다. 형용사 צַדִּיק(의로운)는 명사적 용법으로 사용되어(의인) 동사 יְשֻׁלָּם의 주어가 된다. 그리고 '의인'과 대조되는 형용사 רָשָׁע(사악한)역시 명사적으로 '악인', 분사 חוֹטֵא(죄를 짓다, 빗나가다) 역시 명사적 용법으로 사용되어 '죄인'으로 번역된다. 그리고 부사 אַף는 접속사 כִּי와 결합하여 '얼마나 더'(how much ~ more)라는 의미의 수사학적 표현을 나타낸다. 특히 동사 שָׁלַם은 긍정적인 의미에서 '보상'과 부정적인 의미에서 심판적 '보응'이라는 의미를 함께 내포하므로, 본문은 의인도 이 세상에서 보응을 받는데, 당연히 악인과 죄인은 얼마나 더 많은 보응을 받게 될것인가라고 수사학적 표현을 하고 있다.

### 3) אַךְ

#### ① 제한적 אַךְ

부사 אַךְ는 뒤에 오는 단어나 절이 문맥에서 예외적이거나 제한적임을 나타낼 때 사용된다. 즉 'only'(단지)의 의미로 사용되며, 절과 결합하여 'however'(그러나)의 의미를 표현한다.

예) 창 9:4. 직역: 그러나 너희는 그것의 생명인 그것의 피와 함께 고기를 결코 먹지 말라.

| תֹאכֵלוּ | לֹא | דָמוֹ | בְּנַפְשׁוֹ | בָּשָׂר | אַךְ־ |
|---|---|---|---|---|---|
| VQIMYP | ABN | NMS.MZS | P.NFS.MZS | NMS | AB |
| 먹지 | 말것이니라 | 피채 | 그 생명되는 | 고기를 | 그러나 |

**해설** 본문은 영어로 3형식 문이다. 즉 「내적주어(2인칭복수; 너희는) + 동사(תֹאכֵלוּ) + 목적어(בָּשָׂר) + 부사적 수식어(בְּנַפְשׁוֹ דָמוֹ)」이다. 또한 본문은 동사가 미완료를 사용하여 '강한 명령'문으로 표현되었으며, 여기에 강한 부정어 לֹא를 사용하여 십계명과 같은 '계율적 금지 명령'(결코 ~하지 말라)을 나타내고 있다. 그리고 부사적 수식어에서 נַפְשׁוֹ(그것의 생명)와 דָמוֹ(그것의 피)는 동격이다. 즉 '그것'(בָּשָׂר; 고기 또는 육체)의 피는 '그것'(בָּשָׂר; 고기 또는 육체)의 생명이다. 신 12:23에서, '그 피는 그 생명이다'(הַנָּפֶשׁ

הַדָּם הוּא; the blood is the life, 이 문장에서 인칭대명사 הוּא는 '계사'의 기능을 한다)라고 하였다. 그리고 נַפְשׁוֹ에 접두된 전치사 בְּ는 '동반'(accompaniment)의 의미로 사용되어 'with'로 번역된다. 따라서 בְּנַפְשׁוֹ דָמוֹ는 '고기의 영혼인 피와 함께'로 번역된다. 그리고 문두에 위치한 부사 אַךְ־는 뒤의 명령문과 결합하여 'however'(그러나)의 의미를 표현한다. 즉 너희가 모든 고기를 먹을 수가 있으나 그 고기의 생명이 되는 '피'는 먹지 말고 땅에 물처럼 쏟아 붓도록 제한을 두었다는 것이다.

### ② 단언적 אַךְ

부사 אַךְ는 '확실성'의 단언적(asseverative)인 표현에 사용되어, 'surely'(확실히)의 의미를 나타낸다(surely=nothing else than).

예) 삼상 16:6. 직역: 그들이(장로들과 이새와 그의 아들들) 왔을 때에 그가(사무엘) 엘리압을 보게 되었다. 그리고 그가 확실히 그의 기름부은 자가 여호와 앞에 (있다)라고 말했던 일이 일어났다.

| מְשִׁיחוֹ | יְהוָה | נֶגֶד | **אַךְ** | וַיֹּאמֶר | אֱלִיאָב | אֶת־ | וַיַּרְא | בְּבוֹאָם | וַיְהִי |
|---|---|---|---|---|---|---|---|---|---|
| NMS.MZS | NE | P | AB | CW.VQIMZS | NE | O | CW.VQIMZS | P.VQNG.MZP | CW.VQIMZS |
| 기름부으실 자 | | 앞에 | 과연 | 이르기를 | 엘리압을 | | 보고 | 그들이 오매 | |

**해설**

본문은 3개의 '와우 미완료 계속법'(Waw Imperfect Consecutive; 과거 시상)으로 나열되었다. 특히 본문은 「וַיְהִי + 시간부사구 + 직설법」 구문을 나타내는데, 즉 LXX에서 「καί ἐγένετο + 시간부사구 + καί 직설법 」(and it came to pass ~ ; ~ 이 되었다, ~ 이 발생했다, ~ 이 일어났다) 구문을 표현한다. 따라서 「וַיְהִי + 시간부사구(בְּבוֹאָם; 그들이 왔을 때에) + καί 직설법(וַיַּרְא אֶת־אֱלִיאָב); 그가 엘리압을 보았다」 구문을 나타낸다. 그리고 시간부사구(בְּבוֹאָם)는 '시간'을 나타내는 전치사 בְּ + '부정사연계형'+ '부정사의 의미상의 주어'(남성3인칭복수; 그들이)의 구문을 나타낸다. 그리고 세 번째 와우계속법이 이끄는 절에서 부사 אַךְ는 '확실성'에 기반을 둔 단언적인 표현을 나타내므로, 주어인 '사무엘' 자기 자신의 생각에 '기름부으실 자'(왕)가 '다윗'이 아닌 엘리압에 대해 확실성을 두고 단언한 표현이다.

## 4) רַק

### ① 제한적 רַק

부사 רַק는 '제한'(restrictive)을 나타내어, 'only'(단지)의 의미로 사용되며, 뒤에 절(節)과 결합하여 'however'(그러나)의 의미로 사용된다. 또한 אַךְ와 결합하여 나타나기도 한다.

예) 창 41:40. 직역: 너는 내 집 위에 존재할 것이다 그리고 나의 모든 백성이 너의 입에 따라서 입을 맞출 것이다. 나는 너보다 오로지 왕좌만이 더 높을 것이다.

| מִמֶּךָּ | אֶגְדַּל | הַכִּסֵּא | רַק | עַמִּי | כָּל־ | יִשַּׁק | פִּיךָ | וְעַל־ | בֵּיתִי | עַל־ | תִּהְיֶה | אַתָּה |
|---|---|---|---|---|---|---|---|---|---|---|---|---|
| P.MYS | VQICXS | D.NMS | AB | NMS.CXS | NMSG | VQIMZS | NMS.MYS | C.P | NMS.CXS | P | VQIMYS | NPMYS |
| 너보다 | 높음이 | 보좌 | 뿐이니라 | 내 백성 | 다 | 복종하리 | 네 명 | | 내 집을 | 치리 | 하리라 | 너는 |

**해설**

본문은 3개의 절로 병렬되어 있다. 첫 번째 절에서 인칭대명사 אַתָּה는 주동사 תִּהְיֶה의 '내적주어'(2인칭남성단수; '너는' 즉 요셉)를 강조하고 있다. '내 집 의에 존재한다'는 것은 '내 집을 통치한다'는 의미이다. 두 번째 절에서 '내 집 위에'(עַל־פִּיךָ)에서 전치사 עַל는 본문에서 '기준'(norm)을 나타내어 'in accordance with'( ~에 따라서, 일치하여), 'on the basis of'( ~ 에 기초하여)라는 의미를 가진다. 따라서 '내 입에 따라서 입을 맞춘다는 것은 내 입에 나오는 말(즉 '요셉의 명령')이 기준이 되어, 애굽 백성들이 그에 따라 입을 맞추겠다 즉 복종하겠다라는 의미이다. 세 번째 절은 자동사의 비교급을 나타내는 문이다. 즉 형용사 대신 자동사가 비교의 속성을 표현한다. 즉「자동사(אֶגְדַּל) + מִן + 비교대상(ךָ)」이다. 동사 גָּדַל은 자동사이다. 즉 '크다, 높다, 위대하다'이다.

### ② 단언적 רַק

부사 רַק는 '확실성'을 단언하는 의미로 사용되어 'nothing but'(오직, 그저 ~일뿐인), 'surely'(확실히)의 의미를 표현한다.

예) 삿 14:16. 직역: 그리고 삼손의 아내가 그의 곁에서 통곡하였다 그리고 그녀는, 당신은 나를 확실히 미워했으며 당신은 나를 사랑하지 않았어요라고 말했다.

| אֲהַבְתָּנִי | וְלֹא | שְׂנֵאתַנִי | רַק־ | וַתֹּאמֶר | עָלָיו | שִׁמְשׁוֹן | אֵשֶׁת | וַתֵּבְךְּ |
|---|---|---|---|---|---|---|---|---|
| VQAMYS.CXS | C.ABN | VQAMYS.CXS | AB | CW.VQIFZS | P.MZS | NE | NFSG | CW.VQIFZS |
| 사랑치 | 아니 | 나를 미워할 | 뿐이요 | 가로되 | 그앞에서 | 삼손의 | 아내가 | 울며 |

**해설** 본문은 2개의 '와우 미완료 계속법'(Waw Imperfect Consecutive; 과거 시상)으로 나열되었으며, 간접 화법 형식을 보여 주고 있다. 특히 두 번째 '와우 미완료 계속법'의 구문은 '간접화법' 즉「발언자(삼손의 아내) + 전달동사(תֹּאמֶר) + 듣는 이(생략; 삼손) + 피전달부( ~ רַק־)」의 구조로 되어 있다. 여기서 부사 רַק־는 '확실성'을 단언하는 의미로 사용되었다. 즉 남편인 삼손이 아내인 자신을 확실하게 미워하고 있다고 단언하고 있다. 그리고 피전달부에서 동사들이 과거시상인 이유는 주동사인 תֹּאמֶר가 '과거'시상(와우 미완료 계속법)을 나타내기 때문이다(영어의 시제 일치).

### ③ 예외적 רַק

부사 רַק 는 부정어(לֹא; not) 뒤에 사용되어 '예외적'(exceptive)이거나 '한정적'(limitative)인 것을 나타낸다. 즉 'except'( ~ 외에는), 'but only'(하지만)의 의미로 사용된다.

예) 왕하 17:18. 직역: 그리고 그가(여호와) 그들을 그의 얼굴로부터 벗어나게 하여 유다 지파 외에는 (곧) 오직 그것(유다)만이 남아 지게 되었다.

וַיְסִרֵם מֵעַל פָּנָיו לֹא נִשְׁאַר רַק שֵׁבֶט יְהוּדָה לְבַדּוֹ

| לְבַדּוֹ | יְהוּדָה | שֵׁבֶט | רַק | נִשְׁאַר | לֹא | פָּנָיו | מֵעַל | וַיְסִרֵם |
|---|---|---|---|---|---|---|---|---|
| P.NMS | NE | NMSG | AB | VNAMZS | ABN | NMP.MZS | P.P | CW.VHIMZS.MZP |
| 오직 | 유다 | 지파 | 외에는 | 남은자가 | 없다 | 그 앞 | 에서 | 제하시니 |

**해설** 본문은 '와우 미완료 계속법'(Waw Imperfect Consecutive; 과거 시상)을 나타낸다. 전치사 구(מֵעַל פָּנָיו; '그의 얼굴로부터')에서 '얼굴'(פָּנִים)은 '확장의 복수'(extensive plural)를 의미한다. 즉 외면적으로 여러 개의 부분들이 결합되어 이루어진 하나의 대상을 가리키는 복수형이다. 그러나 본문에서 복합 전치사 מֵעַל( ~ 으로부터)와 함께 사용되어 복합 전치사 לִפְנֵי(before, in front of)와 동일한 의미를 가진다. 따라서「פָּנָיו מֵעַל」는 '그의 앞에서'로 번역된다. 그리고 부사 רַק는 부정부사(לֹא) 뒤에 위치하여 ' ~ 외에는'의 의미를 가진다. 즉 '유다 지파 외에는'이다. 그리고 전치사구 לְבַדּוֹ는 실명사(בַּד; 홀로)에 전치사(לְ)가 결합되어 '부사'로 사용된 표현이다. 여기에 3인칭 대명사 접미사까지 접미되어 '그 홀로' 즉 '그 '유다 홀로'로 번역되며, 앞의 רַק שֵׁבֶט יְהוּדָה의 의미를 반복 강조하고 있다. 즉 '유다 지파 외에는 (곧) 유다지파 홀로 남게 되었다'라는 의미이다.

### ④ 강조의 רַק

부사 רַק는 '강조'(emphatic)를 나타내기도 한다. 특히 접속사 אִם과 결합되어 'if ~ just'(그저 ~ 하기만 하면), 'if only'(오직 ~ 하기만 하면, ~ 이면 좋을텐데)의 의미로 사용된다.

예) 신 15:5. 직역: 너는 오직 너의 하나님 여호와의 소리 안에서 반드시 듣고 (그 결과) 그 모든 명령을 행하는 것을 지킨다면,

רַק אִם־שָׁמוֹעַ תִּשְׁמַע בְּקוֹל יְהוָה אֱלֹהֶיךָ לִשְׁמֹר לַעֲשׂוֹת אֶת־כָּל־הַמִּצְוָה הַזֹּאת

| D.ADFS | D.NFS | NMSG | O | P.VQNG | P.VQNG | NMP.MYS | NE | P.NMSG | VQIMYS | VQNA | Q | AB |
|---|---|---|---|---|---|---|---|---|---|---|---|---|
| 그 | 명령을 | 다 | | 행하면 | 지켜 | 네 하나님 여호와의 말씀만 | | | 듣고 | | 만일 | |

**해설**

본문은 조건절(부사절)을 나타내며, 귀결절(주절)은 생략된 문이다. 문두에 나오는 부사 רַק는 불변사 אִם과 함께 결합되어 'if only'(오직 ~ 하기만 하면, ~ 이면 좋을텐데)의 의미로 사용되었다. 「תִּשְׁמַע בְּקוֹל יְהוָה」(여호와의 소리 안에서 듣다)라는 어구는 '여호와의 말씀 안에 거하는 삶'을 표현한다. 그리고 '부정사 연계형'에 전치사 לְ가 결합된 לִשְׁמֹר는 '결과'(product)를 표현하므로 '그 결과 ~ 지킨다면'으로 번역된다. 바로 뒤의 '부정사 연계형'에 전치사 לְ가 결합된 לַעֲשׂוֹת는 앞의 לִשְׁמֹר의 목적어를 나타내며, 그리고 뒤의 אֶת־구문은 לִשְׁמֹר의 목적어를 나타낸다.

# X. 부정어(Negatives)

히브리어에서「 ~ 하지 않다 」/「 ~ 이 아니다 」와 같은 부정을 나타내는 표현에는 부사 or 불변화사, 실명사 그리고 이중 부정어가 '부정'(negative)의 의미로 사용된다. 다음은 대표적인 부정어이다.

## 1. 부정 부사(Negative Adverbs)

### 1) אַל

**용법**

① 소망(a wish)의 부정( ~ 아니다): 원망법(願望法)에 사용되어 주관적인 부정(subjective denial)을 표현한다. 즉 성취를 바라는 욕구나 기도를 표현할 때 사용된다. 헬라어 부정어 μή와 유사하다.
예) 창21:16.
* 원망법(願望法, precative)은 기원법(Optative), 간접 명령법(Jussive), 권유법(Cohortative), 금지법(Veitive) 등을 통해 표현된다.

② 금지를 위한 부정( ~ 아니다): 간접 명령법에서 부정적 명령(금지 명령)을 표현한다.
예) 창 15:1.

③ 생략(elliptic; 아니): 부정의 전체 문장을 짧게 줄여서 표현할 때 사용된다.
예) 왕하 3:13, 룻 1:13.

④ 부정적인 의무( ~ 아니다, ~ 해서는 안된다): 부정적인 의무(즉, ~ 해서는 안된다)를 나타내기 위해 사용된다. 특히 이러한 의무가 있는 사람은 אַל 뒤에 전치사 לְ 와 함께 결합되어 표현된다.
예) 잠 31:4.

⑤ 실명사로 사용(아무것도 ~ 아니다): 시(詩)에서 실명사로 사용되었다.
예) 욥 24:25.

예) 잠 31:4. 직역: 르무엘아! 그 왕들에게 아니된다. 포도주를 마시는 것이 그 왕들에게 아니된다. 그리고 독주 또한 위엄있는 자들(즉 통치자들)에게 (아니된다)

אַל לַמְלָכִים לְמוֹאֵל אַל לַמְלָכִים שְׁתוֹ־יָיִן וּלְרוֹזְנִים אוֹ (אֵי) שֵׁכָר

| NMS | NMSG | C.P.VQPAMP | NMS | VQNG | P.D.NMP | ABN | NE | P.D.NMP | ABN |
|---|---|---|---|---|---|---|---|---|---|
| 독주를 | 찾는 것이 | 주권자에게 | 포도주 | 마시는 | 왕에게 | 아니하고 | 르무엘 | 왕에게 | 아니하며 |

해설

본문은 2개의 '명사문'(동사가 없는)으로 병렬되어 있다. 특히 이 본문은 르무엘 왕(솔로몬 왕의 異名으로 많은 지지받음)의 어머니가 국가를 통치하기 위해 필히 염두에 두어야 할 기본적인 주의 사항을 가르친 내용이므로, '부정적인 의무'( ~ 해서는 안된다)를 나타내는 본문이다. '왕에게 아니된다'(אַל לַמְלָכִים)를 2번 반복 표현하므로 '강한 부정적 의무'를 나타내고 있다. 명사문이므로 술어 없이 '부정 부사' אַל만 사용하여 술어로 대용하였다. 즉 '아니 된다'로 표현됨. 여기서 '부정적인 의무'를 지켜야할 사람은 전치사 לְ와 함께 표현되었다. 즉 לַמְלָכִים(왕들)이다. 그리고 첫째 명사문에서 '부정사 연계형'구문(שְׁתוֹ־יָיִן)이 명사문의 주어이며, '포도주'(יָיִן)은 부정사 연계형의 목적어를 나타낸다. 그리고 2번째 명사문에서 분사의 복수형(לְרוֹזְנִים)에 전치사가 접두되어 있어, 이 분사는 '명사적 용법'을 나타내므로 '위엄있는 자들' 즉 '통치자들'을 나타낸다. 그리고 본문 비평학적으로 אֵי(의문부사; 어디로, where)보다는 אוֹ(또는, 오히려 ~인지 아닌지)을 지지한다. 그리고 두 번째 명사문은 앞의 명사문의 부정어 אַל이 생략되어 있다.

## 2) לֹא

부정 부사 לֹא는 구약성경에서 5,000회 이상 사용되었으며, 전형적으로 잠재적인 부정을 나타내는 אַל과는 대조적으로 실재상의 부정을 나타내는 기본적인 히브리어이다. לֹא는 마소라 본문에서 לוֹא로 형태로 187회나 나타난다.

### 용법

① 객관적 사실의 부정( ~ 은 없는, ~ 은 아니다): 완료상(perfect)과 미완료상(imperfect)과 함께 사용되어 어떤 사실의 객관적 부정을 표현한다.
예) 창 4:5, 창 8:21.

② 금지의 부정( ~ 해서는 안된다, ~ 할 수 없다): 미완료상(imperfect)과 함께 사용되어 '금지'(prohibition)를 나타낸다.
예) 창 2:17, 출 20:14.

③ 부정사 연계형의 부정( ~ 해서는 안된다, ~ 되어서는 안된다): 전치사 לְ와 결합된 부정사 연계형과 결합하여 사용된다.
예) 대상 5:1, 대상 15:2, 암 6:10, 삿 1:19.

④ 생략(elliptic; 아니): 부정의 전체 문장을 짧게 줄여서 표현할 때 사용된다.
예) 창 18:15, 삿 12:5.

⑤ 비동사 술어 부정( ~ 이 아니다): 동사가 아니며, 서술어 역할을 하는 명사, 형용사, 수동태 분사, 전치사구와 함께 사용된다.
예) 창 2:8(형용사), 출 4:10(실명사), 신 28:61(수동태 분사), 왕상 19:12(전치사구), 욥 4:6(형용사), 삼상 3:34(수동태 분사), 민 23:19(실명사).

⑥ 결성사(privative)로 사용( ~ 이 부족한, ~ 이 없이): 이 부정어는 무언가의 '결여'를 나타내며, 전치사 בְּ와 결합하여 'without'의 의미를 나타낸다.
예) 호 13:13, 렘 22:13.

예) 창 18:15. 직역: 그리고 사라가 거짓으로 부인하여, "내가 비웃지 아니하였다"라고 말했다. 왜냐하면 그녀는 두려웠기 때문이었다. 그리고 그는(여호와) 아니다라고 말했다. 왜냐하면 그녀가 비웃었기 때문이었다.

וַתְּכַחֵשׁ שָׂרָה לֵאמֹר לֹא צָחַקְתִּי כִּי יָרֵאָה וַיֹּאמֶר לֹא כִּי צָחָקְתְּ

VQAFYS C ABN CW.VQIMZS VQAFZS C VQICXS ABN FVQNG NE CW.VPIFZS

웃었느니라 아니라 가라사대 두려워서 내가 웃지 아니 가로되 사라가 승인치 아니

**해설**

본문은 2개의 '와우 미완료 계속법'(Waw Imperfect Consecutive; 완료시상)으로 나열되어 있으며, 2개의 주절과 3개의 종속절로 구성된 '혼합문'(compound-complex sentence)이다. 즉「주절1(תְּכַחֵשׁ שָׂרָה לֵאמֹר) + 종속절2(명사절; לֹא צָדַקְתִּי) + 종속절(이유절: כִּי יָרֵאָה) + 주절2(יֹּאמֶר לֹא) + 종속절3(כִּי צָחָקְתְּ)」이다. 그리고 첫 번째 와우 계속법은 '직접 화법'형식을 보여준다. 특히 전치사구인 לֵאמֹר가 직접화법(direct narration)을 유도하며, saying으로 번역된다. 즉「발언자(שָׂרָה) + 전달동사(לֵאמֹר ~ תְּכַחֵשׁ; she lied, saying, " " ) + 듣는이(여호와, 생략) + 피전달부("인용부"; לֹא צָחַקְתִּי)」이다. 두 번째 주절은 구문상으로 '간접화법'을 나타낸다. 즉「발언자(내적 주어: 여호와) + 전달동사(יֹּאמֶר) + 피전달부(לֹא)」이다. 여기서 피전달부에 해당하는 לֹא는 '생략'(elliptic)의 לֹא로서 한 단어의 부정 부사로된 불완전한 형태의 절(명사절)이지만, 이 부정부사가 부정하고자 하는 내용은 앞에 언급된 사라의 말이다, 즉 '나는 비웃지 않았다'고 말한 것은 사실이 아니다'라는 의미가 함축되어 있다. 사실상 사라는 14절의 "기한이 이를 때에 내가 네게로 돌아오리니 사라에게 아들이 있으리라"라는 여호와의 말씀을 듣고 비웃었던 것이다.

### 3) בְּלִי

**용법**

이 부정 부사는 대개 시(詩)에 사용된다.

① 객관적 부정( ~ 아니, 아니다): 완료상(perfect) 및 미완료상(imperfect) 동사와 함께 사용되어, 어떤 사실의 객관적 부정(objective denial)을 표현한다. 헬라어 부정어 ouj와 유사하다.
예) 창 31:20, 사 32:10.

② 명사적인 술어 부정( ~ 아니다): 술어로 사용된 형용사나 분사와 함께 사용된다.
예) 시 19:4, 호 7:8, 삼하 1:21.

③ 결성사(privative)로 사용( ~ 이 부족한, ~ 이 없이): 이 부정어는 무언가의'결여'를 나타내며, 부정사와 더불어 사용되기도 하고, 전치사 בְּ나 לְ와 결합하여 사용되기도 한다.
예) 욥 8:11, 신 9:28, 신 4:42, 사 5:14.

예) 사 32:10. 직역: '안심하고 있는 여자들'은 일 년 지나 여러 날 동안 전율하게 될 것이다 왜냐하면 포도 수확이 끝나 거두어들임(수확)이 없게 될 것이기 때문이다.

| יָבוֹא | בְּלִי | אֹסֶף | בָצִיר | כָּלָה | כִּי | בֹּטְחוֹת | תִּרְגַּזְנָה | עַל־שָׁנָה | | יָמִים |
|---|---|---|---|---|---|---|---|---|---|---|
| VQIMZS | ABN | NMS | NMS | NFS | C | VQPAFP | VQIFYP | NFS | P | NMP |
| 이르지 | 않을 | 거두는 | 포도수확 | 없으며 | | 염려없는 | 당황하여 | 일 년 지나 | | 남짓이 |

**해설**

본문은 복문(complex sentence) 즉「주절 + 종속절(이유, ~ כִּי이하 절)」으로 되어 있다. 주절에서 'יָמִים עַל־שָׁנָה'구는 주동사 תִּרְגַּזְנָה(떨다, 전율하다, 두려워하다)의 대격으로 즉 '시간의 특정한 때의 대격'을 나타낸다. 즉 '일 년이 넘어(or 지나) 여러 날 동안'라는 뜻이다. 분사 בֹּטְחוֹת는 명사적 용법으로 '안심하고 있는 여자들'을 의미한다. '이유' 종속절은 명사문과 동사문으로 병렬되어 있다. 명사문은「주어(בָצִיר; 포도 수확) + 주격 보어(כָּלָה; 끝나다, 완료하다)」이며, 동사문은「주어(אֹסֶף; 거두어들임, 수확) + 술어(בְּלִי יָבוֹא; 생기지 않다)」이다. 여기서 부정 부사 בְּלִי는 미완료 동사와 함께 사용되어 객관적 사실(즉 포도열매 수확이 끝난 객관적인 상태에서 더 이상 포도 열매 수확 사실)을 부정한다.

## 4) בִּלְתִּי

### 용법

① 결성사(privative)로 사용( ~ 이 부족한, ~ 이 없이): 무언가의 '결여'를 나타낸다.
예) 사 14:6, 삼상 20:26.

② 제한적 용법( ~ 외에는, ~ 제외하고, ~ 뿐): '제한'(limitation)을 나타내며, 다른 부정어나 용어법적(pleonastic) אִם 함께 사용되기도 한다.
예) 출 22:19, 삼상 2:2, 삿 7:14, 암 3:3.

③ 부정사 연계형 부정( ~ 아니다): 일반적으로 전치사 לְ와 결합하여 부정사 연계형을 부정하기 위해 사용된다.
예) 창 3:11.

④ 부정적 목적 또는 결과에 사용( ~ 하지 않도록): 절(clause) 앞에서, 전치사 לְ와 결합하여 부정적 목적과 결과절를 표현한다.
예) 출 20:20, 삼하 14:14.

예) 출 20:20. 직역: 너희를 시험하기(증명하기) 위하여 그리고 너희가 범죄치 않도록 그의 두려움(경외심)이 너희의 얼굴 위에 있게 하기 위하여 하나님이 오셨다.

לְבַעֲבוּר נַסּוֹת אֶתְכֶם בָּא הָאֱלֹהִים וּבַעֲבוּר תִּהְיֶה יִרְאָתוֹ עַל־פְּנֵיכֶם לְבִלְתִּי תֶחֱטָאוּ

VQIMYP P.ABN NMP.MYP P NFS.MZS VQIFZS C.P.P D.NMP VQAMZS O.MYP VPNG P.P.P
범죄치 않고 너희로 경외하여 하려 하나님이 강림하 너희를 시험하고

**해설** 본문은 1개의 주절과 3개의 종속절로 구성된 복문(complex sentence)을 나타낸다. 즉 「주절(בָּא הָאֱלֹהִים) + 종속절1( ~ לְבַעֲבוּר) + 종속절2( ~ בַּעֲבוּר) + 종속절3( ~ לְבִלְתִּי)」이다. 특히 בַּעֲבוּר는 전치사와 접속사로 사용되는데, 본문에서는 접속사로 사용되어 목적절을 유도하고 있다. 즉 ' ~ 을 위하여, ~ 할 목적으로'이다. 그리고 종속절3에서 בִלְתִּי는 전치사 לְ와 결합하여 '부정적 목적절'을 유도하고 있다. 즉 '너희가 범죄하지 않도록'이다. 그리고 '그의 두려움이 너희의 얼굴 위에 있다'는 것은 '하나님 앞에서 늘 그를 경외하는 것'을 말한다. 즉 '코람데오'(Coram Deo; in the presence of the God)의 삶을 말한다.

## 5) מָה

מָה는 원래 의문대명사(Interogative)이지만, 가끔 수사의문문을 유도하는 부정어( ~ 아니다)로 사용된다. 아랍어 부정어 mā와 같은 기능을 한다. 예) 아 8:4, 욥 31:1.

예) 아 8:4. 직역: 내가 예루살렘의 딸들, 너희에게 간청한다. 너희가 깨우지 못하느냐? 그리고 너희가 그녀가(그 사랑) 원하는 한 그 사랑을 깨우지 못하느냐?

הִשְׁבַּעְתִּי אֶתְכֶם בְּנוֹת יְרוּשָׁלִָם מַה־תָּעִירוּ וּמַה־תְּעֹרְרוּ אֶת־הָאַהֲבָה עַד שֶׁתֶּחְפָּץ

R.VQIFZS P D.NFS O VPIMYP C.ABT VHIMYP ABT NE NFPG O.MYP VHACXS

나의 사랑하는 깨우지 말지니 흔들지 말며 예루살렘 여자들아 너희에게 부탁한다

**해설** 본문은 3개의 단문(simple sentence)으로 구성되어 있다. 즉 「단문1(3형식; ~ עְתִּי הִשְׁבַּ) + 단문2(1형식; מַה־תָּעִירוּ) + 단문3(3형식; ~ וּמַה־תְּעֹרְרוּ)」이다. 단문1에서 한정대격불변사인 אֶתְכֶם와 명사구 בְּנוֹת יְרוּשָׁלִָם(예루살렘의 딸들)는 '술어적 동격' 관계를 나타낸다. 즉 '너희들이 예루살렘의 딸들'이라는 것이다. 그리고 단문2, 3에서 מָה는 의문대명사가 아닌 부정적인 대답을 유도하는 '수사의문문'의 부사로 사용되었다. 즉 " ~ 하지 않느냐? ~ 하지 못하느냐?"이다. 단문3의 문장을 분해하면, 「부사(מַה־) + 동사(내적주어포함; תְּעֹרְרוּ) + 한정 목적어(אֶת־הָאַהֲבָה: 그 사랑을) + 전치사구(עַד שֶׁתֶּחְפָּץ; '그 사랑이 원하기까지')」이다. 여기서 동사 שֶׁתֶּחְפָּץ앞에 접두된 שֶׁ는 관계 불변화사로서 명사절(that)을 유도하며 전치사의 목적어로 사용된 경우다.

## 2. 부정 실명사(Negative Substantives)

### 1) אַיִן

**용법**

① 실명사( ~ 아무것도 아님): 실명사로서 부정어 본래의 의미를 나타낸다.
예) 사 40:17, 사 40:23.

② 연계형은 אֵין( ~ 이 없다; there is no ~): 뒤따르는 명사나 분사의 주어와 함께 사용될 때, 연계 상태로 אֵין이 된다.
예) 창 37:29, 출 5:10, 수 18:7, 신 4:22.

③ 명사의 동격( ~ 이 아니다): 선행하는 명사와 동격의 위치에 와서 부정한다.
예) 창 2:5, 왕하 19:3.

④ 생략(elliptic; ~ 없다): 암시는 되어 있지만 명백히 언급은 되어 있지 않은 어떤 것의 부재를 나타낸다.
예) 삼상 9:4, 출 17:7.

⑤ 가능성의 부정( ~ 아니다): 전치사 לְ와 결합되어 있는 '가능성'의 '부정사 연계형'을 부정하기 위해 사용된다. 이때 부정 부사 אַיִן는 'It is not impossible to (부정사) ~ '의 의미를 나타낸다.
예) 대하 20:6, 스 9:15.

⑥ 허락의 부정( ~ 허락하지 않다): '의무'표현의 전치사 לְ와 함께 사용되기도 하고, 전치사 לְ와 결합된 부정사 연계형과 함께 사용되기도 한다.
예) 에 4:2(부정사 연계형과 함께), 삼하 21:4('의무'의 l]와 함께)

⑦ 결성사(privative)로 사용( ~ 이 부족한, ~ 이 없이): 전치사 בְּ와 לְ와 결합하여, 무언가의 '결여'를 나타낸다.
예) 잠 5:23, 대상 22:4.

예) 스 9:15. 직역: 보소서 우리가 당신 앞에서 우리의 범죄 안에 (있습니다) 그 결과 그것 때문에 당신 앞에 서는 것이 불가능합니다.

| עַל־זֹאת | לְפָנֶיךָ | לַעֲמוֹד | אֵין | כִּי | בְּאַשְׁמָתֵינוּ | לְפָנֶיךָ | הִנְנוּ |
|---|---|---|---|---|---|---|---|
| ADFS P | P.NMP.MYS | P.VQNG | ABN | C | P.NFS.CXP | P.NMP.MYS | J.CXP |
| 이로 인하여 | 주 앞에 | 감히 서지 | 못하고 | | 범죄하였사오 | 주께 | 도리어 |

**해설**

본문은 복문(complex sentence)을 나타낸다. 즉「주절( ~ נוּ) + 종속절(결과; ~ כִּי)」이다. 주절은 술어가 생략된 불완전문으로서, 주어는 '1인칭 공성 복수'(우리가; Wn)이며 술어는 생략되어 있다. 그리고 전치사구인 '우리의 범죄 안에'(בְּאַשְׁמָתֵינוּ)라는 구는 '우리가 죄를 범하고 있는 동작 상태'를 말한다. 그리고 종속절에서 접속사 כִּי는 본문에서 '결과'(resultative)의 부사절을 유도한다. 특히 부정 실명사 אַיִן는 전치사 לְ와 결합되어 있는 '가능성'의 '부정사 연계형'(לַעֲמוֹד)을 부정한다. 즉 'It is not impossible to stand'의 의미이다. 이 구문에서 '부정사 연계형'(לַעֲמוֹד)이 종속절의 주어 역할을 한다. 그리고 전치사구인 עַל־זֹאת에서 전치사 עַל은 'because of'의 의미로 사용되었다. 또한 전치사구 לְפָנֶיךָ에서 전치사 לִפְנֵי는 'before, in front of'의 의미를 가진다.

## 2) בַּל

**용법**

① 부정 실명사 בַּל은 시(詩)에서만 사용된다.

② 객관적 부정( ~ 아니, 아니다): 완료상(perfect) 및 미완료상(imperfect) 동사와 함께 사용되어, 어떤 사실의 객관적 부정(objective denial)을 표현한다.
예) 사 40:24, 시 10:6, 시 147:20.

③ 술어 부정( ~ 아니다): 명사, 형용사, 전치사구(부사적)가 술어로 사용된 경우, 이를 부정하는데 사용된다. 부정 부사 לֹא와 유사하다.
예) 잠 24:23, 잠 23:7.

④ 부정사 연계형의 부정( ~ 아니다, 오직 1회 사용): 부정사 연계형과 함께 사용되어 이를 부정한다.
예) 시 32:9.

⑤ 소망(a wish)의 부정( ~ 아니다): 원망법(願望法, precative)에 사용되어 주관적인 부정(subjective denial)을 표현한다. 부정 부사 אַל과 유사하다.

예) 잠 23:7. 직역: 왜냐하면 그가 그의 영혼 안에서 생각함과 같이 그도 그러할 것이다. 너에게 너는 먹어라 그리고 너는 마시라고 말할 것이다 그러나 그의 마음은 너와 함께 있지 않을 것이기 때문이다.

| עִמָּךְ | בַּל־ | וְלִבּוֹ | לָךְ | יֹאמַר | וּשְׁתֵה | אֱכֹל | הוּא | כֶּן־ | בְּנַפְשׁוֹ | שָׁעַר | כְּמוֹ־ | כִּי |
|---|---|---|---|---|---|---|---|---|---|---|---|---|
| P.MYS | ABN | C.NMS.MZS | P.MYS | VQIMZS | C.VQMMYS | VQMMYS | NPMZS | AB | P.NFS.MZS | VQAMZS | C | C |
| 너와함께 | 아니 | 그 마음은 | 너더러 | 할찌라도 | 마시라 | 먹고 | 그 위인도 | | 그 마음의 | 생각이 | 어떠하며 | |

**해설**

본문은 앞의 6절에 내용에 대한 이유절(부사절; ~ כִּי)이다. 즉 악한 자의 빵을 먹지 말며 진미를 바라지 말라는 것에 대한 이유를 말하고 있다. 그리고 본문이 6절에 대한 종속절이지만, 본 절 자체를 문장 분해하면, 「대등절1[ 종속절(비교절; כְּמוֹ־ שָׁעַר בְּנַפְשׁוֹ)

+ 주절1(כֵּן־ הוּא) ] + 대등절2(אֱכֹל וּשְׁתֵה יֹאמַר לָךְ) + 대등절3(댓구법; בַּל־ עִמָּךְ וְלִבּוֹ)」이다. 즉 3개의 대등절로 병렬되어 있다. 대등절1은 복문(complex sentence) 형식으로 되어 있고, 대등절2, 3은 모두 단문(simple sentence)형식으로 되어 있다. 그리고 대등절2은 간접화법 형식으로 표현되었다. 즉「발언자(내적주어; '그가'; 6절의 '악한 자') + 전달동사(יֹאמַר) + 듣는 이(לָךְ; 너에게) + 피전달부(אֱכֹלוּ שְׁתֵה)」이다. 여기서 피전달부가 전달동사보다 앞에 위치하므로 강조(악인의 악한 제안)를 하고 있다. 대등절3은 접속사 וְ(but; 그러나)에 의해 댓구법을 나타낸다. 영어로 2형식 단문의 명사문으로 되어 있다. 즉「주어(לִבּוֹ; 그의 마음) + 동사생략 + 부정어(בַּל־) 주격보어(עִמָּךְ; 너와 함께)」이다. 여기서 전치사구(עִמָּךְ; 부사적)가 술어로 기능하므로 이를 부정하는데 부정어(בַּל־)가 사용되었다.

### 3) אֶפֶס

**용법**

① 부정 실명사(아무것도 아님; there is no ~): 원래 명사로서, 일반적으로 시(詩)에서 אַיִן의 동의어로 사용된 것이다.
예) 사 34:12, 사 41:12.

② 결성사(privative)로 사용( ~ 이 부족한, ~ 이 없이): 명사와 함께 사용되어 '결여'를 나타낸다. 또한 전치사 בְּ와 결합하여 'without'의 의미를 나타낸다.
예) 사 5:8, 욥 7:6.

③ 제한적 용법(오직, 아무리 ~ 해도, 그렇지만, 그럼에도 불구하고): 제한어(restrictive)로 사용되어, however나 only의 의미로 사용되며. 또한 접속사 כִּי가 유도하는 절과 함께 사용되어 yet나 nevertheless의 의미를 표현한다. 즉 ~ אֶפֶס 또는 ~ כִּי אֶפֶס로 시작할 수 있다.
예) 민 22:35, 삿 4:9.

예) 사 5:8. 직역: 아! 슬프도다! 집을 집으로 들을 들로 도달하게 하는 자들은 공간이 없을 때까지 접근하게 할 것이다. 그리고 너희는 그 땅 가운데에 너희 홀로 거하게 될 것이다.

| מָקוֹם | אֶפֶס | עַד | יַקְרִיבוּ | בְשָׂדֶה | שָׂדֶה | בְּבַיִת | בַיִת | מַגִּיעֵי | הוֹי |
|---|---|---|---|---|---|---|---|---|---|
| NMS | NMSG | P | VHIMZP | P.NMS | NMS | P.NMS | NMS | VHPAMPG | J |
| 빈틈이 | 없도록 | 하고 | 더하여 | 전토를 | 전토에 | 가옥을 | 가옥에 | 연하며 | 화있을 찐저 |

| הָאָרֶץ | בְּקֶרֶב | לְבַדְּכֶם | וְהוּשַׁבְתֶּם |
|---|---|---|---|
| D.NFS | P.NMSG | P.NMS.MYP | C.VOAMYP |
| 이 땅 | 가운데 | 홀로 | 거하려 하는 |

**해설**

본문은 2개의 단문으로 병렬되어 있는 중문(compound sentence)이다. הוֹי는 가장 빈번하게 나오는 감탄사로서 '아! 슬프도다! 하! 호! 오! 화로다!'라는 의미를 지닌다. 분사 מַגִּיעֵי는 뒤에 위치한 명사(בַיִת)의 연계형으로 사용되어 목적어를 가진다. 즉 그 명사( בַיִת와 שָׂדֶה)를 목적어로 취한다. 그리고 연계형이므로 명사의 역할을 한다. 즉 " ~ 집을 도달하게 하는 자들'이다. 동시에 주동사 יַקְרִיבוּ의 주어로 사용되었다. 그리고 부정어 실명사인 אֶפֶס는 명사의 연계형으로 '결여'를 나타내는 결성사(privative; ~ 이 부족한, ~ 이 없이)로 사용되었다.

# XI. 전치사

전치사로 사용되는 모든 낱말들은 본래 실명사에서 유래하였다. 전치사(Preposition)는 시간, 장소 등의 전후 좌우의 관계 및 방향을 표시하는데, 접속사와 마찬가지로 분리 전치사와 불분리 전치사로 구분된다.

## 1. 불분리 전치사(Separable Preposition)

불분리 전치사는 단어 앞에 부착되므로 '접두 전치사'(Prefixed Preposition)라 하며, מִן־의 경우 끝자음 נ(ן)이 뒤에 부착되는 단어의 첫자음에 동화되어 경강점(Dagheš forte)으로 나타난다.

### 1) 형태상의 변화

* בְּ (운문체 בְּמוֹ ): in, with, by.
* כְּ (운문체 כְּמוֹ ): as, like, according to.
* לְ (운문체 לְמוֹ ): to, for, at, towards, belong to, 라틴어 ad.
* מִן (운문체 מִנִּי ): from, out of, than ~ .

(1) בְּ כְּ לְ

① 일반자음 앞에서 쉐바를 취한다.

예) מֶלֶךְ + לְ = לְמֶלֶךְ to a king

② 단순 유성쉐바 앞에서 히렉을 취한다.

예) שְׁמוּאֵל + לְ = לִשְׁמוּאֵל to Samuel

따라서 בְּיְ > בִּי, כְּיְ > כִּי, לְיְ > לִי 로 된다.
예) יְרוּשָׁלַיִם + בְּ = בִּירוּשָׁלַיִם in Jerusalem

③ 복합쉐바를 가진 후음 문자(guttural) 앞에서 그것과 일치하는 단모음을 취한다. 복합쉐바 공식 참고.

예) אֱדוֹם + כְּ = כֶּאֱדוֹם as Edom

④ 위의 ③의 예외, 즉 אֲדֹנָי, אֱלֹהִים, אֱמֹר 앞에서

예) אֲדֹנָי + לְ = לַאדֹנָי ; to my Lord
אֱלֹהִים + בְּ = בֵּאלֹהִים ; in the God
אֱמֹר + לְ = לֵאמֹר ; saying, 직접화법의 전달동사 역할.

⑤ 강음절(주액센트가 있는 음절) 직전에서 카메츠(장모음)를 취한다.

예) אֵלֶּה + כְּ = כָּאֵלֶּה; as these

⑥ 정관사( · הַ)에 '불분리 전치사'가 결합된 경우

예) הַמֶּלֶךְ + לְ = לַמֶּלֶךְ

**해설** 정관사 ה가 생략되고 정관사의 모음이 전치사 아래 결합된다.

(2) מִן

전치사 מִן( ~ 로부터, ~ 보다 더; from, out of, than ~ )은 분리 전치사에 속한다고 할 수 있으나 끝자음 ן의 취약성으로 인해 대부분의 경우에는 분리하지 않고 사용한다. 즉 비분리 전

치사에서 취급하기로 한다.

① 정관사 앞에서 מִן : ן이 동화되지 않고 מִן이 된다.

예) מִן־הָעֵץ 그 나무로부터, מִן־הָאָרֶץ 그 땅으로부터

② 일반 자음 앞에서 ·מִ : ן이 동화되어 뒷자음에 강음점으로 들어간다.

예) מִקֶּדֶם 동편으로부터, מִשָּׂדֶה 들로부터

③ 후음과 ר 앞에서 מֵ : 후음이 강음점을 받지 못하므로 강음점 대신에 모음이 길어진다(보상된다).

예) מֵאָדָם 사람으로부터, מֵעָם 백성으로부터, מֵרֹאשׁ 머리로부터

그러나 א앞에서 간혹 מִן이 사용되기도 하며, ה와 ח앞에서 아주 드물게 מִ가 되기도 한다.

예) מִן־אַן 어디로부터, מִחוּץ 바깥으로부터

④ 쉐바를 가진 י 앞에서 מִ : י 의 쉐바와 강음점이 사라진다.

예) מִיְּדֵי(ן이 강음점으로 동화) > מִיְדֵי(강음점이 소실) > מִידֵי

## 2. 용법

### 1) בְּ (운문체 בְּמוֹ)

예) 출 18:4. 직역: 하나의 이름은 엘리에셀(모세의 아들)이다. 왜냐하면 나의 아비의 하나님이 나의 도움과 동일하심이라. 그리고 그가 나를 바로의 칼로부터 구원하셨다.

| פַּרְעֹה | מֵחֶרֶב | וַיַּצִּלֵנִי | בְּעֶזְרִי | אָבִי | כִּי־אֱלֹהֵי | אֱלִיעֶזֶר | הָאֶחָד | וְשֵׁם |
|---|---|---|---|---|---|---|---|---|
| NE | P.NFSG | CW.VHIMZS.CXS | P.NMS.CXS | NMS.CXS | NMPG C | NE | D.NMS | C.NMSG |
| 바로의 | 칼에서 | 구원하셨다 | 나를 도우사 | 내 아버지의 | 하나님 | 엘리에셀 | 하나의 | 이름은 |

**해설** 본문은 2개의 복문과 단문이 '와우 미완료 계속법'(Waw Imperfect Consecutive; 완료 시상)으로 나열되었다. 첫 문은 「주절(שֵׁם הָאֶחָד אֱלִיעֶזֶר) + 종속절(이유 부사절; כִּי־אֱלֹהֵי אָבִי בְּעֶזְרִי)」로 이루어져 있다. 여기'이유'를 의미하는 종속절(접속사 כִּי 는 '왜냐하면, ~ 때문에)은 영어로 2형식의 구조로 되어 있다. 즉 '연계 관계'인 אֱלֹהֵי אָבִי 이 '주어적 주격'이며, 전치사구인 בְּעֶזְרִי('나의 도움과 동일한')가 '서술적 주격'의 기능을 가진다. 여기서 전치사 בְּ는 '동일성의 בְּ'로서 서술적 주격을 유도한다. 즉 주어인 '나의 아비의 하나님'이 '나의 도움과 동일하다'라는 의미이다.

## 용법

① **전치사 בְּ**는 장소 또는 시간 속의 휴지(pause) 혹은 움직임(작용)을 표현한다.

② **시점의 בְּ**( ~ 에, ~ 때): 부정사 또는 명사절과 함께 사용되어 '시점'(point of time)을 나타낸다.
예) 창 2:4, 암 4:7.

③ **위치의 בְּ**(안에, 통하여, 위에): '장소의 베트'(beth locale)라고 불리며, 장소를 나타낸다.
예) בַּבַּיִת 그 집(안)에, בָּאָרֶץ 그 땅을 통하여, בָּהָר 그 산 위에

④ **반대의 בְּ**(대항하여, ~ 에도 불구하고): '반대'의 뜻으로 사용되어, 'against' 혹은 'in spite of'의 의미를 나타낸다.
예) 창 16:12, 민 14:11, 삼상 18:17, 사 9:11.

⑤ **도구의 בְּ**( ~ 으로): '도구의 베트'(beth instrumenti)로 불리며, '수단'(means) 혹은 '도구'(instrument)의 의미를 나타낸다.
예) 출 5:3, 출 16:3.

⑥ **동인(행위자)의 בְּ**( ~ 에 의하여, ~ 로): 'by'의 의미의 '동인'(動因, agent)을 나타낸다. 즉 수동태 문에서 동작의 주체를 나타낸다. 일반적으로 לְ에 의하여 표현된다.
예) 창 9:6, 민 36:2.

⑦ **댓가 혹은 교환의 בְּ**( ~ 와 교환으로, ~을 무릅쓰고): '가격(댓가)의 베트'(beth pretii)라 불리며, 무언가를 위해 지불된 댓가(가격)을 나타내며, 'in exchange for', 'at the risk(peril) of'로 번역된다.
예) 왕상 21:6, 삼하 23:17, 왕상 2:23, 왕상 10:29.

⑧ **원인의 בְּ**( ~ 때문에): 무언가의 '원인'(causal)의 의미로 사용되어, 'because of, because'로 번역된다. 이 때 전치사는 명사, 부정사 연계형, 속격 명사절과 함께 사용되어 전치사구를 나타낸다.
예) 창 18:28, 창 39:9, 왕상 18:18.

⑨ **동반의 בְּ**( ~ 와 함께): '동반의 베트'(beth comitantiae)이라 불리며, '동반'(accompanitment)의 의미로 사용되어 'with'로 번역된다.
예) 창 9:4, 출 10:9, 왕상 10:2, 왕상 19:19.

⑩ **동일성의 בְּ**( ~ 이다, ~ 같이): 절의 어떤 명사를 설명하는 술어(predicative)와 함께 사용되어 '동일함'(identity)을 나타낸다. 즉 전치사의 목적어가 서술적 주격처럼 기능한다. בְּ의 이러한 용법은 '실재의 베트'(beth of essence), '술어의 베트'(beth of predication)로도 불린다.
예) 출 18:4, 출 6:3, 신 26:5, 신 28:62.

⑪ **타동성의 בְּ**(번역하지 않음): 전치사 בְּ가 직접 목적어를 나타내는 '한정 대격 불변사' אֵת 대용어로 사용된다.
예) 출 7:20.

⑫ **상술의 בְּ**(번역하지 않음): בְּ 전치사가 전체를 구성하고 있는 부분들(parts)을 열거할 때 사용된다.
예) 창 7:21, 출 13:2. 출 12:19.

⑬ **부분의 בְּ**( ~ 의 일부): 전치사 בְּ 의 목적어는 일부분이 취해진 전체를 나타내며 전치사는 그것의 일부(partitive)를 나타낸다.
예) 민 11:7, 시 78:31.

⑭ **방향의 בְּ**( ~ 로, ~ 에): 전치사가 동작동사와 함께 사용되어 동작의 방향을 가리키 는 'into' 의 의미로 나타난다.
예) 창 19:8, 레 16:22.

⑮ **배분의 בְּ**: 전치사 בְּ가 배분적(distributive) 의미로 사용된다.
예) יוֹם בְּיוֹם 'day by day'(대하 30:21), שָׁנָה בְשָׁנָה 'year after year'(삼상 1:7).

⑯ **상황 또는 상태의 בְּ**( ~ 로, ~ 에): 전치사 בְּ는 상황이나 상태를 나타낼 수 있다.
예) הַשָּׁלוֹם '평안히'(창 15:15), בְּתֻמּוֹ '그의 성실함에'(잠 19:1).

## 2) כְּ (운문체 כְּמוֹ)

### 용법

① **전치사 כְּ**는 유사성이든지 동일성이든지 '닮음'(likeness)을 표현한다.

② **비교의 כְּ**( ~ 같이, ~ 처럼, ~ 와 같은): 전치사 כְּ(or 복합어 כַּאֲשֶׁר)는 '비교'하는 데 사용되어 as, as if, as it were, such ~ as, the same as 등의 의미로 사용된다.
예) 신 4:32, 삿 14:6, 사 10:15, 창 34:12, 창 44:7, 창 41:38, 수 14:11, 삼하 3:34, 왕상 22:4, 렘 5:9. 참고로, כַּאֲשֶׁר의 예는 출 7:6, 축 1:12.

③ **어림의 כְּ**(약, 대략, 어림잡아): 전치사 כְּ가 수사(numerals)와 함께 사용될 때, 'about'의 의미의 근사치(어림)를 나타낸다.
예) 출 12:37, 룻 1:4, 삼상 9:22.

④ **기준의 כְּ**( ~ 대로, ~ 에 따라서): 전치사 כְּ가 '기준'을 나타내어 'in accordance with'의 의미로 사용된다.
예) 왕하 11:14, 삼상 13:14, 시 51:3.

⑤ **양보의 כְּ**(비록 ~ 일지라도): 부정사 연계형과 함께 사용되어, '양보'(concessive)의 의미를 나타낸다.
예) 창 39:10.

⑥ **원인의 כְּ**( ~ 때문에): 전치사 כְּ가 관계불변화사 אֲשֶׁר와 결합되어 명사절을 유도하며, 'in accordance with the fact that ~ '라는 본래의 의미에서 '이유'(because)의 의미로 발전되어 사용된다.
예) 삼상 28:18, 민 27:14, 삿 6:27, 왕하 17:26.

예) 삼상 28:18. 직역: 너가 여호와의 소리를 듣지 아니했고 너는 아말렉에게 진노를 행하지 아니하였기 때문이다.

כַּאֲשֶׁר לֹא־ שָׁמַעְתָּ בְּקוֹל יְהוָה וְלֹא־ עָשִׂיתָ חֲרוֹן־ אַפּוֹ בַּעֲמָלֵק

| בַּעֲמָלֵק | אַפּוֹ | חֲרוֹן־ | עָשִׂיתָ | וְלֹא־ | יְהוָה | בְּקוֹל | שָׁמַעְתָּ | לֹא־ | כַּאֲשֶׁר |
|---|---|---|---|---|---|---|---|---|---|
| P.NE | NMS.MZS | NMSG | VQAMYS | C.ABN | NE | P.NMSG | VQAMYS | ABN | P.R |
| 아말렉에게 | 노를 | 진 | 쏟지 | 아니 | 여호와의 | 목소리를 | 순종치 | 않고 | |

**해설** 본문은 2개의 '단문'(simple sentence)으로 병렬된 '중문'(compound sentence)을 나타낸다. 앞의 문에서 כַּאֲשֶׁר는 드물게 '원인절'을 이끈다( ~ 때문에). 즉 원인 전치사 כְּ가 관계불변화사 אֲשֶׁר와 결합되어 명사절을 유도하며, 'in accordance with the fact that ~ '라는 본래의 의미에서 '이유'(because)의 의미로 발전되어 사용되었다. 따라서 본문은 17절(주절)에 대한 '원인'(이유)를 나타내는 '종속절'을 나타난다. 즉 여호와께서 '너'(사울)에게서 왕국을 찢어 내어 다윗에게 주시게 된 원인을 나타나는 문이다. 그리고 후반절에서 연계 관계에 있는 명사구 חֲרוֹן־אַפּוֹ를 직역하면, '그의 코의 뜨거움' 즉 격노를 의미한다. 이것은 '신인동형동성론'(anthropomorphism)적 표현이다. 이 용어는 헬라어 '인간'( ἄνθρωπος)과 '형상 or 외형'(μορφή)의 합성어(合成語)이다.

⑦ **단언의 כְּ**(대단한, 정말로): 전치사 כְּ가 동일 인물(사물)임을 단언적으로 표현하는데 사용된다.
예) 민 11:1, 삼상 20:3, 삼하 9:8, 느 7:2, 욥 10:9, 나 3:6.

⑧ **시간의 כְּ**( ~ 하자마자, 바로 그 시간에): 전치사 כְּ가 정확한 시점(exact point of time)을 표현하여 ‘as soon as, at the very time’으로 번역된다. 그리고 כְּ전치사의 목적어가 부정사 또는 절이 될 수 있다.
예) 창 12:14, 18:10, 14, 삼상 9:16.

⑨ **시간의 כְּשֶׁ וּכַאֲשֶׁר**( ~ 때): 전치사 כְּ가 절을 유도하는 관계 불변화사 אֲשֶׁר와 שֶׁ과 결합할 때, 그 의미가 단순한 ‘when’으로 약화된다. 그리고 드물게 כְּמוֹ형이 절 앞에 나타나기도 한다(창 19:15).
예) 삼상 8:6, 전 9:12.

⑩ **함축의 כְּ**( ~처럼): 전치사 כְּ다음에 제 2의 전치사를 필요로 할 때, 그 두 번째 전치사는 생략된다. 이것은 일종의 ‘생략법’이다. 가끔 כְּ가 다른 전치사를 흡수했다고 한다.
예) 사 28:21, 수 1:15. 삿 20:32.

### 3) לְ (운문체 לְמוֹ)

**용법**

① **전치사 לְ**는 독립 전치사들인 לְמוֹ와 לָמוֹ같은 이중형태로 나타난다.

② **시간의 끝을 나타내는 לְ**( ~ 까지): 전치사 לְ는 시간의 끝을 표현한다.
예) לְאֶלֶף דּוֹר 일천 세대까지(신 7:9), לְעוֹלָם 영원까지(왕하 5:27).

③ **공간의 끝을 나타내는 לְ**( ~ 로, ~ 에): 전치사 לְ는 공간(장소)의 끝을 표현한다.
예) 삼상 9:12.

④ 방향의 לְ( ~ 향하여): 전치사 לְ가 '방향'(direction)을 나타내어, 'towards'란 의미로 사용된다.
예) 렘 7:24, 겔 8:2, 삼상 14:40.

⑤ **시점의** לְ( ~ 까지): 동작(사건)이 일어나는 시간의 한 지점(by)을 나타낸다.
예) 출 34:2, 시 90:6, 창 17:21, 출 19:11, 왕하 4:16.

⑥ **시간 지속의** לְ( ~ 동안): '시간 지속의 대격'과 같이 후기 본문들에서 전치사 לְ는 동작(사건)이 일어나는 '시간의 지속 기간'(duration of time)를 나타낸다.
예) 대하 11:17, 대하 29:17.

⑦ **간접 목적어의** לְ( ~ 에게): 전치사 לְ가 '간접 목적어'(indirect object)의 표현에 사용된다.
예) 창 24:35.

⑧ **직접 목적어(대격)의** לְ(을, 를): 명사와 함께 사용된 לְ가 '대격'의 변형(a variant) 처럼 사용된다. 전치사 '타동성의 בְּ'도 이와 유사하게 사용된다.
예) 삼상 23:10, 창 1:5, 10, 삼하 3:30, 암 8:9, 욥 5:2, 신 9:7.

⑨ **소유의** לְ( ~ 의, ~ 에 속한): 전치사 לְ가 '소유'(possessive)의 의미로 사용되는데, 소유물이 비한정적(indefinite)일 때도 동일하다. 이와 같은 용법을 '완곡의 לְ' 또는 '속격의 לְ'라고도 한다. 만일 이 '속격의 לְ'가 시편 기자에게 사용된 경우에는 '저자의 לְ'라고 한다.
예) 삼상 14:16, 삼상 16:18, 왕하 5:9, 시 3:1, 4:1, 5:1, 6:1, 8:1, 9:1.

⑩ **이익의** לְ( ~을 위하여): 전치사 לְ가 이해관계(interest)에 사용되어, 유리하게 작용하여 '이익'(advantage)을 표현한다. 이를 '이익의 여격'이라 한다.
예) 민 22:6, 23:1, 삼상 9:20.

⑪ **불이익의** לְ( ~에 대비하여): 전치사 לְ가 이해관계(interest)에 사용되어, 불리하게 작용하여 '불이익'(advantage)을 표현한다. 이를 '불이익의 여격'이라 한다.
예) 왕하 5:7, 삿 12:5.

⑫ **재귀의 לְ**(번역하지 않음): 동사의 동작이 주어 자신에게 행하여짐을 표현할 때 사용된다. 재귀의 와 그것의 목적어 모두는 번역하지 않는다. 이것은 '도덕적 여격'(ethical dative), 또는 '구심의 לְ'로 불린다.
예) 창 12:1, 신 5:30.

⑬ **특정화의 לְ**( ~ 에 관하여, ~ 에 대하여): 동사가 적용되는 범위 또는 동사가 작용하는 정도를 나타내며, 'with respect to'라는 의미로 사용된다.
예) 창 41:19, 삼상 9:20, 신 5:8, 레 4:26.

⑭ **수동태의 주어 לְ**( 번역하지 않음): '특정화'에 사용되는 לְ는 수동태 동사의 주어의 위치에 나타날 수 있다.
예) 삼하 17:16, 창 2:23.

⑮ 반복된 전치사의 대용 לְ(그리고): 전치사 לְ는 가끔 다른 전치사의 반복을 피하기 위해 사용된다.
예) 참 1:6, 삼하 19:36, 신 17:8.

⑯ 방법의 לְ( ~ 에 따라서): 양식이나 방식을 표현하는 기준(norm)에 사용되어, 'according to'의 의미를 나타낸다. 이것은 '방법의 대격'(accusative of manner)과 일치한다.
예) 창 1:11, 왕상 5:5, 창 13:17, 사 8:6, 42:3.

⑰ **정도의 לְ**(~하기에 충분한): 전치사 לְ가 부정사 연계형과 결합되어 '정도'(degree)를 나타내어 'enough to'라는 의미를 표현한다.
예) 신 9:8, 20, 왕하 20:1.

⑱ **비교의 לְ**( ~ 같이, ~ 과 비교하여): 전치사 לְ가 'as compared with'와 같은 의미로 사용된다.
예) 신 9:21.

⑲ **목적의 לְ**( ~ 위한, ~ 위하여): 전치사 לְ가 부정사 연계형과 결합되어 '목적'(purpose)를 나타낸다.
예) 창 1:16, 창 22:7, 삿 20:20.

⑳ **허사적 לְ**( ~ 어떻게 해야 할 지를): 전치사 לְ는 부정사 연계형과 결합되어 'how to ~ '라는 의미로 사용되는데, 이를 '허사적'(pleonastic) 표현이라 한다. 이 때 전치사 לְ는 생략되어도 같은 의미로 사용된다.
예) 대하 2:13(לְ가 있음), 암 3:10(לְ가 없음).

㉑ **산물의 לְ**( ~ 으로, ~ 위한): 전치사 לְ가 어떤 행동이 낳은 상태적 결과(product)를 나타내는데, הָיָה(become의 의미)동사와 결합되는 경우가 있다.
예) 창 12:2, 출 7:15, 출 21:2, 삼상 15:1, 창 1:14.

부정사 연계형과 결합하여 'is to be V-ed'의 의미를 나타낸다.
예) 왕하 4:13, 암 6:10.

㉒ **결과의 לְ**(그러므로, ~ 이와 같이): 전치사 לְ가 '결과'(result)의미를 나타내어, 'so as to, thus ~ -ing'의미를 나타낸다.
예) 신 4:25, 렘 12:3.

㉓ **행위자의 לְ가**( ~ 의하여): 전치사 לְ가 수동태 동사와 함께 사용되어 수동 동사 동작의 '동인'(행위자; agent)을 나타낸다.
예) 창 31:15, 출 12:16.

㉔ **배분의 לְ**( 각, ~ 마다): 전치사 לְ가 배분적(distributive)의미로 사용된다.
예) 욥 7:18, 삼상 29:2, 왕상 10:22, 암 4:4.

㉕ **단언의 לְ**( 확실히): 우가릿어(Ugaritic)에서와 같이 명사와 함께 사용되어 단언적(asseverative) 표현에 사용된다. 이 때, 전치사 לְ는 '강조의 לְ'로도 불리운다.
예) 시 89:19, 믹 3:1.

㉖ **의무의 לְ**( 의무로서 지워지는, ~ 해야 한다; 의무): 전치사 לְ가 '의무'를 나타내어 'incumbent upon'의 의미로 사용된다. 이것은 드물며 대개는 עַל가 대신 사용된다.
예) 미 3:1, 삼상 23:20, 대하 13:5.

> ㉗ **조력의 לְ**( ~ 위한, ~을 편들어): 전치사 לְ가 '조력'(assistance)이나 '가담'(partisanship)을 나타내어 'for', 'on the side of'의 의미로 사용된다. 이와 같은 용법은 '유익의 לְ'의 하위 범주이다.
> 예) 수 5:13.

예) 삼하 17:16. 직역: 그리고 이제 너희는 서둘러 보내라 그리고 너희는 다윗에게 고하여 말하기를, "당신은 그 밤에 광야의 평원에 머물지 말라 그리고 또한 당신은 반드시 건너 갈 것이다. 왕과 그와 함께하는 모든 백성들을 삼키지 않도록."

| וְעַתָּה | שִׁלְחוּ | מְהֵרָה | וְהַגִּידוּ | לְדָוִד | לֵאמֹר | אַל־ | תָּלֶן | הַלַּיְלָה | בְּעַרְבוֹת |
|---|---|---|---|---|---|---|---|---|---|
| C.AB | VQMMYP | NFS | C.VHMMYP | P.NE | P.VQNG | ABN | VQIMYS | D.NMS | P.NFPG |
| 이제 | 보내어 | 빨리 | 하라 | 다윗에게 | 고하기를 | 말고 | 자지 | 오늘 밤에 | 나룻터에서 |

| הַמִּדְבָּר | וְגַם | עָבוֹר | תַּעֲבוֹר | פֶּן | יְבֻלַּע | לַמֶּלֶךְ | וּלְכָל־ | הָעָם | אֲשֶׁר | אִתּוֹ |
|---|---|---|---|---|---|---|---|---|---|---|
| D.NMS | C.AB | VQNA | VQIMYS | C | VUIMZS | P.D.NMS | C.P.NMSG | D.NMS | R | P.MZS |
| 광야 | | 아무쪼록 | 건너가소서 | 혹시 | 몰사할까 | 왕과 | | 자들이 | | 그 좇는 |

**해설**

본문은 2개의 명령문으로 병렬되어 있다. 즉 「명령문1(וְעַתָּה שִׁלְחוּ מְהֵרָה) + 명령문2(나머지 ~ )」이다. 명령문1에서 '대격' מְהֵרָה(명사, '서두름')는 '방법의 대격'으로 즉 동사(שִׁלְחוּ, 보내다)의 행위(보내다)가 어떠한 방식으로 일어나는 지를 설명하는데, 곧 '빨리, 서둘러' 보내는 것이다. 이 '방법의 대격'은 '부사적 대격'(adverbial accusative)으로 부사적으로 해석한다. 명령문2는 '직접화법'형식을 보여준다. 즉 「전달 동사(לֵאמֹר הַגִּידוּ) + 발언자( 후새 ) + 듣는 이(다윗; לְדָוִד) + 피전달부(인용문; ~ אַל־)」이다. '전달 동사구'에서 לֵאמֹר는 '직접화법'을 유도한다. 그리고 אַל־תָּלֶן는 '부정 명령법'을 나타낸다. 부정 명령법은 '2인칭 미완료 + 부정어 אַל' 형식으로 표현된다. 그리고 대격 הַלַּיְלָה는 '시간의 특정한 때의 대격'을 나타내므로 부사적으로 '그 밤에'로 번역한다. 그리고 동사구 עָבוֹר תַּעֲבוֹר에서 부정사 절대형(עָבוֹר)이 동일어근의 정동사 앞에 위치하여 부사적으로 '반드시, 꼭'이란 의미로 정동사의 동작을 강조한다. 접속사 פֶּן은 부정의 목적(~ 하지 않도록; lest should)을 나타낸다. 그리고 수동태 동사(יְבֻלַּע; עָבַר pual 어간 - 강조수동; '건너다' )에 함께 사용된 전치사 לְ는 수동동사의 주어를 유도한다. 즉 לַמֶּלֶךְ וּלְכָל־הָעָם אֲשֶׁר אִתּוֹ(그 왕과 그와 함께 하는 모든 백성들)이 수동동사 יְבֻלַּע의 주어로 사용되었다.

### 4) מִן( ·מִ; 운문체 מִנִּי), ~ 보다 더

**▌▌▌용법▌▌▌**

① **운문체 מִנִּי**에서 접미어 ִי 는 '연결의 히렉'(Hireq compaginis)라 하며, '복수 연계형'은 מִנֵּי이다(사 30:11).

② **분리의 מִן**( ~ 로부터 ): '탈격의 용법'(ablative usage)이라 하여 한 장소로부터의 떠나감을 나타내어 'out of'의 의미를 가진다.
예) 신 22:8, 수 10:7, 신 30:3.

③ **시상의 מִן**( ~ 로부터, ~ 후에 ): '시상'(temporal)을 나타내어 'from' 또는 'after'의 의미를 가진다.
예) 창 38:2, 신 9:24, 삼상 18:9, 호 6:2, 시 73:20.

④ **비교급의 מִן**( ~ 보다 더 ): 전치사 מִן이 형용사나 부정사와 함께 사용되어 비교 접속사(than)의 의미를 가진다.
예) 삿 14:18, 창 29:19, 겔 28:3.

⑤ **절대 비교급의 מִן**( 하기에 너무 ~ 하다 ): 전치사 מִן이 '지나치게 높은 정도'를 표현하여, 'too ~ for'의 의미를 나타낸다.
예) 창 18:14, 창 36:7.

⑥ **원인(이유)의 מִן**( 왜냐하면, ~ 때문에, ~ 때문이다 ): 전치사 מִן이 'ㅇ 유'(causal)를 나타내어, 'because of, because'의 의미로 사용된다.
예) 신 7:7, 사 43:4, 나 1:5.

⑦ **수단(방법)의 מִן**( ~ 에 의해, ~ 으로 ): '수단'(means)이나 '방식, 도구'를 나타내어 'by'의 의미로 사용된다.
예) 창 9:11, 레 21:7, 욥 7:14.

⑧ **행위자의 מִן**( ~ 에게 ): 전치사 מִן이 수동태 구문에서 동작을 일으키는 행위자를 나타낸다.
예) 레 21:7, 에 7:7.

⑨ **결여의 מִן**( ~ 이 없는): 전치사 מִן이 '결의'(privative)을 나타내어, 'deprive of, without'와 같은 의미를 표현한다.
예) 렘 48:45, 삼상 15:26(부정사와 함께), 신 33:11, 레 26:13, 삼상 15:23.

⑩ **근원의 מִן**( ~ 로부터, ~ 의 ): 전치사 מִן가 근원(or 기원)을 나타낸다.
예) 삼상 24:14, 삿 12:8, 창 2:7, 왕상 2:15.

⑪ **관계의 מִן**: 전치사 מִן이 '관계'(relationship)를 나타내는데 사용되어,
- 공간( 번역을 안함 )에서 on, to 등의 의미로,
  예) 창 12:8, 신 5:8, 수 8:13, 민 32:19, 삼하 15:34.
- 시간( ~ 에 )에서 on, in 등의 의미로,
  예) 창 19:34, 삼하 15:34.
- 관점( ~ 의 판단으로는, ~ 앞에, ~ 의 관점에서 )에서 'before, in the sight of의 의미로 표현한다.
  예) 민 32:22, 욥 4:17.

⑫ **부분의 מִן**( ~ 의 일부, ~ 의 ): 전치사 מִן이 부분을 나타내는 말(partitive)로 사용되어, some의 뜻으로 표현된다.
예) 창 4:3, 출 16:27, 왕상 18:5.

⑬ **강조의 מִן**( ~ 조차도 ): 전치사 מִן이 עַד처럼, '강조'(emphatic)을 나타내는데 사용된다.
예) 레 4:2, 삼하 14:11, 삼상 14:45.

⑭ **설명의 מִן**( 즉 ): 전치사 מִן는 '설명'(explicative)에 사용되어 'consisting of'의 의미를 나타낸다.
예) 창 6:1, 2, 렘 44:28, 렘 40:7, 창 7:22, 9:10, 대상 5:18.

⑮ **포함의 מִן**( ~ 로부터 ~ 까지 ): 즉 (וְ)עַד … מִן 의 구조로 'both … and'의 의미로 사용되는데, 때로 עַד 대신에 방위격 접미사 ָה 가 접미된다.
예) 창 19:4, 왕하 3:21, 출 9:25, 삼상 5:9.

예) 나 1:5. 직역: 그(하나님, 여호와) 때문에 산들이 떨었고 그리고 작은 언덕들이 녹았다. 그리고 그의 앞에서 그 땅 (곧) 세계와 그 가운데 모든 거하는 자들이 들어 올리울 것이다.

| הִתְמֹגָגוּ | וְהַגְּבָעוֹת | מִמֶּנּוּ | רָעֲשׁוּ | הָרִים |
|---|---|---|---|---|
| VTACZP | C.D.NFP | P.MZS | VQACZP | NMP |
| 녹고 | 작은 산들이 | 그로 인하여 | 진동하며 | 산들이 |

| בָּהּ | יֹשְׁבֵי | וְכָל־ | וְתֵבֵל | מִפָּנָיו | הָאָרֶץ | וַתִּשָּׂא |
|---|---|---|---|---|---|---|
| P.FZS | VQPAMPG | C.NMSG | C.NFS | P.NMP.MZS | D.NFS | CW.VQIFZS |
| 그 가운데 거하는 | | 자들이 | 세계와 | 그의 앞에서 | 땅 | 솟아 오르는도다 |

**해설**

본문은 '와우 미완료 계속법'(Waw Imperfect Consecutive; 과거 시상)으로 나열된 3개의 절(clause)로 구성되어 있다. 앞 절에서 전치사구 מִמֶּנּוּ에서 전치사 מִן은 '이유(원인)'(causal)를 나타내어 'because of'의 의미로 사용되었다. 그리고 '와우 미완료 계속법'으로 유도되는 문에서 주어가 הָאָרֶץ(그 땅)이며, 그 땅을 구체적으르 설명하는 대상들이 '접속사' וְ로 유도되었다. 곧 תֵבֵל וְכָל־יֹשְׁבֵי בָהּ(세계와 그 가운데 모든 거하는 자들)을 말한다.

## 5) עַל

**용법**

① 이 전치사는 원래 실명사로서 '높은 자, 높은 곳'을 의미했다(호 7:16; 11:7). 그리고 '위에'(on) 또는 '위쪽'(above)의 움직임이나 '휴지'(pause)를 표현한다(삼하 23:1).

② 위치의 עַל( ~ 위에, ~ 위로, ~ 옆에 ): 전치사 עַל이 '위치'(or 방위; location)를 나타내어 on, over, above, beside 등의 의미로 사용된다.
예) 창 1:20, 출 20:12, 왕상 6:5, 신 28:23.

③ **반대의 עַל**( ~ 에 대항하여 ): 전치사 עַל이 '반의'(adversation)를 나타내어 'against, in spite of, although' 등의 의미를 표현한다. 이 용법은 '불이익의 여격'의 의미를 가진다.
예) 창 48:7, 신 20:10, 삼상 21:16, 욥 10:7, 시 142:4.

④ **이익의 עַל**( ~ 대신하여, ~을 위해, ~ 위하여 ): 전치사 עַל이 '유리함'(advantage)을 나타내어, 'on behalf of, for the sake of' 의 의미를 표현한다.
예) 삿 9:17.

⑤ **종결의 עַל**( ~ 위에, ~ 아래에 ): 전치사 עַל은 동작(움직임) 동사의 목적어로 종결된다.
예) 창 15:11, 창 21:14, 출 20:26.

⑥ **설명의 עַל**( ~ 관하여, ~ 과 관련하여, ~ 에 대하여 ): 전치사 עַל가 '설명'(specification)에 관계되어, 'concerning', 'with regard to', 'as for' 등의 의미로 번역된다.
예) 창 41:32, 출 22:8.

⑦ **양보의 עַל**( 비록 ~ 일지라도, ~ 임에도 불구하고 ): 전치사가 유도하는 명사는 '양보절'일 수 있다.
예) 욥 10:7, 사 53:9.

⑧ **기준의 עַל**( ~ 에 따라서, ~ 에 기초하여, ~ 과 일치하여 ): 전치사 עַל( 이 기준(norm)을 나타내어 'in accordance with, on the basis of' 의 의미로 사용된다.
예) 출 24:8, 출 12:51, 시 31:24.

⑨ **원인의 עַל**( ~ 왜냐하면, ~ 때문이다, 때문에): 전치사 עַל는 '이유'(causal) 나타내어, 'because of, because'의 의미로 사용된다. 이 때 전치사는 명사, 부정사 연계형, 실명사절 등이 될 수 있다.
예) 창 20:3, 삼상 12:19, 창 31:20, 출 17:7.

⑩ **추가의 עַל**( ~ 에 더하여 ): 전치사 עַל가 '부가'(addition)의 의미를 나타낸다.
예) 삼상 12:19, 창 28:9. 민 28:10, 삼상 12:19, 창 28:9, 민 31:8 등이 있다.

⑪ **동반의 עַל**( 함께, ~ 와 동반하여, 같이 ): 전치사 עַל이 '동반'(accompaniment)의 의미를 가진다.
예) 출 12:8, 출 35:22.

⑫ **의무의 עַל**( ~ 해야 한다, 해야 할 의무가 있는 ): 전치사 עַל가 '의무'(obligation)을 나타낸다. 이 용법은 '책임의 עַל'이라고도 한다.
예) 삼하 18:11. 왕하 18:14, 잠 7:14, 왕상 4:7.

⑬ **동반의 עַל**( 함께, ~ 와 동반하여, 같이 ): 전치사 עַל이 '동반'(accompaniment)의 의미를 나타낸다.
예) 출 12:8, 출 35:22, 왕상 15:20.

⑭ **간접 목적어의 עַל**( ~ 에게 ): 후대의 용법. 초기 본문에서는 אֶל이 간접 목적어를 유도하였다.
예) 에 1:19, 스 7:28.

예) 사 53:9. 직역: 그리고 그의 무덤이 악인들과 함께, 그의 죽음이 부자와 함께 두게 될 것이다. 왜냐하면 그는 포악을 행하지 않았고 그리고 그의 입안에 속임이 없기 때문이다.

וַיִּתֵּן אֶת־ רְשָׁעִים קִבְרוֹ וְאֶת־עָשִׁיר בְּמֹתָיו עַל לֹא־ חָמָס עָשָׂה

VQAMZS NMS ABN P P.NMS.MZS NMS C.P NMS.MZS NMP P CW.VQIMZS

행치 강포를 아니 그 묘실이 부자와 함께 그 무덤이 악인과 함께 되었도다

וְלֹא מִרְמָה בְּפִיו

P.NMS.MZS NFS C.ABN

그 입에 궤사가 없었으나

**해설**

본문은 '와우 미완료 계속법'(Waw Imperfect Consecutive; 과거 시상)을 나타내는 문이며, '이유(원인)'를 나타내는 종속절을 가지고 있다. 즉 전치사 עַל이 '원인(이유)'의 절(because)을 유도한다( ~ עַל לֹא־חָמָס עָשָׂה). 그리고 전치사 אֶת־는 '동반의 אֶת־'를 나타낸다(함께). 즉 '악인들과 함께(אֶת־רְשָׁעִים), 부자와 함께(אֶת־עָשִׁיר)'이다.

## 6) אֶל

**용법**

① 전치사 אֶל은 동작이 어떤 인물이나 혹은 사물을 향하고 있음을 표현한다. 따라서 אֶל은 부정사나 명사절과 결코 결합되지 않는다.

② 방향의 אֶל( ~ 향하여, ~ 쪽으로 ): 전치사 אֶל은 '방향'(directive)을 가리키므로, 'towards'의 의미를 나타낸다. 이 용법은 '지시적 אֶל'로도 불린다.
예) 창 6:18, 왕상 8:30, 왕상 8:29, 창 32:31, 창 39:7.

③ 종결의 אֶל( ~ 안으로, ~ 까지 ): 전치사 אֶל은 한 위치의 끝의 의미를 가지므로, 'into', 'unto' 등의 의미를 표현한다.
예) 창 6:18, 창 39:7, 신 7:26.

④ 조력의 אֶל(~을 위하여, 을 편들어): 전치사 אֶל이 '조력'이나 '가담'(partisanship)을 나타내어, ]for', 'on the side of' 의 의미로 사용된다.
예) 겔 36:9, 렘 15:1, 왕하 6:11.

⑤ 간접 목적어 אֶל( ~ 에게 ): 전치사 אֶל이 동사의 간접 목적어의 기능을 한다.
예) 창 20:17, 창 16:11, 신 5:1, 왕하 6:11.

⑥ 유익의 אֶל( ~ 대신하여, ~을 위해, ~ 위하여 ): 전치사 אֶל이 '유리함'(advantage)을 나타내어, for the sake of', 'on behalf of' 의 의미로 사용된다.
예) 왕하 7:7, 왕상 19:3.

⑦ 불이익의 אֶל( ~ 에 대비하여 ): 전치사 אֶל이 '반대'나 '불이익'을 나타내어, 'against'의 의미를 표현한다. 이 용법은 '반대의 אֶל'이라고도 한다.
예) 창 4:8, 민 31:14, 렘 21:13.

⑧ 동반의 אֶל( ~ 함께, ~ 와 동반하여 ): 전치사 אֶל이 '동반'(accompaniment)을 나타낸다.
예) 삼상 14:34.

⑨ **부가의 אֶל**( ~ 에 더하여 ):전치사 אֶל이 '부가'(addition)의 의미를 나타낸다.
예) 왕상 10:7.

⑩ **상술의 אֶל**( ~ 관하여, ~ 과 관련하여 ): 전치사 אֶל이 '상술' (specification)을 나타내어, 'concerning'의 의미를 표현한다.
예) 삼상 15:35, 삼상 4:19, 삼하 24:16.

⑪ **기준의 אֶל**( ~ 에 따라, ~ 에 근거하여 ): 전치사 אֶל이 '기준'(norm)을 나타내어, 'in accordance with', 'on the basis of' 등의 의미를 표현한다.
예) 수 15:13, 삼상 26:4

⑫ **위치의 אֶל**( ~ 에, ~ 곁에, ~ 가까이 ): 전치사 אֶל이 '방위'(locative)를 나타내어, 'at, by, near' 등의 의미를 표현한다.
예) 삿 12:6, 왕상 13:20

예) 렘 21:13. 직역: 보라! 나는 그 골짜기의 거주하는 자들(이요) 그 평원의 바위인 너를 반대한다. 여호와의 말씀(예언)을 말하는 자들이 (말하기를), 누가 우리를 반대하여 내려 갈 것인가? 그리고 누가 우리의 은신처에 들어 올 것인가?

| הָאֹמְרִים | יְהוָה | נְאֻם־ | הַמִּישֹׁר | צוּר | הָעֵמֶק | יֹשֶׁבֶת | אֵלַיִךְ | הִנְנִי |
|---|---|---|---|---|---|---|---|---|
| D.VQPAMP | NE | NSG | D.NMS | NMSG | D.NMS | VQPAFSG | P.FYS | Q.CXS |
| 말하기를 | 여호와가 | 이르노라 | 평원 | 반석의 | 골짜기와 | 거민아 | 네 대적 | 보라 |

| בִּמְעוֹנוֹתֵינוּ | יָבוֹא | וּמִי | עָלֵינוּ | יֵחַת | מִי־ |
|---|---|---|---|---|---|
| P.NFP.CXP | VQIMZS | C.APT | P.CXP | VQIMZS | APT |
| 우리의 거처에 | 들어오리오 | 누가 | 우리를 | 내려와서 | 누가 |

**해설**

본문은 2개의 명사문이 접속사 없이 나란히 병렬되어 있다. 즉「명사문1(הִנְנִי אֵלַיִךְ יֹשֶׁבֶת הָעֵמֶק צוּר הַמִּישֹׁר) + 명사문2( ~ נְאֻם־יְהוָה)」이다. 명사문1은 서술 동사가 생략되어 있으며, 전치사 אֶל은 '불이익의 אֶל'로서 ' ~ 에 반대하여'라는 의미를 가지며 서술어 역할을 한다. 이 전치사에 접미된 '2인칭 대명사'는 뒤의 '그 골짜기의 거주하는 자들'(יֹשֶׁבֶת הָעֵמֶק)과 '선제적 동격'(anticipative apposition) 관계에 있으며, '그 평원의 바위'(צוּר הַמִּישֹׁר)와도 '선제적 동격' 관계에 있다. 그리고 '그 골짜기의 거주하는 자들'(יֹשֶׁבֶת הָעֵמֶק)과 '그 평원의 바위'(צוּר הַמִּישֹׁר)는 '속성의 동격'의 관계에 있다. 명사문2 역시 서술동사가 생략되어 있으며, 간접 화법을 보여 주고 있다. 즉「전달부(הָאֹמְרִים; 그들이 말하기를) + 피전달부( ~ מִי־יֵחַת; '누가 내려 갈 것인가? ~ ' )」이다. 그리고 '여호와의 예언(신탁)'(נְאֻם־יְהוָה)은 '명사적 용법'을 나타내고 있는 분사(הָאֹמְרִים); '그 말하는 자들')의 목적어이다. 따라서「נְאֻם־ יְהוָה הָאֹמְרִים」를 의역하면, '여호와께서 예언하여 그들이 말하기를, '이다. 여기서도 전치사 אֶל은 '불이익의 אֶל'로서 ' ~ 에 반대하여'라는 의미로 표현된다.

## 7) עַד

### 용법

① **공간의 끝 עַד**( ~ 로, ~ 까지 ): 전치사 עַד가 공간적인 '끝'(방향, termination)을 가리켜 'as far as'의 의미를 가진다.
예) 창 11:31, 삼상 9:9.

② **위치의 עַד**( ~ 가까이, ~ 에, ~ 곁에 ): 전치사 עַד가 '방위'(locative)를 나타내어, 'near, at, by' 등의 의미로 사용된다.
예) 창 13:12, 신 2:23, 삿 4:11.

③ **시간의 עַד**( ~ 까지, ~ 지나서, ~ 사이에, ~ 동안에, ~ 하는 한 ):전치사 עַד가 '시간'(temporal)을 나타내어, 'until'의 의미로 사용된다.
예) 창 26:33(명사와 함께), 창 3:19(부정사 연계형과 함께), 왕상 10:7(אֲשֶׁר와 함께), 삿 6:31(명사와 함께), 왕하 9:22(명사와 함께), 잠 8:26(절과 함께).

④ **정도의 עַד**( ~ 까지, 그 지점까지, ~ 의 수준까지 ): 전치사 עַד가 '정도'(degree)를 나타내어 'up to'의 의미를 표현한다.
예) 삼하 23:19, 왕하 24:20.

⑤ **עַד(וְ) … מִן의 구조**( ~ 부터 ~ 까지, ~ 와 마찬가지로): 'both … and'의 의미로 표현되는데, 가끔 מִן이 생략된다.
예) 삼상 18:4, 삼상 5:9, 민 8:4, 창 19:4, 출 9:25, 레 11:42.

⑥ **강조의 עַד( ~ 조차 )**: 전치사 d['가 '강조'(emphatic)을 나타내어 'even'으로 표현된다.
예) 출 14:28, 욥 25:5, 삼하 17:22.

예) 창 26:33. 직역: 그리고 그가(이삭) 그것을 세바라고 불렀다 그것 때문에 이날까지(즉 오늘까지) 그 성읍의 이름이 브엘세바였다.

| הַזֶּה | הַיּוֹם | עַד | בְּאֵרשֶׁבַע | הָעִיר | שֵׁם־ | כֵּן | עַל־ | שִׁבְעָה | אֹתָהּ | וַיִּקְרָא |
|---|---|---|---|---|---|---|---|---|---|---|
| D.ADMS | D.NMS | P | NE | D.NFS | NMSG | AB | P | NE | O.FZS | CW.VQIMZS |
| | 오늘 | 까지 | 브엘세바 | 그 성읍 | 이름이 | 그러므로 | | 세바 | 그 이름을 | 한 지라 |

**해설**

본문은 '와우 미완료 계속법'(Waw Imperfect Consecutive; 과거 시상)을 나타내는 문이다. 그리고 '전치사와 부사로 결합된 כֵּן עַל־는 하나의 접속사를 이룬다. 즉 부사(כֵּן)가 생략되고 전치사(עַל־) 자체만으로 접속사로 쓰인 경우이다. 즉 '이유의 עַל־'를 나타내어 '그것 때문에'로 번역된다. 그리고 「עַל־כֵּן」이 유도하는 절은 술어 동사가 없는 명사문장을 나타낸다. 즉 「주어(שֵׁם־הָעִיר ; '그 성읍의 이름이') + 술어(주격보어; בְּאֵרשֶׁבַע ; '브엘세바') + 부사적 수식어(עַד הַיּוֹם הַזֶּה; '이 날까지')」이다. 그리고 전치사 עַד는 '시간'을 나타내므로, 「עַד הַיּוֹם הַזֶּה」는 '이 날까지'로 번역된다.

## 8) עִם

**용법**

① **위치의 עִם( ~ 가까이, 곁에 )**: 전치사 עִם이 '방위'(locative)를 나타내어, 'near, beside'의 의미로 사용된다.
예) 창 25:11, 삿 18:3.

② **소유의 עִם( 소유하다, 가지다 )**: 전치사 עִם이 '소유'(possession)을 나타낸다.
예) 창 24:25, 창 31:32.

③ **유익의 עִם**( ~을 위해, ~ 위하여 ): 전치사 עִם이 '유익함'(advantage)을 표현하는데 사용된다.
예) 창 32:10, 창 24:12.

④ **불이익의 עִם**( ~ 대하여, ~ 에도 불구하고 ): 전치사 עִם이 '반대'(adversative)나 '불리함'(disadvantage)에 사용되어, 'against'의 의미를 나타내기도 하며, 'in spite of'의 의미로 사용되기도 한다.
예) 창 26:29, 느 5:18, 창 26:29.

⑤ **대등의 עִם**( ~ 와 마찬가지로, 그리고, ~ 와 함께 ): 전치사 עִם이 '대등관계'(coordination)를 나타내어, 'and', 'as wel as' 등의 의미로 사용된다.
예) 수 11:21.

⑥ **동반의 עִם**( ~ 같이 ): 전치사 עִם이 '동반'(accompaniment)의 의미를 나타낸다.
예) 창 24:54, 신 12:23.

⑦ **비교의 עִם**( ~ 와 같은, 유사한 ): 전치사 עִם이 '비교'(comparison)의 표현에 사용된다.
예) 시 73:5, 욥 9:26, 시 28:1.

⑧ **상호작용의 עִם**( 함께 ): 전치사 עִם이 '상호적'(reciprocal) 의미로 사용된다.
예) 삼상 13:5, 수 22:8, 창 30:8, 창 26:28.

⑨ **조력의 עִם**( ~ 의 도움으로, ~ 으로 ): 전치사 עִם이 '조력(원조)'(assistance)의 의미로 사용된다.
예) 삼상 14:45, 단 11:39.

⑩ **의식의 עִם**( ~ 의 마음으로, ~ 의 관점으로 ): 전치사 עִם이 '의식'(consciousness)을 나타내는데, 이것은 עִם־לֵבָב의 표현에서 유래한 것이다.
예) 삼하 6;22, 욥 9:35.

예) 단 11:39. 직역: 그리고 그는 그가 인정하는 바 이방의 신을 도움으로 강함의 요새들(산성들)을 만들 것이다 그는 영광을 더 할 것이다. 그리고 그는 그 많은 사람들 안에서 다스릴 것이다 그리고 값을 위해 그 땅을 나눌 것이다.

וְעָשָׂה לְמִבְצְרֵי מָעֻזִּים עִם־אֱלוֹהַּ נֵכָר אֲשֶׁר הִכִּיר (יַכִּיר) יַרְבֶּה כָבוֹד

NMS VHIMZS VHAMZS R NMS NMSG P NMP P.NMPG C.VQAMZS

영광을 더하여 안다하는 이방 신을 힘입어 크게 견고한 산성들을 취할 것이요

וְהִמְשִׁילָם בָּרַבִּים וַאֲדָמָה יְחַלֵּק בִּמְחִיר

P.NMS C.VPAMZS C.NFS P.D.NMP C.VHAMZS.MZP

뇌물을 나눠주기도 당을 여러 백성을 다스리기도

**해설**

본문은 1개의 복문과 3개의 단문으로 병렬되어 있다. 즉 「복문[주절(עִם־אֱלוֹהַּ נֵכָר וְעָשָׂה לְמִבְצְרֵי מָעֻזִּים) + 종속절(형용사절: אֲשֶׁר הִכִּיר)] + 단문1(יַרְבֶּה כָבוֹד) + 단문2(וְהִמְשִׁילָם בָּרַבִּים) + 단문3(וַאֲדָמָה יְחַלֵּק בִּמְחִיר)」이다. 복문에서 주동사(עָשָׂה; 만들다)의 목적어는 '강함의 요새들'(לְמִבְצְרֵי מָעֻזִּים)을 나타낸다. 여기서 전치사 לְ는 '대격의 변형'처럼 사용되어 '대격(목적어)을 유도한다. 그리고 관계 대명사(אֲשֶׁר)의 선행사인 '이방의 신들'(אֱלוֹהַּ נֵכָר)과 결합된 전치사 עִם는 '조력(원조)'(assistance)의 의미로 사용되어, '이방의 신들의 도움으로'로 번역된다. 그리고 관계대명사(אֲשֶׁר)는 '선행사'로 명사(אֱלוֹהַּ נֵכָר)를 가지므로 형용사절을 유도한다. 그리고 단문2에서 정동사(הִמְשִׁילָם)의 목적어(대격)인 대명사접미사 '남성3인칭복수'(ם ָ)와 자신의 지시 대상인 '많은 사람들'(בָּרַבִּים)과 동격 관계, 즉 '선제적 동격'(anticipative apposition) 관계에 있다. 이 때 대명사 접미사는 일반적으로 번역을 생략한다. 여기서 전치사 בְּ는 '위치의 בְּ'로 '그 많은 사람들 안에서' 다스렸다는 의미이다. 그리고 단문3에서 전치사구인 בִּמְחִיר에서 전치사 בְּ는 '가격 또는 교환의 בְּ'로서 '무언가를 위해 지불된 가격'을 나타낸다.

## 9) אֵת

**용법**

① **위치의 אֵת**( ~ 가까이, 옆에 ): 전치사 אֵת가 '위치'(location)를 나타내어 'near, beside'의 의미로 사용된다.

예) 삿 3:19, 왕상 9:26.

② **소유의 אֵת**( 가지다, ~ 에 소유되어 ): 전치사 אֵת가 ''소유'(possession)의 의미를 나타낸다.
예) 삼상 9:7, 삿 17:2.

③ **동반의 אֵת**( ~ 와 함께 ): 전치사 אֵת가 동반의 의미를 가진다.
예) 출 18:22.

④ **유익의 אֵת**( ~ 위하여 ): 전치사 אֵת가 '유리함'(advantage)을 나타내어 'for'의 의미를 나타낸다.
예) 신 1:30, 삼상 12:7, 신 10:21.

⑤ **불이익의 אֵת**( ~ 반대하여 ): 전치사 אֵת가 '반대'(adversative) 또는 '불리함'(disadvantage)을 나타낸다.
예) 삿 11:27.

⑥ **대등의 אֵת**( ~ 와 마찬가지로, ~ 와 함께, 그리고 ): 전치사 אֵת가 '대등 관계'(coordination)를 나타내어, 'and', 'as well as'의 의미로 사용된다.
예) 창 6:13.

⑦ **상호 작용의 אֵת**( ~ 함께 ): 전치사 tae가 '상호적'(reciprocal) 의미, 즉 서로에게 작용를 가진다.
예) 삼상 12:7, 사 53:12.

⑧ **조력의 אֵת**( ~ 의 도움으로, ~ 으로 ): 전치사 אֵת가 '조력'(원조)(assistance)를 나타내어, 'by the help of'의 의미로 사용된다.
예) 창 4:1, 욥 26:4, 삿 8:7.

⑨ **가담의 אֵת**( ~을 편에 ): 전치사 אֵת가 '가담'(partisanship)을 나타내어, 'for', 'on the side of'의 의미로 사용된다. 이 용법은 '조력의 אֵת'로도 불리며, ' ~을 위해, ~ 의 편에, ~ 과 함께'로 번역될 수 있다.
예) 왕하 9:32.

⑩ **의식의 אֵת**( ~ 의 의식으로 ): 전치사 אֵת가 '의식'(consciousness)의 표현에 이바지 한다.

예) 사 59:12, 창 40:14, 욥 12:3.

예) 삿 11:27. 직역: 그리고 내가 너에게 죄를 짓지 아니하였다 그러나 너는 나에게 대항하여 싸울려고 나에게 반대하여 악을 행한다. 오늘날 심판하시는 분 여호와께서 이스라엘 자손들과 암몬 자손들 사이에 판결하실 것이다.

וְאָנֹכִי לֹא־חָטָאתִי לָךְ וְאַתָּה עֹשֶׂה אִתִּי רָעָה לְהִלָּחֶם בִּי

P.CXS P.VNNG NFS P.CXS VQPA C.NPMYS P.MYS VQACXS ABN C.NPCXS

나를 쳐서 악을 내게 행하고자 네가 네게 죄를 짓지 아니 내가

יִשְׁפֹּט יְהוָה הַשֹּׁפֵט הַיּוֹם בֵּין בְּנֵי יִשְׂרָאֵל וּבֵין בְּנֵי עַמּוֹן

NE NMPG C.P NE NMPG P D.NMS D.VQPAMS NE VQIMZS

암몬 자손의 이스라엘 자손 사이에 오늘날 심판하시는 여호와는 판결하

**해설**

본문은 3개의 단문(simple sentence)으로 병렬되어 있는 문이다. 즉 「단문1(וְאָנֹכִי לֹא־חָטָאתִי לָךְ) + 단문2(명사문장; וְאַתָּה עֹשֶׂה אִתִּי רָעָה לְהִלָּחֶם בִּי) + 단문3( ~ יִשְׁפֹּט יְהוָה)」이다. 그리고 단문2에서 '과거분사'(עֹשֶׂה)가 서술어 역할을 하고 있으며, 전치사구인 אִתִּי(나에게 대항하여)에서 전치사 אֵת는 '불이익의 אֵת'토서 전치사 אֵת가 '반대'(adversative) 또는 '불리함'(disadvantage)을 나타낸다. 그리고 부정사 연계형(לְהִלָּחֶם)은 자신에게 결합된 전치사 לְ에 의해 '행동의 목적(동기')를 나타내므로, ' ~ 싸우기 위하여'로 번역된다. 그리고 전치사구 בִּי에서 전치사 בְּ는 '반대의 בְּ'(대항하여)의 용법으로 '반대'의 뜻으로 사용되어, 'against' 혹은 'in spite of'의 의미를 나타낸다. 그리고 단문3에서 분사(הַשֹּׁפֵט)가 정관사를 가지므로 명사적인 용법을 나타내어, '심판하시는 분'으로 번역되며, 주어인 '여호와'(יְהוָה)와 동격 관계에 있다.

## 10) תַּחַת

## 용법

① 전치사 תַּחַת는 명사 תַּחַת(밑에 있는 것)에서 유래하였다.

② 위치의 תַּחַת( ~ 아래에, ~ 밑 에, ~ 의 근저에 ): 전치사 תַּחַת가 '위치'(locative)를 나타내어, 'under', 'at the base of'의 의미로 사용된다.
예) 창 7:19, 출 24:4.

③ 권위의 תַּחַת( ~ 의 권위 아래에 ): 전치사 תַּחַת가 '권위'(authority)나 혹은 '지배'(control)를 나타내어, 'under'의 의미를 표현한다.
예) 창 41:35, 민 5:19, 사 24:5.

④ 상황의 동일성의 תַּחַת( ~의 자리에, 바로 그 곳에 ~ ): 전치사 תַּחַת가 '상황의 동일성'(identity of situation)에 사용되어, 'in one's place', 'on the spot'라는 의미를 나타낸다.
예) 삼상 14:9, 삼하 2:23.

⑤ 교환의 תַּחַת( 대신에, ~ 의 대신에 ): 전치사 תַּחַת가 '교환'(exchange)를 나타내어, 'in place of', 'instead of'의 의미로 사용된다.
예) 창 22:13, 신 28:62, 출 21:23, 왕상 11:43, 왕상 21:2.

⑥ 이유(원인)의 תַּחַת( 왜냐하면 ~ 때문이다, ~ 때문에 ): 전치사 תַּחַת가 '이유'(causal)를 나타내어, 'because'의 의미를 나타낸다. 이 용법은 자주 אֲשֶׁר 또는 כִּי로 이끄는 절과 결합되어 나타난다.
예) 민 25:13, 신 4:37, 왕하 22:17.

예) 민 25:13. 직역: 그리고 영원한 제사장직의 언약이 그(아론) 이후에 그(아론의 손자 엘르아살의 아들 비느하스)와 그의 자손(씨)에게 있을 것이다. 왜냐하면 그(비느하스)가 그의 하나님을 위하여 질투하였고 그리고 그가 이스라엘의 아들들을 덮었기(or 속죄하였기) 때문이다.

| עוֹלָם | כְּהֻנַּת | בְּרִית | אַחֲרָיו | וּלְזַרְעוֹ | לוֹ | וְהָיְתָה |
|---|---|---|---|---|---|---|
| NMS | NFSG | NFSG | P.MZS | C.P.NMS.MZS | P.MZS | C.VQAFZS |
| 영원한 | 제사장 직분 | 언약 | 그 후 | 손에게 | 그와 | 이라 |

| יִשְׂרָאֵל | בְּנֵי | עַל־ | וַיְכַפֵּר | לֵאלֹהָיו | קִנֵּא | אֲשֶׁר | תַּחַת |
|---|---|---|---|---|---|---|---|
| NE | NMPG | P | C.VPIMZS | P.NMP.MZS | VPAMZS | R | P |
| 이스라엘 | 자손 | 을 | 속죄하였 | 하나님을 위하여 | 질투하여 | | |

**해설**

본문은 복문(complex sentence)을 나타낸다. 즉 「주절(אַחֲרָיו בְּרִית כְּהֻנַּת עוֹלָם וְהָיְתָה לוֹ וּלְזַרְעוֹ) + 종속절(이유절: ~ תַּחַת אֲשֶׁר קִנֵּא)」이다. 주절에서 외적 주어는 '영원의 제사장직의 언약'(בְּרִית כְּהֻנַּת עוֹלָם)을 말한다. 여기서 동사의 '과거 시상'은 잘 이루어 질 것으로 생각되는 밝은 미래(a vivid future)를 표현하는 '확실성'의 '예언적 완료상'(prophetic perfect)을 나타낸다. 그리고 '그 후'(אַחֲרָיו)란 '아론'이후를 말한다. 그리고 종속절을 이끄는 관계대명사 אֲשֶׁר와 결합한 전치사 תַּחַת는 '이유(원인)의 תַּחַת'(왜냐하면 ~ 때문이다)를 나타내므로, 'because'의 의미를 나타낸다. 그리고 종속절은 2개의 단문(simple sentence)으로 되어 있다. 즉 「단문1(קִנֵּא לֵאלֹהָיו) + 단문2(יִשְׂרָאֵל וַיְכַפֵּר עַל־ בְּנֵי)」이다. 그리고 단문1에서, 전치사구(לֵאלֹהָיו : '그의 하나님을 위하여')에서 전치사 לְ은 '조력의 לְ'( ~ 위한, ~을 편들어)로 사용되어, 전치사 לְ가 '조력'(assistance)이나 '가담'(partisanship)을 나타낸다. 단문2에서 전치사구(יִשְׂרָאֵל עַל־בְּנֵי)에서 전치사 עַל־은 '이익의 עַל'( ~ 대신하여, ~을 위해, ~ 위하여 )의 용법을 가지므로, 전치사 עַל이 '유리함'(advantage)을 나타내어, 'on behalf of, for the sake of' 의 의미를 표현한다.

## 11) אַחַר

### 용법

① 전치사 אַחַר의 유사 복수형태는 אַחֲרֵי이다.

② 위치의 אַחַר( ~ 뒤에, ~ 후에, 함께 ): 전치사 אַחַר는 '위치'(locative)를 나타내어, 'behind', 'after'의 의미로 사용된다.

예) 창 37:17, 암 7:15, 신 11:28, 신 23:15, 삼상 14:13, 왕하 13:2, 느 3:16-31 (이 때, אַחֲרָיו와 עַל־יָדוֹ는 유사하다).

③ 방향의 אַחַר( 서쪽의 ): 전치사 אַחַר는 '방향'(direction)을 나타내어, 'west of'의 의미를 표현한다.
예) 출 3:1, 삿 18:12, 신 11:30, 수 8:2, 겔 41:15.

④ 시상의 אַחַר( 후에 ): 전치사 אַחַר는 '시상'(temporal)을 나타내어, 'after'라는 의미로 사용된다. 이 때 전치사 rje'a'는 명사, 부정사 연계형, 절과 함께 동반한다.
예) 창 15:1(명사), 창 13:14(부정사 연계형), 욥 42:7(절), 창 6:4, 창 9:28, 수 9:16, 삼상 5:9, 왕상 13:23.

⑤ 반대의 אַחַר( ~ 에 반하여, ~ 에게 불리한 ): 전치사 אַחַר는 '반대'(adversative)를 나타내어, 'against'라는 의미로 사용된다.
예) 왕상 21:21, 왕하 19:21, 왕상 14:10.

⑥ 기준의 אַחַר( ~ 에 일치하여, ~ 에 따라서 ): 전치사 אַחַר는 '기준'(norm)을 나타내어, 'in accordance with', 'after the manner of'의 의미로 표현된다.
예) 대하 2:16, 사 65:2, 겔 13:3.

예) 사 65:2. 직역: 내가 온 종일 완악한 백성 (곧) 그들의 생각을 따라서 그 선하지 않은 길을 행한 자들에게 나의 손들을 (뻗어서) 산산히 부술 것이다.

פֵּרַשְׂתִּי יָדַי כָּל־הַיּוֹם אֶל־עַם סוֹרֵר הַהֹלְכִים הַדֶּרֶךְ

| הַדֶּרֶךְ | הַהֹלְכִים | סוֹרֵר | עַם | אֶל־ | הַיּוֹם | כָּל־ | יָדַי | פֵּרַשְׂתִּי |
|---|---|---|---|---|---|---|---|---|
| D.NMS | D.VQPAMP | VQPAMS | NMS | P | D.NMS | NMSG | NFP.CXS | VPACXS |
| 길을 | 행하는 | 패역한 | 백성들 | 을 | 일 | 종 | 손을 | 내가 펴서 |

לֹא־טוֹב אַחַר מַחְשְׁבֹתֵיהֶם

| מַחְשְׁבֹתֵיהֶם | אַחַר | טוֹב | לֹא־ |
|---|---|---|---|
| NFP.MZP | P | AMS | ABN |
| 자기 생각을 | 좇아 | 선한 | 불 |

**해설** 본문은 영어로 3형식의 단문(simple sentence) 형식의 문이다. 즉 「주동사(פֵּרַשְׂתִּי ; 내적 주어- 내가) + 목적어(יָדַי; '나의 손들을') + '시간'의 부사적 대격(כָּל־הַיּוֹם ; '온 종일' - 주동사를 수식함) + 전치사구(אֶל־עַם סוֹרֵר; '완악한 백성에게'- 주동사 수식) + 동격(הַהֹלְכִים; '그 행한 자들'- 분사의 명사적 용법으로 앞의 '완악한 백성'과 동격을 나

타냄) + 분사의 목적어(הַדֶּרֶךְ; '그 길을') + 부사적 술어(לֹא־טוֹב; '선하지 않는'- '그 길'의 술어 역할. 그리고 여기서 부정어 לֹא־는 비동사 술어인 טוֹב를 부정한다) + 전치사구(אַחַר מַחְשְׁבֹתֵיהֶם; '그들의 생각을 따라'- 명사적 분사(הַהֹלְכִים)를 수식)」이다. 그리고 전치사 אַחַר의 용법은 '기준'의 אַחַ֫ר( ~ 에 일치하여, ~ 어 따라서 )를 의미한다.

# XII. 접속사

## 1. 접속사의 정의

접속사(Conjunction)란 연결어(connectives, 連結語)의 일종어로서, 단어(word), 구(phrase), 절(clause), 그리고 문장(sentence)을 연결하는 역할을 하며, 그것들 상호 간의 관계를 표현하는 품사이다. 히브리어의 접속사는 본래 대명사인 것(כִּי; that, because, when), 실명사인 것(אַל־ nothing; פֶּן that not), 실명사와 전치사로 결합된 것(בְּטֶרֶם before; מִטֶּרֶם before), 전치사와 접속사의 결합으로 된 것(יַעַן אֲשֶׁר because; אַחֲרֵי אֲשֶׁר after that; כַּאֲשֶׁר according as; עֵקֶב אֲשֶׁר for the reason that; עֵקֶב כִּי because)들이 있다. 그리고 그 어원이나 본래의 뜻이 분명치 않는 것들도 있다(אוֹ or; אִם if; אַף also; וְ and).

## 2. 분리 접속사와 불분리 접속사

접속사는 그것이 단어 앞에 놓일 때 분리된 위치에 놓이는가 또는 분리되지 않고 단어에 접두되는 가에 따라서 분리 접속사와 불분리 접속사로 나누게 된다.

### 1) 분리 접속사(Separable Conjunction)

분리 접속사는 관계된 단어 또는 문장과 분리되어 놓이며 성(性)·수(數)·격(格)의 구분이나 어형의 변화 없이 사용된다. 분리 접속사는 다음과 같다.

① אוֹ(or), אִם(if, when), אַף(also): 이들은 항상 접속사로만 사용되는데, 그 기원은 불명하다.

② כִּי(that, because, when): 이것은 원래 대명사에서 출발한 것이다.

③ אַל(that not 그것은 아니다; not 아니), פֶּן(that not 그것은 아니다; lest ~ 하지 않도록), בְּטֶרֶם 또는 מִטֶּרֶם( before that ~ 전에; not yet 아직 ~ 못하다): 이것들은 원래 실명사였거나 명사와 전치사의 복합어이다.

④ עַל כִּי, עַל אֲשֶׁר ~ 이지만(although);
יַעַן כִּי, יַעַן אֲשֶׁר ~ 라는 사실 때문에(on account of the fact that);
אַחַר כִּי, אַחַר אֲשֶׁר ~ 라는 것 후에(after that), ~ 한 후에;
עֵקֶב כִּי, עֵקֶב אֲשֶׁר ~ 한 사실의 결과로써 or ~ 사실 때문에(in consequence of the fact that, for the reason that);
תַּחַת כִּי, תַּחַת אֲשֶׁר ~ 사실 대신에 or ~ 사실 때문에(instead of that, because that);
לְמַעַן אֲשֶׁר ~ 한 바를 위하여(in order that);
כַּאֲשֶׁר ~ 한 것에 따라서(according as)

## 2) 불분리 접속사(Inseparable Conjunction)

불분리 접속사에는 וְ가 있다. 이 접속사는 가장 흔히 사용되는 접속사인데, 단어 앞에 붙여 사용되므로 불분리 접속사라 하며, 일반적으로 자음 ו아래 쉐바(ְ)가 온다. 다음은 접속사 וְ의 형태상의 변화를 보여준다.

① 접속사 וְ는 뒤따르는 단어와 결합한다.

예) וְאֵם and mother, וְהָעָם and the people

② 유음쉐바를 가진 자음이나 순음( ב מ פ ) 앞에서 '슈렉'( וּ )을 취한다.

예) וּשְׁמוֹ and his name, וּבֵן and a son

③ 합성 쉐바 앞에서 그 합성 쉐바와 동질의 단모음을 취한다.

예) וַאֲנִי and I, וֶאֱמֶת and truth, וָאֳנִי and a fleet

④ יְ 앞에서 접속사 וְ 의 쉐바는 '히렉'( ִ )이 되고 יְ 의 쉐바는 사라진다.

예) יְרִחוֹ > וְיְרִחוֹ > וִירִחוֹ and Jericho
יְהִי > וְיְהִי > וִיהִי and let there be

그러나 동사 הָיָה(to be; 있다, 이다, 되다)와 חָיָה(to live; 살다)의 ה나 ח가 단순 쉐바를 취할 때는 쉐바 법칙을 따른다.

예) וְהְיוּ > וַהֲיוּ
וְחְיוּ > וִחְיוּ > וֶחֱיוּ

⑤ 주엑센트 있는 음절 앞에서(특히 쌍으로 된 구에서) וָ 형을 취한다.

예) יוֹם וָלַיְלָה 낮과 밤, זָהָב וָכֶסֶף 금과 은, טוֹב וָרָע 선과 악

## 3. 접속사의 종류

### 1) 등위 접속사(대등 접속사; Coordinate Conjunction)

접속사 양쪽을 대등한 자격으로 이어주는 접속사다. 즉 단어와 단어, 구와 구, 절과 절, 문

장과 문장이 통사(統辭)상 대등한 기능을 갖고 연결될 때 등위 관계(coordination)가 성립되며, 이 때 연결되는 접속사가 등위접속사다. 등위접속사가 이끄는 절은 문법적으로 독립적이다. 특히 등위접속사는 중문(重文, Compound Sentence)을 이끈다. 중문(Compound Sentence)이란 둘 이상의 단문으로 이루어지며, 문법적으로 서로 독립적이고 대개 등위접속사로 연결된다.

(1) וְ

## 용법

① **대등의** וְ(그리고): 접속사 וְ는 여러 개의 단어(word), 구(phrase) 또는 절(clause)을 대등하게 하는 역할을 한다. 영어에서 대등(or 등위)접속사 and는 연속적으로 나열하는 대상들 중에 마지막 대상 앞에 쓰이는 반면, 히브리어 וְ는 모든 대상 앞에 사용된다. 그리고 이것은 단순 접속사 '와우(or 바브)' 또는 '와우 계사법'(Waw Copulative)을 표현한다.
예) 창 1:5, 창 10:2, 창 12:16......

② **생략의** וְ(번역하지 않음): 접속사 וְ는 급하고 격정적인 표현을 위하여 수사학적 표현으로 사용될 때, 동사들의 나열들에서 생략된다.
예) 삿 5:27.

③ **설명의** וְ(즉, 다시 말해서, 오히려): 접속사 וְ는 '설명'에 사용되어 'namely'(= to wit)란 의미를 나타내는데, 이것을 '설명적 와우'(epexegetical waw)로도 불린다.
예) 창 4:4, 삼상 17:40, 출 24:12.

④ **반대의** וְ(그러나): 접속사 וְ는 대귀법(an antithesis)을 유도하여 'but'을 의미로 사용된다.
예) 창 6:7-8, 왕상 2:26.

⑤ **강조의** וְ(그리고 특별히): 접속사 וְ는 '강세'(emphatic)을 나타내어, 'and especially'의 의미로 사용된다.
예) 왕상 11:1, 사, 2:1.

⑥ **대안의** ְו( 또는 ): 접속사 ְו는 둘 가운데서 선택(alternative)을 나타내어 'or'의 의미로 사용된다.
예) 출 20:10, 출 21:16, 왕하 9:32.

⑦ **허사의** ְו( 번역하지 않음 ): 접속사 ְו는 우가릿어(Ugaritic), 아랍어(Arabic) 및 에디오피아어(Ethoopic)에서와 같이 불필요하지만 단지 문체상(stylistic) 들어가 있는 경우에 해당한다.
예) 삼하 13:20, 삼하 15:34.

⑧ **동반의** ְו( ~ 함께, ~ 와 더불어 ): 접속사 ְו는 '동반'(accompaniment)을 나타내어 'with'의 의미로 사용된다.
예) 삼하 12:30, 삼상 25:42, 출 10:10.

⑨ **비교의** ְו( ~ 같이 ): 접속사 ְו는 시(詩)에서, '비교'(comparative)를 나타내어, 'as'의 의미로 사용된다.
예) 욥 12:11, 욥 5:7, 욥 16:21, 잠 25:25.

⑩ **배분의** ְו( 각각, 똑같이, ~ 마다 ): 접속사 ְו는 '배분적'(distributive) 의미로 사용된다.
예) 스 10:14, 대상 26:13, 겔 10:14.

⑪ **중언법의** ְו: 접속사 ְו는 두 개의 실명사를 연결시켜 하나의 개념을 전달시킬 때 사용된다(중언법; Hendiadys). 명사의 중언법 참고.
예) 창 3:16. 예) 욥12:11, 욥 5:7, 욥 16:21, 잠 25:25.

⑫ **풍자의** ְו( 관용어를 사용하여 번역 ): 접속사 ְו는 감정 즉 '빈정되는'(sarcastic)는 말에 사용된다. 접속사 ְו는 풍자적인 절의 시작에 사용될 수 있다.
예) 왕하 7:19, 삼상 10:12.

⑬ **전제절 유도**: 접속사 ְו는 때로 전제절을 지배하는데, 이것은 표현의 시간을 충분히 허락지 않는 '급함'이나 '격정적 자극'(passionate excitement) 때문이다.
예) 민 12:14.

⑭ **귀결절 유도:** 접속사 וְ는 '귀결절'(apodosis)을 유도한다.
예) 창 3:5, 삼상 15:23.

⑮ **부가의 וְ**( ~ 도 또한 ): 접속사 וְ는 자신 앞에 오는 무언가에 더하여지는 어떠한 것 앞에 사용된다.
예) 왕상 2:22.

⑯ וְ … וְ : 'both … and'의 의미로 사용된다.
예) 민 9:14.

예) 민 12:14. 직역: 그리고 여호와께서 모세에게 말씀하시기를, 만일 그녀(미리암)의 아비가 그녀의 얼굴에 침을 뱉았다면, 그녀는 칠 일 동안에 모욕을 당할 것이며 그녀는 칠일 동안에 진 밖으로부터 가둠을 당하고 그리고 그 후에 받아들여질 것이 아니냐?

| תִכָּלֵם | הֲלֹא | בְּפָנֶיהָ | יָרַק | יָרֹק | וְאָבִיהָ | מֹשֶׁה | אֶל־ | יְהוָה | וַיֹּאמֶר |
|---|---|---|---|---|---|---|---|---|---|
| VNIFZS | T.ABN | P.NMP.FZS | VQAMZS | VQNA | C.NMS.FZS | NE | P | NE | CW.VQIMZS |
| 부끄러워 | 않겠느냐 | 그의 얼굴에 | 침을 | 뱉았을찌라도 | 그의 아비가 | 모세 | 에게 | 여호와께서 | 이르시되 |

| תֵּאָסֵף | וְאַחַר | לַמַּחֲנֶה | מִחוּץ | יָמִים | שִׁבְעַת | תִּסָּגֵר | יָמִים | שִׁבְעַת |
|---|---|---|---|---|---|---|---|---|
| VNIFZS | C.AB | P.D.NMS | P.NMSG | NMP | ANCFSG | VNIFZS | NMP | ANCFSG |
| 들어오게 | 그 후에 | 진 | 밖에 | 일을 | 칠 | 가두고 | 일간 | 칠 |

**해설**

본문은 '와우 미완료 계속법'(Waw Imperfect Consecutive; 완료 시상)을 나타낸다. 또한 간접 화법의 형식을 보여준다. 즉 「전달동사(וַיֹּאמֶר) + 발언자(יְהוָה) + 듣는 이(מֹשֶׁה) + 피전달부( ~ וְאָבִיהָ )」이다. 피전달부에서, 등위접속사 וְ는 전제절(조건 가정법; if)을 유도하는 접속사이다. 이것은 표현의 시간을 충분히 허락지 않는 '급함'이나 '격정적 자극'(passionate excitement)을 표현한다. 즉 모세를 비방한 미리암이 하나님의 진노하심에 문둥병이 발병된 사실을 두고, 하나님의 극한 분노를 표현하는 것이다. 참고로, 이스라엘에는 아비가 자녀에게 그한 분노를 표할 때 그 얼굴에 침을 뱉었는데, 이 때 그 자녀에게는 수욕의 기간이 뒤따랐다(신 25:9). 전제절에서 부정사 절대형 יָרֹק은 주동사 יָרַק와 동일한 어근(ירק)을 가지므로 '부사'(반드시, 꼭)로서 주동사를 수식한다. 즉 아비가 자식에게 분노를 표할 때는 '반드시' 얼굴에 침을 뱉는 관습을 표현한다. 그리고 전제절에 대한 귀결절은 의문사 הֲ가 시작되는 절이므로 '의문문'을 나타낸다. 그리고 수를 나타내는 '칠 일'(שִׁבְעַת יָמִים)은 '시간 지속의 대격'(temporal duration accusative)을 나타내므로 '칠일 동안에'라는 '부사적'으로 표현하며, 동사의 동작(즉 '가둠')이 일어나는 '시간의 길이'를 표현한다.

## (2) אוֹ

**▌▌▌용법▌▌▌**

**선택의 אוֹ**( 또는 ): 접속사 אוֹ는 명사나 혹은 절(clause)와 함께 사용되어, '둘 가운데서의 선택'(alternative)을 나타내어 'or'의 의미로 사용된다. 이 접속사를 이접 또는 선택 접속사(Disjunctive or Alternative Conjunctive)라고 한다.

예) 출 21:32, 출 21:31.

예) 출 21:32. 직역: 만일 그 수소가 남종 또는 여종을 (뿔로) 받는다면, 그(수소의 소유주) 는 은 삼십 세겔을 그(남종 또는 여종)의 주인들에게 줄 것이다. 그리고 그 수소는 돌 던짐에 당할 것이다.

אִם־עֶבֶד יִגַּח הַשּׁוֹר אוֹ אָמָה כֶּסֶף שְׁלשִׁים שְׁקָלִים יִתֵּן לַאדֹנָיו וְהַשּׁוֹר יִסָּקֵל

| VNIMZS | C.D.NMS | P.NMP.MZS | VQIMZS | NMP | ANCP | NMS | NFS | C | D.NMS | VQIMZS | NMS | Q |
|---|---|---|---|---|---|---|---|---|---|---|---|---|
| 돌에 맞아 | 소는 | 그 상전에게 | 줄 것 | 세겔을 | 삼십 | 은 | 여종 | 이나 | 소가 | 받으면 | 남종 | 만일 |

**해설**

본문은 '전제절'(종속절-조건절)과 '2개의 귀결절'(주절)로 구성된 '혼합문'(compound-complex sentence)을 나타낸다. 즉 「종속절(אִם־עֶבֶד יִגַּח הַשּׁוֹר אוֹ אָמָה) + 귀결절1(כֶּסֶף שְׁלשִׁים שְׁקָלִים יִתֵּן לַאדֹנָיו) + 귀결절2(וְהַשּׁוֹר יִסָּקֵל)」이다. 전제절에서, 접속사 אִם־는 '사실 조건'(real condition)을 나타낸다. 주동사 יִגַּח('뿔로 받다')는 미완료 시상을 나타내는데, 이 동작은 '습관적으로 반복되는 동작'을 나타내는 '미완료'이므로, 이 의미는 수소가 사람을 뿔로 습관적으로 자주 들이 받는 습관을 가지고 있음을 알려주는 것이다. 이접 접속사 אוֹ는 '양자택일'의 선택을 나타내는 접속사( '또는' )이다. 이 이접 접속사는 단수 동사나 단수 지시사가 대행된다. 따라서 귀결절1에서 주동사 יִתֵּן의 내적 주어(남종 또는 여종의 주인)가 남성 단수이며, 남성인 것은 남녀가 함께 있을 때 남성을 우선하는 히브리적 관습에 따른 것이다.

### (3) 다른 중요한 등위 접속사들

גַּם(구약성경에 750회 이상 사용) also, even
אַף(구약성경에서 120회 이상 사용) also, even, and even

## 2) 종속 접속사(Subordinate Conjunction)

종속접속사란 어느 한 쪽을 다른 쪽에 종속시키는 접속사, 즉 한 문장의 구성이 다른 문장의 구성과 종속적인 관계에 있는 경우이다. 다시 말해서 종속절(전제절)을 주절(귀결절)에 이어주는 접속사다. 종속접속사가 이끄는 절은 명사절, 형용사절, 그리고 부사절이 된다. 특히 종속접속사는 복문과 혼합문을 이끈다.

복문(Complex Sentence)이란 한 개의 주절과 한개 이상의 종속절로 이루어진 문장이다. 혼합문(Compound-Complex Sentence)이란 한개 이상의 주절과 한개 이상의 종속절로 이루어진 문장이다.

### (1) כִּי

**용법**

① **이유의 כִּי**( 왜냐하면 ~ 때문이다 ): 접속사 כִּי는 '원인 또는 이유'(cause)를 나타내어 'because'의 의미로 사용된다.
예) 창 3:14, 창 6:12, 13.

② **시간의 כִּי**( ~ 할 때 ): 접속사 כִּי는 '시상'(temporal)을 나타내어, 항상 동사를 가진 절에서 'when'의 의미로 사용된다.
예) 창 6:1, 삿 12:5.

③ **조건의 כִּי**( 만일 ~ 라면 ): 접속사 כִּי는 '조건'(conditional)을 나타내어 'if'의 의미로 사용된다. 일반적으로 '사실 조건'(real condition)에 사용되지만, 예외적으로 룻기 1:12에는 '비사실 조건'(unreal condition)으로 나타난다. 이 경우에는 '양보'(concess -ive)의 의미일 수도 있다.
예) 왕하 4:29, 왕하 18:22, 삼하 19:8.

④ **반대의 כִּי**( 그러나, 오히려, 대신에 ): 접속사 כִּי는 부정부사 뒤에서 '반의접속사'(adversative)로 사용되어 'but'의 의미로 사용되며, 허사적 요소인 אִם과 함께 자주 사용된다.
예) 창 17:15, 창 32:29, 왕상 21:15.

⑤ **양보의 כִּי**( ~ 이긴 하지만, ~ 에도 불구하고, 비록 ~ 할지라도 ): 접속사 כִּי는 '양보'(concessive)를 나타내어 'though'의 의미로 사용된다.
예) 렘 49:16, 시 37:24, 겔 2:6.

⑥ **단언적 כִּי**( 확실히, 정말, 참으로 ): 접속사 כִּי는 맹세를 나타내는 문구 뒤에 사용되어 '단언적'(asseverative)의미를 나타내는데, 일반적으로 'indeed', 'truly', 'certainly' 등의 의미로 사용된다. 때로는 כִּי가 허사적 אִם과 결합하여 나타난다.
예) 창 42:16, 창 43:10/ 왕하 5:20.

⑦ **결과의 כִּי**( 그 결과로 ): 접속사 כִּי는 '결과'(resultative)를 나타내어, 'that…'로 번역된다.
예) 삿 8:6, 렘 2:5, 왕하 18:34, 욥 38:20.

⑧ **명사절 유도**: 접속사 כִּי는, 헬라어 접속사 ὅτι처럼, 'that'의 의미로 사용되어 동사의 주어(명사절) 또는 목적어(명사절)을 유도한다. 때로는 의문사 뒤에서 'כִּי (הֲ(לֹא' 형태로 되어 'Is it (not) a fact that?'의 의미로 표현된다.
예) 창 1:10, 창 22:12/ 삼하 9:1, 삼하 13:28.

⑨ **「전치사 + כִּי」**: 접속사 כִּי는 전치사( עַד, עַל, עֵקֶב, תַּחַת, יַעַן ) 뒤에서 나타나기도 한다.
예) עַד כִּי(until, 창 26:13); עַל כִּי(because, 신 31:17, 시 139:14)
עֵקֶב כִּי(because, 암 4:12); תַּחַת כִּי(because, 신 4:37)
יַעַן כִּי(because)

⑩ **직접화법의 כִּי**: 접속사 כִּי는 직접화법(direct speech)의 피전달부(인용부)를 유도한다.
예) 왕하 8:13, 왕사 21:6, 출 3:12.

예) 시 37: 23-24. 직역: 사람(용사)의 발걸음은 여호와르부터 견고해지며 그리고 그(여호와)가 그(사람)의 길을 기뻐할 것이다 비록 그가 넘어질지라도 그는 내던져지지 않을 것이다 왜냐하면 여호와께서 그의 손을 버티고 계시기 때문이다.

מֵיְהוָה מִצְעֲדֵי־גֶבֶר כּוֹנָנוּ וְדַרְכּוֹ יֶחְפָּץ /כִּי־יִפֹּל לֹא־יוּטָל כִּי־יְהוָה סוֹמֵךְ יָדוֹ

NFS.MZS VQPA NE C VQIMZS ABN VQIMZS C VQIMZS C.NMS.MZS VUACZP NMS NMPG P.NE

손으로 붙드심 여호와 엎드러 아니 넘어지나 기뻐하 그 길을 정하시고 사람의 걸음을 여호와께서

**해설**

23절은 2개의 단문(독립절)이 대등하게 병렬되어 있어 중문(compound sentence)을 나타내며, 24절은 주절이 1개, 종속절이 2개인 복문(complex sentence)을 나타낸다. 24절만 분해해 보면, 즉 「'양보' 부사절(כִּי־יִפֹּל) + 주절(לֹא־יוּטָל) + '이유' 부사절(כִּי־יְהוָה סוֹמֵךְ יָדוֹ)」이다. 24절은 23절의 원인 · 이유를 나타내는 절이기보다는 보충 · 부연 · 설명해주는 절이라고 볼 수 있다. 24절에서 처음의 접속사 כִּי־는 '양보'를 나타내므로 'though'의 의미로 사용되어 '양보'부사절(종속절)을 유도한다. 이에 대한 주절은 '내던져지지(호팔어간-사역수동형) 않을 것이다'(לֹא־יוּטָל)이다. 그리고 두 번째 접속사 כִּי־는 앞의 주절에 대한 '이유'부사절(종속절)을 유도한다. 즉 사람이 내던져지지 않는 이유가 바로 '여호와께서 자기 손으로 그를 버티고 계시기 대문이다. 여기서 분사 סוֹמֵךְ(버티고 있는)는 이유부사절의 술어 역할하는 '서술적 용법'을 나타내며, 이 분사의 대격인 יָדוֹ(그의 손을)는 수단(도구)를 나타내는 대격이므로 '그의 손으로'르 번역해도 무방하다.

### (2) אִם

**용법**

① **조건의 אִם**( 만일 ~ 이라면 ): 접속사 אִם이 사실조건(real conditions)에 사용되어, 'if'의 의미를 나타낸다.
예) 창 18:26, 레 14:21, 렘 37:10, 시 50:12.

② **양보의 אִם**( ~ 이긴 하지만, ~ 에도 불구하고, 비록 ~ 할지라도 ): 접속사 אִם은 '양보'(concessive)를 나타내어, 'though'의 의미로 사용된다.
예) 렘 15:1, 암 9:2-4.

③ **선택의 אִם**( 또는 ): 접속사 אִם가 양자택일의 '선택'(alternative)을 나타내어 'or'의 의미로 사용된다.
예) 수 5:13, 삼하 24:13.

④ **결성사 אִם**: 접속사 אִם이 결성사(privative)가 되어, 맹세구문(an oath formular) 뒤에서 '부정'(a negative)을 표현하며, 긍정(affirmative)의 표현은 אִם־לֹא 형태로 나타낸다.
예) 삼하 11:11, 왕하 9:26, 삼상 25:22, 삼상 17:55, 욥 1;11.

⑤ **허사적 אִם**( 번역하지 않음 ): 접속사 אִם이 특정한 불변화사 뒤에서 아무런 의미 없이 단지 표현상의 이유로 사용된 경우이다(pleonastic). 특히 반대의 אִם, 단언의 אִם, 예외의 עַד בִּלְתִּי와 עַד אֲשֶׁר뒤에 사용된다. 그리고 אִם이 עַד( ~ 까지) 뒤에 사용되었을 때는 '의심'(doubt)을 나타낸다.
예) 룻 2:21, 민 32:17, 창 24:19, 28:15.

⑥ **기원의 אִם**( ~ 하길 바란다, 오! 주여! ): 드물게 접속사 אִם이 접속사 לוּ자리에 와서 기원법(optative)으로 사용되는 경우가 있다.
예) 대상 4:10, 잠 24:11.

⑦ **관용적 용법**
예) עַד אִם(until); עַד אֲשֶׁר אִם(until); כִּי אִם(but); בִּלְתִּי אִם(unless) 등

예) 욥 1:11. 직역: 그러나 제발! 당신이 당신의 손들을 보내소서. 그리고 당신이 그의 모든 것에 손을 대소서. 만일 그렇게 하신다면 그는(욥) 당신의 면전에서 당신을 저주할 것입니다.

וְאוּלָם שְׁלַח־נָא יָדְךָ וְגַע בְּכָל־אֲשֶׁר־לוֹ אִם־לֹא עַל־פָּנֶיךָ יְבָרֲכֶךָּ

VPIMZS.MYS NMP.MYS P ABN C P.MZS R P.NMS C.VQMMYS NFS.MYS Q VQMMYS C.AB
욕하리라 대면 정녕 그의 모든소유물 치소서 주의손을 펴서 이제

**해설** 본문은 주절이 2개, 종속절이 1개인 혼합문, 즉 혼합문(compound-complex sentence)이다. 즉 「주절1(אוּלָם שְׁלַח־נָא יָדְךָ) +주절2(גַּע בְּכָל־אֲשֶׁר־לוֹ) + 종속절 (אִם־לֹא עַל־פָּנֶיךָ יְבָרְכֶךָּ)」이다. 그리고 종속절 역시 주절과 종속절로 구성된 복문 (complex sentence)이다. 즉 「종속절(אִם־לֹא) + 주절(עַל־פָּנֶיךָ יְבָרְכֶךָּ)」이다. 주절은 2개의 명령문으로 되어 있는데, 사단이 하나님께 11절의 내용을 욥에게 행할 것을 요청하는 2인칭 긍정명령문이다. 여기에 옛 강세 어미인 불변사 נָא에 의해서 '요청'이 강화되었다. 그리고 주절2에서 관계사 구문인 בְּכָל־אֲשֶׁר־לוֹ는 '그에게 있는 바 모든 것들 속으로' 번역된다. 여기서 전치사 בְּ는 동작동사( נָגַע, '만지다')와 함께 사용되어 동작의 방향을 가리키는 'into'의 의미로 사용되었다. 그리고 접속사 אִם־은 문맥상 결성사(prinative)로 부정부사 לֹא와 함께 사용되어 긍정(affirmative)의 표현을 나타낸다. 즉 "만일 ~ 한다면"으로 번역된다. 이 종속절(전제절)에 대한 귀결절(주절; עַל־פָּנֶיךָ יְבָרְכֶךָּ)에서 동사 בֵּרַךְ는 '축복하다'라는 뜻과 반대로 '저주하다'의 의미로 사용되었다. 그리고 본문은 사단이 욥의 하나님을 경외하는 것이 분명히 이유가 있음을 하나님에게 맹세할 정도로 확신하는 '맹세의 문구'를 나타낸다.

### (3) לוּ(לוּא or לֻא)

## 용 법

① **비실제 조건의 לוּ**( 만일 ~ 이면 ): 접속사 לוּ는 과거, 현재, 미래의 비사실적 조건문(unreal conditions)을 유도하는데 사용된다. 부정문은 לוּלֵי or לוּלֵא에 의해 표현된다. 그리고

- לוּ 다음에 오는 동사가 '완료형'이면, '과거'의 비사실적 조건(삿 13:23).
- לוּ 다음에 오는 동사가 '분사형'이면, '현재'의 비사실적 조건(삼하 18:12).
- לוּ 다음에 오는 동사가 '미완료형'이라면, '미래'의 비사실적 조건(겔 14:15).
- 전제절이 부정적이라면 לוּלֵי or לוּלֵא가 사용된다(삿 14:18, 왕하 3:14).

② **기원의 לוּ**( ~ 하길 바란다, 오! 주여! ): 접속사 לוּ는 기원법(optative)으로 사용된다. 그리고

- לוּ 다음에 오는 동사가 '완료형'이면, '과거'의 기원이나 소망(민 14:2).
- לוּ 다음에 오는 동사가 '미완료형'이면, '미래'의 기원이나 소망(창 17:18).
- לוּ 다음에 오는 동사가 '간접명령형(Jussive)'이면, '미래'의 기원이나 소망(창 30:34).

예) 겔 14:15. 직역: 만일 내가 악한 짐승(산 것)을 그 땅에 건너가게 하고 그리고 그 짐승이 그 땅을 유산하게 하고(즉 땅이 생산하지 못하게 함) 그리고 그 땅이 황폐하고 그 짐승 정면으로부터( 때문에) 지나가지 못한다면,

לוּ־חַיָּה רָעָה אַעֲבִיר בָּאָרֶץ וְשִׁכְּלָתָּה וְהָיְתָה שְׁמָמָה מִבְּלִי עוֹבֵר מִפְּנֵי הַחַיָּה

D.NFS P.NMPG VQPA P.ABN NFS C.VQAFZS C.VPAFZS.FZS P.D.NFS VHICXS AFS NFS C
그 짐승 통행하지 못하게 황무케 하여 적막케 하며 그 땅에 통행하며 사나운 짐승 가령

**해설** 본문은 4개의 단문(simple sentence)으로 병렬된 문이다. 즉 「단문1(אַעֲבִיר בָּאָרֶץ חַיָּה רָעָה) + 단문2(שִׁכְּלָתָּה) + 단문3(הָיְתָה) + 단문4(מִבְּלִי עוֹבֵר מִפְּנֵי הַחַיָּה)」이다. 단문 4에서는 문두에 '등위접속사' 가 생략되어 있으며, 동사 대신 분사(עוֹבֵר)가 서술어 기능을 하는 서술적 용법을 나타내며, 주어가 생략되어 있다. 그리고 접속사 לוּ에 의해 '비실제의 조건문'을 나타내며, לוּ 다음에 미완료 동사가 왔으므로 '미래'의 비사실적 조건문(종속절)을 나타낸다. 물론 주절은 16절이며, 생략되어 있다. 단문2에서 주어는 단문1의 '악한 짐승'(חַיָּה רָעָה)이며, 목적어는 '땅'(אָרֶץ)을 가리킨다. 단문3의 주어는 역시 '땅'(אָרֶץ)을 가리킨다. 그리고 단문4에서 명사의 연계 구문(פְּנֵי הַחַיָּה)에서 접두된 전치사 מִן은 '이유'(because)를 나타낸다. 즉 '그 짐승 때문에'로 번역한다.

## (4) פֶּן

### 용법

① **부정적인 목적의 פֶּן**( ~ 하지 않도록, 그렇지 않으면 ): 접속사 פֶּן가 부정적인 목적절을 유도한다. 즉 'lest'의 의미로 사용된다.
예) 창 3:3, 창 24:6, 창 32:12, 신 29:17.

② 'beware lest'의 פֶּן( ~ 하지 않도록 주의하라): 접속사 פֶּן이 'beware lest'의 의미로 사용될 때가 있는데, 이런 경우는 생략법적으로 사용된 것이다.
예) 사 36:18.

예) 사 36:18. 직역: 히스기야가 "여호와께서 우리를 구해내실 것이다"라고 말하여 너희를 유혹하지 않도록 주의하라. 이방나라의 신들 각각이(or 모두) 그의 땅을 앗수르의

왕의 손으로부터 구해냈던 적이 있느냐?

| הַהִצִּילוּ | יַצִּילֵנוּ | יְהוָה | לֵאמֹר | חִזְקִיָּהוּ | אֶתְכֶם | יַסִּית | פֶּן־ |
|---|---|---|---|---|---|---|---|
| T.VHAMZP | VHIMZS.CXP | NE | P.VQNG | NEM | O.MYP | VHIMZS | C |
| 건진 | 우리를 건지 | 여호와께서 | 이르기를 | 히스기야가 | 너희에게 | 꾀임을 받지 | 말라 |

| אַשּׁוּר | מֶלֶךְ | מִיַּד | אַרְצוֹ | אֶת־ | אִישׁ | הַגּוֹיִם | אֱלֹהֵי |
|---|---|---|---|---|---|---|---|
| NE | NMSG | P.NFSG | NFS.MZS | O | NMS | D.NMP | NMPG |
| 앗수르 | 왕의 | 손에서 | 그 땅을 | | 자가 | 열국의 | 신들 중에 |

**해설**

본문은 1개의 부정을 나타내는 목적절과 1개의 의문문으로 이루어진 구이다. 여기서 부정적 목적절은 접속사 פֶּן־(lest)에 의해 유도되는데, 특히 이 문장은 주절부분(즉 '주의하라' beware)이 생략된 것으로 본다. 따라서 18절은「주절(생략; beware) + 종속절(부정적인 목적절; פֶּן־יַסִּית אֶתְכֶם חִזְקִיָּהוּ לֵאמֹר יְהוָה יַצִּילֵנוּ) – 의문사절( ~ הַהִצִּילוּ)」로 분해할 수 있으므로, 혼합문(compound-complex sentence)이라 할 수 있다. 그리고 부정적인 목적절에서 전치사구인 לֵאמֹר는 직접화법(direct speech)을 유도한다. 즉 '피전달부'(인용부; " " )를 유도한다. 그리고 의문사절에서 אִישׁ는 '부정대명사'(Indefinite Pronoun)이며, 분배적인 의미인 '각각'(each other), '모두'(every one)의 뜻으로 사용된다. 즉 '이방 나라의 신들' 각각 or 모두를 의미한다. 그리고 한정적 대격인 אֶת־אַרְצוֹ(그의 땅을)에서 3인칭 대명사 접미어는 '이방 나라의 신들 각각'을 지시하므로 '단수'가 왔다.

# XIII. 감탄사

감탄사(Interjection)란 슬픔이나 비웃음처럼 감정을 표시하는 말과 의지를 표출하는 말, 그리고 입버릇으로 내는 말과 더듬거리는 말 등을 모두 감탄사의 영역에 포함시킬 수 있다. 감정의 감탄사는 상대방을 의식하지 않고 감정을 표출하는 말로서 기쁨·성냄·슬픔·한숨·놀라움·넋 떨어짐·뉘우침 등을 나타내는 말들이 포함된다.

가장 단순한 감탄사들은 부르짖음이나 의성어같은 순순한 감정 용어들이다.

## 1. 감탄사의 종류

### 1) 소리짓의 감탄사

#### (1) 기쁨의 감탄사

הֶאָח 아!

#### (2) 슬픔의 감탄사

אֲהָהּ אָח Ah! Alas!(아! 오호라!) / הָהּ(겔 30:2), אָח(겔 6:11; 21:20)

#### (3) 위협과 두려움의 감탄사

אוֹי הוֹי Alas! Woe!(오호라! 화가 있을 지어다!)
אוֹיָה(시 120:5), אִי(전 4:10; 10:16), אַלְלַי(미 7:1; 욥 10:15)

(4) 침묵을 요청하는 감탄사

הַס silent!(쉿! 조용!), 복수형 הַ֫סּוּ(느 8:11)

(5) 간청과 용서를 구하는 감탄사

בִּי I pray! excuse me!(부디, 부탁입니다!; 창 44:18)
- 이 경우 항상 אֲדֹנִי or אֲדֹנָי 앞에서 사용된다.

(6) 증오의 절규를 표현하는 감탄사

חָלִ֫ילָה far be it!(결단코 아니라!; 삼상 20:2)

## 2) 명령적인 감탄사

הֵן, הִנֵּה See! Behold!(보라! 볼찌어다!) / הֵא, רְאֵה Behold!
לְכָה Come now!(오라!; 창 31:44), 복수형 לְכוּ
הָ֫בָה, הַב Give! Come! Come now! Come on! Go to!; 복수형은 הָבוּ
הַס Be silent!

## 3) 간청 어미 נָא־(the Precative)의 용법

이 감탄사는 거의 항상 마켑 뒤에 위치하며, 일반적으로 간청을 부드럽게 하는 늬앙스를 전하기 위하여 사용된다. 영어에서 강세가 있고 발음이 긴 Please!(제발! 아무쪼록! 부디!)에 해당된다. 이 간청 어미는 명령법(Imperative), 연장형(권유법; Cohortative), 단축형(간접명령법; Jussive)과 함께 자주 나타나며, 다른 불변사와 함께 사용되기도 한다.

(1) 간곡한 요청

예) 민 20:17. 직역: 우리로 하여금 제발! 당신의 땅으르 지나가게 하라! 우리는 밭과 포도원으로 지나가지 않으며 우리가 우물의 물을 마시지 않을 것이다.

נַעְבְּרָה־נָּא בְאַרְצֶךָ לֹא נַעֲבֹר בְּשָׂדֶה וּבְכֶרֶם וְלֹא נִשְׁתֶּה מֵי בְאֵר

| NFS | NMPG | VQICXP | C.ABN | C.P.NMS | P.NMS | VQICXP | ABN | P.NFS.MYS | Q | VQICXP(Vh) |
|---|---|---|---|---|---|---|---|---|---|---|
| 우물도 | 물도 | 마시지 | 아니하고 | 포도원이나 | 밭으로나 | 통과하지 | 아니 | 당신의 말을 | 청컨대 | 통과하게 |

본문은 3개의 단문(simple sentence)으로 병렬된 중문(compound sentence)이다. 즉「단문1(נַעְבְּרָה־נָּא בְאַרְצֶךָ) + 단문2(לֹא נַעֲבֹר בְּשָׂדֶה וּבְכֶרֶם) + 단문3(וְלֹא נִשְׁתֶּה מֵי בְאֵר)」이다. 그리고 단문1은 '권유법'(연장형, Cohortative)을 나타내는 문이다. 동사 נַעְבְּרָה뒤에 연장형어미(ָה)가 결합되어 있다. 그리고 간청어미 נָּא־가 결합되어 주어의 '간곡한 요청'을 나타낸다. 그리고 전치사구 בְאַרְצֶךָ(당신의 땅으로)에서 전치사 בְ는 동작동사(עָבַר, 지나가다)와 함께 사용되어 '동작의 방향'을 가리키는 'into'의미로 사용되었다. 단문2에서 전치사구인 בְּשָׂדֶה וּבְכֶרֶם서 בְ전치사 역시 '동작의 방향'을 가리키는 'into'의미로 사용되었다.

### (2) 명령법(Imperative) 함께

예) 창12:13. 직역: 제발! 당신은 나의 누이다라고 말하라 그것이 당신 때문에 내게 좋을 수 있도록, 그 결과 당신 때문에 나의 목숨이 존재할 것입니다.

אִמְרִי־נָא אֲחֹתִי אָתְּ לְמַעַן יִיטַב־לִי בַעֲבוּרֵךְ וְחָיְתָה נַפְשִׁי בִּגְלָלֵךְ

| P.NMS.FYS | NFS.CXS | C.VQAFZS | P.P.FYS | P.CXS | VQIMZS | C | NPFYS | NFS.CXS | Q | VQMFYS |
|---|---|---|---|---|---|---|---|---|---|---|
| 그대로인하여 | 목숨이 | 보존하겠 | 그대로인하여 | 내가 | 안전하고 | 그리하면 | 그대는 | 나의누이 | 원컨대 | 하라 |

**해설**

본문은 주절이 1개, 종속절(목적절, 결과절)이 2개인 복문(complex sentence)이다. 즉「주절(אִמְרִי־נָא אֲחֹתִי אָתְּ) + 종속절1(목적절; לְמַעַן יִיטַב־לִי בַעֲבוּרֵךְ) + 종속절2(결과절; וְחָיְתָה נַפְשִׁי בִּגְלָלֵךְ)」이다. 그리고 주절은 명령문을 나타내며, 간접화법(indirect speech)형식을 보여준다. 즉「전달부(אִמְרִי־נָא) + 피전달부(אֲחֹתִי אָתְּ)」이다. 여기서 피전달부는 영어로 2형식문인데, 직역하면 "당신은 나의 누이다". 종속절1에서 접속사 לְמַעַן는 전치사 לְ와 실명사 מַעַן(목적, 의도, 의지 intent)과의 복합어이다. 따라서 לְמַעַן는 '~을 위하여, ~하기 위해, ~을 고려하여, ~ 때문에, 만약 ~이면, ~하는 목적을 위하여(으로)'를 의미하는 '목적절'을 유도하는 접속사이다. 그리고 종속절2에서 접속사 וְ는 결과를 나타내는 부사절을 유도한다(그 결과, 그러므로).

### (3) 간접명령법(Jussive)와 함께

예) 창 44:33. 직역: 이제 제발! 당신의 종이 그 소년(베냐민) 대신에 나의 주께 종으로 거주하게 하소서. 그리고 그 소년으로 하여금 그의 형제와 함께 올라가게 하소서.

וְעַתָּה יֵשֶׁב־נָא עַבְדְּךָ תַּחַת הַנַּעַר עֶבֶד לַאדֹנִי וְהַנַּעַר יַעַל עִם־אֶחָיו

NMP.MZS P VQIMZS C.D.NMS P.NMS.CXS NMS D.NMS P NMS.MYS Q VQIMZS C.AB
형제와 함께 올려보내 아이는 주의 종이되게 아이를 대신 주의 종 청컨대 있어서

**해설**

본문은 3자에게 요청하는 명령법으로 '간접명령법'(단축형; Jussive)을 나타낸다. 여기서 간청 나타내는 불변화사 נָא־에 의해서 간접명령(요청)이 강화도 었다. 즉 "제발! 거주하게 하소서."이다. 그리고 접속사 וְ는 '결과'를 나타내는 부사절을 유도하고 있다(그 결과, 그러므로).

# XIV. 동사

히브리어 동사의 어간(stem)은 두 자음 또는 세 자음의 어근(root)으로부터 형성되었으며, 많은 어형 변화 형태들(בִּנְיָנִים, 건물들)로 이루어져 있다(유대인 문법가들은 어간(stem)을 어근(root)으로 부르기도 한다). 세 자음의 어근으로부터 형성된 동사는 자신의 어근에 '완료 3인칭 남성 단수'의 모음을 붙여 동사의 어간을 형성한다. 두 자음 어근으로부터 형성된 것은 끝자음을 하나 더 중복시켜 어간을 형성시키거나 또는 다른 자음을 첨가하여 어간을 형성하거나 어근의 두 자음 가운데에 י나 ו와 같은 약문자가 들어가는 '부정사 연계형'의 모음을 붙여 형성한다.

많은 동사가 자신의 어근에다 '단순형 3인칭 남성 단수'의 모음을 붙여 형성하므로, '칼'(Qal; קַל, light 가볍다)형이라 부른다. 이 칼 형은 그 형태가 가장 단순하고 표현하는 동작도 가장 단순하기 때문에 그렇게 불린다.

참고로, 히브리어 동사의 어형 변화 형태에 대해서 몇몇 문법서들은 'binyan'(בִּנְיָן; 복수형 binyanim בִּנְיָנִים) 혹은 '활용'(conjugation)이라는 용어를 사용한다.

## 1. 어간 자음의 성격에 따른 분류

### 1) 3자음 어근에서 온 동사

#### (1) 강동사(the Strong Verb)

어간의 자음 가운데 후음(the guttral)이나 약자음(the weak consonant)을 가지지 않고 강한 자음으로 구성된 동사로서 규칙적인 모음 변화 형태(conjugations)를 취한다. 따라서 강동사를 '규칙 동사'라고 한다.

예) גָּדַל: he was great, קָדַשׁ: he was holy, קָטַל: he killed

### (2) 약동사(the Weak Verb)

동사의 어간에 약자음(모음문자; א ה ו י )이나 동화자음( נ )이 포함되어 불규칙적인 모음 변화 형태를 취한다. 따라서 약동사를 '불규칙 동사'라고 한다.

예) יָשַׁב he sat, הָיָה he was, נָתַן he gave, בָּרָא he created

그리고 약자음이나 동화자음의 פעל 어간의 위치에 따라 다음과 같이 분류한다.

| 전통적 명칭(Traditional System) | | 현대적 명칭(Modern Alternative) | |
|---|---|---|---|
| פָּעַל Paradigm Verb | | Numerical Designation | |
| 페 알렢( פ״א ) | 예) אָכַל | I -'Alef | 예) אָכַל |
| 페 눈( פ״ן ) | 예) נָפַל | I -Nun | 예) נָפַל |
| 페 요드( פ״י ) | 예) יָשַׁב | I -Yod | 예) יָשַׁב |
| 페 바브( פ״ו ) | 예) יָשַׁב | I -Vav | 예) יָשַׁב |
| 라멛 알렢( ל״א ) | 예) מָצָא | III -'Alef | 예) מָצָא |
| 라멛 헤( ל״ה ) | 예) בָּנָה | III -He | 예) בָּנָה |

* א과 ה는 후음자음이며 약자음이기도 하다. 그러므로 단어에 따라 후음동사도 되고 약동사도 되나, 침묵하면 약동사고 그렇지 않으면 후음동사다.

### (3) 후음동사(the Guttral Verb)

동사의 어간에 한 두 개의 후음 자음( א ה ח ע 때때로 ר )을 포함하여 불규칙적인 모음 변화 형태를 취한다. 후음동사 역시 '불규칙 동사'이다. 동사의 불규칙 변화는 동사와 전혀 다른 어형 변화를 하는 것이 아니며 엄연히 규칙적인 변화 형식에 따라 변화하되 자음의 취약성과 관계된 부분만 규칙동사와 다른 불규칙 변화를 할 뿐이다.

예) חָזַק he was strong, רָוַח he revived, רָחַץ he washed

그리고 후음자음의 פעל 어간의 위치에 따라 다음과 같이 분류한다.

| 전통적 명칭(Traditional System) | | 현대적 명칭(Modern Alternative) | |
|---|---|---|---|
| פָּעַל Paradigm Verb | | Numerical Designation | |
| 페 후음( פ״ג ) | 예) עָמַד | I -Guttural | 예) עָמַד |
| 아인 후음( ע״ג ) | 예) שָׁאַל | II -Guttural | 예) שָׁאַל |
| 라멧 후음( ל״ג ) | 예) שָׁלַח | III -Guttural | 예) שָׁלַח |

* א과 ה가 어간 끝에 올 때는 앞모음을 연장시키고 침묵하므로(즉 자음이 아니고 모음을 취급하므로) 후음동사로 취급하지 않고 약동사로 취급한다. א은 어간 처음과 중간에 올 때에도 경우에 따라 그러하다. 그리고 ר는 처음과 중간에 위치할 때 후음동사의 성격을 띤다.

### 2) 2자음 어근에서 온 동사

#### (1) 아인-중복 동사

어간의 중간에 자음이 끝에 중복되어 나타나는 동사를 말하며, 모음 변화할 때 대개 끝자음이 중복되지 아니하고 중간의 자음에 경강점(Dagheš forte)이 들어간다. 그리고 이러한 동사를 '자음 중복'(Geminate) 동사로도 알려져 있다.

예) אָרַר he cursed, בָּלַל he mixed, מָדַד he measured

#### (2) 아인-바브(요드) 동사

어간의 중간에 י 나 ו 가 들어가는 동사를 말한다. 이러한 동사는 더 이상 중간 자음이 없는 것으로 간주되므로 '공동 동사'(hollow verbs)라고 부른다. 어떤 이들은 이러한 동사를 '중간 모음'(middle vowel) 동사 또는 '중간 요드/ 중간 와우' 동사라고 부른다. 사전에 나타나는 이들 동사의 어근은 '칼 완료 남성 3인칭 단수'보다는 오히려 '부정사 연계형'이다.

예) בּוֹא he went, רוּם he was exalted, מוּת he died, שִׂים he put

| 전통적 명칭(Traditional System) | | 현대적 명칭(Modern Alternative) | |
|---|---|---|---|
| פָּעַל Paradigm Verb | | Numerical Designation | |
| 아인 바브(ע״ו) | 예) עָמַד | II-Vav (Hollow Verbs) | 예) עָמַד |
| 아인 요드(ע״י) | 예) שָׁאַל | II-Yod (Hollow Verbs) | 예) שָׁאַל |
| 아인 중복(ע״ע) | 예) שָׁלַח | Geminate Verbs | 예) שָׁלַח |

## 2. 동사 어간의 어형 변화에 따른 형태와 명칭

### 1) 동사의 패러다임(Paradigm)

초기의 유대인 문법학자들은 동사 פָּעַל(he did, made)을 사용하여 동사의 어형변화표(paradigm)를 만들었다. 이 패러다임은 아랍어 문법가들로부터 차용된 것인데, Bacher에 따르면 Abulwadid가 최초로 전면적으로 채택하였을 것이라 한다. 그러나 동사 פָּעַל의 패러다임은 후음자음 ע이 있어 적합하지 못하였으며, 후대에는 Mosee Qimḥi의 예를 따라서 פָּקַד(he visited)로 거의 대체되었다. 이 동사는 구약 성서에서 실제로 모든 활용형들이 나타난다는 장점을 지닌다. 그러나 일부 형태 즉 פָּקַדְתָּ פְּקַדְתֶּם에서 그 발음이 명료하지 못하다는 단점이 있다.

J. T. L. Danz의 시대 이래로 통상적으로 קָטַל(he killed) 동사의 패러다임이 사용되고 있다. 이 동사는 셈족 언어들에서 비슷한 형태로 나타나기 때문에(아랍어와 이디오피아어에서는 קתל을 사용) 비교하기에 적합하다. 동사 קָטַל은 히브리어에서는 운문에서만 칼(Qal) 형태로 단지 세 번만 나타난다(시 139:19, 욥 13:15, 24:14). 그리고 קָטַל과 함께 כָּתַב(he wrote), פָּקַד(he visited), מָשַׁל(he ruled), שָׁמַר(he kept)와 같은 강동사들이 사용되고 있다. 그러나 대부분의 현대 문법학자들은 פָּעַל동사가 어형 변화 동사로 사용되었을 때 붙여진 전통적인 명칭으로 동사 어간들을 부르고 있다.

## 2) 어간의 어형 변화에 따른 분류와 명칭

(1) 히브리어 동사는 형태상으로 가장 단순한 것(단순형)에서부터 자음이 강화되어 내부가 변화된 것과 어떤 요소( ה )가 어간에 첨가되어 외부가 변화된 것이 있는데, 전자를 강세형(the intensive) 후자를 확장형(the extensive)이라 한다. 단순형이 '단순한 의미'를 나타내는 반면에, 강세형은 '의미의 강화'를 나타내고, 확장형은 '사역의 의미'를 나타낸다.

(2) 의미상으로 볼 때, 단순형은 '單純形'(the Simple)이라 하며, 강세형은 '强意形'(the Intensive)이라 하며, 확장형은 '使役形'(the Causative)이라고 한다. 이 세 가지의 각 형태는 3개의 태(voice) 즉 능동태(the Active), 수동태(the Passive), 재귀태(the Reflexive)를 가지고 나타나므로 다음과 같은 7개의 동사 활용 형태가 형성된다. 참고로, 재귀태는 중간태(the Middle)의 의미를 가진다.

| 태(voice) \ 형 | 단순형 (the Simple) | 강세형 (the Intensive) | 사역형 (the Causative) |
|---|---|---|---|
| 능동태 (the Active) | 칼 (Qal; קַל) קָטַל | 피엘 (Piel; פִּעֵל) קִטֵּל | 히필 (Hiphil: הִפְעִיל) הִקְטִיל |
| 수동태 (the Passive) | --- | 푸알 (Pual; פֻּעַל) קֻטַּל | 호팔 (Hophal; הָפְעַל) הָקְטַל |
| 재귀태 (the Reflexive) | 니팔 (Niphal; נִפְעַל) נִקְטַל | 히트파엘 (Hithpael; הִתְפַּעֵל) הִתְקַטֵּל | --- |

(3) 히브리어 동사의 7개의 어간 형태에서 가장 단순하고 가벼운 동작을 나타내는 형태를 '칼'(Qal; קַל)형태이다. קַל이란 '가벼운'(light)의 의미를 가지므로 그 형태가 가장 단순하고 표현하는 동작도 단순하기 때문에 '칼'이라 부른다. 칼(קַל)은 동사 어간 קָלַל[he(it) was light(not heavy)]로부터 유래한다. 예를 들면, 가장 가볍고 단순한 형태인 '칼'형은 קָטַל '그가 죽였다'. 즉 '칼 완료 남성 3인칭 단수'를 나타낸다. 여기서 파생된 혹은 확장된 활용은 가장 단순한 형태인 '칼'(완료 남성 3인칭 단수)형에서부터 시작된다. 그리고 단순히 동사를 가리키고자 할 때 종종 '칼 완료형 남성 3인칭 단수'형을 부정사로 번역한다. 예, קָטַל '죽이다'(to kill).

따라서 히브리어 기본 동사를 '칼 완료 3인칭 남성 단수' 형태로 표시하는 것은 일반적인 관행이다. 하지만 ע״ו 와 ע״י 동사들은 '부정사 연계형'으로 표시한다. 그리고 중세 초기의 유대인 문법학자들은 קַל(가벼운)을 כָּבֵד(무거운)과 대비시켰다.

(4) 성경에서 1300개의 동사 어근들 중에서 오직 4개만이 7개의 활용 형태(어형 변화)를 모두 가지고 있다(Hoftijzer 1992: 124). 즉 גָּלָה 덮개를 벗기다, יָדַע 알다, יָלַד 낳다, פָּקַד 방문하다. 매우 빈번하게 나오는 동사들을 비롯하여 몇몇 동사들은 '칼'에서 전혀 사용된 적이 없게 보인다. 즉 צִוָּה 명령하다(피엘 487회), בִּקֵּשׁ 찾다(피엘 225회), נָגַד 말하다(히필 334회, 호팔 15회).

(5) 7개의 동사 어간(활용 형태)의

| 형 / 태 (voice) | 단순형 (the Simple) | 강세형 (the Intensive) | 사역형 (the Causative) |
|---|---|---|---|
| 능동태 (the Active) | קָטַל<br>He killed(죽이다) | קִטֵּל<br>He killed brutally<br>(잔인하게 죽였다) | הִקְטִיל<br>He caused<br>(someone) to kill<br>(죽이도록 시켰다) |
| 수동태 (the Passive) | נִקְטַל<br>He was killed<br>(죽임을 당하다)<br>-아주 드물게 사용- | קֻטַּל<br>He was killed<br>brutally<br>(잔인하게 살해 당했다) | הָקְטַל<br>He was caused<br>to kill<br>(죽이도록 시킴을 받았다) |
| 재귀태 (the Reflexive) | נִקְטַל<br>He killed himself<br>(그 자신을 죽였다) | הִתְקַטֵּל<br>He killed himself<br>brutally<br>(잔인하게 자신을 죽였다) | --- |

## 3) 7개의 주요한 동사 어간들

히브리어 동사의 7개의 중요한 어간(stems)은 칼(Qal), 니팔(Niphal), 피엘(Piel), 푸알(Pual), 히트파엘(Hithpael), 히필(Hiphil), 호팔(Hophal)이다. 칼과 니팔은 '단순형'이며, 피엘과 푸알, 히트파엘은 '강세형'이며, 히필과 호팔은 '사역형'이다.

(1) 칼(Qal)

칼(Qal)동사 변화는 '동작 동사'(Fientive Verbs)와 '상태 동사'(Stative Verbs)로 이루어진다. 참고로, 단어 fientive는 라틴어 동사 'fieri'(되다, to become)에서 유래되었다. 따라서 Fientive 동사들은 동작의 상태보다 '동작의 과정'을 표시한다.

**① 동작 동사(Fientive Verbs)**

칼형 동작 동사의 어간은 '주어의 행위(동작)'을 나타낸다. 이러한 동사들을 '행위의 동사'(verb of action)라 불린다. 동작 동사들은 qatal > קָטַל, קָטֵל 형태를 가지고 있다.

예) אָכַל 그가 먹다, יָשַׁב 그가 앉다, נָתַן 그가 주다, הָלַךְ 그가 가다

| 동작 동사(Fientive Verbs) | | | | |
|---|---|---|---|---|
| 수 \ 인칭 \ 시상 | | 완료(Perfect) | 미완료(Imperfect) | |
| 단수 | 3m | קָטַל | 3m | יִקְטֹל |
| | 3f | קָטְלָה | 3f | תִּקְטֹל |
| | 2m | קָטַלְתָּ | 2m | תִּקְטֹל |
| | 2f | קָטַלְתְּ | 2f | תִּקְטְלִי |
| | 1c | קָטַלְתִּי | 1c | אֶקְטֹל |
| 복수 | 3c | קָטְלוּ | 3m | יִקְטְלוּ |
| | | | 3f | תִּקְטֹלְנָה |
| | 2m | קְטַלְתֶּם | 2m | תִּקְטְלוּ |
| | 2f | קְטַלְתֶּן | 2f | תִּקְטֹלְנָה |
| | 1c | קָטַלְנוּ | 1c | נִקְטֹל |

| 명령법(Imperative) | | | | 분사(Participle) | | 부정사(Infinitive) | |
|---|---|---|---|---|---|---|---|
| 단수(singular) | | 복수(plural) | | 능동형 active | 수동형 passive | 절대형 absolute | 연계형 construct |
| 2m | 2f | 2m | 2f | | | | |
| (קָטְלָה) קְטֹל | קִטְלִי | קִטְלוּ | קְטֹלְנָה | קֹטֵל | קָטוּל | קָטוֹל | קְטֹל |

② **상태 동사(Stative Verbs)**

칼형 상태 동사(狀態動詞)는 마치 형용사와 같이 실제적인 행동보다는 주어의 심리적 또는 육체적인 상태를 묘사한다. 상태 동사들은 '동사 변화를 하는 형용사'로서 2가지 형태를 가지고 있다. 즉 qatil 형(참고, 아카드어 paris)과, qatul 형(참고, 아카드어 marɹṣ)이다. 전자는 자주 사용되며, 후자는 좀 드물게 사용되는 형태이다. 이 두 개의 완료형은 둘째 모음이 a인 단 한 가지 형태의 미완료형을 갖는다.

예) כָּבֵד 그는 무겁다(qatil형), קָטֹן 그는 작다(qatul형)
יִקְטַן 그는 무거울 것이다(미완료형)

| 상태 동사(Stative Verbs) | | | | |
|---|---|---|---|---|
| 수 \ 인칭 \ 시상 | | 완료(Perfect) | 미완료(Imperfect) | |
| 단수 | 3m | כָּבֵד | 3m | יִכְבַּד |
| | 3f | כָּבְדָה | 3f | תִּכְבַּד |
| | 2m | כָּבֵ֫דְתָּ | 2m | תִּכְבַּד |
| | 2f | כָּבֵדְתְּ | 2f | תִּכְבְּדִי |
| | 1c | כָּבַ֫דְתִּי | 1c | אֶכְבַּ־ |
| 복수 | 3c | כָּבְדוּ | 3m | יִכְבְּדוּ |
| | | | 3f | תִּכְבַּ֫דְנָה |
| | 2m | כְּבַדְתֶּם | 2m | תִּכְבְּדוּ |
| | 2f | כְּבַדְתֶּן | 2f | תִּכְבַּ֫דְנָה |
| | 1c | כָּבַ֫דְנוּ | 1c | נִכְבַּד |

| 명령법(Imperative) | | | | 분사(Participle) | | 부정사(Infinitive) | |
|---|---|---|---|---|---|---|---|
| 단수(singular) | | 복수(plural) | | 능동형 active | 수동형 passive | 절대형 absolute | 연계형 construct |
| 2m | 2f | 2m | 2f | | | | |
| כְּבַד | כִּבְדִי | כִּבְדוּ | כְּבַ֫דְנָה | כָּבֵד | - | כָּבוֹד | כְּבַד |

### ③ 상태 동사의 분류

의미별로 구분된 가장 흔히 사용되는 상태 동사 목록은 다음과 같다.

a. 형용사적 의미(attributes)

상태 동사는 형용사와 완전히 의미가 같아지는데, 한 가지 다른 점은 형용사와 달리 동사 변화를 하는 점이다.

예) כָּבֵד/ כָּבַד(무겁다, 1회 사용): 형용사 כָּבֵד(무거운, 존귀한)
קַל(가볍다): 미완료 יֵקַל, 형용사 קַל(가벼운)
טוֹב(선하다): 미완료 יִיטַב, 부정사 연계형 טוֹב, 형용사 טוֹב(선한)
רַע(악하다): 미완료 יֵרַע, 형용사 רַע(사악한)
גָּדֵל/ גָּדַל(크다, 1회 사용): 미완료 גִּדֵּלַנִי(욥 31:8), 형용사 גָּדוֹל(위대한; qatul형)
קָטֹן(작다): 형용사 קָטֹן/ קָטָן(작은)

b. 정신적인 상태(mental states)

상태 동사는 자동사의 성격을 가지고 있어서 대부분이 목적어를 취하지 않으나 간혹은 목적어를 취하며 또 상태를 묘사하기보다는 동작을 묘사하는 하는 듯이 여겨지는 것도 있는데 이것은 히브리인들과의 관념상의 차이에서 빚어지는 결과라고 생각할 수 있다.

예) אָהַב/ אָהֵב(사랑하다): 미완료 יֶאֱהַב
חָפֵץ(좋아하다): 미완료 יַחְפֹּץ/ יֶחְפַּץ
שָׂנֵא(미워하다): 미완료 יִשְׂנָא
יָרֵא(두려워하다): 미완료 יִירָא
יָגֹר(두려워하다): 미완료 יָגוּר
פָּחַד (두려움에 떨다): 미완료 יִפְחַד

c. 육체적인 상태(physical states)

예) שָׂבֵעַ, שָׂבַע, שֶׂבֶעוּ(배가 부르다): 형용사 שָׂבֵעַ

רָעֵב(배가 고프다): 형용사 רָעֵב
צָמֵא(목이 마르다): 형용사 צָמֵא
יָשֵׁן(잠자다): 미완료 יִישַׁן
לָבֵשׁ / לָבַשׁ(옷을 입다)
שָׁכֵב / שָׁכַב(누워 있다, 눕다): 부정사 שְׁכַב

### (2) 니팔(Niphal)

니팔(Niphal)은 단순한 동작의 재귀적인(중간태) 동사 변화의 형태이다. 주된 특징은 어간에 '재귀'의 개념을 표현하는 נִ이 접두된 것이다. 닢알의 접두 요소인 נִ은 원래 ◌ַ를 모음으로 취하여 נַ가 어간에 접두 되었으나 후에 נִ로 변화된 것으로 생각된다. נִ가 접두된 음절은 폐음절이 된다. 미완료형, 명령형, 부정사의 접두사 다음에 오는 נ은 뒤따르는 자음에 동화된다. 따라서 이 형태들은 어근의 첫 자음이 중복되는 특징을 가지고 있다.

| 니팔(Niphal) | | | | |
|---|---|---|---|---|
| 수 \ 인칭 \ 시상 | | 완료(Perfect) | 디완료(Imperfect) | |
| 단수 | 3m | נִקְטַל | 3m | יִקָּטֵל |
| | 3f | נִקְטְלָה | 3f | תִּקָּטֵל |
| | 2m | נִקְטַ֫לְתָּ | 2m | תִּקָּטֵל |
| | 2f | נִקְטַלְתְּ | 2f | תִּקָּטְלִי |
| | 1c | נִקְטַ֫לְתִּי | 1c | אֶקָּטֵל |
| 복수 | 3c | נִקְטְלוּ | 3m | יִקָּטְלוּ |
| | | | 3f | תִּקָּטַ֫לְנָה |
| | 2m | נִקְטַלְתֶּם | 2m | תִּקָּטְלוּ |
| | 2f | נִקְטַלְתֶּן | 2f | תִּקָּטַ֫לְנָה |
| | 1c | נִקְטַ֫לְנוּ | 1c | נִקָּטֵל |

| 명령법(Imperative) | | | | 분사(Participle) | | 부정사(Infinitive) | |
|---|---|---|---|---|---|---|---|
| 단수(singular) | | 복수(plural) | | 능동형 active | 수동형 passive | 절대형 absolute | 연계형 construct |
| 2m | 2f | 2m | 2f | | | | |
| הִקָּטֵל | הִקָּטְלִי | הִקָּטְלוּ | הִקָּטַלְנָה | - | נִקְטָל | נִקְטֹל<br>הִקָּטֹל | הִקָּטֵל |

### ① 니팔의 완료, 미완료, 명령형

완료형의 원시 형태는 naqtal형이다. 첫 번째 a는 i로 약화되어 נִקְטַל 형태가 된다. 미완료형의 원시 형태는 yanqatil형이다. a가 i로 바뀌는 모음 변화 현상이 일어나 yinqatil형이 되었고, 그 후에 יִקָּטֵל이 되었다. 명령형은 ה가 접두되며 הִקָּטֵל형태를 가진다. 부정사 연계형은 명령형과 동일한 형태인 הִקָּטֵל이 사용되며 부정사 절대형은 הִקָּטֹל와 נִקְטֹל이 사용된다.

### ② 니팔 재귀태

니팔 재귀태는 동작의 결과가 주어 자신에게로 돌아가며, 주어 자신이 행동의 대상(직접 목적어)이 된다.

예) נִסְתַּר 그가 자기 자신을 숨겼다. 즉 그가 스스로 숨었다.
נִשְׁמַר 그가 자기 자신을 지켰다. 즉 그가 조심했다.

### ③ 니팔의 중간태(middle voice)

수익자격 구조(benefactive construction)라고 한다. 즉 니팔 어간형 동사는, 히트파엘이나 헬라어의 중간태처럼 자기 자신의 이익을 위한 행동을 나타낸다.

예) נִשְׁאַל 그가 자신을 위하여 요구했다(삼상 20:6, 28)
נִכְבַּד 그는 자기 자신을 위해서 영광을 얻었다(겔 39:13)

### ④ 상호 작용적(reciprocal) 니팔

주로 상대가 요구되는 행위를 묘사하는 동사에서 상호 행동을 표현하며, 다수의 주어들(복수)이 서로서로 작용하는 행위를 나타낼 수 있다. 부사 יַחַד(함께)가 자주 뒤에 온다.

예) נִדְבְּרוּ 그들이 서로 대화했다. וַיִּנָּצוּ 그들은 서로 싸웠다(레 24:10)
נִשָּׁפְטָה יָחַד 우리로 하여금 서로 변론하게 하라(사 43:26)

⑤ **허용의(tolerative) 니팔**

어떤 경우에는 어떤 일이 주어 자신에게 일어나도록 허용하는 행위를 표현한다. 일반적으로 실제 동작의 개념으로 사용된다.

예) נִדְרַשׁ 그는 질문을 받도록 자신을 허락했다 즉 '사실상 대답했다'(하나님에 관하여 말할 때)라는 의미이다(겔 14:3)
לְהִזָּהֵר 그는 자기 자신이 가르침을 받도록 허락했다(전 4:13)

⑥ **수동의(passive) 니팔**

니팔이 수동적인 의미를 나타낼 때, 즉 주어가 동작을 받는 대상이 되는 행위를 나타낸다. 이 때 동사의 행위자는 주로 전치사 לְ에 의해 표시된다.

예) יֵעָשֶׂה לָכֶם 너희에 의해서 그것이 행해질지니라
וְנִבְחַר מָוֶת לְכֹל 그리고 모두에 의해서 죽음이 선택되리라

### (3) 피엘(Piel)

강세형의 주된 특징은 어간의 중간 자음에 경강점(Dagheš forte)이 들어가 자음이 강화되는 것이다. 강세형 어간 변화에는 능동태 피엘(Piel), 수동태 푸알(Pual), 중간(재귀)태 히트파엘(Hithpael)이 있다.

히브리어 동사 변화들 중에서 가장 이해하기 어려운 형태가 피엘(Piel) 어간이다. 이것의 특징은 어근의 두 번째 자음이 중복되는 것이다. 전통적으로 그것은 의미상 강조적인 것을 나타낸다.

| 피엘(Piel) | | | | |
|---|---|---|---|---|
| 수 \ 인칭 / 시상 | | 완료(Perfect) | 미완료(Imperfect) | |
| 단수 | 3m | קִטֵּל | 3m | יְקַטֵּל |
| | 3f | קִטְּלָה | 3f | תְּקַטֵּל |
| | 2m | קִטַּלְתָּ | 2m | תְּקַטֵּל |
| | 2f | קִטַּלְתְּ | 2f | תְּקַטְּלִי |
| | 1c | קִטַּלְתִּי | 1c | אֲקַטֵּל |
| 복수 | 3c | קִטְּלוּ | 3m | יְקַטְּלוּ |
| | | | 3f | תְּקַטֵּלְנָה |
| | 2m | קִטַּלְתֶּם | 2m | תְּקַטְּלוּ |
| | 2f | קִטַּלְתֶּן | 2f | תְּקַטֵּלְנָה |
| | 1c | קִטַּלְנוּ | 1c | נְקַטֵּל |

| 명령법(Imperative) | | | | 분사(Participle) | | 부정사(Infinitive) | |
|---|---|---|---|---|---|---|---|
| 단수(singular) | | 복수(plural) | | 능동형 active | 수동형 passive | 절대형 absolute | 연계형 construct |
| 2m | 2f | 2m | 2f | | | | |
| קַטֵּל | קַטְּלִי | קַטְּלוּ | קַטֵּלְנָה | מְקַטֵּל | - | קַטֵּל<br>קַטֹּל | קַטֵּל |

### ① 피엘의 완료, 미완료, 명령형

미완료형의 원시 형태는 yaqattil형이고, 이것은 대체로 יְקַטֵּל이 되었다. 완료형의 원시 형태는 원시 셈어 형태 qattal형과 달리 두 번째 /a/가 미완료형에서 온 /i/로 바뀌어 qattil형이다. 그 후 첫 번째 모음 /a/가 /i/로 약화되었다. 따라서 역사적인 히브리어 피엘 형태 קִטֵּל은 가장 초기의 두 /a/ 모음 중 어느 것도 보존하고 있지 않다. 명령형은 미완료형의 모음을 가지고 있는 קַטֵּל이다. 분사형은 미완료형의 모음들을 가진 מְקַטֵּל이다.

### ② 강의적(intensive) 피엘

칼(Qal)의 강세형으로서 행동의 강조, 반복, 열심을 나타낸다.

예) צָחַק 웃다 (qal) > צִחֵק 희롱하다 (piel)
שָׁאַל 요청하다(qal) > שִׁאֵל 구걸하다(piel)
קָבַר 매장하다(한 사람을; qal) > קִבֵּר 많이 매장하다(piel)

명사(noun)가 피엘 형태로 구성되면 어떤 행동을 흔히, 습관적으로 행하는 사람을 나타내기도 한다.

예) גָּנַב 훔치다(qal) > גִּנֵּב 도둑질하다(piel) > גַּנָּב 도둑(noun)
לָמַד 배우다(qal) > לִמֵּד 가르치다(piel) > מְלַמֵּד 선생(noun)

### ③ 작의적(factitive) 피엘

'작의적'(factitive)이란 어휘는 라틴어 facere(만들다, to make)에서 유래되었다. 이것은 '사역적'(causative) 의미와 구분하기 위해 사용된다. 즉 '그를 거룩하게 하다'(작위적)와 '그를 걷게 하다'(사역적)로 구분할 수 있다. 영어에서 작위 동사란 목적어와 보어를 가지는 동사를 말한다. 이 형태의 피엘은 칼형 자동사의 동작 동사 또는 상태 동사에 대응된다. 만일 피엘 동사가 작위적인(목적어와 보어 가짐) 의미를 가지고 있다면, 피엘 동사의 주어는 자신의 직접 목적어를 칼 형의 같은 동사에 의해 묘사될 수 있는 상태에 이르도록 야기한다.

예) כָּבֵד 그는 영화로웠다(qal) > כִּבֵּד 그는 (누군가를; 직접 목적어) 영화롭게 했다(piel)

**해설** 피엘 동사의 주어는 직접 목적어로 하여금 칼 동사에 의해 묘사될 수 있는 상태(영화로운 상태)에 이르도록 야기했다는 것이다.

예) מָלֵא 그는 가득 찼다(qal) > מִלֵּא 그는 (무엇을) 채웠다(piel)

**해설** 피엘 동사의 주어가 직접 목적어(누군가)로 하여금 칼 동사에 의해 묘사될 수 있는 상태(즉 '가득 찬 상태')에 이르도록 야기했다는 것이다.

### ④ 사역적(causative) 피엘

* 작위 동사(factitive)란 어느 한 상태를 야기하는 것을 말하며, 사역 동사(causative)란 어느 한 행위를 야기하는 동사를 말한다(피엘의 사역 동사는 희귀하다). 사역 동사의 주어는 직접 목적어로 하여금 어떤 행위를 하도록 만든다.

예) לָמַד 배우다(qal) > לִמֵּד (누군가를) 배우게 하다 즉 '가르치다'(piel 사역형)
גָּדַל 크다(qal) > גִּדֵּל(누군가를) 크게 하다 즉 '키우다'(piel 사역형)

* 피엘의 몇몇 동사들은 직접 목적어로 하여금 무언가를 하게 하기보다는 '허용'하는 의미를 가진다. 이러한 동사를 '허용하는'(permission) 또는 '용인하는'(tolerative) 동사로 불린다.

예) לָמַד 배우다(qal) > לִמֵּד (누군가를) 배우게 하다(piel 사역형) ⇨ 즉 주어가 누군가(직접 목적어)에게 '배우는' 행위를 할 수 있도록 허락(용인)한다.

* 피엘의 몇몇 동사들은 어떤 행위를 '선언'하는 의미를 가진다.

예) צָדַק 의롭다(qal) > צִדֵּק 의롭다고 선언하다(piel 사역형)

* 피엘의 몇몇 동사들은 '도움'의 어떤 행위를 나타낸다.

예) יָלַד 낳다(qal) > יִלֵּד '아기를 낳는 행위'(해산)을 도와주다(piel 사역형)

⑤ **명사의 동사화(denominative)**

동사가 명사에서 파생되었을 때, 그 동사 형태는 명사에서 파생한 동사(denominative)라 불린다. 즉 명사를 동사화한다.

예) שֹׁרֶשׁ 식물의 '뿌리'(명사) > שֵׁרֵשׁ 뿌리째 뽑다(piel 동사)
עָפָר 먼지(명사) > עִפֵּר 먼지(티끌)를 날리다(piel 동사)
כֹּהֵן 제사장(명사) > כִּהֵן 제사장처럼 행동했다(piel 동사)

### ⑥ 화법의 피엘

피엘 동사가 선언 동사(declarative)로도, 화법 파생 동사(delocutive verbs)로도 사용된다. 이들 동사들은 "(누군가에게) X를 말하거나 발언하여 X의 의미나 힘과 전통적으로 관련된 행위를 행하게 하는"을 뜻하는 어간 X에서 파생된 동사들로 정의될 수 있다.

예) אִשֵּׁר '그는 (누군가를) 복되다고 선언하였다'(piel; 선언 동사)
⇨ 그가 누군가에게 "너는 복되다"라고 선언했다(화법 파생 동사)
צִדֵּק '그는 (누군가를) 의롭다고 선언하였다'(piel; 선언 동사)
⇨ 그는 누군가에게 "너는 의롭다"라고 선언했다(화법 파생 동사)

## (4) 푸알(Pual)

푸알 어간 동사는 피엘과 일치하는 수동태적인 의미를 갖는다. 푸알은 첫 번 째 모음이 거의 항상 u음 이며, 피엘과 같이 동사 어근의 중간 자음에 경강점(중복점, daghes̆ forte)을 갖는다(물론 중간 자음이 후음 문자일 경우에는 앞에 오는 모음이 길어진다). 푸알은 피엘의 수동형이므로 명령형이 없다.

<table>
<tr><th colspan="5">푸알(Pual)</th></tr>
<tr><th colspan="2">시상 / 수 인칭</th><th>완료(Perfect)</th><th colspan="2">미완료(Imperfect)</th></tr>
<tr><td rowspan="5">단수</td><td>3m</td><td>קֻטַּל</td><td>3m</td><td>יְקֻטַּל</td></tr>
<tr><td>3f</td><td>קֻטְּלָה</td><td>3f</td><td>תְּקֻטַּל</td></tr>
<tr><td>2m</td><td>קֻטַּלְתָּ</td><td>2m</td><td>תְּקֻטַּל</td></tr>
<tr><td>2f</td><td>קֻטַּלְתְּ</td><td>2f</td><td>תְּקֻטְּלִי</td></tr>
<tr><td>1c</td><td>קֻטַּלְתִּי</td><td>1c</td><td>אֲקֻטַּל</td></tr>
<tr><td rowspan="5">복수</td><td rowspan="2">3c</td><td rowspan="2">קֻטְּלוּ</td><td>3m</td><td>יְקֻטְּלוּ</td></tr>
<tr><td>3f</td><td>תְּקֻטַּלְנָה</td></tr>
<tr><td>2m</td><td>קֻטַּלְתֶּם</td><td>2m</td><td>תְּקֻטְּלוּ</td></tr>
<tr><td>2f</td><td>קֻטַּלְתֶּן</td><td>2f</td><td>תְּקֻטַּלְנָה</td></tr>
<tr><td>1c</td><td>קֻטַּלְנוּ</td><td>1c</td><td>נְקֻטַּל</td></tr>
</table>

| 명령법(Imperative) | | | | 분사(Participle) | | 부정사(Infinitive) | |
|---|---|---|---|---|---|---|---|
| 단수(singular) | | 복수(plural) | | 능동형 active | 수동형 passive | 절대형 absolute | 연계형 construct |
| 2m | 2f | 2m | 2f | | | | |
| – | – | – | – | – | מְקֻטָּל | קֻטֹּל | קֻטַּל |

#### ① 작의적(factitive) 푸알

푸알 동사의 작위적이란 푸알 동사의 주어가 칼 동사에 의해 묘사될 수 있는 상태에 이르게 되는 것을 의미한다.

예) כֻּבַּד 그는 영화롭게 되었다(pual)

**해설**

주어가 동일한 칼동사 כָּבֵד(그는 영화로웠다)에 의해 묘사될 수 있는 상태에 이르게 되었다.

#### ② 사역적(causative) 피엘

푸알 동사가 사역적 의미를 갖는다면 푸알 동사의 주어는 동일한 칼 동사에 의해 묘사될 수 있는 한 행위를 행한다.

예) לֻמַּד 그는 가르침을 받았다(piel)

**해설**

주어가 동일한 칼 동사 לָמַד(그는 배웠다)에 의해 묘사되는 행위를 경험하게 한다.

#### ③ 명사의 동사화(denominative)

동사가 명사에서 파생되었을 때, 그 동사 형태는 명사에서 파생한 동사(denominative)라 불린다. 즉 명사를 동사화한다.

예) שָׁלֹשׁ '셋'(명사) > שֻׁלַּשׁ 그것은 세 겹으로 되었다(pual 동사)
שִׁלֵּשׁ 그는 세 번 했다(piel)

### ④ 화법의 피엘

피엘 동사가 선언 동사(declarative)로도, 화법 파생 동사(delocutive verbs)로도 사용된다. 이들 동사들은 "(누군가에게) X를 말하거나 발언하여 X의 의미나 힘과 전통적으로 관련된 행위를 행하게 하는"을 뜻하는 어간 X에서 파생된 동사들로 정의될 수 있다.

예) אֻשַּׁר '그는 복된 것으로 선언되었다'(pual; 선언 동사)

**해설** '화법 파생 동사'인 경우, 누군가 그에게 "너는 복되다"라고 선언했다라는 의미.

## (5) 히트파엘(Hithpael)

히트파엘은 피엘과 긴밀히 연관되어 있는 재귀적인(reflexive) 동사 변화 형태이다. 특징은 피엘과 마찬가지로 어근의 두 번째 자음이 중복되는 것과 재귀적인 개념을 표현하는 ת(or הת)에 있다(니팔의 נ과 같다). 히트파엘은 재귀적 동작, 즉 주어가 자신에게 행하는 동작을 나타낸다.

| 히트파엘(Hithpael) | | | | |
|---|---|---|---|---|
| 수 \ 인칭 \ 시상 | | 완료(Perfect) | ㅁ완료(Imperfect) | |
| 단수 | 3m | הִתְקַטֵּל | 3m | יִתְקַטֵּל |
| | 3f | הִתְקַטְּלָה | 3f | תִּתְקַטֵּל |
| | 2m | הִתְקַטַּלְתָּ | 2m | תִּתְקַטֵּל |
| | 2f | הִתְקַטַּלְתְּ | 2f | תִּתְקַטְּלִי |
| | 1c | הִתְקַטַּלְתִּי | 1c | אֶתְקַטֵּל |
| 복수 | 3c | הִתְקַטְּלוּ | 3m | יִתְקַטְּלוּ |
| | | | 3f | תִּתְקַטֵּלְנָה |
| | 2m | הִתְקַטַּלְתֶּם | 2m | תִּתְקַטְּלוּ |
| | 2f | הִתְקַטַּלְתֶּן | 2f | תִּתְקַטֵּלְנָה |
| | 1c | הִתְקַטַּלְנוּ | 1c | נִתְקַטֵּל |

| 명령법(Imperative) | | | | 분사(Participle) | | 부정사(Infinitive) | |
|---|---|---|---|---|---|---|---|
| 단수(singular) | | 복수(plural) | | 능동형 active | 수동형 passive | 절대형 absolute | 연계형 construct |
| 2m | 2f | 2m | 2f | | | | |
| הִתְקַטֵּל | הִתְקַטְּלִי | הִתְקַטְּלוּ | הִתְקַטֵּלְנָה | מִתְקַטֵּל | | הִתְקַטֵּל | הִתְקַטֵּל |

### ① 히트파엘의 접두어 הִתְ

הִתְ가 접두되면 어간의 첫 자음 밑에는 원래의 모음 /a/가 살아난다. 접두 음절을 첨가할 때, 어간의 첫 자음이 치찰음(sibilants; ס צ שׂ שׁ )이면 접두 음절의 와 치찰음이 위치를 바꾸게 되며, 특히 최강의 치찰음인 צ의 경우에는 자리를 바꿈과 동시에 ת가 최강의 치음(dentals) ט로 변하여 세력이 대등해 진다.

예) הִתְשַׁמֵּר he took heed to himself > הִשְׁתַּמֵּר
הִתְסַתֵּר he hid himself > הִסְתַּתֵּר
הִתְצַדֵּק he justified himself > הִצְתַּדֵּק ⇨ הִצְטַדֵּק

그리고 어간의 첫 자음이 ד ט ת와 같은 치음(dentals)일 때는 접두 음절의 ת가 동화되어 치음을 중복하게 한다.

예) הִתְטַהֵר he purified himself > הִטְּטַהֵר > הִטַּהֵר
הִתְטַמֵּא he defied himself > הִטְּטַמֵּא > הִטַּמֵּא

이 같은 ת의 동화는 어간이 נ כ ז과 같은 자음으로 시작할 때에도 가끔 발생한다.

예) הִתְנַבֵּא ⇨ הִנַּבֵּא (양자 모두 사용), הִתְכַּסֵּה > הִכַּסֵּה

### ② 반복적(Iterrative) 히트파엘

히트파엘은 기본적으로 피엘의 재귀적 의미를 가지며, 히트파엘 동사의 주어는 자기 자신에게 반복해서 작용한다.

예) 삼상 14:11. הִתְחַבְּאוּ 그들은 그들 자신들을 (계속해서) 숨기고 있었다
출 19:22. הִתְקַדָּשׁוּ 그들 스스로를 (계속적으로) 성결케하라

**③ 재귀적(Reflexive) 히트파엘**

히트파엘은 주어 자기 자신을 어떤 상태에 있는 것으로 표현한다.

예) 삼상 10:10. הִתְנַבֵּא 그는 선지자처럼 행동하였다 즉 그가 예언하였다
삼하 13:6. יִתְחָל 그는 아픈 척 했다 즉 그는 아팠다

**④ 상호적(Reciprocal) 히트파엘**

히트파엘은 동사의 주어들은 상호 행동을 서로에게 반복해서 작용한다. 몇몇 상호 동사들은 반복적이지 않을 수도 있다.

예) 창 42:1. הִתְרָאוּ 너희는 서로를 (계속해서) 바라보고 있다.
대하 25:17. נִתְרָאֶה 우리 서로 대면하자 (비반복적)

**⑤ 작위적(Factitive) 히트파엘**

히트파엘 동사의 주어는 스스로를 어떤 상태에 이르게 한다.

예) 단 11:36. הִתְגַּדֵּל 그는 자기 자신을 크게할 것이다

### (6) 히필(Hiphil)

히필은 사역적인 동작의 능동적인 동사 변화이다. 히필의 특징은 단어의 첫머리에 ה가 접두되는 것이라 할 수 있는데 이것은 원래 הַ였으며 단어 초두에서 ◌ַ가 ◌ִ로 변환된 것이다. 또 어간의 중간 자음이 취한 모음도 원래는 ◌ַ였으나 ◌ִי 또는 ◌ִ로 변했으며 자음으로 시작하는 접미 요소가 붙을 때에만 원래의 모음 ◌ַ가 되살아난다.

| 히필(Hiphil) | | | | |
|---|---|---|---|---|
| 수 \ 인칭 \ 시상 | | 완료(Perfect) | | 미완료(Imperfect) |
| 단수 | 3m | הִקְטִיל | 3m | יַקְטִיל |
| | 3f | הִקְטִ֫ילָה | 3f | תַּקְטִיל |
| | 2m | הִקְטַ֫לְתָּ | 2m | תַּקְטִיל |
| | 2f | הִקְטַלְתְּ | 2f | תַּקְטִ֫ילִי |
| | 1c | הִקְטַ֫לְתִּי | 1c | אַקְטִיל |
| 복수 | 3c | הִקְטִ֫ילוּ | 3m | יַקְטִ֫ילוּ |
| | | | 3f | תַּקְטֵ֫לְנָה |
| | 2m | הִקְטַלְתֶּם | 2m | תַּקְטִילוּ |
| | 2f | הִקְטַלְתֶּן | 2f | תַּקְטֵ֫לְנָה |
| | 1c | הִקְטַ֫לְנוּ | 1c | נַקְטִיל |

| 명령법(Imperative) | | | | 분사(Participle) | | 부정사(Infinitive) | |
|---|---|---|---|---|---|---|---|
| 단수(singular) | | 복수(plural) | | 능동형 active | 수동형 passive | 절대형 absolute | 연계형 construct |
| 2m | 2f | 2m | 2f | | | | |
| הַקְטֵל | הַקְטִ֫ילִי | הַקְטִ֫ילוּ | הַקְטֵ֫לְנָה | מַקְטִיל | - | הַקְטֵל | הַקְטִיל |

### ① 히필의 완료, 미완료, 명령형

히필의 미완료형의 원시 형태는 yhaqtil형이며, ה(h)가 탈락되어 yaqtil형이 된다. 즉 יַקְטִיל이다. 완료형의 원시 형태는 haqtal형이며 두 /a/모음 중 그 어느 것도 보존되지 않았다. 첫 번째 /a/는 /i/로 약화되었다. 두 번째 /a/는 미완료형을 유추하여 /i/가 되었으며, 따라서 hiqtil이 되었다. 즉 הִקְטִיל이다. 명령형 הַקְטֵל은 미완료의 지시형 יַקְטֵל의 모음을 가지고 있다.

### ② 사역적(Causative) 히필

히필형 어간은 주로 칼(Qal)형 또는 니팔(Niphal)형과 관련하여 사용되며 사역적인 의미를 나타낸다.

예) מָלַךְ he ruled(Qal) > הִמְלִיךְ he caused to rule(Hiphil)
יָצָא he went out(Qal) > הוֹצִיא he brought out

### ③ 선언적(declarative) 히필

히필 동사는 때로는 선언적 의미(declarative sense)로 사용된다. 히필 동사의 주어는 다른 사람에게 어떤 조건이나 상태에 있을 것을 선언하는 것이다. 이것은 히필 동사가 '화법 파생 동사'(delocutive verbs)의 의미를 가진다.

예) צָדֵק he was righteous, just(Qal) > הִצְדִּיק he declared righteous(Hiphil); 이 피엘이 화법 파생 동사라면, 그는 누군가로 하여금 다른 누군가에게 "너는 의롭다"라고 말하게 했다.
רָשַׁע he was wicked(Qal) > הִרְשִׁיעַ he declared wicked(Hiphil); 이것이 화법 파생 동사라면, 그는 누군가로 하여금 다른 누군가에게 "너는 악하다"라고 말하게 했다.

### ④ 명사의 동사화(denominative)

동사가 명사에서 파생되었을 때, 그 동사 형태는 명사에서 파생한 동사(denominative)라 불린다.

예) מָטָר '비'(noun) > הִמְטִיר 비를 내리다(Hiphil)

### ⑤ 작위적(Factitive) 히필

히필 동사의 작위적이란 히필 동사의 주어가 칼 동사에 의해 묘사될 수 있는 상태에 이르게 되는 것을 의미한다.

예) חָרֵשׁ 그는 잠잠했다(Qal) > הֶחֱרִישׁ 그는 누군가를 잠잠하게 만들었다(Hiphil)

**해설** 주어는 직접 목적어를 칼형 동사에 의해 묘사될 수 있는 상태(그는 잠잠했다)에 이르도록 한다.

עָמֹק 그는 깊었다(Qal) > הֶעְמִיק 그는 무언가를 깊게 하였다(Hiphil)

⑥ 히필 자동사

히필 자동사는 직접 목적어를 취하지 않는 대신에 자신의 주어를 어느 한 상태나 특성을 드러내거나 또는 어느 특정한 상태나 상황에 이르고 거기에 머무르는 것으로 묘사한다. 이러한 히필 동사들은 칼형의 상태 동사의 의미를 가진다.

예) 욥 14:8. יַזְקִין 그것은 차차 나이를 먹는다(Hiphil)

**해설** 히필 동사의 주어는 칼 상태 동사 זָקֵן(그것은 늙었다)에 의해 나타내어지는 상태에 이르게 한다.

욥 1:10. הוֹבִישׁ 그것은 메말라 버렸다(Hiphil)

**해설** 히필 동사의 주어는 칼 상태 동사인 יָבֵשׁ(그것은 메말랐다)에 의해 나타내어지는 상태에 이르게 한다.

(7) 호팔(Hophal)

호팔 어간은 히필과 같이 모든 완료형에서 접두사 ה를 갖는다. 호팔은 히필의 수동형(Passive)이다. 호팔은 첫 음절에 /o/ 대신 /u/가 나타나기도 한다.

| 호팔(Hophal) | | | | |
|---|---|---|---|---|
| 수 \ 인칭 \ 시상 | | 완료(Perfect) | 미완료(Imperfect) | |
| 단수 | 3m | הָקְטַל | 3m | יָקְטַל |
| | 3f | הָקְטְלָה | 3f | תָּקְטַל |
| | 2m | הָקְטַ֫לְתָּ | 2m | תָּקְטַל |
| | 2f | הָקְטַלְתְּ | 2f | תָּקְטְלִי |
| | 1c | הָקְטַ֫לְתִּי | 1c | אָקְטַל |

| | | | | |
|---|---|---|---|---|
| 복수 | 3c | הָקְטְלוּ | 3m | יָקְטְלוּ |
| | | | 3f | תָּקְטַ֫לְנָה |
| | 2m | הָקְטַלְתֶּם | 2m | תָּקְטְלוּ |
| | 2f | הָקְטַלְתֶּן | 2f | תָּקְטַ֫לְנָה |
| | 1c | הָקְטַ֫לְנוּ | 1c | נָקְטַל |

| 명령법(Imperative) | | | | 분사(Participle) | | 부정사(Infinitive) | |
|---|---|---|---|---|---|---|---|
| 단수(singular) | | 복수(plural) | | 능동형 active | 수동형 passive | 절대형 absolute | 연계형 construct |
| 2m | 2f | 2m | 2f | | | | |
| - | - | - | - | - | מָקְטָל | הָקְטֵל | הָקְטַל |

### ① 사역적(Causative) 호팔

호팔형 어간 역시 사역적인 의미를 나타낸다.

예) רָאָה 그는 보았다(Qal) > הָרְאָה 그는 그것이 보여지게 했다(Hiphil)

### ② 작위적(Factitive) 호팔

호팔 동사의 작위적이란 호팔 동사의 주어가 칼 동사에 의해 묘사될 수 있는 상태에 이르게 되는 것을 의미한다.

예) 레 26:35. הָשַּׁמָּה 그 땅이 황폐케 되는 상태에 이르도록 야기되다. 즉 칼(Qal)형인 שָׁמֵם(그땅이 황폐하였다)에 의해 묘사될 수 있는 상태에 이르도록 한다는 의미이다. 그러나 이것은 '그 땅이 황폐화되는 과정을 밟아갔다는 사실'을 뜻하는 사역형일 수도 있다.

## (8) 드문 동사 변화 형태들

위에 열거된 규칙적인 동사 형태들 외에도 히브리어에는 다소 드문 동사 변화 형태들이 몇몇 나타나고 있는데, 그들 중 대부분은 피엘(Piel)과 연관되어 있으며, 몇몇은 히필(Hiphil)과 연관되어 있다. 모음의 장음화, 1~2 개의 어근 자음의 반복으로 생긴 것들, 내부적 변화로부터 생긴것들, 그리고 수동형 및 재귀형들은 모두 피엘(Piel)과 관련되어 있다. 그리고 히필의 ה처럼 어떤 자음이 어두에 첨가함으로써 형성된 것은 히필(Hiphil)형에 속한다.

### ① 포엘(Poel; pô'el)

'포엘'(pô'el; קוֹטֵל)가장 빈번하게 나오며 여러 형태로 나타나며 '능동태'이다. 수동태는 '포알'(Pô'al; קוֹטַל)형, 재귀태는 '히트포엘'(hiṯpô'el; הִתְקוֹטֵל)형이다. 그리고 포엘의 미완료형은 יְקוֹטֵל, 분사형은 מְקוֹטֵל, 미완료 수동형은 יְקוֹטַל이다.

그리고 이 형태가 흔히 나타나는 ע״ו동사에서 포엘 형태는 '폴렐'(pôlel), '폴랄'(pôlal), '히트폴렐'(hiṯpôlel)형으로 나타난다. '폴렐'은 일반적인 '사역적(causative) 피엘(Piel)'을 대신하는 것이며, 특히 적대적인 의도를 갖고서 어떤 행동을 하는 목적 또는 노력을 표현하는 것을 의미한다. 따라서 Ewald는 포엘(Poel)을 목표, 노력, 공격을 표현하는 어간이라고 지칭한다.

예) 사 40:24. שֹׁרֵשׁ 뿌리를 내리다(Poel), 수동형(Poal)은 שׁוֹרַשׁ
욥 9:15. מְשֹׁפְטִי 나를 심판하실 분(Poel 분사)

### ② 필렐(Pi ' lel) 또는 필랄(Pi ' lal)

'필렐'(Pi ' lel)형은 קִטְלֵל이며, '필랄'(Pi ' lal)형은 קִטְלַל으로 '능동태'이다. 수동태는 '풀랄'(Pu ' lal; קֻטְלַל)형, 재귀태는 '히트팔렐'(hitpa ' lel; הִתְקַטְלֵל)이다. 수동형은 영속적인 상태를 , 재귀태는 일시적이나 가변적인 상태를 나타낸다.

예) שַׁאֲנַן 평안하다( Pi ' lel ) < 형용사 שַׁאֲנָן(평안한)에서 발생
אֻמְלַל 쇠약하게 되다( Pu ' lal; 수동태) < 형용사 אֻמְלָל(쇠약한)에서 발생

**해설**
성경에서 이 두 동사 모두 완료형에만 발견되며 상응하는 칼(Qal)형은 보이지 않는다.

### ③ 페알알(Pᵉ' al ' al)

페알알(Pᵉ' al ' al)형은 קְטַלְטַל이며, 마지막 두 어근 자음이 중복된 형태이며 계속적으로 빠르게 반복되는 동작을 나타내는데 사용된다.

예) 시 38:11. קְחַרְחַר 이리저리 돌아다니다(Pᵉ'al'al)
욥 16:16. חֳמַרְמַר 끓어오르게 되다, 부풀게 되다(Pᵉ'al'al의 수동형)
대상 15:24. מַחְצֹצְרִים 나팔을 불고 있는 자들(Pᵉ'al'al의 분사형) > 이것은 아마도 חֲצַרְצַר의 크티브(Kethiv) 형태이며, 명사 חֲצֹצְרָה(나팔)에서 나온 동사로써 분사로만 쓰임.

### ④ 필펠(Pilpēl)

필펠(Pilpēl)형은 ע״ע, ע״ו, ע״י형태의 어간에서 그것의 두 필수적인 어근자음이 중첩된 것이다. 수동태는 '폴팔'(Pŏlpal)형이다.

예) גִּלְגֵּל to roll(동사 גָּלַל의 Pilpēl형) > 재귀태 הִתְגַּלְגֵּל to roll oneself (hithpapēl형)
כִּלְכֵּל 부양하다(동사 כּוּל의 Pilpēl형) > 수동태 כָּלְכַּל 부양을 받다(Pŏlpal형)

### ⑤ 티펠(Tiph'ēl)

티펠(Tiph'ēl)은 본래는 '타펠'(Taph'ēl)이다. 즉 접두어 ת가 붙은 תִּקְטֵל이다.

예) 호 11:3. תִּרְגַּלְתִּי to teach to walk(רֶגֶל '발'에서 파생된 동사인 תִּרְגֵּל; Tiph'ēl형)
렘 12:5. יְתַחֲרֶה to contend with(Tiph'ēl 미완료)

### ⑥ 샤펠(Šaph'ēl)

샤펠(Šaph'ēl)은 시리아어에서 흔한 형태이며, שַׁקְטֵל이다.

예) שַׁלְהֵב to flame(동사 לַהַב의 Šaph'ēl형).

해설
이 Šaph'ēl형에서 히브리어 명사 שַׁלְהֶבֶת(불꽃)이 발생됨.

### ⑦ 니트파엘(Nitpa''ēl)

미쉬나 히브리어(Mishinah Hebrew)의 피엘 재귀형태인 니트파엘(Nitpa῾῾ēl)은 니팔(Niphal)의 נ이 히트파엘(Hithpael)에 결합된 형태이다.

예) 겔 23:48. נִוַּסְּרוּ 그들이 징계를 받아들일 것이다

**해설** 아마도 נִתְוַסְּרוּ 즉 동사 יָסַר의 Nitpa῾῾ēl 형일 것이다. 그러나 이것은 '니팔' נוֹסְרוּ으로 모음 표기됨.

신 21:8. נִכַּפֵּר

**해설** 아마도 נִתְכַּפֵּר; 즉 동사 כָּפַר(속죄하다, 덮다)의 Nitpa῾ēl 형일 것이다.

### ⑧ 히쉬타펠(Hištafel)

우가릿어(Ugaritic) 동사 tšthwy '그녀가 엎드린다'에 비추어 볼 때, הִשְׁתַּחֲוָה '예배하다, 엎드리다'는 거의 חוי의 히쉬타펠(Hištafel)형태일 가능성이 매우 높다. 이것은 히브리어에 남아 있는 원시 셈어 사역형 형태소인 š(שׁ)와 t(ת)가 유일한 잔재가 될 것이다. 우가릿어에는 사역형 동사가 /h/ 또는 /y/가 아닌 /š/으로 특징지워지는 형태소가 나타난다. 이것은 이 형태소가 고대 서북 셈어들에 널리 보급되었음을 충분히 증거해 준다.

### ⑨ 누팔(Nuphal)

예) 대상 3:5; 20:8. נוּלְּדוּ( יָלַד '낳다, 산출하다')은 '누팔'의 예이다.

### ⑩ 네 자음 어근 동사(Quadriliteral verbs)

네 자음으로 이루어진 명사는 꽤 많지만 동사는 매우 적다. 대부분 피엘과 히필을 유추하여 만들어진 형태들이다.

a. 피엘(Piel)의 유추에 따른 것

예) 시 80:14. יְכַרְסְמֶנָּה( כִּרְסֵם 황폐케하다 ) < כָּסַם(자르다, 깍다)에서 파생됨.

욥 26:9. פַּרְשֵׁז( פַּרְשֵׁז 확장하다, 펼치다): 어근 פָּרַשׁ(명확하게 하다)와 어근 פָּרָז
(두목, 지도자)과 복합되어 형성된 듯하다.
대상 15:27. מְכֻרְבָּל( כִּרְבֵּל의 분사, '외투를 입은')

b. 히필(Hiphil)의 유추에 따른 것

예) 창 13:9. אַשְׂמְאִילָה( שָׂמַאל '왼쪽으로 가다'의 히필형 )

## 3. 동사의 인칭 · 성 · 수

히브리어어의 정형(finite) 동사에는 인칭(persons; 1·2·3인칭), 성(gender; 남·여성) 및 수(number; 단·복수)의 구분이 있다. 이 정형 동사의 인칭(人稱), 성(性) 및 수(數)는 기본 동사 어근에 접두 또는 접미된 대명사적 요소에 따라 나누어진다.

히브리어는 현대 영어보다 대명사적 요소의 표현이 보다 정교하다. 히브리어 동사 변화에서 3인칭 복수는 남성과 여성이 구분되며 2인칭에서는 성과 수의 구별이 있다. 성과 수의 구별은 2인칭 형태가 사용되는 직접화법에서 특히 중요하다.

## 4. 동사의 시상(Aspect)

히브리어 동사는 엄격히 말해서 다른 언어에서와 같은 시제(tenses)을 갖고 있지 않고 시상(aspect)으로 표현된다. 따라서 히브리어 동사는 타 언어에 있어서의 모든 시제를 포함하는 '완료형'(the perfect)과 '미완료형'(the imperfect)으로 표현한다. 완료형은 '완료된 행위'로서 어느 시간에서나 이미 완료된 동작의 상태(aspect), 즉 동작의 '즉각성'(instantaneous aspect)을 나타내며, 미완료형은 '완료되지 않은 행위'로서 어느 시간어서나 완료되지 않은 동작 상태, 즉 동작의 '지속성'(duration aspect)을 나타낸다.

예) '발견하다, 찾다' 뜻을 가진 동사: מָצָא(Qal, 즉각성); בִּקֵּשׁ(בָּקַשׁ의 Piel, 지속성)
'말하다'의 뜻을 가진 동사: אָמַר(Qal, 즉각성); דִּבֶּר(דָּבַר의 Piel, 지속성)

타언어의 시제와 비교할 때, 완료형은 완료시제인 과거 완료, 현재 완료, 미래 완료, 단순 과거를 모두 포함하며, 미완료형은 미완료(과거 진행), 현재(보편적 진리), 미래(단순 또는 의지 미래)를 포함한다. 이와 같이 히브리어 동사는 언제 동작이 끝났는가 또는 언제 끝날 것인가에 이슈를 두지 않고 그 동작이 언제 발생했던 간에 동작이 끝났는지 동작이 끝나지 않았는지에 관해서만 언급한다. 따라서 히브리어 동사의 시제는 동작의 '시간'을 표시하는 것이 아니라 '동작 상태' 즉 '상'(aspect)을 표시하는 것이다.

## 1) 완료형(Perfect)

사람을 나타내는 인칭대명사 접미사가 동사 뒤에 결합되어 있어서 행동 자체(동작)가 행동자(주어)보다 더 두드러지게 나타난다.

| 인칭 \ 성 \ 수 | | 단 수 | 접미요소 | 인칭 \ 성 \ 수 | | 복 수 | 접미요소 |
|---|---|---|---|---|---|---|---|
| 3 | 남 | קָטַל he killed | – | 3 | 공 | קָטְלוּ they killed | וּ |
| | 여 | קָטְלָה she killed | ָה | | | | |
| 2 | 남 | קָטַלְתָּ you killed | תָּ | 2 | 남 | קְטַלְתֶּם you killed | תֶּם |
| | 여 | קָטַלְתְּ you killed | תְּ | | 여 | קְטַלְתֶּן you killed | תֶּן |
| 1 | 공 | קָטַלְתִּי I killed | תִּי | 1 | 공 | קָטַלְנוּ we killed | נוּ |

다음은 완료 시상의 용법이다.

### (1) 완료된 동작의 완료 시상

#### ① 단순 과거(simple past)

완료 시상은 과거에 이미 완료된 단순한 동작(action)을 표현한다.

예) 창 1:1. 직역: 태초에 하나님이 천지를 창조하시니라.

בְּרֵאשִׁית בָּרָא אֱלֹהִים אֵת הַשָּׁמַיִם וְאֵת הָאָרֶץ

| D.NFS | C.O | D.NMD | O | NMP | VQAMZS | P.NFSG |
|---|---|---|---|---|---|---|
| 지를 | | 천 | | 하나님이 | 창조하시니라 | 태초에 |

**해설**

본문은 영어로 3형식의 단문(simple sentence)이다. 히브리어 동사의 문장에서 일반적인 단어의 배열은 동사가 먼저이고 그 다음은 주어(+ 수식어), 그리고 목적어(+ 수식어)이다. 그러나 부정의 불변화사 לֹא는 동사 앞에 위치한다. 본문은 부사적인 수식어(בְּרֵאשִׁית)가 동사(בָּרָא)앞에 도치하여 어순상 강조가 되고 있다. 그리고 이 부사구 בְּרֵאשִׁית에 분리 부호 '티프하'가 있음으로 의미상으로 논리상으로 또는 낭독법에 있어서 다음 단어와 분리됨을 표시해 주며, 그 단어가 독립적으로 읽혀져야 함을 말해 준다. 그리고 동사(בָּרָא)는 무(無)에서 유(有)를 창조하시는 하나님의 절대 창조를 선포하는 단어이며, 시상이 '완료'(과거 시상)이므로 하나님의 창조사역이 과거에 이미 완료된 단순한 동작(action)을 표현한다. 주어(אֱלֹהִים)는 복수인더 단수 동사(בָּרָא)가 사용되었다는 것은 주어가 '수, 양, 권위' 등이 크고 높거나 두려운 대상을 나타내는 '존엄의 복수'를 의미한다. 그리고 동사의 목적어(אֵת הַשָּׁמַיִם וְאֵת הָאָרֶץ) 앞에 '한정 대격 불변사'(אֵת) 왔으므로 목적어가 한정되었음을 나타낸다. 즉 정관사(הַ)로 한정되었음을 표시한다. 그리고 목적어 הַשָּׁמַיִם은 문법적인 형태로는 쌍수이나 실제로는 '항구적 복수 or 확장의 복수'로 취급한다.

### ② 현재 완료(present perfect)

과거에 완료된 동작이지만 그 동작의 결과가 현재에 계속되는 것을 나타낸다.

예) 시 143:6. 직역: 내가 나의 손을 당신에게로 널리 펼쳤나이다. 쇠잔한 땅 같은 나의 영혼(목숨)이 당신에게 (있나이다- 생략)

פֵּרַשְׂתִּי יָדַי אֵלֶיךָ נַפְשִׁי כְּאֶרֶץ־עֲיֵפָה לְךָ סֶלָה

| J | P.MYS | AFS | P.NFS | NFS.CXS | P.MYS | NFD.CXS | VPACXS |
|---|---|---|---|---|---|---|---|
| 셀라 | 주를 사모 | 마른 | 땅같이 | 내 영혼이 | 주를 향하여 | 손을 | 펴고 |

**해설**

본문은 2개의 단문이 등위접속사(וְ) 없이 병렬되어 있는 중문(compound sentence)이다. 즉 「단문1(פֵּרַשְׂתִּי יָדַי אֵלֶיךָ) + 등위 접속사 생략 + 단문2(כְּאֶרֶץ־עֲיֵפָה לְךָ נַפְשִׁי)」이다. 그리고 히브리어 문장의 어순상 동사가 문두어 위치하였고, 시상은 '현재 완료'의 시상을 나타낸다. 즉 주를 향해 주어의 손을 강하게 펼친 동작(피엘 어간; 강의형)의 결과 현재에도 계속되는 상태이다. 단문2에서, 전치사구(אֵלֶיךָ)에 결합된 전치사 אֶל는 '방향을 가리키는'(terminative) 'into, unto'의 의미를 나타낸다. 즉 '당신을 향하여'이다. 그리고 단문2는 술어동사가 없는 명사문이다. 즉 「주어(נַפְשִׁי) + 전치사구(כְּאֶרֶץ־עֲיֵפָה) + 전치사구(לְךָ; 술어 역할) 」이다. 그리고 전치사구(לְךָ)에서 전치사 לְ는 '간접 목적어'(부사구)의 표현이며, '당신에게'라는 의미이다. 즉 쇠잔한 나의 영혼이 당신에게 있음을 의미한다. 그리고 셀라(סֶלָה)는 예배에서의 음악 용어이며, 어원(סָלָה; '들어 올리다, 높이다')에 의하면 가성, 또는 주악의 리듬을 올리는 것으로 여겨진다. 그러나 그 의미가 불확실하다.

### ③ 과거완료(pluperfect)

과거에 완료된 동작이지만 그 동작의 결과가 과거 어느 때까지 계속된 것을 나타낸다.

예) 삼상 9:15. 직역: 그리고 여호와께서 사울의 오기 전에 한 날에 사무엘의 귀를 열어 말씀하시기를, " ~ "

וַיהוָה גָּלָה אֶת־אֹזֶן שְׁמוּאֵל יוֹם אֶחָד לִפְנֵי בוֹא־שָׁאוּל לֵאמֹר

| לֵאמֹר | שָׁאוּל | בוֹא־ | לִפְנֵי | אֶחָד | יוֹם | שְׁמוּאֵל | אֹזֶן | אֶת־ | גָּלָה | וַיהוָה |
|---|---|---|---|---|---|---|---|---|---|---|
| P.VQNG | NE | VQNG | P.NMPG | ANCM | NMS | NE | NFSG | O | VQAMZS | C.NE |
| 가라사대 | 사울의 | 오기 | 전 | 한 | 날에 | 사무엘 | 에게 | | 알게 하여 | 여호와께서 |

**해설**

본문은 영어로 3형식의 단문(simple sentence)이며, 직접화법(direct narration)의 형식을 보여주고 있다. 즉 「주어(יְהוָה) + 동사(גָּלָה) + 목적어(אֶת־אֹזֶן שְׁמוּאֵל) + 부사적 수식어1(יוֹם אֶחָד) + 부사적 수식어2(לִפְנֵי בוֹא־שָׁאוּל) + 부사구3(לֵאמֹר; 직접화법 유도)」이다. 그리고 주동사(גָּלָה)의 시상은 '과거완료' 를 표현한다. 즉 여호와께서 사무엘에게 귀를 열어주신 동작의 결과가 사울의 오기 전의 어느 한 날까지 있었던 것이다. 그리고 이 동사는 칼(Qal)형에서 자주 사람의 감각 기관, 즉 귀(삼상 9:15 등)와 눈(민 24:4)을 목적어로 하여 사용된다. 즉 '귀, 눈을 열다'로 표현된다. '귀를 열다'(uncover the ear)라는 관용어구는 단순히 '보이다' show, '드러내다' reveal를 의미하며 사람이나 하나님을 그 주어로 취한다. 그리고 목적어(אֶת־אֹזֶן שְׁמוּאֵל)가 고유명사인 '사무엘의 귀'를 표현하고 있으므로 한정되었음을 표현하는 '한정 대격 불변사'(־אֶת)를 사용하였다. 그리고 명사구(יוֹם אֶחָד) 는 '시간의 특정한 때의 대격'을 나타낸다. 즉 어떤 '한 날'로 표현된다. 그리고 부사적 수식어2에서 '부정사 연계형'(בוֹא)은 명사적 용법(명사)으로 사용되어 '명사의 연계형'의 위치에 서있다. 그리고 부사구3(לֵאמֹר)는 부정사 연계형

אֱמֹר에 전치사 לְ가 결합된 형태이므로 직접화법을 유도하는 전달동사 기능, 즉 saying 의 의미로 사용되었다.

### ④ 미래완료(future perfect)

과거에 완료된 동작이지만 그 동작의 결과가 미래의 어느 때까지 계속될 것을 나타낸다.

예) 신 8:10. 직역: 그리고 너는 먹을 것이다 그리고 너는 만족할 것이다 그리고 너는 그 (여호와)가 네게 주실 그 좋은 땅을 인하여 너의 하나님 여호와를 높일 것이다.

וְאָכַלְתָּ וְשָׂבָעְתָּ וּבֵרַכְתָּ אֶת־יְהוָה אֱלֹהֶיךָ עַל־הָאָרֶץ הַטֹּבָה אֲשֶׁר נָתַן־לָךְ

| P.MYS VQAMZS R | D.AFS | D.NFS | P | NMP.MYS | NE | O | C.VPAMYS | C.VQAMYS | C.VQAMYS |
|---|---|---|---|---|---|---|---|---|---|
| 네게 주셨음을 | 옥 | 토로 | 인하여 | 네 하나님 | 그를 | | 찬송하리라 | 배불리고 | 네가먹어서 |

**해설** 본문은 3개의 대등절(등위절)로 병렬된 중문(compound sentence)이다. 즉 「대등문1(אָכַלְתָּ) + 대등문2(וְשָׂבָעְתָּ) + 대등문3(אֱלֹהֶיךָ עַל־הָאָרֶץ הַטֹּבָה אֲשֶׁר נָתַן־לָךְ וּבֵרַכְתָּ אֶת־יְהוָה)」이다. 대등문3에서, 한정 목적인 אֶת־יְהוָה와 אֱלֹהֶיךָ은 서로 동격의 관계에 있다. 그리고 부사적 수식어(עַל־הָאָרֶץ הַטֹּבָה)에서 전치사 עַל־는 '이유'(casual)를 나타내어 'because of'의 의미로 사용되었다. 여기서 형용사(הַטֹּבָה)는 정관사(הַ)를 가졌으므로 '한정적 용법'으로 사용되어 성·수가 일치하는(즉 여성 단수 일치) 정관사(הָ)를 가진 명사(הָאָרֶץ)를 수식하고 있다. 그리고 관계대명사 אֲשֶׁר는 선행사(הָאָרֶץ הַטֹּבָה; 그 좋은 땅)를 가지므로 형용사절을 유도하고 있다. 여기서 동사(נָתַן־)의 시상은 '미래완료'를 나타낸다. 즉 과거 주시겠다고 약속하신 그 좋은 당이 미래 어느 시점에 성취될 것임을 의미한다. 즉 미래의 어느 시점에 동작의 결과(주어짐)가 이루어질 것임을 의미한다. 그리고 문두에 있는 3개의 동사들(וְאָכַלְתָּ וְשָׂבָעְתָּ וּבֵרַכְתָּ)의 시상은 '확실성(certitude)의 완료'로서, 소위 '예언적 완료상'(prophetic perfect)을 나타낸다. 즉 이루어질 것으로 확신하는 밝은 미래(a vivid future)를 표현한다.

## (2) 상태의 완료 시상

완료형 동사는 상태나 상황(a state or condition)을 표현한다. 이 '상태동사'의 완료시상은 대개 영어로 '현재 시제'(present tense)로 번역한다.

예) 시 92:5. 직역: 여호와 당신의 행사가 어떻게 크고 당신의 생각이 어떻게 매우 깊으십 니까?

| מַחְשְׁבֹתֶיךָ | עָמְקוּ | מְאֹד | יְהוָה | מַעֲשֶׂיךָ | גָּדְלוּ | מַה־ |
|---|---|---|---|---|---|---|
| NFP.MYS | VQACZP | AB | NE | NMP.MYS | VQACZP | ABT |
| 주의 생각이 | 깊으시니이다 | 매우 | 여호와여 | 주의 행사가 | 크신지요 | 어찌 |

**해설** 본문은 '의문문' 형식의 중문(compound sentence)이다. 즉 「의문부사(מַה־) + 단문1(גָּדְלוּ מַעֲשֶׂיךָ יְהוָה) + 단문2(מְאֹד עָמְקוּ מַחְשְׁבֹתֶיךָ)」이다. 의문부사(מַה־)는 원래 의문대명사(what)이나 본문에서 의문부사(How)로 사용되었다. 그리고 단문1에서 동사(גָּדְלוּ)의 사상은 '완료'인데, '상태의 완료'로 표현되었다. 즉 여호와의 행사가 현재 크고 위대한 상태임을 표현한다. 그리고 '당신의 행사'(מַעֲשֶׂיךָ)에서 2인칭 남성 접미대명사(ךָ)와 바로 뒤에 위치한 '여호와'(יְהוָה)는 동격 상태에 있는데, 대명사 접미사가 자신의 지시 대상(יְהוָה)보다 앞에 위치하였음으로 '선제적 동격'(anticipative apposition)이라 한다. 이 때 대명사 접미사는 보통 번역하지 않는다. 즉 '여호와의 행사'로 번역한다. 그리고 단문2에서 동사(עָמְקוּ)의 시상 역시 '상태의 완료'를 나타낸다. 즉 여호와의 생각이 현재 매우 깊은 상태임을 표현하는 것이다.

### (3) 경험의 완료 시상

동작 동사(fientive verbs)의 완료형이 마음의 상태(a state of mind)를 표현하는 경우에는 '경험'(experience)을 나타낸다. 이러한 동사들은 가끔 '준 상태동사'(quasi-stative)로 설명 된다.

예) 암 5:21. 직역: 내가 너희 절기를 미워했으며(or 미워한 적이 있었다) 경멸했었다(or 경멸한 적이 있었다) 그러므로 나는 너희의 집회들 안에서 냄새를 맡지 않을 것이다(즉 흠향하지 않을 것이다).

| בְּעַצְּרֹתֵיכֶם | אָרִיחַ | וְלֹא | חַגֵּיכֶם | מָאַסְתִּי | שָׂנֵאתִי |
|---|---|---|---|---|---|
| P.NFP.MYP | VHICXS | C.ABN | NMP.MYP | VQACXS | VQACXS |
| 너희 성회들을 | 기뻐하지 | 아니 할 | 너희 절기를 | 멸시하며 | 미워하여 |

**해설** 본문은 3개의 대등절로 연결된 중문(compound sentence)을 나타낸다. 즉 「단문1(שָׂנֵאתִי) + 단문2(מָאַסְתִּי) + 단문3(וְלֹא אָרִיחַ בְּעַצְּרֹתֵיכֶם)」이다. 단문1과 단문2 사이에 대등(등위) 접속사 וְ가 생략되어 있는데, 이는 주어의 표현의 시간을 충분히 허락지

않는 '격정적 자극'(passionate excitement)이다. 즉 '미움과 멸시'라는 여호와의 격정적인 감정 표현이다. 여기에 두 동사(שָׂנְאָה מָאַסְתִּי)의 시상이 '완료'인데, 완료로 표현된 것은 주어 즉 여호와의 마음의 상태를 표현하는 '경험의 완료'이기 때문이다. 이것은 사 1: 11-17에서 기록되어 있는 것같이, " ~ 헛된 제물을 다시 가져오지말라 분향은 나의 가증히 여기는 바요 월삭과 안식일과 대회로 모이는 것도 그러하니 성회와 아울러 악을 행하는 것을 내가 견디지 못하겠노라 내 마음이 너희의 월삭과 절기를 싫어하나니 그것이 내게 무거운 짐이라~ 이는 너희 손에 피가 가득함이라 ~ 너희는 내 목전에서 악업을 버리며 악행을 그치고~ "라는 말씀을 통해 이미 여호와께서 경험하신 것을 보여준다. 따라서 주어의 감정 즉 마음의 상태를 표현하고 있다. 그리고 단문3에서 접속사 וְ는 문맥상 추론적인 경우를 유도하므로 'therefore'(그러므로)의 의미를 가진다.

### (4) 확신의 완료 시상

완료동사가 '확실성'(certitude)을 나타내어 미래의 사건이 이미 일어난 것처럼 묘사하므로 '확신의 완료'(perfect of confidence)라 한다. 또는 미래의 사건이 꼭 이루어질 것으로 생각되는 밝은 미래(a vivid future)를 표현한다. 이것을 '예언적 완료'(prophetic perfect )라고도 한다. 이것은 미래완료와 구분하기 어려울 수도 있다.

예) 사 9:1. 직역: 그 어두움 안에서 행하던 그 백성 (곧) 죽음의 그늘의 땅에 거하던 자들이 이 큰 빛을 볼 것이다 그들 위에 빛이 비칠 것이다.

הָעָם הַהֹלְכִים בַּחֹשֶׁךְ רָאוּ אוֹר גָּדוֹל יֹשְׁבֵי בְּאֶרֶץ צַלְמָוֶת אוֹר נָגַהּ עֲלֵיהֶם

P.MZP VQAMZS NMS NMS P.NFSG VQPAMPG AMS NMS VQACZP P.D.NMS D.VQPAMP D.NMS

그 위에 비취도다 빛이 사망의그늘진 땅에 거하던 자 큰 빛을 보고 흑암에 행하던 백성이

**해설**

본문은 2개의 단문으로 병렬되어 있는 '중문'(compound sentence)이다. 즉 「단문1(3형식; הָעָם ~ צַלְמָוֶת) + 단문2(1형식; אוֹר נָגַהּ עֲלֵיהֶם)」이다. 단문1에서 주어는 흑암 어두움 안에서 '행하던 그 백성'(הָעָם הַהֹלְכִים) 인데, 여기서 분사(הַהֹלְכִים)가 한정적 용법으로 앞의 한정 명사(הָעָם)를 수식한다. 그런데 분사는 복수형, 명사는 단수로 성이 불일치하고 있다. 이런 경우 수식받는 명사가 하나의 집단으로 취급받는 '집합명사'(collective noun)일 때 '단수'를 받고, 하나의 집단 개체를 낱낱이 취급하는 '군집명사'(noun of multitude)일 때는 복수를 받는다. 따라서 그 백성(הָעָם)은 군집명사이다. 그리고 주어인 '어두움 안에 행하던 그 백성'과 '죽음의 그늘의 당에 거하던 자들'(יֹשְׁבֵי בְּאֶרֶץ צַלְמָוֶת)은 동격관계에 있다. 여기서 분사(יֹשְׁבֵי)는 독립적(명사적) 용

법으로 ‘거하던 자들’로 표현된다. 그리고 형용사(גָּדוֹל)는 대격 명사(אוֹר)를 수식하는 ‘수식적 용법’을 나타낸다. 그리고 단문1의 주동사(רָאוּ) 와 단문2의 주동사(נָגַהּ)의 시상은 ‘완료’인데, 모두 ‘예언적 완료’ 즉 ‘확신의 완료’를 나타낸다. 즉 미래의 사건인 큰 빛을 봄과 비췸이 반드시 성취될 것임을 확신한다.

### (5) 동시적 완료 시상

완료 동사는 ‘순간적 동작’(instantaneous action)을 나타내어 바로 그 동작으로 완료되는 동작을 동시적으로 현재의 동작으로 표현한다. 이는 ‘수행적 완료’로 불린다.

예) 렘 22:5. 직역: 그리고 만일 너희가 이 말씀을 듣지 아니한다면, 내가 나에게 여호와의 말씀으로 맹세하기를 “이 집은 황폐하게 될 것이다”.

נְאֻם־יְהוָה נִשְׁבַּעְתִּי בִּי הָאֵלֶּה הַדְּבָרִים אֶת־ תִשְׁמְעוּ לֹא וְאִם

NE NSG VNACXS P.CXS D.ADCP D.NMP O VQIMYP ABN C.Q

여호와의 말 맹세하노니 나로 이 말을 듣지 아니 하면

הַזֶּה הַבַּיִת יִהְיֶה לְחָרְבָּה כִּי־

D.ADMS D.NMS VQIMZS P.NFS C

이 집이 하리라 황무

**해설** 본문은 조건문(조건절 + 귀결절) 형식의 문이다. 즉 「조건절(וְאִם לֹא תִשְׁמְעוּ אֶת־הַדְּבָרִים הָאֵלֶּה) + 귀결절(בִּי נִשְׁבַּעְתִּי נְאֻם־יְהוָה)」이다. 조건절에서 접속사 אִם은 사실조건(real condition)에 사용되어, ‘if’의 의미로 사용되었다. 그리고 부정어 לֹא는 본문에서 ‘객관적 사실 부정’에 사용되는 부정어이다. 한정 대격(אֶת־הַדְּבָרִים הָאֵלֶּה)에서 정관사가진 지시대명사(הָאֵלֶּה)가 정관사 가진 명사(הַדְּבָרִים)를 수식하는 ‘한정적 용법’(수식적 용법)으로 사용되었다. 여기서 목적어(대격)가 한정되었음으로 ‘한정 대격 불변사’ אֶת־가 사용되었다. 귀결절에서 전치사구인 ‘나에게’(בִּי)는 문맥상 재귀적으로 ‘나 자신이’(스스로) 으로 표현된다. 그리고 대격인 נְאֻם־יְהוָה(여호와의 말씀)은 ‘방법의 대격’(부사적 대격)으로 동사의 행위(여호와의 맹세)가 ‘여호와의 말씀(신탁)’의 방식으로 행해진다는 의미이다. 그리고 접속사 כִּי־는 ‘직접화법’을 유도한다. 즉 “이 집은 황폐하리라”는 피전달부(인용부)를 유도한다. 여기서 ‘맹세하다’의 동사(נִשְׁבַּעְתִּי)의 시상이 ‘완료’인데, 이것은 ‘동시적 완료’ 시상을 나타낸다. 즉 맹세한 동작이 완료되었지만 이 동작이 동시에 현재의 동작으로 전환되는 표현이다. 즉 ‘명세’가 현재에 적용되는 경우이다. 그리고 전치사구 (לְחָרְבָּה)에서 전치사 לְ는 어떤 행동(여호와의 말씀을 듣지 아니함)이 낳은 결과(product)를 나타내는 '산물의 לְ'를 의미한다. 이것은 'become'의미의 יָהָה동사와 결합할 때가 많다.

### (6) 가정법 과거(조건의 완료 시상)

완료 동사는 현재의 사실과 반대되는 행동이나 상태에 대해, 주어 자신의 수사학적 관점에서 과거적 사실로 가정하여 가정법 과거(hypothetical past)에 사용된다. 즉 과거의 '비실제적 조건'을 표현함에 사용되며, 또한 '성취되지 못한 욕망의 표현'에도 사용된다.

예) 삿 8:19. 직역: 그리고 그가(기드온) 여호와의 사심으로 말하기를 그들은 나의 형제 곧 나의 어머니의 아들들(이다) 만일 너희가 그들을 살게 하였더라면 나도 너희를 죽이지 않았을 것이다.

וַיֹּאמַר אַחַי בְּנֵי־אִמִּי הֵם חַי־יְהוָה לוּ הַחֲיִתֶם אוֹתָם לֹא הָרַגְתִּי אֶתְכֶם

O.MYP VQACXS ABN O.MZP VHAMYP C NE AMSG NPMZF NFS.CXS NMPG NMP.CXS CW.VQIMZS

너희를 죽이지 아니 그들을 살렸더면 만일 여호와 사심으로 내어머니의 아들 내 형제 가로되

**해설** 본문은 '와우 미완료 계속법'(Waw Imperfect Consecutive; 완료시상) 형태의 문이다. 그리고 본문은 간접화법을 나타내며(וַיֹּאמַר동사에 의하여), 조건문 형식의 문이다(접속사 לוּ(if)에 의해서). 간접화법의 피전달부에 해당하는 문(אַחַי בְּנֵי־אִמִּי הֵם; '그들은 나의 형제들 곧 나의 어미의 아들들이다')에서 בְּנֵי־אִמִּי와 אַחַי는 동격관계에 있으며, 이 피전달부는 술어 동사(be 동사)가 생략된 명사문장이다. 그리고 전달동사(וַיֹּאמַר)의 대격인 '여호와의 사심'(חַי־יְהוָה)은 '방법의 대격'(부사적 대격)을 나타낸다. 여기서 형용사 연계형 (חַי־; 산)는 명사적 용법으로 명사의 연계 관계구를 이루고 있다. 그리고 조건문에서, 전제절(조건절; לוּ הַחֲיִתֶם אוֹתָם)의 동사(הַחֲיִתֶם; 살리게 하다)와 귀결절(주절; לֹא הָרַגְתִּי אֶתְכֶם) 의 동사(הָרַגְתִּי; 죽이다)의 완료시상은 '현재의 사실과 반대되는 상태'를 나타내고 있다. 즉 현재 미디안의 군대의 의해 이미 기드온의 형제들이 죽었고 그에 따라 기드온 역시 숙곳 사람들을 죽여 버렸다.

## 2) 미완료형(Imperfect)

사람을 나타내는 인칭대명사 접미사가 동사 앞에 결합되어 있어서 행동자(주어)가 아직 완료되지 않는 행동(동작)보다 더 두드러지게 나타난다.

| 인칭 \ 성 \ 수 | | 단 수 | 접두요소 | 인칭 \ 성 \ 수 | | 복 수 | 접두요소 |
|---|---|---|---|---|---|---|---|
| 3 | 남 | יִקְטֹל<br>he will kill | י | 3 | 남 | יִקְטְלוּ<br>they will kill | י - וּ |
| | 여 | תִּקְטֹל<br>she will kill | תּ | | 여 | תִּקְטֹלְנָה<br>they will kill | תּ - נָה |
| 2 | 남 | תִּקְטֹל<br>you will kill | תּ | 2 | 남 | תִּקְטְלוּ<br>you will kill | תּ - וּ |
| | 여 | תִּקְטְלִי<br>you will kill | תּ - ◌ִי | | 여 | תִּקְטֹלְנָה<br>you will kill | תּ - נָה |
| 1 | 공 | אֶקְטֹל<br>I will kill | א | 1 | 공 | נִקְטֹל<br>we will kill | נ |

다음은 미완료형의 용법이다.

### (1) 미완료된 동작의 미완료 시상

미완료 동사는 현재 또는 과거의 미완료된 동작(incompleted action)을 나타낸다.

#### ① 현재의 미완료된 동작

예) 창 37:15. 직역: 그리고 어떤 사람이 그를(요셉) 발견하였다. 그리고 보라! 그 들에서 방황하고 있다 (or 그 들에서 방황하고 있는 자를 보라!) 그리고 그 사람이 그에게 물어, "너는무엇을 열심히 찾고 있느냐?"라고 말했다.

וַיִּמְצָאֵהוּ אִישׁ וְהִנֵּה תֹעֶה בַּשָּׂדֶה וַיִּשְׁאָלֵהוּ הָאִישׁ לֵאמֹר מַה־תְּבַקֵּשׁ

VPIMYS APT P.VQNG D.NMS CW.VQIMZS.MZS P.D.NMS VQPAMS C.Q NMS CW.VQIMZS.MZS

찾느냐 무엇을 가로되 그 사람이 그에게 물어 들에서 방황하 어떤이가 만난즉

**해설** 본문은 2개의 '와우 미완료 계속법'(Waw Imperfect Consecutive; 완료시상) 형타의

문이다. 첫 번째 '와우 미완료 계속법' 동사(וַיִּמְצָאֵהוּ)의 외적주어는 '부정대명사'의 기능을 하는 'אִישׁ'(someone)이 나타낸다. 그리고 불변사 הִנֵּה가 이끄는 문에서 분사(תֹעֶה)는 명사적, 서술적 용법 둘 다 사용된다. 명사적일 때는 '방황하고 있는 자'로 사용되며, 이 때 시상은 '현재 완료'를 나타낸다. 과거에 방황했던 동작의 결과가 현재에 계속되고 있는 경우이다. 서술적 용법일 때는 '방황하고 있다'(명사문의 서술어 역할을 하는 경우다). 그리고 두 번째 '와우 미완료 계속법'에서, 이 문장은 '직접화법'(directive narration)을 표현하고 있다. 즉 לֵאמֹר(말하기를)에 의해서 직접화법의 피전달부(인용부)가 유도된다. 인용부(피전달부)는 "너는 무엇을 찾고 있느냐?"(מַה־ תְּבַקֵּשׁ)이다. 여기서 동사(תְּבַקֵּשׁ)의 시상이 '미완료'인데, '현재의 미완료 동작'을 나타낸다. 즉 '찾고 있는 동작'이 현재에도 완료되지 않고 계속됨을 나타낸다. 현재 진행이다.

### ② 과거의 미완료된 동작

예) 대하 29:34. 직역: 그리고 그들의 형제들 (곧) 레위사람들이 그 사역의 끝마침까지 그리고 그 제사장들(or 다른 제사장들)이 스스로 거룩하게 될 때까지 그들을(제사장들)을 도왔다

| הַכֹּהֲנִים | יִתְקַדְּשׁוּ | וְעַד | הַמְּלָאכָה | עַד־כְּלוֹת | | הַלְוִיִּם | אֲחֵיהֶם | וַיְחַזְּקוּם |
|---|---|---|---|---|---|---|---|---|
| D.NMP | VTIMZP | C.P | D.NFS | VQNG | P | D.AGeMP | NMP.MZP | C.W.VPIMZP.MZP |
| 다른제사장 | 성결케 | 까지 | 그 일을 | 마치기 | 까지 | 레위사람 | 그 형제 | 돕고 |

**해설**

본문은 '와우 미완료 계속법'(Waw Imperfect Consecutive; 완료시상) 형태의 문이다. 주동사(וַיְחַזְּקוּם)의 주어는 '그들의 형제들'(즉 제사장들의 형제들; אֲחֵיהֶם)이며 뒤에 위치한 '레위사람들'(הַלְוִיִּם)과 동격을 나타낸다. 여기서 '레위 사람들'(הַלְוִיִּם)은 '인종 표시 명사'(Gentilic Noun)로서 사람 이름('레위')에 접미사 ִי가 첨가되어 그 사람의 백성이나 후손을 나타낸다. 그리고 부정사 연계형(כְּלוֹת; 끝마치다)은 명사(מְּלָאכָה: 그 사역)의 연계 관계과 앞에 전치사의 목적어로 사용되었음으로 '명사'로서의 기능을 한다. 즉 '그 사역의 끝마침 까지'로 번역된다. 그리고 '다른 제사장들이 스스로 거룩하게 될 때까지'(עַד יִתְקַדְּשׁוּ הַכֹּהֲנִים)의 문에서 전치사 עַד는 일반적으로 명사 앞에나 명사절 앞에 위치하는데, 문맥상 '시간'을 나타내는 접속사(until)로 사용되어 '명사절'을 유도하고 있다. 원래의 구조는 명사절(יִתְקַדְּשׁוּ הַכֹּהֲנִים) 앞에 '관계사'가 첨가된 עַד אֲשֶׁר가 위치한다. 여기서 히트파엘 동사(יִתְקַדְּשׁוּ)의 시상은 '완료형'인데, 성소에서 사역하는 제사장들의 '거룩케 되는 행위'(즉 성결하게 되는 행위 및 상태)가 어느 시점에서 시작되었지만 아직 성취되지 않은 '미완료된 동작'을 나타낸다. 따라서 그 당시 제사장들의 수

가 적은 형편에서 제사장들 자신들의 '성결'이 성취될 때까지 레위 자손들이 번제물의 가축을 벗기는 일을 도왔다.

### (2) 단순한 미래의 미완료 시상

미완료 동사는 '단순한 미래'(simple futurity)를 표현하며, 상태 동사의 미완료상은 항상 미래를 표현한다.

예) 삼상 13:25. 직역: 그리고 그 왕이(다윗) 압살롬에게, 나의 아들아! (가서는) 안된다 바라건대 우리는 우리 모두 가서는 안된다 그리고 우리가 너에게 짐을 지울 수는 없다라고 말했다.

וַיֹּאמֶר הַמֶּלֶךְ אֶל־אַבְשָׁלוֹם אַל־ בְּנִי אַל־נָא נֵלֵךְ כֻּלָּנוּ וְלֹא נִכְבַּד עָלֶיךָ

| P.MYS | VQICXP | C.ABN | NMS.CXP | VQICXP | Q | ABN | NMS.CXS | ABN | NE | P | D.NMS | CW.VQIMZS |
|---|---|---|---|---|---|---|---|---|---|---|---|---|
| 네게 | 누를 | 하노라 | 우리가다 | 갈 것이 | | 없다 | 내아들아 | 아니라 | 압살롬 | 에게 | 왕이 | 이르되 |

**해설**

본문은 '와우 미완료 계속법'(Waw Imperfect Consecutive; 완료시상) 형태의 문이다. 또한 간접화법 형식으로 된 문이다. 즉 「전달동사(וַיֹּאמֶר) + 발언자(הַמֶּלֶךְ) + 듣는 이(אַבְשָׁלוֹם) + 피전달부 단문1(אַל־בְּנִי) + 단문2(אַל־נָא נֵלֵךְ כֻּלָּנוּ) + 단문3(עָלֶיךָ וְלֹא נִכְבַּד)」이다. 피전달부에서, '내 아들'(בְּנִי)는 사람의 이름(압살롬)을 직접적으로 부르므로 '호격'(vocative)을 나타낸다. 즉 '내 아들아'로 표현된다. 부정부사 אַל־은 '부정'의 전체 문장을 짧게 줄인 표현으로서, 즉 24절에서 양털 깎는 축제에 참여하는 것을 부정하는 부사이다. 그리고 '단문1과 단문2 사이에 등위 접속사 וְ가 생략되어 있는데, 이는 표현의 시간을 충분히 허락하지 않는 '급함'이나 '격정적 자극'을 표현할 때 생략된다. 단문2에서 간청 어미 נָא가 사용되어 간곡한 요청을 나타내는데, 부정의 요청을 나타낸다. 즉 제발! 아니된다.'라고 표현된다. 그리고 단문3은 미완료 동사(נִכְבַּד)에 부정부사 לֹא이 결합되어 '금지의 부정'(해서는 안된다. ~ 할 수 없다)를 나타낸다. 즉 '너에게 짐을 지우게 할 수 없다'로 표현된다. 여기서 동사의 시상이 '미완료형'을 나타내는데, '단순한 미래'를 나타낸다. 즉 긍정형으로 표현하면, 앞으로 너에게(압살롬) 짐이 될 것이다'는 의미이다.

### (3) 반복·습관적 미완료 시상

미완료 동사는 '반복적'(frequentative)이거나 '습관적'(habitual)인 것을 표현하는데 사용되어, 어느 때에 '반복된 동작'을 나타내거나, 혹은 일정한 때에 '습관적으로 반복되는 동작'을 나타낸다. 이것은 특히 잠언적인 속담(proverbial saying)에서 자주 사용되그로 반복적 미완료를 '속담적 미완료'로 불린다.

### ① 어느 때 반복된 동작

예) 욥 1:5. 직역: 욥이, 혹시 나의 아들들이 범죄하고 그들의 마음속데서 하나님을 저주하였을까… 라고 말했다. 모든 날들 동안 욥이 이와 같이 (계속) 행하였다

| יַעֲשֶׂה | כָּכָה | בִּלְבָבָם | אֱלֹהִים | וּבֵרֲכוּ | בָנַי | חָטְאוּ | אוּלַי | אִיּוֹב | אָמַר |
|---|---|---|---|---|---|---|---|---|---|
| VQIMZS | AB | P.NMS.MZP | NMP | C.VPACZP | NMP.CXS | VQACZP | AB | NE | VQAMZS |
| 행사가 | 이러하 | 마음으로 | 하나님을 | 배반하였 | 아들들 | 죄를범하 | 혹시 | 욥이 | 말하기를 |

| כָּל־הַיָּמִים | אִיּוֹב |
|---|---|
| D.NMP NMSG | NE |
| 항상 | 욥의 |

**해설**

본문은 1개의 복문(complex sentence)과 1개의 중문(compound sentence)으로 구성된 혼합문(compound-complex sentence)이다. 즉 「복문[주절(אָמַר אִיּוֹב) + 종속절(명사절; אוּלַי חָטְאוּ בָנַי וּבֵרֲכוּ אֱלֹהִים בִּלְבָבָם)] + 중문(אִיּוֹב כָּל־הַיָּמִים כָּכָה יַעֲשֶׂה)」이다. 복문은 '간접 화법'을 나타내는데, 주절이 전달부이며, 종속절이 '피전달부'에 해당된다. 따라서 피전달부는 명사절을 나타낸다. 그리고 등위절의 대격(목적어)을 나타내는 명사구(כָּל־הַיָּמִים)는 연계관계에 있으며, '시간 지속'의 더격을 나타낸다. 즉 동사의 동작의 일어나는 동안 시간의 길이를 나타낸다. '모든 날들 동안'으로 표현된다. 여기서 동사(יַעֲשֶׂה)의 시상은 미완료형으로 동사의 동작이 어느 때에 '반복적 동작'을 나타낸다. 즉 욥은 자신의 아들들이 어느 때에 하나님께 범죄할 것에 대해 계속적으로 염려•걱정하고 있음을 알 수 있다.

### ② 일정한 때 습관·반복적 동작

예) 신 1:44. 직역: 그리고 그 산지에 거하는 아모리 족속이 너희들을 간나기 위해 나왔다 그리고 벌들이 행하는 것 같이 너희를 뒤쫓았다 그리고 세일산ᄌ 에서 호르마까지 너희를 쳐서 분쇄하게 하였다.

| אֶתְכֶם | וַיִּרְדְּפוּ | לִקְרַאתְכֶם | הַהוּא | בָּהָר | הַיֹּשֵׁב | הָאֱמֹרִי | וַיֵּצֵא |
|---|---|---|---|---|---|---|---|
| O.MYP | CW.VQIMZP | P.VQNG.MYP | D.ADMS | P.D.NMS | D.VQPAMS | D.NGe | CW.VQIMZS |
| 너희를 | 쫓아 | 너희를 마주 | 그 | 산지에 | 거하는 | 아모리족속 | 나와서 |

| עַד־חָרְמָה | | בְּשֵׂעִיר | אֶתְכֶם | וַיַּכְּתוּ | הַדְּבֹרִים | תַּעֲשֶׂינָה | כַּאֲשֶׁר |
|---|---|---|---|---|---|---|---|
| NE | P | P.NE | O.MTP | CW.VHIMZP | D.NFP | VQIFZP | P.R |
| 호르마 | 까지 | 세일산에서 | | 쳐서 | 벌떼 | 행함 | 같이 |

**해설**

본문은 3개의 '와우 미완료 계속법'(Waw Imperfect Consecutive; 완료시상) 으로 연결된 문이다. 즉「계속법1(וַיֵּצֵא ~ לִקְרַאתְכֶם) + 계속법2(וַיִּרְדְּפוּ ~ הַדְּבֹרִים) + 계속법3(וַיַּכְּתוּ ~ חָרְמָה)」이다. 계속법에서 '주동사'(וַיֵּצֵא)의 주어(הָאֱמֹרִי)를 정관사를 가진 분사(הַיֹּשֵׁב)가 '한정적 용법(수식적 용법)'으로 수식하고 하고 있다. 주어인 '아모리 족속'(הָאֱמֹרִי)은 인종 표시 접미사'(ִי)가 접미되어 '종족'을 나타낸다. 즉 '아모리 족속'이다. 그리고 정관사를 가진 지시대명사(הַהוּא)가 '한정적 용법(수식적 용법)'으로 관사를 가진 명사(בָּהָר)를 수식하고 있다. 이 명사는 앞에 '위치'의 전치사 בְּ를 가짐으로 '그 산지 안에'라고 표현된다. 그리고 전치사 לְ를 가진 '부정사 절대형'(לִקְרַאתְכֶם)은 '결과'(그 결과 ~ 한) or '목적'(~ 하기 위하여)을 나타내는 전치사구이다. 여기서는 '목적'으로 사용됨. 그리고 계속법2에서, כַּאֲשֶׁר는 전치사 כְּ가 관계불변화사 אֲשֶׁר와 결합되어 명사절을 유도하며, '비교의 כְּ'를 표현하므로 ' ~ 와 같은(same as)'의 의미이다. 그리고 계속법2에서 동사(תַּעֲשֶׂינָה)의 시상이 '미완료형'인데, 여기서는 '습관적 반복적 동작'을 나타낸다. 즉 벌떼는 조직적으로 질서있게 동일한 행동을 하는 곤충이므로, 아모리 족속도 그러한 벌떼같이 늘 이스라엘 백성들을 습관적으로 반복적으로 괴롭게 한다는 의미.

### ③ 잠언적인 속담

예) 잠 15:20. 직역: 지혜로운 아들은 아비를 즐겁게 한다. 그러나 사람의 어리석은 자는 어미를 업신여긴다.

| אִמּוֹ | בּוֹזֶה | אָדָם | וּכְסִיל | אָב | יְשַׂמַּח־ | חָכָם | בֵּן |
|---|---|---|---|---|---|---|---|
| NFS.MZS | VQPA | NMS | C.NMSG | NMS | VPIMZS | AMS | NMS |
| 어미를 | 업신여기는 | 자는 | 미련한 | 아비를 | 즐겁게 | 지혜로운 | 아들 |

**해설**

본문은 2개의 단문(simple sentence)으로 병렬된 '중문'(compound sentence) 형태의 문이다. 즉「단문1(בֵּן חָכָם יְשַׂמַּח־אָב) + 단문2(וּכְסִיל אָדָם בּוֹזֶה אִמּוֹ)」이다. 그

리고 단문1과 단문2 사이에 등위접속사 ו는 문맥상 '대귀법'(an antithesis)를 유도하여 'but'의 의미로 사용되었다. 그리고 단문1에서 형용사(חָכָם; 지혜로운)가 '수식적 용법'을 나타내므로 앞의 명사(בֵּן; 아들)를 수식하고 있다. 그리고 동사(־יְשַׂמַּח)의 시상이 '미완료형'이므로, '반복적 습관적' 행동을 나타낸다. 즉 지혜로운 아들은 아비를 언제나 습관적으로 유쾌하게 한다는 의미이다. 그리고 단문2는 서술동사가 없음으로 분사(בּוֹזֶה)가 술어 역할하는 '명사문장'이다. 그리고 연계관계에 있는 명사구(כְּסִיל אָדָם)가 단문2의 주어가 된다. 여기서 '연계형 명사'(כְּסִיל; 어리석은 자)와 '절대형 명사'(אָדָם; 사람) 사이에는 '동격적 속격'의 의미가 있다. 즉 '어리석은 자 사람' 로 표현된다. 그리고 '그의 어머니'(אִמּוֹ)는 분사(בּוֹזֶה)의 목적어로 사용되었다.

### (4) 가능성의 미완료 시상

미완료 동사는 가능성(potential)으로 사용되어 '할 수 있는 or 될 수 있는 능력'(ability)을 나타낸다. 그러나 「부정사 + יָכֹל」의 표현보다 약하다.

예) 신 1:12. 직역: 어떻게 내가 너희의 괴로움과 너희의 무거운 짐과 너희의 논쟁을 나 홀로 감당할 수 있겠느냐?

| וְרִיבְכֶם | וּמַשַּׂאֲכֶם | טָרְחֲכֶם | לְבַדִּי | אֶשָּׂא | אֵיכָה |
|---|---|---|---|---|---|
| C.NMS.MYP | C.NMS.MYP | NMS.MYP | P.NMS.CXS | VQICXS | ABT |
| 다툼을 | 무거운 짐과 | 괴로운 것과 | 나 홀로 능히 | 당담할 | 어찌 |

**해설** 본문은 의문부사(אֵיכָה how)에 의한 '의문문' 형식으로 영어로 3형식문을 나타낸다. 즉 「의문사(אֵיכָה) + 동사(אֶשָּׂא) + 부사구(לְבַדִּי) + 목적어1(טָרְחֲכֶם) + 목적어2(אֲכֶם וּמַשַּׂ) + 목적어3(וְרִיבְכֶם)」이다. 부사구(לְבַדִּי)는 복합전치사(לְ + בַּד)에 1인칭 대명사 접미사(י◌)가 결합되어 '나 홀로, 나 외에'라는 의미로 표현된다. 그리고 주동사(אֶשָּׂא)의 시상이 '미완료형'으로 '가능성(potential)의 미완료 시상' 즉 '할 수 있는 능력'(ability)을 나타낸다. 즉 '감당할 수 있다'의 의미를 나타낸다.

### (5) 허용적 미완료 시상

미완료 동사는 '허용적'(permission)인 것을 표현하는데 사용되어 'may'의 의미로 번역된다. 주어로 하여금 동사의 행위를 행할 수 있도록 허용한다.

예) 창 2:16. 직역: 그리고 여호와 하나님이 그 사람에게 명령하여 말하기를, "너는 그 동산의 나무의 모든 것으로부터 반드시 먹어야 한다.

וַיְצַו יְהוָה אֱלֹהִים עַל־הָאָדָם לֵאמֹר מִכֹּל עֵץ־הַגָּן אָכֹל תֹּאכֵל

| VQIMYS | VQNA | D.NMS | NMSG | P.NMSG | P.VQNG | D.NMS | P | NMP | NE | CW.VPIMZS |
|---|---|---|---|---|---|---|---|---|---|---|
| 네가 먹되 | 임의로 | 동산 | 나무의 | 각종실과 | 가라사대 | 그 사람 | 에게 | 하나님이 | 여호와 | 명하여 |

**해설** 본문은 '와우 미완료 계속법'(Waw Imperfect Consecutive; 완료 시상)의 문이며, 동시에 '직접화법'을 나타낸다. 즉 「전달동사(וַיְצַו) + 발언자(יְהוָה אֱלֹהִים) + 듣는 이(עַל־הָאָדָם) + 피전달부(인용부; מִכֹּל עֵץ־הַגָּן אָכֹל תֹּאכֵל)」이다. 여기서 전치사구 לֵאמֹר(לְ + '부정사 연계형')가 직접화법을 유도한다. 그리고 피전달부에서, 부정사 절대형(אָכֹל)은 동일한 어근을 가진 미완료형 동사(תֹּאכֵל) 앞에서 '부사'의 역할을 하며 '확실성, 강경성'을 강조한다. 해석은 "반드시, 꼭~"이다. 여기서 동사의 시상이 '미완료형'인데 즉 '여호와 하나님이 그 사람(הָאָדָם)으로 하여금 그 동산의 나무의 모든 것으로부터 반드시 먹도록 허락한 것임을 나타내는 '허용적 미완료 시상'을 표현하고 있다. 그리고 '연계 관계'에 있는 전치사구(מִכֹּל עֵץ־הַגָּן)의 해석은 '그 동산의 나무의 모든 것으로부터'이다.

### (6) 소원의 미완료 시상

동사의 미완료형은 주어의 소원이나 의도를 드러내기도 한다. 즉 주어의 '원함'(a wish)을 표현한다. 이것은 일반적으로 '원하다, 소망하다. 바라다'를 사용하여 영어로 번역된다.

예) 창 24:58. 직역: 그리고 그들이(아브라함의 종과 종자들) 리브가에 말했다 그리고 그들이 그녀에게, 너는 이 사람과 함께 갈 것이냐?라고 말했다 그리고 그녀는 내가 갈 것입니다라고 말했다.

וַיִּקְרְאוּ לְרִבְקָה וַיֹּאמְרוּ אֵלֶיהָ הֲתֵלְכִי עִם־הָאִישׁ הַזֶּה וַתֹּאמֶר אֵלֵךְ

| VQICXS | CW.VQIFZS | D.ADMS | D.NMS | P | T.VQIFYS | P.FZS | CW.VQIMZP | P.NE | CW.VQIMZP |
|---|---|---|---|---|---|---|---|---|---|
| 가겠나이다 | 대답하되 | 이 | 사람과 | 함께 | 가려느냐? | 그에게 | 이르되 | 리브가를 | 불러 |

**해설** 본문은 3개의 '와우 미완료 계속법'(Waw Imperfect Consecutive; 완료 시상)으로 연결되어 있는 문이며, 2개의 간접화법 형식을 보여준다. 즉 「계속법1(וַיִּקְרְאוּ לְרִבְקָה) + 계속법2[전달동사(וַיֹּאמְרוּ) + 듣는 이(אֵלֶיהָ) + 피전달부(הֲתֵלְכִי עִם־הָאִישׁ הַזֶּה)

+ 계속법3[ 전달동사(תֹּאמֶר) + 피전달부(אֵלֵךְ) ] 」이다. 계속법2에서, 간접화법의 구조를 이루고 있다. 전치사구(אֵלֶיהָ)는 '간접목적어'를 나타낸다. 즉 '그녀에게'로 표현된다. 피전달부는 문두의 의문부호(הֲ; question mark)에 의해 의문문을 나타낸다. 그리고 동사(הֲתֵלְכִי)의 시상이 미완료형인데, 주어의 '소원이나 의도'를 드러내고 있다. 즉 '함께 가기를 원하고 있느냐?'라는 의미를 나타낸다. 그리고 한정 지시대명사(הַזֶּה)가 역시 한정 명사(הָאִישׁ)를 수식하는 '한정적 용법'을 나타낸다. 그리고 계속법3 역시 간접화법의 구조를 보이고 있다. 피전달부에서 동사(אֵלֵךְ)가 「내적주어 –동사」의 구조로 완전한 문장을 보여준다.

### (7) 의무의 미완료 시상

미완료 동사는 화자로 하여금 어떤 일이 실행되어야 함(또는 실행되어서는 안된다는 것)을 나타내기도 한다. 즉 '의무'(obligative)에 사용되어 'ought to'의 의미로 표현된다.

예) 창 20:9. 직역: 너는 나와 나의 왕국 위에 큰 죄를 가져오게 하였다. 그들이 행하지 말아야 할 행위를 너는 나와 함께 행하였다.

הֲבֵאתָ עָלַי וְעַל־מַמְלַכְתִּי חֲטָאָה גְדֹלָה מַעֲשִׂים אֲשֶׁר לֹא־יֵעָשׂוּ עָשִׂיתָ עִמָּדִי

P.CXS VQAMYS VNIMZP ABN R NMP AFS NFS NFS.CXS C.P P.CXS C.VHAMYS

내게 행하였 합당치 않은 일을 큰 죄게 내나라 로 나와 빠질

**해설**

본문은 주절 2개와 종속절이 1개인 '혼합문'(compound-complex sentence)이다. 즉「주절1(הֲבֵאתָ עָלַי וְעַל־מַמְלַכְתִּי חֲטָאָה גְדֹלָה) + 주절2의 종속절(לֹא־יֵעָשׂוּ אֲשֶׁר) + 주절2(מַעֲשִׂים - עָשִׂיתָ עִמָּדִי) 」이다. 주절1에서 전치사 עַל은 '방위'(on, over, above, beside)를 나타내는 전치사이므로, '내 위에, 나의 왕국 우에'로 표현된다. 그리고 주동사( )의 목적어는 '큰 죄'(חֲטָאָה גְדֹלָה)가 되며, 여기서 형용사(גְדֹלָה)는 명사(חֲטָאָה)를 수식하는 '수식적 용법'을 나타낸다. 주절2의 종속절은 관계대명사 אֲשֶׁר가 이끄는 형용사절(מַעֲשִׂים אֲשֶׁר לֹא־יֵעָשׂוּ)을 나타낸다. 그리고 '행위'(מַעֲשִׂים)는 관계사 אֲשֶׁר의 선행사를 나타내며, 주절2의 주동사(עָשִׂיתָ)의 목적어를 나타낸다. 형용사절의 동사(יֵעָשׂוּ)의 시상은 '미완료형'인데, 문맥상으로 '의무'(obligative)의 의미로 사용되어 '해야 한다'(ought to)로 표현된다. 그리고 주절1과 주절2사이에 등위접속사 וְ가 생략된 것이 그랄왕 아비멜렉의 급하고 격정적인 상태를 표현하고 있다.

### (8) 강한 명령의 미완료 시상

미완료 동사는 '강한 명령'(a strong command)을 표현하는데 사용되어, 'must', 'shall', 'are to'( ~ 해야 한다, 꼭 한다, ~ 할 것이다)등으로 표현된다. 이것은 동사의 주어가 동사의 행위를 하도록 요구하거나 명령하는 것을 표현한다.

또한 부정 부사 לֹא를 사용하여, 동사의 주어가 동사의 행위를 행하지 못하도록 요구하거나 명령하는 것을 표현한다( 할 수 없을 것이다, ~ 하지 않을 것이다. 안 할 것이다). 금지적 미완료는 비록 그것이 아주 강한 금지이기는 하나 어떤 요구일 수 있다. 십계명(출 20:3-5, 7, 10, 13-17)의 대부분을 포함한다.

예) 레 18:4. 직역: 너희는 나의 법령과 나의 규정을 행해야 한다. 그것들(법령과 규정) 안에서 걷는 것을 지켜야 한다. 나는 너희 하나님 여호와(이다).

אֶת־מִשְׁפָּטַי תַּעֲשׂוּ וְאֶת־חֻקֹּתַי תִּשְׁמְרוּ לָלֶכֶת בָּהֶם אֲנִי יְהוָה אֱלֹהֵיכֶם

| NMP.MYP | NE | NPCXS | P.MZP | P.VQNG | VQIMYP | NFP.CXS | C.O | VQIMYP | NMP.CXS O |
|---|---|---|---|---|---|---|---|---|---|
| 너희의 하나님 | 여호와 | 나는 | 그대로 | 행하라 | 지켜 | 나의 규례를 | | 좇으며 | 나의 법도를 |

**해설**

본문은 3개의 단문이 병렬되어 있는 중문(compound sentence)이다. 즉 「단문1(אֶת־מִשְׁפָּטַי תַּעֲשׂוּ וְאֶת־חֻקֹּתַי) + 단문2(תִּשְׁמְרוּ לָלֶכֶת בָּהֶם) + 단문3(אֱלֹהֵיכֶם אֲנִי יְהוָה)」이다. 그리고 단문3은 동사가 없는 '명사문장'이다. 단문1에서 히브리어 동사(תַּעֲשׂוּ)의 위치가 2개의 목적어사이에 위치하여 여호와의 법령과 규정 안에서 지켜야 함을 강조하는데, 이는 단문2에서 '그것들 안에서'(בָּהֶם)라는 표현과 동일한 의미를 강조하고 있다. 즉 하나님의 법령과 규례를 지킨다는 것은 그것들 안에서(말씀 안에서) 삶을 사는 것을 말한다. 단문2에서 전치사 לְ와 결합된 '부정사 연계형'(לָלֶכֶת)은 동사(תִּשְׁמְרוּ)의 목적어를 나타낸다. 따라서 부정사 연계형은 '명사'로 사용된 경우다. 그리고 단문3은 서술동사가 없는 2형식의 문으로, '나는 (is) 너희 하나님'의 구조이다. 그리고 '너희 하나님'과 '여호와'는 동격을 나타낸다. 그리고 단문1,2에서 동사들(תִּשְׁמְרוּ תַּעֲשׂוּ)의 시상은 '미완료형'이므로 문맥상, 본문이 하나님의 백성들이 반드시 지켜야 할 여호와의 법(명령)이므로 '강한 명령'을 나타내는 '미완료 시상'이다.

### (9) 미래의 사실조건 미완료 시상

미완료 동사는 미래의 사실 조건(real conditions)을 표현하는데 사용된다. 실제적 조건문의 전제절에 해당된다(만약 ~ 이라면). 또한 미완료 시상은 조건적 완료처럼 성취되지 않은 소망들을 표현하기 위해 '소원, 간청' 구문에 사용되는 불변화사 לוּ( ~ 라면 좋으련만 would that, 내가 ~ 바라다 I wish, 아마 perhaps)가 함께 사용된다.

예) 욥 9:20. 직역: 만일 내가 의롭다면 나의 입이 나로 하여금 범죄하게 할 것이다. (만일) 내가 완전하다면 그것이(나의 입이) 나로 하여금 굽어지게 할 것이다.

| וַיַּעְקְשֵׁנִי | אָנִי | תָּם־ | יַרְשִׁיעֵנִי | פִּי | אֶצְדָּק | אִם־ |
|---|---|---|---|---|---|---|
| C.VHIMZS.CXS | NPCXS | AMS | VHIMZS.CXS | NMS.CXS | VQICXS | Q |
| 패괴함을 증거 | 내가 | 순전할 | 정죄하리니 | 내 입이 | 내가 의로울지라도 | 가령 |

해설

본문은 2개의 조건문 형식으로 구성되어 있는 문이다. 즉 「조건문1[종속절(조건절; אִם־אֶצְדָּק) + 주절(귀결절; פִּי יַרְשִׁיעֵנִי)] + 조건문2[ 조건절(תָּם־אָנִי) + 귀결절(וַיַּעְקְשֵׁנִי) ] 」이다. 조건문1에서, 조건절의 동사(אֶצְדָּק)의 시상이 '미완료형'인데, 미래의 사실 조건을 나타낸다. 귀결절의 동사(יַרְשִׁיעֵנִי)의 시상은 '미완료형'으로 '단순한 미래'를 표현한다. 그리고 조건문2에서, 조건절(전제절)을 표현하는' 조건 접속사' אִם־가 문맥상 생략된 구조이다. 즉 '(만일) 내가 완전하다면'로 표현해야 하고, 그리고 귀결절(주절)에서 접속사 וְ가 특히 조건문의 귀결절(apodosis)을 유도하는 접속사로 사용된 경우이다. 따라서 조건절(תָּם־אָנִי ; 만일 내가 완전하다면), 귀결절(וַיַּעְקְשֵׁנִי; 그것이(나의 입이) 나를 굽어지게 할 것이다)로 표현된다. 귀결절(וַיַּעְקְשֵׁנִי)의 주어는 앞의 '나의 입'(פִּי)이 되며, 미완료 시상이므로 '단순한 미래'를 표현한다.

### (10) 목적 불변사와 결합되는 미완료 동사

미완료 동사들은 목적을 나타내는 불변사 or 접속사와 함께 자주 사용되어 '목표나 목적'을 나타낸다. 또한 미완료 동사는 목적을 나타내기 위해 단순 와우와 함께 사용되기도 한다.

*** 목적을 나타내는 불변사 및 접속사**

לְמַעַן ~ 하기 위하여; לְמַעַן אֲשֶׁר ~ 하기 위하여; בַּעֲבוּר ~ 하기 위하여;
לְבִלְתִּי ~ 하지 않기 위하여; פֶּן ~ 하지 않도록;
가끔 אֲשֶׁר ~ 하기 위하여

예) 창 3:3. 직역: 하나님이 말씀하셨다 (그 동산의 가운데 있는 그 나무의 열매르부터: 본문 생략) 너희는 그것으로부터 먹지 말 것이다 그리고 너희는 그것에 만지ㅈ 말 것이다 너희가 죽지 않도록.

| תְּמֻתוּן | פֶּן־ | בּוֹ | תִגְּעוּ | וְלֹא | מִמֶּנּוּ | תֹאכְלוּ | לֹא | אֱלֹהִים | אָמַר |
|---|---|---|---|---|---|---|---|---|---|
| VQIMYP | C | P.MZS | VQIMYP | C.ABN | P.MZS | VQIMYP | ABN | NMP | VQAMZS |
| 죽을까 | | 그것을 | 만지지도 | 말고 | | 먹지도 | 말고 | 하나님의 | 말씀에 |

**해설** 본문은 '간접화법' 형식을 보여주는 문이다. 즉 「전달부[전달동사(אָמַר) + 발언자(אֱלֹהִים) + 듣는 이(생략) + 피전달부(לֹא תֹאכְלוּ מִמֶּנּוּ וְלֹא תִגְּעוּ בּוֹ פֶּן־תְּמֻתוּן)」이다. 피전달부는 종속절(목적절; פֶּן־תְּמֻתוּן)과 주절1(귀결절; לֹא תֹאכְלוּ מִמֶּנּוּ)과 주절2(וְלֹא תִגְּעוּ בּוֹ)의 구조인 '혼합문'(compound-complex sentence)으로 되어 있다. 즉 주절이 2개, 부정의 '목적'을 나타내는 종속절(부사절)이 1개인 혼합문이다. 그리고 부정부사(לֹא)와 미완료 동사(תֹאכְלוּ)가 함께 사용되어 '금지의 명령'을 나타낸다. 즉 '먹지 말라' or '먹지 못할 것이다'로 표현된다. לֹא תִגְּעוּ역시 동일한 '금지의 명령'을 나타낸다. 그리고 전치사구인 מִמֶּנּוּ(그것으로부터)에서 전치사 מִן은 '부분의 מִן'( ~ 의 일부, ~ 의 )으로, 즉 전치사 מִן이 부분을 나타내는 말(partitive)로 사용되어, some의 뜻으로 표현된다. 여기서 전치사의 목적어인 '그것은' '그 동산의 가운데 있는 그 나무의 열매'를 나타낸다. 따라서 מִמֶּנּוּ란 '~ 그 나무의 일부분'을 의미한다. 그리고 '목적'을 나타내는 부사절을 유도하는 불변사 פֶּן־와 미완료 동사(תְּמֻתוּן)가 함께 사용된 경우이다.

### 3) 와우 계속법(Waw Consecutive)

와우(바브) 계속법이란 '시제의 연속' 혹은 '결과'를 표현하는 동사의 기법이다. 즉 일련의 사건을 여러 개의 동사로써 나열하여 기술할 때, 첫 번째 사건의 상태를 바로 표현하는 시상의 동사형을 기술하고 연속되는 다음 사건은 접속사 וְ와 함께 처음과 다른 시상을 기술하여 사건을 계속하는 접속사 와우(바브; וְ)의 표현법이다.

즉 '과거의 사건'을 기술할 때에는 처음에만 '완료형'(perfect)을 사용하고, 계속되는 나머지 사건들은 와우(바브) 접속사 וְ와 함께 '미완료형'(imperfect)을 사용한다. 그리고 '미래의 사건'을 기술할 때에는 처음에만 '미완료형'(imperfect)을 사용하고, 계속되는 나머지 사건들은 와우(바브) 접속사 וְ와 함께 '완료형'(perfect)을 사용하는 동사의 기법이다.

### (1) 미완료 와우 계속법(Waw Imperfect Consecutive)

*** 과거의 사건(완료된 행위) 기술**

a. 구조: 첫 번째 사건(동사의 완료형) + ( •וַ ) 2번째 사건 (동사의 미완료형) + ~
 또한, הָיָה의 와우 미완료 계속법: יְהִי(미완료 יִהְיֶה의 단축형) + •וַ
 = וַיְהִי(and it came to pass, 그리고 그 일이 발생하였다)

b. 두 번째 미완료형 동사부터는 첫 번째 완료형 동사와 시상과 법에 있어 일치한다.

c. 미완료 계속법은 accent가 앞쪽으로 이동한다.
 예) יָשַׁב (to dwell) 〉 וַיֵּשֶׁב (and he dwells); אָמַר 〉 וַיֹּאמֶר

d. 와우( •וַ )와 미완료 동사 사이에 다른 단어가 개입되면, '와우 계속법'은 깨진다. 이런 경우에는 이 미완료 동사는 완료형이 되어야 한다.

e. 미완료 와우 계속법이 설화법(narrative)으로 사용될 경우에,
 - 계사 '와우'의 의미가 자주 소실된다. 예) 욘 1:1(한 책의 초두에 사용)
 - 시간표시 수식어구나 명사문이 선행할 수 있다. 예) 사 6:1.
 - 다시 말해서, וַיְהִי(and it came to pass ~; 완료 동작 )와 וְהָיָה(it will come to pass ~; 미완료 동작)가 관용적으로 70인역(LXX)에서 시간 표현과 함께 사용된다. καὶ ἐγένετο 와 ἐγένετο δέ로 번역되며, 신약성경(마태복음, 마가복음, 누가복음, 사도행전)에서는 논리적으로 ἐγένετο의 주어가 되는 절이나 부정사를 인도하는데 사용된다. 와 는 그 실제의 미를 상실하므로 번역에 있어서 생략할 수 있다.

여기서 ἐγένετο는 절이나 부정사를 주어로 취하며, ἐγένετο 다음에 보통 '시간의 절이나 구'가 나오며, 묘사되어야 할 사건은 직설법과 함께 kai;를 사용하거나, kai;없이 직설법을 사용하거나, 부정사를 사용하여 표현된다.
 예) 욘 1:1, 사 6:1, 룻 1:1, 창 4:4; 눅 5:1, 막 1:9, 막 2:23.

예) 창 7:16-17. 직역: 그리고 들어간 것들 (곧) 육의 모든 것으로부터 수컷과 암컷이 하나님이 그에게 명령하신 바 대로 들어갔다. 그리고 여호와께서 그까지 안에 넣고 닫았다. 그리고 대홍수가 사십일 까지 그 땅위에 있었다. 그리고 그 물이 증가하였다. 그리고 물들이 그 방주를 들어 올렸다. 그리고 그 방주가 그 땅위로 솟아 올랐다.

וְהַבָּאִים זָכָר וּנְקֵבָה מִכָּל־בָּשָׂר בָּאוּ כַּאֲשֶׁר צִוָּה אֹתוֹ אֱלֹהִים

| NMP | O.MZS | VPAMZS | P.R | VQACZP | NMS | P.NMSG | C.NFS | NMS | C.D.VQPAMP |
|---|---|---|---|---|---|---|---|---|---|
| 하나님이 | 그에게 | 명하신 | 대로 | 들어가매 | | 모든 것의 | 암 | 수라 | 들어간 것은 |

וַיִּסְגֹּר יְהוָה בַּעֲדוֹ וַיְהִי הַמַּבּוּל אַרְבָּעִים יוֹם עַל־הָאָרֶץ

| D.NFS | P | NMS | ANCP | D.NMS | CW.VQIMZS | P.NMS | NE | CW.VQIMZS |
|---|---|---|---|---|---|---|---|---|
| 땅에 | | 일을 | 사십 | 홍수가 | 있었는지라 | 그를 | 여호와 | 닫아 넣으시 |

וַיִּרְבּוּ הַמַּיִם וַיִּשְׂאוּ אֶת־הַתֵּבָה וַתָּרָם מֵעַל הָאָרֶץ

| D.NFS | P.P | CW.VQIFZS | D.NFS | O | CW.VQIMZP | D.NMP | CW.VQIMZP |
|---|---|---|---|---|---|---|---|
| 땅 | 에서 | 떠서 | 방주가 | | 올랐고 | 물이 | 창일하며 |

**해설** 본문은 전형적인 '미완료 와우 계속법'(Waw Imperfect Consecutive; 과거 사건)으로 6개의 과거의 사건들이 연속적으로 나열되어 있는 문장 형식이다. 즉 「과거의 첫 사건(완료형; וְהַבָּאִים זָכָר וּנְקֵבָה מִכָּל־בָּשָׂר בָּאוּ כַּאֲשֶׁר־צִוָּה אֹתוֹ אֱלֹהִים) + 둘째 사건(와우 미완료형: וַיִּסְגֹּר יְהוָה בַּעֲדוֹ) + 셋째 사건(와우 미완료형: וַיְהִי הַמַּבּוּל אַרְבָּעִים יוֹם עַל־הָאָרֶץ) + 넷째사건(와우 미완료형: וַיִּרְבּוּ הַמַּיִם) + 다섯째 사건(와우 미완료형: וַיִּשְׂאוּ אֶת־הַתֵּבָה) + 여섯째 사건(와우 미완료형; וַתָּרָם מֵעַל הָאָרֶץ)」이다. 본문이 '와우 계속법'(Waw Consecutive)이므로 두 번째 사건이후부터는 처음사건과 시상과 법이 일치해야한다. 따라서 '직설법과 미완료 시상'으로 일치하고 있다. 처음 사건에서 주동사(WaB;)의 주어는 관사가 있는 분사(הַבָּאִים)가 명사적 용법으로 사용되어 '그 들어간 것들'이다. 그리고 '암컷과 수컷'(זָכָר וּנְקֵבָה)이 명사적인 분사와 동격을 나타낸다. 그리고 셋째 사건에서 '사십 일'(אַרְבָּעִים יוֹם)은 '시간 지속의 대격'을 나타내므로 '40일 동안(까지)'으로 부사적으로 표현된다.

## (2) 완료 와우 계속법(Waw Perfect Consecutive)

*** 미래의 사건(미완료된 행위) 기술**

a. 구조: 첫 번째 사건(동사의 미완료형) + ( וְ ) 2번째 사건 (동사의 완료형) + ~

b. 두 번째 완료형 동사부터는 첫 번째 미완료형 동사와 시상과 법에 있어 일치한다.

c. 완료 계속법은 accent가 마지막 끝음절로 이동한다.

예) קָטַל (to kill) 〉 וְקָטַלְתִּי (and I will kill)

d. 와우(וְ)와 완료 동사 사이에 다른 단어가 개입되면, '와우 계속법'은 깨진다. 이런 경우에는 이 완료 동사는 미완료형이 되어야 한다.
e. 완료 와우 계속법 앞에 현재 의미의 부정사나 분사가 올 수 있다.
예) 삼상 10:8, 출 21:12.
f. 완료 와우 계속법 앞에 '명령법'(2인칭 일반 명령법, 강세 명령, 간접 명령법)이 올 수 있다.
예) 창 1:14(간접 명령법)

예) 잠 16:29. 직역: 포악의(or 포악한) 사람은 그의 친구(동료)를 속일 것이다 그리고 그는 그를(친구) 선하지 않은 길 안에 걸어가게 할 것이다.

| לֹא־טוֹב | בְּדֶרֶךְ | וְהוֹלִיכוֹ | רֵעֵהוּ | יְפַתֶּה | חָמָס | אִישׁ |
|---|---|---|---|---|---|---|
| AMS ABN | P.NMS | CW.VHAMZS.MZS | NMS.MZS | VPIMZS | NMS | NMSG |
| 선한 불 | 길로 | 인도하느니라 | 그 이웃을 | 꾀어 | 강포한 | 사람은 |

**해설**

본문은 전형적인 '완료 와우 계속법'(Waw Perfect Consecutive; 미래 사건)으로 2개의 미래의 사건들이 연속적으로 나열되어 있는 문장 형식이다. 즉「미래의 첫 사건(미완료형; אִישׁ חָמָס יְפַתֶּה רֵעֵהוּ) + 둘째 사건(와우 완료형: וְהוֹלִיכוֹ בְּדֶרֶךְ לֹא־טוֹב)」이다. 미래의 첫 사건에서, '포악한 사람'(אִישׁ חָמָס)은 명사의 연계 관계에 있는 명사구로서 동사(יְפַתֶּה)의 주어가 되며, 여기서 연계형 명사(אִישׁ)는 '속성의 속격'(genitive of quality)으로 사용되어 '포악한 사람'을 나타낸다.

### (3) 와우 계사법(Waw Copulative)

'와우 계사법'은 단순한 와우(וְ; simple waw)가 단순히 동일한 시간 영역에 있는 두 개의 동사 사이에 개입되어 있는 형태이다.

예) 시 78:15. 직역: 그가 그 광야에서 반석들을 쪼개어 가르실 것이다. 그리고 그는 마치 대단히 깊은 곳과 같이 물을 쭉 들이키게 하실 것이다.

| רַבָּה | כִּתְהֹמוֹת | וַיַּשְׁקְ | בַּמִּדְבָּר | צֻרִים | יְבַקַּע |
|---|---|---|---|---|---|
| AB | P.NFP | C.VHIMZS | P.D.NMS | NMP | VPIMZS |
| 대단히 | 깊은수원에서 | 물을 마시게 | 광야에서 | 반석을 | 쪼개시고 |

해설

본문은 2개의 단순 와우(ו ; 등위 접속사)에 의해 병렬되어 '중문'(compound sentence)이다. 즉 둘째 절에서 동사(וַיִּשַּׁק; 미완료)에 결합된 '와우'의 형태는 '와우 미완료 계속법'으로 보이나, 시상에서 첫 번째 동사(יְבַקַּע; 미완료)와 일치하지 못하므로 '와우 미완료 계속법'(완료 동작)으로 볼 수 없고, 단순한 '와우'(ו )에 의한 '와우 계사법'(미완료 동작)을 나타낸다.

### (4) 와우 계속법과 와우 계사법의 구분

와우 계속법은 전적으로 법(Mood)과 시상(Tense)이 선행 동사와 일치한다. 그러나 와우 계사법에서는 단순한 와우(simple waw)가 단순히 동일한 시간 영역에 있는 두 개의 동사 사이에 개입되어 있을 뿐이다. '완료형 와우 계속법'은 1,2인칭 단수에서만 강세(accent)에 의해 '완료형 와우 계사법'과 구별된다. 즉 accent의 위치가 틀리다.

예) 완료 와우 계속법: וְקָטַלְתִּ֫י and I will kill
완료 와우 계사법: וְקָטַלְתִּ֫י and I killed

## 5. 동사의 법(Mood)

### 1) 부정사(Infinitive)

부정사는 모음이 긴 형태인 '절대형'(absolute)과 모음이 짧은 '연계형'(construct)의 두 형태로 표현된다. 부정사 절대현과 연계형은 행동의 주체나 대상, 시상(tense), 법(mood) 등과 같은 행동의 환경과 관계없이 행동 자체(or 상태)만을 명명하는 독립 명사 또는 동사적 명사(verbal substantives)라고 할 수 있다. 이것이 명사나 분사와 다른 점은 인칭(人稱)·성(性)·수(數)·시상(aspect)·행동(actions)의 발생 여부와 무관하며 추상적인 성격을 갖는 것이다.

동사의 7개 어간이 모두 부정사를 가지고 있으며 대부분은 부정사 절대형과 연계형을 함께 가지고 있으나 수동형 푸알(Pual)과 호팔(Hophal)은 절대형만 가지고 있다.

| 부정사 | 단순형(Simple) | | | 강의형(Intensive) | | | 사역형 (Casautive) | |
|---|---|---|---|---|---|---|---|---|
| | 칼 | | 니팔 니팔 | 피엘 | 푸알 | 히트 파엘 | 히필 | 호팔 |
| | Fientive | stative | | | | | | |
| 절대형 | קָטוֹל | כָּבוֹד | נִקְטֹל<br>הִקָּטֵל | קַטֵּל<br>קַטֹּל | קֻטֹּל | הִתְקַטֵּל | הַקְטֵל | הָקְטֵל |
| 연계형 | קְטֹל | כְּבַד | הִקָּטֵל | קַטֵּל | | הִתְקַטֵּל | הַקְטִיל | |

## (1) 부정사 절대형(Infinitive Absolute)

'부정사 절대형'은 크게 부사적, 동사적, 명사적으로 사용되며, 이 모든 경우에 있어서 한정 동사의 다른 요소와 관계없이 추상적인 동사 관념을 강조한다. 그리고 부정사 절대형은 대명사 접미사들을 취하지 않으며 이것은 아주 드물게 전치사적 접두사들을 취하기도 한다. 다음은 용법이다.

### ① 문의 주어(subject)

부정사 절대형은 시가서(poetry)에서 문의 주어가 된다.

예) 잠 28:21. 직역: (사람의) 얼굴을 주목보게 하는 것은 좋지 못하고 용사가 떡의 조각 때문에 범죄한다.

הַכֵּר־פָּנִים לֹא־טוֹב וְעַל־פַּת־לֶחֶם יִפְשַׁע־גָּבֶר

NMS VQIMZS NMS NFSG C.P AMS ABN NMP VHNA

사람이 범법하는 떡을 한 조각 인하여 좋지 못하고 낯을 보아주는 것

**해설**

본문은 2개의 단문(simple sentsence)으로 병렬된 중문(compound sentence)이다. 즉 「단문1(הַכֵּר־פָּנִים לֹא־טוֹב) + 단문2(וְעַל־פַּת־לֶחֶם יִפְשַׁע־גָּבֶר)」이다. 단문1은 영어로 2형식의 정동사가 없는 명사문장이다. 여기서 '부정사 절대형'(הַכֵּר)이 명사문의 '주어'가 된다. 특히 잠언은 시가(poetry)이므로 부정사 절대형이 문의 주어가 경우이다. 또한 주어이므로 '명사적'으로 사용되었다. 즉 '주도하게 하는 것'(히필 어간)으로 번역된다. 그리고 '얼굴'(פָּנִים)은 '확장의 복수'(extensive plural)를 나타내며 '부정사 절

대형'의 목적어로 사용되었다. 단문2는 영어로 1형식 문이다. 즉 「부사구(עַל־פַּת־לֶחֶם) + 동사(יִפְשַׁע) + 주어(גָּבֶר)」이다. 부사구(עַל־פַּת־לֶחֶם)에서 전치사 עַל־은 문맥상 '이유'(causal)를 나타내어 'because of'의 의미로 표현된다.

### ② 문의 목적어(object)

부정사 절대형은 시가서(poetry)에서 동사의 목적어(대격)가 된다.

예) 욥 9:18. 직역: 그가 나에게 나의 영이 돌아가게 하는 것을 허락하지 않게 하실 것이다. 왜냐하면 그가 나에게 쓴맛(재앙)을 채우실 것이기 때문이다.

| מַמְּרֹרִים | יַשְׂבִּעַנִי | כִּי | רוּחִי | הָשֵׁב | יִתְּנֵנִי | לֹא־ |
|---|---|---|---|---|---|---|
| NMP | VHIMZS.CXS | C | NFS.CXS | VHNA | VQIMZS.CXS | ABN |
| 괴로움으로 | 채우시는구나 | | 숨을 | 쉬지 | 나로 하시며 | 못하게 |

해설

본문은 주절과 종속절로 이루어진 '복문'(complex sentence)이다. 즉 「주절(רוּחִי הָשֵׁב לֹא־יִתְּנֵנִי) + 종속절(이유; כִּי יַשְׂבִּעַנִי מַמְּרֹרִים)」이다. 주절에서 부정사 절대형(הָשֵׁב : שׁוּב의 히필어간 '돌아가게 하다')이 문자에서 목적어 역할을 한다. 특히 욥기서는 시가서(poetry)이므로 주동사(־יִתְּנֵנִי)의 목적어 기능을 한다. 그리고 '나의 영'(רוּחִי)은 부정사 절대형의 의미상의 주어의 기능을 한다. 그리고 종속절에서 כִּי는 '이유'(causal)를 나타내는 접속사이다. 따라서 '나의 영을 돌아가게 하지 못하게 하는' 이유가 바로 그가 나에게 쓴맛(재앙)을 채우시기 때문이다.

### ③ 전치사의 목적어

부정사 절대형이 전치사의 목적어로 사용된 경우이다. 이것은 아주 드물고 논란이 많은 경우이다.

예) 삼상 1:9. 직역: 그리고 한나가 일어났다 그녀가 후에 실로에서 먹었고 그리고 마신 후에, or "그리고 한나가 실로에서 먹고 난 후에 그리고 마신 후에 일어났다."

| שָׁתֹה | וְאַחֲרֵי | בְשִׁלֹה | אָכְלָה | אַחֲרֵי | חַנָּה | וַתָּקָם |
|---|---|---|---|---|---|---|
| VQNA | C.P | P.NE | VQAFZS | P | NE | CW.VQIFZS |
| 마신 | 후에 | 실로에서 | 먹고 | (후에) | 한나가 | 일어나니 |

**해설** 본문은 '와우 미완료 계속법'(Waw Imperfect Consecutive; 완료 시상)을 나타내는 문이다. 여기서 첫째 전치사 אַחֲרֵי(behind, after)는 접속사로 사용되어 '시간 부사절'(אַחֲרֵי אָכְלָה בְשִׁלֹה)을 이끈다. 여기서 주절은 תָּקָם חַנָּה(한나가 일어났다)가 된다. 두 번째 전치사 אַחֲרֵי(behind, after)는 전치사로 사용되어 '부정사 절대형'(שָׁתֹה; 마시는 것)을 목적어로 취하고 있다. 즉 '마신 후에'이다. 이 때 '부정사 절대형'(שָׁתֹה; 마시는 것)이 명사적 기능으로 전치사(אַחֲרֵי)의 목적어로 사용된 경우이다.

### ④ 강조 용법

부정사 절대형이 동일 어근의 정동사를 강조하기 위하여 일반적으로 정동사 앞과 뒤에 위치하여 동사를 강조해 주는 부사적 역할을 한다. 또한 부정사 절대형이 명령법과 함께 사용될 때는 항상 명령 동사 뒤에 위치한다. 그리고 부정어 לֹא가 올 경우에는 부정어가 부정사 절대형과 정동사 가운데 위치한다. 이 때, 일반적인 어순은 「부정사 절대형 + לֹא + 정동사」이다(삿 1:28). 때로는 「לֹא + 부정사 절대형 + 정동사」의 순서로 올 경우가 있다(창 3:4).

a. 부정사 절대형의 정동사 앞 위치

'확실성' 및 '강경성'을 강조('반드시, 꼭')

예) 창 18:10. 직역: 그리고 그가, 내가 반드시 너에게로 돌아 올 것이다 곧 그 살아 있는 시간에 그리고 보라! 너의 아내, 사라에게 아들이 (있을 것임을!)라고 말했다.

וַיֹּאמֶר שׁוֹב אָשׁוּב אֵלֶיךָ כָּעֵת חַיָּה וְהִנֵּה־בֵן לְשָׂרָה אִשְׁתֶּךָ

NFS.MYS P.NE NMS C.Q AFS P.D.NFS P.MYS VQICXS VQNA CW.VQIMZS

네 아내 사라에게 아들이 기한이 이를 때에 네게로 돌아오리라 정녕 가라사대

**해설** 본문은 '와우 미완료 계속법'(Waw Imperfect Consecutive; 완료 시상)을 나타내는 문이다. 그리고 간접화법을 나타내는 형태이다. 즉 「전달동사(וַיֹּאמֶר) + 피전달부＜단문1(שׁוֹב אָשׁוּב אֵלֶיךָ כָּעֵת חַיָּה) + 단문2(וְהִנֵּה־בֵן לְשָׂרָה אִשְׁתֶּךָ)＞」이다. 단문1은 영어로 1형식문이며, 여기에서 부정사 절대형(שׁוֹב)이 주동사(אָשׁוּב)와 '동일 어근(어간)'(שׁוּב; 돌아오다) 형태로 정동사 앞에 위치하여 '부사적'으로 '반드시, 꼭'의 의미로 표현된다. 그리고 전치사구 '곧 살아 있는 그 시간에'(כָּעֵת חַיָּה)에서 전치사 כְּ는 '정확한 시점'(exact point of time)을 표현하여 'as soon as', 'at the very time'으로 번역된다. 즉

'하나님의 작정된 정확한 시간'을 말한다. 그리고 단문2는 정동사가 없는 '명사문장'이며, 역시 영어로 1형식문이다. 즉「주어(아들; בֵן) + 정동사(생략) + 부사구(לְשָׂרָה אִשְׁתֶּךָ)」이다. 여기서 '사라'(לְשָׂרָה)와 '너의 아내'(אִשְׁתֶּךָ)는 동격이다.

### b. 부정사 절대형의 동사 뒤 위치

부정사 절대형이 정동사 특히 명령형이나 분사 뒤에서 의미의 강조나 행동의 오랜 계속을 표현한다.

예) 사 6:9. 직역: 그리고 너는 이 백성에게, 너희들이 계속해서 들을 것이다. 그러나 깨닫지 못할 것이다. 그리고 계속해서 볼 것이다. 그러나 알지 못할 것이다라고 갈하라.

| תָּבִינוּ | וְאַל־ | שָׁמוֹעַ | שִׁמְעוּ | הַזֶּה | לָעָם | וְאָמַרְתָּ | לֵךְ | וַיֹּאמֶר |
|---|---|---|---|---|---|---|---|---|
| VQIMYP | C.ABN | VQNA | VQMMYP | D.ADMS | P.D.NMS | C.VQAMYS | VQMMYS | CW.VQIMZS |
| 깨닫지 | 못하리라 | 듣기는 | 들어도 | 이 | 백성이 | 이르기를 | 가서 | 가라사대 |

| תֵּדָעוּ | וְאַל־ | רָאוֹ | וּרְאוּ |
|---|---|---|---|
| VQIMYP | C.ABN | VQNA | C.VQMMYP |
| 알지 | 못하리라 | 보기는 | 보아도 |

**해설**

본문은 '와우 미완료 계속법'(Waw Imperfect Consecutive; 완료 시상)을 나타내며, '간접화법'을 나타낸다. 즉「전달동사(וַיֹּאמֶר) + 피전달부1[ 단문1<명령문; לֵךְ> + 단문2< 전달동사(וְאָמַרְתָּ) + 듣는이(לָעָם הַזֶּה) + 피전달부2( שִׁמְעוּ שָׁמוֹעַ וְאַל־תָּבִינוּ + וּרְאוּ רָאוֹ וְאַל־תֵּדָעוּ ) > ]」이다. 피전달부1은 2개의 단문으로 되어 있으며, 단문2 역시 간접화법을 보여주고 있다. 단문2의 피전달부는 4개의 단문으로 병렬된 중문(compound sentence)이다. 즉「단문a(שִׁמְעוּ שָׁמוֹעַ) + 단문b(וְאַל־תָּבִינוּ) + 단문c(וּרְאוּ רָאוֹ) + 단문d(וְאַל־תֵּדָעוּ)」이다. 단문a와 단문b사이에 접속사 וְ는 '대귀법'(an antithesis)을 유도하여 'but'(그러나)의 의미로 사용된다. 그리고 단문c와 단문d사이의 접속사 וְ도 '대귀법'(an antithesis)을 유도하여 'but'(그러나)의 의미로 사용된다. 단문a에서 '부정사 절대형'(שָׁמוֹעַ)은 동일한 어근을 가진 동사(שִׁמְעוּ) 뒤에서 특히 '명령 동사' 뒤에서 의미의 강조나 행동의 오랜 계속(계속성)을 표현한다. 역시 단문c에서 '부정사 절대형'(רָאוֹ)은 동일한 어근을 가진 동사(רְאוּ) 뒤에서 특히 '명령 동사' 뒤에서 의미의 강조나 행동의 오랜 계속(계속성)을 표현한다. 이것 둘 다 해석은 부사적으로 "주의 깊게, 계속해서"이다.

### ⑤ 방법의 부사

부정사 절대형은 동사의 동작을 나타내는 방법이나 형태로 표현된다. 이는 '방법'(manner)의 '부사적 대격'(adverbial accusative)과 비슷하다.

예) 삼상 17:16. 직역: 그리고 그 블레셋족속이 아침 저녁으로 접근하였다. 그리고 그는 사십일 동안 자기 자신을 나타내었다.

וַיִּגַּשׁ הַפְּלִשְׁתִּי הַשְׁכֵּם וְהַעֲרֵב וַיִּתְיַצֵּב אַרְבָּעִים יוֹם

| NMS | ANCP | CW.VTIMZS | C.VHNA | VHNA | D.AGe | CW.VQIMZS |
|---|---|---|---|---|---|---|
| 일을 | 사십 | 몸을 나타내어 | 석으로 | 조 | 블레셋사람 | 나와서 |

**해설**

본문은 2개의 '와우 미완료 계속법'(Waw Imperfect Consecutive; 완료 시상)으로 나열된 문이다. 즉 「계속법1(וַיִּגַּשׁ הַפְּלִשְׁתִּי הַשְׁכֵּם וְהַעֲרֵב) + 계속법2(אַרְבָּעִים יוֹם וַיִּתְיַצֵּב)」이다. 계속법1에서 주동사(יִגַּשׁ)의 주어는 הַפְּלִשְׁתִּי이다. 즉 '블레셋 족속'으로 표현된다. 이는 이스라엘의 남쪽 지중해 연안의 지역인 블레셋의 이름에 접미사 ִי가 첨가되어 그 지역의 사람(종족)을 나타낸다. 그리고 2개의 '부정사 절대형'(הַשְׁכֵּם וְהַעֲרֵב)이 주동사(יִגַּשׁ)의 동작(접근하다)의 방법(형태)를 나타내는 '부사적 대격'으로 사용된 경우이다. 즉 '아침으로' '저녁으로'이다. 그리고 계속법2에서 '사십일'(אַרְבָּעִים יוֹם)은 '시간 지속의 대격'으로 사용되어 동사(יִתְיַצֵּב)의 동작(나타냄)이 일어나는 시간의 길이를 나타낸다. 즉 '40일 동안' 부사적 표현이다.

### ⑥ 정동사의 대용어

부정사 절대형은 '정동사'(finite verb)의 대용어로 사용된다. 특히 '미완료 동사'의 대용어로, 또는 '완료 동사'의 대용어로 사용된다.

예) 민 15:35. 직역: 그리고 여호와께서 모세에게, 그 사람은 반드시 죽을 것이다 그를 그 진영에서 밖으로 회중의 모든 자들이 그 돌로 던져 죽일 것이다라고 말씀하셨다.

וַיֹּאמֶר יְהוָה אֶל־מֹשֶׁה מוֹת יוּמַת הָאִישׁ רָגוֹם אֹתוֹ בָאֲבָנִים

| P.D.NFD | O.MZS | VQNA | D.NMS | VQIMZS | VQNA | NE | ? | NE | CW.VQIMZS |
|---|---|---|---|---|---|---|---|---|---|
| 돌로 | 그를 | 칠찌니라 | 그 사람을 | 죽일찌니 | 반드시 | 모세 | 에게 | 여호와 | 이르시되 |

כָּל־הָעֵדָה מִחוּץ לַמַּחֲנֶה

P.D.NMS　P.NMS　D.NFS　NMSG

진　밖에서　회중이　온

**해설** 본문은 '와우 미완료 계속법'(Waw Imperfect Consecutive; 완료 시상)을 나타낸다. 그리고 본문은 간접화법 형태를 보여준다. 즉 「전달동사(יֹּאמֶר) + 발언자(יְהוָה) + 듣는이(מֹשֶׁה) + 피전달부< 단문1(מוֹת יוּמַת הָאִישׁ) + 단문2(רָגוֹם אֹתוֹ בָאֲבָנִים כָּל־הָעֵדָה מִחוּץ לַמַּחֲנֶה) >」이다. 그리고 피전달부의 단문1은 영어로 1형식문이며, '부정사 절대형'(מוֹת)이 동일어간의 동사(יוּמַת)를 부사적으로 수식하며 강조하는 경우이다(반드시, 꼭). 그리고 단문2는 영어로 3형식문이다. 여기서 부정사 절대형'(רָגוֹם; 돌로 쳐서 죽이다)은 '정동사의 대용어'로 사용된 경우이다. 따라서 정동사(부정사 절대형)의 목적어는 '한정 대격'(אֹתוֹ)을 나타내며, 주어는 '회중의 모든 자들'(כָּל־הָעֵדָה)이다. 나머지는 모두 전치사구(부사구)를 나타낸다. 그리고 전치사구(לַמַּחֲנֶה; 그 진영에서)에서 전치사 לְ는 '방향'(directive)을 나타낸다. 즉 '진영에서 바깥쪽으로'이다.

### ⑦ 명령법의 대용어

부정사 절대형은 명령형 동사의 기능으로 사용된다. 즉 '2인칭의 명령'을 나타낸다.

예) 출 20:8. 직역: 그 안식의 날을 거룩케 하기 위하여 그 안식일을 (너는) 기억하라

זָכוֹר אֶת־ יוֹם הַשַּׁבָּת לְקַדְּשׁוֹ

P.VPNG.MZS　D.NFS　NMS　O　VQNA

거룩히 지키라　안식　일을　기억하여

**해설** 본문은 영어로 3형식문의 명령법의 형식을 나타낸다. 여기서 '부정사 절대형'(זָכוֹר)이 명령형 동사의 기능으로 사용된다. 즉 십계명의 한 계명으로서 '명령'형을 나타내며 2인칭의 명령이 사용된다. 즉 '너는 기억하라'이다. 그리고 부정사 절대형의 목적어는 '그 안식의 날을'(יוֹם הַשַּׁבָּת)이며, 여기서 한정된 즉 관사를 가진 형용사(הַשַּׁבָּת)가 한정 대격 불변사와 결합된 명사(יוֹם)를 나타낸다. 그리고 부정사 절대형은 목적어를 취할 때, 대명사 접미사를 취하지 못하고 한정 대격 불변사(אֶת־)를 사용해야 한다. 연계형은 대명사 접미사를 취하나 절대형은 독립적으로 사용되므로 대명사 접미사를 취하지 못한다. 그리고 '날을'(אֶת־יוֹם)에서 명사(יוֹם ; 날)이 비한정이지만, 한정 대격 불변사(אֶת)는 관사가 없는 비한정 대격에도 결합되기도 한다. 그리고 전치사구(לְקַדְּשׁוֹ)에서 '부정사 연

계형'(קַדְּשׁוֹ')이 전치사 לְ의 목적어로 사용되어 '명사적 용법'의 기능을 나타내고 있으며 목적어( וֹ; 3인칭 대명사 접미사)를 가지고 있으므로 '동사적 용법'으로도 사용되었다. 즉 '그것을(= 그 안식의 날을) 거룩케 하기 위하여'이다.

### ⑧ 간접 명령법의 대용어

부정사 절대형은 '간접 명령법'(Jussive) 동사로 기능할 수 있다. 즉 3인칭의 '간접 명령'에 사용된다.

예) 잠 17:12. 직역: 미련한 자가 그의 어리석음 안에 (있는 것이) 아니라 사람에게 새끼를 빼앗긴 곰을 만나게 되기를 원한다.

| בְּאִוַּלְתּוֹ | כְּסִיל | וְאַל־ | בְּאִישׁ | שַׁכּוּל | דֹּב | פָּגוֹשׁ |
|---|---|---|---|---|---|---|
| P.NFS.MZS | NMS | C.ABN | P.NMS | AMS | NMS | VQNA |
| 미련한일을 | 미련한자 | 말 것이라 | | 새끼 빼앗긴 | 암콤을 | 만날찌언정 |

해설

본문은 접속사 וְ에 의해 '대귀법'(an antithesis) 형식의 문을 나타낸다. 즉 접속사 וְ는 'but'(그러나)의 의미로 사용된다. 그리고 '부정사 절대형'(פָּגוֹשׁ)이 문맥에 의해서 3인칭 간접 명령법(Jussive)을 나타내며 정동사의 기능으로 사용되었다. 즉 '(그가) ~ 하기를 원한다 or (그것이) ~ 있을 지어다'이다. 그리고 부정사 절대형의 목적어는 '곰'(דֹּב)이며, 형용사(שַׁכּוּל)는 '곰'을 수식하되 정관사(הַ)없이 수식하는 '한정적 용법'을 나타낸다. 대귀법을 나타내는 접속사 וְ가 이끄는 절은 정동사가 없는 명사문장'이며, 이 문의 주어는 '미련한 자'(כְּסִיל)가 된다.

## (2) 부정사 연계형(Infinitive Construct)

'부정사 연계형'은 명사로 사용되므로, 자신이 문의 주격, 소유격, 목적격으로 사용되는 점에서 부정사 절대형의 명사적 용법과 동일하다. 또한 부정사 연계형은 명사의 기능을 하므로 전치사에게 지배되어 전치사구나 부사구가 되기도 하며, 관사와 접미사도 취할 수 있다. 또한 부정사 연계형은 동사의 기능을 가지고 있으므로 소유격(주어)과 목적격을 지배할 수 있다. 이 때 소유격은 의미상의 주어가 되기도 하는데, 문맥에 의해 소유격인지 목적격인지를 구별해야 한다. 다음은 용법이다.

### ① 문의 주어

부정사 연계형은 명사의 기능을 가지므로, 문장의 주어(subject)가 된다. 그리고 가끔「전치사 לְ + 부정사 연계형」이 문의 주어가 되기도 한다(수 24:15).

예) 창 2:18. 직역: 그리고 여호와 하나님께서, 그 사람이(아담이) 그 홀로 존재하는 것이 좋지 못하다 내가 그에게 그와 동등한 돕는 자를 만들 것이다라고 말씀하셨다.

וַיֹּאמֶר יְהוָה אֱלֹהִים לֹא־ טוֹב הֱיוֹת הָאָדָם לְבַדּוֹ אֶעֱשֶׂה־ לּוֹ עֵזֶר כְּנֶגְדּוֹ

P.P.MZS NMS P.MZS VQICXS P.NMS.MZS D.NMS VQNG AMS ABN NMP NE CW.VQIMZS

베필을 돕는 그를위하여 지으리라 독 사람의 처 좋지 못하니 하나님이 여호와 가라사대

**해설** 본문은 '와우 미완료 계속법'(Waw Imperfect Consecutive; 완료 시상)을 나타내며, 간접 화법 형태를 보여 주는 문이다. 즉「전달동사(יֹּאמֶר) + 발언자(יְהוָה אֱלֹהִים) + 피전달부< 단문1(לֹא־טוֹב הֱיוֹת הָאָדָם לְבַדּוֹ) + 단문2(אֶעֱשֶׂה־לּוֹ עֵזֶר כְּנֶגְדּוֹ)」이다. 피전달부의 단문1은 정동사가 없고 형용사(טוֹב)가 서술어 역할을 하는 명사문이며(영어로 2형식), 부정사 연계형(הֱיוֹת; '존재하는 것')이 명사문의 '주어' 역할을 하고 있다. 그리고 '그 사람'(הָאָדָם)은 부정사 연계형의 주어가 되므로, 문맥적으로 '소유격'(속격)이 된다. 그리고 전치사구(לְבַדּוֹ)는 부사구로서 '그 홀로(스스로)'로 표현된다. 단문2는 영어로 4형식문이다. 즉「주어·동사(אֶעֱשֶׂה־) + 간접 목적어(여격; לּוֹ) + 직접 목적어(עֵזֶר) + 전치사구(כְּנֶגְדּוֹ)」이다. 그리고 전치사구(כְּנֶגְדּוֹ)는 관용적으로 '그와 동등한'의 의미로 번역된다. 즉 전치사 כְּ 는 '비교'하는데 사용되어 'the same as', 'such ~ as'등의 의미로 사용되며, 전치사 נֶגֶד는 '정면에, 상대자, 앞에 있는'의 의미를 가지므로, 전치사구(כְּנֶגְדּוֹ)는 '그와 동등한'의 의미를 가진다.

### ② 문의 목적어

부정사 연계형은 동사의 목적어(object)가 되기도 한다(왕상 3:7). 그리고「전치사 לְ + 부정사 연계형」이 문의 목적어가 되기도 하며,「한정 대격 불변사 אֵת + 부정사 연계형」ㄷ이 문의 목적어가 되기도 한다.

a.「לְ + 부정사 연계형」

예) 창 20:6. 직역: 그리고 나또한 나에게 범죄함으로부터 너를 억제하였다 이와 같은 이유 로 내가 너를 그녀에게 접근하는 것을 허락하지 않았다.

וָאֶחְשֹׂךְ גַּם־ אָנֹכִי אוֹתְךָ מֵחֲטוֹ־ לִי עַל־כֵּן לֹא־ נְתַתִּיךָ לִנְגֹּעַ אֵלֶיהָ

P.FZS P.VQNG VQACXS.MYS ABN AB P P.CXS P.VQNG O.MYS NPCXS AB CW.VQICXS

여인에게 가까이 함이 못하게 이 내게 범죄하지 너를 나 도 막아

**해설**

본문은 '와우 미완료 계속법'(Waw Imperfect Consecutive; 완료 시상)을 나타내며 2개의 단문으로 이루어진 문이다. 즉 「단문1(וָאֶחְשֹׂךְ גַּם־אָנֹכִי אוֹתְךָ מֵחֲטוֹ־לִי) + 단문2(לֹא־נְתַתִּיךָ לִנְגֹּעַ אֵלֶיהָ)」이다. 단문1은 영어로 3형식 문이다. 여기에서 부정사 연계형(חֲטוֹ)이 명사의 기능을 나타내므로 전치사 מֵ의 목적어로 사용되었다. 즉 '범죄하는 것으로부터'로 표현된다. 단문2 역시 3형식문이며, עַל־כֵּן에서 전치사 עַל은 '이유'(causal)의 의미로 사용되어 'because of'로 표현된다. 따라서 '이와 같은 이유로'로 번역된다. 그리고 전치사 לְ가 결합된 부정사 연계형(לִנְגֹּעַ: 접근하는 것)이 동사(נְתַתִּיךָ)의 목적어로 사용된 경우이다. 여기서 '부정사 연계형'(לִנְגֹּעַ)이 전치사의 목적어로 사용된 것은 명사의 기능을 하기 때문이다.

b. 「אֵת + 부정사 연계형」

예) 사 37:28. 직역: 그리고 너의 거하는 것과 너의 나오는 것과 너의 들어가는 것과 나를 반대하여 너의 격노하는 것을 내가 알았다.

וְשִׁבְתְּךָ וְצֵאתְךָ וּבוֹאֲךָ יָדָעְתִּי וְאֵת הִתְרַגֶּזְךָ אֵלָי

P.CXS VTNG.MYS C.O VQACXS C.VQNG.MYS C.VQNG.MYS C.VQNG.MYS

나를 거스려 분노함을 내가 아노라 입과 네 출 네 거처와

**해설**

본문은 목적어(대격)가 4개인 단문(simple sentence)인 영어로 3형식의 문이다. 그리고 주동사(יָדָעְתִּי; '내가 알았다')의 목적어가 모두 '부정사 연계형'으로 사용되었다. 즉 אֵת הִתְרַגֶּזְךָ(너의 격노하는 것), בוֹאֲךָ(너의 들어가는 것), צֵאתְךָ(너의 나오는 것), שִׁבְתְּךָ(너의 거하는 것)등이다. 여기서 각 부정사 연계형이 명사의 기능을 함으로 '대명사 접미사'(2인칭)가 소유격(속격)으로 결합되었다. 그리고 특별히 הִתְרַגֶּזְךָ(너의 격노하는 것)는 '한정 대격 불변사' אֵת가 결합되어 동사의 목적어로 사용된 경우이다. 이것은 뒤에 한정수식어 אֵלָי가 위치하였기 때문이다. 전치사구(אֵלָי)에서 전치사 אֵל은 '반대'나 '불이익'을 나타내어 'against'의 의미를 표현한다. 따라서 '나를 반대하여 너의 격노

함'이란 앗수르왕인 산헤립의 행위를 말하는데, 즉 랍사게를 보내어 예루살렘 거민들에게 메시지를 전한 것(사 36:13-20)과 라기스에서 히스기야에게 글을 보낸 것(사 37:10)을 포함한다.

c. 동사의 목적어

예) 왕상 3:7. 직역: 당신이(하나님) 나의 아비 다윗 대신에 당신의 종을 왕이 되게 하셨습니다. 그리고 작은 아이인 나는 나오는 것과 들어가는 것을 알지 못합니다.

אַתָּה הִמְלַכְתָּ אֶת־עַבְדְּךָ תַּחַת דָּוִד אָבִי וְאָנֹכִי נַעַר קָטֹן לֹא אֵדַע צֵאת וָבֹא

C.VQNG VQNG VQICXS ABN AMS NMS C.NPCXS NMS.CXS NE P NMS.MYS O VHAMYS NPMYS

입 출 알지 못하고 작은 아이라 종은 종의 아비 다윗 종으로 왕이 되게 주께서

해설

본문은 2개의 단문으로 구성된 중문(compound sentence)이다. 즉 「단문1(אָבִי ~ אַתָּה) + 단문2(וָבֹא: ~ וְאָנֹכִי)」이다. 단문1은 영어로 3형식문이다. 즉 「주어(אַתָּה; 주어 강조) + 동사(הִמְלַכְתָּ) + 목적어(אֶת־עַבְדְּךָ; 한정 대격) + 부사구(תַּחַת דָּוִד אָבִי)」이다. 부사구에서 '나의 아비'(אָבִי)와 다윗(דָּוִד)은 동격을 나타낸다. 즉 '설명적동격'(explicative apposition)을 나타낸다. 단문2은 영어로 3형식을 나타낸다. 즉 「주어 < (אָנֹכִי) = 동격(נַעַר קָטֹן; 작은 아이) > + 동사(אֵדַע) + 부정 부사(לֹא) + 목적어(וָבֹא צֵאת)」이다. 주어로서 인칭대명사(אָנֹכִי)와 '작은 아이'(נַעַר קָטֹן)는 동격 관계에 있으며, 목적어는 명사의 기능을 하는 '부정사 연계형'(צֵאת וָבֹא; 나오는 것과 들어가는 것을)으로 동사(אֵדַע)의 목적어(대격)으로 사용된 경우이다.

### ③ 설명의 부정사 연계형

부정사 연계형이 '기준'(norm)을 뜻하는 전치사 לְ와 결합하여 동사 뒤에 위치하여 그 선행동사의 동작을 한정하거나 설명하는 역할을 한다. 이 부정사 연계형은 동명사(gerund)와 같이 사용되며, 'by ~ ing'( ~하는 것으로)로 번역된다. 그리고 자주 사용되는 לֵאמֹר( < לֶאֱמֹר)은 직접화법(direct narrative)을 유도하는데 사용되어, 'saying'( < by saying)으로 번역된다.

예) 삼상 14:33. 직역: 그리고 그들이 사울에게 알리고, "보라 그 백성이 그 피를 동반하여 먹는 것으로 여호와께 범죄하였다"라고 말하였다.

וַיַּגִּידוּ לְשָׁאוּל לֵאמֹר הִנֵּה הָעָם חֹטְאִים לַיהוָה לֶאֱכֹל עַל־הַדָּם

D.NMS P P.VQNG P.NE VQPAMP D.NMS J P.VQNG P.NE C.W.VHIMZP

피 채 먹어 여호와께 범죄하였 백성이 보소서 가로되 사울에게 고하여

**해설** 본문은 '와우 미완료 계속법'(Waw Imperfect Consecutive; 완료 시상)을 나타내며, 직접화법을 나타내는 문이다. 즉 「전달동사(לֵאמֹר - יַּגִּידוּ ) + 듣는 이(לְשָׁאוּל) + 피전달부(הִנֵּה הָעָם חֹטְאִים לַיהוָה לֶאֱכֹל עַל־ הַדָּם)」이다. 직접화법의 전달부에서 전치사 לְ와 결합된 '부정사 연계형'(לֵאמֹר)은 직접화법의 피전달부를 유도한다. 그리고 피전달부는 정동사가 없는 '명사문'이며, 분사(חֹטְאִים)가 서술어 역할을 하고 있다. 그리고 전치사와 결합된 부정사 연계형(לֶאֱכֹל)이 문맥상 서술어 역할을 하는 분사(חֹטְאִים) 뒤에 위치하여 그 선행동사의 동작(즉, 범죄함)을 한정하거나 설명하는 역할을 한다. 여기서 이 부정사 연계형(לֶאֱכֹל)은 동명사(gerund)와 같이 사용되며, 'by ~ ing'( ~하는 것으로)로 번역된다. 즉 하나님께 범죄하는 동작은 '피를 동반하여 먹는 것으로' 한정되었다. 그리고 전치사구(עַל־הַדָּם)에서 전치사 עַל־은 '동반'(accompaniment)의 의미를 나타낸다. 그리고 분사(חֹטְאִים)가 '능동 분사'이므로 중단되지 않는 계속 동작의 개념을 지니므로 이스라엘 백성의 범죄는 늘 계속적이며 지속적임을 나타낸다.

### ④ 동사의 기능

부정사 연계형은 동사의 기능으로 자신이 목적어를 취할 수 있으며, 또한 주어(or 의미상의 주어)나 목적어를 1개 이상을 동시에 취할 수 있다.

예) 창 2:4. 직역: 그 하늘과 땅의 계보가 이것이다 그것들이 창조되는 시점에 곧 여호와 하나님이 땅과 하늘을 만드신 날에

אֵלֶּה תוֹלְדוֹת הַשָּׁמַיִם וְהָאָרֶץ בְּהִבָּרְאָם בְּיוֹם עֲשׂוֹת יְהוָה אֱלֹהִים אֶרֶץ וְשָׁמָיִם

C.NMD NFS NMP NE VQNG P.NMSG P.VNNG.MZP C.D.NFS C.NMD NFPG APDCP

천 지의 하나님 여호와 창조된 때에 창조하신 지를 천 대략이 이러하니라

**해설** 본문은 영어로 2형식의 문인 단문(simple sentence)이다. 즉 「주격보어(אֵלֶּה) + 주어(תוֹלְדוֹת הַשָּׁמַיִם וְהָאָרֶץ) + 전치사구(בְּהִבָּרְאָם) + 동격 구문(בְּיוֹם עֲשׂוֹת יְהוָה אֱלֹהִים אֶרֶץ וְשָׁמָיִם)」이다. 주어(תוֹלְדוֹת הַשָּׁמַיִם וְהָאָרֶץ)는 명사의 연계 관계 구문이며, 전치사구(בְּהִבָּרְאָם)와 뒤이어 나오는 연계구문은 '동격 관계'를 이룬다. 천지가 창조되는 그 시점(point of time)을 좀 더 구체적으로 설명하는 동격구문이다. 여기서 전치사

בְּ는 부정사 연계형과 함께 사용되어 시점(point of time)을 나타낸다. 그리고 동격 구문에서 '부정사 연계형'(עֲשׂוֹת)이 문맥상 동사의 기능을 나타내므로 주어(יְהוָה אֱלֹהִים)와 목적어(אֶרֶץ וְשָׁמָיִם)를 동시에 취하고 있다.

### ⑤ 목적의 부정사 연계형

부정사 연계형은 원래 방향의 의미를 지닌 전치사 לְ와 결합하여, 행동의 목적(혹은 동기)를 나타낸다. 해석은 ' ~ 하기 위하여'이다. 이런 용법에는 전치사 לְ 외에 접속사(or 전치사) לְמַעַן, בַּעֲבוּר가 올 수 있다.

예) 출 9:16. 직역: 그러나 이것을 위하여 내가 너를 서게하였다. 나의 능력을 너로 하여금 보게 하려고 그리고 땅의 모든 것 안에 나의 이름을 확실히 기록할 목적으로

| כֹּחִי | אֶת־ | הַרְאֹתְךָ | בַּעֲבוּר | הֶעֱמַדְתִּיךָ | זֹאת | בַּעֲבוּר | וְאוּלָם |
|---|---|---|---|---|---|---|---|
| NMS.CXS | O | VHNG.MYS | P.P | VHACXS.MYS | APDFS | P.P | C.AB |
| 나의 능력을 | | 네게 보이고 | | 내가 너를 세워 | | 음은 | 실제로 |

| הָאָרֶץ | בְּכָל־ | שְׁמִי | סַפֵּר | וּלְמַעַן |
|---|---|---|---|---|
| D.NFS | P.NMSG | NMS.CXS | VPNG | C.P |
| 천하에 | 온 | 내 이름이 | 전파되게 | |

**해설** 본문은 1개의 주절과 2개의 목적절(Final Clauses)로 구성된 '복문'(complex sentence)은 나타낸다. 즉「주절(בַּעֲבוּר זֹאת הֶעֱמַדְתִּיךָ) + 종속절1(목적절; בַּעֲבוּר הַרְאֹתְךָ אֶת־כֹּחִי) = 종속절2(목적절; וּלְמַעַן סַפֵּר שְׁמִי בְּכָל־הָאָרֶץ)」이다. 종속절1은 부정사 연계형(הַרְאֹתְךָ)에 목적을 나타내며 목적절을 유도하는 복합전치사(בַּעֲבוּר; ~ 하기 위하여, 할 목적으로)가 결합되어 목적절을 나타낸다. 그리고 부정사 연계형(הַרְאֹתְךָ)이 명사의 기능을 가지므로 '대명사 접미사'(남성 2인칭 단수)를 '간접 목적어'로 취하였다. 그리고 '나의 능력을'(אֶת־כֹּחִי)는 '직접 목적어' 즉 '한정 대격 목적어'를 나타낸다. 즉 소유격이 접미되었으므로 한정이 된 경우이다(כֹּחִי). 그리고 종속절2 역시 부정사 연계형(סַפֵּר)이 목적절을 유도하는 '목적 접속사'(לְמַעַן; ~ 하기 위하여, 할 목적으로)에 의하여 목적절을 나타낸다.

### ⑥ 결과의 부정사 연계형

부정사 연계형은 전치사 לְ와 결합하여, '결과'(consequence or result)를 나타내어, 'thus ~ ing', 'so as to ~ '[따라서(그 결과) ~ 하는]와 같은 의미로 사용된다.

예) 신 4:25. 직역: 너희가 어떤 것의 모양 곧 우상을 만들었고 너희가 너의 하나님 여호와 앞에서 그 악을 행하였다 그 결과(따라서) 그를 격노하게 했다.

עֲשִׂיתֶם פֶּסֶל תְּמוּנַת כֹּל וַעֲשִׂיתֶם הָרַע בְּעֵינֵי יְהוָה־אֱלֹהֶיךָ לְהַכְעִיסוֹ

| P.VHNG.MZS | NMP.MYS | NE | P.NFDG | D.NMS | C.VQAMYP | NMS | NFSG | NMS | C.VQAMYP |
|---|---|---|---|---|---|---|---|---|---|
| 노를 격발하면 | 네 하나님 | 여호와 | 앞에 | 악을 | 행함으로 | 무슨 | 우상 | 형상의 | 조각하여 |

**해설**

본문은 2개의 단문(Ssimple sentence)으로 병렬된 중문(compound sentence)을 나타낸다. 즉 「단문1(עֲשִׂיתֶם פֶּסֶל תְּמוּנַת כֹּל) + 단문2(וַעֲשִׂיתֶם הָרַע בְּעֵינֵי יְהוָה־אֱלֹהֶיךָ לְהַכְעִיסוֹ)」이다. 단문1은 영어로 3형식의 문이다. 주동사(עֲשִׂיתֶם)의 목적어는 '우상'(פֶּסֶל)인데, '어떤 것의 모양'(תְּמוּנַת כֹּל)는 '우상'과 동격 관계에 있다. 여기서 '어떤 것의 모양'이 앞의 '우상'을 설명하는 '속성의 동격'을 나타낸다. 단문2에서 전치사구(לְהַכְעִיסוֹ)는 부정사 연계형(הַכְעִיסוֹ)과 전치사 לְ와 결합하여, '결과'(consequence or result)를 나타내어, 'thus ~ ing', 'so as to ~ ' [따라서(그 결과) ~ 하는]와 같은 의미로 사용되었다. 즉 '그 결과 그를 격노하게 하였다'이다. 여기서 부정사 연계형이 명사의 기능을 가지므로 '대명사 접미사'(3인칭 남성 단수; 여호와)를 취한 경우이다.

### ⑦ 정도의 부정사 연계형

부정사 연계형은 전치사 לְ와 결합하여, '정도'(degree)를 나타내어 'enough to'( ~ 하기에 충분한)의 의미로 표현된다.

예) 신 9:20. 직역: 그리고 여호와께서 아론에게 그를 파괴시킬 만큼 충분하게 매우 격노하셨다 그리고 이 때에 내가 아론을 위하여 기도하였다.

וּבְאַהֲרֹן הִתְאַנַּף יְהוָה מְאֹד לְהַשְׁמִידוֹ וָאֶתְפַּלֵּל גַּם־בְּעַד אַהֲרֹן בָּעֵת הַהִוא

| D.ADFS | P.D.NFS | NE | P | AB | C.VTICXS | P.VHNG.MZS | AB | NE | VTAMZS | C.P.NE |
|---|---|---|---|---|---|---|---|---|---|---|
| 그 | 때에 | 아론을 | 위하여 | | 기도하고 | 멸하려 하셨으므로 | | 여호와께 | 진노하사 | 아론에게 |

**해설** 본문은 2개의 단문으로 병렬된 '중문'(compound sentence)이다. 즉 「단문1(1형식; בְאַהֲרֹן הִתְאַנַּף יְהוָה מְאֹד לְהַשְׁמִידוֹ) + 단문2(1형식; וָאֶתְפַּלֵּל גַּם־בְּעַד אַהֲרֹן בָּעֵת הַהִוא)」이다. 단문1은 영어로 1형식의 문이며, 부정사 연계형과 전치사 לְ와 결합된 형태의 전치사구(לְהַשְׁמִידוֹ)에서 부정사 연계형(הַשְׁמִידוֹ)은 문맥상 '정도'를 나타내므로 '파괴시킬 만큼 충분한'의 의미로 표현된다. 여기서 부정사 연계형이 동사의 기능을 가지므로 '목적어'(대명사 접미사 '남성 3인칭 단수'; וֹ)를 취한 경우이다. 그리고 단문2 역시 영어로 1형식의 문이다.

## 2) 분사(Participle)

분사(participle)는 동사의 명사형 및 형용사형의 어형 변화를 말한다. 따라서 분사는 동사에 명사형의 모음이나 자음을 취한 것으로 명사(형용사)와 동일한 변화 형태를 취하며 동작의 개념을 포함하는 명사나 형용사의 의미를 가진다. 따라서 분사는 명사와 형용사의 중간형이라고 할 수 있는데, 명사, 형용사, 동사의 기능을 가진다고 할 수 있다.

동사의 7개 어간이 모두 분사를 가지고 있으며 특별히 칼(Qal) 어간은 2개의 분사 즉 능동형과 수동형을 가지고 있다.

| 분사 | 단순형(Simple) | | | 강의형(Intensive) | | | 사역형(Casautive) | |
|---|---|---|---|---|---|---|---|---|
| | 칼 | | 니팔 | 피엘 | 푸알 | 히트파엘 | 히필 | 호팔 |
| | Fientive | Stative | | | | | | |
| 능동 Active | קֹטֵל | כָּבֵד | | מְקַטֵּל | | מִתְקַטֵּל | מַקְטִיל | |
| 수동 Passive | קָטוּל | | נִקְטָל | | מְקֻטָּל | | | מָקְטָל |

다음은 분사의 용법이다.

### (1) 계속적 동작(continous action)

분사는 정동사가 없는 절에서 현재나 과거 및 미래의 반복적 또는 계속적 동작(continous

action)을 표현하는 술어로 사용된다. 이와 같은 지속적인 동작 표현에 자주 הָיָה 동사가 분사 앞에 동반할 수 있다.

예) 창 37:16. 직역: 그리고 그가(요셉), 내가 나의 형들을 찾고 있다 당신은 그들이 어디에서 가축을 돌보고 있는 지를 제발 나에게 전달되게 하소서라고 말했다.

וַיֹּאמֶר אֶת־אַחַי אָנֹכִי מְבַקֵּשׁ הַגִּידָה־נָּא לִי אֵיפֹה הֵם רֹעִים

VQPAMP NPMZP AB P.CXS Q VHMMYS(Ch) VPPA NPCXS NMP.CXS O CW.VQIMZS

양치는 곳을 내게 청컨대 가르치소서 찾으오니 내가 형들을 가로되

**해설** 본문은 '와우 미완료 계속법'(Waw Imperfect Consecutive; 완료 시상)을 나타내며, 간접화법을 나타내는 문이다. 즉 「전달동사(וַיֹּאמֶר) + 피전달부< 단문1(אָנֹכִי מְבַקֵּשׁ אֶת־אַחַי) + 단문2(הַגִּידָה־ נָּא לִי אֵיפֹה הֵם רֹעִים) >」이다. 피전달부의 단문1은 정동사 없고 분사(מְבַקֵּשׁ)가 술어 역할을 하는 영어로 2형식의 문이다. 여기서 분사는 현재의 지속적인 동작, 즉 '찾고 있는 동작'이 지속되고 있음을 나타낸다. 그리고 단문2는 동사(הַגִּידָה־)가 2인칭 명령법에 '연장형 어미'(־ָה)와 '간청 어미'(נָּא)가 결합되어 있으므로 '요청'의 의미가 강화된 2인칭 '명령법'(Imperative)을 표현하고 있다. 그리고 단문2는 「주절(הַגִּידָה־נָּא לִי) + 종속절(אֵיפֹה הֵם רֹעִים)」로 구성되어 있는 '복문'(complex sentence)을 나타낸다. 여기서 의문부사(אֵיפֹה; where)는 의문사절(명사절)을 유도하므로 이 의문사절은 주동사(הַגִּידָה־)의 목적어로 사용된 경우이다. 그리고 이 명사절은 정동사가 없는 명사문장이며 분사(רֹעִים)가 술어 역할을 하는 형태이다.

### (2) 명사적 용법

분사는 자주 명사로 사용된다.

예) 창 12:3. 직역: 그리고 내가 너를 축복하는 자들을 축복할 것이다 그리고 너를 가볍게 하는 자를 내가 저주할 것이다 그리고 그 땅의 족속의 모든 자들이 너 안에서 복을 받게 될 것이다.

וַאֲבָרְכָה מְבָרְכֶיךָ וּמְקַלֶּלְךָ אָאֹר וְנִבְרְכוּ בְךָ כֹּל מִשְׁפְּחֹת הָאֲדָמָה

D.NFS NFPG NMSG P.MYS C.VNACZP VQICXS C.VPPA.MYS VPPAMP.MYS C.VPICXS(Ch)

땅의 족속이 모든 너를 복을 얻을 저주하리니 저주하는 자 축복하는 자 복을 내리고

해설

본문은 3개의 단문으로 병렬된 '중문'(compound sentence)을 나타낸다. 즉 「단문1(3형식; אֲבָרְכָה מְבָרְכֶיךָ) + 단문2(3형식; וּמְקַלֶּלְךָ אָאֹר) + 단문3(1형식; וְנִבְרְכוּ בְךָ כֹּל מִשְׁפְּחֹת הָאֲדָמָה)」이다. 단문1에서 분사(מְבָרְכֶיךָ)가 동사(אֲבָרְכָה)의 목적어로 사용된 경우이므로 분사가 '복수 명사'(축복하는 자들)로 사용된 경우이며, 대명사 접미사(2인칭남성단수)를 취하였으므로 '동사'의 기능까지 가지고 있다. 단문2에서 분사(מְקַלֶּלְךָ)가 동사(אָאֹר)의 목적어로 사용된 경우이므로 분사가 '단수 명사'(가볍게 하는 자)로 사용된 경우이며, 대명사 접미사(2인칭남성단수)를 취하였으므로 '동사'의 기능까지 가지고 있다. 그리고 단문3은 수동태 문장이므로 영어로 1형식을 나타난다. 여기서 동사(נִבְרְכוּ)의 시상은 '완료상'이므로 '확실성'(certitude)을 나타내는 '예언적 완료상'(prophetic perfect) 즉 미래에 잘 이루어질 것으로 생각되는 밝은 미래(vivid future)를 나타낸다.

### (3) 한정적(attributive) 용법

분사는 실명사를 수식(한정)하는 형용사로 기능한다. 이 용법은 분사가 수식하는 실명사 뒤에 위치하며 수식명사와 성·수(數)와 한정성(관사를 취함)에 있어서 일치한다.

예) 신 4:24. 직역: 왜냐하면 너의 하나님 여호와는 삼켜버리는 불이시며 그는 질투하는 하나님이시기 때문이다.

| כִּי | יְהוָה | אֱלֹהֶיךָ | אֵשׁ | אֹכְלָה | הוּא | אֵל | קַנָּא |
|---|---|---|---|---|---|---|---|
| C | NE | NMP.MYS | NFS | VQPAFS | NPMZS | NMS | AMS |
| | 여호와 | 네 하나님 | 불이요 | 소멸하는 | 이시니라 | 하나님 | 질투하는 |

해설

본문은 23절에 대한 '이유'의 종속절을 나타낸다. 즉 접속사 'כִּי'는 '이유'(causal)를 나타내어 'because'의 의미로 사용되기 때문이다. 그리고 이 종속절은 2개의 단문으로 병렬된 '중문'(compound sentence)으로 된 문이다. 즉 「단문1(יְהוָה אֱלֹהֶיךָ אֵשׁ אֹכְלָה) + 단문2(הוּא אֵל קַנָּא)」이다. 단문1은 정동사가 없는 2형식문이다. 즉 「주어(אֱלֹהֶיךָ יְהוָה) + 주격보어(אֵשׁ אֹכְלָה)」이다. '주어'에서 '여호와'(יְהוָה)와 '너의 하나님'(אֱלֹהֶיךָ)은 동격이다. '주격보어'에서 분사(אֹכְלָה)가 명사(אֵשׁ)를 수식하며 성(여성)·수(단수)가 일치하는 '한정적 용법'을 나타낸다. 그리고 단문2 역시 영어로 2형식의 문이다. 즉 「주어(הוּא) + 주격보어(אֵל קַנָּא)」이다. 주격보어에서 형용사(קַנָּא) 역시 앞의 분사와 같이 명사(אֵל)를 수식하며 성(남성)·수(단수)가 일치하는 '한정적 용법'을 나타낸다.

### (4) 서술적(predicative) 용법

분사는 실명사에 관해 설명하며 동사처럼 행동하는 서술 형용사로 기능한다. 이 경우 술어 분사는 주어와 같은 성(性)과 수(數)에 있어서 일치하지만 관사는 갖지 않는다.

예) 삿 1:24. 직역: 그리고 그 지키고 있는 자들이 그 성읍으로부터 나오는 한 사람을 보았다.

| מִן־הָעִיר | | יוֹצֵא | אִישׁ | הַשֹּׁמְרִים | וַיִּרְאוּ |
|---|---|---|---|---|---|
| D.NFS | P | VQPA | NMS | D.VQPAMP | CW.VQIMZP |
| 그 성읍에서 | | 나오는 | 사람을 | 탐정이 | 보고 |

**해설** 본문은 '와우 미완료 계속법'(Waw Imperfect Consecutive; 완료 시상)을 나타내는 문이며 영어로 5형식문이다. 즉 「주동사(יִּרְאוּ) + 주어(הַשֹּׁמְרִים) + 목적어(אִישׁ) + 목적보어(יוֹצֵא) + 부사구(מִן־הָעִיר)」이다. 여기서 주동사(יִּרְאוּ)의 주어는 관사를 가진 분사(הַשֹּׁמְרִים)이다. 이 분사는 '명사'의 기능을 가지므로 관사를 취하여 '그 지키고 있는 자들'로 번역된다. 그리고 목적보어(יוֹצֵא)는 목적어(אִישׁ)를 설명하고 있는 '서술적 용법'을 나타내며, 性(남성)과 數(단수)에 있어 일치하고 있다. 전치사구(מִן־הָעִיר)는 앞의 분사를 수식하고 있으므로 '부사구'를 나타낸다.

### (5) 허용적(admissive) 용법

분사는 무언가 되어야만 하는 것 또는 무언가가 되어도 좋다고 허용된 것을 나타낼 수 있다. 대개 '니팔'(Niphal) 어간형 분사와 '푸알'(Pual) 어간형 분사가 사용된다. 이러한 분사는 한정 형용사 또는 서술 형용사로 행동한다.

예) 시 47:3. 직역: 왜냐하면 가장 높으신 자 곧 여호와는 (마땅히) 두려움을 받아야 하며 그 땅의 모든 것 위에 (존재하는) 큰 왕이시기 때문이다.

| הָאָרֶץ | כָּל־ | עַל־ | גָּדוֹל | מֶלֶךְ | נוֹרָ | עֶלְיוֹן | יְהוָה | כִּי־ |
|---|---|---|---|---|---|---|---|---|
| D.NFS | NMSG | P | AMS | NMS | NPP | NMS | NE | C |
| 땅 | 온 | 에 | 큰 | 임군이 | 엄위하시고 | 지존하신 | 여호와는 | |

**해설**

본문은 2절에 대한 '이유'의 종속절을 나타낸다. 즉 접속사 כִּי는 '이유'(causal)를 나타내어 'because'의 의미로 사용되기 때문이다. 그리고 이 종속절은 2개의 서술어(주격보어)를 가진 단문(simple sentence)으로 된 문이다. 즉 「주어(יְהוָה עֶלְיוֹן) + 서술어1(נוֹרָא) + 서술어2(מֶלֶךְ גָּדוֹל) + 부사구(עַל־כָּל־הָאָרֶץ)」이다. 본문은 정동사가 없고 분사(נוֹרָא)와 명사(מֶלֶךְ)가 서술어 역할을 하는 2형식문이다. 주어에서 '여호와'(יְהוָה)와 '가장 높으신 자'(עֶלְיוֹן)는 동격 관계에 있다. 즉 '속성의 동격'을 나타낸다. 그리고 서술어1인 분사(נוֹרָא)는 '주격보어'이나 특히 '허용적 용법'을 나타내는데, 즉 가장 높으신 분인 여호와는 '땅위에 있는 모든 것들로부터 당연히 두려움을 받아야 하기 때문이다.' 서술어2인 '명사'(מֶלֶךְ)는 한정적 용법을 나타내는 형용사(גָּדוֹל)에 의해 한정되고 있다. 그리고 전치사구(עַל־כָּל־הָאָרֶץ)는 서술어1과 2를 함께 수식하는 '부사구'로 사용된 경우이다.

### (6) 관계절 유도

분사는 관사를 가지고 관계절(a relative clause)을 유도한다.

예) 창 12:7. 직역: 그리고 그가(여호와), 내가 너의 씨(자손)에게 이 땅을 줄 것이다라고 말했다. 그리고 그가(아브람) 그에게 나타나신 바 여호와를 위하여 그곳에서 제단을 지었다.

וַיֹּאמֶר לְזַרְעֲךָ אֶתֵּן אֶת־הָאָרֶץ הַזֹּאת וַיִּבֶן שָׁם מִזְבֵּחַ לַיהוָה הַנִּרְאֶה אֵלָיו

P.MZS D.VNPP P.NE NMS AB CW.VQIMZS D.ADFS D.NFS O VQICXS P.NMS.MYS CW.VQIMZS

자기에게 나타나신 여호와를 단을 그 곳 쌓고 이 땅을 주리라 네 자손에게 가라사대

**해설**

본문은 2개의 '와우 미완료 계속법'(Waw Imperfect Consecutive; 완료 시상)으로 나열된 문이다. 첫 번째 계속법은 '간접화법'을 보여주는 문이다. 즉 「전달동사 및 발언자(וַיֹּאמֶר) + 듣는 이(לְזַרְעֲךָ) + 피전달부(אֶתֵּן אֶת־הָאָרֶץ הַזֹּאת)」이다. 두 번째 계속법에서, 분사(הַנִּרְאֶה)가 관사를 가지고 앞에 위치한 명사(יְהוָה; 여호와)를 선행사로 하는 '관계절'(즉 형용사절)을 유도한다. 즉 'YHWH who had appeared to him'의 의미로 표현된다.

### (7) 임박한 동작 표현

분사는 곧 일어날 행동을 나타낼 수 있다. 즉 '임박한 동작'(imminent action)을 선포하는

데 이 때 대개 '불변사' הִנֵּה가 선행한다.

예) 창 6:17. 직역: 나를 보라! 내가 그 안에 생명의 영이 있는 모든 육체를 파괴하기 위하여 그 땅 위에 물들 대홍수를 오게 할 것이다.

אֲנִי הִנְנִי מֵבִיא אֶת־הַמַּבּוּל מַיִם עַל־הָאָרֶץ לְשַׁחֵת כָּל־בָּשָׂר אֲשֶׁר־בּוֹ רוּחַ חַיִּים

NMP NFSG P.MZS R NMS NMSG P.VPNG D.NFS P NMP D.NMS O VHPA Q.CXS NPCXS

생명의 기식있는 육체를 무릇 멸절하리 땅에 수를 홍 일으켜 내가

**해설**

본문은 정동사가 없고 분사(מֵבִיא)가 서술어 역할을 하는 명사문이다. 여기서 분사(מֵבִיא)가 불변사 הִנְנִי와 함께 사용되어 '임박한 동작'을 나타낸다. 즉 물의 대홍수가 '곧 들어닥칠 듯한 동작'을 표현하고 있다. 그리고 분사가 동사의 기능을 가지고 있으므로 한정 목적어(אֶת־הַמַּבּוּל מַיִם)를 가졌다. 여기서 '물들'(מַיִם)과 '대홍수'(הַמַּבּוּל)는 '물질의 동격' 관계에 있음을 보여준다. 즉 첫 번째 명사가 두 번째 명사 즉 어떤 물질('물')을 이루고 있는 지를 말해준다. 그러나 동격 관계이지만 '더홍수'(הַמַּבּוּל)는 관사를 가지고 있으나 '물들'(מַיִם)은 관사가 없다. 이것은 저자가 두 단어를 동격어가 복합어로 생각했음을 나타내주는 것인지도 모른다. 그리고 부정사 연계형(שַׁחֵת)이 전치사 לְ와 결합되어 동사의 역할을 하는 서술어(מֵבִיא)의 '목적'(동기)를 나타낸다. 즉 '파괴하기 위하여' 대홍수를 가져 온다는 것이다. 그리고 관계 대명사(또는 관계 불변사) אֲשֶׁר־가 선행사(כָּל־בָּשָׂר)를 가지고 '형용사절'을 유도하고 있다. 그리고 이 관계절 역시 정동사가 없는 명사문이므로 주어는 '생명의 영'(רוּחַ חַיִּים)이다.

### (8) 동작의 계속 혹은 반복 표현

분사는 동작의 계속 혹은 반복을 나타내기 위하여 정동사와 함께 사용될 수 있다.

예) 삼상 17:41. 직역: 그리고 그 블레셋 사람이 계속해서 걸었고 다윗에게로 접근하였다 그 사람은 그 앞에서(다윗 앞에서) 그 커다란 방패를 들고 있었다.

וַיֵּלֶךְ הַפְּלִשְׁתִּי הֹלֵךְ וְקָרֵב אֶל־דָּוִד וְהָאִישׁ נֹשֵׂא הַצִּנָּה לְפָנָיו

P.NMP.MZS D.NFS VQPA C.D.NMS NE P C.AMS VQPAMS D.AGe CW.VQIMZS

앞섰더라 방패 든 자가 다윗에게로 나오는데 점점 블레셋사람 행하여

**해설** 본문은 '와우 미완료 계속법'(Waw Imperfect Consecutive; 완료 시상)을 나타내며 3개의 단문으로 구성된 중문(compound sentence)이다. 즉 「단문1(הַפְּלִשְׁתִּי הֹלֵךְ וַיֵּלֶךְ) + 단문2(וְקָרֵב אֶל־דָּוִד) + 단문3(וְהָאִישׁ נֹשֵׂא הַצִּנָּה לְפָנָיו)」이다. 단문1은 영어로 1형식문이며, 주어는 지역의 이름에 접미사 ִי가 첨가되어 그 지역의 사람(종족)을 나타내는 '블레셋 족속(사람)'이다. 즉 가드사람 골리앗(גָּלְיָת)이다. 그리고 분사(הֹלֵךְ)는 주동사(יֵּלֶךְ)와 함께 사용되어 '걷는 동작'의 계속 및 반복을 나타낸다. 주동사를 수식하는 부사적으로 사용된 경우이다. 그리고 단문2는 주어(블레셋 사람)과 정동사 생략되었고 형용사(קָרֵב)가 서술어 역할을 하는 2형식문이다. 그리고 단문3은 영어로 2형식이다. 즉 정동사가 생략되고 분사(נֹשֵׂא)가 주격보어(서술어) 역할을 하고 있다. 그리고 분사(נֹשֵׂא)가 동사의 기능을 가지고 있으므로 목적어(הַצִּנָּה; 커다란 방패)를 취한 경우이다.

### (9) 비한정 주어 표현

분사는 비한정 주어(an indefinite subject)를 표현하기 위해 사용된다. 이런 분사 앞에는 자주 동일한 어근을 가진 정동사가 온다.

예) 신 22:8. 직역: 만일 너가 새로운 집을 건축한다면 너는 너의 지붕에 난간을 간들 것이다. 그리고 너는 피들을 너의 집안에 두지 못하게 하라 왜냐하면 누구든지 거기로부터(즉 지붕으로부터) 떨어지기 때문이다

| בְּבֵיתֶךָ | דָּמִים | תָשִׂים | וְלֹא־ | לְגַגֶּךָ | מַעֲקֶה | וְעָשִׂיתָ | חָדָשׁ | בַּיִת | תִבְנֶה | כִּי |
|---|---|---|---|---|---|---|---|---|---|---|
| P.NMS.MYS | NMP | VQIMYS | C.ABN | P.NMS.MYS | NMS | C.VQAMYS | AMS | NMS | VQIMYS | C |
| 네 집에 | 피가 | 돌아갈 | 하노라 | 지붕에 | 난간을 | 만들어 | 새 | 집을 | 건축할 | 때에 |

| מִמֶּנּוּ | הַנֹּפֵל | יִפֹּל | כִּי־ |
|---|---|---|---|
| P.MZS | D.VQPA | VQIMZS | C |
| | 사람으로 | 떨어지지 | |

**해설** 본문은 조건문과 명령문이 병렬되어 있는 혼합문(compound-complex sentence)이다. 즉 「조건절(종속절; כִּי תִבְנֶה בַּיִת חָדָשׁ) + 귀결절(주절; וְעָשִׂיתָ מַעֲקֶה לְגַגֶּךָ) + 명령문< 명령을 나타내는 주절(לֹא־ תָשִׂים דָּמִים בְּבֵיתֶךָ) + 이유절(종속절; מִמֶּנּוּ כִּי־יִפֹּל הַנֹּפֵל) >」이다. 조건절은 접속사 כִּי에 의해 유도되었으며, 이 접속사는 문맥상 '조건'(comdition)을 나타내어 'if'의 의미로 사용되었다. 조건절에 대한 귀결절은 접속사 וְ에 의해 유도되었는데, 이 접속사 וְ는 특히 조건문의 귀결절(apodosis)을 유도하는 용

법을 지니고 있다. 그리고 명령문에서, '2인칭 부정 명령문'은 일반적인 명령법을 사용할 수 없고, 「미완료 동사(תָּשִׂים) + 부정어 לֹא」에 의해 표현된다. 십계명에 많이 나타난다. 그리고 이 부정 명령문에 대한 이유절에서 '분사'(הַנֹּפֵל)가 동일 어근(נָפַל; '떨어지다')을 가진 정동사(יִפֹּל)와 함께 사용되어 '비한정 주어' 즉 '누구든지'(떨어지는 사람)을 나타낸다. 여기서 이 분사는 '명사'로서 사용된 경우이다.

## 3) 명령법(Imperative)

명령법은 2인칭에서만 사용되며 반드시 명령을 받는 자를 2인칭으로 하며, 긍정적인 내용의 명령( ~ 하라)을 전달한다.

| 명령법 | | 단순형(Simple) | | | 강의형(Intensive) | | | 사역형 (Casautive) | |
|---|---|---|---|---|---|---|---|---|---|
| | | 칼 | | 니팔 | 피엘 | 푸알 | 히트파엘 | 히필 | 호팔 |
| | | Fientive | Stative | | | | | | |
| sg | 2m | קְטֹלָה קְטֹל | כְּבַד | הִקָּטֵל | קַטֵּל | – | הִתְקַטֵּל | הַקְטֵל | – |
| | 2f | קִטְלִי | כִּבְדִי | הִקָּטְלִי | קַטְּלִי | – | הִתְקַטְּלִי | הַקְטִילִי | – |
| pl | 2m | קִטְלוּ | כִּבְדוּ | הִקָּטְלוּ | קַטְּלוּ | – | הִתְקַטְּלוּ | הַקְטִילוּ | – |
| | 2f | קְטֹלְנָה | כְּבַדְנָה | הִקָּטַלְנָה | קַטֵּלְנָה | – | הִתְקַטֵּלְנָה | הַקְטֵלְנָה | – |

다음은 명령법의 용법이다.

### (1) 명령 및 요청의 표현

명령법은 2인칭에서 긍정적인 명령들 또는 요청(요구)들을 표현한다. 이 때 옛 강세 어미( ָה)와 간청의 불변사(נָא־)에 의하여 강화되기도 한다.

예) לֵךְ go! - הָלַךְ의 명령형
    לְכָה Do go! - 강세 의미 ָה에 의해 '명령' 강화

예) 창 32:30. 직역: 그리고 야곱이 요청하였다. 그리고 그가, 당신으로 하여금 당신의 이름이 제발 알려지게 하소서라고 말했다. 그리고 그가, 너는 도대체 어찌하여 나의 이름을 묻느냐?라고 말했다.

וַיִּשְׁאַל יַעֲקֹב וַיֹּאמֶר הַגִּידָה־נָּא שְׁמֶךָ וַיֹּאמֶר לָמָּה זֶּה תִּשְׁאַל לִשְׁמִי

P.NMS.CXS VQIMYS APDMS P.ABT CW.VQIMZS NMS.MYS Q VHMMYS(Ch) CW.VQIMZS NE CW.VQIMZS

내 이름을 묻느냐 어찌 가로되 당신의 이름 고하소서 가로되 야곱이 청하여

**해설** 본문은 3개의 '와우 미완료 계속법'(Waw Imperfect Consecutive; 완료 시상)으로 이루어진 문이며, 2,3번째 계속법이 '간접 화법' 형태를 보여주고 있다. 2번째 계속법은 「전달동사 및 발언자(יֹּאמֶר) + 피전달부(הַגִּידָה־ נָּא שְׁמֶךָ)」이다. 여기서 명령동사(הַגִּידָה)는 옛 강세 어미(ָה)와 간청의 불변사(־נָא)에 의하여 '요청' 명령이 강화되었다. 그리고 3번째 계속법 역시 「전달동사 및 발언자(יֹּאמֶר) + 피전달부(לִשְׁמִי תִּשְׁאַל זֶּה לָמָּה)」이다. 여기서 지시대명사(זֶּה)와 의문부사(לָמָּה)와 함께 사용되어 관용구로서 '도대체 어찌하여?'의 의미로 표현된다. 그리고 전치사구(לִשְׁמִי)에서 전치사 לְ는 명사(שֵׁם; 이름)와 함께 사용되어 '대격'의 변형(variant)처럼 사용되었다. 그리고 이 전치사는 '상술'(specification)에 사용되어 '~ 에 관하여'(with respect to)의 의미로 사용될 수 있다.

## (2) 부정 명령

명령법은 부정어와 함께 결합할 수 없다.
따라서 부정의 명령법은 「부정어 אַל + 2인칭 간접 명령법」( ~ 하지 마라)에 의해 표현된다.

예) 민 12:11. 직역: 그리고 아론이 모세에게, 청컨대 나의 주께서 우리가 어리석게 행동한 바 그 죄를 제발 우리에게 두지 마소서 라고 말했다.

וַיֹּאמֶר אַהֲרֹן אֶל־מֹשֶׁה בִּי אֲדֹנִי אַל־נָא תָשֵׁת עָלֵינוּ חַטָּאת אֲשֶׁר נוֹאַלְנוּ

VNACXP R NFS P.CXP VQIMYS Q ABN NMS.CXS Q NE P NE CW.VQIMZS

우매한일을 하며 그 허물 우리에게 돌리지 청컨대 내 주여 슬프다 모세에게 아론이 이르되

**해설** 본문은 '와우 미완료 계속법'(Waw Imperfect Consecutive; 완료 시상)으로 이루어진 문이며, 간접화법 형태를 보여준다. 즉 「전달동사(יֹּאמֶר) + 발언자(אַהֲרֹן) + 듣는 이(אֶל־מֹשֶׁה) + 피전달부(בִּי אֲדֹנִי אַל־נָא תָשֵׁת עָלֵינוּ חַטָּאת אֲשֶׁר נוֹאַלְנוּ)」이다. 피전달부에서 בִּי는 간청 불변사(제발, 청컨대, 슬프다)이며, '간접 명령형'(תָשֵׁת)에 '부정부

사'(אַל־)가 함께 사용되어 '부정 명령'( ~ 하지 말라)을 나타낸다. 여기에 간청 불변사 נָא가 결합되어 '부정 명령'을 강화시키고 있다. 그리고 이 피전달부는 「주절(עָלֵינוּ חַטָּאת בִּי אֲדֹנִי אַל־נָא תָשֵׁת) + 종속절(형용사절; אֲשֶׁר נוֹאַלְנוּ)」로 구성된 복문(complex sentence)을 나타낸다. 여기서 관계 대명사(אֲשֶׁר)는 선행사로 '그 죄'(חַטָּאת)를 취한 경우이다.

### (3) 미완료형의 강한 명령

미완료형이 강한 명령의 의미로 사용된다.

예) 출 20:9. 직역: 너는 날들의 여섯 동안(여섯 날 동안) 일하라(섬기라) 다시 말해 (여섯 날동안) 너는 너의 일의 모든 것을 행할 것이다.

| שֵׁשֶׁת | יָמִים | תַּעֲבֹד | וְעָשִׂיתָ | כָּל־ | מְלַאכְתֶּךָ |
|---|---|---|---|---|---|
| ANCFG | NMP | VQIMYS | C.VQAMYS | NMSG | NFS.MYS |
| 엿 | 새 동안은 | 힘써 | 행할 것이나 | 모든 | 네 일을 |

**해설** 본문은 십계명이므로 명령형의 의미로 기록된 것이다. 즉 제 4계명의 내용이므로 '명령형'을 나타낸다. 여기서 미완료형 동사(תַּעֲבֹד)가 '명령'의 의미로 표현되었다. 그리고 '여섯 날'(שֵׁשֶׁת יָמִים)은 '시간 지속의 대격' (temporal-duration accusative) 즉 동사의 동작이 일어나는 동안의 시간의 길이를 표현하드로, '여섯 날 동안'으로 표현된다. 그리고 접속사 וְ는 '설명의 와우'로 'namely'(다시 말해서)의 의미를 나타낸다. 따라서 접속사가 유도하는 절은 '여섯 날 동안만 너의 일을 행하라'는 의미다. 여기서 수사 '여섯'(שֵׁשֶׁת)은 '추상 명사'이며 연계 관계에 있는 명사(יָמִים)와 성(性)이 일치하지 아니한다.

### (4) 금지 명령(신적 금지)

무조건적인 강한 금지 명령형으로, 「לֹא + 미완료형 」으로 표현된다. 이것은 십계명에 나타나 있는 것처럼 '계율적 명령'을 나타낸다.

예) 출 20:13-15. 직역: 살인하지 말라 간음하지 말라 도적질하지 말라

| תִגְנֹב׃ | לֹא | תִנְאָף׃ | לֹא | תִרְצָח׃ | לֹא |
|---|---|---|---|---|---|
| VQIMYS | ABN | VQIMYS | ABN | VQIMYS | ABN |
| 도적질하지 | 말찌니라 | 간음하지 | 말찌니라 | 살인하지 | 말찌니라 |

**해설** 본문은 십계명 중 제 6, 7, 8 계명을 나타낸다. 특히 '미완료형 동사'에 부정 부사 לֹא를 사용하여 강한 '금지 명령'을 나타낸다. 즉 계율적인 금지 명령이다.

### (5) 조건의 명령법

2개의 명령법이 접속사 '와우'로 결합되어 하나의 조건적 의미로 표현될 수 있다. 즉 조건문(만일 ~ 이라면)을 나타낸다.

예) 창 42:18. 직역: 그리고 요셉이 그들에게, 삼일 안에 너희가 이것을 행한다면 너희는 살 것이다 라고 말했다.

| וִחְיוּ | עֲשׂוּ | זֹאת | הַשְּׁלִישִׁי | בַּיּוֹם | יוֹסֵף | אֲלֵהֶם | וַיֹּאמֶר |
|---|---|---|---|---|---|---|---|
| C.VQMMYP | VQMMYP | APDFS | D.ANOM | P.D.NMS | NE | P.MZP | CW.VQIMZS |
| 생명을 보존하라 | 하여 | 이같이 | 삼 | 일만에 | 요셉이 | 그들에게 | 이르되 |

**해설** 본문은 '와우 미완료 계속법'(Waw Imperfect Consecutive; 완료 시상)으로 이루어진 문이며, 간접화법 형태를 보여준다. 즉 「전달동사(יֹּאמֶר) + 발언자(יוֹסֵף) + 듣는 이(אֲלֵהֶם) + 피전달부(בַּיּוֹם הַשְּׁלִישִׁי זֹאת עֲשׂוּ וִחְיוּ)」이다. 피전달부에서 2개의 명령법이 '와우' 접속사(וְ)로 결합되어 하나의 조건적 의미로 표현되고 있다. 즉 조건문(만일 너희가 이것을 행한다면)을 나타낸다.

### (6) 목적의 명령법

명령법이 접속사 '와우'와 결합되어 '목적'(purpose; 목적절)과 '결과'(result)가 의도될 수 있다.

예) 왕상 1:12. 직역: 그리고 지금 당신이(밧세바) 오소서! 바라건대! 내가 당신에게 계획을 조언할 것입니다. 곧 당신이 당신의 생명과 당신의 아들 솔로몬의 생명을 구출할 계획을

וְעַתָּה לְכִי אִיעָצֵךְ נָא עֵצָה וּמַלְּטִי אֶת־ נַפְשֵׁךְ וְאֶת־נֶפֶשׁ בְּנֵךְ שְׁלֹמֹה

| NE | NMS.FYS | NFSG | C.O | NFS.FYS | O | C.VPMFYS | NFS | Q | VQICXS.FYS | VQMFYS | C.AB |
|---|---|---|---|---|---|---|---|---|---|---|---|
| 솔로몬의 | 아들 | 생명 | | 당신의 생명 | | 구원할 | 계교 | | 베풀기를 | 오셔서 | 이제 |

**해설** 본문은 1개의 단문(simple sentence)과 1개의 복문(complex sentence)로 이루어진 문이다. 즉「단문(עַתָּה לְכִי) + 복문< 주절(אִיעָצֵךְ נָא עֵצָה) + 종속절(וּמַלְּטִי אֶת־נַפְשֵׁךְ וְאֶת־נֶפֶשׁ בְּנֵךְ שְׁלֹמֹה) >」이다. 단문은 '요청 및 간청'을 표현하는 명령법이다. 그리고 복문의 주절에서 주동사(אִיעָצֵךְ)의 목적어는 '계획'(עֵצָה)이며, 뒤에 접속사 '와우'( וּ)가 이끄는 절과 '동격절'을 이룬다. 따라서 이 종속절은 문장의 기능상 명사절이며, 목적(목적절)이 의도되어 있다고 볼 수 있다. 즉 '구출하기 위한 계획'이 의도되어 있다.

### (7) 감탄사로서의 명령법

단수의 명령형은 감탄사(an interjection)의 역할을 할 수 있다. 이런 용법은 קוּם(일어나!), הָבָה(자, 어서!), לְכָה(자, 어서!)와 같은 몇몇 특정한 동사들에만 일어난다.

예) 창 19:32. 직역: 자, 어서! 우리가 우리의 아비를 술로 마시게 할 것이다 그리고 우리가 그와 함께 드러눕자 그리고 우리가 우리 아비로부터 씨를 보존시킬 것이다

לְכָה נַשְׁקֶה אֶת־ אָבִינוּ יַיִן וְנִשְׁכְּבָה עִמּוֹ וּנְחַיֶּה מֵאָבִינוּ זָרַע

| NMS | P.NMS.CXP | C.VPICXS | P.MZS | C.VQICXP(Ch) | NMS | NMS.CXP | O | VHICXP | VQMMYS |
|---|---|---|---|---|---|---|---|---|---|
| 인종을 | 아버지로 | 전하자 | 동 | 침하여 | 술을 | 아버지에게 | | 마시우고 | 오라 |

**해설** 본문은 3개의 정동사로 각각 이루어진 단문으로 병렬된 '중문'(compound sentence)을 나타낸다. 즉「감탄사(לְכָה) + 단문1(נַשְׁקֶה אֶת־אָבִינוּ יַיִן) + 단문2(וְנִשְׁכְּבָה עִמּוֹ) + 단문3(וּנְחַיֶּה מֵאָבִינוּ זָרַע)」이다. 첫번째 동사 לְכָה는 '남성 2인칭 단수 명령형'인데, 이는 각 단문의 동사의 주체가 '2인칭 여성 복수'과는 불일치하므로 다른 의미로 사용된 경우라 할 수 있다. 즉 문맥상 '감탄사'의 역할을 하고 있다. 그리고 단문1은 문장의 형태상 목적어(대격)가 2개인데, 대격 중 사람인 경우는 '간접 목적어'(אֶת־אָבִינוּ)로, 사물인 경우는 '직접 목적어'(יַיִן)로 번역한다. 그리고 단문2은 '권유법'(연장형; cohortative)을 나타내므로 '우리가 그와 함께 드러눕자 즉 동침하자'로 번역된다.

### 4) 간접 명령법(단축형; Jussive)

간접명령법은 화자의 의지를 나타내는 법(volitive mood)이므로, 화자(말하는 이)의 감정이나 의지를 나타내는 법이다. 특히 간접명령은 미완료 동사의 종음절의 모음을 빨리 발음함으로써 '명령'이나 '소원'의 절박성을 나타내는 것이므로 '단축형'(the jussive)이라 부르며 3자에게 요청하는 명령법이다. 간접 명령법은 미완료 동사의 종음절의 모음을 가능한 짧게 하여 발음을 빨리하도록 하며, 2인칭과 3인칭에서만 사용된다.

단축형은 미완료 시상의 종음절의 모음을 가능한 짧게 하여 만든다. 그러나 미완료형의 종음절에 있는 억양과 음절의 원리로 인해 모음을 더 이상 짧게 할 수 없을 때가 많으므로 힢일(Hiphil) 어간에서는 ◌ִי가 ◌ֵ로 단축되는 것과 다른 변화에서 ◌ֵ가 ◌ֶ로 단축되는 것 이외에 별다른 변화를 일으키지 않고 미완료형이 그대로 단축형으로 사용된다.

| 단순형(Simple) | | | 강의형(Intensive) | | | 사역형 (Casautive) | |
|---|---|---|---|---|---|---|---|
| 칼 | | 니팔 | 피엘 | 푸알 | 히트파엘 | 히필 | 호팔 |
| Fientive | Stative | | | | | | |
| יִקְטֹל | יִכְבַּד | יִקָּטֵל | יְקַטֵּל | יְקֻטַּל | יִתְקַטֵּל | יַקְטֵל | יָקְטַל |

다음은 간접명령법의 용법이다.

#### (1) 강한 욕망나 소원 표현

간접명령법은 '강한 욕망'이나 '소원'을 표현하는 '기원법'(Optative)에 사용된다.

예) 삼상 10:24. 직역: 그리고 그 백성의 모든 자가 소리쳤다 그리고 그들이, 왕이 살아 있기를! 라고 말했다.

| הַמֶּלֶךְ | יְחִי | וַיֹּאמְרוּ | הָעָם | כָּל־ | וַיָּרִעוּ |
|---|---|---|---|---|---|
| D.NMS | VQIMZS | CW.VQIMZP | D.NMS | NMSG | CW.VHIMZP |
| 왕의 | 만세를 | 부르니라 | 백성이 | 모든 | 외쳐 |

**해설**

본문은 2개의 '와우 미완료 계속법'(Waw Imperfect Consecutive; 완료 시상)으로 나열된 문이며, 2번째 계속법은 간접화법 형태를 보여준다. 즉 「전달동사 및 발언자(וַיֹּאמְרוּ) + 피전달부(יְחִי הַמֶּלֶךְ)」이다. 피전달부에서 동사(יְחִי)는 제 3자오 3인칭 '간접명령법' 형태로서 '강한 욕망 및 소원'을 나타낸다. 즉 '왕의 만세'에 대한 강한 욕망과 소망을 담고 있는 기원문을 나타낸다. 즉 "May the king live!"이다.

### (2) 간청의 불변화사 נָא־에 의해 강화

예) 창 44:33. 직역: 그리고 이제 청컨대 당신의 종이 그 아이를 대신하여 나의 주를 위한 종으로 앉을 것입니다. 그리고 그 아이는 그의 형제들과 함께 올려보내시기를 소원합니다.

וְעַתָּה יֵשֶׁב־נָא עַבְדְּךָ תַּחַת הַנַּעַר עֶבֶד לַאדֹנִי וְהַנַּעַר יַעַל עִם־אֶחָיו

| אֶחָיו | עִם־ | יַעַל | וְהַנַּעַר | לַאדֹנִי | עֶבֶד | הַנַּעַר | תַּחַת | עַבְדְּךָ | נָא | יֵשֶׁב־ | וְעַתָּה |
|---|---|---|---|---|---|---|---|---|---|---|---|
| NMP.MZS | P | VQIMZS | C.D.NMS | P.NMS.CXS | NMS | D.NMS | P | NMS.MYS | Q | VQIMZS | C.AB |
| 형제와 | 함께 | 올려보내 | 아이는 | 주의 | 종이 | 아이를 | 대신하여 | 주의 종으로 | | 있어서 | |

**해설**

본문은 2개의 단문(simple sentence)으로 병렬된 '중문'(compound sentence)이다. 즉「단문1(וְעַתָּה יֵשֶׁב־נָא עַבְדְּךָ תַּחַת הַנַּעַר עֶבֶד לַאדֹנִי) + 단문2(וְהַנַּעַר יַעַל עִם־אֶחָיו)」이다. 그리고 단문1은 영어로 3형식의 문이다. 즉 「동사(יֵשֶׁב) + 주어(עַבְדְּךָ) + 전치사구(תַּחַת הַנַּעַר) + 목적어(עֶבֶד) + 전치사구(לַאדֹנִי)」이다. 여기서 동사(יֵשֶׁב)는 간접명령형을 나타내며, 간청불변사 נָא에 의해 '간청'의 간접명령형이 강화된 경우이다. 그리고 목적어(עֶבֶד)은 부사적 대격(adverbial accusative)으로도 불리는 '방법의 대격'을 나타낸다. 즉 동사의 행위가 어떠한 방식으로 일어나는 지를 설명한다. 즉 '일꾼, 종으로' 동사(앉다)의 동작을 설명한다. 그리고 단문2는 영어로 1형식문이며, 3인칭 간접명령법을 나타낸다.

### (3) 부정 명령

명령법은 부정어와 함께 결합할 수 없다. 부정의 명령법은 간접 명령형에 의해 표현된다. 따라서 '부정의 명령'은 간접명령법(단축형)과 부정어 אַל과 함께 사용되어, 금지·만류·경고·부정적인 소원 및 요구 등을 표현한다. 부정적인 소원이나 요청일 때는 자주 אַל־נָא로 표현된다. 부정의 명령법은 부정어 אַל + 2인칭 간접 명령법」( ~ 하지 마라)에 의해 표현된다.

예) 민 12:11. 직역: 그리고 아론이 모세에게, 청컨대 나의 주께서 우리가 어리석게 행동한 바 그 죄를 제발 우리에게 두지 마소서 라고 말했다.

וַיֹּאמֶר אַהֲרֹן אֶל־מֹשֶׁה בִּי אֲדֹנִי אַל־נָא תָשֵׁת עָלֵינוּ חַטָּאת אֲשֶׁר נוֹאַלְנוּ

VNACXP R NFS P.CXP VQIMYS Q ABN NMS.CXS Q NE P NE CW.VQIMZS

우매한일을 하며 그 허물 우리에게 돌리지 청컨대 내 주여 슬프다 모세에게 아론이 이르되

**해설** 본문은 '와우 미완료 계속법'(Waw Imperfect Consecutive; 완료 시상)으로 이루어진 문이며, 간접화법 형태를 보여준다. 즉 「전달동사(וַיֹּאמֶר) + 발언자(אַהֲרֹן) + 듣는 이(אֶל־מֹשֶׁה) + 피전달부(בִּי אֲדֹנִי אַל־נָא תָשֵׁת עָלֵינוּ חַטָּאת אֲשֶׁר נוֹאַלְנוּ)」이다. 피전달부에서 בִּי는 간청 불변사(제발, 청컨대, 슬프다)이며, '간접 명령형'(תָשֵׁת)에 '부정부사'(אַל־)가 함께 사용되어 '부정 명령'( ~ 하지 말라)을 나타낸다. 여기에 간청 불변사 נָא가 결합되어 '부정 명령'을 강화시키고 있다. 그리고 이 피전달부는 「주절(עָלֵינוּ חַטָּאת בִּי אֲדֹנִי אַל־נָא תָשֵׁת) + 종속절(형용사절; אֲשֶׁר נוֹאַלְנוּ)」로 구성된 복문(complex sentence)을 나타낸다. 여기서 관계 대명사(אֲשֶׁר)는 선행사로 '그 죄'(חַטָּאת)를 취한 경우이다.

### (4) 목적 또는 결과의 간접명령법

간접명령형이 접속사 '와우'와 결합되어 '목적'(purpose; 목적절)과 '결과'(result)가 의도될 수 있다.

예) 창 27:4. 직역: 너는 (진미를) 내가 먹을 있도록 나에게 가져오라, 내가 죽기 전에 내 영혼이 너를 축복할 목적으로

וְהָבִיאָה לִּי וְאֹכֵלָה בַּעֲבוּר תְּבָרֶכְךָ נַפְשִׁי בְּטֶרֶם אָמוּת

VQICXS P.AB NFS.CXS VPIFZS.MYS P.P C.VQICXS(Vh) P.CXS C.VHIMYS(Ch)

죽기 전에 내 마음껏 축복하게하라 나로 먹게 내게로 가져다가

**해설** 본문은 주절이 2개, 종속절이 2개인 혼합문(compound-complex sentence)을 나타낸다. 즉 「주절1(הָבִיאָה לִּי) + 주절2(וְאֹכֵלָה) + '목적'(בַּעֲבוּר)의 부사절< 주절(נַפְשִׁי תְּבָרֶכְךָ) + 시간의 부사절(בְּטֶרֶם אָמוּת) > 」이다. 주절1에서 미완료 동사(הָבִיאָה)는 미완료형에 옛 강세 어미인 ָה가 결합되어 '2인칭 명령'을 강화한 경우이다. 즉 '가져오라'로 번역되며, 여기에 '와우' 접속사가 결합된 '간접 명령형' 미완료 동사가 위치하

여, '목적'을 의도하고 있는 경우이다. 즉 '내가 먹을 수 있도록 (진미를) 나에게 가져오라'로 표현된다.

## 5) 권유법(연장형; Cohortative)

권유법은 화자의 의지를 나타내는 법(volitive mood)이므토, 화자(말하는 이)의 감정이나 의지를 나타내는 법이다. 특히 권유법은 미완료 동사의 종음절의 모음을 길게 발음함으로써 화자의 의지의 방향을 반영해 주는 것이므로 '연장형'(the cohortative)이라 부르며, 미완료형의 1인칭과 명령형에만 사용된다. 이 권유법은 화자의 의향, 결심, 소원, 자기 권고, 허락의 청원 등을 나타낸다. 연장형은 자주 '간청의 불변사' נָא־에 의해 그 의미가 강화된다.

연장형은 미완료형 및 명령형의 종음절에 '연장형 어미'(ָה ; Paragogic He)가 첨가되어 표현된다. 이 때 미완료형이나 명령형의 종음절에 있던 '억양 장모음'(tone long vowels)과 '단모음'(tone short vowels)은 모두 '유음 쉐바'로 변한다. 그리고 '연장형 어미'(ָה)는 앞모음이 쉐바로 될 경우에만 자신이 억양을 가지며 '불변 모음'(즉 pure long vowels)이 올 경우에는 억양을 갖지 못한다.

| 단순형(Simple) | | | 강의형(Intensive) | | | 사역형<br>(Casautive) | |
|---|---|---|---|---|---|---|---|
| 칼 | | 니팔 | 피엘 | 푸알 | 히트<br>파엘 | 히필 | 호팔 |
| Fientive | Stative | | | | | | |
| אֶקְטְלָה | אֶכְבְּדָה | אִקָּטְלָה | אֲקַטְּלָה | | אֶתְקַטְּלָה | אַקְטִילָה | |

다음은 연장형(권유법)의 용법이다.

### (1) 자기 권고

예) 신 13:7. 직역: 우리가 가자꾸나 그리고 너의 아비들(조상들)과 너가 알지 못했던 바 다른 신들을 우리가 섬기자꾸나

| וַאֲבֹתֶיךָ | אַתָּה | יְדַעְתָּ | לֹא | אֲשֶׁר | אֲחֵרִים | אֱלֹהִים | וְנַעַבְדָה | נֵלְכָה |
|---|---|---|---|---|---|---|---|---|
| C.NMP.MYS | NPMYS | VQAMYS | ABN | R | AMP | NMP | C.VQICXP(Vh) | VQICXP(Vh) |
| 네 열조가 | 너와 | 알지 | 못하던 | | 다른 | 신들 | 섬기자 | 우리가 가서 |

**해설** 본문은 2개의 주절과 1개의 종속절(관계대명사; 형용사절)로 구성된 '혼합문'(compound-complex sentence)이다. 즉 「주절1(נֵלְכָה) + 주절2(אֱלֹהִים אֲחֵרִים וְנַעַבְדָה) + 형용사절(אֲשֶׁר לֹא יְדַעְתָּ אַתָּה וַאֲבֹתֶיךָ)」이다. 주절1은 미완료 1인칭 복수형 동사(נֵלְכָה)에 연장형어미(הָ)가 접미된 경우이므로 '권유법(연장형)'을 나타내며, 주절2 역시 동사(נַעַבְדָה)에 연장형어미(הָ)가 접미된 경우이므로 '권유법(연장형)'을 나타낸다. 그리고 관계대명사(אֲשֶׁר)는 '선행사'로 '다른 신들'(אֱלֹהִים אֲחֵרִים)을 취하므로 형용사절을 유도하고 있다.

### (2) 허락의 청원

예) 왕하 6:2. 직역: 제발 우리로(선지자의 아들들 = 선지생도들) 요단까지 가게 하라 그리고 우리 각각이 거기로부터 한 들보를 취하게 하라 그리고 우리가 우리를 위해 그곳에 처소를 만들 것이다.

| מָקוֹם | שָׁם | לָּנוּ | וְנַעֲשֶׂה־ | אֶחָת | קוֹרָה | אִישׁ | מִשָּׁם | וְנִקְחָה | הַיַּרְדֵּן | עַד־ | נָּא | נֵלְכָה־ |
|---|---|---|---|---|---|---|---|---|---|---|---|---|
| NMS | AB | P.CXP | C.VQICXP | ANCF | NFS | NMS | P.AB | C.VQICXP(Vh) | D.NE | P | Q | VQICXP(Vh) |
| 처소를 | 그곳 | 우리의 | 세우사 | 한 | 재목을 | 각각 | 거기서 | 취하여 | 요단으로 | | | 우리가 가서 |

**해설** 본문은 3개의 단문으로 병렬된 '중문'(compound sentence)으로 이루어진 문이다. 즉 「단문1(נֵלְכָה־ נָּא עַד־הַיַּרְדֵּן) + 단문2(וְנִקְחָה מִשָּׁם אִישׁ קוֹרָה אֶחָת) + 단문3(וְנַעֲשֶׂה־ לָּנוּ שָׁם מָקוֹם)」이다. 단문1은 1인칭 복수 미완료형에 '연장형어미'(הָ)가 접미되어 '연장형'(권유법)을 나타내며, 특히 '허락을 청원'하는 의미로 표현되었다. 즉 선지생도들이 선지자 엘리사에게 그 요단강 지역까지 가는 것을 허락해 달라고 요청하고 있다. 그리고 단문2는 영어로 3형식을 나타낸다. 주동사(נִקְחָה) 역시 1인칭 복수 미완료형에 '연장형어미'(הָ)가 접미되어 '연장형'(권유법)을 나타내며, 특히 '허락을 청원'하는 의미로 표현되었다. 즉 선지생도들이 선지자 엘리사에게 한 들보를 취할 수 잇도록 허락해 달라는 의미이다. 그리고 vyai는 주어(선지 생도들)의 분배적인 의미인 '각각'(each other), '모두'(everyone)의 뜻으로 사용된다. 즉 '선지 생도들 모두 또는 각각'을 의미한다.

### (3) 부정의 권유법

연장형은 부정어 אַל과 간청 불변사 נָא־(제발) 와 함께 사용된다.

예) 삼하 24:14. 직역: 그리고 다윗이 갓에게, 나에게 엄청나게 곤경(고통)이 있다. 제발 우리가 여호와의 손에 떨어지기 소원한다 왜냐하면 그의 긍휼이 크시고 사람의 손 안에 내가 떨어지지 않기를 원하기 때문이다라고 말했다.

| יְהוָה | בְיַד־ | נָּא | נִפְּלָה־ | מְאֹד | לִי | צַר־ | גָּד | אֶל־ | דָּוִד | וַיֹּאמֶר |
|---|---|---|---|---|---|---|---|---|---|---|
| NE | P.NFSG | Q | VQICXP(Vh) | AB | P.CXS | NMS | NE | P | NE | CW.VQIMZS |
| 여호와의 | 손에 | | 빠지고 | | 내가 | 곤경에 | 갓 | 에게 | 다윗이 | 이르되 |

| אֶפֹּלָה | אַל־ | אָדָם | וּבְיַד־ | רַחֲמָו | רַבִּים | כִּי־ |
|---|---|---|---|---|---|---|
| VQICXS(Vh) | ABN | NMS | C.P.NFSG | NMP.MZS | AMP | C |
| 빠지기 | 않기를 | 사람의 | 손에 | 긍휼 | 크시니 | |

**해설**

본문은 '와우 미완료 계속법'(Waw Imperfect Consecutive; 완료 시상)으로 이루어진 문이며, 간접화법 형태를 보여준다. 즉 「전달동사(וַיֹּאמֶר) + 발언자(דָּוִד) + 듣는 이(אֶל־גָּד) + 피전달부〈 주절1(צַר־לִי מְאֹד) + 주절2(נִפְּלָה־נָּא בְיַד־יְהוָה) + 종속절1(כִּי־רַבִּים רַחֲמָו) + 종속절2(וּבְיַד־אָדָם אַל־אֶפֹּלָה) 〉」이다. 피전달부는 복문(compound sentence)을 나타낸다. 즉 2개의 주절과 כִּי 접속사에 의해서 1개의 종속절(이유 부사절)로 이루어진 문이다. 주절1은 동사가 없는 불완전한 1형식의 명사-문이며, 주절2 역시 1형식의 문이며, 동사(נִפְּלָה־)에 1인칭 복수 미완료형에 '연장형어미'(הָ◌)가 접미되어 '연장형'(권유법)을 나타낸다. 종속절은 '이유, 원인'의 부사절을 나타낸다. 종속절1은 2형식의 문이다. 종속절2은 1형식의 문이며, 동사(אֶפֹּלָה)에 1인칭 단수 미완료형에 '연장형어미'(הָ◌)가 접미되어 '연장형'(권유법)을 나타내며 또한 부정어 אַל־이 함께 사용되어 '부정의 권유법'(연장형)을 나타낸다.

# 참고문헌


박기용.『말』. 서울: 도서출판 규장각, 1997.

샌즈-바딜로스.『히브리어 발달사』. 최창모 • 박미섭 역. 서울: 도서출판 기혼, 2011.

세계문자연구회 엮음.『세계의 문자』. 김승일 옮김. 서울: 범우사, 1996.

이정철.『공식과 해설 헬라어 구문론』. 용인: 도서출판 목양, 2016.

아비후르츠 외 6인.『성서 시대와 성서 이후의 히브리어 연구』. 박미섭 역. 서울: 한들출판사, 1999.

안손 레이니 외 11인.『고대 히브리어 연구』. 최창모 • 박미섭 역. 서울: 건국대학교 출판부, 2000.

안영복.『히브리어 구문론』. 서울: 성광문화사, 1984.

원어성서원 편집부 편.『스테판 원어성경 구약』. 서울: 원어성서원, 1994.

Blake, Barry J.『격, CASE』. 고석주 역. 서울: 한신문화사, 1998.

Chisholm, Bobert B.『구약원어성경 주석에서 강해까지』. 류근상 역 서울: 크리스챤출판사, 2003.

Gesenius, Wihelm.『게세니우스 히브리어 문법』. 신윤수 역. 서울: 비블리아 아카데미아, 2003.

Joüon, Paul, and Muraoka, T.『주옹-무라오까 성서 히브리어 문법』. 김정우 역. 서울: 도서출판 기혼, 2012.

Lambdin, Thomas O.『성서 히브리어 문장론』. 이기락 역. 서울: 카톨릭대학출판부, 1999.

Lambdin, Thomas O.『성서 히브리어 분석과 해설』. 이기락 역. 서울: 카톨릭대학출판부, 2002.

Ross, Allen P.,.『로스성서히브리어』. 최명덕 • 정길호 역. 서울: 도서출판 미스바, 2007.

Williams, Ronald J.『윌리엄스 히브리어 구문론』. 김영욱 역. 서울: 도서출판 그리심, 2012.

Jensen, Hans. *Sign, Symbol and Script.* New York: G.P.Putnam's Sons, 1969.

Seow, C. L. *A Grammer for Biblical Hebrew.* Nsshiville: Abingdon Press, 1992.

Smith, Mark S. *The Origins and Development of The Waw-Consecutive.* Atlanta: Scholars Press, 1991.

Waltke, B. K., and M. O'Connor, *An Introdution to Biblical Hebrew Syntax.* Winona Lake, IN: Eisenbrauns, 1990.

Williams, Ronald J. *Hebrew Syntax an Outline.* Toronto: University of Toronto Press, 1976.

# 직통히브리어

값 : 29,000원

2017년 9월 11일 초판1쇄 인쇄
2017년 9월 18일 초판1쇄 발행

지은이 : 이 정 철
펴낸이 : 정 성 준
펴낸곳 : 도서출판 목양

등 록 : 2008년 3월 27일 제2008-04호
T E L : 070-7561-5247 FAX : 0505-009-9585
주 소 : 경기도 용인시 처인구 양지면 양지리 38-2
Homepage : www.mokangbook.com
E-maul : mokyang-book@hanmail.net